《边政公论》

有关云南边疆民族研究资料选辑

段金生　茶志高　编

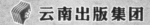

云南出版集团

云南人民出版社

图书在版编目（CIP）数据

《边政公论》有关云南边疆民族研究资料选辑：全二册 / 段金生, 茶志高编. -- 昆明 : 云南人民出版社, 2023.10

ISBN 978-7-222-21494-1

Ⅰ.①边… Ⅱ.①段… ②茶… Ⅲ.①边疆地区—民族历史—研究资料—云南 Ⅳ.①K280.74

中国国家版本馆CIP数据核字（2023）第184099号

责任编辑：陶汝昌
责任校对：董　毅
责任印制：代隆参
装帧设计：余仲勋

《边政公论》有关云南边疆民族研究资料选辑（全二册）
《BIANZHENG GONGLUN》YOUGUAN YUNNAN BIANJIANG MINZU YANJIU ZILIAO XUANJI（QUAN ER CE）
段金生　茶志高　编

出　版	云南出版集团　云南人民出版社
发　行	云南人民出版社
社　址	昆明市环城西路609号
邮　编	650034
网　址	www.ynpph.com.cn
E-mail	ynrms@sina.com
开　本	720mm × 1010mm　1/16
印　张	35.25
字　数	580千
版　次	2023年10月第1版第1次印刷
印　刷	云南灵彩印务包装有限公司
书　号	ISBN 978-7-222-21494-1
定　价	98.00元（全二册）

云南人民出版社微信公众号

前　言

关于边疆民族史的历史书写或记载，一直是中国古代文献重要的组成内容之一。自先秦以来，经过夷夏交胜，生活在中国广阔大地上的各族先民们不断交往交流交融，不断凝聚，共同开拓了我们辽阔的疆域，共同书写了我们悠久的历史，共同创造了我们灿烂的文化，共同培育了我们伟大的精神。

中国"大一统"的政治传统渊源深远。西周实行分封制及宗法制，将三代之前形成的"天下思想"付诸制度实践。① 春秋战国时期，各派思想家们交互影响，形成了儒家的"大一统"理念，影响此后中国政治思想之发展。《春秋公羊传·隐公元年》中言："何言乎王正月？大一统也。"在《孟子·梁惠王上》中，梁襄王提出"天下恶乎定？"之问，孟子则言"定于一"。《汉书·王吉传》有载："《春秋》所以大一统者，六合同风，九州共贯也。"经历代儒家的不断弘扬发展，"大一统"成为中国稳固的政治思想。钱穆先生有言："古者称天而治，掌天道者在巫史，为君者则凭巫史以为治，儒家之学兴，明天道归于大儒，为君者乃亦凭儒者以为治。"② 儒家思想在中国历史上发挥着独特而重要的功能，历代儒家知识分子对历史时期中国的"大一统"及各族交往交流交融历程留下了丰富的书写或记载。中国历史上第一部纪传体通史《史记》的首篇《五帝本纪》就包含大量各民族交往交流交融的内容；在 70 篇列传中，对周边匈奴、南越、东越、西南夷、大宛等不同族群列篇进行专门记述。

关于西南夷，《史记·西南夷列传》开篇即言："西南夷君长以什数，夜郎最大；其西靡莫之属以什数，滇最大；自滇以北君长以什数，邛

---

①　赵汀阳：《天下的当代性：世界秩序的实践与想象》，北京：中信出版集团，2016 年，第 50—52 页。

②　钱穆：《政学私言》，上海：商务印书馆，1946 年，第 100 页。

都最大：此皆魋结，耕田，有邑聚。其外西自同师以东，北至楪榆，名为嶲、昆明，皆编发，随畜迁徙，毋常处，毋君长，地方可数千里。自嶲以东北，君长以什数，徙、筰都最大；自筰以东北，君长以什数，冉駹最大。其俗或士著，或移徙，在蜀之西。自冉駹以东北，君长以什数，白马最大，皆氐类也。此皆巴蜀西南外蛮夷也。"这是关于西南边疆民族最早的较系统的归纳与记载，一直是西南边疆民族史研究关注的经典记录。

然而，"惟时有古今，而人之观念有轻重"①。在不同的情境下，人们对边疆民族的认识、态度及记载等，都会发生转变。尤其在具有变革意义的时代之中，关于边疆、民族的记述，反映了一个国家的社会政治、经济、文化等各方面的复杂、深刻、激烈的变化，是观察一个国家发展演化的重要内容或切入点。近代中国就属于这样的一个历史时期，这个历史时期的重要变化，就是海上及陆上均遭遇到了前所未有的入侵者。"欧风美雨，卷地飞来。澎湃奔腾，中原板荡。爱国之士，热心之伦，奔走呼号，瘏口焦唇，以求尽天职之死靡他。"②在这个激荡过程中，清王朝也前所未有的深度卷入以工业技术为中心的世界体系当中，开始了近代中国步履艰难的自强历程。

清末时人言："二十世纪之世界，一商战之世界也，一强权之世界也，一铁血之世界也，一学术竞争之世界也。"在此"商战""强权""铁血""学术竞争"的世界中，"强邻逼境，火燃眉睫。列强环伺，日垂涎我神州之域，……外界之刺激，日甚一日"③。因是，边疆民族地区面临的形势、生存的内外环境都发生了变化。梁瓯第先生就言："鸦片战争以后，我国藩篱渐撤，门户洞开，边民边地，危机重重。"其大端者有四：一是"民族间的讳忌"，导致对边疆民族问题"不肯公开研求"；二是"民族离心的趋势"；三是"外人工作的深入"；四是对边疆民族的"平

① 侠少：《国民的国家》，载中国社科院近代史研究所等主编：《云南杂志选辑》，北京：知识产权出版社，2013年，第131页。

② 闽海余生：《祝云南杂志》，载中国社科院近代史研究所等主编：《云南杂志选辑》，北京：知识产权出版社，2013年，第11页。

③ 三吴剑魂：《祝云南杂志万岁！》，载中国社科院近代史研究所等主编：《云南杂志选辑》，北京：知识产权出版社，2013年，第12页。

等教化之策，生产开发之方"不力。^①在这样的背景下，自清末民国以来，在继承传统的基础上，国人对边疆民族的关注日渐昌达，尤其在 20 世纪三四十年代，因日本帝国主义发动全面侵华战争，边疆成为抗战的前沿及后方，边疆民族研究成为一时各方关注之显学。^②

1941 年，正当日本帝国主义侵华战争处于战略对峙阶段，南京国民政府蒙藏委员会组织学者成立中国边政学会，并创立刊物《边政公论》。自此，《边政公论》成为学术界研究边疆民族及边政理论问题的重要阵地，刊发了大批知名学者关于边疆民族问题的论述，产生了重要而深远的影响，也成为近代边疆研究第二次热潮期间最有代表性，也最具学术影响力的刊物。《边政公论》创立后，直到 1947 年停刊，先后出版 7 卷，刊发了一大批边疆研究者关于边疆政治、边疆经济、边疆文化、边疆民族、边疆教育、边疆语言、边疆考古、边疆文献、边疆考察、边疆地理、边疆历史、边疆研究方法及途径等方面的论文。其中，有的借鉴西方学理，有的从中国传统研究方法着力，但不论是中西学理的结合研究，还是遵循中国的传统研究方法，其研究均较深入地对边疆民族相关问题进行展开分析，有力地推动了我国的边疆民族研究，对帮助国人提高对边疆民族的重视起到了积极作用，其影响及贡献十分明显。这些大量的论著，关于云南边疆民族的研究不在少数。

《边政公论》办刊近 7 年，刊载文章门类众多，涉及全国各边疆省区。其中，关于云南边疆民族研究者，是《边政公论》的重点叙述对象，也成为体现这一时期边疆研究学术水准的代表性论作之一，研究内容主要包括云南边疆的民族、历史、地理、政治、边界、文化与教育等诸多方面。

《边政公论》所刊文章，关涉云南边疆民族的源流及演变、边疆民族的研究史回顾、民族关系、民风民俗等。丁骕《西南民族考释（一）》（第一卷第 7、8 合期，以下只注卷及期数）一文，考证了哀牢、濮、僰、两爨与南诏、白蛮及民家等西南边疆民族源流及其演变；在《西南民族考释之二》（第二卷第 3、4、5 合期）中，又分别对古蜀国、獠、仡佬等民族源流演变进行考证。江应樑《苗人来源及其迁徙区域（上）》（第三卷

---

① 梁瓯第：《边疆教育导论》，《贵州教育导论》1942 年第 7—9 期。

② 段金生：《学术与时势：民国的边疆研究》，北京：中华书局，2019 年。

第4期）、《苗人来源及其迁徙区域（下）》（第三卷第5期），对居住在西南边疆苗人的来源及历史上的迁徙路线等进行研究。江应樑《摆夷的种属渊源及人口分布》（第七卷第3期）分别从摆夷与僰、摆夷与百越、摆夷与百濮、摆夷与哀劳夷、分别及其分布地等方面进行论述。此外，涉及边疆民族源流的研究论文，还有岑家梧《由仲家来源斥泰族主义的错误》（第三卷第12期）等。

云南民族的分类研究，是近代西南民族研究甚至是整个中国民族研究的框架性议题。近代学者虽均以语言为分类标准，但他们均非语言学专家。罗常培（莘田）《从语言上论云南民族的分类》（第一卷第7、8合期）一文，是以语言学专家身份所做的论述，毫无疑问是该领域的重要论述。该文认为，以往学者关于云南民族的分类或太简或太繁，主张借鉴国外学者的研究成果，从语言上对云南民族进行分类，将汉语以外的各种语言分为两系四组十一支，即汉藏语系，包括掸语组（仲家支、摆夷支）、苗瑶语组（苗族支、瑶族支）、藏缅语组（倮倮支、两番支、藏人支、缅人支、野人支）；南亚系，只有猛吉蔑语组，包括蒲人支、瓦崩支。上面的这些建议，对了解云南的民族源流具有一定的意义。

关于云南边疆民族关系及边疆民族研究史方面。闻宥《哀劳与南诏》（《边政公论》第一卷第2期），从语言学及文身习俗等方面，对史书所载哀劳夷与南诏的关系进行辨析。芮逸夫《西南边民与缅甸民族》（第四卷第1期），对民国时期西南边民与缅甸民族的关系做了研究。岭光电《黑夷和白夷》（第七卷第2期），对黑夷与白夷的历史关系及演变进行简要论述。陶云逵《云南摆夷族在历史上及现代与政府之关系》（第一卷第9、10合期）一文，对云南摆夷族的分布、人口状况及各部分的汉化程度进行阐述，论析了摆夷族的源流及演变，对元、明、清直至民国时期摆夷与政府的相互政治、经济关系做了分析。陶云逵的另一文《云南土著民族研究之回顾与前瞻》（第一卷第5、6合期），对云南土著民族类别繁多、非汉语人群时至民国仍较多存在的原因进行分析，对国内外学者关于云南土著民族研究的状况及今后对该问题应如何展开研究做了论述。该文对了解云南土著民族的研究历程具有较大的意义。

关于云南边疆少数民族的风俗习惯与社会组织，《边政公论》亦刊登一些相关研究论文或考察记录。李景汉《摆夷的摆》（第一卷第7、8合期），对民国云南芒市那木寨宗教活动的一个实施地的"摆"活动进行调查并予介绍。徐益棠、杨国栋《打冤家——倮倮氏族间之战争》（第一卷第7、8合期），从倮倮的家族组织、社会组织、宗教信仰等方面，分析了倮倮族际间的战争背景，并论述了战争的形式及原因、过程及其影响等。闻宥、杨汉先《乌蛮统治阶级的内婚及其没落》（第二卷第11、12合期）一文，对西南民族中的乌蛮统治阶级实行内婚制的历史原因、具体表现形式等做了分析。杨汉先《西南几种宗族的婚姻范围》（第三卷第6期），对苗族、瑶族等族属的婚姻形式及范围进行探讨。罗常培《再论藏缅族的父子连名制》（第三卷第9期）一文，对藏缅语系下各宗族的父子连名这一文化特征，所产生的原因、现象进行分析。雷金流《云南澄江倮倮的祖先崇拜》（第三卷第9期），是作者1929年在云南澄江松子园进行社会考察后所写的报告。马学良发表《黑夷风俗之一：除祸祟》（第三卷第9期），是作者1933年在武定茂达乡黑夷区对万德村所见的黑夷风俗之一除祸祟的具体过程及内容的记载。此外，还有马学良《保族的招魂和放蛊》（第七卷第2期）、陈宗祥《保倮的宗教》（第七卷第2期）、马学良《保族的巫师"呗耄"和"天书"》（第六卷第1期）等论文，均是探究少数民族风俗及文化的力作。银涛《丽江妇女的生活概况》（第一卷第3、4合期），对云南丽江妇女的日常社会生活、信仰、教育等进行论述，指出关键是提高丽江地区妇女的知识水准。陶云逵《十六世纪车里宣慰使司与缅王室之礼聘往还》（第三卷第1期）一文，对16世纪明王朝车里宣慰使司与缅甸王室婚嫁礼聘习俗进行考察。李式金《澜怒之间（一）》（第三卷第7期）、《澜怒之间（二）》（第四卷第2、3合期）、《澜怒之间（三）》（第四卷第4、5、6合期）数文，记载了作者1930年7月26日至8月21日在澜沧江、怒江考察的见闻，是了解当地地理环境、民风民俗的不可多得的资料。

在云南边疆少数民族的社会组织方面，吴泽霖《麽些人之社会组织与宗教信仰（上）》（第四卷第4、5、6合期）、《麽些人之社会组织与宗教信仰（下）》（第四卷7、8合期），从麽些人的来源及分布、经济纽带等方面，对麽些人的社会组织与宗教信仰进行探讨，是对麽些人社会组织及民俗研究较为具体的论文。吴泽霖还通过对麽些人的研究，提出了关于边政的几条原则和认识，体现在《从麽些人的研究谈到推进边政的几条原则》（第五卷第 2 期）文中。

关于云南边疆地理，严德一《云南边疆地理（上）》（第四卷第 1 期）、《云南边疆地理（下）》（第四卷第 2、3 合期），对云南边疆的形势、地理环境等进行论述；江应樑《云南边疆地理概要》（第六卷第 4 期），从边疆范围、边区面积、山川形势、气候、物产等诸方面进行论述。这些均是民国时期研究云南边疆地理的重要论著。张印堂《云南经济建设之地理基础与问题》（第二卷第 1、2 合期）一文，对云南经济建设与地理环境之间的关系进行论述，指出"欲从事建设，必须在此基础之可能范围内妥筹适切之计划，并针对此困难问题，预谋解决之途径，庶乎其有成功之望"。孟宪民《滇西边境的矿产》（第七卷第 4 期），对云南西部的矿产资源品种及分布等进行探讨。

对民国时期国人所关注的滇缅边界问题，研究者亦进行了探讨。郑象铣《滇缅南段新订国界》（第一卷第 3、4 合期）一文，对滇缅边界南段历史问题的由来、自然环境状况、新定界区的文化特征、新定界务的检讨、巩固新定边界的边防问题等进行阐述，较为系统地分析了滇缅南段划界的影响因素，以及相关得失和治理的措施。黄国璋《滇南之边情势及今后应注意之点》（第三卷第 3 期），从滇南的边界形势、边区社会状况、边民特性、边防要点等方面进行阐述，指出滇南毗连缅越、地当要卫，而国际关系复杂，国防建设之进行为刻不容缓之要图。严德一《中英滇缅未定界内之地理》（第三卷第 7 期），对滇缅未定界区域的山川、气候、物产、民族文化、设治沿革等进行论述。

在边疆政治方面，相关论者主要从边政制度及边疆政策制定方面进行研究。凌纯声的《中国边政之土司制度（上）》（第二卷第 11、12 合期）、《中国边政之土司制度（中）》（第三卷第 1 期）、《中国边政之土司制度（下）》（第三卷第 2 期），分别从土司起源、土职品衔、明代之土制、卫所与土司、土司与土地、土司之袭职、清代之土制、民国时的土司等八个层面，对土司制度的起源、发展及演变、现状等进行分析，指出土司发展至民国时期，应进行改革，"以土司划归边省与中央专管边政机关直辖，使土官不和借口为土司而自处于法外"，但须因地制宜，各地不必整齐划一。江应樑《云南土司制度之利弊与存废》（第六卷第 1 期），通过对土司制度的沿革与现状的考察，指出土司制度具有破坏行政统一、加重人民负担、阻碍经济生产等弊端，应在有合理的治边方针及理想的边疆官吏前提下废除土司制度。江应樑还在《请确定西南边疆政策》（第七卷第1期）中指出，抗战前国民政府对西南苗夷诸族均漠然视之，自抗战后政府始为重视，才将西南的苗夷区域视为边疆。作者从西南边疆的民族、语言等方面探讨了西南边疆存在的问题，呼吁政府应设计一贯的边疆政策以妥善解决边疆问题。方国瑜《云南政治发展之大势》（第三卷第2期）一文，将云南分为远古至汉初部落时期、汉武帝开拓西南至南朝宋齐郡县时期、自梁东至南宋朝贡时期、元明清行省时期，对各个时期的政治发展趋势进行了论述。另外，李絜非《南诏建国始末》（第三卷第4期）一文，从南诏的兴起、与唐朝的关系、移昆与留学、社会情况与文化等方面，对南诏的建国历史做了较深入的论述。

在云南边疆少数民族文化与教育方面，罗常培《语言学在云南》（第二卷第9、10合期），论述了1938年国立中央研究院历史语言研究所和国立北京大学文科研究所搬到昆明后，充分利用云南丰富的语言学"黄金地"，对云南的各地方言进行分类研究的情形。罗常培《贡山怒语初探叙论》（第三卷第12期）一文，根据1942年到大理旅行时所得到一些资料，对怒语的发音、语法等进行分析，是我们了解怒语语言的重要材料。江应樑《西南边区的特种文字》（第四卷第1期），也是关于西南边区少数民族文字研究的重要论文。邱纪凤《滇黔边境苗胞教育之研究》（第四卷第9、10、11、12合期），对滇黔边境苗族的教育背景、教育演进、教育近况、教育课程、教育师资等方面的问题进行论述。劳贞一《西南边疆的宗教改革问题》（第六卷第3期），对西南边疆的宗教状况及应采取的宗教政策进行论述。

此外，谭方之《滇茶藏销》（第三卷第11期）一文，对云南普洱茶的功效及采茶过程，销往西藏的历史及应注意事项等做了论述。《边政公论》还收录了《黔滇边境土司筹设开发黔西富源》（第一卷第3、4合期）、《滇缅南段界线划定》（第一卷第1期）等边政资料，是我们了解当时历史的重要文献。另，袁复礼在阅读洛克1947年所著 The Ancient Na-Khi Kingdom of Southwest China（1947，哈佛燕京研究院专刊第八种，由美国麻省剑桥哈佛大学出版部印行，原文为英文。）一书后，撰写了该书的书评《西南徼之 Na-Khi 古国》（第七卷第4期），对洛克所著一书的写作背景及主要内容等做了简介，是国内学者较早关注评介西方学界有关云南边疆研究的论文。

《边政公论》中关于云南边疆民族研究的论述关切面较广，阐述也较为透彻，资料搜集与辨析亦十分详细，对于推进国人对云南边疆民族问题的认识及思考解决云南边疆民族问题的途径等，具有重要的借鉴意义。虽然《边政公论》是由南京国民政府蒙藏委员会下属的研究团体所主办，所载的一些论著不可避免带有时代色彩，以及南京国民政府边疆观念、民族认识方面的局限，但是大部分论著仍是相关学者基于事实的客观考察成果，所论关于云南边疆民族问题的一些主张，在今天看来亦不过时，仅时代学理及国策的表述等不尽相同。因此，对于这些研究，一方面要对其进行深入、系统的探讨，以从中汲取有益养分；另一方面，也需要运用唯物史观，对相关内容进行辩证解析。

总之，云南地理空间广阔、民族分布众多，在抗日战争时期，既是抗战的大后方，又是抗战的前线，对这一时期云南边疆民族的研究和认识进行较系统的梳理，有其特殊价值，可为学术界深入认识近代中国社会转型的多维复杂面相、边疆民族与中国国家建设的互动关系等提供一定的参考。

基于上述思考，本书选辑了《边政公论》刊载的有关云南边疆民族研究的文章。为了方便学术界同仁选读，根据所选文章内容，做了大致归类，分为三编。所选辑的相关文章，均以保持原貌为原则。当时前辈学者在行文中对一些古籍或简称，或引文做了缩减，为尊重原貌，不做补充。对前辈学者在行文中使用的少量标点符号，按照今天的习惯和标准，做了适当调整。除有少量残缺或字迹不清者，均用□号标明，原有的一些涉及歧视性的个别带有"犭"的字，均改为今天通用的文字；同时，对一些明显的错漏之处，做了必要的修改。

本书的选材难免挂一漏万。并且，由于编者学识的浅陋，也难免存在整理不当的错误。对此，敬请识者教正。

段金生

2022 年 6 月 29 日

目　录

第三编　云南边疆地理、政治、文化及其他

第一编　云南边疆民族的
源流及演变

西南民族考释

丁　骕

第一节　哀牢

一、传说

《后汉书》与《华阳国志》皆载哀牢夷事，据国志说：永昌郡为古哀牢国，哀牢山名，有妇人名沙壶（《汉书》作"沙壹"），捕鱼水中，感沉木而孕（沉木者：朽烂而心节独在，置水中则沉，故名曰沉香。见《梁书》卷五十四），十月产子十人，沉木化为龙，九子惊走，小子不能去，陪（《汉书》作"背"）龙坐。沙壶与言语，以龙与陪坐，因名九隆。（《后汉书》称：其母鸟语，谓"背"为"九"。谓"坐"为"隆"，故名九隆）。即汉语陪坐之谓。（苗谓"坐"为"重"，似隆之带浊音。倮罗称背为 Gabo 音近甲八，又作九达 feoda 称坐为 Wan 为 Lan 皆不类），[注一] 后牢山下复有夫妇生十女，妻九隆及其兄长，乃有人类。南中昆明夷以哀牢为祖，邑居，散在溪谷，衣后著十尾，臂胫刻文。（《汉书》称象龙文）

又据《哀牢传》称：蒙伽独捕鱼易罗池，溺死。其妻沙壹往哭，感沉木而孕。牢山下有大妇名奴波息，生十女。立为十姓，即董、洪、段、施、何、王、张、杨、李、赵。居九龙山溪谷间，分九十九部，即后之南诏所自出。

杨慎《滇载记》则以低牟苴代蒙伽独，不称沙壹为妻，而称之为妇（疑为儿媳的意思），《白古记》中载骠苴低娶欠蒙亏为妻，生低蒙苴，苴生九子。蒙苴笃为第五子，当即哀牢传中的蒙伽独。第九子为白蛮之祖，第十子为哀牢之祖。

由这些传说考察，可知其中母题与夜郎竹王（见《华阳国志》）及倮罗的阿槎传说相近，而其中的特质是"十"数，龙，文身，及居河谷四点，其中文身于臂胫，南方民族中黎、僰、曲子。缅甸的瓦剌、野人，及Chin人中都有此俗，汉书所说的昆明夷以哀牢为祖一点。甚值注意，因为汉时嶲昆明是西番人，前已言之，建武十八年时，曾由滇王率领与姑复（古宗？）、叶榆、桥栋、连然、滇池、建怜等夷反。又《唐书》称昆明蛮为昆弥，以西洱河为境，人辫首，左衽，随水草畜牧，夏处高山，冬居深谷，尚战死，恶病亡等等。皆与汉时嶲昆明的"编发随畜迁移"及冉駹俗符合。其后又有昆明夷攻哀牢的记载，故似乎有两个昆明，一在滇西，一在滇东。在滇东的是以哀牢为祖的昆明夷。又《新唐书·南蛮传·松外蛮》称：自浪渠以下，古滇王、哀牢杂种地。故以地域而言，今宁蒗县以南，古为哀牢地。但以滇王也是哀牢一点，似有误。因为滇民族《汉书》上说得明白是椎结，有邑聚，耕田，文化完全不合。故汉时滇国在云南东部，哀牢在西部，可为一大致的分布状况。

还有一段传说是英人Metford的记载。她说相传掸国王有名Kun Gee Pan Kam的，雇园丁治圃。园丁的子与某女悦，而女实为龙的化身。后成夫妇，三年龙女欲返家，赠卵一枚，生下儿子，名为丁隆。丁隆妻公主，为国君，与中国战，败后走缅甸的景迈，即古时八百媳妇，又称白景迈。这掸人的传说，近似哀牢的传说。一为龙男，一为龙女，一为九隆，一为丁隆，自然传说也可以被抄袭的，掸人也许会抄袭古哀牢的传说而改头换面据为己有。这段记载与前记哀牢的沙壶传说，又见于大理三灵庙碑文，碑为杨安道笔迹。摘要如左——（《西南边疆》第十二期）

（一）三灵者，一灵为吐蕃酋长，二灵为唐时大将，三灵乃蒙诏神武王（即阁罗凤）偏妃之子。

（二）三灵诞生时，为中宫阴谋所陷，弃于太和城道旁，有种种灵异。后长往吐蕃，率众伐太和，至德源，蒙诏乞和。后同二将举兵至摩用，弗胜，皆死。乃托梦赤佛堂院旁耆老，立庙祀享，能遍水利，除灾害，遂定星揆日（即星回节）每于四月十九日（即吾人之六月十九）阖郡祈告。

（三）异牟寻时封三灵为元祖重光鼎祚皇帝。

（四）院旁有长者乏嗣，默祷其圃，种一李树，结实堕地，化为女子，号白姐阿妹，为段宝瑄夫人（今有白姐庙）。

（五）浴于霞移江，见木一段，触阿妹足，乃知元祖重光，化为龙感而孕。

（六）将段木培于庭右，吐木莲二枝，生思平思胄，思平立，国号大理，追封母为天应景星懿慈圣母。

此段碑文表明段氏出处，前二节故示祥异，第四节显然与 Metford 所记的摆夷传说相同，而第五节则沙壶故事无疑。由碑文中可见白蛮段氏袭取哀牢及摆夷传说，合而为一，以表明其南诏子孙应继南诏而立。由此当可反证段氏之非南诏，亦即白蛮之异于哀牢也。

二、历史

据《国志》（应指《华阳国志》，引者注，后同）称：汉孝武时始通博南山，渡澜沧水。建武二十三年其王扈栗（《后汉书》作"贤粟"）遣兵乘算（一作箄）船，南下江汉，攻击附塞夷鹿茤。鹿茤迎战，大破哀牢军，杀其六王。二十年，扈栗遂率种人诣越嶲太守内附，其国东西三千里，南北四千六百里，户二千七百七十，口一万七千六百五十九。孝明帝永平十二年，哀牢王柳狼（《后汉书》作"柳貌"）内属，其称邑王者七十七人，户五万一千八百九十，口五十五万三千七百一十一。显宗遂以其地置哀牢、博南二县，建初元年，哀牢王类牢反，攻越嶲唐城，太守奔叶榆。哀牢三千人攻博南，邪龙郡昆明夷卤承（鸦袭西的西番）等击类牢于博南杀之。武侯平南赐姓赵、张、杨、李。

这段历史记载是否可靠，尚须检讨。以其王之世系而论，汉杨终的《哀牢传》云"九隆代代相传名号，不可得而数，至于禁高乃可记知，禁高子吸，吸子建非，建非子哀牢，哀牢子桑藕，桑藕子柳承，柳承子柳貌。"其中并无贤粟其人，尝读《新唐书·南蛮传·松外蛮》称"松外蛮数十百部……赵、杨、李、董为贵族。"则各姓与《滇南杂志》所载的哀牢诸葛赐姓，除董姓外，余皆相同。且杨氏《南诏野史》中董姓亦为哀牢大姓（见后），《宋史》中部落蛮，即唐三王蛮，有刘、杨、郝三姓。叙州三路蛮有僰侯国的董蛮及杨、罗、李的南广蛮（在叙州庆符县西），皆为哀牢。

贤栗南下所攻的鹿茤，不知为何种民族，以音近，遂有人疑为倮罗的（吴光宗）。箄船即编竹而成的船，南下江汉，亦不知何解，江汉疑为江阳之误。江阳即唐三王蛮地。又当贤栗内附的时候，户口甚少，及至柳貌，竟骤增至五十倍以上，时间相隔不过十六年，且二者户口数皆详细的数字，如五五三七一，一七六五九等，不似没有根据的笼统估计。想必作史者以永昌郡户口为哀牢民族的人数，故有前后不符的结果（当时益州郡有五十八万四百六十三人）。且贤栗所诣求降的为越嶲太守，考汉武帝元封二年已置益州郡，且光武帝当时能割益州地置永昌郡，更可知益州郡与永昌为比邻。贤栗如是哀牢王，应在永昌，何以舍近的益州，而远诣越嶲太守求降，殊为费解。又贤栗既败于鹿茤，遂谓其者老曰："我曹入边塞，自古有之。今攻鹿茤，辄被天诛，中国其有贤帝乎？天佑助之，何其明也？"由此可知鹿茤的位置界于中国地与贤栗之间，故名附塞夷。除非贤栗在今云南之北，方能乘船南下江阳而攻击与中国为邻的鹿茤，又能诣越嶲太守求降。不然，在永昌郡的贤栗再南下，岂不到了缅甸了吗？著者疑鹿茤为宋时的保塞蛮，为西番人。贤栗如果是位在汉源以西，即唐黎州以西，则南下大渡河，以攻大渡河的保塞蛮，亦可诣越嶲太守求降了。如此则贤栗部分的历史，如果不为误插入哀牢之中，则哀牢与西番将发生关系了。故在《后汉书》中显宗柳貌之时才设永昌郡，始通博南山渡兰沧水，而《国志》称孝武时即通博南山，渡兰沧水当作孝明方对。后类牢反，所攻的越嶲唐城，应作嶲唐，与越嶲为二地。

哀牢名字，自此即不见史籍，其后滇中民族，皆不称哀牢。如：

（一）据《后汉书》孝安永初元年，永昌徼外僬侥种夷陆类等内附，口三千，《括地志》称僬侥为小人国，在大秦南穴居，其地草木冬落夏生，当为距永昌甚远之民族。大秦疑即南天竺（DAKSinAPAihA）的音。而僬侥似指缅甸南部 Orakan 以南的人。《西域记》称其"人形小，容貌鼍黑"。

（二）永元六年，永昌徼外敦忍乙王慕近慕义遣使译献犀牛大象，敦忍乙疑为 Dnara 的对音，《汉书》的都庐国。九年，徼外蛮，及掸国王雍由调（一作曲调）遣重译奉国珍宝。后永宁元年，掸国王雍由调复遣使者献乐及幻人。幻人自言我海西人，海西即大秦，东通掸国，此未见有哀牢事，却已知有掸国。据凌纯声，此掸国当在伊洛瓦底江上游。

（三）元初四年，邛都夷大牛种封离反。五年，永昌益州及蜀郡夷皆叛应之，此永昌各夷未称哀牢。

（四）后多年无记载，至灵帝熹平五年，益州郡夷反据国志"遣御史中丞朱龟将并凉劲兵（青羌）讨之不克。……后拜李颙为益州太守……将巴郡板楯蛮军讨之，故当时羌氏遂入云南，（《后汉书》此节列于滇夷栋蚕叛乱之后，栋蚕为古保罗帅此处称诸夷，故或有其他民族在内）。

（五）三国时越巂叟帅高定元，牂牁帅朱提，益州大姓雍闿皆反，使孟获说夷叟（想必是板楯蛮之留于益州郡中的）。诸葛亮南征到白崖（即丽江境内的勃弄），杀雍闿，服孟获，移青羌兵万余家于四川，分其羸弱配大姓集。雍、晏、爨、孟、董、毛、李为部曲。由此记载，知羌入川滇的情形，所用大姓中孟氏为朱提夷属保罗系，爨为汉人同化于夷人中的，雍想必是掸民族。故自灵帝至诸葛亮南征时，不过五十余年，而掸民族已有为益州大姓的。

三、文化

《汉书》称"哀牢夷文身象龙文，穿鼻儋耳，其渠帅自谓王者，耳皆下肩三寸。[注二] 土地沃美，宜五谷、蚕桑，知染采文绣，（丝织）罽氀（毛织）帛叠兰干细布，织成文章，如绫锦。有梧桐木华，绩以为布，（即吉贝）幅广五尺……先以覆亡人，然后服之。……其竹节相去一丈，名曰濮竹。出铜、铁、铝、锡……"《国志》中比《汉书》多金、银、光、珠、琥珀、孔雀、水晶、琉璃、轲虫、蚌珠、翡翠、犀、象、猩猩、猫兽。邑豪岁输布贯头衣二领，盐一斛，以为常赋等字。

以记载中所说的物产而言为热带临海地域，其人文化程度颇高，工纺织刺绣，金属工艺，又有文身的风俗。以布覆亡人，为佛教习俗，由此可知该时永昌已受佛教影响，Limila 及 .W.WCochraue 以哀牢人贡贯头衣一点与今缅甸的 Karen 人衣类似。又见《庸庵笔记》说："老挝本哀牢种，遍于西南徼外，明史之老挝，不过其部落之一"。是则以哀牢为掸民族。又有以哀牢为濮的，证据不外由永昌郡产濮竹，而疑哀牢即濮，亦非可靠。

杨氏《南诏野史》之中，载有哀牢夷的姓氏，计有董、洪、段、施、何、王、张、杨、李、赵十姓，全非摆夷姓氏，而在民家人里面，则除

7

洪姓较少外，其余各姓皆是大族。故以姓名而论，哀牢实近民家，不过这些姓氏，是汉魏以后的赐姓，而本非哀牢或民家所有的。又明《百夷（摆夷即）传》中将哀牢与大小百夷等民族分列，显然为二，故哀牢不是摆夷。有以哀牢为僰的，似乎比较可信，证据如僰人侯国的董蛮，同哀牢姓氏等，以后我们讨论僰及南诏自称为哀牢之后各点时，即更可为之详细说明。

第二节　濮

《后汉书·哀牢传》称"始通博南山度兰仓水，有竹节相去一丈，曰濮竹"。《华阳国志》称"南中在昔夷越之地，滇越……以十数，编发左衽，随畜迁徙"；又称建宁郡谈豪县有濮僚，永昌郡有穿胸儋耳种，闽越、濮、鸠、僚，兴古郡多鸠僚，濮特，句町县其置自濮，王姓毋。永昌郡有裸濮。又澜沧江，据朱希祖《云南濮族考》称，即《汉书地理志上》的濮水。《明清职贡》（原文如此应指明、清两代的《职贡图》后同。编者记）说：永昌郡供濮竹，故澜沧江一带，实为故濮族的居地，因族名地，名物。遂有濮水，濮竹的称呼。又据《逸周书·王会解》称"商、产里、百濮以象齿、文犀、翠羽为献"；"伊尹为四方令曰：正南、瓯邓、桂国、损子、产里、百濮、九菌，诸令以珠玑、玳瑁、象齿、文犀、翠羽、菌鹤、短狗为献"。《明清职贡》记顺宁专贡矮犬。产里今作车里，又其所贡之物，多为热带之物，似乎濮民族居住这一带已经很久。一直到唐的时候，《南蛮传》称"云南徼外千五百里，有文面濮，俗镂面，以青涅之（文面）。赤口濮，裸身而折齿（成年礼），劓其唇使赤（嚼槟榔）。黑僰濮，山居如人，着贯头衣（俗同南平僚）统称三濮。又《唐书·松外蛮章》中记姚州西有濮子蛮，以青娑罗为通身裤，善用竹弓，入林射飞鼠，无不中。无食器，以蕉叶藉之。人多长大，负排持槊而斗。"

以濮名人，不仅限于云南，即四川、西康、湖北、贵州，亦皆有濮。武王伐纣时的八国中，四川巴中七姓内皆有濮，为楚蚡冒始启濮的濮人在今湖北境，《国志》载越寓会无（即会理）有濮人冢。又《蜀中广记》载寓以西有濮夷，在郡界千里，常居木上，作屋，此为康省的濮。在贵州竹王被杀后，夷濮为之请立祠，可见夜郎国中夷濮之众，此外江南尚有接近吴国的濮人，若皆认为与滇中的濮为同一民族，殊属费解。

古代濮人究竟是何民族，颇多疑问，或以为哀牢地为古濮地，其地产竹名濮竹，又同有文身穿耳的风俗，故以哀牢为濮。不过舍此而外并无他证。且以濮竹濮水证其地为濮，后转称其地因人得名，而又以濮竹证其人，实犯循环论证的错误。况即使永昌郡有濮，则民族杂居，亦为常有的事情。前面述及 Milenl 及 WN：Cochrene 以哀牢为 Karens（二氏又说唐代的弄栋音近 KAren，著者以为青蛉音似更近）。关于此缅甸民族，Lowis 说是摆夷，但 LacOnperie,T,de 则以为就是西爨之被徙置于永昌的边民。其逃往贵州的，称为仡佬，并非摆夷。今日居住在下缅甸一带的 Sgaw Kai-en 支自称 Paga-nyaw 其 pwc 支则自称为濮，或 Pa-na 其 Bghai 或 Bene 支，支名即为自称，音亦近濮。又 Karae 自述其祖先来自中国。《国志·南中志》称李恢迁濮民数落于云南建宁界，以实二郡（朱希祖又以濮为青羌，孔明移青羌入蜀）。又说凯（吕凯）子祥太康中献光珠五百斤，还临本郡，迁南夷校尉。祥子元康末为永昌太守，值南夷作乱，闽濮反，乃南徙永寿，去故郡千里，遂与州隔绝。就是记载 Karens 南徙的事，又有以濮人为今日居住顺宁的蒲蛮的。

综观以上各说，大都靠一濮字，而濮字常是译音，如摩索称地域为濮，故音近而实不同的事物也许会被译为濮，且古今各地，称外人为濮，未必皆根据同一标准，又可用为汛指称谓。故江西的濮，未必与云南濮意义相同。又濮当为接头字如仲家自称常有濮越（Bu-yuei）、濮龙（Pu-lung）等称呼。黑苗自称亦作濮音，凡用同一语言的几种民族，当然可以用同样的称谓。如暹罗人之称为泰国人，实已包含语言与泰相近的人在内。又受邻近泰语民族的影响，则未尝不可在名称上冠一濮字，故今日指濮为何种民族，恐怕很不容易了。

第三节　僰

《吕氏春秋·恃君览》

一、僰与濮

　　"僰"名始见于《吕氏春秋·恃君览》曰"僰西方无君之人"。《汉书·地理志（上）》的僰道地属犍为郡，即今宜宾、纳谿、屏山，为今日川滇主要交通线，为汉时僰夷所在的地方。到了晋时，僰道僰人已为汉人所排斥，故《国志（上）》称"僰道本有僰人"。后《元史·地理志》载云南民族有僰，今云南境内尚多僰人，分布于景东、云南、曲靖、开化、大理、楚雄、永昌，贵州普安等地。僰以语音论，近于濮，故朱希祖在《云南濮族考》中僰、濮不分，因而释僰濮为童仆奴婢，这点与目前的讨论无关，惟僰究竟是不是濮人一点，甚为重要。而除了音近而外，却实在找不出直接的证据。其间接的证据大率有二：第一即永昌郡哀牢国有闽濮、鸠濮人；若果哀牢即为濮，则只要证哀牢为僰，则僰就是濮，但是不惟哀牢是濮人的证据不足，即僰人与哀牢的证据也尚感不够。第二是朱希祖的见解，以为濮、僰两字从字义方面来说，完全符合，都是奴婢的意思，故二字实为一字，惟濮为初文，僰为秦时字，不过这种论证，只能适用于不是译音民族的名称，否则僰、濮音同，凡有 pwo pho pu 诸音的民族，在中文皆可译为僰、卜、濮或蒲，自不能断言其为同一民族。

二、僰与民家

　　僰人与民家关系甚为密切，均有事实可证，列之如下：
　　第一，今僰与民家语相同，由左列各字可见一斑！

音义	日	月	火	水	花	柴	头	手
昆明僰语	Mi tco	Mi wan	Hwri	Shiu	Ho	Shin	tapo	Sau
大理民家语	Ne pi	Miwa	Hwi	Shiu	Ho	Shin	tapo	Sau

第二，习俗与宗教信仰相同。（参阅江应樑《昆明境内的非汉系住民》文载于《蒙藏月刊》）

第三，名称相同。僰人古称白国，又作白子国。诸葛南征至白崖，杀雍闿，封白子王仁果十五世孙龙佑那为酋长，赐姓张，今称白儿子。民家亦自称百子，或白子。陶云逵译为僰子。（bertz）

第四，居地相同。民家人多住在大理到昆明的交通线上，僰子亦然，仅分布较广，西南到永昌、景东，东到贵州西部，都有僰人。

第五，今古史籍文献多称僰为民家的如：

甲　王瀚存 光绪十七年《赵州册报》称："僰人即所谓民家，多僰国后，张乐进之裔及赵氏段氏杨氏之后"。

乙　《皇清职贡图》："白人其先居大理白崖山，即金齿白蛮部，皆僰种，后居景东府地……又称民家子"。

丙　《维西见闻录》："那马本民家，即僰人也"。

丁　《百夷传》："大伯夷，熟夷也，男妇服饰近中华……男子剪发文身，妇人跣足染齿"。按小伯夷在景东、车里，与其西的大伯夷不同。

三、僰与羌氏掸人僬侥

僰人在四川的称西僰，《史记·司马相如传》中，亦作此称。《集解》徐广注"羌之别种也"。汉时开蜀故徼，巴蜀的人，窃出商贾，取笮马、僰僮、牦牛。又引注：《括地志》称笮为猫羌。朱希祖遂以僰、笮为羌，但《史记·偃父传》："今欲招南蛮，朝夜郎，降羌僰。"是则南蛮、夜郎、羌僰并举，似羌与僰，比与南蛮、夜郎更为相近。但除了徐广的注之外，没有人说羌为僰，只有说羌与僰相近的。

马长寿借音证称巴氏为濮，为卜，为僰。则僰人又成了氏。马氏更进一步说：氏为掸台语族，以氏为台，或泰，或歹。于是朱希祖所以说笮为羌，为僰人，为氏但服役于羌的民族。

董彦堂称："僰夷自称为台，台即古之氐，而氐在秦时为西戎之一部"。（见《边疆半月刊》《僰夷历法考源》）梁任公谓秦自称为颛顼之后，其有氐羌混血，无可疑义。江应樑说僰夷自称为 Dai"。（见《边疆半月刊》《云南西部僰夷族之经济社会》）

《皇清职贡图》称："僰夷一名摆夷，汉为巨箕甸，唐为步雄，嶍峨二部。"为以僰作掸民族的记载，与上述马、董二氏的说法意义相同。不过，僰夷绝不是摆夷。第一，因僰人是民家，而民家语言不同摆夷。第二，民家语与古白蛮语相同，白蛮语不同摆夷语（见后白蛮节），故知僰人不是摆夷。但被混为摆夷[注三]，至今尚不能清楚分辨出来。其被混原因有数点：第一，前人因僰与摆夷杂处，且僰自称为歹，效法泰语约民族，夜郎自大的称呼。且既经同处，文化程度又相接近，习俗衣饰，遂多互相传播，所以从外表上，看不出大的区别。第二，今人因循前人的错误，先已有僰人为摆夷的成见，故遇记述僰人或摆夷的时候，不为之分划。因之单靠他人记载来讨论僰人摆夷，如不小心分析，必定有很大的错误。或误僰为摆，或误摆为僰。第三，一直到现在，似乎除了一、二人外，尚未有人积极地检讨僰、摆的问题，实地加以调整。

此外有一二片段记载可在此一述。陆次云《峒溪纤志》称："㑩，僰人后，住元谋。"又称："僰人披毡衫，以六月二十四日祭天。……与庐鹿同风。"是又以僰人为保罗人之后。

元《异域志》称："僰……名焦侥，其国则中庆、威武、大理、永昌等府是也。"焦侥三尺短人，史籍记载很为明白。汉永初元年，内府又昆仑奴，樊绰《蛮书》称："昆仑国北去西洱河蛮地八十一日程。又凉水之西南，至龙河，复南行至青木香山，又南至昆仑，凉水，香山在永昌南三日程。"又有南诏攻昆仑，被昆仑决水所淹等记载。伯希和谓高黎贡山一名昆仑冈，似僰人又与焦侥及昆仑发生关系。

综观以上各种僰人学说，除僰与民家证据确切之外，其他各说，均无充分证据。

第四节　两爨及南诏

一、史实

云南在南北朝时，为爨氏所统治，官南宁太守。梁元帝时（552—554年），年有爨瓒其人，统治云南东部，凡二千余里。唐高祖时，其孙宏达，受任为昆川刺史，其后爨分东西二部，东爨首领为盖骋、盖启，西爨为归王。东爨所统治的地方点在曲弥川、弥鹿川，南至步头，作南北走向，在今云、贵，滇、桂交界，南至红河。西爨所统治的地点在曲靖、宣城、石城、昆川、曲轭、曲宁、喻献、安宁。至于龙和城，即今日由曲靖至于禄丰的东西地带。到了开元时，西爨归王杀了东爨首领盖氏父子，并有其地，用其兄摩谦的子崇道治理曲轭，用崇道的兄弟日用日进治理安宁城。

这时在爨氏统治地之西北的，有徙莫祇蛮、俭望蛮、大小勃弄等乌、白蛮，都在贞观二十三年至永徽初年间（649—650年）为唐所平，设了傍、望、览、邱、求五州。先属朋州，后更名为戎州。

在爨氏以西的部落甚多，其大部有六，又称六诏。即：

（一）蒙嶲诏　在龙口城（即今下关）南，礼社江流域。蒙舍城以北约一日程，蒙舍即今蒙化。

（二）与（三）浪穹诏邓睒诏原为一诏，后诏主丰时丰咩分据二地，遂成二诏。邓睒在洱海西北的邓川，浪穹即今洱源。

（四）施浪诏　在洱海东北

（五）越析诏　在宾居，即今宾川县西南，在囊葱山西约一日程。

（六）蒙舍诏　在各部以南，故又称南诏。

其他小部落甚多，容后再论，其中时傍及矣川罗职二部尚属重要。

在玄宗先天元年（712年）时，爨部骚动，元宗命云南王蒙归义讨伐。这时蒙氏早已篡了白国王的位[注四]，而蒙归义已经并了蒙嶲诏[注五]，受封云南王，遂进兵波州。爨道又杀日进，害归王。归王妻阿姹[注六]，本是乌蛮女，遂奔父母。爨自乱，阿姹又求救于蒙归义，阿姹子守偶代归王为南宁州都督。后又互相攻伐，归义遂进兵破昆川，至曲轭川、崇道南走黎川，阿姹遂为乌蛮王。当归义讨伐之初，其子阁罗凤已为大将，阁罗凤遂将西爨二十余万徙置永昌。

蒙归义于开元元年攻石桥城，二十五年（737）逐洱河蛮，据太和城。乌蛮谓"山上"为"陂陀"，音讹为"和"，意即山城。数月又破苴咩，据大厘城，筑龙口城。苴咩即邓睒诏，丰咩为御史所杀，后其子呼罗皮代为刺史，为蒙归义的甥，与蒙归义联合伐静河蛮，遂有大厘城。归义乘不备袭之，取大厘城，咩罗皮退回邓睒，联合施浪、浪穹兵，抵御归义。三浪兵皆败，归义又占邓睒，咩罗皮退野共川，死。传子皮罗邆。

开元十年（722年），蒙归义灭越析诏。《唐书》及《蛮书》均作贞元十年，必系开元之误，因贞元十年蒙归义已死四十余年了。越析诏本在宾居，其诏波冲妻与白蛮豪族张寻求通，谋害波冲，又为御史所杀。波冲子于赠，东北渡泸（即金沙江），邑于龙法沙，吐蕃谓之双舍。其统治的部落称为杨堕，即今麽些。蒙归义追至金沙江边，隔江筑城，其子阁罗凤，自将兵破杨堕，于赠失援投泸水死，蒙氏遂并越析。

开元初年，蒙归义率子阁罗凤又破施望欠。施望欠即施浪诏，开元时，阁罗凤破石和城，俘施各皮，施浪大震，遂联合丰咩咩罗皮，同伐蒙归义。又败，遂退保苴和城，又为阁罗凤所败。施望欠奔永昌，阁罗凤以兵顿澜沧江，施望欠大惧，以女嫁蒙归义，遂允其渡江，终于蒙舍。施望欠既败，阁罗凤之岳父时傍（蒙归义之婿，一作外甥）入居邓川，招集上浪人数千户。

天宝七年（748年），蒙归义卒，子阁罗凤立，猜忌时傍，时傍徙居于白厓城，与剑川（即上浪）罗识谋自立为诏。阁罗凤杀时傍于石和城，罗识投吐蕃，又俘皮罗邆之孙颖之诧于剑川，徙于永昌。天宝十一年（752年），阁罗凤受吐蕃封为赞普钟，号东帝。

大历四年（769年，《唐书》作十四年）阁罗凤死，孙异牟寻立，破浪穹诏，诏主在蒙归义时代原为丰时，传子罗铎，罗铎又传铎逻望，号剑浪，为归义所败，由洱源剑源奔剑川死。子望偏立，传子罗无罗君，贞元十年为南诏所杀，徙永昌。异牟寻归唐，破吐蕃，取昆明城（今盐源），又破施顺蛮、芒蛮，据有云南东北部。

由此可知，南诏之并吞其余五诏，征服东西爨，皆蒙归义及阁罗凤的功劳，全功至异牟寻时代，方才完成。计由玄宗元年（712年）至天宝七年（748 年），蒙归义在位凡三十六年；由天宝四年（745 年）至大历四年（769 年），阁罗凤在位二十一年。

南诏先世传为骠苴低，音与孔雀王朝的 pyo.soti 近，三十七朝（一作三十五世）至蒙舍龙，适为唐初。《唐书·南诏传》称在唐初有蒙舍龙，生伽独龙，伽独龙生细奴逻。《蛮书》则称南诏异牟寻八代祖舍龙，生龙独逻，亦名细奴逻，所谓八代，据《蛮书》实为七代。

蒙舍龙—龙独逻—罗盛炎—$\begin{cases} 盛罗皮 \\ 炎阁—阁罗凤—凤伽异—异牟寻 \end{cases}$

若据《唐书》则又有九代：

蒙舍龙—伽独龙—细奴逻—逻盛炎—盛逻皮—皮罗阁—阁罗凤—凤伽异—异牟寻。

《唐书》较《蛮书》的记载，多出伽独龙及皮罗阁二代。按高宗时入朝者为逻盛炎，二书说法皆同，亦俱称其行次姚州，闻妻生子，曰："吾且有后，死于唐地，足矣"。子名盛逻皮。盛逻皮据《蛮书》系于开元初嗣位，受封于台登郡王，知沙壶州刺史。其长子为阁罗凤，系炎阁义子，故名从炎阁。而《唐书》中别称开元初，盛逻皮立，死，子皮逻阁立，于开元二十六年受封为越国公、台登郡王，赐名归义。又称开元末，皮逻阁逐河蛮，其后破洱河蛮，以功策受云南王，而《唐书·两爨蛮传》竟称元宗命蒙归义讨崇道，前后自相矛盾。元宗初，距开元二十七年凡二十九年左右。此点《蛮书》亦作元宗初，命蒙归义讨崇道。故皮逻阁一代之存在与否，甚可怀疑。且阁罗凤系名从炎阁，亦不背南诏父子连名制度，加一皮逻阁，反不能以自圆其说。且由封号方面，知细奴逻为高祖奇嘉王，逻盛炎为世宗兴中王，盛罗皮为太宗盛成王，阁罗凤为神武王，独其中的皮罗阁无封号，岂非奇事。故疑皮罗阁一代为好事者所擅加。

《唐书》中的蒙归义立及卒年与《蛮书》的蒙归义相同惟二书俱称元宗时命其讨伐崇道，想必开元初立的说法又是误记。或者诏命在前，及至云南则原王已死，子继立，封号系后加的，作史者不察，遂直书命蒙归义讨伐了。

关于伽独龙一代，仍以从《蛮书》为宜，故《蛮书》所谓"八代祖"舍龙，应为"五代祖"舍龙，方符事实。以王位传递而论，实止六传，因其中凤伽异先阁罗凤死的原故。

　　南诏与乌蛮世为婚姻。查南诏本哀牢种，"贞元中献书□□自言本永昌沙壶之源"（《蛮书》第三卷）。与乌蛮婚姻的关系起至归王。《蛮书》称阿姹诣"乌蒙舍川求救"之乌字，似南诏亦为乌蛮。《蛮书》又称"阿姹男守隅代归王为南宁州都督，归义仍以女妻之"。其中"仍"字已暗示先此已有婚姻关系，惟无从查考。

　　其后阁罗凤女妻乌蛮中独锦蛮李氏，李氏亦以其女妻异牟寻。普通南诏即指异牟寻，方有"南诏与乌蛮世为婚姻"的说法。故由此推想，南诏似为哀牢一支，因政治婚姻关系较近乌蛮。

　　南诏所统治的民族甚多，有乌白蛮，亦有其他民族，今一一考订其民族及地点如左：

　　（一）乌蛮

　　（甲）独饰蛮　姓李，在秦藏南，去安宁两日程，当为今日通海玉溪一带。系阁罗凤从西爨以后移入该地的。唐天宝中李氏曾为蹄州刺史。

　　（乙）长裤蛮　在剑州，本属浪穹诏，俗皆衣长裤，衣牛羊皮，南诏破剑浪徙之施顺蛮地。

　　（丙）施蛮　在铁桥西北（今巨甸），大施体施睐、欽寻地，王寻罗，南诏徙至蒙舍，其人妇人从脑后分其发，当额并顶后各为一髻，男女裸身跣足，披羊皮。

　　（丁）顺蛮　初与施蛮杂居，因哶罗皮退兵剑、共二川，顺蛮徙居铁桥以北，其地名剑羌。在欽寻睐西北四百里，王名傍弥潜，为异牟寻所虏，置白崖，部落仍居东北诸川。

　　（戊）磨蛮　铁桥上下，大婆、小婆、三探览、昆池等地皆有。土多羊群，终生不洗手面，皆披羊皮，好歌舞，饮酒，本姚州部落所属，南诏破吐蕃及昆池，虏获万余户徙昆川及西爨。故地在两林南二百里。

　　（二）白蛮

　　（甲）弄栋蛮　原在姚州，后迁磨些江侧（金沙江在剑川东的一段），及剑川、共川。异牟寻收复弄栋，迁徙其人至永昌。

　　（乙）青蛉　本在青蛉县，首领尹氏，后为南诏清平官，其人言语衣服，与蒙舍略同。

　　（丙）栗粟　两姓，蛮雷、蛮梦蛮，皆在台登城，为乌、白蛮。

　　（丁）河蛮　本西洱河人。蒙归义取大厘城，河蛮归化浪诏，贞元十年浪诏败，又徙柘东。即今民家人。

（三）其他

（甲）裳人　本汉人在铁桥北。

（乙）芒蛮　在开南。"芒"为君号，后徙永昌城南，先过唐封，以至凤蓝茸、芒天违、芒吐薅、大睒芒、昌芒、盛恐芒、薜芒、施芒。皆接居，无城郭，藤篾缠腰，红布缠髻，妇人披五色莎笼，象耕。又在安南苏历江亦有，即懵或 talaing 今之瓦刺是。今云南南部地尚多有芒字，如芒市、芒遮板等。

（丙）磨些蛮　与南诏为婚姻家，又与越析诏姻娅，在施蛮外。

（丁）扑子蛮　在开南、银生、永昌、寻传四处，西北近澜沧江亦有。以青婆罗段为通身裤，用白箕竹，深林间射飞鼠无不中。（Blow pipe）

（戊）寻传蛮　披虎皮，跣足持弓挟矢，射豪猪，每战以笼子，笼头如兜鍪状，江南将军士取此蛮肉为炙，俗似今日的野人。

（巳）裸形蛮　又称野蛮。在寻传城西三百里，窠居，作揭栏舍屋，多女少男，衣木皮，一夫多妻，用弓，为采集社会。疑为今日的野人。

（庚）苴子蛮　在兰沧江西，归义所讨定的。马上用枪，衣短甲，南诏出兵以为前驱。即今蒲蛮。

（辛）望蛮外喻部落　在永昌西北，长排持稍，用木弓毒箭。妇人有夫者竖分两髻，无夫者顶为一髻。地产沙牛。妇人嗜乳酪。

（壬）黑齿　金齿、银齿、绣脚、绣面，诸蛮在永昌开南，有文身刺面的风俗。属西安城。

（癸）穿鼻　长鬃，采峰蛮，皆在柘东南。壬癸二种，疑为摆夷。

二、南诏的文化

南诏男子披毡，衣服类汉人，头囊特异。王族以红绫，其余用皂绫绢。缝为角状，（析髻）刻木如楔蒲，实角中。总发于脑后为一髻。取头囊包头，结于髻上。下级不戴囊，角当顶作髽髻，披毡皮。贵绯紫两色。得紫后有大功则得锦。又有殊勋，则全披虎皮；次功，背胸得披虎皮，无袖；又次，则胸披虎皮。曹长以下，得系腰带，谓之金佉苴。南诏称虎为

"波罗"，皮为"金"。今夷谓虎为 Lamo 皮、为 GiGo，从其文法，应读为"基石罗莫"，近似南诏所说的金波罗的讹音。

1. 妇人不施粉黛，贵人以绫饰为裙襦。上披方幅饰为两股。辫发为髻，髻耳上多珠饰。

2. 王有妻妾数百人，谓之诏佐。清平官有数十人。婚前不禁男女来往，婚后有犯，男女皆杀无赦，或充军。

3. 每年十一月一日盛会，以建寅为岁首。贵人以箸食，贱者以手持食。（如今印度人）交易以缯帛幂计算。一尺等于唐尺一尺又三寸。一千六百尺为一里。一幂等于唐尺四尺五寸。

4. 田谓之双，等于唐五亩。

5. 葬则白蛮土葬，乌蛮火葬，俱于三日后举行。乌蛮人收死者两耳贮瓶中，南诏家则贮以金瓶。

6. 南诏父子连名，如炎阁、阁罗凤、凤伽异、异牟寻、寻伽独，可以为例。这种连名制，乌白二蛮、麽些夷人都有，爨夷也有，摆夷则未之前闻。以常理推测一个民族，可以吸收外来文化，但命名方法，常难更异。故民族共有的制度，绝不易互相传播而来的，除非有特殊原故[注七]，故除了断定他们是一个来源之外势必就要假设他们各自单独发明了。

南诏官制甚为进步，惟《唐书》与《蛮书》记载并不完全符合。

称王曰诏，王母曰信麽，亦曰九麽。妃曰进武信麽，妻妾谓之诏佐。王自称曰元，称下属曰昶，有清平官六人，推一人为内算官，司文书。

有大军将十二人为武职，有功得为清平官。

外算官两人，由清平官或大军将兼。

有同伦判官两人，司判官记录，转曹长执行。

有曹长六，司兵、户、客、刑、工、会等曹。又有断事曹长，军谋曹长同伦长。曹长有功，得迁为大军将。

有羽仪长八人，为王心腹亲信，出入得佩剑。羽仪皆以清平官子弟充任。又有负排，用杂苴子充任，为保卫王及大军将的卫士。

都督治兵万家，理人官治千家，总佐治百家。兵为征兵制，皆各户自理，无官饷，家有丁壮编为马军。即今日保甲制度。

《唐书》中所记的清平官分为九类，有酋望，大、中、小府，皆不见于《蛮书》。想系后来官制更为复杂。又有六节度使，治理弄栋（大姚）、银生（因远坝）、剑川、柘东、丽水及永昌，后改为云南、宁北、柘东、永昌、镇西、开南、银生七节度。又有二都督，治会川、通海。又有六睑（Xien），计太和阳苴咩，合称阳睑，大厘称为史睑，邆川谓之睑睑、蒙舍睑，白厓谓之勃弄睑，后又增邓川、赵川、云南、吕濒（祥云东北）四睑，到了宋时增多十七睑。（按"睑"为僄罗语，摆夷的行政区域亦称睑。）宋时的十七睑，皆在洱海之南，如威远睑在今普洱，车里即昔之 Xien yun，亦名 AlarirAttha，八百媳妇即为景迈 Xien ma。

南诏所用语言实为僄语，南诏称王又作骠信。骠（Pyu）为缅人称王的字，"骠信"即"君王"的意思。"王母"为"信麽"，僄语称"母"为"麽"，王为"信"。"妃"曰"进武"，僄人"妻子"之谓。到了元代，大理国又有"信苴"的称呼，曰（一作日）段实常称为"段信苴日"，《蛮书》称"苴"意为"后"，蒙阁劝称"骠信苴"，意即"英俊王君"。

南诏文字据杨慎《滇载记》书后称："求蒙段之故于图经而不可得也。问其籍于旧家藏，传西岩有《白古通》《玄峰年运》，其书用僄文"。又释寂裕刻《白国因由》，书末云："因僄字难认，故译僄音为濮音"。故南诏用僄文注汉音，或即假借汉字而成僄文，也未可知。惟南诏立国后因白蛮汉化较强，故用白蛮为官吏者颇多，文字或即因之而杂有僄文。

由上述各种情形观之，南诏系出哀牢。而哀牢之关系实较近乌蛮（即藏缅语系民族），故即通婚姻于独——锦蛮，又通婚于摩些，且取助乌蛮以抑白蛮。惟立国既久，白蛮汉化较深，南诏不免受其同化，终至于失国于白蛮之手。

第五节　白蛮及民家

白蛮即古白子国。白子国王仁果，据 Gerini B, E[注八] 称为摩揭陀王 Sri, Dharmao KA 第五子白饭王 Sukladhnaya.raja 之后，治白崖。时为纪元前一二二年。至诸葛伐雍闿，已传十五世（为纪元后二二四年）。至唐时，其为爨统治的称西爨，分布不过龙和城，其独立的部落在蒙舍的为蒙氏所篡后，阁罗凤以兵协两爨，徙之永昌，故永昌之南才有白子。其他不受西爨统治的，有河东白蛮、青蛉、弄栋，姓张、王、李、赵，后为南诏徙置柘城。而民家为白饭王后裔。白蛮即民家，其证有二：

第一：由地域而言民家，今日的分布，显然与唐时西爨白蛮相符。且与爨人的分布亦相同。西爨所在曲靖、昆明、马龙、晋宁、澄江、安宁一带，今皆有爨人及民家。

第二：樊绰《蛮书·六睑篇》所载蛮语十六字，七字同民家，而皆异于摆夷。又凌纯声比较白蛮语与 Karoms 语，十一字中有八字音相近。[注九]

民家人，摩索人称之曰那马。据 Davir 研究其言语，谓其中百分之四十三为汉语，百分之三十三为藏缅语系，百分之二十三为㤚克语，仅百分之一为掸语。而民家四周没有㤚克语的民族，故疑为其本身的语言，说他们近于瑶语。丁文江称民家人为大理国的贵族，与汉人混合的种族，前述南诏时已提及，南诏用爨言语文字。继南诏为王的赵氏大天兴国、杨氏大义宁国、高氏大中国、段氏大理国，无一不是民家人。其中，大中国高氏行父子连名制，如高智升、高泰升、高泰明、高泰清。大理国段氏，据邵沅平《续宏简录》称："石晋天福二年，有白人段思平者，……国号大理。"可见段、高全属白蛮，即爨，亦即民家。今大理城北圣元寺有杨黻咏苍洱境碑文，为民家词曲体，体裁通篇为七、七、七、五句法，同今民家弹词。其中，所用词如"阿鳎鳎""阿园园"皆民家语，"阿"即"一"意，全文用韵、叶二四两句，全为民家音，以汉字书写，若照汉字读则不协韵。

民家人口，约为一百六十万人，分布于昆明至大理沿途各县。最北者如维西、云龙。最南的到永昌，以大理为中心。昆明一部为南诏别都鄯善之部，与汉人通婚，故汉化极深。

第六节　结论

由上所述，可得下列的结论：

第一，哀牢、爨、濮、南诏、白蛮及民家，皆非摆夷。

第二，爨即白蛮，亦即民家。

第三，濮人不可确知，暂留作以后的探究。

第四，哀牢与乌蛮的关系，比与白蛮接近，故哀牢直系的南诏，当较近于藏缅语系民族。

第五，南诏文字中有袭取白蛮的一部。

第六，今民家语有百分三十以上藏缅语，缘由两爨及南诏两时代接近乌蛮及哀牢而来。南诏以后白蛮所建国，虽仍保留汉人的姓氏，名字则变俗而从南诏，以父子连名为制，修改并合各传说哀牢说以定名位。

三十年七月十三日

稿成之后，拜读闻宥君之《哀牢与南》诏（《边政公论》一卷二期）益增余之自信。惟对闻君所称古哀牢即今怒子一点，尚不尽以为然。

骈后记　三十一年元旦

注释

［注一］文成后，见闻宥《哀牢与南诏》《边政公论》一卷二期，谓此九隆与怒子语相合，是藏缅语系之音也。

［注二］《丁格尔游记》称民家人鼻大耳长，皮肉较黑，或是哀牢贵族长耳的由来。

［注三］江应樑、董彦堂所记之僰，皆为摆夷之记载。因在同一区域，凌纯声说只有摆夷，而并未提及僰。且江应樑注中引梁任公粤中人多摆夷血的话，将"摆夷"改为"僰"字，故拥夷与僰在江应樑心目中显然为一个民族了。

［注四］元李京《云南志略》："张氏仁果……传三十三世，至乐进乃为蒙氏所灭"时，当细奴逻在位。

［注五］蒙嶲嶲辅首卒，无子，源罗子年弱，及照源在南诏，蒙归义俘照源及源罗子，并其他。（《蛮书》）

［注六］倮罗称"女"为"阿姹"。

［注七］段氏父子各系从南诏俗，因段氏本有姓，故仅连名而已。

［注八］Garini,G,E,Res Arches on Ptolemy-s Ggoqrap Hy Ok EAstain Asia Asiatic Soc, Monov,volol" 1909.

［注九］凌纯声《乌蛮白蛮考》（应为《唐代云南的乌蛮与白蛮考》，编者），《人类学集刊》第一分。

中央研究院历史语言研究所
第一卷　第七、八期　1942年3月

西南民族考释之二

丁　骕

第一节　古蜀国

四川汉时有巴蜀两个国家。据马长寿研究，大致以涪水为界，蜀在西，巴在东。巴又作巴氏，非属同种。蜀名见于武王伐纣时八国中。汉时大部在川西。据马氏的推究，认为是松潘的土著，移入平原中的。

"蜀"字的意义，很值得研究。朱希祖以为蜀，即古蚕字，著文为说（见《学灯》〈渝版〉四十四期）。似乎比较牵强。孙次舟以为蜀、叟既相同[注一]，今僳罗自称罗苏，亦简称苏，其音与蜀、叟皆相近，故认为蜀及僳罗古国的一证（《星期评论》二十二期）

据《华阳国志》："周失纲纪，蜀先称王。有蜀侯蚕蚀，其目纵，始称王，死作石棺石椁，国人从之，故俗以石棺石椁为纵目人冢。次王曰柏灌，次王曰鱼凫，王田于湔山。（在松潘西北，即泯水，又作江水。湔山当水前。又青阳降居江水。《大戴礼·帝系篇》作"泯水"。）……后有王曰杜宇，教民务农。……移治郫邑，或治瞿止。……号曰皇帝，更名蒲卑。……遂禅位于开明帝。……号曰丛帝，丛帝生卢帝[注二]（卢鹿）……卢帝生保子帝"。杜宇称帝之时，在秦惠王时，蜀灭于惠王后九年。故杜宇即为蜀之最后帝王，其后开明等帝，不能符合史实。想必民族起源的含混传说，为华璩所采用。因此，即杜宇以前各帝，亦未能深为相信。皇帝杜宇，据《元和志》称"皇帝理汶山"，即今岷山。后来移治于成都平原的郫，在今郫县之北。这段记载，似乎各书尚无冲突，也因为他们由山地进入平原，方能务农。此外杜宇的宰相开相传有治水的功劳，在成都平原居留的民族，治水为其先决条件，故于理也说得过去。惟有后来效尧舜禅让等等记载，悉系汉人伪造的。

《华阳国志·南中志》称："夷人大种曰昆，小种曰叟，皆曲项本耳环铁裹结"。"昆"据《后汉书》说，"文王为西伯，西有昆夷之患"。所谓西方的昆夷，似乎就是西羌。而叟又称氐叟，似乎所谓大小夷人的昆与叟就是羌和氐的别称。那么古蜀的人民就该是氐人了。扬雄《蜀王本纪》记载蜀的文化说："蜀人椎髻左言（即椎髻左衽），不晓文字，未有礼乐。"所谓椎髻，在接近蜀的西南夷中，惟有保罗有这种的特质。西番人编发，故俗不相似。且据《汉书·郡国志》则苏祈（苏尔）、姑复二县，苏祈叟夷，皆属越嶲。则以地域来说，与唐时及今日的保罗分布都相符合。那么，古蜀的人民又似乎为保罗了。

蜀侯蚕丛，其目纵一点，被引为诺尔的眼睑。似乎过于附会。孙次舟认为言其目纵，"当为故称其俄视无常，以显其非凡而已"，想来比较合乎情理。因为所谓"目纵"，就字面意思，只是说眼睛竖立，而不是横放。如果牵强谓之为三棱眼，则传说中青面獠牙的人，不就该比拟于的下颚突出的类黑人了吗。所谓石棺石椁，马氏认为乃蜀的文化特质。这一点，孙氏说得很明白："今日四川发现的石椁墓葬，多属东汉末年之物，尽为汉人中之贵族的墓葬。……华璩，晋人也，盖见东汉之石椁墓葬，因逆测古蜀王亦当如此"。而且不仅如此，汉墓之中，棺甚少见，著者所见的惟一石棺，上并无文字，然棺面刻有楼台花纹，墓中甬当之类，为汉物无疑。有时墓中常多瓦罐，疑当时人有用火葬的，故早年蜀王石棺石椁，可以说是证据很少。这里牵涉到僚的种属问题，若僚是保罗，而古蜀亦为保罗，那么自秦以来到六朝，四川西部为蜀，六朝时称僚，唐称蛮，当为一个民族，居地大致不改。许多问题也即被这比较简单的民族历史掩盖了。如果僚不是保罗，蜀是保罗，则历史上必须有数次民族地域的重大变改。此外还有一个可能，就是蜀既不是保罗，又非僚而是氐。则推髻的风俗，邑聚、耕田的风俗，都不相同。故著者只好将自己的两点意见略列如下：

一、《华阳国志》称开明帝"攻青衣，雄张僚僰"。又青衣属僰，故常称僰青衣道。由此文中看来，似乎蜀非僰非僚，而是另一民族。

二、古蜀先居松潘，复移平原，畜牧农事兼有。以其最初居地而论，似乎近于羌氐。

第二节　僚的问题

宋时居住在宁属南部的乌、白蛮，皆有称僚，地称僚郡。马长寿根据种种方面的探究，说四川古僚为夷族，即夷人前身。马氏以为，僚由云南经僰道入川，一部入凉山，一部入贵州，入川的时候，当在晋时，宾人李寿攻入南中之时。僚入川后，分布甚广，五代时极强盛，到了唐时，遂被逐渐消灭。马氏以僚为罗夷的证据，是根据《魏书》上的记载。《魏书》上称魏的特质有：（一）散居山谷；（二）无氏族；（三）积木为干栏以居；（四）小部落生活；（五）王室子弟吹击鼓角；（六）相杀害，不远行；（七）卧冰底刺鱼；（八）竖棺而葬；（九）无孝慈观念；（十）尊狗；（十一）亲戚比邻指授相卖；（十二）武器有楯矛无弓矢；（十三）聚鼓竹簧为乐；（十四）畏鬼尚淫祀；（十五）猎美髯须的头而舞；（十六）铜爨；（十七）以长幼次弟为男女之称谓[注三]；（十八）鼻饮各点。其中并无某一点只与倮罗相符，而不存在于别的民族的。譬如说，（一）（二）（六）（九）可以说是很普遍的文化，低落民族皆可能有的特质，惟《北史》及《魏书》皆有载僚王赵氏者；（四）（七）为今日摆夷中亦有的特质；（三）在 Karen 人中，占婆人亦称干栏。但我们绝不能说倮罗称楼为戈虏，音近干栏，而占人也成了倮罗了。第（五）点（见《梁书》）王室子弟吹击鼓角，并不算是文化特质。即使算为特质，马氏也指出今倮夷不击鼓，而称或有古今之变。第（八）点竖棺而葬，不见于西南任何民族。第十点尊狗与徭人相同。第十一点马氏写成"买卖奴隶制"，这恐怕过于附会。因为《魏书》上并未什么可以说僚有今日倮夷那样的"制度"，而《宋史》上抚水州蛮都与之相同。第十二、十五、十六与倮罗不同，因为他们有弓矢。民族中无弓矢的很少，似乎只有今日太平洋中的玻尼列西亚人没有弓矢。这是很特别的一点，绝不能忽视。猎美须人的头，亦为倮罗人所无的习俗，倮罗人不喜留发，以无须为美，动机正与之相反。又倮罗不用铜爨。

所剩下只有十三、十七、十八，三点。关于十三点，马氏认为只见于倮罗的竹簧，嘉戎也有。是不是嘉戎传给倮罗的呢？是否古僚传给乌蛮的呢？第十八点鼻饮，马氏说是饮水以面向碗，以口持水，非真正鼻饮，如此则不仅倮罗如此，汉人也可以如此。十八点中，有第十七点以长幼次第为男女的称谓，最近倮罗。然亦须《魏书》上错写两字始能吻和，故马氏根据文化特质，判僚为倮罗，殊值怀疑。此外马氏由史地方而论证僚为倮罗，认为僚入四川的时间与入迁到大凉山的时间相同。那么，未尝不可以是僚与倮罗同来。僚由僰道经过，亦未尝不可，使原居僰道的倮罗渡河而入大凉山。宋时的渝州僚，《宋史》上说得很明白："古板楯七姓蛮，唐南平僚也"。马氏在讨论"巴"的时候说"即板楯蛮，唐宋之世，一称僚、渝州蛮或南平僚，确为掸台系民族"（上二五〇页），何以在中篇中说"此渝州之僚为罗系"呢（一七七页）。

马氏又说《宋史》误罗为僚。《宋史》称："威，茂、黎雅之刚夷恶僚，殆千万计"，马氏觉得威茂的民族当为羌，误称为僚，所以觉得把倮罗称为僚也是可能的。是否《宋史》作者将边民统称为僚为夷，也是可能的呢；因为夷、僚都是贱称。

由上观之，马氏的史地论证也尚待考虑。最后，马氏分析四川今日民间所遗留的风俗。他举出下列各种风俗：

（一）跳罗罗；（二）犬尾带谷种；（三）食烧猪；（四）饮嘬酒；（五）端公；（六）头帕；（七）语言。关于一个民族的文化，我们必须要明白，它是可以传播的。譬如跳罗罗的风俗，倮罗就没有，犬尾带谷种的洪水故事，猺苗皆有，广东人也喜食烧猪。头帕及端公二则，西南民族包头帕行此制的甚多，不足为论。剩下饮嘬酒一点，也许是由倮罗传出下的方式，俱不足证僚为倮罗。最后语言一点，蜀音近于白蛮语（据闻宥《史学季刊》），说蜀受白蛮的影响，未尝不可。考南诏侵蜀，曾经入成都破嘉州犍为，徘徊陵（仁寿）荣之间，（《唐书》）自然也会影响蜀中居民。就语言一点，亦不足加强僚为倮罗之证。

马氏惟一可以证为古僚即倮罗的证据，是《清溪县志》中说"曲曲乌，僚也，自汉中达于邛笮，所在多有"一语。因为志书说番与夷人皆甚明晰，独称曲曲乌为僚。马氏实地考察的结果，证为除男女发饰不同之外，曲曲乌的文化，为倮罗文化无疑。查曲曲乌自语为克乌，音近仡佬。而言语方面，亦未必尽与倮罗相符。故《清溪县志》既已称之为僚，这是很值得注意的一点。（参看"花仡"节）综上以观，对于马氏四川古僚为倮罗的学说，似应存疑待证。

第三节 古巴国

史上四川东部有巴族，巴在同时称巴子，常与楚蜀交恶。巴又称"巴氐"，居嘉陵江上游的谓之"北氐"，下游的谓之巴氐。左思《蜀都赋》云："于东则左绵巴中，百濮所充。"于是巴遂被证为濮。关于濮字，引起很多讨论。因为濮、卜、僰，同音，疑为僰，而□又与摆夷相混，于是巴遂成为掸台系民族。关于名称一点，巴之称为百濮，恐非具有种族的特殊意义！巴老称："其属有濮、宾、苴、共、奴、獽、夷、蜒之蛮。故所谓百濮，乃系汛称。"但百濮中复有特指一民族的濮。《左昭九年传》（应为《左传·昭公·昭公九处》的缩写，编者注）周詹桓公曰："巴、濮、楚、邓，吾南土也。"则巴、濮并举，显然为二。且先巴后濮，再后楚。以地域言，濮当在巴之东南，楚之南及东。所以楚蚡冒方能启濮，吴濮方能有爨（左昭元年传）。而楚子才能为舟师以伐濮。故濮应释为在巴之东南两湖区域以至于江西的民族。在四川境者为巴之属民，故巴志称其属有濮等民族。

又音近台泰，遂被马长寿用为掸台民族的证据。这种相近的音证颇嫌单薄。譬如麽索称西番为巴苴（任乃强《西康图经民俗篇》二〇六节），那么不是既巴且苴，巴人当为西番了。

巴郡南部有南郡蛮，及巫蛮。《后汉书》载有南郡蛮的传说云："有巴、樊、瞫、相、郑五姓[注四]皆出于武落钟离山。其山有赤黑二穴。巴氏之子，生于赤穴。……未有君长，俱事鬼神。乃共掷剑于石穴，约能中者，奉以为君。巴氏子务相，乃独中之。众皆叹。又令各乘土船，约能浮者，当以为君。……唯务相独浮，因共立之。是为廪君。乃乘土船，从夷水至盐阳。盐水有神女，谓廪君曰：'此地广大，鱼盐所出，愿留共居'。廪君不许。盐神算[注五]辄来取宿，旦即化为虫，与诸虫群飞，掩蔽日光天地晦暝，积十余日。廪君思其便，因射杀之。天乃开明。[注六]廪君死，魂魄世为白虎。巴氏以虎饮人血，遂以人祠焉。"从远传说中可见白虎的故事是属于南郡蛮的，这种人且有杀人祀图腾的痕迹，近于六朝僚人猎头的风俗，南郡蛮后徙江夏，遂成沔中蛮，南史称为豫州蛮，为苗人的一部，与其北之板楯蛮不同。

巫蛮在川东。永元十三年反，亦彼徙至江夏，亦为后来的苗人。不过何以巴被为氏呢？是因为廪君之后有成汉李氏，自巴而宕渠，迁居汉中，号杨车巴。魏时迁洛阳，号被巴氏。考汉人因迁到洛阳而被称为氏的，有吕氏，本沛人。有蒲氏，后改姓符，都是因为迁入氏人居地而成大户的。李氏也是如此。故巴因李氏遂被误为氏类了。惟巴郡尚有板楯蛮，为巴郡北部的居民。《后汉书》说"高祖……遣还巴中，复其渠帅，罗朴督鄂度夕龚七姓。不输租赋，余户乃岁入賨钱，口四十。[注七]世号为板楯蛮夷。阆中有渝水，其人多居水左右，天性劲勇，……俗喜歌舞，"可以为证。板楯蛮又称白虎复夷[注八]，因为板楯七性，有射杀白虎的功劳，（见《后汉书》）故以为名。又称賨人，因为他们的赋税谓之"賨钱"[注九]。板楯蛮尚武善战，汉时屡次用板楯蛮兵，平定陕西羌乱，及益州叛乱，羌人畏忌号为神兵。蛮人习于歌舞，马长寿引白居易《郡中赛宴诗》，有"薰草铺地坐，藤枝注酒尊[注十]，蛮鼓声坎坎，巴女舞蹲蹲"为证，著者觉得此为后来川东饮嚼酒跳罗罗的风俗，未见即为史上的巴渝舞，不过板楯蛮善歌舞却是事实。

板楯蛮似乎与南郡蛮各自为政，板楯以射杀白虎有功，未知是否由于南郡蛮廪君化白虎的传说而来的。

马长寿以临河而居，为掸台民族的特征，因而定賨人为掸台民族。此论著者不敢苟同。因为有了定居的环境，人恒喜临河而居的。板楯蛮唐时为南平僚，《宋史》称"渝外蛮古板楯七姓蛮，唐南平僚也。"（卷四九六）南平僚的习俗文化，《唐书》记载颇详，节录如下：

部落四千余户，人并楼居，登梯而上，号为干栏。男子左衽，露发徒跣。妇人横布二幅，穿中而贯其首，名为通裙。其人美发为髻鬟，垂于后。以竹筒如肇，长三四寸，斜贯其耳，（耳当）贵者亦有珠当，土多女少男，为婚之法，女氏必先货求男。……其王姓朱氏。……又"飞头僚"节称"有宁氏世为南平渠帅。陈朱以其师，猛力为宁越太守。……猛力死，子长其袭刺史，死，子据袭刺史。"

《唐书》所载的南平僚俗与六朝时的僚的记载，除楼居一点外无重复之处，故很难判断是否同一族。惟以地位而言，则六朝之僚，在四川分布亦广，史上似亦前后衔接，如果同类当是属于哀牢系统的民族。

第四节　仡佬与史上的筑桂国家

一、仡佬及僚

凌纯声说："实则僰，乃另一种族。与今日贵州之仡佬，及云南之僰子，同种。非摆夷也。"贵州的仡佬，又名土老、土僚，在云南的又有卞木的称呼，分布沿滇黔交通要道各县。据《粤述》称："仡僚二种，依山林，无酋长版籍，射生食，有勇力者曰'郎火'，余俱称'火'，用鸡卜，有六管笙，讨独木楼高数丈。"又"民谓之提陀，华言百姓也"。妻曰媚娘，"兵精者为内甲，华言总丁也"。《黔记》载土仡佬封为保罗佣工。

《洞溪纤志》称："仡佬其种不一，有花仡佬，红仡佬，赤脚善奔，……命围下体，谓之桶裙。敛百物之毒，以染箭锋，当之立死。死则有棺，而不葬，置之崖穴，或临大河。有打牙仡佬者，父母死，子妇各折二齿，投棺中。有剪头仡佬，男女剪发仅留寸许。有猪屎仡佬，……与犬豕同食。"

由字语言看仡佬为僚。《峒溪纤志》中"僚条"称"僚又名山子，……山中推有力者，白郎火。余止曰火，最下者曰提陀"，完全与仡佬相同。说蛮中亦同。故仡佬又称仡僚，又名土僚，土老，土人。《皇清职贡图》中，称土僚亦名山子，相传为鸠僚种，亦滇中乌蛮之一，从蜀黔粤西之交，流入滇境。由此说来，僚就是仡佬，也是乌蛮之一，[注十一]不过僰是否为仡佬，尚未证明。又查仡佬称僚，据说蛮中所记的僚风俗略同□，而完全与六朝时的僚相同，"积木以居谓之干栏，得美须髯者，剐其面，笼之以竹，鼓行而祭，竟以邀福"之类，皆相符。此外如葬不以棺，置之崖穴，今四川川东一带临江（如嘉陵江）多蛮子洞，多为古坟，俗同僚。而四川有僚，是史籍记载的。又前曾讨论马长寿关于僚的文化特质，觉得他所举的"曲曲乌，僚也，"为唯一可值得考虑的一点。据马氏称曲曲乌，倮罗语与土语均称"克乌"。岂非一绝佳的"仡佬"的对译吗？前曾讨论过僰与哀牢的问题，[注十一]待下节述及仡佬的情形，并会判为古夜郎国后裔，而古的夜郎及僚，与今仡佬的关系，虽待证明，但若曲曲乌为僚，则其俗近似倮罗，亦不足怪，因为二者本为邻居关系，亦甚密切，惟有言语不同。然马长寿也承认曲曲乌言语与倮罗有若干差别，惟觉其属同一语系。虽是这样，言语当然也可以受邻族的影响，况曲曲乌现已孤悬于藏缅语系民族之间多年了。由此观之，《皇清职贡图》称仡佬为乌蛮之一亦非无因。

二、夜郎国

《前汉书·西南夷传》之"南夷君长以十数，夜郎最大。其西靡莫（疑为毕摩之对译）之属，以十数，滇最大。由滇以北，君长以十数，邛都最大。此皆椎结，耕田，有邑集"。其中，夜郎、滇、邛三大民族，分居今滇黔川三省地，而俗皆同今之倮罗人。其中，邛为倮罗之说，最为可靠。但夜郎所在的贵州，今日已为苗人世界。倮罗只居其西隅，所以有以夜郎为苗民的。如马长寿有以夜郎为僰掸系的，如林惠祥、吕思勉则以夜郎为倮罗古国。

夜郎有竹王，载于《华阳国志》及《后汉书》。竹王兴于遯水，"有女子浣于遯水（今都江），有三节大竹，流入足间。闻其中有号声，剖竹视之，得一男儿，归而养之，即长有才武。自立为夜郎侯，以竹为姓。"这种传说与倮罗的阿槎、濮竹，哀牢的沙一、九隆，传说母题相近似，而不与任何苗人传说相同。

《前汉书》称："夜郎者，临牂牁江，江广百余步，足以行船。南粤以财物役属夜郎，西至桐师，然亦不能臣使也"（卷九五）。《汉书·地理志》："夜郎，豚水东至广郁。"（已说出夜郎的位置。历代更易位置，晋治万寿，隋作沅陵，唐以珍州，为夜郎。）《元史》则并叙州路的戎州、马湖洛之高州，皆称夜郎。因此各家说夜郎位置多不相符。据胡蔚《牂牁丛考》，汉时夜郎北至息烽，东至永从，西达郎岱，南到黔桂交界的盘江，以定番为中心。又考，夜郎春秋时属牂牁，汉时牂牁分裂成十七国。在夜郎之东北的有鳖，及且兰。在其西北的有平夷，西有镡封，西南有宛温、句町。南有漏卧，东南有毋敛、淡指等国。其中，平夷为水西倮罗的国家，镡封与其南的同并属乌蛮。句町、漏卧常与夜郎相攻击，两国内接夜郎，外连交趾，可能为另一民族。故十七国中，未必皆为同一民族。当时或有苗瑶国家在内，惟以夜郎为大而已。又椎结一事，苗人向来没有。今苗的头发，有盘、髻、绾、等式，而无椎结。故说夜郎为苗人，实在没有什么充分的证据。作者疑夜郎国人为今仡佬的祖先，仡佬言语称"竹"为"盖脑"，音近"哀牢"，又似仡佬的自称。而夜郎以竹为姓，又有"竹王"传说，似不无蛛丝马迹可觅。惟今仡佬人多被发而不椎结。

三、唐宋时的东谢、西赵、牂牁、抚水州、环州等蛮

唐宋的时候，贵州之东，确知为苗。（溪峒）西则为夷人（水西安氏的祖先），北则为僚。而相当于汉时夜郎国境的居民，究竟是什么民族呢？唐时有东谢、西赵、牂牁等蛮。唐时的东谢蛮，"在黔州西三百里，南接守宫僚，西连夷子，北至（缺文）蛮。以地位而论，当在今贵州西北，云南东北。夷子即今倮罗。北至缺文的蛮，疑为南广满，或叙州蛮（宋时名称）。故东谢位置，相当于汉时夜郎。西赵在东谢以南，夷子之西，昆明之东，西洱河之北。其地南北十八日程，东西二十三日程；以地位而论，当为西爨，横跨云南中部的东西交通线上。故与《唐书》互相重叠，在大理则偏北。按《旧唐书》载有东谢、西赵、南诏，所新书（应指《新唐书》，编者注）始有两爨蛮的记载，故不足为怪。据《唐书》载东谢蛮风俗与西赵蛮相同。不以牛耕，但为畲田。无文字，刻木为契，散在山家，依树为层巢而居。汲流以饮。……谒见贵人皆执鞭而拜。有功劳者以牛马铜鼓赏之。……婚姻……以牛酒为聘。女归夫家。……女夫惭逃避，经旬乃出，……宴聚则击铜鼓，吹大角，歌舞以为乐。好带刀剑。……右肩上斜束带，装以螺壳，虎、豹、猿、貂及犬等之皮。坐皆蹲踞。男女椎髻，以绯束之。后垂向下。（此为盘髻）。……法不育女，自云高姓，不可下嫁。……入朝冠乌熊皮，若今之髦头"。（髦即苗，可见东谢蛮不是苗人）。《宋史》所称的西南诸夷，即《唐书》的牂牁蛮（苗地后为夷人据占）。《宋史》的一章第一段，是袭取《唐书》加以西南溪峒的"击铜鼓沙锣以祀神"等语。后记其事甚详，字行之中，尚有风俗的记载。今摘出如下："西南诸夷，……吹瓠笙，如蚊蚋。以足顿地为节。……名曰水曲。……皆蓬发，面目黧黑状如猿猱。使者衣虎皮，毡裘。以虎尾插首为饰。……立竹为誓，门刺猫，狗，鸡血和饮饮之。……（用）梭枪，藤牌，……有牛羊铜鼓"。《宋史》中又有抚水州蛮，在宜州西南即今广西

地方，其酋皆蒙姓，有上中下三房。反此遐一镇。……有区、廖、潘、吴四姓。亦种水田，采鱼，其住聚山险者，虽纳畲田，收谷粟甚少，但以药箭射生取鸟兽。尽郎徙。有楼屋，战棚。卫以竹棚。……兵器有环刀，棕牌，木弩……椎髻跣足。……畏鬼神，喜淫祀。刻木为契。……忿怨则撸刃，同气，加兵父子间。复仇怨，不顾死。出入腰弓矢，匿草中射人。得牛酒则释然。亲戚比邻指授相卖。父子别业。父贫则质身于子。……铸铜为大鼓。置酒招同类争以金银为大钗，叩鼓。去则以钗遗主人。相攻击鸣鼓以集众，号有鼓者为都老。（土老之名所由来）。

细味《宋史》中抚水州蛮的记载，即知其与僚相近似，尤推抚水州蛮最为近似。各蛮中有一共同特点，就是用铜鼓。《隋书·地理志》称"俚僚铸为鼓"。《南史·欧阳颜传》称"南征夷僚。禽陈文彻，献大铜鼓。"可见铜鼓为僚人的产物。又据乌居龙藏研究，今苗黎瑶人用的铜鼓皆自地中掘来的，并非土产。而保罗又不用铜鼓，亦可反证铜鼓为僚的文化特质。而以上所举的《宋史》中的抚水州蛮、牂牁蛮，唐时的东谢、西赵二蛮，皆用铜鼓，很显明的表示上列各名称不同的蛮，皆为僚。如此则汉时的夜郎国六朝为僚地，唐时为各蛮地，今日除能确知为苗及为保罗的地方之外，大部为仲家[注十一]瑶人及仡佬的土地。世代相传毫不差误。而仡佬确为僚的后世。故仡佬又称土佬、土僚，皆系译音，曲曲乌为其对音。又《宋史》中环州蛮□氏及白厓山酋蒙赶，姓氏皆与抚水州蛮无异，当为同类，因地而异称。

如此则今之仡佬，即与汉时的夜郎，六朝的僚，唐的东谢、西赵，抚水州、环蛮州相近。惟有一点，作者不能自解的就是《宋史》中的西原及广源州蛮，亦有僚称。且《唐书》中南平僚节中，载有"宁氏者世为南平渠帅。"其中宁氏，同为西原蛮豪族，又非苗瑶姓氏，而西原蛮又与泰语系的僮人相近，其中似有颇复杂的关系存在。

第五节　结论

古蜀大概是氐，巴为苗，僚为仡佬。先是秦汉之世，四川为苗氐分据之地，其后汉族势力由北南下，氐退西康，苗移江汉。六朝之时，僚人由贵州移入，乌、白蛮亦侵入西康东南。及至唐时，遂有南诏。而四川僚人一部同化一部回到筑、桂。这时筑省东部有苗，西部有乌蛮，故僚夹于二者之中。宋时白蛮得势于云南，苗的一支徭人又南入粤桂，一支西进，仡佬处夹挤之中，分布零落，遂被同化。今日清溪县的曲曲乌，是六朝时留下的僚学了倮罗的风俗，贵州的化为仡佬，兼取苗人倮罗的风俗。乌蛮化为倮罗，白蛮成了民家。

注释

　　［注一］《尚书伪孔传》"羌在西蜀叟"，孔颖达疏"叟者蜀夷之别名"；《后汉书·董卓传》章怀太子注"叟兵，即蜀兵也汉代读蜀为叟。"

　　［注二］开明似乎还有模拟李冰的嫌疑，而继李冰者为庐江文翁，疑为卢帝。

　　［注三］《僚传》"妇八""阿夷"等《周书》作"弟"，《北史》亦作"弟"（见《北史考证》）。

　　［注四］《蛮书》记巴、繁、陈、郑四姓。

　　［注五］尝系"暮"字之讹。

　　［注六］《蛮书》至此称："方定居于夷水，三姓皆臣事之"。

　　［注七］《蛮书》称巴夷"出赋二千一十六百万钱三岁一出"。如以每口四十计之，则巴夷人当为五千万人，殊为不类，若为口四千，即人口总数约五十万人。

　　［注八］"白虎后夷"不知何释，"白虎后"疑即"盘瓠"之对音，《蛮书》"巴氏祭祖击鼓而祭，白虎之后也"，何以又有射虎白虎之记载？国号虎夷？又射白虎者为"肮忍夷"，此名不知何解。

　　［注九］马长寿说：賨音近仲家的仲，亦即广西之仲，似觉过分附会音证。

　　［注十］想即系川中饮嚼酒的风俗，以藤枝中空为吸器。马氏以此为倮罗之证，但又称巴为掸台民族。

　　［注十一］见拙作《西南民族考》，见《边政公论》第七、八期，六四页。

1930 年 12 月 1 日于重庆

第二卷　第三、四、五期　1943 年 6 月

苗人来源及其迁徙区域（上）

江应樑

一、引论

苗之一名，始见于宋而习见于元代，《元史·世祖本纪》有"诸洞苗蛮""桑州生苗"诸名，惟其时苗蛮与夷尚杂用而无严格之分界，即苗字并非专指今日之苗民而言，至明代，则苗之一名词渐固定而专用，还有多种苗之名称，如《大明会典》《大明一统志》杂见"苗族""苗人""苗蛮""东苗""西苗""卖爷苗""紫姜苗"诸名。元明以前，对今之苗人并不称苗而统称为蛮，且蛮之称谓，各时代亦有不同。两宋及唐代称峒蛮、溪蛮、蛮徭，六朝称荆蛮、雍蛮、豫州蛮、五溪蛮，两汉称南蛮、五陵蛮、长沙蛮、黔中蛮，周代则概称曰蛮荆。此诸名虽各时代稍有不同，但皆指今日苗民言，或泛指荆襄黔的土著住民言，固已无疑义。惟在苗民演变历史上，尚有若干事项使我人无法作肯定之答案者，如：蛮荆之称以前，古有所谓三苗者，与今之苗人是否同源？苗人最始来源于何地？各时代散布迁徙情形怎样？历史上与蛮杂居或邻居而另有名称之若干部落宗族，如板楯，如廪君，如夜郎，如僚，与苗人种系上究有何种关系？凡此诸问题，皆为今日研究中国宗族史与西南边疆土民者聚讼争论之点。其所以不能求出一个正确答案的原因，便由于历代载籍中对于西南民族的记载，都没有正确明了的种系渊源及演变线索可寻，同时更由于诸部落的迁徙同化，使其生活上与历史的演进同时发生着极大变动，于是便不能依据目前的情形来推论过去的渊源。

本文主旨便拟对上述诸种未决问题，综合作一统括之研究。事实上所依据的资料，主要者仍是昔人不很正确的记载，惟除此外更复采用两种现实资料：一是今人研究之结论，另一是作者个人对边疆住民实际调查的认识。用此种资料求得的结论，固然有的是未经前人道破者，但却都只能说是一时的假定，作者个人固不敢以为这是一己之创见。

二、苗人的老家

甲、三苗与南蛮

国人研究苗人之来源者，大抵可分为两种不同的主张：一谓苗本生长于黄河流域，后经汉民的强迫而移殖到南方。这一派主张的根据，便是因为古代的三苗即是汉以后的南蛮，也便是今日的苗民。梁启超《中国历史上民族》之研究文中载：

据汉儒说：黄帝所讨伐之蚩尤即苗首长，此属神话性质，且勿深考，但据《书》"尧典""皋陶谟""禹贡""吕刑"，皆言苗事至再至三，则在古代为我一劲敌可想，大抵当尧舜禹之际，苗族已侵入我族之根据地，故以攘斥之为唯一大业，经累代放逐之后，其族愈窜而愈南，至春秋时谓之蛮。

而外人之研究我国民族者，如 D.G.Brinton 及日人鸟居龙藏均作如是主张[注一]。另一派认为三苗与南蛮无种族上的关系，因此便主张今日的苗人，是原始的南方土著而非黄河的移民。章炳麟《章氏丛书》别录一《排满平议》谓：

汉时诸蛮无苗名，说《尚书》者，固不以三苗为荆蛮之族，《虞书》窜三苗于三危。马季长曰："三苗国名也，缙云氏之后，为诸侯，盖饕餮也。"《淮南子·东务训》高诱注曰："三苗盖即帝鸿氏之裔子浑敦，少昊氏之裔子穷奇，缙云氏之裔子饕餮，三族之苗裔，故谓之三苗。"此则先汉诸师说三苗者皆谓为神灵苗裔，与今时苗种不涉。

根据三苗是否与今苗人同源一点，固可借以说明苗是否南方土著抑北方移民，惟对此问题，作者有一私见，认为古之所谓三苗，根本便非确指一种宗族，而是泛指两个宗族集团而言。《书·尧典》："窜三苗于三危"。《书·禹贡》："三危既宅，三苗不叙"。考三危在今甘肃境内（据杜预《左传注》，《淮南子·坠形训》郭注，《水经注》，《括地志》诸书所载），则三苗当是窜于西北，其遗裔应是今日的西北民族，与南方苗蛮无关。然而郭璞《山海经注》却有如下的记载：

昔尧以天下让舜，三苗之君非之，帝杀之，有苗之民，叛入南海，为三苗国。

又《韩非子》：

三苗之不服者，衡山在南，岷江在北，左洞庭之陂，右彭蠡之水。

《史记·吴起传》亦谓：

三苗氏：左洞庭，右彭蠡。

据此，则三苗不就是两汉之南蛮亦即今之苗人吗？对此矛盾的记载，唐人杜佑却有一个折中的解释，《通典·边防五·西戎》于略载：

西羌本出三苗，盖姜姓也，其国近衡山（注：今长沙衡阳零陵汀华等郡地），及舜徙之三危（注：三危山今在敦煌郡敦煌县界），汉京城之西南，羌地是也。

据《通典》所言，则三苗初本为南方土著，舜徙之西南而繁衍为后之西羌。再推论之，则后之长沙蛮，便是古之三苗国未经西北迁的剩余部族。这种解释，对今日西南宗族的分类，发生一个冲突点，依据人类学的研究，苗、罗罗、僰夷为西南宗族之三大支系，罗罗源出西羌，与苗并非同族，若承认杜佑的解释，则罗罗与苗是一而非二的了。且在宗族的迁徙史上，也很难证明西羌是从衡山迁至敦煌一带的。

故有如说三苗是又南又北的宗族，那不如说古之三苗由于所言者时代不同，所以根本即指不同系统的两种宗族而言。在较早期的记载，如《尚书》中所言之三苗，是指当时在黄河流域与汉宗族争斗，结果被驱逐至西北方的宗族而言。较后期的记载，如《韩非子》与《史记》中所言的三苗，那便指的南方土著而言。"左洞庭，右彭蠡"不正是武陵蛮的住居区域吗？

从三苗与南蛮的关系上言，我们认为历史上之南蛮即今之苗人，根本是南方的土著而非北方的移民。

乙、洞庭与长江

苗为南方土著这一问题解决了，再进一步便须问到苗人究竟发源于南方的什么地方？据《韩非子》所载，苗人居住区域是衡山的北面，岷江的南面，彭蠡的左面，洞庭的右面。衡山在今湖南衡阳县北，洞庭即今洞庭湖，彭蠡为今江西之鄱阳湖。就东南西三面界址言，秦以前南蛮的住居区是在今湖南、江西两省。《史记》所谓"左洞庭，右彭蠡"，也正如此，秦汉之时，其住居地以武陵为中心。武陵即今湖南常德县，正当洞庭湖西南岸，故说者都以为若认苗为南方土著，则洞庭湖应当是一个重要的发祥地。不过，这里有一个不易解释的问题，便是关于南蛮住居区的北面界址。《韩非子》谓"岷江在北"，考岷江又名汶江，沿出四川松潘县，南流一至宜宾而汇入金沙江，一至泸亦汇长江。据此，则南蛮住地，东西南三方恰成一三角形而占据了湖南东部与江西西部；北面，却成一狭长道，沿江上达四川中部。从这种地形便发生一大问题：苗人的老家是在洞庭湖附近，其宗族沿长江逆流上徙至岷山呢？抑还是苗人根本便发源于长江上游，后来顺游迁居于武陵之地？我对这问题的答复是：苗人是自长江上游向东移殖来的。换言之，南蛮的老家不在洞庭而在长江。兹以下列诸事为证：

先从楚宗族的渊源上看：楚的先世为南蛮部落之一，这一点在下文当再有说明，故楚宗族之发祥地及迁徙情形，正可作苗民一部分的代表。《史记·楚世家》载：

楚之先祖，出自帝颛顼高阳。高阳者，黄帝之孙，昌意之子也。

据《楚世家》载，楚之受封始于周成王时，初封他便在今长江上中游：

周成王之时，举文武勤劳之后而封熊释（释，当为"绎"。编者注）于楚蛮，封以子男之田，姓芊（芊，当为"芈"。编者注）氏，居丹阳。

这完全是一种土著酋长的封建。周成王时，楚正由长江上游移殖到丹阳（地在今湖北秭归县东），楚承认其先世为颛顼之后，颛顼与南方宗族，却正有很深的渊源。《史记·五帝本纪》：

（黄帝）生二子，其后皆有天下：其一曰玄嚣，是为青阳，青阳降居江水；其二曰昌意，降居若水，昌意娶蜀山氏女曰昌仆，生高阳，高阳有圣德焉。

《索隐》：

江水若水皆在蜀，即所封国也。《水经注》："水出牦牛徼外，东南至故关为若水，南适邛都，又东北至朱提县为泸江水。"

若水即今雅砻江，源出青海，流经西康至四川西南汇入长江，这与《韩非子》所说北界的岷江地位便很相近。根据此种记载，对于楚宗族的来源有两个推论：

一、楚之先世为颛顼之后，颛顼生于蜀，其母为蜀中土著，其子孙之一支留居蜀中，便是楚宗族。

二、楚根本是长江上游的土著住民，后来向东沿江迁移，等到成为大族而与中原诸国接触后，便假托其先世为黄帝之后，以免为中原诸国所歧视。

惟不论如何，楚之先世确是发祥于长江上游，后来沿江东移，都丹阳时，正是其宗族移殖到荆襄之时。既认楚与苗为同族，则楚之来源如此，苗之来源也自是如此。

苗民既来自长江上游，何以当时言长江上游宗族者，并不讲及南蛮？事实上并非不讲及南蛮，却是不称之曰南蛮而另有名称，言其著者，如秦汉时之板楯蛮，较后一点之廪君蛮，唐时之僚，固都是"盘瓠之别种"，此诸族之发祥地，都全在长江上游，《后汉书·南游传》：

板楯蛮者，秦昭王时，有一白虎，常从群虎数游秦蜀巴汉之境，伤害千余人，秦昭王乃重慕国中：有能杀虎者，赏邑万家，金百镒。时有巴郡阆中夷人，能作白竹之弩，乃登楼射杀白虎……号为板楯蛮夷，阆中有渝水，其人多居水左右。

阆中，古巴国别都，即今四川阆中县地，滨嘉陵江，此所谓阆中渝水，或即指嘉陵江言[注二]，嘉陵南流至巴县，即今重庆，而汇入长江，故板楯之老家亦在长江上游，其后一部北走入汉中，一部东下据荆州，与先来之南蛮杂居荆扬地。《通考·四裔考》"板楯蛮"条载：

《通典》言："按《后汉史》：'其在黔中五溪长沙间者，则为盘瓠之种，其在峡中巴梁间者，则为廪君之后，其后种落繁盛，侵扰州郡，或移徙交错，不可得而详别。'"今按《通典》所叙板楯蛮，魏晋以后之事，《南史》谓之荆扬蛮，《北史》谓之蛮僚，而俱以为其源为盘瓠，不言板楯，然六朝时蛮渐徙而之北，则无由究其源流宗派矣！

廪君即《后汉书》之巴郡南郡蛮。《后汉书》谓其出于武落种离山，《通考》谓在夷陵郡，按夷陵郡虽在今宜昌附近，但其种属实包括巴梁间诸巴人而言，史书既认为盘瓠之种，则与苗同族固无疑，可知两汉以前，在长江上游者称之曰板楯或廪君，移居洞庭者，便通称作蛮。

僚为苗之另一支派，这在古籍与今人著述中，均已无否定之者。僚之一字，最初见于《北魏书》卷一百一：

僚者，盖南蛮之别种，自汉中达于邛筰，山洞之间，所在皆有。

是僚亦初见于四川西北境，其后稍稍向东南迁徙，繁殖于岷江，巴江，嘉陵江附近《通考·四裔考》：

> 蜀本无僚，晋李势时，诸僚始出巴西，渠川，广汉，阳安，资中，犍为，梓潼，布在山谷，千余万落，攻破郡县，为益州大患。

巴西今阆中县西，渠川当在旧宁远府境，广汉今遂宁县东北，阳安今简阳县东，资中今资阳县北，梓潼、犍为今县名仍之，此诸地皆岷江、巴江、嘉陵附近区域。隋唐之际，僚南下至长江岸，再沿江东上到两湖，甚或北入中原，南到贵州两粤境。试看《唐书》所载，武德初，巴州僚叛，巴州今奉节县，是僚已至川鄂接境地；贞观十二年，巫州僚叛，巫州即沅州亦即潭阳郡，治龙标，在今湖南麻阳县西，是僚已入湖南境；贞观十四年，罗宝诸僚叛，罗宝洞在今广东信宜县南，是僚已入广东境；高宗初，琰州僚叛，琰为唐置羁縻州，在今贵州境内，是僚已入贵州；大历初，桂州山僚叛，桂州今广西桂林，是僚已入广西境；故僚从长江上游移殖而来的路线，班班可考。唐而后，僚蛮混称，僚之与苗，是二而一的了。

丙、苗人的老家及其离开老家的原因

从上两节所推出的结论是，苗非北来而是南方土著，非发祥于洞庭而是源出长江上游；长沙武陵蛮的移殖情形，已不可考，《后汉书·南蛮传》盘瓠的故事，是荒谬不可为据的，此时虽然不能直接证明五溪蛮也是由长江移殖来居洞庭，但与五溪蛮同族的楚宗族，板楯蛮、廪君蛮、僚，都全是长江上游的土著，沿江迁至湘鄂，或再东下，或再南移。由此诸族最初居住地区观之，知道苗人的老家，应当是现今四川西北部的雅砻江、岷江、巴江、嘉陵江四水的上中流域地带。当其居住这一地带时，本是各不相属的多个部落宗族，陆续沿四河流域向南迁徙，移到长江时，再沿长江东下，而达到湖北，由此或南下而到洞庭，长沙武陵蛮，便是最先南来的最大部落。当中原宗族开始知道南蛮时，此一部落早已定居洞庭彭蠡之间了，故史书只知道其左洞庭而右彭蠡，但不再知道他之所自（何）来。楚、巴、板楯、僚诸部落，迁徙时期较后，当其东下时中原与南方已有接触，故在史书记载中能片段寻得出他们向东移殖的路线。

至于此诸部落的苗人，何以都要离开了老家而迁徙？迁徙的路线何以都是一律先向南抵达长江岸，然后转向东行？这问题的解答却并不困难，可以说所以如此者系由于两方面的原因：一是自然的迁徙，一是被迫的移居。大凡游牧部落的宗族，迁徙是生活的常态，迁徙路线及目标的选择，有几个共通的原则：

1. 向平原地带迁移。

2. 向水草茂盛之地迁移。

3. 向气候温暖之地迁移。

4. 沿河流而迁移。

试看苗人诸部落从雅砻江、岷江、涪江、嘉陵江向南迁抵长江，再沿长江东下的路线，不是完全与此四原则相符合吗？这可以说是自然的迁徙。

雅砻江与岷江上流地，正与西北的羌族住居区邻接，《通典·边防五》"西戎序"略载：

西羌……滨于赐支，至于河首，县地千里，南接蜀汉徼外蛮夷，西北鄯善车师国。

赐支即析支，在青海东南境河曲之地，其南正与苗民的老家相接，由于羌人的南迁，苗人便被迫而东徙。《后汉书·西羌传》载：

秦献公初立，欲复穆公之迹，兵临渭首，灭狄獂戎，忍季父卬畏秦之威，将其种人附落，而南出赐支河曲西数千里，与众羌绝远，不复交通。或为牦牛种，越巂羌是也；或为白马种，广汉羌是也；或为参狼种，武都羌是也。

越巂即今四川西部之越巂县，广汉今四川梓潼、遂宁诸地，正是苗人之老家。西羌迁入这一地带，成为后来的罗罗，由于羌人的南迁，逼迫着苗人不能不离开老家而向下流移徙。《后汉书·南蛮传》"板楯蛮"载：

灵帝光和三年……欲大发兵，乃问益州计吏，考以征讨方略，汉中上计程包对曰："板楯七姓，射杀白虎，立功先世，复为义人，其人勇猛善战，昔安帝永初中，羌入汉川，郡县破坏，得板楯救之，羌败死殆尽，故号为神兵，至恒帝建和二年，羌复大入，实赖板楯连捷破之。"

观此不仅可知羌人的南移，且可看出因羌人南移侵入苗人老家，苗人曾经有过光荣的抵抗，结果也许因为西羌南来的人数过多，苗人不得不向南迁让，这可说是被迫的移居。

三、向东南迁徙

甲、武陵蛮的迁居洞庭

从周代或周代以前到汉末这一个时期，是苗人由四川沿江东移的时代。这种移殖，并非一次移来而是陆续不断的迁徙，惟其中却有两个较大的迁徙集团：先一个沿长江南岸东移，到洞庭湖西北口岸，便转而沿着湖的西岸南下，这便是散居洞庭、彭蠡间之五陵长沙蛮；后一个集团沿长江北岸迁徙，出三峡到今秭归县附近，曾定居一时，后再沿长江东下而占据了整个长江流域，这便是楚宗族。兹先言前一集团的迁移。

武陵蛮从长江上流移来洞庭的详细情形已不可考，此时所可研究的，是这种宗族移来后居住区域的演变。最早对武陵蛮住居地区下过明确界址的，上文所引的《韩非子》及《史记·吴起传》，由此知道了当时移来洞庭的苗人居住地是在洞庭、彭蠡之间，惟这时长江老家的苗人部落，仍不断的向这区域迁来，所以洞庭、彭蠡的南蛮住区是日渐扩大着的。《后汉书·南蛮传》：

及吴起相悼王，南并蛮越，遂有洞庭、苍梧，秦昭王使白起伐楚，取蛮夷，始置黔中郡，汉兴改为武陵。

据明张澍《续黔书》卷三载，黔中郡所包括的区域是：

秦之黔中即汉之武陵，兼今湖南常德、辰州、沅州、保靖诸府，并包今贵州思州、石阡、铜仁、黎平、思南诸府也。

所以到汉时武陵蛮的居住地已不仅洞庭、彭蠡之间，而兼及贵州东部地。《华阳国志》称黔中蛮为五溪蛮，谓其人散居五溪之地。五溪者：辰溪、酉溪、巫溪、武溪、沅溪也。按：辰溪即麻阳河，源出贵州江口县，经铜仁入湖南，再经麻阳、辰溪二县，注入沅水；酉溪有三源，南源出贵州松桃县，经四川秀山，湖南永绥、保靖、永顺、沅陵诸县而入沅水；巫溪即今洪江，源出湖南城步县，南西流注入沅水；武溪源出湖南临武县，东入溱水；沅溪源出贵州，东流入湖南，经沅陵、桃源、常德而入洞庭。有五溪之经流地以观，已可见出两汉时苗人迁来洞庭后居住地变动情形，大概诸部落自长江顺流而下到洞庭以后，以武陵为中心，沂沅水西南移，沿五溪而散居，后再逆溪迁徙，渐入贵州境。后汉光武建武二十三年，武陵蛮寇掠州郡，遣武威将军刘尚发南郡长沙武陵兵"乘船沂流自沅水入五溪击之。"此进兵之路，正是苗人迁移之道，汉人自五溪下游逆上驱迫使苗人不断地向西南迁徙，成为汉以后的一般现象。

迁来洞庭的苗人，既慢慢逆五溪向西南移动，再经后汉建武时马援的征讨，五溪下流且有归顺置吏之事。依理推之，那汉以后洞庭附近，应渐少苗人踪迹，然而事实上，后汉末期，溪蛮种落不仅散居洞庭之南，且遍及洞庭之北部。《通考·四裔考》"盘瓠种"条：

蜀先主章武初，吴将李异屯巫秭归，先主遣将军吴班攻破之，于是五陵、五溪蛮夷，相率响应，其后种落布在诸郡县，居武陵者为五溪蛮，而宜都、天门、巴东、建平、江北诸郡，蛮所居皆深山重阻，人迹罕至焉。

巴东今四川奉节县，宜都今湖北宜昌，建平今四川巫山县，天门今湖南石门县，江北即今重庆北岸之江北县。由分布的区域上看，当知此时自重庆到洞庭北岸的苗民部落，绝非自洞庭南部移来，而是新从长江上游的苗人老家迁来的，这许多不断的部落的东来，便是造成六朝时期荆襄蛮族大盛及向北侵扰的中坚分子。

两汉时武陵蛮的居地，再简而言之，即是以黔中郡之区域为区域。当时的黔中郡，东与汉人居地邻接，北部正是汉人经营区与新移来苗人部落住居区，南部至苍梧为止，苍梧的南方，当是越宗族区域，西部便紧接夜郎，关于这一个五溪蛮西邻的夜郎住民的种属问题，至今尚无定论，而多数人却把两汉之夜郎，也归入苗人系统内，其实，夜郎所占地极广。《续黔书》卷三载：

若秦汉时之夜郎，则西距邛笮，东接交趾，地凡数千里。今人徒知遵义之为夜郎，亦不知夜郎之大矣。

因此夜郎境内之住民，也绝非单纯的苗人一种，大概在紧接黔中即今贵州东部地，当时已有苗人逆五溪移入，西距邛笮的西部地，说不定有羌人移居，中部的牂牁江流域区，其住民或者是僰夷。此不属本文范围，故不深论。

乙、楚宗族的沿江东下

在武陵蛮已移居洞庭以后，第二个苗人大集团顺长江东移的，便是楚。楚之先世居若水，若水为今四川境内之雅砻江，故楚之老家亦在长江上游，已见上节所论。《史记·楚世家》谓"周成王封熊绎于楚蛮，姓芈氏，居丹阳"。丹阳即今湖北秭归县，是楚受封之时，已自上游迁徙到了湖北境，自此后这一个大部落，便不断向东发展，本身的组织也日渐强大，和华夏的接触也日渐密切。惟中夏宗族，仍以蛮夷视楚人。顾炎武《日知录》卷四载：

《春秋》之于吴楚，斤斤焉不欲以其名与之也。楚之见于经者，始于庄之十年，曰荆而已，二十三年于其来聘而人之，二十八年复称荆而不与其人也。

而楚自己也自认为蛮夷。《楚世家》：

熊渠曰："我蛮夷也，不与中国之号谥。"……楚武王三十五年，楚伐随，随曰："我无罪。"楚曰："我蛮夷也。"

是楚之初，本为苗民，已无疑义，惟在楚沿江东下之先，已有若干苗人部落东来散居长江沿岸。《诗·殷武》：

挞彼殷武，奋伐荆楚，深入其阻，裒荆之旅，有截其所，汤孙之绪，维汝荆楚，居国南方。

《诗·采芑》：

蠢尔蛮荆，大邦为仇，……征伐猃狁，蛮荆来威。

这些蛮荆，都是先楚移居长江中下流的苗民部落，楚强盛后，便渐渐兼并了沿江诸苗部落。《楚世家》：

楚熊通怒曰："吾先鬻熊，文王之师也，早终，成王举我先公，乃以子男田令居楚，蛮夷皆率服。"

降服了秭归邻近的苗人，便向东移徙，迁都郢（今湖北江陵县北十里之纪南城），这时不仅更加紧地兼并先来的苗人部落，且对非苗民组织的小国，皆兼并之。《楚世家》：

熊渠甚得江汉间民和，乃兴兵伐庸，杨越，至于鄂。……文王二年，伐申过邓，六年，伐蔡，强凌江汉间小国，小国皆畏之。

根据顾栋高《春秋大事年表》所载，春秋时为楚国兼并吞灭的国家，计大小四十九国。此四十九国所在的地域，包括今山东（如鲁、邾、莒），河南（如许、邓、息、道等国），安徽（如徐、舒、六等国），湖北（如鄀、聃、鄖、夔等国），湖南（如戎蛮），陕西（如麇）。诸地区，以族系言，实包括中原、南蛮、东夷、吴、越诸宗族，是以楚本身虽为苗族，但当其移殖抵长江下游时，因和其他宗族复杂之合并同化，文化血统已渐与苗族脱离而成为新的宗族系统了。

此地所可注意者，是楚与武陵蛮的关系。《春秋大事年表》卷四载：

春秋之世，楚之经营中国，先北向而后东图，其所吞灭诸国，未尝越洞庭以南一步。

楚与五溪蛮本是同族，当时沿江散居的苗人部落，已全被楚所统治，只五溪蛮巍然独存，此正由于当楚之东来时，洞庭之南的武陵蛮，早已聚结为一强大集团，所以能和帝国主义的楚国并存。当时楚之兼并诸苗人部落，也曾经遭逢到强烈的抵抗。《后汉书·南蛮传》：

楚武王时，蛮与罗子共败楚师，杀其将屈瑕。

所以对洞庭南部先来的这一大部落集团，便始终未能兼并。

楚挟其本身一大苗人集团，沿江东下，兼并了散居长江沿岸的多数苗人部落，进而与中原吴越宗族合并同化，使诸宗族混合为一复杂的集团，使当世并后人，均忘记了楚本身之为苗人，以致秦汉以后，言苗者仍只以洞庭为主而不及长江，这正由于长江中下游的苗人，皆已随楚而加进了汉宗族的大集团中了，只有洞庭南部的黔中五溪蛮，尚仍保持着他们原始的苗人血统。

四、向北侵扰

甲、北侵中原与南扰荆蜀的造因

自东汉和帝时大将军窦宪北征匈奴，迄于魏晋，匈奴、乌桓、鲜卑诸族，移居内地者日多。晋初识者已知必酿成种族间之大冲突，虽江充有《徙戎论》之作，惜不为朝野所注意，终于造成了中国历史上北方宗族与中原宗族大混合时代，此为尽人皆知之事。当北方宗族大批南下侵扰中原时，南方的苗人，也刚巧走入一个兴盛时期，乘着这一个中原大混乱时代，向北侵扰。于是，在魏晋南北朝的四百年间，不仅北方有五胡乱华之事，而南方也有苗蛮北侵之举。

五胡乱华的造因，是由于胡人移居内域者过多，一时不能使之汉化，而中国政治又于此时走入一个混乱的阶段，政府的力量不能统治移入的外族，因而造成异族推翻统治的史事。这时南方苗人的强大甚至北上侵扰，其造因也正与此相类。长江上游的苗人部落，商周以来，陆续下移，第一期移殖来的，为洞庭、五溪之地所收纳，第二期移殖来的，造成一个复杂的宗族集体而归并于汉族。这时，中国经两汉四百年的太平统治，荆襄之地，已完全关闭为汉宗族的内域领土，继续东来的苗民，既不能东下，又不能南行，只好转而之北。恰当这时，中原政治大乱，统治者不能以政权维持地方安宁，继之以南北对立，介乎南北两朝的中间地带，或便不为双方治力所及，或便由着双方欲争得其地而不惜以权术官爵笼络境中强豪，于是，移居此一带地的苗人部落，便得在此时会中强大起来。《通考·四裔考五》"序"：

东晋时，沔中蛮因刘石乱后，渐徙于陆浑以南，遍满山谷。宋齐以后，荆雍二州，各置校尉以抚宁之，群蛮酋帅，互受南北朝封爵。至后魏末，暴患滋甚，潜称侯王，屯据峡路，断绝行旅。

故魏晋南北朝时，猖獗于荆襄以至北上侵扰中原的苗人，大多不自洞庭、五溪来，而是从长江上游新迁来的许多部落。《宋书·蛮夷传·豫州蛮》载：

豫州蛮，廪君后也，盘瓠及廪君事，并具前史，西阳有巴水、䖝水、希水、赤亭水、西归水，谓之五水；蛮所在并深岨，种落炽甚，历世为盗，北接淮汝，南极江汉，地方数千里。

这便是北侵蛮族的重要分子，廪君种出长江上游，已见上文所论，晋代已东移到湖北黄冈县（西阳之地）一带。散居于湖北东北部的蕲春、罗田、黄冈诸县境（五水经流地），而被称为豫州蛮，终于繁衍而遍侵淮汝江汉诸区了。

乙、北侵实况

蜀汉先主时，长江北岸的宜都建平一带，已布满了苗人部落。北魏时，其部族更向北或东北或西北进展。《魏书》卷一百一载：

蛮……在江淮之间，依托险阻，部落滋蔓，布于数州，东连寿春，西通上洛，北接汝颖，往往有焉。

寿春今安徽寿县，后魏所置之上洛，其地当在今陕西境，汝在今安徽霍邱县西，颖在今安徽凤阳境内。是此时苗人向东北已移达安徽北部，西北已到陕西境了。同书：

其于魏氏之时，不甚为患，至晋之末，稍以繁昌，渐为寇暴矣；自刘石乱后，诸蛮无所忌惮，其族类渐得北迁，陆浑以南，满于山谷，宛洛萧锋，略为丘墟矣！

陆浑，今伊川地，汉置陆浑县，在今河南嵩县西北；宛洛均在今河南西北近黄河地，是苗人向北进展，蹂躏及黄河流域地带了。

当时苗人之向北侵扰，除开通常之劫掠式的侵略外，又有朝贡式的移殖者。同书：

泰常八年，蛮王梅安率渠帅数千朝京师，求留质子以表忠款。

有降附后而迁居中原者。同书：

延兴中，太阳蛮酋桓诞拥沔水以北滍叶以南八万余落内属，太和十年，移居颖阳（在今河南登封县西南七十里之颖阳镇）。

有反叛经讨平后徙其族居北方者。同书：

景明三年，鲁阳蛮鲁北燕等聚众攻逼颍川，诏左卫将军李崇讨平之，徙万余家于河北诸州及六镇。

有被贩卖为奴隶而迁之中原者。《通考·四裔考》"僚"：

周武帝平梁益，今所在抚慰，其与华人杂居者，亦颇从赋役，然天性暴乱，旋致扰动，每岁命附近州镇出兵讨之，获其生口以充贱隶，谓之压僚焉；复有商旅往来者，亦资以为贷，公卿逮于人庶之家，有僚口者多矣！

当时自巴郡（今重庆）至湖口（今江西鄱阳湖口）这一段长江的北岸，皆苗人据以北侵的区域。北方侵扰的地带：

1. 东北到安徽北部——寿春汝颍。

2. 北方到河南腹地——陆浑以南，苑洛之区。

3. 西北到陕西境内——西通上洛。

4. 最北有迁至绥远者——景泰二年，徙鲁阳蛮万余家于河北诸州及六镇，按六镇曰武川、抚冥、怀朔、怀荒、柔玄、御夷；杜佑曰："并在马色、云中界"，约在今绥远及察哈尔境。

由此可以概见当日苗人北侵地区之辽远，是以知五胡乱华之时，中原之区，不仅是北方民族与汉民族的混合场所，且直接成为南蛮、北狄、中夏人种的大熔炉。

丙、北侵的根据

六朝时侵扰北方的苗人，上文已说明多数不是由五溪移来而是由长江上游的老家迁来的新部落。这些部落所以能北上侵扰中原者，便由于事先已在长江北岸结成了强大的势力，挟其强大势力先控制长江中部，再进而之北，所以当中原感到苗患之时，荆雍一带，也正是苗人极端活跃之季。兹为求简明计，特就史书所载东晋南北朝长江流域苗人叛乱事项，勾稽列为一表，借以看出当时苗人在南方一带活动情形：[注三]

时期	事况	侵扰地名今释
魏道武帝天兴时（公元三九八——四○三）	武陵酉溪蛮寇抄	湖南西部
宋文帝元嘉时（公元四二四——四五七）	沔中蛮大动，行施殆绝	湖北汉川市境
宋文帝元嘉十八年（公元四四一）	天门溇中令宗侨之徭赋过重，蛮不堪命，为寇破溇中，掳掠百姓	湖南临澧县西北
宋文帝元嘉二十四年（公元四四七）	南部临沮当阳蛮缚临沮令	湖北当阳市西北
宋文帝元嘉二十八年（公元四五一）	龙山雉水蛮寇抄涅阳县	河南镇平县南
同年	滍水诸蛮因险为寇	河南鲁山宝丰舞阳等县
同年	遣军征沔北诸蛮	湖北汉川市
同年	西阳蛮杀南川令刘台并其家口	重庆南川区
宋文帝元嘉二十九年（公元四五二）	新蔡蛮二千余人破大雷戍掠公私船舫悉引入湖	安徽望江县
宋孝武大明中（公元四五七——四六四）	建平蛮向光侯寇暴峡州	湖北宜昌西北
同年	巴东建平宜都天门四郡蛮为寇	重庆奉节、巫山、湖北宜昌、湖南石门等县境
同年	蛮攻郢州	湖北江陵
宋孝武大明四年（公元四六○）	讨西阳蛮	河南光山县西
宋明帝太始中（公元四六五——四七一）	巴建蛮向宗头反	重庆奉节、巫山县
宋顺帝时（公元四七七——四七八）	四郡蛮寇掠益甚荆州为之虚敝	湖南湖北四川之地
齐高帝建元二年（公元四八○）	南襄城蛮秦远寇潼阳出破临沮	湖北当阳一带

时期	事况	侵扰地名今释
同年	司州蛮引虏攻平昌戍	河南信阳市西北
同年	黄蛮文远德寇汶阳	湖北远安县北
齐武帝永明初（公元四八三—四九三）	蛮向宗头与黔阳蛮田豆渠等五十人寇巴东	湖北巴东县
齐武帝永明三年（公元四八五）	湘州蛮陈双李答寇掠郡县	长沙附近
齐武帝永明五年（公元四八七）	雍司州蛮与虏通为乱	湖北襄阳
齐武帝永明九年（元西四九一）	安隆内史王僧旭伐蛮，为蛮所败	
齐明帝建武三年（公元四九六）	西阳蛮田益之攻司州龙城戍	湖北襄阳
魏宣武帝景明三年（公元五〇二）	鲁阳蛮鲁北燮聚众攻颍州	河南长葛市西
魏宣武帝景明四年（公元五〇三）	东荆州蛮樊素安反僭帝号	河南泌源县
魏宣武帝正始元年（公元五〇四）	东荆州蛮樊素安再反	河南泌源县
魏孝明帝正光中（公元五二〇—五二四）	东阳蛮首桓叔兴反扰南荆州	河南信阳市
同年	二荆西郡蛮大扰动，断三鸦路，杀都督、寇盗至于襄城汝水，百姓被害	河南西南部
同年	萧衍遣将围广陵樊城，诸蛮并为前驱，自汝水以南，处处抄劫，恣为暴掠	河南南部及湖北北部
西魏文帝大统时（公元五三五—五五一）	蛮酋杜清和反，围攻东梁州	今湖北陕西接境
同年	唐州蛮田鲁嘉叛，自号豫州伯	河南北部
西魏文帝大统十一年（公元五四五）	沔汉诸蛮扰动	湖北汉川附近
西魏广帝初（公元五五二）	江陵诸蛮扰动	湖北江陵
西魏恭帝时（公元五五四）	郡蛮攻信州，抄断江路	重庆奉节县东北
同年	文州蛮据荆州汶阳县，自称仁州刺史	湖北远安县北
同年	蛮冉令贤等攻陷白帝，杀开府王长华	重庆奉节县东北
西魏恭帝三年（公元五五六）	陵州木笼僚反	四川仁寿县东

续表

时期	事况	侵扰地名今释
周武帝保定二年（公元五六二）	铁山僚反，抄断江路	四川境内
周武帝天和三年（公元五六八）	梁州恒棱僚反	四川湖北境
周武帝天和八年（公元五七一）	蛮渠冉祖喜等反	四川境内

这时苗蛮的叛乱与历代边地民乱有一大不同之点。此时之作乱，并非部落的浅化宗族向文化较高的宗族以劫掠的方式求取物质上的满足，而却是拥有土地人民的集团，与统治者为夺取地方统治权而发生的争斗；当时南北政府既争以官爵土地笼络荆襄苗蛮，苗蛮首领便很多在南北朝廷居高官崇爵者，此有爵有土的苗蛮首领，便凭此势力与朝廷抗争，兹试列一南北朝授官苗蛮表如下：

时代	得官人	官爵	种属
魏道武帝天兴三年（公元四〇〇）	王向弘	尚书郎	建平夷
同年	向瑫	尚书郎	建平夷
魏明元帝时（公元四〇九）	向弘	折冲将军当平乡侯	巴建蛮
南宋之世（公元四二〇—四七八）	梅虫生	高山侯	西阳蛮
同年	田治生	威山侯	西阳蛮
	梅加羊	扦山侯	西阳蛮
魏太武帝始光中（公元四二四—四二七）	梅豹	安远将军江州刺史顺阳公	南蛮
魏文成帝兴安中（公元四五二—四五三）	文武龙	南雍州刺史鲁延侯	南蛮
魏孝文帝延兴中（公元四七一—四七五）	桓诞	征南将军，东荆州刺史，襄阳王，后加中道大都督	太阳蛮
南齐太祖时（公元四七九—四八二）	田治生	辅国将军，虎贲中郎将，建章郡太守	西阳蛮
齐武帝永明六年（公元四八七）	田驷赂	试守北遂安左郡太守	郢州蛮
同年	田驴王	试守新平左郡太守	郢州蛮

续表

时代	得官人	官爵	种属
魏孝文帝太和十二年（公元四八八年）	桓晖	龙骧将军，东荆州刺史	太阳蛮
魏孝文帝太和十五年（公元四九一）	田益宗	东豫州刺史	西阳蛮
魏宣武帝延昌元年（公元五一二）	王叔兴	南荆州刺史	太阳蛮
魏孝明帝正光中（公元五二〇—五二四）	成龙强	刺史	南蛮
同年	田武生	扬州郡守	南蛮
同年	文生明	平南将军，西豫州刺史，开封侯	南蛮
同年	田官德	龙骧将军，义州刺史	南蛮
西魏文帝大统时（公元五三五—五五一）	杜清和	巴州刺史	沔汉蛮
西魏文帝大统五年（公元五三九）	鲁超明	南雍州刺史世袭	蔡阳蛮
西魏广帝时（公元五五二）	樊舍	淮北三州诸路军事，淮州刺史，淮安郡公	南蛮
西魏恭帝二年（公元五五五）	田兴彦	开府仪同三司	南蛮
同年	梅季昌	开府仪同三司，洛州刺史，石台县公	南蛮

　　诸蛮得官的原因。不外：（1）率众内附，（2）反叛后招降，（3）本属南朝而反投北朝或本属北朝而反投南朝，（4）据地称王侯，朝廷畏其势大，乃因其自号而实赐以官爵。诸蛮拥此土地人民官爵，乃能立根基于南方，凭借南方之势力，始能进而作北上之侵略。

第三卷　第四期　1944 年 4 月

苗人来源及其迁徙区域（下）

江应樑

五、向西南移居

甲、向西南移居的原因

中原这一个高热度的大熔炉，北方的五胡，南方的南蛮，交杂投入，经过三数百年的燃烧，便都化合为一体，至隋唐统一南北以后，中原又恢复了以汉族为正统的政治文化中心地，五胡已经融合于汉族血统中。北侵的苗族，其数远不如五胡之多，其融化于此熔炉中，那更是必然之事，所以唐两宋并元这一个时期，言南蛮者仍只限于南方而不及中原。

唐宋之时，长江上游苗人的老家地方，由于过去西羌的南迁，此一带地成为假道或占住之区。兼之汉民族对蜀汉积极的开发，到此时已大部变作中国的内域领土，在昔虽为苗人的老家，此时则苗人部落，可移的已经东移了，存余的一部分汉化了，没有汉化的，已经是强弩之末了；但这强弩之末的残余部落，仍为着上述的两种压力——羌人的南来与汉族土地的开辟，不能不继续移居，惟此时移徙，要再循先辈的故道，沿江向东下移，在事实上已不可能，因为长江中游尤其巴渝以东区域，已完全被汉民族所控制，阻止了另种住民的移居，于是，此不能不离开老家的残余苗人部落，只好舍东南而转向西南，这是唐宋时，苗人向南移居的一个原因。惟这一支系的人数并不很多，移殖后对西南边区所发生的影响也不很大。

最大的西南移居集团的大本营却在洞庭南部的五溪区域，这地方自两汉以后真堪称之为苗人的中心区了，南北民族大融化的结果，这里依然能不受烈焰升华而保持其固有的宗族系统，惟到了唐代初年，汉族渐注意到这地区的开发。唐初曾于五溪之地置锦、溪、巫、叙四州，锦州故城在今湖南麻阳县西，溪州在今湖南龙山县东南，巫州即后之叙州，在今湖南黔阳县，此诸地皆已靠近五溪的上流。置州的意思，用好听的言词说，是开发蛮区，同化蛮民；说得不好，那便是驱迫蛮苗而侵夺其土地。到五代时，楚建国于湖南，马希范招抚蛮夷，于是溪、锦、蒋州悉附马氏而为内域，蒋州在今贵州境内，故五代时开辟蛮区已深及五溪上流了。宋代，对湖南蛮区的开辟最为积极，《通考·四裔考》：

> 熙宁初，天子方用兵以威四夷，湖南提刑赵鼎言："陕州洞酋，刻剥无度，蛮众愿内附属辰州。"布衣张翘亦上书言南北江利害，遂以章惇察访湖北，经制蛮事，北江诸蛮隶辰州，在黔之西南，阻五溪黔中地，为羁縻州三十六，而下溪州为大。彭氏世居之。江南诸蛮自辰州达于长沙，各有峒溪，本唐郡县。五代失守，诸酋分据其地，曰叙、曰峡、曰中胜、曰元，则舒氏居之；曰蒋、曰锦、曰懿、曰晃，则田氏居之；曰富、曰鹤、曰保顺、曰天阳、曰古，则白氏居之。惇既经制，于是南江之舒氏、北江之彭氏、梅山之舒氏、诚州之杨氏，相继纳土，创立城寨，使之比内地，为王民，置沅、诚二州。……崇宁以来，开边拓土之议复炽，于是安化上三州及恩广洞蒙光明、乐安峒程大法、都丹团开黄光明、靖州西道杨再立、辰州罩都管属等，各愿纳土输贡赋。又令广西招纳左右江四百五十余洞。

如此开边拓土，对于境内的原有土著住民，必然会发生这样一个结果：一部分归化了的便同化于汉人，不愿意投顺的，便被迫着离开本土。于是紧接五溪蛮住地之西面的贵州中部、东部，南面的广西、广东，便很自然地成为被驱迫的五溪蛮的移殖地，今日贵州境内多数的苗与两粤境内的徭，便是五溪蛮向西南移殖的后裔。

乙、从老家向西南迁移

长江上游苗人老家中的最后强大部落，应当是习见于《唐书》中的僚。僚的活动时期较其他支系的苗人为晚，南北朝时始见其名，初亦散居于梁、益间，当苗人各部落北侵时，僚也曾有一部分随同流入北方，惟主体仍居川中，唐时由于东下路线阻绝，于是便转而向西南发展。试看《唐书》并《通考》所载僚的活动情形：

（一）剑南诸僚，武德贞观间，转寇州郡。

（二）唐初僚王为馨叛。

（三）眉州僚叛。

（四）益州僚叛。

（五）贞观七年，东西玉洞僚叛。

唐以前僚乱多在蜀东，唐时则尽在蜀西，足证僚已不能东行而转向西部发展，此种西向的移殖，固早在魏晋时已经开始，民二六年《犍为县志》卷二载：

犍为种界之赢缩，约有三期：汉通西南夷，置犍为郡，境内为汉夷杂居之时代，魏晋末，僚人阑入，民多逃亡，境内又为夷僚羼杂时；僚酋结巢铁山，谓之铁山僚，今县境多岩穴，即为夷僚盘居者。

志中所载之夷，俗称为马湖夷，便是今日巴布凉山的独立罗罗。故知当时四川西部各地，乃是南下的羌人与西移的苗逐鹿场所，后来羌族南下者人数日众，势力日强，苗僚不能再在西部与之竞争，于是便又转而向南。《通考·四裔考》：

贞观十二年，钧州僚叛，巂州都督张宝德讨平之。高宗初，琰州僚叛，梓州都督谢万岁黔川都督李孟尝讨之。

桂州即今广西桂林，琰州在今贵州境，则贞观之时，僚已南移到贵州、广西境内了。

僚的移居情形，也便是僚人最后从老家向西南迁移的情形。

丙、从五溪入贵州

要知道苗人由湖南迁入贵州的情况，则须先对古代所谓"黔州"之疆域伸缩情况考察明白，因为知道黔州疆域的伸缩，便可以同时明白五溪蛮居住区域的变动。秦汉置黔中郡，便是以南蛮住居区域作为郡的界址，自后，南蛮居住区域有移动，黔中所属的范围，也便变更。《续黔书》卷三载：

秦之黔中，即汉之武陵，兼今湖南常德、辰州、沅州、宝靖诸府，并包今贵州思州、石阡、铜仁、黎平、思南诸府也。唐之黔中，亦兼今黎平、镇远、遵义、思南、铜仁之地也。若宋之黔中，并及四川重庆彭水诸县也。

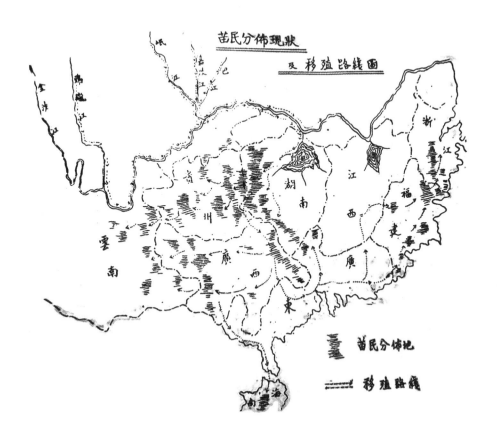

苗民分布现状及移殖路线图

秦汉之黔中，西界仅及今贵州之东北部，这即是说，秦汉时五溪蛮向西之居住区只初达至贵州境；唐之黔中，范围远及贵州中部，溪蛮这时的居住地，也已到了遵义一带了。

洞庭南部的苗人，倘不迁移则已，若要迁移，则西面向今贵州境内推进，那是最自然不过的路线。五溪蛮既是沿五溪居住，那五溪之中，有三溪便是源出贵州：

沅溪——有南北二源：北源出贵州瓮安县，南源为贵州平越之猪梁江，与都匀之马尾河合流为清水江，二水东流入湖南，合于黔阳县，总称曰沅江。

辰溪——源出贵州江口县北梵净山，南流折东经铜仁，会小江东流入湖南界。

西溪——有三源：北源出湖北宣恩县，中源出重庆秀山县，南源出贵州松桃县，东北经流重庆秀山县，入湖南经永绥保靖二县，曲折趋北，会合东南二流经保顺县，至沅陵县，纳小溪入沅水。

五溪的下游区域，既由于唐宋之拓土开边而使土民受了驱迫，则诸被驱迫的部落沿溪逆上而入贵州，是最自然的移殖路线。

唐宋时苗人是否已占据了今贵州全境？这却不甚可考，惟据《黔书》并《续黔书》均载有贵州水西罗罗史事，据谓贵州大定一带安氏罗罗，其先即蜀汉诸葛武侯所封之罗甸国王，唐宋内附，袭封如故，元至元时授安抚使，后改宣慰使，加罗甸侯，世居水西，明洪武时，授贵州宣慰使。按水西即今天大定、黔西一带地，至今仍为罗罗居住，可知唐宋元以来，西移苗人并未达到这一带地。大概五溪蛮之移入贵州，先以沅、辰、酉三水上游做根据，北上至桐梓、遵义，南达安顺、紫云，而以西部为主要分布区。这看当时苗人由贵州蔓入广西，并今日贵州境内人分布状况，可以推知大概。

丁、由五溪入两粤

五溪蛮由湖南西移入贵州者，后世通称为苗，惟从西南移入两粤的，却不称苗而另有一个特别的名称叫作"徭"。《图书集成·职方典》卷一三九三载：

徭本盘瓠之种，产于湖广溪峒间，古长沙黔中五溪之蛮是也；其后生息繁衍，南接二广，右引巴蜀，绵亘数千里。

又《广东通志》卷三三〇转引《皇清职贡图》载：

徭本盘瓠之种，由楚省蔓延粤之新宁，增城、曲江、乐昌、乳源、东安、连州等七州县。

苗蛮移入两粤以后，何以不称苗或蛮而称曰徭？这与苗人南移的原因经过大有关系。《宋史·蛮夷传》载：

蛮居其中，不事赋役，谓之徭人。

范成大《桂海虞衡志》：

名为徭而实不供徭役。

故"徭"实应写作"徭"，即"无徭人"之简称，何以此种人之无徭？《宋史·蛮夷志》载：

隆兴初，右正言尹穑言：湖南州县多邻溪峒，省民往往交通徭人，擅自易田，豪华大姓，或诈匿其产于徭人，以避科差，内亏国赋，外滋边患，宜诏湖南安抚司表正疆界，禁民勿质田徭人。匿诈其产徭人者，论如法，仍没入其田以赏告奸者。田前卖入徭人，俾为别籍，毋遂夺，能迁其田者，县代给钱偿之。帝从其言。

由此可以恍然知道：当唐宋积极开拓蛮疆之时，苗人不内附的最大原因，便是为避免徭役，故每当开拓一地时，境内土民，往往分划为两部分，一是归附了的，便照应徭役，这可称之为"纳徭人"。另一部不愿纳徭役者，便退入未开拓之区，对这部分人所称之为"无徭人"。因为"纳徭人"与"常民"等，自无另有名称之必要，而"无徭人"则因简便而省称作"徭人"，以至由歧视轻侮而讹作"猺人"了。由此推论，则徭人也并非绝对的"蛮入两粤而称徭"，大概在唐宋开始拓蛮区之时，凡避徭役而退入后方的苗人，一概称之为"无徭人"，后来这些"无徭人"渐渐退到了两粤境内，于是徭之一名，便成为两粤境内苗人的通称了。

再一个须要研究的问题是徭人自湖南移入两粤的路线，近人多谓从湖南先入广东，再转到广西[注四]，惟作者个人的意见，则以为徭是由五溪地带先入广西，再由广西转入广东。我的根据是：

（一）顾亭林《天下郡国利病书》：

按《水经》：浪水出武陵镡城县北界沅水谷，水出辰州府黔县，故镡城也，南至县林潭中界，今谓之移溪；又东至苍梧，为郁溪，又东至高要县为大水，即今西江。蛮越之众，自此踰岭而居溪峒。

（二）《图书集成·职方典》卷一三九四：

僮……出湖南溪峒，后稍入广西古田等县，佃种荒田，聚种稍多，因逼胁田主，占据乡村，遂蔓延入广东。

（三）广东连阳化徭局出版《徭民概况》：

连阳古无徭，宋淳熙中，有连州人廖祖者，出仕广西，锦归时携回男女徭仆十余人，散居连州属油岭横坑间，其后生息蕃滋，蔓延连州、连山、阳山三属。迨明末清初，有明朝遗老者，慨汉族之沦亡，愤腥膻之满地，多徙族入排，杂徭而居，历年经久，遂与同化，自是徭族益见繁衍矣！

《天下郡国利病书》指明了徭人是沿西江上游移入广东，《图书集成》虽然讲的是僮，但徭僮混称，徭是先来者而僮之移殖较后，理论上后来的部落常常是循先来的故道而行，故僮之移殖路线也许便是徭之移殖路线，连阳化徭局的报告是根据地方上的传说，徭人之移入广东虽未必如是简单，但从广西移入一点却并非无稽之谈。此外更有一件现实的资料足以见出广东徭人迁居的路线：

民国二十五年冬，作者入广东北江徭山中考察，在徭村中得到徭人手写的经典歌谣数册，内有"千年意者用""批记""先人歌"等篇，皆记其先人如何移入广东的情形。惟全文意义晦涩，且多不能解释的字句，至于记其祖宗迁徙来广东的路线，则可为之排列如下：

1. 先人生长湖广上村山头。

2. 因战争而举族迁徙。

3. 迁徙时各用船只浮水而行。

4. 同行者十二姓，顺水航至高州[注五]，开山耕地。

5. 复遭离乱，再沿水迁居，中途船沉，六姓死。

6. 终流浪而定居北江。

这已充分说明了徭人移殖广东的路线，与顾亭林所记沿浪水顺西江而入的情形，恰相符合。湖广在明代是包括今湖南、湖北而言，迁徙时用船，显见是顺流而下，倘由湖南直□广东，那便只能过五岭而无舟楫可用，顺水先□□高州开山耕地，自是过苍梧顺西江而下必经的路线，高州在明代是主要的徭人分布区，明代中期以后对徭人的大征剿始成为汉人住地，所谓复遭离乱，再沿水迁居，当是指的这事，从西江转入北江，逆江而上，乃成今日居住现状。这不仅说明了徭人从湖南移南路线，且更说明了移入两粤以后仍不能定居的情形。

戊、从两粤入闽浙

苗自湖南入两粤而称徭。徭在广东，初沿西江而入，后大部转入北江而定居粤之北部，一部则沿东江东徙，到了潮州，此种移民便又不被称苗或徭，而再发生一新的名称，叫作畲。《潮州府志》：

潮州有山畲，其种有二：曰平鬃，曰平鬃；其姓有三：曰盘，曰蓝，曰雷；皆徭族。

有畲或作畲，《天下郡国利病书》：

畲当作畲，《实录》谓之畲蛮。

此名称之起源，大概由其人之生活方式上得来，李调《元卍斋琐录》：

辇音斜，岳之地曰辇。

苗人以山耕射猎为生，辇或畲之称，大概即起源于此。

潮州的畲民，向东迁徙，于是流入了福建。福建《顺昌县志》载：

徭人以槃蓝、雷为姓，楚粤为盛，闽中山溪高深处有之，俗呼畲客。

向东北迁徙，便流入了江西。《王文成公全书·孙立崇义县治疏》：

其初，畲贼原系广东流来。先年奉巡抚都御史金泽行令安宿于此（江西上犹等县），不过斫山耕活，年深日久，生长日蕃，羽翼渐多，居民受其杀戮，田地被其占据。

徭人既如上述，乃唐宋时迁入两粤者，则畲之入闽赣，或当在宋元之世。《宋季三朝要政》：

诸畲军皆骚乱，寻为大兵收复，天祥兵出会昌趋循州。

《八闽通志》：

至元二十五年，赣畲贼千余人寇龙溪。

是宋元之交，闽赣境中的畲民，其势已大盛，而移入的人数也已不少了。至于从闽赣再东移而入浙江境，时期当较后，或在元明之际。

六、现状之造成

甲、苗人居住区域的缩小

苗民经过这二千余年的迁徙移殖，到了明代，便已造成与今日仿佛的苗人地理分布状况。以现行省界来说，大概以贵州、湖南两省为主要分布地，广西、广东两省为第一新移殖区，福建、江西、浙江三省［为］第二新移殖区，老家的四川，残余的苗人部落已无几许了，云南境内，当时恐怕尚无苗人的迁入。

虽然到了明代，苗人的居住地区大体已经确定，但在明清两代的五百余年间，苗人的住居地有一个极大的变动，那便是住居区域的缩小。事实上可以说，元代以前的一个长时期，是苗民离开老家向东、向北、向南、向西南迁移的时期，元代以后的五六百年间，是苗民移到西南边地后再受到两种外力的袭击，使其人口日渐减少，住居地域日渐缩小的时期。此所谓两种外力的袭击，便是指为汉族同化与被汉族征剿驱逐而言。明清两代所谓征苗剿徭之事，几无时无之，此时之征剿，较唐宋之开拓更为积极，每以重兵深入苗区，先之以杀戮，继之以驱逐，终之以招抚，将其田地占据后，移汉人往耕；这些未受招抚而被驱逐的部族，这时已不似此前的有广大的后路可退徙，于是只好集结于崇山峻岭中，度其山耕狩猎的生活。这样继续几百年的结果，使苗人居住区域，缩小得只限于汉人不重视的山谷地带。试举广东境内的徭为例，《图书集成·职方典》卷一三九三载：

> 广东十郡，惟雷琼距海，余皆多山，徭僮峒僚丛焉，阳春之西山，德庆之下城、罗旁、绿水，尤其要害也。

《天下郡国利病书》载明末时，广东全境内共有徭山八百九十一座，分布于如下之二十一州县内：济远，从化，新会，连山，四会，曲江，英德，高要，新余，德庆，阳春，阳江，兴平，封川，泷水，开建，信宜，化州，茂州，电白，灵山。据此，则明时徭人几遍及广东全省，现时则仅北江的五六个县区中有徭山，其他各地早已无徭踪了。此种住区缩小及人口减少的原因，当然由于同化与征剿所致。

乙、现时苗人之地理分布

四川是苗人的老家，但今日四川境内的土人，主要的却不是苗而是羌族的罗罗了。湖南、江西之洞庭、彭蠡间，本为苗人的第二故乡，今则在两湖中间地已没有了苗人，故现时苗人的地理分布，只能从湖南境内五溪区域说起。

今日湖南境内的苗人，皆分布于湘西一带，乾城、凤凰、永绥、永顺、保靖、龙山、桑植、麻阳、晃、靖、绥宁、通道、沅陵、黔阳、古丈、芷江等县境内，都有苗寨，而以凤凰、乾城、永绥、古丈、保靖五县为居住中心区，总计面积约四万方里，人口约六十万，苗民人口约二十万。习惯上又有红苗、黑苗、花苗、仡佬、十蛮之分，其居住地区约如下[注六]：

（一）红苗　乾城高岩、河西、杨孟、伟者诸寨，永绥之张平、马北、鸭保、泛排、补美、岩落，老凤凰之下土、空水、田溪、兰草坪等地。

（二）黑苗　自贵州境内接湖南界之松桃县长冲卡落，折东至新寨亢金、黄瓜寨、苏麻寨，折东至鸭酉、栗林，入镇箪右营所辖之鸭保、只喇、隆朋、廓家、大田、杨营，南上至得胜营，北入干州左营所隶平隆、右陇、地母、劳神、鬼猴、鬼冲等处。

（三）花苗　凤凰县乌巢河东岸马安山黄茅坡附近，清前营所辖司门前、太平关、酿水沱、上下援猴寨、梁顶毛、都塘七兜树、两头洋等大小百余寨。

（四）仡佬　泸溪山下之五都、大章、小章、洞庭山等处，乾城东南境皆集中地，共寨落百数十处；此外永顺、保靖、永绥诸县，亦有散居处。

（五）土蛮　或称峒苗，散居芷江之酉溪，永绥之东平茶洞、腊耳堡，及保靖、永顺二县境内。

今日的贵州，则确可称之为苗的大本营，全境中除少数县境外，几全有苗人散居，种族的名称亦最复杂。据《黔苗图说》所载，全境苗人共有八十二种之多，其中当然有若干是非苗人而亦同被计入的，如仲家之为僰夷，黑白夷之为罗罗等。现实分布地都找不到比较实际的资料来作叙述的根据，这里，姑引《大清一统志》所载贵州省各府所住苗蛮情况，以略见苗人分布区域：

1. 贵阳府——土人，宋家苗，龙家苗，仡佬，木老，蛮人，八番，白苗，仲家，杨保，花苗，东苗，西苗，克孟，牯羊苗，谷兰苗。

2. 安顺府——马镫龙家，白罗罗，青苗，狗耳龙家，僰人。

3. 平越府——九股黑苗。

4. 都匀府——紫姜苗，仡佬苗，天苗，木老苗，仲家苗，佯借苗，蛮人。

5. 镇远府——生苗。

6. 石阡府——杨保，短裙苗，冉家蛮，佯黄。

7. 思南府——峒人，冉家蛮。

8. 铜仁府——红苗。

9. 黎平府——阳洞罗汉苗，峒人。

10. 大定府——黑罗罗，白罗罗，打牙仡佬，木老，蔡家苗。

11. 南龙府——僰，仲家。（按南龙即今遵义，据《一统志》所载，则只有僰夷而无苗人，据《黔苗图说》所载，则境内更有杨保及花苗两种。）

云南境内，则东部及中部之宣威、沾益、曲靖、马龙、陆良、罗平、泸西、弥勒、路南、丘北、富宁、广南、西畴、文山、蒙自、个旧、石屏、建水、寻甸、嵩明、武定、罗次、富民、昆明诸县境内，都有苗人，人数不甚多，皆迁徙无定之山耕狩猎部落，皆由贵州移来，移来的时期很晚，如昆明嵩明路南诸地苗人，皆自言系清末光绪末年或宣统间始移入的。

广东海南岛五指山前后的黎人区内，也有苗人自为村寨聚族而居，居地皆在山之高部，不与黎人同处，据说是清代晚年政府征黎时的苗兵，征黎后便留住黎区内。

丙、现时徭人之地理分布

广西是徭人的最初根据地，徭人初入广西是从湖南西南部沿浪水移到广西东部，故最早的徭人区域，是西江上流一带地，后渐向西部蔓延。现时东境的富川、钟山、怀集、临贺一带，虽也有徭人，但人数不很多，徭人的集居区，却在西部，以凌云为中心，蔓延及于与贵州云南接壤之沿边地。

广东徭人皆在北部，可以显然地分为两个区域，一个是连县、阳山、连山三县接壤境内的排徭，其居住村寨是以排冲计算，全区计有八大排五小排一百七十七冲，人口约七万[注七]。一个是曲江、乳源、乐昌三县接境间的徭山，全山徭人共七十寨约二万人[注八]。

贵州徭人散居邻近广西诸县区，据李宗昉《黔记》载：

徭人，黔旧无之，雍正时自广西迁来清平、贵定、独山等处，居无定址。

湖南的南部，罗霄、五岭、云峰、衡山四山脉所属的各县区中，都有徭人，而以临县、永明、江华、新甲、永兴、宜章、蓝山、城步诸县境中为最多。

云南的广南、丘北、富宁诸县区内也有徭，皆近数十年间由广西移来的，人数不多。

丁、现时畲人之地理分布

历史上畲民的分布区是福建、浙江、江西三省，并广东之潮阳一带，现则广东境内已无畲民，江西境内也难见到了，只福建、浙江两省有之。

福建境内的畲民散布区，自西南近广东界起，沿海散布到东北部分，举凡福鼎、寿宁、政和、福安、霞浦、宁海、罗源、连江、古田、闽侯、闽清、南平、顺昌、建瓯、建阳、永泰、仙游、德化、永春、晋江、安溪、龙溪、南靖、漳平、龙岩、长汀、云霄、诏安诸县境内皆有之[注九]。

浙江畲民，仅西南部有之，散居于景宁、云和、庆元、青田、丽水、龙泉、遂昌、松阳、宜平、泰顺、平阳、龙游、兰谿、汤溪、建德、寿昌、金华、武义、桐庐诸县境中。

七、结论

总括本文所探讨到的诸种问题，可以归结如下的几项结论：

（一）先辨明了古之所谓三苗，系指两种宗族而言，窜于三危的三苗是今之羌族，左洞庭右彭蠡的三苗是南方的土著宗族。于是断定了苗是南方土著而非来自北方。

（二）根据楚宗族，板楯蛮、廪君、僚的来源及其移殖路线，知道苗民的老家不在洞庭而在长江上游的雅砻江、岷江、嘉陵江、巴江诸水流域地。

（三）苗人离开老家迁徙的原因，一方面是游牧的部落宗族必然有的迁徙现象，一方面因为羌人自西北迁来，苗人受到压迫而迁让。

（四）苗人迁徙的路线及时期，可以划分为四个段落：第一个段落是自长江移居洞庭，这便是秦汉时的武陵蛮，移居的时期当在周代以前；第二个段落是沿长江向东移殖，其中最大的一个部落是楚宗族，移殖的时期在周代初年；第三个段落是以长江中游的北岸地作根据，向北侵入中原，深入黄河区域，移殖时期约在魏晋南北朝；第四个阶段是向西南迁徙，巴江一带的南移入贵州广西境，五溪流域的西移入贵州，南移入广西、广东，再东移入江西、福建、浙江，移殖时间约在唐、两宋、元代。

（五）唐至元代五溪蛮向西南的迁徙，是形成今日苗人分布现状的枢纽，其移殖路线可大别为三道：一自湖南逆五溪而入贵州，这即后之苗人；二自湖南沿浪水入广西，再沿西江入广东，这即后之徭人；三自广东潮阳东入福建，东北入江西，再东入浙江，这即后之畲民。

（六）到了现时，苗人的分布区域是：

1. 湖南的西部。

2. 贵州的东部，兼及中部南部。

3. 广西的西部及东北部。

4. 广东的北部。

5. 云南的东部。

6. 四川的西部边区。

7. 福建的西部到东北部。

8. 浙江的西南部。

这六个结论，可以各为单元的提出，但理论的建立，却是互为论证而不能单独存在的。

兹制成"苗人分布现状及移殖路线图"，以供参证。

注释

［注一］见国立编译馆汉译本鸟居龙藏《苗族调查报告》第二章。

［注二］按：古有渝水，源出临渝县，临渝县在今山海关外，关中之渝水，当非指此。

［注三］六朝时长江流域蛮□表与南北朝授官苗蛮表系根据下列诸表所载者做成：（1）《南史·夷貊传·荆雍州蛮豫州蛮》，（2）《宋书·蛮夷传·荆雍州蛮豫州蛮》，（3）《南齐书·东南夷传·蛮》，（4）《周书·异域传·蛮僚》，（5）《文献通考·四裔考》。

［注四］如刘禹锡《岭表纪蛮》（商务印书馆出版）书中，即作如是主张。

［注五］原经典中高州二字写作"高□"，查瑶人经典歌谣中，此类特别写法之字甚多，大概由于书写错误或有意制造，吾辈特名之约"瑶化的汉字"，此二字，当系高州二字之"瑶化体"无疑。

［注六］据盛襄子《湖南苗史述略》，《新亚细亚月刊》十三卷四期。

［注七］据广东连阳化瑶局编印之《苗民风俗》及《排瑶地方概况》中所载。

［注八］据二十五年冬作者在徭山中调查七十寨中，属曲江者十八寨，乳源者二十四寨，乐昌者二十八寨，一九一一年德教士 F.W.Leuschner 氏曾三次入山调查，著有《Die Yautse in Sucd China》一书，谓山中徭人共有十万之数。据三县政府报告，则谓七十寨徭人约有三万。而据作者在山中的估计，则全山徭人不致超过二万之数。

［注九］参看何联奎《畲民的地理分布》，《青年中国季刊》创刊号

1929 年 5 月，完稿于国立中山大学文学院时迁寓澄江

第三卷 第五期 1944 年 5 月

摆夷的种属渊源及人口分布

江应樑

一、摆夷释名

摆夷是今日西南边疆土著住民中的一大族系，英人戴维斯（H.R.D, avies）根据语言系统分云南土著民族为三大系，其中第二系是掸语系（Shan Family），便是指摆夷及其同语系的土民而言[注一]，今人类学上对这一族人有一个公用的学名呼之为台（或作泰）（Tai. Htai）。根据今日学者的研究，台语系的边民实包括着西南民族中的摆夷、沙人、侬人、土僚、百子、白皮子、仲家、水家、青苗、僮人、黎人诸种类，扩而观之，则缅甸的掸人，安南的老挝，暹罗的泰人或达人，都是台语系的民族。

台之一字，实是摆夷自己称谓的音译，摆夷称汉人为活而自称为歹，在云南境内的摆夷，一般又分为三种，一为水摆夷，其自呼曰歹勒，二为旱摆夷或汉摆夷，其自呼为曰歹揢，三为花摆夷，其自呼为曰歹鸦。《云南通志》《伯麟图说》《宁洱府志》诸书，对此三种摆夷有如下的解释：

旱摆夷，山居，性勤，男子衣及膝，女高髻帕首，缀以色彩，裳亦然，开化府及宁洱府有之。水摆夷，思茅、威远、宁洱有之，性情柔懦，居多近水，结草楼居之，男女皆浴于河，以春季为岁首，男妇老幼，均着新衣，摘取各种山花，并以糯米蒸熟，染成五色斋供，齐赴缅寺，鸣钟击鼓，供献佛前，听缅僧诵经，名为担佛。花摆夷，性柔软，嗜辛酸，居临水，以渔稼，每岁三月，男妇击鼓采花，堆沙献佛，以迓吉祥，普洱府属有之。

其实，此三种摆夷，在语言、风俗、习惯、文化，以至民族系统上，实并无可分别之处，就是摆夷自己，也不能确定谁是旱谁是水。例如：一般人把今日集居思普沿边一带者认为是水摆夷，腾龙沿边一带者认为是旱摆夷，但两者在生活上就并无很大的差异。《通志》所谓水摆夷"男女皆浴于河"，"岁首摘花献佛"等俗，也可见之于腾龙沿边的旱摆夷区中的。《大理县志》谓："旱摆夷又名汉摆夷"，虽无所解释，但却是一句极正确的注脚，而且可以说，历来以至今日所称的旱摆夷，实际是汉摆夷之误。质言之，便是摆夷生活之较为汉化者，便被称为汉摆夷，因误汉为旱，所以便生出一个水摆夷来对称。至若花摆夷，那只是某地方的摆夷因衣饰不同而被另加一个名称而已——摆夷的衣裙，人体皆青白二色，有一部分摆夷，妇女在腰间系一条花带，故被称为花摆夷或花腰摆夷，这在种属上言并不能另成一系的。

二、摆夷与僰

明人谢肇淛在所著《滇略》一书中曾说：

云南夷种类至多，不可名记，然大端不过二种，在黑水之外者，曰僰，黑水之内者曰爨。

又清人毛奇龄《云南蛮司志》中也说：

大抵居黑水之表者曰僰人，居其里者曰爨人。……其官军戍守，及五方之人，或旅或处，杂错相就者，是曰汉人，其生夷曰夷人，夷人分爨、僰为界，爨属郡县，僰属羁縻；统计汉夷，则汉三夷七，分计两夷，则僰三爨七。

诸书所谓的爨，即指今藏缅语系的保倮族人而言，这已是确定无争论的事。至于僰，或谓僰是指今日大理一带的民家（或作明家）而言，果如此，便得先确定民家的族属系统，如果民家是如丁文江先生所言，乃是摆夷贵族与汉人的混血种，或者如今日一部分人类学者所主张，民家与摆夷，是一个族系中的两个支派——摆夷是蒙古族系的掸台群，民家是同系中的僚僰群，那或者可以说，诸书所说的僰，是指民家及其同族系的人而言（包括摆夷）。有人主张民家与摆夷是两个族系，民家与爨同为氏族的后裔，那么，诸书所见爨东僰西的记载，便无法予以解释了，因为据我们所考知者，自汉唐以来，云南境内的土著，人数众多而势力强大的，便只是藏缅与掸台两大系统，尤其是元明时期，确没有第三种土著可以和保倮与摆夷两族抗衡的，僰之一字，在汉唐时是否另指一种边民？或者虽亦泛指掸台这一个系统，但却不限于摆夷一支？这问题留待下文再论。惟在明清人士的著作中所说的僰，则我认为确是指摆夷而言。我的理由有下面五点：

（一）从云南民族发展史上考证，爨人居东摆夷居西，是早在汉人尚未大量移居滇境时已形成的局势了。爨人部落始终保持着原始刀耕火种的生活，并且未完全脱离狩猎阶段，故流动性极大，每遇他一系民族侵入其居住地区时，爨人部落便都化整为零地转徙到他一地区去，所以到今天，爨人的分布，遍及康东、川南、黔西，及云南全省三迤各地。摆夷则是纯粹的农耕民族，且其耕种技术早已脱离了刀耕火种的原始阶段而进步到锄耕甚至园艺阶段，所以流动性便很小，遇汉人拓殖侵及其境时，若不被同化，便就缩小其居住区域而举族集结于一个地带。今日云南境内摆夷的主要集居区有两个：一是南部边地的思茅、车里、佛海、南峤、镇越、江城、六顺等县境，另一是西部的腾越龙陵沿边的芒市、遮放、陇川、干崖、南甸、盏达、耿马、孟定等土司地；惟在元明并此以前时代，摆夷集居区远较此为广，观明人李思聪所著《百夷传》，则五百年前滇西摆夷与汉人的分界地不在腾龙而在怒江岸：

> 百夷……其属境自金齿过蒲缥，将至怒江，有屋床山，乃云南百夷界限也。高山夹箐，地险路狭，马不可并行，过是山三里许，即怒江，渡江即百夷地也。

《百夷传》是一本纪实的书，明太祖洪武二十九年（公元一三九六年），麓川土官思纶法以兵侵缅甸，缅甸遣使诉于朝，上遣行人李思聪、钱古训持诏往谕，李归而著《百夷传》。百夷是指滇西诸种夷人而言，而摆夷实为主体，麓川即今陇川及其以南地，为元明时西南一强大土司，其所属部民便是摆夷；金齿即今云南保山，元明为金齿卫，蒲缥在保山城西南六十里，是保山入腾冲的第一个站口，由此再南行一日便抵怒江，明代的汉夷分界地在此，今日则过怒江尚须再行两日半马程，到腾冲西南五十里之南甸土司界，始是汉夷分界地，两相比较，故知昔之摆夷区域，远较今日为广。至若在明代以前，则怒江东岸的保山一带地，也全是摆夷区域，今保山境内处处有摆夷的遗事遗迹，可作明证。《滇略》谓黑水之外者曰僰，按黑水即今澜沧江，元明时澜沧江以西，正是摆夷的主要集居地，而所谓民家，则是在黑水之内而不在黑水之外的，所以知道元明清人所记的僰，是指今日的摆夷。

（二）《云南蛮司志》所谓："夷分爨僰为界，爨为郡县，僰为羁縻。"考元世祖平大理定云南后，对全滇土著的处理，建立了一个确定的政策，即是把被征服的爨人区域，立为郡县，委汉官直接治理，对于西部及南部的摆夷区，则划为特殊区域，委土酋为之长，使世袭统治其地，这便是今日所谓的土司制度，《明史》称为羁縻之治。此种政策自元创建以来，明清踵而行之，未加更改，这些土司，今日除亡于缅泰越者外，在国境内者，大都仍然存在，其地，正是今日的摆夷区，其人，也正是今日的摆夷，可知"僰属羁縻"之僰，正是指今日的摆夷而言。

（三）明清时人的著作中，不仅《滇略》及《云南蛮司志》两书中所记的僰，是指今之摆夷而言，就是其他著述中的"僰"或"僰人"或"僰夷"，也一样指的是今日的摆夷，这从诸书所记的生活习性上可以看出。试举数例：

1.《大理县志》："僰人，县境土著，阮元声《南诏野史》有水旱二种，水僰夷近水好浴，旱僰夷山居耕猎。"

2.《永昌府志》："僰夷，种在黑水之外，称百夷。"

3.《临安府志》："嶍峨县僰夷，性懦气柔，畏寒喜浴。"

4.《滇系·属夷系》："僰夷，在江川南路者，构竹楼临水而居；在剑川者，所居瘴疠；在姚安者，亦滨水好浴"。

从所记其人的居处环境及生活习性上看，诸书所指的僰人或僰夷，实即是今日之摆夷。

（四）清人檀萃在所著《滇海虞衡志》中，对这问题有一个直截了当的解答：

僰夷，一名摆夷，又名百夷，盖声相近而讹也。性耐热，居卑湿僰下，故从僰从人。

此说如果能成立，则我们更可进一步为之补充其说曰：因为"僰"字太僻，多数人不认识，所以用一个较通俗的"摆"字来代替。试看明清人的著述中，对于摆夷二字同音异义的写法就不少，除僰夷、摆夷、百夷外，又写作伯夷（见《龙陵县志》），白夷（见《广西府志》），摆彝（见《阿迷州志》），摆衣（见《宁州志》），白衣（见《经世大典·招捕录》）。

（五）摆夷是云南原始的土著住民，人数众多，居住云南境内的历史很久远，而摆夷一名，始见于清人著作中，清以前何以不见其名？非无此族也，不曰摆夷而称之为僰夷或百夷耳。

我们已承认明清时人的著作中所记的"僰"，就是指今日的摆夷而言，那么，汉唐时典籍中所见的僰，是否也指的今日之摆夷？考僰之一名，始见于《礼·王制》：

屏之远方，西曰僰。

《吕氏春秋·恃君览》称：

僰为西方无君之人。

《史记·西南夷列传》载：

汉兴，开蜀故徼，巴蜀民或窃出商贾，取其筰马，□僮，牦牛。

华阳国志载：

僰道县本有僰人，故秦纪言僰僮之富，汉民多斥徙之。

由这诸种记载看来，知道秦汉时所谓的僰，是居于中国西部的一种边民，《华阳国志》所记的僰道县，故址在今四川宜宾，可知今日四川南部一带地，是秦汉时僰人的重要集居区，这些僰人与今日的摆夷有什么关系？我们须先追溯到摆夷的血族渊源——摆夷与百越民族和古代濮族间的关系。

三、摆夷与百越民族

今日的摆夷，是古代百越民族的后裔，这种主张是为现代多数民族学者所承认的。梁任公先生从中国民族发展的渊源上，肯定承认今日的广东人是汉人和摆夷的混血种[注二]，这便是承认摆夷为百越民族的后裔。李济之先生从人类学与民俗学的研究上，作如是断言："凡有文身之俗的，必是掸族血统，除非尚有第四支人（按：即指西南民族中之蒙克、掸、藏缅三支以外之人），而其人亦有文身之俗者，否则，文身之俗之踪迹，亦即为掸族之踪迹。"[注三]今日我国边夷中有文身之俗的，是云南的摆夷，海南岛的黎人，而中国民族史上有文身之俗的，是百越民族，溯其踪迹，则百越与掸为同族，似为无可置疑的事，若再根据今日摆夷的现实生活，与史乘中所记百越民族的事项来作对比研究，则今之摆夷与古之越民族，可能为同族之论证有下诸点：

文身为古代越人的风俗，《史记·越王勾践世家》："夫断发文身，错臂左衽，瓯越之民也。"今云南的摆夷男子，皆有文身之俗，海南岛之黎人，与摆夷同为台语族系，其妇女亦皆有文面之俗，此相同之点一。

古代越人以龙蛇为图腾，《淮南子·原道训》："于越生葛絺……九嶷之南，陆事寡而水事众，于是人民披发文身，以像鳞虫。"高诱注："文身，刻画其体内，黥其中，为蛟龙之状。"这是龙的图腾。又"越"亦作"粤"，粤者蛇也，闽字亦为蛇，是又可知蛇乃越人之图腾。龙蛇是一而二之物，今日摆夷民间虽无崇拜龙蛇的实象，但在历史传说中，则很多关于龙与蛇的故事，更有其始祖为龙的传说，可知此种民族与龙蛇的渊源；至若海南岛的黎人，则直接把木刻的蛇供奉在神龛上之事实，这是最显著的图腾崇拜。此相同点之二。

摆夷居地多大竹，村落多在竹丛中，且居近水，屋宇皆用大竹建搭而成，上住人下楼牲畜，形如帐篷，亦似鸟巢，这与古代越人的居处非常相像，张华《博物志》载："南越巢居。"淮南王安《上武帝书》："臣闻越非有城郭里邑也，处溪谷之间，篁竹之中，地深昧而多水险。"此相同情形之三。

古代越人，命名不避祖讳，与中原自西周以后即以避讳为宗族定制者迥然不同，古代越国君长命名，多作汉文，"无"字音读，如《吴越春秋》所载之"无余""无任""无疆"；《史记·东越传》所载之"无诸"等，皆父子祖系，不相避讳。云南越夷，也正有此俗，据《南甸土司族谱》所载其先世名讳：一世祖刀贡猛，二世祖刀贡蛮，三世祖刀乐硬，四世祖刀乐益，五世祖刀乐宾，六世祖刀乐遇，七世祖刀乐楪，八世祖刀乐成，九世祖刀乐正，十世祖刀乐泰，以至十一世祖刀乐临，十三世祖乐掌，十四世祖乐庆，十五世祖乐启，十六世祖乐保，皆祖父子孙，同用一"乐"字命名，并不避讳。此相同情形之四。

古越人吃食虫蛇蛤蚌，《汲冢周书·王会解》："东越海蛤，瓯人蝉蛇，且瓯文蜃，其人玄贝。"桓宽《盐铁论》："盖越人美嬴蚌而简次牢。"《淮南子·精神训》："越人得髯蛇以为上肴，中国得而弃之无用。"今摆夷视大蛇、黄蚁、蜘蛛、蜂蛹，以至虫卵蛆虫，为珍馐美味，与越人食之嗜好正相同，此相同情形之五。

古越人善制铜鼓，《后汉书·马援传》："援好骑射，善别名马，征交趾，得骆越铜鼓，乃铸为马式。"今摆夷不仅在宗教故事中有铜鼓的记载，且南部之车里，西部之芒市，均有铜鼓出土，其形式与宋人周去非《岭外代答》所记者完全相同，此相同情形之六。

古代越语，今虽不可复用，但扬雄《方言》一书中，尚有多少记载，用来和现时摆夷语对照，颇可寻出多少相同的痕迹。又今之广府话、福州话，保有古音极多，惟若干语句构造法与中国语言惯例不同（如动词在副词之前），或谓这是南方土著语法的遗留，而闽粤土著，便是百越，此种特殊语法，则正与今日摆夷语构造相同。此相同情形之七。

由此诸种相同之点，都是以显示摆夷与百越的渊源关系，如果承认今日的摆夷人是古代越族的后裔，则摆夷移入云南的时期及路线，均不难探索得到。在周代以前，中原以南的地带，分据着三个不同属系的民族集团，一是淮河流域的东夷，二是长江上游的楚，三是沿海区域的百越，当东夷已渐被同化于中原，楚民族尚未侵据到长江下游时，百越民族中，已经有两个大部落兴起来，这便是春秋时的吴、越两国，《史记·吴太伯世家》载："吴太伯与矛仲雍，皆周太王之子，季历之兄，季历贤而有圣子昌，太王欲立季历以及昌，太伯仲雍二人乃奔荆蛮，文身断发，亦不可用，荆蛮义之，从而归之千余家。立为吴太伯。"又同书《越王勾践世家》载："越王勾践，其先为禹之苗裔，夏后弟少康之庶子，封于会稽，以奉禹之祀，文身断发，披草莱而邑。"姑无论吴、越两国的统治者是否周太伯和夏少康之后，但当时南方的百越部落，已开始结成了两个强有力的大集团，互相争霸，这时，中原民族已倾其力向南侵展，接着新兴的楚民族又沿江东下，终于击破了百越民族的大集团，迫使避退迁让，至秦始皇统一六国时，百越民族已退居于闽、粤、桂、越等地，其中较强大的部落，如聚居浙江、福建一带的瓯越，福建南部的闽越，粤桂的南越，安南的骆越。秦始皇三十三年，南取百越地，以为桂林、南海、象郡，移民以居；汉初，又继续向南方经营，汉武帝建南方九郡，南徙之民日增；于是百越民族生聚之区，大部被汉民族所侵据，百越人民，除一部分同化而留居原地外，余皆沿海迁徙于越南、暹罗、缅甸境，由此而移入云南，这当是最早入居云南的摆夷。

四、摆夷与百濮

惟在汉唐之时，凡言云南民族的，不曰越，亦不曰僰，而是西南夷与百濮。各书所记濮人的居住地，正是上节所推测越民族移殖的地点。《华阳国志》载："建宁郡有濮僚，永昌郡有闽濮、倮濮、越濮，兴古郡有鸠僚濮。见于《蛮书》者，谓之三濮：在云南徼外千五百里，有文面濮、赤口濮、黑僰濮。"濮族的人数很众多，是当时云南西部最大的一系边民，其主要集居地是滇西的澜沧江两岸，因而使澜沧江有濮水之名[注四]。《周书·王会·伊尹为四方献令》曰："正南瓯，邓，桂国，损子，产里，百濮，九菌，请以珠玑，玳瑁，象齿，文犀，菌鹤，短狗为献！"《春秋左氏传·昭公九年》："王使詹伯辞于晋曰：'自武王克商以来，巴、濮、邓、楚，吾南土也！'"则所谓濮或百濮，不仅是云南西部的大族，兼且是中国南方的大族。

根据下面的论证，我们觉得濮应当是百越系统内的民族：

（一）诸书所记的濮，都常与越或闽关联在一处，如所谓永昌西南之闽濮、鸠倮、缥越、越濮，此所谓缥越与越濮，自必与越民族有关系，而闽濮，自当也是越族系，因为秦汉时之闽越，同为百越之族，则濮而称闽，自必也与百越民族有关。

（二）云南及其邻境内，凡有濮族集居之地，多以越字为地名。如《汉书·张骞传》称："昆明之西千余里，有乘象国，名滇越。"又云南腾冲县，元为腾越州，明清为腾越县；越嶲郡为汉武帝所置，在今西康四川邻境；越宾县唐置，即今四川滇县；越析诏为唐南诏时六诏之一，在今云南丽江；越甸县元置，在今腾冲西南；益州郡在云南曲靖县南；越州郡南齐置，在广西境；越裳县三国时吴置，即古越裳国，今安南地……。如依地以人名之成例，因有僰人集居之地而名僰道，因有濮人集居之水而名濮水，则上举若干地方之以越为名，必是越人集居之区、而在汉唐时各书中所见到的这些以越为名之地。则正是濮族踪迹所在之处。

（三）《蛮书》谓云南徼外千五百里，有文面濮、赤口濮。按文面是古越人今摆夷之特有风尚，濮而文面，当非百越宗支以外的人。又今日赤口的摆夷极多，原因是喜嚼槟榔，故赤涎流满口外，两唇为之殷红，赤口濮也许便是以此而得名。

如果认为百濮与百越是同一族系的边民，则汉唐时之濮与今日的摆夷，自然也当是同种。如此，则摆夷——也可说是百越民族移居云南境内的路线，便不一定很单纯的由沿海经越、暹、缅而移入，因为在史料中所考见濮人的踪迹，并不限于云南徼外千五百里，在四川，在长江上游各地，都有濮人。左思《蜀都赋》："于东则左绵巴中，百濮所充。"刘达注："濮，夷也，今巴中七姓有濮也。"在此以前，濮人不仅见于蜀中，而是声势烜赫地活泼于长江上中游地带，《左传·文公十六年》："楚大饥，庸人帅群蛮以叛楚，糜人帅百濮聚于选，将伐楚。"又《左传·昭公元年》："赵孟曰：'吴濮有衅，楚之执事，岂其顾盟？'"楚子叔熊曾因政治纠纷逃难于濮，变服从蛮俗。从这些史事中，可知秦以前濮人与楚及长江中游一带各民族和各国家间关系之复杂。我们的推测，当时的越人是一个人数众多的部落复杂的大集团，受南下的中原民族和东下的楚民族的交相压迫，这一族人便分散开来逃避，一部分沿南方海岸向西南迁徙，形成秦汉时代浙江、福建、广东、广西及越南境内的百越——多个分立的越民族部落；另一部分，溯长江而上，成为与楚人不断发生关系的百濮，后来进入四川，也许再由四川转入云南，终于达到澜沧江与沿海移入的百越会合。这个推论如果不错的话，则附带可以解决了两个问题：今日台族支系何以非常复杂？《华阳国志》所记僰道县之僰人，是否即今日的摆夷？

今日的台族支系，除摆夷一支外，据目前所知而可断定其与摆夷同属台语系这一个宗族集团者，尚有沙人、白子（以上二种云南境内有之），仲家（云南贵州均有之），土僚（云南贵州四川均有之），侬人（云南广西有之），僮人（广西有之），水家（贵州有之），黎人（海南岛有之）等诸种。各族间，不仅风俗习惯生活方式互有不同，即语言也不能完全通达。这原因，一部分固由于互相隔绝，自成部落，长时期与他种部族习染同化，致固有生活发生变异，但更重要的一个原因，却是民族移居之始，并非单元的一个集团而是多个部落由不同的路线而迁来者，如上文所指出百濮部落与百越部落之复杂情形，因而形成今日同系间支族之歧异。

近代学人多有主张濮与僰是同一民族系统者，朱希祖先生更进一步认为濮和僰两字，是同一字的两种写法，换言之，即濮与僰是一个字的转变，朱氏认为濮、僰两字不仅是同音（古有重唇音而无轻唇音，濮、僰二字皆读若卜），而且意义也相同（僰，古谊是负薪之奴仆，仆，古谊是负草之奴仆），因认定仆是初文，僰为秦新造字[注五]。如果认为这种说法是正确的，那么，《华阳国志》所记西川《僰道县志》之僰人，与《史记》所言之僰僮，虽不能说就是今日的摆夷，但却与摆系同属古代百越族系。

五、摆夷与哀牢夷

哀牢夷一名，见于《华阳国志》及《后汉·书南蛮传》，两书对于哀牢的来历，有如下的一段记载：

哀牢夷者，其先有妇人沙壹（《华阳国志》作"沙壶"），居于牢山，尝捕鱼水中，触沉木，若有感，因怀妊，十月，产子男十人。后沉木化为龙，出水上，沙壹忽闻龙语曰：若为我生子，今悉何在？九子见龙惊走，独小子不能去，背龙而坐，龙因舐之，其母鸟语，谓背为九，谓坐为隆，因名子曰九隆，及后长大，诸兄以九隆为父所舐，而黠，遂共推以为王。后牢山下有一夫一妇，复生十女子，九隆兄弟皆娶以为妻。后渐相滋长，种文皆刻画其身，象龙文，衣着尾。

我认为哀牢夷应当是百越民族之一支，实际也许便是今日滇西部摆夷的祖先，有下举三点可以为据：

（一）其始祖是龙，是显明的以龙为图腾的民族，正与古越人的图腾相同；种人皆刻画其身，是文身之俗，除掸族外，没有第二族系的人有文身之俗的。

（二）樊绰《蛮书》谓："哀牢国，其族人为朴子。"按朴子当即是濮子，上文已考出濮是百越系统。则以朴子为族人的哀牢夷，自然也是百夷之属了。

（三）哀牢山在今云南保山境，今保山城外有池名易罗，方广数十丈，水由池底涌出，清澈晶莹，地方人士相传，这便是哀牢始祖沙壹触龙木而生十子处，易罗为夷语，意即是龙。按保山即汉时永昌郡，汉武帝时所立之不韦县，故址即今保山东境之金鸡村、这一带地方，不仅是数百年前摆夷的主要集居地（保山境内有大明寺及石佛寺，为摆夷所创建，今每年尚有摆夷远自怒江来两寺中礼佛；保山境内的住民，有所谓阿莽蒋家者，其先世是摆夷，后始逐渐同化为汉人，故由姓阿而改姓莽最后始改汉姓蒋），若再往上考查，《蛮书》所记之文面濮、赤口濮、黑焚濮，其集居地也正在此一带境内，沿此线索再往上推，则汉之哀牢夷当不会是摆夷以外的族系。

承认了哀牢夷是与摆夷同属一个族系的边夷，则唐时建国于苍山洱海间的南诏蒙氏，也当与摆夷是同族，因为：

（一）《唐书·南蛮传》已明载南诏蒙氏为哀牢之后，又称南诏之亲兵皆"望苴子"。"望苴子"一名，在樊绰《蛮书》中认为就是朴族，"哀牢国，其族为朴子，称望苴子。"则蒙氏为哀牢之后，也即是与濮为同族，是有史可据的。

（二）南诏的先世，系由哀牢山移居蒙舍（云南蒙化县），再由蒙舍移居白崖（云南凤仪县），由其先世移居的路线上，也可看出为哀牢夷之后裔。

（三）南诏立国后，对其民族发祥地的哀牢境，极为尊崇，今保山易罗池后，尚有南诏所建之佛塔，据说就是用以纪念其始祖者。

南诏这一个边疆王国，由于统治地域的广大，传统年代的久远，国内民族的混合及文化交流的关系，非常复杂，致后人之研究南诏史事者，对蒙氏及其部民之族属问题，迄无一致见解。其实，南诏统属之下，不论爨、焚、麽些、西藏、汉人，举凡西南所有的宗族，他都收而部属之，诸侯间混合同化的演进，又非常积极。所以，南诏的统治阶级，其初虽为哀牢之后，百越之裔，但到了末期，政权转移入大理国之后，蒙氏段氏即其统治下的族属百姓，多已经多方混化而成功一个新体态的民族系统了。有人认为南诏国是民家所建，其实，民家这个系统，在历史上出现得很晚，当元世祖灭大理时，民家确是当时大理国内的主要民族，从多方面看，有如说南诏和大理是民家所建之国，不如说民家是南诏和大理长期统治下孕育出来的一种新族系，比较更为恰当。丁文江先生说：大理的民家是摆夷贵族与汉人的混血种。这话实含有若干正确性，要说得完备一点，或者可以说：今日的民家，是南诏与大理时期多种民族的混合体，再加上元明以来汉人的新血液，于是成为一种新的族系。

六、人口及其分布地

据上各节所论，历代载籍中所称的濮、僰、哀牢夷、越、百夷都是指摆夷这个族系而言，则古代摆夷的人口及分布地，不难根据书本考知一个大概，爨居东而僰居西，中以澜沧江为界，大概有很长一段时间云南境内两大民族的分布情况是如此的，据毛奇龄《云南蛮司志》所载："总计汉夷，则汉三夷七，分计两夷，则僰三爨七。"则两百余年前，云南全省汉人与摆夷人口的比数是三与二之比。这数目，当是包括摆夷及其族属的沙人、侬人、仲家、土僚、白子、白皮子，甚至民家而言，经过两百余年的同化，及内地汉人大量的移来。僰族各系人口的总和，仅及汉人人口数百分之十五，据民国三十四年云南民政厅的调查，摆夷及其族属各系，包括民家，人口总数是八三九，九四三人（实际略多于此数，因其中有数县人口未详，统计数内未计入），此数包括民家二八一，二三六人，摆夷二六二，〇八七人，沙人一二七，七二八人，侬人八八，七一四人，土僚三九，八九二人，百子二三，五〇九人、白皮子三，四二七人，仲家三，三五〇人。若仅以摆夷一系言，则为二六二，〇八七人，共分布于全省五十七县局（设治局）境，分布情形如下表[注六]：

县局名	分布人数
澜沧	二五，〇〇〇
车里	二三，〇〇〇
潞西	一九，八〇九
景谷	一八，〇〇〇
盈江	一七，五〇〇
南峤	一五，〇〇〇
缅宁	一五，〇〇〇
佛海	一二，八八一
梁河	一二，〇〇〇
镇越	一一，八九九
瑞丽	一〇，六八三

续表

县局名	分布人数
莲山	一〇，〇〇〇
镇康	八，七〇〇
元江	七，八六二
耿马	七，二〇〇
陇川	七，一二〇
沧源	七，〇〇〇
新平	七，〇〇〇
文山	四，八〇〇
宁江	四，八〇〇
马关	三，八一一
石屏	三，七七〇
景东	三，四〇〇
龙陵	三，〇〇〇
六顺	二，八一四
双江	二，五〇〇
保山	二，五〇〇
麻栗坡	二，四二〇
思茅	二，五五五
河口	二，二四三
镇沅	二，二〇〇
大姚	一，八二二
江城	一，七七二
泸西	一，七四〇
峨山	一，六五八
金平	一，五七九
建水	一，五三五

续表

县局名	分布人数
永仁	一，五〇〇
蒙自	一，三〇二
永胜	九二〇
宁蒗	八七〇
屏边	七五六
弥勒	七五〇
武定	六八〇
墨江	六四〇
云县	六六〇
华坪	五八五
开远	四〇〇
巧家	三六〇
通海	二五〇
双柏	一三〇
华宁	七二
顺宁	不详
腾冲	不详

英人达德（William Clelton Dodd）在所著"台族"（The Tai Race）一书中，估计现时台族人口约共两千万人，其中又分作有文字及无文字两系，有文字者约一千三百万，分布于暹罗者一千万，缅甸一百万，安南一百五十万，云南一百万。此数字与上表所列的数字是不符的，云南台人即使把民家包括进去，也只得八十余万，至于有文字系，则仅是上表所列摆夷中之一部分，人数尚不到二十万。

今日云南境内的摆夷，虽分布达五十余县区，但却显然可以分为两部分，一部分是聚族而居，与汉人多所隔绝，有特殊之经济制度（土地公有）与政治组织（土司统治）有固有之语言和文字，充分保有原有的习俗。另一部分是杂居于汉人区中，经济政治已与内域一体，无文字，虽另有语言，但皆能讲汉语，且习俗已大体汉化。关于前一部分，分布区域是南部的普洱、思茅以南到缅越边境及西部腾冲、龙陵西南到滇缅沿边各地，所以思普沿边及腾龙沿边，又可称为今日摆夷的两大集居区域。

思普沿边包括车里、佛海、南峤、镇越、江城、六顺等六县境，暨宁江设治局，又澜沧及思茅两县之一部分地，全境面积约为二万平方公里，即元明时车里宣慰司统辖地，摆夷称其地为十二版纳（Sip Seng Fom na）。今虽分建为县局，但车里宣慰及各猛土司的名分、地位，及经济政治的原始形态，依旧存在。境内住民以摆夷为主，并散居着汉人、阿卡、濮曼、倮黑、徭人、本人、乡擅、窝伲、奇地、攸乐、四摸罗、后路老卡、腊迷、苦忽、阿客、三达、麻黑、补角、苗人、补龙、荼蛮、补夏、沙人、大头、伉人、卡瓦、老品等二十八种不同名称的称属，其人口比数约如下表：

名称	人口数	百分比
摆夷	七一，六二一	六二．〇〇
汉人	八，四二〇	七．三〇
其他各族	三四，五六三	三〇．七〇
总计	一一四，六〇四	一〇〇．〇〇

腾龙边区包括今潞西、梁河、盈江、瑞丽、莲山、陇川、耿马等七个设治局，兼及龙陵县属之怒江坝和镇康县属的孟定坝。这一个区域，大部为元时的麓川平缅宣慰司旧壤。明以后，次第划分为若干土司区，今虽分建有设治局，但土司仍然采着地方实权，现全境记有十三个土司：

（一）芒市安抚使司——隶属潞西设治局。

（二）陇川宣抚使司——隶属陇川设治局。

（三）南甸宣抚使司——隶属梁河设治局。

（四）干崖宣抚使司——隶属盈江设治局。

（五）猛卯安抚使司——隶属瑞丽设治局。

（六）遮放副宣抚使司——隶属潞西设治局。

（七）盏达副宣抚使司——隶属莲山设治局。

（八）怒江安抚使司——隶属龙陵县。

（九）耿马宣抚使司——隶属耿马设治局。

（十）户撒长官司——隶属盈江设治局。

（十一）腊撒长官司——隶属瑞丽设治局。

（十二）猛板长官司——隶属潞西设治局。

（十三）孟定土府——隶属镇康县。

此十三土司中，除户撒、腊撒两司境内皆阿昌人，猛板境内多为汉人外，余十土司境内，都完全是以摆夷为土司而统治着摆夷部族的，境内除摆夷外，又散居着山头（英人呼为开钦 Kachin 或青颇 ChinFow）、汉人、阿昌、傈僳、崩龙、卡瓦、优人、倮罗等八种族属，人口比例如下表：

名称	人口数	百分比
摆夷	九六，〇一二	五〇.三〇
山头	四一，八五七	二一.九〇
汉人	三三，〇〇〇	一七.三〇
其他各族	一九，九二三	一〇.五〇
总计	一九〇，七八二	一〇〇.〇〇

两区域内所住的摆夷，合计虽仅有十六万七千余人口，但已占全省摆夷人口总数约百分之六十四，更因为这两区内的摆夷到今天尚完整地保有固有的社会形态、经济制度、政治组织、风俗习惯，以至语言文字，所以凡研究摆夷者，实不能不以此两区域内的住民为主要对象。

注释

［注一］见 H.R.Davies：Yunnan. The Link Between India And Yangtze. 1909

［注二］见梁启超：《中国历史上之民族研究》。

［注三］见 Lee Chi：The Formation of the Chinese People.

［注四］或谓濮水为今红河及盘龙江，惟据陈澧《汉书·地理志》"水道图说"，则谓濮水为澜沧江："濮水，今云南维西厅澜沧江，源出西藏，东南流至车里土司西北境，其下则为劳水也。"

［注五］见朱希祖《云南濮族考》，二十九年重庆出版《青年中国》创刊号。

［注六］民国三十二年，云南省政府拟彻底改进边疆行政，于民政厅内设一机构曰云南边疆行政设计委员会，从事调查研究工作，约作者主其事，因发动调查全省边民分布及人口，经两年而初步调查完成，本文所采各人口数字及分布地，即全部根据此次调查材料。

由仲家来源斥泰族主义的错误

岑家梧

　　仲家，旧作"狆家"，又作"仲家子""仲家苗"，俗称夷人。贵州为他们的主要分布地带，贵阳、长寨、惠水（旧定番）、大塘、龙里、贵定、修支、安顺、郎岱、紫云、南岭、镇宁、普定、安平、清镇、大定、平远、黔西、威宁、水城、兴义、真丰、安南、普安、册亭、平越、□安、余庆、匀都、独山、麻江、荔波、三都均有之；此外如广西的西隆及云南昭通、曲靖等县，也有一部分。

　　关于仲家的来源，近今人类学者，从语言上考察，多认为属泰语系（Tai）。自法国的伯叙吕斯基（J,Przyluski），马伯乐（Henri Maspero），德国的斯密德（W.Schmidt）以及瑞士的戴秘微（Panl Demieville）诸氏，均主此说。国人马长寿，将西南各族作人类学的分类时，便据此把仲家列入掸台族系，且说：仲家自称为㰀夷（Pe-yi）或蒲夷（Pu-yin），汉人称之曰仲家。以其性好水居，一称水家，好着青衣，或称青苗。中国爨以仲家为苗族之一种，实误。仲家与㰀夷相同，盖居于滇者曰㰀夷，居于黔曰仲家，皆属掸族。仲家之特质有四：据载籍云唯仲家聪慧而能读书，由斯知仲家在诸蛮社会中，生存竞争，别具弹性，绝非一般苗蛮可比，此天性有异于诸苗者一也。法国维尔（P,Vial）著《保㑩论》（Leslolo）时，因语言习俗之异，常疑仲家与诸苗非出一系族。我国《安顺府志》亦云："黔中苗民八十二种，微特仲语与苗语不同，即仲语亦有与仲语不同。"并略举例说明之。然仲语之不同，在语技，或因汉语影响而改变，若仲语与苗语或汉语之不同，则在于语干，二者不同，不可同语。又仲家与㰀夷同族，故仲家不持操㰀夷之语，且多识㰀文之人，此仲家语言有异于诸苗，而同于㰀夷者二者也。日本鸟居龙藏考证铜鼓之制，始于仲家，而在黔诸苗亦惟仲家用铜鼓为乐者最多。粤西蛮俗习用铜鼓者有俚与僚，在海南岛则有黎。又《云南通志》云："乐人有三，曰僰夷乐、缅乐、车里乐。车里乐者，车里人所作，用羊皮蒙三五长鼓，以手拍之，间以铜镜、铜鼓、板拍。"按车里为僰夷屯居，斯僰夷亦以铜鼓为乐矣。由是知铜鼓为西南掸族之通乐，此仲家有异于诸苗而同于僰夷者三也。仲家好水居，故亦名水家，黔中至今尚有高山苗，水仲家之谚，云南僰夷亦喜居卑湿荆棘之区，平原阴湿之地，此与山中苗猓，往来不繁，此仲家有异于诸苗而同于僰夷者四也。基此四因，仲家故不为苗族，而为僰夷。（见《西南民族分类》，《民族学研究集刊》第一期）说仲家非苗，确系事实，但说他们是僰夷而列入掸泰系，我们实在不敢苟同。上面马氏所举的四证，除了第二证外，多都牵强附会，尤其说仲家多水居，故名水家，又曰好着青衣，或称青苗，最为失审，盖水家、青苗及仲家之间，均有显著之分别。故马氏对于仲家来源的认识，其错误自不待言了。

要了解仲家的来源，首先要知道仲家这个称谓，在仲家本身是一种讳忌。《开阳县志》云："仲家子自昔志乘皆目为苗之一种，而实介于苗汉之间者，奚家每自称苗家不讳，而仲家则否，人或仲称之，弱者怒于色，强者怒于言矣。而尤讳闻三百斤，三百斤者，俗祷豕其硕大肥腯，冀其重也，仲与重音相近，故以为讥焉。"（第九章社会）凡到仲家地带调查的人，都有一种经验，就是工作特别困难，你要问他们的风俗习惯，他们异口同声地答道：与汉人同样，要是说他们不是汉人，他们便认为很大的侮辱了。

原来仲家的文化，比一般苗傜为高，风俗习惯，多与内地无异，他们多自承为汉人。

如荔波城西门外蒙姓相传其祖于宋代自广东南海县猪市街卖米巷迁来，他们的始祖是蒙登露、登霖二兄弟，登露迁独山，登霖迁荔波，后来均任土司官，世袭不衰。独山一带的莫姓，他们家谱便有如下的记载："原籍系山东省青州府益都县地名，牛头街白米巷，始祖莫朝盈公所居之处，祖妣孟氏，明定鼎时入江西吉安府，荣任贵湖广辰沅道台。公生六子，长子名景松公，祖妣张氏；次子名景柏公，祖妣□氏；三子名景竹公，祖妣珊氏；四子名景芳公，祖妣刘氏；五子名景权公，祖妣孙氏；六子名景伦公，祖妣徐氏……长房景松公迁居黄坡店，景柏公迁居石塘坪，景竹公迁居辰阳县，景芳公迁居龙虎坪，景权公迁居慈利县，景伦公迁居杜塘坪……长房领兵伐广西，打破南朝，开辟南丹，敕封世袭南丹知州，三房领兵伐宝庆府，四房叔祖升于辰州府，四房景芳公迁于长沙，任省都督大元帅，后往云南……至顺治十八年长房疏于政事，领兵镇守黔阳，防堵苗邑，以免后患，分枝生于荔波县，方村里有旨歹村，扎营居住，二房分住巴乃里中茫村，四房分住阳凤里住，以致各得其所，安居乐业，万万不能转矣。"由此可知他们的祖先原住山东，后迁江西、湖南，再由广西入黔。又荔波莫姓相传其祖莫伟业、伟勋于宋太宗时随杨文光来桂征侬志高，乃由湘西入黎平、榕江、下荔波而至广西之南丹。侬志高败后，封伟业、伟勋以官爵，世代留守南丹，后遂迁到荔波。覃姓族谱，关于他们的来源，也有详细的记载云："六朝时吾祖谭春公实在金陵应天府南城外大街居住，族大丁多，烟火数百，有贫有富，为士为农，或往他邦，或安本籍或分江西，或移湖北，或迁东鲁，或徙西蜀，散失难考，久远难追。"后来传到了谭山耀，便改姓为覃，其改姓的原因，据说："谭山耀走往山东历城县，相遇一英裔之士，姓韩名天真，两相契合，遂结兰谱，即与韩天真结为同姓，谊似鹡鸰之亲，情为手足之切，同居山左，北连沧海，南抵邳徐，东据海岱之雄，西襟大乐之固，而中处齐鲁之旧邦。吾祖自出临淄之区，走至青州益都县，因天真之子韩文超杀死黄知，为此严拿天真九族，并其亲友等情，吾祖谭山耀与韩天真贪夜潜逃至河南开封府祥符县隐居，所属中州之地，北跨赵魏，东极杨淮，南抚汝邓陈蔡之境，西据成皇洛阳之区，四达九州连络黄河，往来官马咽喉之要路。天真因防后来之患，即与吾祖谭山耀讨议易其姓名，韩天真即废车要韦取作韦天孔是也。吾祖谭山耀从此亦更姓以角字为音，去言用覃，即取名为覃怀满是也，仍居开封祥符县。"至于他们迁来贵州的经过是这样的："吾祖覃大通公（山耀之长子）官为协镇之职，娶婆梁氏，生有十三子，因大通公财心太重，为压粮冒饷，被各营官兵申禀，上呈一件，为此参处削职为民，父子举家大小奔赴广西河池州属，驻扎年余始各分散，长覃智公往宾州杨老邨居住，次覃劝公往司坤所安定村居住，三覃豹公往导赖鼻村居住，四覃理公往东兰州都移市邦合村居住，五覃宝公往梧州府城外居住，六覃超公往思恩属都亮村居住，七覃照公往四城府依利州属剌合村居住，八覃克公往柳州府马平县五都大场村居住，九覃华公往浔州府贵阳县属板圈村居住，十覃竺公往喇畛即合荔波属以前归南丹所辖之地，今呼为巴灰里寨龙村居住，十一覃百贤公在河池委建里居住，十二覃千贤公在河池州属古胜寨居住，十三覃万宝公回往河南开封府祥符县依老祖覃怀满公傍居。"

由此可知仲家原为中原汉人，后来因为犯罪流徙或奉调戍边，日久便与土著通婚而土著化了，荔波阳凤莫姓的始祖传说，最能道出此中的情况。据说"莫氏的始祖初任将军，奉调征服此地后，将当地土人全部归化为莫姓，且令其部下与土人通婚，所以现在阳凤乡的人，十分之八九都为莫姓。"然则罗绕典所云"五代时楚王马希范遣兵戍南宁，因命之世守其地，其部众欲自异于诸蛮，因以其主帅之姓为号，遂号为仲家。"（《黔南职方纪略》）《皇清职贡图》所说："补笼苗（即仲家之一种），五代楚王马殷率邕管柳州兵讨两江溪口至黔留戍，其后遂流为夷。"均非毫无根据的了。

仲家的来源既明，兹更进而考察暹罗近年所提倡的所谓"泰族主义"。先是美教士都特（William Clifton Dodd）著《泰族论》（The Tair Race）宣称暹罗泰族的祖先为汉代的哀牢夷，后来被汉族压迫逐渐南迁而至暹罗，其后暹罗亲王达吗鉴拉查奴帕（Prince Tamrong Rojanubhab）在朱隆公大学（University of Chulalongkom）演讲"暹罗古代史"，更说："据历史所传，泰族初发源于中国之南部，如云南、贵州、广西、广东四省，以前皆为独立国家，泰人散处各地，中国人称之曰番。至于泰人放弃故土迁徙缅甸及佬蛮等之原因，实由于汉族之开拓领土，历史所载，约在佛历四百年间，刘备在四川立国，孔明起师征伐番地孟获，以向西拓张其疆土，此段记载，即为汉族南征泰族之记载，泰人既无力与之抗衡，又不肯受统治，不得已而移居西方，另辟新土……泰人虽失其发祥故土之大部分，但非尽亡，尚能保存一部分原有土地，维持独立局面，至数百年之久。据中国方面记载，谓泰人有五个独立区域，合成一国，时在唐朝，谓之曰南诏，南诏王国都昂赛，即今之云南省大理府……泰人维持局面，直至元世祖忽必烈可汗在中国即皇帝位，始于佛历一千七百九十七年，调动大军征伐泰国，至入缅甸境内，自彼时至今日，泰人原有土地，乃尽沦落，变成中国领土……泰族既被侵扰，徙弃故有土地，徙而南者日多，兰邦之泰族，因之势力大振，不再受考木之任意宰割，乃起而反抗，时有权如附庸之太守二人，一为怕龙王族之邦央太守邦刚套，一为辣得太守耙蒙，会师进攻苏口胎城，与考木人激战败之，遂于佛历一千八百年占领考木北方重镇之苏口胎城，然后共推邦刚套在苏口胎即王位，称曰希因他拉蒂王，此实为暹罗国内泰族之第一君主。"暹罗乃于二十七年改国号为泰（Thailand），企图组织泰族国家，把中国的摆夷、仲家等泰语族包括在内，并宣言将收复历史上泰族已失去的故土，谁都知道这是敌人分裂我民族间团结的阴谋。关于上引都特及达吗鉴拉查奴帕二氏的谬论，国内学者如方国瑜、陈序经、凌纯声先生等早经斥辩，目下仲家语系虽与泰语相通，然据作者调查，其与汉语的关系则极密切，此点当另为文详述。作者此刻仅就仲家自身来源传说上观察，仲家与汉人在血统上的关系，已有极悠久的历史，则可断言，况仲家现在早已否认其为他族。那么暹罗人硬要说他们是泰族，把他们拉入泰族集团，不特是无稽之谈，而是绝对不可能的事了。

第三卷　第十二期　1945 年 7 月

从语言上论云南民族的分类

罗莘田

　　关于云南民族的分类，从前人不是失于太繁，就是失于太简。比如说，《续云南通志稿》所载的云南民族一共有一百二十七种之多，那就是繁琐的例子；明末谢肇淛在他所著的《滇略》里说："西南夷种类甚多，不可名记，然大端不过二种：在黑水之外者曰僰，在黑水之内者曰爨。"这就是简单的例子。把云南民族根据一种标准作科学地分类的，得要算英人戴维斯（H.R.Davis）为创始。他根据语言把云南的民族，除去汉人以外，分作猛吉蔑语系（Mon-KhmerFamily），掸语系（ShanFamily），藏缅语系（Tibetc-B urman）三大类。[注一]他的分类特点就是把民家、蒲蛮、苗、瑶等族列在猛吉蔑语系里。自从戴氏的说法发表以后，国内的学者疑信参半，近年来，像丁文江[注二]、凌纯声[注三]、陶云逵[注四]、李方桂[注五]、马长寿[注六]等，对于这个问题都曾经发表过意见。我自己并不是民族学专家，不过因为研究语言的需要曾经对于这个问题留心过，现在只是就我所知道的，折中各家的说法，作一个简单的介绍。

　　我对云南省内汉语以外的各种语言，参照李方桂的意见，分作下面的两系四组十一支：

　　（甲）汉藏语系（Sino-Tibetan Family,or Tibeto-Chinese,or lndo-Chinese,or Sinitie Family）

　　（壹）掸语组（Shan or Tai Group）　这一组语言也有四个调类，和汉语的平上去入类似，并且由于声母的清浊，每调再分成两个。因此现代掸语往往有八个调，甚至于因为元音的长短更发展成九个或九个以上的调。它有两个当作"高声母"（High Initial）的特别塞音（因为方言的不同有的作，d-、b-，有的作 m-I.），像 kl-pl- 之类的复辅音（Initial Consonant

Clusters），现在有些个方言还保存着，可是原来的浊塞音在现代方言里实际上全变成清塞音了。语词的顺序，掸语和汉语也稍微有点儿不同，就是形容词在所形容的事物的后头，汉语"好人"，掸语就变成"人好"。中国境内的掸语普遍都没有文字，只有在云南的一部分或者用从缅文演变出来的掸文（Shan Alphabet），或者用和南部泰文（Southern-Tai Alphabet）很相近的一种字母。

在云南境内说这种语言的民族有两支：

（一）仲家支 （1）仲家 （2）侬人 （3）沙人

（二）摆夷支 （1）摆夷 （2）吕人 （或水摆夷）

（贰）苗瑶语组（Miao-Yao Group） 这一组语言也有像汉语那样的单音缀，并且有声调，不过音韵系统和苗瑶间的关系，现在知道的还不充分。所以这种组合只是尝试的。它的语词顺序和掸语类似。

云南境内说这种语言的民族也可以分作两支：

（一）云南的苗族散处在各地的山里。这种语言的特点是只容许 -ng 和 -n 留在韵尾的地位，其他的韵尾辅音全丢掉了。它的调类有五个到八个的不同。

（二）瑶族在云南的山地里也间或发现。这种语言保存着 m-n-ng-p-t-k 几个韵尾辅音，比苗语多着好几个。它受汉语和掸语的影响很大，这两种民族，除去借用汉字以外，并没有独立的文字。

关于苗瑶的系属问题，自从戴维斯把他们分到猛吉蔑一系以后，凌纯声、陶云逵都依照他的说法。戴氏以为苗瑶语和猛吉蔑语虽不密切相似，但就语词顺序说，名词在形容词前，所有物在所有者前，主词在动词前，动词在宾词前，苗瑶语都和猛吉蔑语一样。关于瑶语的材料，戴氏所得到的比较少一点，可是拿他所得到的七十字和苗语一百六十字比较，其中有一半彼此互有关系。再拿这种语言和属于猛吉蔑系的卡瓦语（Wa）、崩童语（palaung）比较，对于他们的关系也可以一目了然。不过苗瑶人移殖到云南是近一二百年里的事，他们和卡瓦人、崩竜人、安南人、柬埔寨人、大良（Talain）人的隔离总有好几千年。因此苗瑶语和卡瓦语的相似，万不能像崩竜语和卡瓦语的相似。所以他说，我们不能认为这种相似是偶然的便忽略了他们的亲属关系。

丁文江、李方桂都把苗瑶另立一组，李氏把猛吉蔑语属于南亚系

（Austro-Asiatic Family），从语言的特点上看，它显然和苗瑶语不同（见下文），我在对于苗瑶语没有更进一步的研究以前，就以李氏的说法为准。

（叁）藏缅语（Tibeto-Burman Family） 在这一组语言里，词头（prefites）和词尾（Suffixes）的用处很显著。声调靠着声母的清浊来分，而且更受字头的影响，不过调类好像比汉语和掸语都简单。语词的顺序是主词在宾词前，宾词在动词前，和汉语掸语相反。

云南境内说这种语言的人又可以分作五支：

（一）倮倮支（1）倮倮（2）窝泥（3）倮㑩（4）倮黑（5）阿卡

（二）西番支（1）西番（2）麽些（3）怒子

（三）藏人支（1）古宗

（四）缅人支（1）俅子（2）马鲁（3）喇奚（4）阿系（5）阿昌

（五）野人支（1）卡钦

说倮倮语的人在云南占一大部分，他们自己有独立的标音文字。说麽些语的人住在云南西北部，他们有两种文字，一种是象形的，另一种是标音的。这两支语言的特点是音系很简单，韵尾辅音完全丢掉，二合音也很少。

有些近似藏语的方言也伸展到云南的境里来，古宗便是其中的一个。属于缅人的几个民族都分布在云南西部，关于这些个方言的特点，现在尚待研究。卡钦（Kachin）住在云南西北的边境一带。

（乙）南亚系（Austro-Asiatic Family） 这一系是斯密德（p.W.Schmidt）教授所创立的，在中国境内的一部分只有猛吉蔑组（Mon-Khmer Group）。这组的语言没有声调，并且用词头和词尾形成语词的变化。字根普通是单音，语词的顺序是主词在动词前，动词在宾词前。

说这一系语言的人在云南有两支：

（一）蒲人支 （1）蒲蛮

（二）瓦崩支 （1）卡拉 （2）卡瓦 （3）崩竜

崩竜语没有声调，它的许多词头有的成音缀，有的不成音缀。例如（p-，pan-）若加在（Yam）（死）的前头，那么（p-Yam）就变成"杀"的意思。就（pam-p-Yam）就变成"杀人""被杀者"的意思。它有hl-h，hm-，hn- 一套特别的声母。这种语言和汉藏语系里的掸语组关系很密切。

最末了儿我们再提到民家的系属问题。关于民家的分类，大家的意见颇为参差，戴维斯、凌纯声、陶云逵都把他列入猛吉蔑系，丁文江列入掸人类和摆夷同组，李方桂又把它列入藏缅组的倮㑩支。这三种分法究竟谁的对呢？

戴氏以为把民家列入猛吉蔑系，法人拉古不理（Terriende Iacou perie）也表示同意。拉氏曾说，从民家的词汇来看，其中大部分是从猛吉蔑语假借来的，约略还可以考见他们中间的渊源，戴氏曾经分析过一百个民家词汇，所得的结果是：

中国语源　　　　四十二字

藏缅语源　　　　三十三字

蒙吉蔑语源　　　二十三字

掸语　　　　　　二字

他们的语言所以这样混杂，大概是由于民族混合的缘故。照戴氏推测，民家的原始实出于猛吉蔑，因为他们所接触的是藏缅族的麽些、倮㑩等，所以他们的语言受这些邻族的影响颇大，又加上和汉族杂居，所以他们有一大部分语言是从中国借去的。可是戴氏从语词的顺序来看，又觉得形容词在名词前，所有者在所有物前，主词在动词前、动词在宾词前，正和汉语相同而和猛吉蔑语相反，闹得始终拿不定主意，忽而以为"这种语言能否认为属于猛吉蔑语系，自然颇成问题，最后的结论只好听各人自作主张，如果民家语难划归一个语系，不如听他自成一类，不必有所隶属"，忽而又以为"拉古不理认为民家语应该属于蒙吉蔑语系，也未尝不可以采取"。这种模棱两可的见解真叫人无所适从！丁、李两氏虽然不从戴氏的说法，可是他们自己也没有说出属于掸人或属于倮㑩的理由来。所以我在找出更好的根据以前，只好"自作主张的听他自成一组。"

本来，关于民族的分类，照道理讲，应该从体质、文化、语言三方面来决定，现在单拿语言作分类的标准只能算是一种假设。因为征服、迁徙、杂居，都可以构成语言混合的现象，可是，假如历史上的事实既然不足以反证，地理上的分歧也不足作离析部落的致因，那么，就把语言相同当作种族相同的证据也未尝不可以的。

关于以上这些民族的分布情形，戴维斯、凌纯声、陶云逵也都有所论列，我现在参酌三家的说法约略叙述一下，为是给实际调查的人作一个指南。

照戴维斯的意见，云南境内各种语言的地理分布，最显著的事实是藏缅语行于北方，掸语和蒙吉蔑语行于南方。南北两方的界线是和北纬二十五度平行的地带。这种说法和谢肇淛所说"在黑水之外者曰僰，在黑水之内者曰爨"颇为近似。不过，这个界线也不能判若鸿沟的。在界线以北，有戴氏认为属于猛吉蔑系的民家话；在界线以南，也有保保，窝泥、倮黑、阿卡各族和掸族、蒙吉蔑族杂处着，直到北纬二十度以，南藏缅语系的民族才算绝迹。

掸人移殖云南较晚，上面所举的两支，仲家支是没有文字的掸人，分布在红河的东边，其中的仲家从贵州移住云南的东北，土佬、侬人、沙人，从广西移到云南的东南。摆夷支是有文字的掸人，他们现代分布的中心是在东经九十九度到一百零四度，北纬二十三度以南。换言之，就是云南的西南和西部的边缘。戴维斯曾在昆明的北边普渡河沿岸遇到少数摆夷村落，他又转述嘉纳（Gornier）氏曾在雅砻河和金沙江的交叉处遇到摆夷。他们所发现的虽只是少数，可是在民族迁徙问题上是颇重要的。吕人和摆夷都是从广西和东南的边境搬来的，到了云南的南部再顺着红河、黑河、澜沧江、怒江几条河北上，分布在这几条水的本流和支流的狭谷和小平原里。

苗瑶人移殖云南最晚。苗人从贵州进到云南的东南再向西南迁移，同时又有一部分搬到安南的东京和老挝；瑶人从广西迁来，沿滇越边界向西南移住，也有一部分分部在东京和老挝北部。

藏缅语系的保保和窝泥是从四川移入云南的，窝泥搬来的时代比较保保早一点，从前他们分布在云南、临安、景东、镇沅、元江五个旧府属一带。据戴维斯说，他们现在分布在北纬二十六度以南，以墨江为主要区。陶云逵说，窝泥现在分布中心是在北纬二十二度到二十三度三十分之间，和东经一百零二度左右，就是红河以西，元江、墨江、红城、宁洱诸县和巴边江沿江的高山上，保保在云南的中部和东北部，澜沧江以西保保的部落很少。

倮倮沿怒江流域自北南下，现在分布的中心是在东经九十八度到九十九度三十分，北纬二十五度到二十七度三十分之间，就是云南西北毗连康藏高原地带。他们又住在这个高原地带的云岭雪山、碧罗雪山、高黎贡山几个山巅。分属于维西县，和贡山、康药、碧江泸水等设治局[注八]。在金沙江右岸的武定、元谋，据戴维斯、白朗（T.C.Brown）、罗思（A.Rose）[注九]。伏来塞（F.O.FraZer）[注十]都说有倮倮。此外，在北纬二十六度以南，腾冲县和它毗连的地方，也有这个民族的踪迹。近来还有继续南下的趋势，据说在北纬三十三度已能发现倮倮的村落。

倮黑自称作（Labu），现代分布中心是在东经九十九度五十分到一百度五十分，北纬二十二度到二十四度三十分之间，就是澜沧江，怒江之间，顺宁县以南，佛海县以北一带。澜沧右岸景谷、镇沅县境，也有少数的倮黑。

阿卡现代分布中心是在东经一百度到一百零二度之间，比倮黑的地位稍南一点就是云南南部边界一带，在缅甸的景东也有很多阿卡族。据鲁伊士（C.C.Iowis）的意见，倮黑和阿卡同出一源，是沿着澜沧江流域南下的[注十一]。

西番分布在云南北部和四川交界的地方。麽些自称作纳西（Nashi），现代分布中心是在东经九十九度二十分到一百度二十分，北纬二十六度三十分到二十七度十分之间，就是金沙江南岸丽江县境，永北县属的永宁设治局，中甸县沿江的山上，维西县境北至叶枝，和兰坪县也有这一族的人。怒子自称作阿怒（A-nu），现代的分布是东经九十九度左右，北纬二十六度到二十八度三十分之间，就是怒江流域，也就是高黎贡山的东麓，和碧罗雪山的西麓，是贡山、康乐、碧江三设治局的地域。

俅子也叫作曲子，他们自称作毒龙（Dulong），现在的分布是在东经九十八度五十分，往西到九十七度五十分，北纬二十七度到二十八度之间，就是毒龙河的流域，毒龙河是大金沙江源泉之一，位置在高黎贡山和江心坡的中间。马鲁、喇奚、阿系、阿昌和卡钦几个小民族都分布在怒江和大金沙江的中间，就是云南西北部滇缅交界的地方。

关于猛吉蔑语言的分布，陶云逵除民家外都没有提到。据《清职贡图》所载，蒲蛮从前分布在顺宁、澄江、镇沅、普洱、楚雄、永昌、景东七个旧府属的地域。近来因为同化得较快，所占的区域也一天比一天小。大致说，原来分布在澜沧江和怒江的中间，北纬二十七度以南，后来越过澜沧江渐渐向东和东南移殖。

　　卡拉和卡瓦语言上的差别很小，普遍拿文化作区分这两个民族的标准，他们现代分布的区域，西以怒江，东以怒湄两江的大分水岭为界，南北界线在北纬二十二度到二十四度间，就是英国人所谓卡瓦地（Wa States）。据凌纯声说，他在镇康、龙陵、腾冲等地还碰见汉化的卡拉，可见他们从前分布的区域比现在大。

　　崩竜语和卡瓦语同属猛吉蔑语组，是英人葛利生（Leisr Grierson）所发现的。他们现代分布在云南省的极西，就是东经九十九度以西，北纬二十五度以南一带。

　　民家自称作僰子或白子（Bertz），现代分布的中心在滇西环洱海各地，就是东经九十九度五十分到一百度三十分，北纬二十五度三十分到二十六度四十分之间，可是西边达到东经九十九度三十分，云龙县境的澜沧江沿岸各地，西北达到北纬二十七度，维西县地，东边从凤仪县起，沿大理到昆明的交通大道上祥云、弥渡、镇南、姚安、楚雄、广通、禄丰、安宁各县，以达于东经十二度三十五分，昆明县境，每县都有民家的村落，不过数量不很多。在北纬二十五度以南，只在红河流域元江县境的远坝有民家，他们分布的北界也没有超越昆明大理路线的。

　　从自然地理上讲，云南境内因为高度不同，气候的变异很大，所以各地的生物和农作方法等等也不能一律。住在这一省内的民族既然不全是土著，而且又不是同一种属，他们适应地理环境的能力当然不同，生活的方式也不能一样。比方说，倮倮族不敢住在深谷，摆夷族不能住在高山，所以尽管同一个地方，因为高度的差别，所住的民族也不一样，于是就发生垂直分布的现象，像植物的分带似的。大致说起来，八百公尺以下的深谷是掸人带；八百公尺以上到一千五百公尺是蒲人带；一千五百公尺到二千公尺的小平原是汉人带；一千五百公尺到二千五百公尺的山地是藏缅带。我们旅行云南的时候，降入深谷看见有榕树的地方常为摆夷所居，间或有少数的蒲人；山上有松树的地方就发现倮倮或汉人的村寨。有松林的地方，就是没有烟瘴的证据，所以有松地带和无松地带是云南民族垂直分布最明确的界线[注十二]。

　　三十一年，一月二日，写于昆明青云街靛花巷北大文科研究所。

注释

［注一］H.R.Davis,YunNan,Appendix VIII P.337，The Tribes of Yun Nan. 1909. 马学良有译本，二十七年交艺文研究会印行，后以该会停顿未能出版。近张君劢又重译之，名曰《云南各夷族及其语言研究》，在商务印书馆出版。

［注二］见《爨文丛刊》"自序"，民国二十四年。

［注三］见《云南民族之地理分布》，《地理学报》第三卷第三期，民国二十五年。

［注四］见《几个云南土族的现代地理分布及其人口之估计》，历史语言研究所集刊第七本，第四分，民国二十七年。

［注五］见 F.K. Li,Language And Diatects，商务印书馆出版英文《中国年鉴》第一回；又见《藏汉系语言的研究法》，《国立北京大学文科研究所讲演集》第一辑，民国二十九年。

［注六］见《中国西南民族分类》，《民族学研究集》第一期。

［注七］参看 Mrs,L,Milne,Elementary Palaung Grammar,And A Dictionay of English palaung Andpalaung-English.

［注八］尹明德等《云南北界勘审记》。

［注九］A. Rose And i.C.Brown,Iisu（Yawyin）Tribes of the Bmrma-China Frontier,Memoir of the Asiatic Society of Beugal Vol,III,No.4,Calcutta,1910.

［注十］F.O.Erozer：Handbook ofgho Iisu（Yawyin）Ianguage Rangoon 1922.

［注十一］C.C. Iowisi the trihes of Burma P,35-36。

［注十二］本凌纯声说，看《云南民族的地理分布》十四页至十五页。

第一卷　第七、八合期　1942 年 3 月

哀牢与南诏

闻 宥

《后汉书》卷一一六《南蛮西南夷传》"哀牢夷"章云：

哀牢夷者，其先有妇人名沙壹，居于牢山，尝捕鱼水中，触沉木，若有感，因怀妊，十月，产子男十人。后沉木化为龙出水上，沙壹忽闻龙语曰：若为我生子，今悉何在？九子见龙惊走，独小子不能去，背龙而坐，龙因舐之，其母鸟语，谓背为九，谓坐为隆，因名子曰九隆。及后长大，诸兄以九隆能为父所舐而黠，遂共推以为王。后牢山下有一夫一妇，复生十女子，九隆兄弟皆娶以为妻，后渐相滋长，种人皆刻画其身，象龙文，衣皆著尾，九隆死，世世相继，乃分置小王，往往邑居，散在溪谷，绝域荒外，山川阻深，生人以来，未尝交通中国。

此故事又见于《华阳国志·南中志》及《水经注》"淹水"下，内容大抵相同。数书而外，依章怀太子注语所述，又尝别见于《风俗通义》。虽今本已佚，而大致当亦无甚出入。惟《太平御览》七百八十六引"因名子曰九隆"语下，"多沙壹将九龙居龙山下"一语。又沙壹之名，《国志》作"沙壶"；《水经注》作"沙臺""背龙而坐"；《国志》作"陪龙""龙因舐之"；《水经注》作"扡之"。"谓背为九"；《国志》作"为元"。皆当为讹误。"衣皆著尾"，《国志》作"后皆著十尾"，亦为小异。

诸家而外，别有汉蜀郡成都人杨终曾作《哀牢传》，见于《论衡·佚文篇》及章怀太子注所引，惜今不传。至晚出诸书，如《南诏野史》引《哀牢夷传》，谓沙壹之夫为蒙伽独；《白古记》又作蒙苴笃，谓为阿育王骠苴低子低蒙苴之第五子；则皆后来增饰之词，而非唐以前所本有。两《唐书》记南诏，但言其为哀牢后，又别述蒙氏父子世次，无沙壹夫妇之说，亦无阿育王后云云也。

至西方学者之注意于此者，依作者所知，似以 A.Wylie 为最早，其译文曰 History of the Southern and South-Western Barbarians，载于 1882 年之 Revue del Extreme Orient T.I.No.2，惜旅次无书，尚未得见。其后五年，Terrien de Lacouperie 教授著 The Languages of China before the Chinese，重事译述[注一]，且复加以诠释。Terrien 以今越南西南部仍有其承袭旧名之后裔，故以为 "The parentage of the Ngailao is pretty well shown by all their particulars to be Taic,and the evidence of their language,so far as exhibited by the two words above Quoted confirms this plainly." 伯希和教授在其 Deux itineraires de Chine en inde a la fin du Vlle Siecle （B.E.F.E.-O.IV）亦复译及、而称之为中国史文视为歹种之一传说（手头无原书，此仅依冯承钧君译）。殆亦以今日暹越之交、尚有操 Taio 之 Laos 故、其他译者尚多[注二]，不复备举。

以下请先述 Terrien 之论证，其言曰：

Kiu "back" is still existing in the Tsing Miao Kiau Kie,Where Kiau is the class article,lung "to sit" is the Tchung Miao lang,the Siamese nang,the Shan nang,with the same Meaning.

此所谓青苗语，依其同书 105 节所称、乃据 I,Edkins,Vocubulary of the Miao Dialects 所译 Hing-Y-Fu-Tchi（《兴义府志》）之一百九十五字，余一时无从得府志及 Edkins 书，不知其原语何若，惟以其所述若干 determinative prefixes 观之，此青苗似非真确之苗人，而为通常所称之青仲家，故 Terrien 以之入 Tai-Shan family。《兴义府志》之记录，其准确与否，既难保任，益以 Edkins 之译写，去真相必更远，故以今日观之，绝不足引为论证之根据。退一步言，即使 Edkins 所译可信，而如所谓 Kiau 为 class-article，亦显然与"背"义相隔一间。第二字虽比较近似，然现代 Taic 中 nl 对立之例至多，我人今日尚无从为原型之测定，若以暹文较具历史性言之，则毋宁信 n- 为近古，是与隆（liung）又不甚密合，固不仅母音之小异而已。综上所述，可知 Terrien 所为 identification 之工作，实绝不足取。

于是请得述吾人之新释。以拙见言之，此两字诚为忠实之纪录，且亦诚留存于现代口语之中，惟其所属乃非 Taic 而为 Tibeto-Burmese。以第一字九言，此字古读为 Kieu，正与藏语称背 rgyab 相近似。他若 Lolo，Ku-（to）；喇乌 Kau（naw），亦密迩，且较 Terrien 所谓 class-article 为合理。第二字隆尤重要，今怒子（A-Nung）语中称坐正若此。Barnard 所记 Rawang dialect 作 rung，Davies 引 Desgodins 所记作 rong，正与隆完全一致。藏语称 sitting cross-legged 作 skyilkrung，亦足以资参考。

语言而外，其足以与此相参证者，尚有数点。以今日所知，藏缅族中诚少文身之习，然怒子、曲子多文身，具见于中外游历家纪行之作，上述之 Barnard 书，亦言 Nung 之 Daru 支，妇女有绣面之习。旧《丽江府志》言，怒人男女十岁后皆面刺龙凤花文，尤与范书所记密合。此一事也。衣皆著尾，虽似神话，且言之不甚明晰，然《说文解字》"尾字下"明言古人或饰系尾，西南夷亦然。民国十九年中山大学地理系师生旅行滇西仍见有饰系尾者，亦与范书（指范晔《后汉书》，编者注，后同）所记一致。此又一事也。范书后半又言知染采文绣，罽毲帛叠，兰干细布，织成文章绫锦。今滇西诸土族中，惟怒子长于编织，余庆远《维西见闻记》云："人精为竹器，织红文麻布，摩些不远千里往购之，今人纪录仍云然，此又一事也。"以上云云，虽皆仅为文化事象，且亦未必即为此族之特征，然合而观之，足以明哀牢即怒子之祖先，怒子即哀牢之后裔。换言之，今日澜、怒两江之间，其土著民族之状况，较之一千五百年前史家所记，[注三] 尚无若何出入，而 Terrien 别倡新说，以为此龙山相当于今川、鄂间之九龙山脉云云，其言乃完全不足以信赖。

此新释之所以胜于旧释者，约有二点：

（一）可以解范书南蛮西南夷之区别。范书虽承袭《史记》《汉书》而来，然博采异说，别立新名曰南蛮，则明与马、班不同。全篇两大部分，分别显然。惜范氏未言其所以分别之界，后世学人亦未有垂意于此者。今以大体观之，则南蛮部分大抵皆 Monkhmer 或 Taic，西南夷部分大抵皆 Tibeto Burmese，范氏本人本不知有后世所谓人种之学，而其取材皆有所本，依之以为排列，不期而自合于真际。惟哀牢夷属于后者，而向来皆目为 Tai 人之祖先，于是前后抵牾，疆界不明。以新释观之，则知其自应与卬莋、冉駹等同传，而范氏述作之苦心，亦复得以大白。

（二）可以解南诏与哀牢之关系。《旧唐书》称南诏蛮自言哀牢之后，与樊绰《蛮书》所记略同。新书（指《新唐书》，编者注）则但言本哀牢夷后，为说略宽。今证以蒙舍诏起于永昌姚州之间，知此传说尚可信。南诏创建者之种属，自来目为 Tai 人，正与哀牢之被目为 Laocien 相

似，然拙见亦以为不然。《蛮书》言六诏并乌蛮，两《唐书》言南诏本乌
蛮别种，知南诏与乌蛮之关系，较深于白蛮。而唐代所谓乌蛮正完全为
Tibeto Burmese，此稍检《蛮书》而可立辨者。《蛮书》名类第四言，"异
牟寻母独锦蛮之女也。牟寻之姑亦嫁独锦蛮，独锦蛮之女为牟寻妻"。
而独锦蛮正乌蛮苗裔。又言"磨些蛮与南诏为婚家"。磨些更明为 Tibeto
Burmese，同时与白蛮缔婚之事，则未之见。以尔时汉化程度言，白蛮甚
于乌蛮。若南诏非乌蛮，必不与之世为婚娅，此一事也。《蛮书》"蛮夷
风俗"第八，又言"西爨及白蛮死后三日内埋殡，依汉法为墓，……蒙舍
及诸乌蛮不墓葬，凡死后三日焚尸。其余灰烬掩以土壤，惟收两耳，南诏
家则贮以金瓶"。今倮罗、摩些尚存焚尸之习，尔时南诏虽贵，而习尚亦
未改，此二事也。以语言论，谓王曰诏（= 暹语 cbao），谓州为睑（= 暹
语为 xieng），固如通常所论，近似 Tai 语，至低程限亦得谓为尚存于现代
Tai 语之中。而藏缅语中则绝无此痕迹。然此两者正皆通常所谓文化字，
文化字中有政治制度之称谓，尤易于互借。和林突厥文碑中有（sangun=
将军），蒙古语中（Taivsi= 太子），其情状正与相似。故即使之两字确为
Taic Origin [注四]，亦不足为南诏为 Tai 人之确证。况以基本日用字言，兄
曰容，弟曰钟。即与 Taic 之 pi，nung，完全无涉，而只能与藏缅诸语相比
拟（参照 Laufer，《西藏人之乌卜》，《通报》第十五卷"荷兰"，及拙
作《民家语中同义字之研究》，《华大集刊》一卷）。其他称山坡陀为和
（rua）亦与 Naga 语相近。此三事也。至于父子以名相属，则更如伯希和
所证，显然为藏缅人之习尚，而绝不见于 Tai 人。此四事也，要之由各方
言之，南诏种属皆不应为 Tai 人。若哀牢果为 Tai 人，则哀牢夷后乌蛮别
种两语，便无一字可以通解。即如通常所信，哀牢本为 Tai 人，而乌蛮别
种一语，仍无法可以通解，何况为哀牢所击之鹿蓉（lukta），正如 Terrien
所读，甚似暹语之 loktai，而以文义观之，此鹿蓉又显然非哀牢同种也。

注释

[注一] Terrien 所译与原文可谓无甚出入，惟九隆兄弟皆娶以为妻句，译为 Kiu-lung
and his brothers respectively took them for wives，则稍未安，以此语所反映之婚制，究为群婚
抑为一夫一妻，意义固不甚明也。

[注二] 如 Rocher，histoire des princes du yun-nan 写九为 tsiou，即不合，见《通报》

第十卷。

　　［注三］此见于上述书，又在 Colquhoun，Amongest the shans 书首所为引论，The Cradle of the Shan Race 中，尚有较长之论列，以无佐验，不复俶述。

　　［注四］此 xieng 字今虽用于 Taic 中，然其语序与南诏不同。此同位（apposition）之两名，其序列本得有两式：其一视专名近 genitive，则置于共名之前；其一视专名如 adjective，则置于共名之后。南诏属前者，故曰某睑某睑，Taic 属后者，故曰 xieng 某 xieng 某，而前者正缅藏语之通式也，又睑之一字《蛮书》作睑，他本或作睑或作睒参较观之，其原值应为 KI–m，今暹语之 x–，明为复纽衍化后之变读，–ng 亦为 –m 之变，则此字果为 Taic 本语与否，尤尚难言。

第一卷　第二期　1941 年 9 月

黑夷和白夷

岭光电

夷人分为二阶级：一黑夷为贵族阶级，一白夷为平民阶级。在一般报章杂志类能言之，惟夷人何以分为此二阶级，其历史的原因，则一般尚少论及，兹据夷汉典籍略为论之。

"夷人"一词，并非其自称，乃汉人以其文化低落而称之，黑夷又称"黑骨头"，夷人又称"倮倮"，盖夷人自称"倮"，乃高贵黑色等意，汉人遂重称为"倮倮"。或有加以"犭"旁为"猓猡"以示其文化低落，民智如犬马也，实际并无此"犭"旁。

称中国西南部为夷者始于汉之"西南夷"，其时则西南部文化低落之民族，通称为夷，包括许多夷人如山头夷、苗倮夷等等，血统上无甚大别，惟苗夷之分别较显，其他如黎、夷等则无大区别，散布广西、贵州、云南、西康等地，后各地渐渐进步，惟四川、西康、云南边境之夷人尚保存其原有形态，即今之称为"倮倮"者。

倮罗人今布于大小凉山、康定、泸定、贵州西部、云南北部等地。

夷人所分阶级，一曰黑夷为贵族，一曰白夷为平民，外来初见之汉人，多以为黑夷与白夷有很大区别，其实大部分之风习均相同，不同者部分而已，其相同点多于其不同点：

其相同点较多：第一，以服饰论，则黑夷与白夷间大致相同，白夷如富有，同样可以珊瑚珠饰耳，以马代步。

第二，其生活习惯亦几无分别，例如黑夷招待宾客，最高贵为打牛，次杀羊，再次杀猪杀鸡等，附近不论黑夷、白夷均集于其家，主人享客时，亦分予来宾每人一份，主人甚至可不食，自坐旁吸烟以示不饿，盖来宾均能饱食，乃主人一大光荣也。

第三，黑夷与白夷间之私人称呼亦相同，黑夷之老人，白夷亦不称之为其长官，仅按辈次称为祖父、伯叔等，而黑夷亦论辈称白夷为祖父、伯叔、弟兄等。又不论白、黑夷均有一习惯，即长房之子恒为长房，故常有三四岁之大哥，而七十余岁者反为老弟之现象，长辈不论黑、白夷均受人尊敬。

其他如房屋、交通工具等，黑夷与白夷均同，富者均得享受。

故就大略言之，黑、白夷间相同点甚多，然而既分为二阶级，当然有其不同点，此等差异，可于下列诸项见之：

第一，婚姻：黑、白夷间互不通婚，有汉人至夷地倡汉夷通婚，而夷人答谓："黄牛自黄牛，水牛自水牛"。其一般观念皆然，黑、白夷间之婚姻限制甚严，如真有此种事情发生，则黑夷将失其尊贵地位，逃往他处；若不逃走，则甚为危险。如白夷男子与黑夷女子相爱，一旦发现，则白夷男子必被杀死，黑夷女子亦只有自杀；反之，如黑夷男子与白夷女子相爱，则黑夷男子必失其受人尊敬之地位。

尽管如此，但此种黑、白夷间男女相爱事实，亦常发生，盖夷人无势利观念，纯以感情相爱，任何牺牲在所不惜，而社会环境如彼，故苟有如是事实发生，多产生悲剧之结果，故夷人自杀者实较内地人为多。由是可见夷人之尚情，以实例证之，在著者离开辖地的九个月内，有六人自杀，其中五人皆为情而死，四女一男，皆因爱情而受家庭限制，惟有出诸自杀一途。

第二，白夷之尊敬黑夷：此则随处可见，如黑夷与白夷虽可常打架，但绝不能接触黑夷之"天菩萨"，所谓"天菩萨者，乃头侧之发，黑夷所最尊贵也"，如被白夷接触，必严惩白夷。又如就食时，白夷尊黑夷上坐，黑夷饮酒有余给白夷时，白夷不能对饮，多身避而饮之，若不敢对饮然以示尊敬也。

第三，战争中之态度亦不相同：盖黑夷自有优越之感，尊贵感，宁死不愿受任何侮辱。故白夷在作战中被俘虏时被转卖，被侮辱，充其极亦不过加以反抗而已；但黑夷则尽最大力使不被敌俘虏，甚至自杀亦可。夷家常有"打冤家"之事，即黑夷被侮辱时，皆尽力报复之结果其地位可见。

以上略就黑、白夷之地位论之，白夷乃归属于黑夷者，自对于黑夷有其义务及权利。就其义务而论，第一，白夷逢年逢节须送黑夷礼物，在内地人视之当然无大价值，但夷人视之则皆为最大礼物，如杀猪时将猪头砍为两半，同酒一罐送与黑夷，又当黑夷有婚丧嫁娶时，白夷均须送礼。其次，在作战时，白夷有受黑夷征调而服兵役之义务。

白夷亦享有特定之权利，且较内地人恐亦较多，黑夷必须保障白夷，如白夷受人欺侮，黑夷皆尽力保护之，甚至酿成战争，亦所不惜，如黑夷不能尽此种保障，则不但为白夷所轻视，且如白夷逃往他处，其尊严亦受一大损失，故均极力保护之。其次，白夷如为独身，则黑夷应为其解决妻子问题。第三，当白夷贫乏不能自给时，黑夷当接济之，以此等故，白夷得安心服从居住。

汉人或疑白夷人数如是之多，何以不乱，其实即以此等缘故，故安心不乱。

近城市处，白夷较多，夷人与外界作战时，白夷多受调赴前线，黑夷多住深山中者其相互间作战时，则不使白夷参加，此因一面黑夷很多已足作战，一面因互相尊重贵族地位，不使对方受杀于白夷，在此时白夷多作抬担架、运粮食等任务。接战时，白夷则在旁呐喊助威，大呼勇敢，前几年黑夷作战时，且需强作勇敢，不得低头避弹，如临阵低头，则常被白夷讥讽。故黑夷受伤时，多仍勇敢挣扎，至晕倒为止，且伤虽甚重，亦不得呻吟，不然，白夷多出语讥讽如："你呻吟连我们都没有面子"之类的话。

白夷与黑夷为什么有如此的阶级分别，它的来源如何，为一重大问题，兹略释之：

在中国古史上，晋有东爨西爨，隋唐时有六诏，六诏为六个部落之总称，六诏中惟南诏为游牧民族，其他则均已入于农业社会，今所见之爨龙颜碑（建安时立），书法颇佳，可见其文化亦颇为高，惟游牧社会者则较低。

南诏或称蒙舍诏，又称乌蛮，又为东爨，为游牧民族，其他诸诏称西爨，又称白蛮，乃农业社会民族。蛮有乌、白之分，或乃受自然环境之影响，乌蛮多居山上，气候较寒，洗脸洗澡之机会甚少，衣服亦多终年不洗，惟在有阳光时看看虱子而已，即洗亦必赤身俟干后即穿，盖甚穷苦也。乌蛮之衣服多黑色，大概为适应气候故，其富群之牛羊，亦多黑色，大概黑色之牛羊在高山之繁殖力较强，乌蛮以其肤色，衣服皆黑，故称乌蛮。白蛮则多属平原地，天气较热，常洗澡，又常着白，故与乌蛮相对称

99

为白蛮。乌蛮在云南东北一带地，务畜牧较勤，白蛮在大理附近，务农较懒惰。

后南诏并吞其他五诏，是为大理国。南诏所以能并吞其他五诏者，因其为游牧民族，身体较强。诚如蒋百里先生言：生活条件与战斗条件一致则强，反之则弱。故一举而并其他五诏，成大理国。据新、旧《唐书》所载，其文化几与中原相等，曾一度联吐蕃侵至成都附近，以气候不适，向西南而退，留者成为羌，则羌为大理、吐蕃之混合也。

南诏又征服云南、贵州边境，至昭通附近，昭通之夷人，亦强悍，常与大理战争，于是"大理"乃迁许多乌蛮、白蛮于昭通等地以镇之。

乌蛮、自征服白蛮后，以征服者役被征服者，故形成贵族、平民二阶级，白夷与黑夷阶级之形成，实自此始也。

乌蛮白蛮迁至昭通后，自亦保存此种阶级特习，今大凉山之黑夷、白夷，大略乃唐宋时代迁徙者，此种阶级之最初形态，今尚可见其端绪，至留本土者在宋时，内部迭有变乱，如蒙、段、高、杨等姓，争夺王位，贵族平民互有盛衰，原来形成之阶级无形化去。而黑夷之为游牧，白夷之为农业亦卓然可见，在今日尚可见者：

第一，职务上之分别，黑夷极不愿种田，但喜作看牛羊、作战、保障白夷等职务；而白夷多不愿作战，自愿受黑夷保护，喜耕田，故黑夷之耕田技术极差，此皆其祖先所留也。

第二，居住地之不同：黑夷以为矮山地方多鬼，居之多死，故皆居山顶，实际上乃其祖先皆住高山，不适低山居住也；而白夷则多居低山，能适应气候，如迁住高山则常患病，实亦因其祖先所遗体质仅能适于低山地带也。

不过，黑夷与白夷之远祖实则为一，至后夷人人口增多，又不能从经济发展，故多以武力与汉人相侵，俘虏之汉人，至第二代则多变为白夷。

黑夷与白夷间亦并非保有严格、纯粹之血统，有黑夷成为白夷者，亦有白夷成为黑夷者。前者如著者所住越嶲地，有黑夷家兄弟互殴一人致死，于是亲戚长者，均主张以之抵命。此人乃不得已逃亡，至另一地用于某白夷，与一白夷女结婚，于是遂世代为白夷。白夷变为黑夷者亦常见之，例如越嶲门登姓之黑夷，以人口少故常受人欺侮，有一姓门登之白夷，甚精干，善为汉夷语，黑夷门登家有事，此人常出卫护之，因与门登家一黑夷寡妇近，门登家本欲惩之，但以如无此人，必常受人欺侮，乃不得已承认之，使之成家，且有子女，乃遂成为黑夷，故黑夷与白夷间之血统亦常相杂乱。黑夷为贵族阶级，自有其优秀处，白夷则性较和平，与外界接触机会亦较多，依著者之推断，将来恐白夷必较先进步，而后刺激黑夷进步，但夷族优秀人才，恐必产生于黑夷之中也。

第七卷 第二期 1948年6月

云南摆夷族在历史上及现代
与政府之关系

陶云逵

一、摆夷之分布，人口估计及其各部分之汉化程度

"摆夷"是一种云南土族的汉称，其族自称为"泰"，语言属所谓泰语系，分布在滇南及西南。澜沧江以东者约自北纬二十三度至滇越滇缅交界，澜沧江以西者约自二十五度至滇缅交界。人口约五十至五十五万人。云南泰语系人群除摆夷外，尚有沙人、侬人、仲家等，但为数不多，一共有七十万人左右。滇中泰语人群在昔之分布当较广，人口亦较多，但因汉化，其汉化了的，便成汉人。此程序仍在进行之中。

摆夷各部族中汉化程度最深者为元江一带沿红河流域诸无文字部分，自明代即改土归流。其有文字部分，东自思茅以南，西自腾冲保山以南，汉化较浅。但此有文字部分中之汉化较深者为滇西北纬二十四度以北，二十五度以南，南甸、陇川、千崖、猛卯、茫遮拔、茫市等所谓"迤西十土司地"。汉化次深者为北纬二十三度至二十四度间耿马宣抚司属之猛勇、猛角、猛董、猛猛等五土司地。汉化最浅者为北纬二十三度以南，即现车里宣慰司所属之十二版纳，及孟连宣抚司所属诸地，即滇省之南及西南极边。

南及西南极边之摆夷虽然汉化程度最浅，但是印度化（如文字、宗教，以及其他生活方式）的程度则甚深。印度化的原因是地理上距佛化了的缅甸、暹罗近，距汉文化中心远。但滇摆夷中之印度化者，不仅车里，孟连一带，上述滇西十土司地及耿马五土司地等受汉化次深的部分亦信奉佛教，习用梵文。各摆夷信奉的是小乘佛教。其输入年代，中国史志无记

载。但摆夷原文《土司历代大事记》中则既多列论。孟连土司地信奉佛教自十五世纪中叶起（1457，明英宗天顺元年），由缅京阿瓦（Ava）传入。耿马土司地则在十六世纪初（一五三四，明世宗嘉靖十三年，或早数年），自缅甸掸土司地孟艮（Mong ken）输入。车里当较孟连为早，迤西十土司地则或晚于耿马。

二、摆夷与政府在历史上的关系

中国书籍最早的，最可确定的关于云南摆夷或泰语人群的记载为唐樊绰《蛮书·名类第四》所载之"茫蛮""黑齿蛮""金齿蛮""绣脚蛮"。至于唐以前，《史记》《汉书》之"僰""哀牢夷"；及《唐书》《蛮书》之"南诏（大理国），"颇有人以之为泰。持此说者多为西人。此说源于沙晼，其后 de Lacoupeme:CoiquhounCoonran.Wood.Dodd 均从其说。尤以 E:HP:arker 持之最力。仅伯希和认为南诏非泰族，然亦未作十分肯定断语。依我个人意见，史书关于哀牢、南诏之记载，虽不免有可使人猜度到泰族之点，但究嫌证据太少。南诏当为各族混合而成的一个政治团体，其中当有泰语份子掺杂。为慎重起见，吾以《蛮书》所载之茫蛮、金齿、黑齿等为第一次云南泰族描写。盖所述之语言风俗与今摆夷相同，且有《明史·地理志》关于金齿之叙述为证，是可置信不疑。

唐因南诏而认识茫蛮及骠（古缅之一族），但唐而后中原多难。至宋把云南划作化外，先后六百年间，中国书籍没有任何关于云南泰族的记载。直到元宪宗二年（1253），元灭大理之后，记载泰族之文字始渐多。

云南摆夷虽自称为"泰"或"台"或"歹"，而中国书籍则甚少见此音之名。多称之为百夷，白夷、僰夷、摆夷一称，自明始有。田汝成《炎徼纪闻》为第一次之记载。此名至清而盛，百、白、僰渐不见。僰之一称自《史记》记载，但僰是否为"泰"待考。又有人以濮、蒲与泰之摆夷混为一谈，当是错误。但详览史志，叙述泰族故事之标题为百夷或白夷者亦不多见，反之，在"缅"字标题之下的文字，确有不少是摆夷事实。关于此点，下详。除唐之《蛮书》外，自元而后记载泰族的书志，约有以下几部，虽甚少，但所载多为第一手材料，计：元，（无撰者名）《皇元征缅录》（《丛书集成》）；明，钱古训、李思聪《百夷传》（南京国学图书馆）；明，朱孟震《西南夷风土记》（《丛书集成》）；清，孙士毅《绥缅事略》（《云南通志》转载）。此外则为综合或转录他人报告而叙述者，计：明，毛奇龄《司蛮合志》；明，田汝成《炎徼纪闻》；清，顾炎武《天下郡国利病书》。又，正史、通志、府县志，计：《元史》"本纪""地理志"，《明史》"本纪""地理志""土司传"，《云南通志》《续云南通志稿》《普洱府志》《顺宁府志》《永昌府志》《腾越厅志》。此外书籍尚多，但多辗转抄袭。南诏野史常视为泰族要籍，今吾不以南诏为全泰语人之国家，不录。

至于上称关于泰族记载多见于标题为"缅"的记载中，则有以下原因。此处我们要越出云南范围，述及云南以外的泰族，籍观其在中南（印度支那）半岛各地的历史兴衰略势：

（一）中国知道泰语人群较详为元以后。元不但克大理，而且自滇征缅，当时泰人大部在大理西南即金齿、麓川及缅掸地。元征缅，泰部为必经之地，是对泰人必加认识与经营。但以出兵主题是征缅，故关于泰事恒见于缅甸记载之下。

（二）元伐缅，缅族之蒲甘朝（Pagan Dynasty）（1044—1287）亡。于是分布于缅东北之掸泰乃大事活动。缅甸全境几全为掸泰所据，直至1531年。同时泰语之另一部族于1350年在阿育它（Ayuthia）建立国都，是为逻罗。而在滇省内自元之金齿，至明麓川土酋思克发、思伦发、思机发父子数代，屡为边患。故自十三世纪中至十五世纪末，为泰语人群有史以来最活跃之时期。此各事件，《明史》及包见捷《缅略》诸书，多于缅事件下叙述之。

（三）但自1531起，缅族复兴，所谓通古朝（Taungoo Dynasty）（1531—1758）。此时泰族势力削弱，缅掸各土司臣服于缅。缅盛，乃进而向外发展，自1548（明世宗嘉靖二十七年）至1778（清高宗乾隆四十三年），先后六次侵占逻罗京城阿育它。而于明万历四年至三十六年，屡侵滇边。其时滇中摆夷诸土司乃请援于政府，于是有刘綎、邓子龙等之御缅，其地点在昔之麓川，即今腾冲及其南各地。此事件足以表明各摆夷土司其时已相当汉化。至乾隆二十八年至三十四年（1789），边衅再起，政府乃复与缅交绥。以上所述，均因缅事而与摆夷发生接触，故其事项多见于标"缅"题下。且时将摆夷与缅混为一谈。

除上述汉文文献外，摆夷诸土司向有书官随时将土司及地方上重要事件记录下来，代代相传，便成了很好的历史材料。此种原文史记，我曾搜集到：《车里宣慰司》《孟连》《耿马两宣抚司》《猛哲土千总》《猛茫土把总》各一部，共五部。大都实际记事自明时起，附追述明以前的事。盖因自明代文□贞随佛教而输入摆夷社会中。叙述除世系、政治事件外，尚有始年节、社祭、婚丧、承袭等仪式礼节之描写。其关世系及政治方面，与汉文文献校对，颇多符合。实为《通志》《府志》"土司"节所载摆夷土司事之张本，而详尽过之。

今吾据上列汉夷诸文献叙述元以来摆夷在云南势力之消张情形及其与政府之关系。但因事实过多，故只能从横切面去看，而不作每代事实之描写。盖各事实，均详上列各书中，虽然没有特别划出一门专题。他日有暇，当捡集录出非难事也。所谓横切面就是从元明清历代云南土司中之摆夷土司数目之多寡，以及等级之高下，看云南摆夷之兴衰，及汉化程序之弛张。并再从摆夷土司职权与对政府之义务上，看两者之关系。

甲

A 元

南诏盛世，自皮逻阁（唐玄宗开元十六年，729）至世隆（唐僖宗乾符四年，877），其在南方之势力曾达缅甸越南中部。《蛮书》之茫蛮、金齿、黑齿蛮，南诏之属部也。但自郑买嗣篡位（唐昭宗天复二年，902）而后，段氏立国以还，大理对其边域多不经营，其疆土远不如南诏时代之大。尤以段氏末叶，势力甚弱。在此期间泰语人群渐次兴起，至元灭大理时，已具相当势力，金齿即一例也，及元明而后更形活跃。《元史·地理志》载："金齿等处宣抚司，其地在大理西南，唐史茫施蛮，俗乎金齿。南诏蒙氏兴，异牟寻破群蛮，尽虏其人，以实其南。东北□取其地至青石山缅界，悉属大理，及段氏时，白夷诸蛮，渐复故地，是后金齿诸蛮复盛"。按金齿于至元十六年始归顺元朝，而至成附宗元五年（疑为大德五年，编者注）犹叛服不常。其南如辙里（车里）、耿冻（肯东或景栋）等地亦有不少摆夷独立部落。后为元次第征服，归入元朝版图。自然也有不少因元之经营而更南迁移者。元代云南行中书省的区域很大，包括今四川南部大渡河以南，云南全部，全缅及掸土司地。《元史》无土司传，土司之名实自明始。但元时除段氏原有管辖区域外（即滇中东北），多为羁縻性质。《云南通志·秩官志》"土司"自元起，今据《通志》，作以下叙述。

《云南通志》载元代土司共有五十七个，又"杂土司"十五个。土司中有两个特等阶级：一，摩柯罗瑳大理总管段氏；二，荼罕章管民官丽江木氏。两者均非摆夷。此外高级者有：路军民总管府三十五个。其中可证为摆夷者十七个。宣慰司五个，摆夷占四个。土知府五个，摆夷占三个。统计军民府以下，土知府以上之阶级共为三十五个，而摆夷占二十六个之多，约百分之七十四强，为大多数。其余小土司过于零杂不计，"杂土司"则无明白之区域或姓氏不计。至上述两个特级土司段、木二氏，则段氏在滇北本拥有大理国余势，元欲假之以号召群族，故名位特高。木氏则在丽江、维西、永宁、宁源一带极有威望，号称"天王"。而始祖忽必烈自川康入滇，经丽江，木氏非但未拒，且助之攻克大理。厥功甚伟，故名位亦崇。两者均有特殊原因。除两者外，高级土司摆夷占大数。

元代政策只关扩张领土，而对已得之地则并不十分经营，政治机构欠严密。终元一代自始至终，云南日在兵戎之中。土司叛服不常，尤以摆夷之车里，八百（吾意当即今越属牢之〈Lung praborg〉），及金齿为甚。此外则为罗罗斯蛮（川南及滇东北）。摆夷在元时占高级土司之大多数，是表明摆夷俱有强盛势力。且诸摆夷军民府均只一军民府之大头衔，其下无府州之设，是表明元朝势力并未深入其地也。（以上参阅《元史》"本纪""地理志"，《云南通志》"戎事""土司"。）

B 明

明代云南省土司官制分为以下各级，并每级之数目。计：御夷府二，御夷州三十，宣慰司八，宣抚司四，安抚司五，长官司三十三，御夷长官司二，共为八十四个。以御夷州职位过小不计外，尚有五十一个土司，此五十一个之中，有二十一个是摆夷。在数目上摆夷虽占少数，但阶级高之土司则多属之。八宣慰司中有六个是摆夷，四宣抚司、安抚司、二云夷府尽为摆夷。职位高，指示其辖区广，权势大。

明代云南省区域不如元时广大。北部一带划归川省。明之土司数目为八十四个，此数与元（五十七个）相较为多。但此非明代土司势力膨胀之表现，实是因为明代对滇中原有势力的分化政策使然。（我们要认清楚的是：分化政策不单是对土族，此策乃任何政治之对于与自己敌对之势力所必施之政策也。无论同族或非同族。）同时说明明代政治机构之严密，把大土司化为若干小土司，等级分明，职权划一。特别滇北诸土司多遇此命运。但摆夷之中亦有化整为零者，如麓川宣慰司之改分为陇川、猛卯抚宣司安抚司，元江宣慰司之降为土通判而另设流官等。（以上参考《明史》"本纪""地理志""土司传"，《云南通志》"土司""戎事"。）

C　清及民国

清代云南土司共为一百五十七个，分文武两职。土府官、土州官为文职，宣慰使、宣抚使等为武职。此一百五十七个土司中，文官在知州以上者计土府四、州四；武官在长官司以上者宣慰使一、指挥使二、宣抚使五、副宣抚使二、安抚使三、长官司长官三。此高级土司共为二十五个，其余一百三十二个土司均小职。清代土司以数目而言又多于明，但小职占大多数。高级土司，土州官及长官司以上与明御夷长官司以上之土司相较，则明（五十一）较清（二十五）为多。清代对土族之分化政策日趋积极于此可见。同时，自明以来中国中东部人口向滇迁移为数颇众，其中有奉政府命令移殖者，有个人自由移居者，有从军征滇缅而不返者。于是随汉语人群之移殖，汉文化乃大量输入云南，而将土族汉化。而政府于屡次平定滇边，对于从征有功人员往往封赐土地，任为土司。虽无较大地盘者，但自明以来及清代，云南小土司中有不少是汉人。

清代一百十七个土司之中，摆夷占三十七个，约为全数之百分之二十四。但均为较高阶级者。盖一宣慰使、五宣抚使、三安抚使均为摆夷，四土府中有二为摆夷。是则清代土司与明代情形相同，高级者多为摆夷。（以上参阅《云南通志》及《续云南通志稿》。）

及至民国，因明清两代云南汉化程序日趋积极，土司势力已颇衰微。关于民国以来的土司，有二十四年《内政年鉴·民政篇》所载"云南省现有土司名称表"，其中列了一百一十三个土司。此数亦相当的大。但"民国初年决议设流而不改土。原有土司名称概仍其旧，但受流官节制指挥"。不过云南自民国十六年以后也有不少土司被裁撤。《年鉴》中之现存土司表之编制，甚为笼统，多不注明土司之官职阶级，远不如明清编制之条理分明，故颇难据之以作分析研究。但就我个人的调查，现有土司与清代大体相同。例如宣慰司为车里，宣抚司为南甸、干崖、陇川、耿马、孟连，副宣抚司盏达、龙陵，安抚司猛卯、潞江、茫市。其余土千总、把总也大体相同。由是，即在民国，土司之高级者仍为摆夷。

纵观滇中历代土族势力之推移，汉初不计，则汉晋为爨族，盛于滇东北及中部。唐宋为爨、泰、汉等混合人群之大蒙国大理国，兴隆于滇北中部，自东川至大理永昌间。元明则土族势力更向西南移，强大者为摆夷，如元之金齿、辙里、八百之屡为边患，明之麓川之乱，与军讨伐历数十年而不能平服。至清则云南境内无大规模之土族叛乱。乾隆间用兵云南系为缅甸，是可见云南之泰语人群已逐渐汉化。从历代土族势力之推移也可见出汉化推广之路线，即自北与东北移至南与西南。

乙

从上面的讨论，我们看出泰语摆夷历代势力之兴衰及汉化推进之程序。现在我们略述土司的职权及其对政府之义务。土司原为政府的地方官，所不同的，土司是世袭，普通地方官不世袭。土司所辖地的土地、人民是属他私有，行政之凡关于其本土司地方者由土司全权处理。但有三项，土司须秉承政府命令：（一）赋税。土司在其地方人民抽税若干，由彼决定。但对政府则彼每年须纳一定税额。（二）服役。土司地之人民，政府遇必要时得随时征之入伍。（三）对外交涉。包括土司地与中国以外之国家发生事件之交涉，以及一土司地与另一土司地发生争执之处理。此各规定自明而后既然，清代以来规定尤严密。

摆夷土司对政府纳税、服役，以及对外交涉服从政府之命令与判断之事实，均散见《云南通志》《顺宁府志》《普洱府志》《腾越厅志》之《秩官志》之"土司"，及《食货志》之"田赋"，《武备志》之"戎事""边防"诸节；并车里、耿马、孟连、猛哲、猛茫五土司之原文《大事纪》中，事实繁多，记述冗长。今仅择其重要者，举例以概其他。下引各例，多为清代。良以清代而后有详尽可靠之记载也。

A　赋税

土司之纳税进贡实是一件事。进贡多半是当其土司地距离政府较远，或政府势力尚不能对该土司十分驾驭者，如三年小贡、七年大贡之类。元明两代云南边地土司对政府多如此。清而后进贡之例多废去而代以田赋，纳于省政府或管理该土司地之政府机关。如车里纳于思茅厅，孟连纳于镇边厅，耿马纳于顺宁府。政府不直接向土司地人民征收。由土司负责征收呈交政府。例如，《普洱府志》"车里田赋"节载："原额实征车里宣慰司条丁银二百零二两零五分三厘五耗。折征秋粮米二十二石五升七合"。
（按原文未注年月，参阅上下文当为光绪年间事。）又车里宣慰司原文
《大事纪》："……共为五百六十九两五钱三分八厘。此款是解呈思茅
厅。"其中提出宣慰使办公费一百六十四两，又另六十两七钱二分。净纳
三百四十八两八钱一分一厘。另一条载："……共为五百六十九两五钱二
分八厘。此款由宣慰司使解呈思茅厅。"其中提出宣慰使办公费一百六十
两。（按原文亦未注年月，参阅上下文当为同治年间事。）

B　服役

地方有匪患或外寇，政府除调遣正式军队外，并命令土司调遣土兵协
助。如明万历间之御缅，清乾隆间之征缅，嘉庆至光绪间之平罗黑之乱，
咸丰同治间之平回乱；车里孟连、耿马等土司均奉令调土练协剿，并亲自
参加。《通志》"府志之戎事土司诸节"并各土司原文《大事纪》有记
载，兹从简不录。

C　对外交涉

这里包括：（一）一土司地与另一土司地，（二）土司地与中国以外
的国家的交涉事件，（三）（附）一土司家族之内承袭之争执。凡此各
事，均归政府处理判断。

（一）一土司与另一土司发生争执，由政府判断。例如：（1）康熙
四十六年向属耿马土司管辖之猛猛土司叛耿马。耿马遣兵讨之，不胜，双
方诉诸政府。政府以耿马治理不善，以猛猛划归永昌府节制。（2）乾隆
十八年耿马、孟定两土司地因界务猛生争执。永昌府派员勘查，划定之。
（3）乾隆二十年镇康土司侵占耿马土司地，亦由政府派员调解划定。以
上事件详载《耿马宣抚司原文大事纪》及《续云南通志稿》。

（二）土司地与中国以外的国家之交涉，由政府处理。有两件很显著
的例子，因其由于承袭事件而起，故两项（二）（三）一并叙述，以为事
例。事例见原文《车里宣慰司大事纪》及《孟连宣慰抚司大事纪》。并
《云南通志·武备志》"边防节"及《普洱府志·武备志》"戎事节"。
又《续云南通志稿·秩官志》"土司节"。因此事件关系国家外交，且
由此得窥摆夷诸土司与中南（即支）半岛诸国间之国际关系。故将事件详
述，以为关心中原半岛国际情形与民族问题者参考。兹先摘录《车里原
文大事纪》，《孟连大事纪》所载之与车里不符合者，注于括弧之内。又

自明中叶而后，土司多有两个名字，一为土名，一为汉名。其原文中有时写土名，有时写汉名，本译文中均书汉名，而注以土名，以资划一而便阅读。其无汉名者则音译土名。

刀土宛（Dau Shu wan）有三子。长子刀太和（Chao maha woung），次子刀太平（Chao maha TZai），三子刀太康（Chao Maha Wong）。天朝委刀太和为宣慰使，时年十六岁。其弟刀太康为副宣慰使（即总管）。……至1162 年（此为摆夷历，公元为 1800 年），清嘉庆五年宣慰使刀太和死，子刀绳武（chaomaha noi）幼仅二月，政府未加委任。（按以上与《续通志稿》"土司节"的载同。）1163 年，十二版纳（即车里宣慰使所辖地）公举猛海（即今勐海县）之诏擅（Chao Tam）等前往阿瓦（缅旧京），禀陈缅王，请委诏景（Chao gicn）（刀维屏之子，当即普洱府志之刀永和）为宣慰使。按车里、孟连两土司于 1900 年（光绪二十六年）中英缅划定南路界务以前，土司承袭例向中缅两方政府呈请 1163 年（公元 1802 年，嘉庆七年）诏景接任宣慰使。天朝未委。宣慰使诏景心术不良，忌其叔刀诏天之子诏玛哈朋（Chao mahapong），暗中赂暹罗之戛于腊人（Gawieia）（当为一种泰语土著）谋杀诏玛哈朋于景洛（Ging Luo）。十二版纳土司中有六版纳不平，起兵讨诏景。诏景不敌，携妻小逃往景东（Keng Tung）（缅掸土司地）。旋至阿瓦，向缅王请兵助己返车里，并献议以江外（澜沧江以西）之六版纳归缅，江内六版纳仍归汉。缅王未为所动，且囚之。旋放流至猛乃（缅地）。（以上《通志》未载。）

1165 年（公元 1803 年，嘉庆八年），逻罗之景迈（Ging mai）、猛南（Mong nam）、猛别（Meng Biai）之戛于腊出兵扰西方六版纳。缅命诏景随缅将萨雅左（Saya Tzus）将兵往击。至猛哲（今南峤县），诏景倒戈归顺暹罗，欲倡戛于腊兵以占车里，再为宣慰使。旋为缅兵所败，乃偕妻小往投景迈土司。居孟□一年病死，无子。缅将萨雅左与暹罗之戛于腊兵会战于车里。自 1166（公元 1804，嘉庆九年）至 1170 年（公元 1808 年，嘉庆十三年），车里地方为暹罗人烧杀抢劫，蹂躏不堪，人民相率逃亡。至1179 年（公元 1817 年，嘉庆二十二年），天朝为维持地方，委故宣慰使刀太和之子刀绳武为宣慰使，其叔刀太康为总管。

《普洱府志》及《云南通志》之"武备志"中所载，与上述在年代上略有出入，原文称刀永和勾结戛于腊为嘉庆五年，《普洱府志》为七年，此事件中《府志》称有刀太和，而原文则谓刀太和于嘉庆五年死。又，暹罗戞于腊入犯车里事，原文载为嘉庆八年至十三年，而《通志》称为十七年。又原文称嘉庆二十二年天朝委刀太康为总管，《府志》叙十七年事中已称刀太康为总管（代办）。除此数点而外，余均大体相同。《普洱府志》与《云南通志》载多相同。有数条，《府志》详于《通志》，今录《府志》：

嘉庆七年猛笼土弁刀永和（当即诏景）沟通暹罗所属之戞于腊侵扰车里，宣慰使刀太和调集各猛土练追逐出境。

十七年，暹罗国所属之戞于腊扰及车里。普洱总兵珠勒什，迤南道存柱，摄以兵威，乃退。暹罗戞于腊攻夺缅甸大猛养等处，置守。缅人复夺大猛养，暹罗头目刀麻哈败走。三月戞于腊追缅人由邦隆至九龙江（按即车里），缅人败入江内、进兵普籐，戞于腊一千余人阻截江口，代办宣慰司刀太康由小猛养亦退守普籐。四月缅人由猛定引归。戞于腊以追缅为名，亦至普籐。又以二千余人营橄榄坝、江口，遥为声援。欲搜□宣慰，进攻思茅。总兵珠勒什，迤南道存柱慑与兵威，戞于腊撤退。又分营前往猛腊、猛拿（按均车里宣慰司地）。时南掌（按昔为车里宣慰司地，今归越南）头目撒英率老挝（即牢）数百人于戞于腊合猛拿，猛腊二土弁退保乌德，猛乌（今属越南）。又，土弁刀永和率戞于腊数百人至九龙江，称奉暹罗国王之命来做宣慰。

八月，缅甸复攻暹罗，在猛拿、猛腊之戞于腊二千余人相率退走。缅人又追刀永和至猛混（车里宣慰司地），永和大败，逃匿。缅人召布苏邀太康过江相见。缅目野以追戞于腊至九龙江。回居猛混，欲令猛混屯田。戞于腊亦驻猛混，彼此相拒。十一月，戞于腊数百人往南掌地之猛温，呈投缅文，邀请内地大官相见。欲立刀永和为宣慰之意。……十二月，缅目麻哈卡土舍遣猛依打、母细提二人来言戞夷扰各猛地，系彼（麻哈卡）夺回，欲令宣慰出九龙江将入猛收回，意在邀功。迤南道谕以：获罪惟刀永和一人，与戞夷无涉，内地不能出兵击戞。刀太康亦不能过江相见云云。时总督伯麟奏明照会暹罗国王约束所管戞夷，毋得犯境。

由上面记载，我们看到因为承袭，至亲变为仇敌而牵扯到缅、暹两国。车里因地处中缅暹之间，元时虽已归入中国版图，但自明嘉靖十一年公元 1532 年，缅室兴盛，蚕食诸蛮，曾将车里划入缅甸版图。以后车里、孟连便有"汉朝为父，缅朝为母"的说法，土司承袭例向双方呈请。但1752年起，缅甸渐衰，于是缅、暹时常战争，缅甸极力拉拢原有缅掸摆夷土司以御暹，暹则蛊惑缅掸摆夷土司以叛缅。于是车里地位日见重要，而关土司承袭，则逐免土司位置之族人，多引外援，或缅或暹，以为护符。因此牵扯到国际外交。但因车里摆夷土司臣服中国已久，而当时暹、缅对我亦敬畏。关于土司承袭，缅、暹虽极事播弄，借以培植己力；待事件扩大，则其最后决定，亦唯我政府之意旨是听。然车里土司地在印支半岛国际政治上之重要性，于此可见一斑。

下述一事为汉文史志所未载，但为滇边与暹罗一幕重要外交事件。见于《车里原文大事纪》中。兹录之如下。此记载虽无他证，但其为事实无疑。当我廿五年在滇请车里宣慰司总管刀栋材先生口译此书时，刀称此事件代代传述，至今仍深印车里人民心目中。

"诏糯罕（Chao Nuo Kham）为暹罗之地方长官，遣兵侵猛朋（Mong Pong），猛乃（Mong Nai）土司出兵救之，不敌。猛朋土司诏玛哈宰（Chao maha Tzai）（按非前车里宣慰使刀太和之弟，此为另一同名之土司）及母被执。诏糯罕解之往曼谷（暹罗京城），车里总管刀承综闻信，往猛乌，以为诏玛哈宰尚在南掌土司地。至，则已解往曼谷。暹罗王则扬言如总管能亲自来曼谷说项，则可将猛朋土司放归，刀承综不知是计，亲往，被扣。诏玛哈宰一人释还。返至车里与宣慰使刀承忠等商议营救办法。时为1213年（公元1857年，咸丰元年）。众议以金帛往赎。惟称此事须先呈明天朝及缅朝。车里不能直接与暹罗国交涉，乃遣人往阿瓦。缅王谕车里以男女各一百人往易总管刀承综及诏玛哈宰之母。使者返车里，地方人民以为不可，仍拟以金帛往赎。但复有人持异议，于是诏玛哈宰负气返猛朋。此时天朝适因他事有谕派人至车里，天朝委员乃嘱将此案归政府办理，由天朝派员往曼谷向暹罗王索还总管。于是车里备礼物，派员随同天朝委员叭罕勒（Pia Han Lerh）、马教（Ma Giao Pahsi）并叭肯孟（Pia Ken Mong）（按此三人均政府所派，其原名若何不得而知，此为译音。）带兵二百名，持天朝公事，先下到南掌，旋由该地土司派员二名，备车里所派委员前往曼谷，天朝委员暂留八百。暹罗王乃将礼物收下，总管刀承综及诏玛哈宰之母并前由车里劫往曼谷之车里居民一并放还。"

（三）现代情形一般及摆夷土司地在边防上之重要，在第二章甲节C

段已将民国初年政府对土司之政策说了一下，政府的政策是"设流而不改土"，原有土司名称概仍其旧，但受流官节制指挥。这种设流政策到了民国十六年而后愈趋积极。由于中央及本省政府之努力，摆夷土司中如迤西十土司地、耿马五土司地及车里孟连土司所属各地，均次第设县或设治局治理。为权宜之计，除土司原有名称仍旧外，多划其所辖地为一区，或数区，以原来土司及其亲戚为区长，形成间接统治局面。名位与政令表面上虽已与其他县份相同，但实际上一切政事仍循旧轨，依照原有制度而行。土著汉化或现代化问题，实即是文化变迁问题。文化虽然时刻在那变迁，但设如我们制定一个目标，要使他向着这个目标去变，则非有详细设计与专门的指导技术不为功。摆夷土司地在中南半岛国际关系上之重要，从上面的叙述，我们不难窥其大概。尤其是日本南进，侵暹袭缅以后，因摆夷与暹缅的历史关系，摆夷诸土司之态度意向尤足左右大局。而暹罗复假借"民族一体"之谬论，以蛊惑我国泰语同胞。由上面记载，我们知道我车里土司与暹罗原为世仇，云南摆夷乃我国民之一部。"收复失地"云云实为夺理强词，不值一笑。然摆夷同胞中难免无不肖之辈受其愚弄，是我政府所应深加注意而密切防范者。是为当今急务，为百世之计，求我全国族之永久团结，似宜积极设计，导此边胞社会，使其生活设备、文物制度和我国其他区域一样地趋于现代化，以其地势之利，人事之优，好好建设，则退足以固边防，进足以拓疆土。西南边疆前途之进退胜败，摆夷区域实为一重要关键。国人幸注意之。

1942 年 5 月 9 日，写于呈贡

第一卷　第九、十期　1942 年 5 月

云南土著民族研究之回顾与前瞻

陶云逵

一、云南土著民族类别繁多之原因

甲

从西藏高原手指形向东跟东南泻落出五条水脉，这便是黄河、长江、澜沧江、怒江跟布拉马普德江。这五条水脉有四条穿过中国入海，一条穿过印度，而在中国的四条之中却有三条是经过云南，就是长江、澜沧江跟怒江。西藏高原被称为世界的顶盖，从这顶盖渐次低下的向东跟东南伸张出若干山脉，这若干山脉及其支岭之一部便铸成了青康川滇的地形、换言之，这些多山的省份，地理上说只是喜马拉雅的"边裔"，地势都相当的高。云南平均地高在海拔千余公尺，几座大山如高黎贡山、怒山、云岭雪山都在海拔四五千公尺。例如作者在民国二十五年作民族调查时，自滇西北中甸越云岭雪山到巨甸（维西属），其孔道（Pass. 即其可通行的最低地点）高度为二一二〇公尺；自茨宗（维西属）到白汉罗（贡山属）越碧罗雪山（亦名怒山），其孔道高度为三五六〇公尺；自四季桶（贡山属）到所且（贡山属）越高黎贡山，其孔道高度为三九四〇公尺。[注一]从这几条大山又分散出若干小支脉，如哀牢山、点苍山、无量山，以及若干尚未为地理学者命名的无名山岭。这样，于是云南有了"山国"的尊号。根据英人戴维斯的估计，云南的一五〇，〇〇〇方英里的面积，十五分之十四是山，只有十五分之一是平原。他说："平原区域之少，致使我们在较小的地图上，看着到处是山而平原被山给蔽埋了"。[注二]山是这样的广多而高峻，那些在他处（缅暹越及我国中东）成为交通命脉的，前说的三条大江——长江、澜沧江、怒江——在云南却夹在峻窄的山谷之中，变成了既不能上下航，也不能左右搭桥（使用以往古老工技）的急湍险水。

虽然云南多山，可是在这些山岭之中却蕴藏着不少小平原，俗名叫作"坝子"，地理学者名之为山间盆地（Intermountaineous　Basin）。[注三]这些小盆地多少都有河流灌溉其间。但是从一个坝子到另一个坝子却非翻山越岭，所需日程三五日、七八日不等。坝子的面积广到百里方圆已是稀见的了。

云南不但是个"山国"，而且是个"族国"。美人克礼塞称云南为人类学博览馆。[注四]一个民族是一群人有共同的语言与文化，这语言与文化是跟其他人群不同的。[注五]称云南为民族繁多之地，就是说在云南居住着若干语言文化不同的人群。这现象为我国大多数省份所无的。人类分化成若干民族，或原来为一个民族其后分化成若干支族的原因甚多，而"迁移——隔绝"实为重要因素。[注六]其所以"隔绝"，不利交通之地理形势乃其基础。无论以猎狩、采集或牧畜经济方式的社会，或是农业社会，其中无论是集种或广种方法，当一地人口增多资源供不应求的时候，或是地方资源已竭（在狩猎、采集、牧畜，以及广种之农业社会）。其唯一解决办法，就是移出找新地，一部分族人与本族脱离，迁移出去。在现代交通状态之下，迁去又迁来是件极平常的事，但在初民社会的文化状态之下，则迁移是件"不回归"现象。因此古人安土重迁，非至万不得已之时，不离老家。也是因为这个缘故，迁移之影响于其人群之文化就非常深大。

当一民族中之份子，自其原社会移出之初，其原民族之文化自随其移出份子而保存于该各份子之思想、语言、行为，以及所携实物之中。但当此小群觅得适宜地点，安居下来以后，久而久之，一方面为适应新环境不能不将原来生活方式加改变，另方面则因为从老家迁移出来的，在老家生活过的老辈"人"的死亡，于是原来生活习俗甚至语言也就随着部分的失去，也就是部分改变了。一代一代生下去，习惯成一种语言与文化与其原来老家社会的生出若干差别，这差别是与时俱进，隔离越久，差别愈大。本族中迁移出去的各支族，即使有了机会碰面，彼此甚至会不能了解，彼此不相知晓。这是根源与枝叶的关系，至于横的方面就是，与其望不见的左右前后的邻族关系，则也是由于地理形势而异常稀疏。山川阻隔，一眼望不见，除非特殊不得已的事情，谁也不愿意轻于爬山越岭。而且初民社会只要安居一地，这地方便是可以自足自给，否则这迁移的人群也就根本不在这里安居。

乙

云南土著人群的文化，以现代标准去看，是属于所谓初民社会。初民社会除了受上述地理形势的限制外，还有以下几个色彩，促成他们各自为政闭关自守的作风。（一）初民社会的欲望比较简单，不像近代人的贪求无厌。也是因此，所以初民文化在形式上比较粗简，而变迁地缓，近代文化则花样繁多时在变化过程之中。因为欲望很廉，也就容易自给自足，怡然猥居小环境中而不求推阔。（二）初民社会对于"非我群"的恐惧敌视的心理较近代为强因此，即使遇到了"非我族类"也不轻易去交接。[注七]至于所谓特殊逼不得已的事，则就是当其地资源用竭或是人口增多供不应求，在这种情形之下，便又促成再次地迁移，再去觅新地而另一成隔绝局面。

由于上述的两种原因，即不利交通的地理形势故固步自封的心理习惯，乃促成了若干隔绝局面，各据一方，于是云南人口中包含着若干不同类型的语言习俗的社会，也就是若干不同的民族。

二、何以现在还有这么多的非汉语人群？

甲

云南在地域上是大陆，但形式上它只是中南（印度支那）半岛的一个盘基，中南半岛如越南、暹罗、缅甸的几条名山大河都是从云南"传播"过去的，不但如此，就在人文方面，因为北阻长江，东横贵岭，中原（汉语）文物在早先是不轻易光临山国的。云南多山，但自云南望中南半岛则是居高临下，在那里是一望无际的肥沃平原。远古云南土著人群即使迁移，也是自滇而南的机会多，自滇而北、东的机会少，因此我们可以说云南与中南半岛在地理上属于一个自然区域，人文方面则云南跟中南半岛的关系在某一时期（汉以前）比跟中原的关系来得密切。

但当汉语人群发展到长江流域，由于同化与繁殖，汉语人口增多，在人口压力之下，原在诸诸各山岭之东的未被同化的非汉语人群，便就突破天堑而得入云南。不久中原汉语人群与政治也就接踵而至。汉武帝建元、元封年间（公元前140—109年）便开了西南四郡（即犍为、越嶲、益世、牂牁），其中益州、牂牁、越嶲三郡各一部，便是当今的滇北。自此云南才渐次为中原文化所熏陶。其最初势力之前线限于当今昆明、大理、保山这条弧线之北，即滇北。此南则非当时朝野人民所注意。但自唐而宋而元各期，又有另种文化传入，即是印度文化，最显著是宗教方面，这新文化由两条道泄进：（一）中南半岛的南端缅暹，这部分是小乘佛教，其中挟着佛教前期的婆罗门教痕迹。（二）自西藏沿诸岭、江而来，这是喇嘛教，其中挟着佛教以前的西藏的"萨浦教"痕迹。于是云南乃成中印两大文明的接触线，反过来说，便是中印两文化的边区（Cultural marginal rea）。目前滇北比较的一般来说，汉化最深，西北（如中甸、丽江、维西）宗教方面则喇嘛化，南部、西南的摆夷人则奉小乘佛教。

但是中原对云南的经营并未能一线到底，汉武帝以后至汉末之间便松弛下来，土著势力仍然很强。及诸葛亮谋蜀汉之发展，于是又对云南发生兴趣，而当时土著一部之领首如孟获等之不易制服，便是土著势强之证明。（详《华阳国志·南中志》）晋、隋、唐之间中原多故，更没工夫去关怀这不毛之地。而土著中，却就在这个时期勃兴了几个名震中原的大族。如晋隋间滇东北自昭通到昆明的爨氏势力，以及自唐经宋及元六百年间的南诏大理国。南诏盛时，势力几及全滇且跨四川南部，与今缅、暹、越之北部。爨氏土司当为藏缅语系之罗罗族，南诏、大理国则为罗罗及泰语之摆夷并苗族之混合，其遗民即今之民家人。我们可以说，自蜀汉而后，云南跟中原脱离了实际的政治关系而自成一局。但爨氏南诏与文物制度确受颇深的汉化影响。但这影响却不是汉语文化把土著融化了（Assimilation），而是土著把汉化掺积在他们文化之中（Aculturated）。

到了元朝，忽必烈自丽江渡江入滇，攻克大理，又带了一些沙漠、近东等游牧社会的文物，把云南烘染一番。元朝对云南有如一阵旋风，不久又旋到旁处去了。但这阵旋风确把世人的眼光开拓到滇南一带。明朝在滇南及缅暹设置若干"土司"——按土司一称自明始有——实在是承袭了元朝的"路"跟"府"的规模；若不是元朝这一阵风，说不定明朝会沿袭宋代"玉斧"而把大渡江以南诸地，划归"化外"，至少明朝的注意力将不会及于滇南的。

大规模的、有计划的把云南汉化，云南为行省之一，政教制度与他省一视同仁，则自明始。其中最显著的如移民，开垦（包括屯田）、设教，以及平定土地赋税，将土著势力化整为零（元代土著司使为五十七个，明代为八十四个，此非明代土司势力膨胀之表现，实乃明代之分化政策使然。把大土司化为若干小土司，等级、职权有严密之规定。）削弱土势的分化政策，到了清朝更趋激烈，清朝滇中土司共为一百五十七个，其中高级土司仅二十五个，余一百三十二个尽是小职。且各土司并非全为土人，其中不少是中原人从征有功，即以所征服土著土地界之，任为土司，故诸小土司中实有不少中原人。清代雍正年间更有积极改土归流的政策。此种"归流"程序直至目前仍在进行中。

云南中原化的规模之有今日，实赖明清两代的经营。汉化程序虽自明代已急转直下，但是设如我们把眼光展到整个历史上，则自明迄今，不过五百七十余年。在时间上来说，远较他省汉化程序如浙、闽、湘、粤为短，即在今日，浙、闽、湘、粤诸省中尚有若干非汉语土著（浙闽之畲、蜒；湘之苗，粤之猺、黎），是则滇中之尚存有若干土著乃是意中事。

以上是说中原政府对云南的经营时辍时作，即在所谓开拓时期（明以前的），也不过是一两个帝王好大喜功，一逞雄心。其名义上的设治虽自汉，而真正的有计划的开拓则自明初，说得宽一点，自纪元前一百年至纪元后一千三百年，这一千四百年间，中原对云南是取种放任主义，而云南则自成一种半独立的土著局面，其中尤以自唐迄宋末六百年间，南诏大理真正是个独立国。自明至今，仅五百七十余年，为时甚暂。[注八]

乙

第二种原因是在地形上跟气候上。就是说云南这个地方不甚能吸引习惯于汉文化的人群（特别在经济方式上），前来迁移。而气候上也使中原人群裹足不前。换言之，除非政府的督策或特殊不得已的原因，普通一般人不愿意移入云南。文化传播的量自然不必跟人传播（即移民）的量成什么正比，但是反过来，设如人的传播的数量大，则其人的文化的传播自较迅速而广大。（一）中原文化的经济方式是农业，或是麦地，或是稻田。无论麦地或是稻田，除了气候、雨量、土壤而外，地形上以平原为最适宜，用力少而收获多。云南则是多山，有平原，则是在山谷之间的小盆地。山地未尝不可筑阡陌，施人工灌溉以作稻田，但究竟吃力得多，而况若干山岭是些不毛的砾石？设如不利用山地，则根本容不了大量人口，利用山地，则又是费力不讨好的事。这样云南这地方，对以农业特别是稻田为经济中心的中原人群，便失去了吸引力。中原人群，便流入湘、珠诸江的肥沃平地而自由移入云南的，则为数极少。（二）是气候。云南一般地势相当的高，但适宜于农作的坝子，却低在山谷，云南位置是近于亚热带，高地因为高，保持了较低的温度，低处深谷的坝子，却又恢复了亚热的气候。坝子四围是山，风为所阻，结果便成了湿燥闷热的所在，这情形在云南尤甚。云南可以分作两个季候：一、干季，自立冬至谷雨，约自十一月至次年三月，雨量最少。二、湿季、由立夏至霜降，约自五月至九月，雨量最多，干季也是较寒，但是蚊蝇诸虫四季都有，仅有多寡之分。最难处的时期是自春末至冬初，这样则一年之中有四分之三是在恶劣季候之中。这其中蚊蝇活跃，疟痢盛行。夏秋之际到过云南时，真可体会出所谓"蛮烟瘴雨"的劣况，即在滇北，住上两三年（像抗战以后来云南的外省人），也渐会领略到气候之不佳，知道滇省为烟瘴之区是名不虚传的。瘴气的主人，便是名安那斐雷（Anophiline）的一种疟蚊，是云南及其相似疟区之特产。[注九]

俗云"穷走夷方"（夷方的方向与界线是流动而相对的），但有办法，也不轻走此险。此外，再加上云南非汉语人群之习俗与中原不同，而且某些土著并具有相当实力与敌对心理，这更使以往中原人群无意此土而视为畏途了。

根据以上的理由，私人的自由移滇的中原人群就微乎其微。总括甲、乙两节所述各项，我们可以看出何以直到目前，中原文化只占据了云南的一些点（坝子一部）和线（交通要道），出了城门不远便是非汉语的区域了。但一般而论，因为交通、地理、气候，滇北的汉化以及汉化了的土人，较滇南及西为广为深，西南西及北的佛化与藏化仅及宗教方面。是则云南虽为中印两文化之接触线或文化边区，但介乎其间与穿插其中却留下一片广大的中性地带或中性层，此即为原有的土人文化。自全东亚着眼，若以中印两文化相并而论，则云南为"前中印文化层"（Pre-Sino-Indie Cultur Stratum）的东亚文化宝库之一。至今尚存有若干种类型的文化之土著民族。而成为民族学研究的宝贵园地。

附：云南现有土著人群的语言，可以分为三大类，每类包括若干方言。（一）藏缅语系，包括罗罗、麽些、罗里、栗粟、窝泥、啊卡、怒子、古宗等族。（二）泰语系，包括摆夷、沙人、侬人、仲家、僮人等族。（三）猛吉篾语系，包括卡、瓦等族。

三、云南土著民族研究之过去

研究各人群文化的科学是民族学。民族学是个晚近的科学，但是人们对于和自己语言、习俗不同的人群一向是发生兴趣的。由于好奇，便就要加以探讨了。但（一）以往的探讨，多半是"我族中心"，无论中外，均是如此。把我族的文化视为最高标准据此以绳他族，因而视之为"蛮夷"，这种记载多半主观太深，缺乏真实性。（二）以往也没有"民族学"以及"民族学者"，探讨者多半是负了他种使命顺便把所见所闻记录一下，甚至加以解释。可以分做四类人：一是边官及其幕僚（在欧为殖民地官吏），二宗教家（如佛教中的玄奘、法显，以及欧美传教士），三商贩，四旅行者。记载或是不详或是不可靠，而解释更是牵强附会或荒诞不经。但民族文化究如看其演变过程与播传历序，历史的检讨却又属必需，缘因此，在若干问题方面我们又不能不翻出这些旧古董，希冀从它们里面，找出一点可用的材料。无论如何，有记载总比没有强，而所有记载未必尽不可用。这样，在民族研究，引用古书正如同其他研究引用古书一样，必得先下一番披沙拣金的考证工夫。任何知识从"前科学的"到"科学的"，其间的演变是渐进的，只有程度上的分别而无种类上的两样，因此我们谈云南土著民族研究之过去，从古老时代起首直叙到当今，分做两部分：甲、国人，乙、外人。

甲、国人部分

我国自有文字以来（且从殷起），即有关于异族的记载。这记载或得之于传闻，或凭之于目睹，但以前者为多，后者为少。因此关于"首次消息"（Firsthand information）获得之情形，即使凭了目睹的记载，也需大加考证方得其详。换言之，我们很少能知道这些古记载者什么时候来到云南，怎样得到这些材料。因此我们在叙述时，只能把这记载本身录出，也就是把古来关于云南土著的书籍排一个目录。

关于异族记载的约见于三类书：一、史籍，二、方志，三、杂记。三类中方志是编纂各书，分类汇集，我们在好的方志，如省府县志中，往往可以看到所有关于其本地方之各类记载，当今所谓"民族"部分见于志书中的"蛮夷志"或"种人志""土司志""边裔志"，以及"戎事""赋税""杂志"诸项目中。据作者所知，川黔滇桂诸省志中关于其本省"蛮夷"记载搜集得较详尽者，如清道光十五年（1835）阮元等编的《云南通志》。不但较其前乾隆元年（1736）出版的，及更前康熙三十年（1691）出版的《云南通志》为详尽，亦较其后光绪二十七年（1901）王文韶等编的《续云南通志稿》为丰富。因为王《志》把阮《志》中关于"蛮夷"部分删去不少。此外，丛书性质的，则有自清末出版至今尚在续出的《云南丛书》（首任总纂为陈荣昌），以及王乐山编宣统二年出版的《云南备征志》。兹将上述三书以外的自汉迄清有关云南土著民族记载之书籍，录之如下，遗漏定多，尚希读者指教。

汉　司马迁　　《史记·西南夷列传》

　　班　固　　《汉书·地理志上》《汉书·西南夷传》

晋　司马彪　　《续汉书·郡国志五》

　　常　璩　　《华阳国志·南中志》

南朝·宋　范蔚宗　　《后汉书·西南夷传》

北魏　郦道元　　《水经注》

唐　房　乔　　《晋书·地理志上》

　　樊　绰　　《蛮书》

宋　欧阳修　　《新唐书·地理志》《新五代史·四夷》

　　宋　祁　　《新唐书·南蛮列传（上中下）》

　　司马光　　《资治通鉴》

　　乐　史　　《太平寰宇记·剑南西道·四夷徼外南蛮》

　　范成大　　《桂海虞衡志·志蛮》

　　马端临　　《文献通考·四裔考·南诏·西原蛮》

元　张道宗　　《记古滇说》

　　脱　脱　　《宋史·外国四·大理列传·蛮夷列传》

　　李　京　　《云南志略》

　　无名氏　　《皇元征缅录》（丛书集成）

明　宋　濂　　《元史·本纪》《元史·地理志四》

　　杨　慎　　《滇载记》

　　田汝成　　《炎徼纪闻》

　　毛寄龄　　《司蛮合志》

　　章　潢　　《图书编》"六则"

　　　　阮元声　　　《南诏野史》

　　　　钱古训、李思聪　　《百夷传》（南京国学图书馆）

　　　　朱孟震　　　《西南夷风土记》（丛书集成）

　　　　凤元捷　　　《缅略》

　　　　诸葛元声　　《滇中略》

　清　张廷玉　　《明史》"本纪""地理志"四、七"诸
　　　　　　　　　　王传""云南土司传""四川土司传"

　　　　顾炎武　　　《天下郡国利病书·云南》

　　　　余庆远　　　《维西见闻录》

　　　　王凤文　　　《云龙记往》

　　　　冯　甦　　　《滇考》（上下）

　　　　孙土毅　　　《绥缅事略》

　　　　师　范　　　《滇系》

　　以上是到清末为止。民国以来，研究云南土著民族文化的人可以分作两类：一是若干在国内外学习或研究过民族学这门科学的人，所谓民族学家。二是从事于教育或政治工作而对边疆民族问题有兴趣的人。这后一类的人虽非所谓"专家"，但是著作或报告的写法跟观察的方法已经比较的有系统而精，脱离了以往的半抒情半纪实的作风。计有：李拂一著《车里》，民国二十二年商务；陈玉科等编著《云南边地问题研究》，同年，云南昆华民众教育馆出版；尹明德编著《云南北界勘查记》同年，外交部印行。

　　至于受过民族学训练的人，研究云南土著民族，则以丁文江为第一人。（一）丁氏在民国元年（？）自欧返国，即在滇作地质调查，兼及民族研究，以后又来过滇省。研究结果见于《中央研究院历史语言研究所集刊》，《独立评论》，以及 China Medicel Journal 等。丁氏研究滇东北之罗人及苗人。（二）中山大学语言历史研究所杨成志于民国十七年至十九年间在滇调查太源山及昆明附近之罗罗，著有《云南民族调查报告》，中山大学出版。（三）民国二十四年至二十六年，中央研究院凌纯声、陶云逵、芮逸夫在滇作边疆民族调查。凌、芮两氏调查滇东南之罗人、仡佬，滇西之栗粟山头及摆夷，报告散见《中央研究院历史语言研究所集刊》及《人类学集刊》，《西南边疆》《地理杂志》等刊物。陶氏调查滇西南之

摆夷及滇西北之麽些、栗粟、曲子。报告散见《中央研院历史语言研究所集刊》《人类学集刊》《西南边疆》等刊物。所得材料现仍继续整理发表中。（四）抗战以后，云南大学社会学系成立，计有李有义《路南罗罗之研究》及田汝康《芒市摆夷之调查》，清华大学社会学系李景汉之《芒市摆夷生活程度之研究》。

此外，关于云南非汉语之语言学研究，则有中研院李方桂研究罗罗语、摆夷语，北京大学罗常培研究麽些语。又傅懋绩调查蒙自罗罗语、大理民家语，马学良寻甸、路南罗语，张焜摆夷语、罗罗语，云南大学闻宥研究麽些语、粟粟语等。云南地理研究兼及民族调查，有民国二十五年中央大学黄国璋调查滇南摆夷、云南边地资源及交通研究。兼及民族调查，有滇缅铁路局陈碧笙（陈氏二十六年即起首工作）。云南历史研究兼及民族问题，有云南大学文史系方国瑜关于麽些之研究。艺术史研究兼及民族调查，有艺专岑家梧之嵩明花苗调查。

云南土著民族的有系统的研究开始未久，或则正在调查研究，或则调查材料在整理之中。以是尚乏成册著作，对诸问题亦未能作肯定之结论。抗战以来各大学与学术团体多西南移，在滇如西南联大近亦发动边疆社会之研究。数年而后，当有可观之成绩。

乙、外人部分

民族学为晚近的科学，中外皆然。外人民族学者来滇作民族调查仅二十九年德人 Egon v .Eicksatedt 一人，而爱氏亦只匆匆一游，未作较深研究。余人多为"兼营"方式，可分为下列五类：一、传教士，二、商务人员，三、政治人员，四、地理学者，五、历史学者或汉学家。兹将外人关于云南土著民族的著作（其中有几本是叙述桂、黔、川等省但亦涉及云南），一并录之如项，以供参考。

1859 Bridgman,C,Sketches of the Miaotse.

61 Hockhart W.,On the Miaotse or aborigines of China.

62 Blackiston.T., Five months on the yangtse.

68 William,C, Through Burma to Western China London.

70 Cooper,T.T., Travel of a pioneer of commerce Loudon.

71、Anderson,A report of the expedition to Western China.

Mandalay to Momien:A narrative of the two expeditions in Western China

London 1876.

73 Garnier,F., Voyagesd' expedition en Indo—Chine Paris Grabouillet,Les Lolos du Se—Tchouan.

74 Plath,H.,Die fremden barbarischen Staemme im alten China.

77 Playfair,The Miaotse of Kweichow and Yunnan China Rev.

79 Rocher,E., La province Chinoise sur le Yunnan 2 Vol.Paris.

Notes sur son voyage au Yunnan Bull.Soc.Geogr'Comm—1890.

Histoire de la province du Yunnan 1899.

Histoire des princes du Yunnan et leurs relations avec la Chine T.D.1898—1899.

Bourgeois,le Yunnan ttres Miss.Coth.

81 Pourias.F.R., La Chine Huit ans au Yunnan.

82 Babor,C., Travels and researches in Western China.

China in some of its physical and social aspects.

Journ.Roy. Geogr.Soc.1883.

Lacouperie,T.de, On a Lolo M.S.written on Sattin J.R.A.S.

The Lolo—MoSso Writings Proc.R.Geogr.Soc1882.

Lolo not connected with Vei characte. Atheneaum.

The cradle of the Shan race 1885.

Language of China before the chinese 1887.

Clark,H., The Lolo Character of Western China Report Brit. Ass.Adv.Sc. Southampson.

Lolo and Vei Characters Atheneaum.

83 Colquhoun,A.R.Across Chryse Tran.Geogr.Soc.London.

De Canton a Mandalay 2Vol.Paris 1884.

A mong the Shans London 1885.

Over land to China 1900.

On the aborigines and other tribes of Yunnan and the Shan country J.R.Anthr. Inst.1889.

86 Deveria G.,La frotier Sino—Anamite Oaris.

Les Lolos et les Mioatse 1891.

88 Bourne. Report of a journey in Southwestern China.

Hart,V,G., Western China Landon.

90 Hallet,H.S., A thousand miles on elephant in the Shan States.

Hosie,A., Three years in Western China London.

91 Delavaud, Le Yunnan Bull. Soe.Geogr.Comm.

92 Lefevre–Pontalis. Notes sur quelques populations du Nord de L'indo–ChineJ.Asi.Soc.

Muller,F.W.K., The language of Pa–Yi T.P.

94 Clark,W. Kweichow and Yunnan provinces London.

95 Debienne,contribution a l'etnnoiogie des races autochtones.

de la Chine meridionale et occidentale La Miss.Lyon.

96 Bonin,G.E., Mission d'exploration au Yunnan et au Tibet Rev.Col.
Vocabulairenrecueili de Mantse du Liag ChanT.P.1908.

98 D'Orlean,Prince H., Du Tonkin au Indes Paris.

Harley L, Les Populations du Suduest de la Chine Louvdin Schlegel,Les Lolos T.P.

Vial,P., Les Lolos Changhai.

De la langue et l'ecriture indigene au Yunnan 1898 Yunnan 1905.

Ditionaire Francais–Lolo,dialect Gni HongKong 1909.

Catechisms en texte Lolo Hongkong 1909.

99 Wingate,Recent journey from Shanehai to Bahmo Geogr.Journ.

1900 Francois,Au Yunnan Rev.de Paris.

Marolle, Pour accompner le journal de l'auteur dan voyage au Yunnan.

Atlas de l'empire chinois Yunnanfou et tchotungfou Paris 1900–1901.

Quelqnes peuplades LolosT.P.1918.

03 nnry A., The Lolos and other tribes of Westren China J.R.ANTHR.

Guebriant M,de,A travers la Chine inconnue chcz des Lolos Miss.Cath.

Pagnier,V.,La Yunnan Province Annal Col.

Chavannes E.,Notice sur Thc Lolo and other tribes of Western ChinaT.P.

Trois inscriptions relevees par S.Charria T.P. 1900.

Qutre inscriptions du Yunnan Paris 1909.

Documents historiques et geographiques a Li-Kiang 1913.

Pollard,S.Refuge Towers of North Yunnan Sketchcs from Yunnan 1903.

In Uuknown China London 1903.

The Story of the Miao London .

Letard,A., Au Yunnan les Lolo-Po.

Note sur les dialects Lolos B.E.F.E.O.1908.

Notions de Grammaire Lolo dialect A-Hi T.P.1911.

Essai de dictionaire Lolo-Francais T.P.1911.

Vocabulaire Francais-Lolo,dialect AHHI T.P,1912.

04 Little,A.H., Journey iu N.W.Yunnan Geogr.Journ.

Across Yunnan London 1910.

Gervais-Courtellement, Voyage au Yunnan.

Jock,R.L. The back block of China, a narrative and experience among the Lolos London.

Bons d'Anty,Le Sud du Yunnan.

05 Hackmann L.H., Vom Omi bis Bahmo-Wanderungen an den Grenzen von China,Tibet und Birma Halle.

Charria,S., Les inscriptions Lolos de Lou-Kio uan B.E.D.O.

06 BonifacyA., Les groupes ethniques du Basin de la Reviere Claire Bull.et Mem.Soc.d'Anthr. Paris.

Communication an sujet de I'antiquite du fer en Chine chez les Chinois et les Praechnois Bull.et Mem. Soc.d'Anthr. Paris 1907.

Etude sur les Tay de la Riviere Claire au Tonkin et dans la Chine meridionale,Yunnan et Kouangsi T.P.1907.

Coutumes et langue des Lolos et des Lagua B.E.F.E.O. 1908.

07 Cordier,H, Les Lolos,etat actuel de la question T.P.

L'ensignement au Yunnan Rev.Indo-Chine.

Les Mosso Journ.de Savans 1908.

Le Yunnan Rev.Indo-Chine 1916.

La province du Yunnan Hanoi 1928.

08 Johnston,R.F.,From Peking to Mandalay London.

Soulie M.G., La province du Yunnan Annal Soc.Geogr.

Les Barbares soumis du Yunnan 1908.

Vaulseres,Vicomte de, A travers le Yunnan et du yunnan au Tonkin par le Kouangsi et Koueitcheou Tour du Mond.

Le Fleuve Bleu de Sioufou a la Talifou La Geogrphie.

09 Davies H.R.,Yunnan，the link between India and the Yangtse Cambridge.

Legendre A.F., Far.West Chinois,races aborigenes,les Lolos.Etude ethn. etaanthr.Leiden.

Kien-Tchong et Lolotie 1900 Paris.

Au Yunnan et dans le massit du Kin-Ho 1913 Paris.

Mssif SinoThibetain,Province de Se-Tchouan du Yunnan et Marches Thibetaines 1916 Paris.

Savina,F,M., Dictionaire Tay-Anamite Francais.

Dictionaire Miao-Francais 1917.

Histoire des Miao Hongkong 1924.

10 Breier H.Criticue sur Yunnan,the link between India and the YangTse B.E.F.E.O.

Rose,A.,and Brown,J.C., Lisu tribes of the Burma China frontier Mem.Asiatic Soc.Bengal.

11 Maspero,H., Contribution a l'etude du systam phonetique des langue Thai B.E.F.E.O.

Dollome,le commandant，Les derniers barbares Paris.

Ecriture des peuple non-chinois de la Chine 1912.

Langue des peuple non-chinois de la Chine 1912.

12 Stout,A.P., The penetation of Yunnan Bull.Geogr.Soc.

13 Muller,H., Beitraege zur Ethnographie der Lolo Baessler Archiv.

Bacot J.,Les Mosso Leiden.

15 Hallot A., Le race divine du Yunnan Bull.

Econ. Indo-chine.

Cochrane,W.W., The Shans Rangoon.

17 Wilton E.C., unnan and the West River of China Geogr.Journ.

22 Gilhodes,C,The Kachins，religion and customs.

Frazer,J.O.,Handbook of Lisu（Yawyin）language.

Schermann，L.und C., Im Stromgebiot der I-rrawaddy Muenchen.

23 Gore,F., Notes sur las marches Tibetaines du Se-Tehouan et du Yunnan B.E.F.E.O.

Jamieson C.E.,The aborigines of West China Journ.Sci.and Art.

Dodd,W.C.,The Tai Race Iowa.

26 Thompson,G. From Yunnanfou to Peking Geogr.Journ.

28 Scott,J.G., Burma and Beyond London.

Milne,L?,The Shans at home.

30 Shirokogoroff,S.M., Phonetic notes on a Lolo dialect and consonant, Academia Sinica Peking.

四、云南土著民族研究之展望

甲

我们对任何科学常会问：这科学的知识能实际应用吗？实在说任何有系统的知识都有它的用处。所差的是有许多知识可以在得到之后，即刻去应用，有许多知识则须等待若干时日。有许多知识的用处在思想的开明，有许多知识的用处在技术的改进。人们对于民族学研究自然也有同样的疑问。民族学是个晚近的科学。任何科学在其萌芽之初，都是未能脱离"母体科学"的羁绊。而等到差能独立的时候，内部又起了许多的派别。经过若干年的选择淘汰程序，于是始定于一。民族学在最初是历史学者与地理学者的兼营事业，在这时期民族学未能脱离史地的羁绊。等到稍能独立（也不过四十年的历史），它的内部却分化出若干学派来。如演化论派、传播论派、历史重造派、功能派、体相派（Configuration The ory of Culture 或译文化完形论）。以言实用，则偏于历史性的演化论，历史观的传播论派跟历史重造派，是所谓"不切实用"的，用处至多是在思想的开明。而功能派跟体相派比较切实用，例如在指导文化变迁各问题，在技术上可以帮忙。所谓科学，不单单是把所看的现象有系统地描写出来，而且要把这现象的"所以如此"的原因指出，就是给这现象一个解释。无解释不成其为科学。可是解释却不是件容易的事。一不留心，会陷入"主观"的泥淖之中。传播把演化打倒，历史重造对纯演化与传播论严加批评，功能之讥前三者为"玩古董"，体相喻功能为"人类学中的佛洛刀德派"等等，每派之最被攻击的方面，就是其对现象的解释，每派的弱点就在所戴的眼镜色素过深。

实在说，文化是个复杂又复杂现象。以人体与文化来比，人体简单得多。但是，我们要想把人体弄清楚，其方法不但要解剖学，还要组织学、比较解剖学、胎生学、内分泌学、生理学、病理学跟体格学（Constitutionology）。民族学中的演化传播与历史重造有如解剖学、比较解剖学、胎生学，功能有如生理学，体相有如体格学、病理学与内分泌学。正如医学者要求得关于人体的精确知识，民族学者欲求得关于民族文化的精确知识，也得综合各种探讨的方法，择善而取，作个全面研究。

国人研究民族学的人可以用两只手指数得出，人数虽然不多而上面所说的许多派别却应有尽有了。自抗战以来，西南、西北边疆突形重要，利用边地人物资源乃刻不容缓之事。而开发边疆之枢纽端在边疆人群之能合作。欲动员边民，首在文化建设。质言之，即使其文化的变迁趋势跟中原社会一样地趋向近代化。欲指导文化变迁，首重指导的技术。这样，我们颇希望功能与体相派的生理学、腺学、体格学式的研究法去研究边疆民族文化。但是功能或体相研究的大前提是在知道其文化形态之后，因此，历史重造派的详尽的文化形态描写，也为必不可少的入手步骤。我们须得综合各法，择善而取，以应当今之需而树百世之基。

乙

以上是关于民族学一般研究应取的方式。至于云南土著民族研究，为今之计，因为人力不多，势不能全加调查，宜应选择几个关键区域与部族作抽样研究。云南非汉语人群占全省大多数（此为估计），其语言约分为三个系统，即藏缅语系、泰语系与猛吉蔑语系。已如上述。诸土族中有文字者为藏缅语系中之罗罗、麽些及泰语系中之摆夷。以政治组织之严密，文物制度之灿烂而言，则摆夷为全滇土族之冠。（一）有文字之摆夷分布于东经一〇二度以西，澜沧江以东北纬二三度以南，以及澜沧江以西北纬二五度以南以至国界，即元江县与保山县之西南各地。人口约共七十万人。分由四个高级土司（即部族）：一、车里宣慰司，管辖猛海等十二版纳地。二、孟连宣抚司，管辖上下猛允等两土司地。三、耿马宣抚司，管辖孟定、猛勇等四土司地。四、芒市安抚司，管辖龙陵等十二土司地。摆夷中尚有无文字者，分布于元江（即红河）各地，如沙人、侬人、仲家等，但为数不多。（二）藏缅语系之罗罗，其大本营在长江以北，川境之大凉山。罗罗及其支系，如麽些、粟粟、怒子、曲子、罗黑、阿卡、窝泥等，则分布于全滇各地，各处山头均有罗罗语系之人群，人口在一百万人左右。文字，则除罗罗本支及麽些外，余部均无，即罗罗、麽些中，其文字亦多用于宗教典籍，而非全为社会公物。藏缅语系诸部族在滇无强大的政治组织，其原在滇东、滇北之土司，今多"归流"。（三）猛吉蔑语系中之苗人则自黔迁来，为较晚近之事。人数甚少，分散各地。卡与瓦则分布于澜沧江以西，东经一〇〇度至怒江界，北纬二二度至二三度之间。即所谓卡瓦山，葫芦王地。人口近十万。以有猎头之风，外人罕至其地。

自实用观点，所谓关键区域或部族，即占有政治上、经济上与文化上重要地位之区域与部族。如是，则摆夷社会当为首选：（一）因政治制度严密，为现在滇中土司实力最厚之人群。（二）土地肥沃，林、矿丰富。（三）其地毗邻缅、越，与暹、越自车里，仅隔五日程，为国界之最外围。（四）摆夷与缅之掸，越之牢，泰之泰，语言相通，在历史上与现在，部族交往甚密，如婚媾往还、年节报聘等有国际政治的重要性。是则摆夷之文化变迁与人民意向急需指导。此社区与部族之研究，实为当今民族学者与关心边疆诸人士之急务。

丙

开发边疆既是如是之急迫，若干边疆民族在国际、政治、经济、文化之地位既是如此之重要，而适宜于担任此项调查、研究，以及实地政教服务之工作的专门人才，却是如此之少。这"脱节"现象，不能不说是我们政教设施上的一个缺陷而为关心者抱忧之事。似宜急为设法，设置新的或充实故有的调查、研究与训练机关与团体，俾能造就大量研究与服务人才，至于滇中目前对于土著民族之研究，则：一，已在工作中者，为云南大学社会学系与研究室、北京大学文科研究所（语言研究）、大理民族文化书院。二，在计划之中者，为西南联合大学诸单位，以及滇缅铁路局研究部。

注释

［注一］陶云逵：《几个云南土族的现代地理分布及其人口之估计》，《中研院历史语言研究所集刊》第七本第四分。

［注二］Davies,H，R., Yunnan, 1909.

［注三］克勒脱纳（Credner）：《民国十九年云南地理考察报告》第一篇《中山大学地理学系报告集刊》第一卷第一号。

［注四］Cressey, G. B., China's Geographic Foundation 1984.

［注五］Fiseher, E., Spezielle Anthropologie Pdr Rassen lehre S.124,Kultur der Gegenwart, Ⅲ Teil,Anthropolgie 1923.

Eickstedt，E.V., Rasses Kunde S.9–11,1934.

［注六］Tayler,G., Environment，Race and migration 1928.

［注七］Goldenweiser, A, anthropology 1937 Boas,F,The mind of primitive man 1911.

［注八］（二）章（甲）节所述，系参考（三）章（甲）节中所列各书。

［注九］后晋修：《思茅之疟疾及其流行之初步研究》，《西南边疆》第三期。

三十年除夕在呈贡写完

第一卷　五六期　1942 年 1 月

第二编 云南边疆民族的风俗习惯、社会组织

摆夷的摆

李景汉

芒市那木寨宗教活动的一个实地调查的介绍。

我在民国二十七年冬季，滇缅路尚未正式通车的时候，参加了滇西边地考察团。团内有社会、民族、经济、边政、外交、卫生、农林、土壤、动物、水利、矿产、地质等各方面专家二十余人。我们自昆明出发，经过楚雄、大理、保山等处以后，就入了芒市、遮放、猛卯等处的摆夷社会。在两个月的考察期内，使我印象最深、感觉最愉快的是摆夷社会的调谐。在这些地方居住的人民，不但衣食无虑，且能享受美丽的环境，在大自然中过其非常安静的太平生活。于是不能不在心中，发生了这样的问题：摆夷社会为什么能够这样的宁静？摆夷生活如何能够这样地陶醉迷人？他们的面容怎么能够这样的肃穆雍容而没有忧愁的表情？日常生活里怎么会几乎看不见不欢的事件，听不见口角的声音？天堂我尚没有去过。这简直就是人间的乐园。我曾归之于下列数因（见拙作《摆夷人民之生活程度与社会组织》，《西南边疆》十一期）：普通社会间上下不和多由于财产之争，或家庭内人口之不睦。摆夷社会内每家既均有大致相同之耕地与房屋，生活易于维持，故关于财产上之重大纠纷无由产生。再以家庭而论，各家多系小家庭，则汉人家庭内婆媳间种种之不和，亦无从发生。不但如此，夫妇离婚甚易，在女子方面，尤无不便养之处，不但社会不注意贞操，即在生活方面，男子亦多赖女子，故男子不能对女子吹毛求疵也……。其实我不过略提出了当然的原因，而没有多说明其所以然的最后原因，及至我前几天读了田汝康先生最近写的《摆夷的摆》的报告时（云南大学社会学系研究室印赠之油印稿本，闻将来大约在商务印书馆正式出版），我才清楚地了解，摆夷社会所以能够形成今日的状态，几乎完全是由于所谓"摆"的功用。我是非常高兴地愿意将这册八万余字有价值的报告早早介绍与注意边疆问题的同志们。我是常和田先生见面的，他具有充分的训练，而又是云南本地人。以他来实地调查，研究滇西的夷人是最适当不过的。他所用的是科学方法，不但在身临其境的实地调查后能够清楚地叙述了事实，描写了事实。而且进一步分析了事实，解释了事实，说明了事实。因此不但材料的本身值得重视，即在研究少数民族的方法方面也有很大的贡献。际此边疆社会内容实地研究材料如此缺乏，而又非常需要的时候，尤其是目下的滇缅路是我们唯一的国际交通路线的时候，关于路旁夷民的生活背景，国人应该早日了解。因此我愿意将该报告的内容先摘要介绍于此，并希望在其出版后，更能引起国人的注意，使其价值不仅限于学术，而且对于国家民族均有贡献。

"摆"究竟是什么呢？不但在我们的字汇里找不出现成的名词，即在任何文字中恐怕也没有适当的翻译。因此，田先生在报告中先从事实客观的描写入手，使读书们明白摆的内容是一套什么样的活动。这样在他们自己的文化中找出和摆类似的部分，如此来明了这个很别致的名词。我们若问摆夷，他们为什么要做摆？他们将一致地回答：做了摆可以在天上有一个宝座，离开这尘世后，可以有一个极乐和尊荣的去处。一个在天上已定得宝座的人，他也受人间的尊崇，所以将被人称作"巴戛"（大善人的意思）。作摆在摆夷生活中是一个人生的目的。摆使他们牺牲所有，不顾一切。多年辛勤劳作，节衣缩食地积蓄，为的是要作摆。眼睛望着天上的宝座，现世的生活似乎都成了达到这去处的手段。把人生看成了向着一个目的手段，生活也有了一个中心，组织了一个人的思想与行为，达到了人格完整的境地。摆夷社会的个人间可以有种种的差别，但是有一个符合点，即人人都有一个相同的希望，那就是做摆。在他们共同合作完成了这个希望的活动中，社会也得到了它的完整。摆在人格和社会完整上的贡献可以说是摆的主要功能。一个具有巴戛头衔的人，不但是在天上有了预约券，而在人世间也是极端地被人敬仰与重视，而受到种种实际的利益。他的社会地位被提高到极点。以上关于摆的几句说明，谨对于摆的意义先稍微给读者投一点曙光而已，它的真正意义须从它本身的活动中体会出来。

摆夷把所有关于超自然信仰的团体活动，分成两类：一类他们称作摆。其他一类他们不称作摆，而又没有专名，兹为便于叙述起见，可以称之为关于超自然信仰的非摆的团体活动。

摆可分为大摆与公摆两类，公摆可分为五种，即合摆、干躲摆、挺塘摆、金黄单摆及冷细摆。其他关于超自然信仰的团体活动有汉辛弄、烧白柴、泼水、祭社等活动。兹分别略叙于下。

一、大摆

摆在夷民眼光中的地位，我们简直不能加以形容，他们不但渴望能做摆，并且对于做摆还有一种贪得无厌，恋恋不舍的心理。做了一次不够，还想做两次、三次地接连下去。田先生所调查之那木寨（即村）的眈头（即乡长），曾做过九次摆。旁观的人一提到做摆，亦好像着了迷似的，日常工作一概可以停顿不管。在做摆的时候，土司衙门应办的公务常是无法推动，原因各寨忙于做摆，寨民不但无暇，事实上也没有兴趣来理会这些事。摆有不可思议的魔力。那木寨向称富庶，从前曾经有过三十家人联合作摆的创举，至今各寨传为美谈。人人都希望再热闹一下，去年（二十九年）新谷上场的时候，寨内就酝酿着再作摆的消息。人人都有了心理上的准备，最后的结果，有七家决定做摆，其中两家是弟兄合作，一家是父子合作，还有两位寡妇合伙为一家做，在此寨内从来没有一家敢做摆的，至少要有三家，在同时做才好。各家取一致的行动，大家互相商量，互相参考。第一，做摆的日期得决定在相同的日子。第二，到缅甸的南坎买佛，七家一起出发，路上可以彼此照应，大批购买的价钱也可以便宜。其他的供品在何处定做，何处采办，都可以彼此咨询。冡房之大佛爷（即缅寺之僧侣）为七家当然的顾问。新年刚过后，七家就忙着到南坎去买佛。自己不能亲自去的，就请亲信的人代劳，每家至少须请十人帮忙不可，因为大佛须有四个人抬尊，小佛须要两个人，又须有一个领头人，代表主持一切。被雇的人对于买佛都很客气，不事苛索，宁可不去挑香烟得到较多的卢比，而甘心愿帮忙别人去买佛，所得报酬仅够食宿而已。金钱在摆夷眼中所占的地位甚小，迎佛的大队是从一条山间的小路进行，到南坎约有四天的旅程。去的时候轻装简从还容易，归途就比较困难多了，七尊大佛，二十尊小佛，供佛的物品，再加上各人的行李。一百多人背上都有重担，又得慢慢地走，使佛像不易受伤。另一方面，又要时时防备山头的人的袭击与抢劫。每天晨露未晞的时候，大家迎着冷风出发，全日旅程盘绕在嵯峨的山壑间，等到夜晚，崖边荫下，随地宿营，但无论身体如何劳累，面颊如何的消瘦，双双闪灼的眼睛却充满了无限的希望，无人对于他的工作感到厌倦。离那木寨还有一天的路程时，早有人赶上去送信了。各家一听佛快到了的消息，都去看送信的，追问自己所请的佛是怎么样。等到太阳西偏，锣声、枪声、鼓声逐渐迎风送来的时候，全寨人潮水一般地涌出寨门。抬佛的到了现在，肩上好像减去了若干的重量，脚步格外显得轻快。七家归作七队，周围跟着看热闹的群众。佛像一直抬到各家去。抬佛者擦擦额上的汗。主人呢！心里说不出的感激。各人嘴角边，露出一线的微笑，包含着人生无穷的意义。是晚，主人大开宴会，酬谢抬佛者与客人。酒甜饭饱，大家静听买佛的经过。

各家送佛入庙的日期不在一天举行，因为请大佛爷到各家念经，有的一晚，有的三晚，冢房里的人不敷分配。各家准备供佛的衣服、枕头、佛帐、伞等物。此外则采购各种食品，预备招待亲友。整个的时光是在一种紧张的空气中度过。以人而论，全家大小老幼都竭尽他最大的力量在工作。以物而论，全家多年的积蓄全要在这次活动中贡献出来。老太太将多年辛苦换来的布匹都送到佛身上去，小菩萨（即少女）将其绣成的织锦做成佛帐来供佛。各家准备着大量的谷米，成群的牲畜，等待消耗。他们对于这些花费的看法满是欢欣快慰，绝无丝毫的惋惜或懊悔。因为一切都是佛所赐予的，所以一切都应贡献在佛前。寨内每个人的心理，对于将要来到的盛会，都感到万分的高兴。各家都在盘算着如何接待他们的亲友。每一个集日，少女们都在忙着购买银制的装饰品及绸花等物。小菩毛（即青年男子）也在忙着买其需要的胶鞋、手电筒、香烟等物。本来是七家的事，而实际上全寨子都在紧张地活动，连整个的坝子都大大的受了影响。

做摆的日期越接近，寨里所添的生面孔越增多。各家派人骑着快马，拿着柬帖去约请寨外的亲友们。请帖是一张用纸折成的一个圆锥形，里面装满茶叶和白米，接到请帖的家庭，就须考虑应该预备如何丰富的礼物去道贺。若是来往的关系不很亲密，可以参加一个团体共同去道贺，大约每人一斛米（约等于四十两重）、一百个铜制钱，另加上一个布扎的竹亭子。就是不被请的，若是想去逛逛的话，也可随便弄一点东西去道贺，主人也得招待他。

起摆之前的头一天，七家的院心、园子和广场上，都差不多预备妥当了。院心内搭一座大棚，里面摆设供品。园子和广场上添置了若干竹棚，里面有圆桌和竹竿作为凳子，园子旁边有座狭长的竹棚，里面建起七八个大灶，每灶上一口大锅，栏柜上放着厨房用的器具。是日下午，各家忙着宰猪。做一次摆，花费最多的要算猪肉，其次是酒。在做摆的三天内，每次待客的菜差不多，有大盘木耳肉丝、块肉、蔬菜、酸巴菜、红烧肉团等，随吃随添。每人最少一大碗酒，青年男女可以有三夜的狂欢。

　　头一天谓之起摆。一清早到处听得见震耳的脚鼓声，村之内外拥满了穿新衣的外寨人。做摆的人家里是非常的忙碌。早餐就食的大都是近亲或帮忙的，早餐后，各家都忙着预备去接佛。七家联成一个队伍，鞭炮声一响，就往冢房去，将上月暂存冢房的佛像迎到家里来，下午的时间是花费在布置供品上。他们将所有的供品陈列在棚里，让大家随意参观，包括佛像、伞、灯、金银树盆景、佛垂、佛飘、佛帐、佛后图光、孔雀毛佛饰、披单、枕头、被盖、衣服、经书、纸扎房屋、纸扎动物、佛座、布亭、茶具、饭盒、拖鞋、纸花、羽毛扇、花瓶等物。各家自然也要有几样稀奇的东西，引起观众的注意。晚饭后，四面的鼓声响亮，大家赶快收拾火把、鞭炮，准备着今夜通宵的狂欢。黄昏后，家家燃起耀目的火把。棚角上点着一对一对的明灯，使棚里的供物发光起来，越显得颜色鲜艳。一拍一歇的鼓声是昼夜地响着。是晚有邻寨来庆贺的客人，带着脚鼓和几声悠扬的号角，全寨进入喧嚷的境界。母亲挽着小孩，青年挽着少女，家家院内都是挤满了客人。灯光映着每人身上的红毡，变成一片红霞，涂在土地上。鞭炮响了，红霞中透出一道白圈，接着又加深成为一条金色带。几十个男女手里执着火把，绕着竹棚狂歌："他们来自遥远的邻寨，为了主人的善行，特地不辞劳苦来，表示他们的爱戴。山不能算为高，主人的善此巍峨；江不能算为长，主人的功德无量。喊喊！呀呀！"歌声唱完，鼓声加急，几个男的舞蹈了一番。接着第一个开始唱："山上的松柏虽然长青，却不能如主人阴功无极，夜夜的新月灿烂，终比不上主人的善行无量。人生有钱，须当做摆。不想献佛，便是痴汉。喊喊！呀呀！"且唱且舞，人人可唱，大家尽兴地欢乐。主人出来道谢，以果品款待来宾。这天正是阴历三月十五，圆月挂在中天，时间又是半夜。外寨来的大队们在本寨吃过宵夜饭，打着脚鼓，执着火把，喊着走上归途。整夜的狂欢也精疲力竭了。看热闹的虽逐渐散去，但村前村后的僻静处仍有说情谈爱的人影。这是一个狂欢的时节，虽然行动越轨一些，大家也加以原谅。等到鸡鸣时，东方转成白色，处处仍是灯烛。鼓声，终不灭绝，表示着狂热的情绪并未间断，且将继续一更加兴奋的明天。

次日为正摆，是最热闹的一天。天刚明亮，做摆的各家早已门庭若市。主人今日只能坐在正屋里，静待客人们的庆贺。其他帮忙的人都养精蓄锐，准备着整日的奔忙。从清晨到午夜，每一块地方都挤满了人。各家做摆的正屋完全敞开，正中间摆着大佛像，几尊小佛像，放在两旁，佛后面张着鲜艳的佛伞。前面挂着珠光灿烂的佛垂、宫灯和挂灯。走廊上两边摆着纸扎的动物和纸花。地上铺着红毡坐褥，靠墙放着几十双红绣花黄绸方枕。浓厚的颜色，耀人眼目，主人穿着皎白的衣服，坐在前面，七位陪坐者坐在两侧，一位布冢坐在右侧。最前是司仪，各个面貌显得雍容静穆，和蔼庄严，令人感到严肃的空气。

门外远远的鞭炮声响个不住，进来了卅多个客人，抬着布亭，担着白米、铜制钱、香蕉、马桑坡（如木瓜状的水果）等礼物，磬声一响，全体一齐面向正屋跪下。布冢为他们祷告说："今有某某寨民某某等，今虔诚来供献礼物，敬祈佛祖赐纳，并恳求佛祖，事事保护，早赐宝座"。跪者叩头起立。如此接连不断地供献礼物，一桌又一桌地招待吃早饭的客人。其中一家就有一千人吃饭，其消耗之大可以想象。

这里有值得注意的一点，就是客人所拜的是佛祖，而主人却正踞正位接受一般人的跪拜，并不还礼。在摆夷的社会中受人跪拜，限于三种情形，即卑幼对于长上，治属对于土司，及普通人对于大佛爷。而做摆者却可例外地受人跪拜。

正午时，老祖太（土司的母亲）和新祖爷（未来的土司）到寨里，各家主人赶去叩头请安。老祖太送来披单、现金等礼物。午后寨尾放起鞭炮，表示绕冢的游行开始出发了。寨内真有万人空巷的情形。队伍来时，开头看见的是几挂烟火弥漫的鞭炮。随后七家的脚鼓、锣声，不时地放枪，弄得震耳欲聋。呈现在眼前的是一群娇媚动人的小菩萨，人人打扮得锦衣鲜明。浅色的对襟短袄，金银色的繁裙，镀金的项圈，发边插的素馨，装束是这样的动人。再配上手里所拿的带些绚丽的佛饰和灯彩，无怪大家心境为之一变。每个少女拿着一支供品，五六个竹架在她们的后面，架上放着花瓶、衣服之类。磬声的后面是几尊金碧辉煌的佛像，佛像旁边是主人的儿媳们撒着米花，六人指着的大佛前面是身穿雪白衣服的主人翁，缠着白头，打着布伞，同他穿着同样颜色衣服的太太并列走着，做出目不斜视的神情，而嘴边含着微笑。这些能做摆的主人的年龄都在四十岁以上了。他们廿岁成家以后，在期望着得到他人的拥戴和来世天上的宝座。这个愿望现在居然实现了。做摆以后，人们从此要称他为巴夏（大善人）也在天上有了一个位置。多年来的奔忙终于换到了今天的光荣，他焉能不喜形于色呢？每尊佛经过的时候，大家都把米花抛出来。先走到冢房的一家，在冢房附近绕三圈，就折回归还了。第七家绕过三圈后，看热闹的也渐渐散去，只剩下遍地的米花，仿佛下了一场春雪。全寨的狗在今天也得饱餐一顿。

晚餐以后，圆圆的圆月恰从山头升上来，又重新传来脚鼓的声音。今晚从外寨来庆贺的并不少于昨晚，那木寨变成了不夜之城，人人都有牺牲睡眠的准备。大佛爷在今夜到做摆的家庭去念经，庆祝的人一起一起地走来走去。小菩毛有放烟火的，有跳狮子的，有表演国术的，有唱戏的，各人都有大出风头，一显身手的机会。有爱人的小菩毛，溜之大吉，到避处去谈情。平日没有对象的，今日大可寻找，因为寨内寨外的小菩萨今夜差不多都聚拢在这里了。千金一刻的机会，是不应放过的。胆大的在通衢上，尽其所能的本领去追求。看到中意的，先是致意，或直接拉手。成功更好，否则打她一掌，捏她一下，也可得到满足。凭着一支手电筒，按图索骥，要是本领不差，总不致毫无成绩。胆子小的，也可到厨房里跑，与做饭的小菩萨接近接近。直到天色慢慢吐白，月亮逐渐减少光辉的时候，两位大佛爷的经才在七家念完了。整夜地没睡，最是辛苦。清晨吹过烟后，不知睡着没有，头才离枕，立刻又须忙着到各家去，给封赠名号。赠名这步手续是重要不过的，连土司也无此权力去做。做摆的人花了这样多的钱，实际上要得的是这个巴夏的名字。无论大佛爷如何疲倦，非他亲自出马不可。时间是如此的匆促，大佛爷觉得加倍地慌忙。每到一家，立刻坐在竹棚正中，四面围着老年的善男信女。布冢先来献过供物，他就开始念一段经文，然后颁布某人应得什么名号，表示某人的功德抵得什么。收束时，全场又念一段经文，大佛爷又赶着到别家去了。

做摆所得着的称呼有两种。凡做过合摆，或是曾做过大摆而耗费较小，所获得的称呼叫作"汤姆"（是善人的意思）。此种称号，一般人并

141

不很重视，地位较巴戛为低。做过大摆的才能获得巴戛的名号（大善人）。两种称号又可分为六个等级：第一级为银，犹言其善可以赛过银子；第二为黄金，犹言其善行可以抵得过黄金；第三级为珠宝；第四级为山；第五级为山尖；第六级为云。凡于做大摆时，再捐造桥梁一座者，于其语尾又加桥梁意义，以资识别。名号均由冢房大和尚个人斟酌决定。

午后七家合在一起，来结束这最后的活动。大家打着脚鼓，将所有的东西抬到冢房里去，此后将为冢房永远占有，成为大佛爷私有的财产。佛殿内挂满了灯笼，摆满了佛像和其他供物。这一批耗费了多少材料、人力、时光，制成的精美的物品，就这样地被送入冷宫。几天的尊荣，一刹那的观瞻，好像是一场好梦。此后尘灰将是他们悠久岁月的伴侣。有的将被大佛爷陆续卖出来，也许再一度被送进去。在唯物主义者看来，难免觉得太可惜了。

同时，每一家在冢房广场上竖一根五六丈高的杆子。杆上系着一幅长约三丈宽约一尺的布幡。有的是从缅甸特制的竹幡。据说这个东西可以将来用为指引做摆的巴戛找到天堂里预备好的宝座。布幡竖好后，这一场大事就算从此完结。大家期望的是一觉熟睡，补偿两夜的疲劳。

末一晚上，青年男女们依性别分成两个团体，到做摆的家里去干躲。每人也摊一点礼物。主人也送给他们一点米肉，使他做宵夜吃。

银月的光辉，照如白昼。沉醉的晚风，得每个人的心里发痒。如此良辰，虽欲睡而不能，何况做摆的机会，一年又才只有一次呢。今晚是青年男女们独有的世界。其他年龄的人都已去睡了。于是团体作乐，个人的消魂，可以毫无拘束地进行下去，一直闹到深夜才去休息。想象得到的是他们与她们在梦中还都是觉得在做摆呢。穿着白衣，抬着白伞，多少人以羡慕和妒忌的眼光看着他们。梦虽是虚幻的，不过伟大的事业，哪一件不是肇始于渺茫的梦境。似乎很空虚，又似乎很实在的宝座却引诱住了每个摆夷，逼着他们劳劳碌碌在尘世中工作。摆的狂欢，虽则散场了，却抓住了每个人的心头。它赐给每个人生活的动力，人生之目标，在农田上劳作，在深夜里刺绣。为的是做摆，摆在摆夷生活里没有一刻沉寂，摆夷有了摆也就永远不会散场。

二、公摆

（一）公摆之一种为合摆，是青年男女的摆。其性质可举例说明之。弄砍乡有二十多个小菩萨和小菩毛，在上年收获时，帮村人割谷十天，得了两百多箩谷子的报酬。他们决定用这报酬来做摆。田主也非常赞成，觉得谷子已从人手里变到佛手里去，更有价值与意义了。结果多增加了谷子和现金，一共达到一百七十块钱现金，当时折合法币一千五百元。这样的小数目买不起一尊佛和其他供物。最后由佛爷决定在中历正月初九日挂一块匾在庙里。初九日的清晨，全村在骚动中有力的出力，有钱的出钱，认为做摆是与大家有好处的事情。一位白衣裤、白包头的老巴戛在竹棚里收纳功德；最少是每家一斛米，一百铜制钱，和一些青菜、香蕉、菠萝、木瓜、鲜花等物。每家的人都来吃饭。下午两点钟的时候，迎佛的队伍出发了。所谓佛就是那块匾，队伍包括做摆的二十多个主人翁。全村的小菩萨、小菩毛，及几位老巴戛。最前面的是放鞭炮，其次几面鼓、几面锣，一面敲，一面舞，后面随着迎佛的脚架，装扎着鲜花及绸子，一面走，一面撒米花。每隔数分钟放一下火药枪。到达那木寨冢房后，先请老佛爷祝福，然后将匾放在脚架上。大佛爷骑着马，旁边跟着两个小和尚，师徒三人是被邀请的贵宾，匾一到弄坎冢房，佛殿里跪满了巴戛和汤姆。村里的布家（他是佛爷的代理人。他不是和尚，也不是职业性的代理人，而是经大家选邀出来的一位年高德硕的老巴戛。村内逢有大小活动，都先得找他筹划一切），先念了祈祷词。词句大约是说：有某某等人现在用什么东西来献给佛祖，希望佛爷为他们转呈上去，并代他们在佛祖前剖白他们的虔诚，祈词念过，将竹盘呈给佛爷，里面有钱、鲜花等物。佛爷对大家念一段经文。接着宣称：某某等人所呈献之物品已经收纳。他们的善行有如银子，应该获得"汤姆软恩"的称谓，而且佛祖在天上已经为他们预备了座位，并时时保佑他们。二十多个青年男女叩头谢恩。流了多少血汗的代价就是这一个称号。仪式完毕大家向他们道贺，他们又酬谢大佛爷三十块现金，晚饭后，老年人、中年人都回去休息，仅剩小菩萨、小菩毛们，互相拉着手，围成一个圆圈跳舞唱歌。也有的出来舞狮子，或演武术。九点钟后，每家门口檐下、田边、水旁，添加了一对对的青年男女。直达中夜，人数渐少，冢房门上多了一块横匾，殷红的漆色，映着月光，隐隐发亮。

倦游归来的小菩毛用手电筒射着的时候，还可以看见上面衬着"果是佛乡"四个金字。

（二）干躲摆　直到九月十五日出凹的三个月中，是西南边地中最难度过的日子。连续的阴雨，疟疾的猖獗，使人人脸上好像罩着一层阴影。他们禁止婚姻，忌用肉食，天天到冢房祈祷，供佛。虽然说为着大佛爷受难才这样做。实际上他们确正是在修炼虔诚的活动，使自己渡过金色的难关。一旦出凹就是天清气爽的干季了，眼望着田野间黄金色的谷子，人人心内禁不住地要狂欢一场，把三月来沉闷单调的空气，一扫而空。干躲摆就是为满足此需要而产生的活动。那木寨的二百三十二家的大多数都要参加。各家的供品放在一个架子上抬着。游行的时候，有开道的天鼓、鞭炮，两旁的鸣枪助威。从前做过摆的，在今天的场面下神气十足，穿着白衣，缠着白包头，抬着白伞，表现自己的差别。他们在自己供品的前面，一面走，一面撒米花。游行之后，青年男女集团礼拜，就是他所谓"干躲摆"。关于队伍的行列，小菩萨和小菩毛是分开排列着。路线是从村头到村尾。因为包括全村的男女，情形非常热闹。脚鼓的声音特别响亮。他们到冢房，请布冢替他们祷告，仪式完毕后有聚餐，物品非常丰富，全寨一半人都来参加，尽量地欢乐。因为花费这样的大，除公摊外，寨里拿出一些公款来津贴。晚上照例又是青年男女们独有的狂欢时间。一天的热闹过去，明天人人得准备新谷登场。寨里重又走上一个劳碌的季节。不过这样的忙碌，却是他们更大的欢乐基础。

（三）挺塘摆　挺塘摆在一年中有两次举行的机会，一次在插秧前几天，一次在稻子乳熟期已过，近于黄熟期的时节，寨内一切事务多由布冢决定。那木寨分为六区，每区有一布冢。他是由大佛爷以及阖村头人等非正式选举产生的。任期终身，无何报酬。此次挺塘摆中由大佛爷和布冢决定在阴历四月十五日。是日广场上搭几座竹棚。聚餐之前，举行一个盛大的仪式。参加人员包括全村的老者。都穿深蓝色的衣服，女子多一块黑布围巾。手拿提篮，内有米饭、炒菜、果品、粑粑等物。佛殿内击鼓三响，参加者将鞋脱在石阶上，将篮挂在竹竿上，涌进殿内。老太太跪在当中。老巴夏跪在两侧。里面坐着大佛爷、二佛爷、三佛爷、四佛爷，和小和尚站着击鼓、敲钟。先由佛爷念经，最后全体念经。从今晚起，大佛爷要念经三晚，老年男女也得参加听经。这样的活动，夷语即谓之挺塘。

在那木寨头通衢上有一间小小的瓦屋，上层作为大佛爷念经的法台。四面扎着鲜花，楼板上满铺红褥。太阳刚刚落下，全村男女老幼都向这个地方集中。今晚是要举行"炸戛"。作摆是求全寨得到好处，人人都有份。老年人总是热心，青年人也要表示他们是同样的关切，不是置身事外，坐享其成，这就是炸戛的意思。炸戛要继续三夜，每一团员一夜担负现金五角。团员中有到缅甸去排香烟的，不在村里。他们的家长替他们将应摊费用交上。因为凡表示对于炸戛漠不关心地将要成为同伴们攻击的目标。晚间八点钟时，大佛爷登台读经，夹杂些巴利文、缅文，甚至于梵文。大家了解不了解是另一面事，只要流利的读下去，大家总是安静的听下去。一本经读完，大佛爷开始吹烟，台下亦起了种种声音，等到磬声一响，大家又停止作声，请大佛爷重新念下去。经本要念完的时候，大队的火把突然出现于经台前后。小菩毛们肩抬着竹箩，里面满装着糯米粑粑片。在粑粑上再放一小块红糖，就可以吃。另外还有香蕉、芒果之类。由小菩萨们分配。她们真是胜任愉快，使人人都很满意。全场充满了安静和平的空气。一连三夜都是如此。

（四）金黄单摆　举行日期是在中历正月十六日。依照惯例，每接连作三年，中间有三年停止不做，然后再连续做三年。金黄单摆本是女人们的活动。但有些事情，需要男子们的帮忙。因此请出体家（家房代理人）主持负责一切。做摆影的那天，家家很虔诚地素食两顿。在家房广场上的布置，均由女子负责，变成太太们的世界。男子远远地站在旁边。这次所供的不是释迦牟尼佛，却是用竹子装扎之打扮锦衣鲜明的两位小菩萨。据摆夷的传说："摆夷自己最初不知道纺织，直到某一个摆夷得到了这两个女神人的传授时，大家才学会了纺织。第一夜学的结果就完成了一匹适合和尚们袈裟的布料，摆夷们叫作'金黄单'。第二天这个摆夷为答谢神恩起见，将其献给佛祖"。所以把这个故事重演一番，便是金黄单摆的目的。竹棚里除两位神人外，尚放着一套小小耕种棉花的农具以及纺车、织机、染色器具等，系用竹子做成的，寨外赶来参加的人也不少。所献的礼物有柴、花、米、蕉叶、果品、菜蔬等。最热闹的地点是在特别布置之棉田纺织场上，放着全套纺织的用具。午后三点多钟开始聚餐，系素食，有凉拌莴笋、豌豆米、蚕豆米、煮青菜、酸巴菜等。做摆的仪式，是在棉田上，拥出两匹白毛水牛，角上捆着红布，并给它驾上铁犁，在棉田上绕几个圈子。随后大佛爷来祝福，并撒出铜钱一把，大家都来争抢。她们又表演纺织的各部工作。晚间场内有各种灯光。太太们在佛像前献上金黄色的袈裟布。第二天清晨佛像前三十九块金黄单挂在一处。这次的用费是全村公摊。若有余剩，就成为冢房佛爷的供品。

（五）冷细摆　冷细摆的活动差不多全是拜年，拜年的对象有三个，即本寨冢房、土司衙门与邻寨冢房。向例大年初一的清晨，老年人上冢房去拜佛的时候，青年人则结队，往距本寨二十里的土司衙门去叩头拜年。初二日新婚的夫妇，同全寨的青年男女到冢房去叩三个头。青年们也到附近的七个寨子去贺年，表示亲善的意思。

三、其他有关超自然信仰的团体活动

从上面的描写中，我们可以看出，这六种称为摆的活动，有一个主要的共同点，就是有关于超自然信仰的活动都是团体参加的活动。兹再将虽然不称为摆，但也是归入有关超自然信仰的团体活动，略述于下。

（一）汉辛弄　在前面已经提到在凹期细雨连绵的三个月内，摆夷也有类似拜佛的活动，不称做摆而叫作辛弄。老年人每天中饭前或饭后，大家提着竹篝到冢房献佛一次，同干躲摆的情形完全一样。今天提一竹篝进去，明天另外又拿一竹篝换出第一个竹篝来。如此转换下去，到第七天更有一个长时期祈祷的机会，直到深夜，甚而到第二天早晨才走出来。他们由佛爷布冢轮流诵经祈祷，使他们体味佛祖受难的心情，全寨的布施供品使冢房增加了一笔大收入。

（二）烧白柴　中历过年后佛历立春的时候，摆夷要烧白柴。据大佛爷说，烧白柴可以使地气上升，天气将要更加暖和。是日晚间八点多钟时，在钟磬声中，大佛爷出来坐在石阶上念一段经。然后由打杂的举火引着白柴，并架上松香，瞬间煌煌的火焰把院子照得通明。柴木烧尽，仪式随即结束。这仪式是提醒他们春季已经来临，对于农作的事物应该赶快准备了。

（三）泼水　在佛历清明节这一天是摆夷过年的日子。是日在冢房广场上，放置着一个一丈五尺长的木龙，首尾俱全，周身刻着耀目的金鳞，龙身中空，成为一条水槽。槽口接在龙口上，口中的水流到下面的圆筒内，圆筒四周的许多小孔将水喷射到十二尊铜佛像身上，这种动作谓之浴佛。先由大佛爷领导，全寨浴佛一次。此后善男信女，每人担一桶水，也来浴佛。一般认为在这几天内，每人身上若能沾一点水，一年内即可消灾免病。任何人可向其他任何人身上泼水，并且以泼得全身湿透为最佳，彼此互相报复以为乐。因此有的每天须换数次衣服。一出门就不免又变为一只落汤鸡。

（四）祭社　西南边地还有一种社神的信仰。摆夷认为凡是最先第一个开创那个村寨的，死后即可血食那个村寨成为那一村寨供奉的社神。因此社神是一寨的拓荒者。社庙是一间高一丈的小屋，里面一无所有，坐落在树林中。社庙与冢房是摆夷的两个信仰中心，二者毫无关联。甚而有的大佛爷对于社神取一种攻击的态度。冢房是宗教信仰的中心，它所安排的是来世的安乐。若把信仰的对象分为善恶二神的话，佛祖便是善神，而恶神便落在社神的头上。社神成为全家的太上寨主。它掌管个人疾病、生子、婚嫁等日常生活的事务，又有降灾作难、散瘟弄毒的权柄。寨民畏惧它的神通广大，常来供些米饭、粑粑等物。在插秧前几天，中历七月十五日是共同祭祀的日期，谓之祭大社。大社是全坝子的主宰。仪式中有两条白牛做供品，大社庙在城子附近。由土司率领各寨头人下跪，乞求社神降一方。然后共食牛肉一顿，算是土司请头人吃饭。第三天各寨又联合回请土司一次，作为答礼。可注意的一点是大祭社并没有大佛爷参加典礼，成为与冢房分离的活动。

四、分作和比较

摆与非摆活动举行的时间，都是分散在全年内。大致说，非摆的活动有一定的日期，不能任意移动，而摆的活动没有固定的日期。六种摆中，有五个摆之仪式的举行都在白昼，但夜间留有全寨人聚欢娱乐的机会。非摆的活动不供给大家在夜间狂欢的机会，尤其是没有给青年男女互相求爱，寻求对象的机会。因此做摆多在十五日月圆的日子。

关于活动地点来说，做摆限制在冢房举行，而非摆的活动是在社庙或冢房，至于有时在私宅举行，是因为冢房内不得空闲的缘故。

关于用具来说，在物质底层上做比较的工作，应用器物的不同加重了摆与非摆活动的差别性。摆所用的器物全有一种特殊的意味，这种意味也就是平凡的意味。所有的东西多是日常生活中所碰到的，例如供佛的食物，同家家厨房内的一样，鲜花、果品、枕头等物，亦是如此。非摆所用的物品，如白柴、饭团、白牛、木龙等物，均与普通的不同，是超凡的。

关于参加的团体方面，非摆活动中祭祀的仪式是指定头人们参加，事务由衙门负责。祭小社和泼水，参加人员虽多，事务多由冢房预备，烧白柴和汉辛弄是概由老年人参加，亦由冢方负责维持。在摆的活动里，参加仪式的全是老年人。关于摆的一切事务，青年男女们全是规定强迫参加，认为是他们应尽的义务，而同时也赋着一种应得的权利。老年人们习惯的参加仪式和青年男女的强迫服役是组成摆的两大主干。摆的活动包括社龄团体，而非摆的活动包括地域或政治团体活动。

从费用的来源上看，关于非摆活动费用中的公共仪式设备，都由佛寺或衙门担负。私人参加时所带的供品，全由私人自备。公私的活动分得很清楚。在摆的活动里就不然了。做摆的主人虽然担负主要的费用，可是参加的多少都要捐助一些功德来帮忙，有的摆的主要费用，全由各人功德来支付。这表现人们觉得摆有意义，愿意把做摆引为人人分内之事。摆是一种有机组织的公共活动，自动组织的公共团体。

在聚餐的性质上，无论做什么摆，全体人员都有一次聚餐的机会。至于非摆活动里面，绝无仅有的聚餐，就是祭大社。摆的聚餐是在一种欢乐中产生出来。人人都是主人，同时也是客人。非摆的活动有时是土司请吃饭，是上赐下的活动，而所杀的牛原来是为献社。摆的聚餐是专为吃的缘故而产生的，联欢是其主要的性质。

在仪式上，做摆的节目较为繁多而丰富，是宗教性的、示范性的、休暇性的、联欢性的，应有尽有。非摆的节目，除去对神外，几乎找不出其他东西。做摆的时间，青年男女都可以找到新交往的机会。

摆的禁忌是有相当的社会性的，大家容易接受的，如素食、休息之类。非摆的禁忌有反社会性的意义，不是促进人和人的联系，而是隔离社会的接近，如禁止婚嫁，不能出行，不得宴会，均有反社会的作用。

大摆与合摆所表现的意念是一种来世渺茫的报酬。其他四个摆并不有什么祈求，是属庆祝性或习惯性，并不包含什么实际的利益，而仅是心理的快慰而已，非摆的活动是求现实的利益，如消灾免难。超凡入圣是摆的特征。

五、宗教与巫术

作者引英国人类学家马凌斯基氏的看法，谓巫术是一套实用的目的，是达到某种目的所取的手段。人世中有一广大的领域，非科学和智识所能用武之地。科学和智识既然不能帮助我们消灭疾病，也不能抵抗意外之事和死亡。因此巫术有了用武之地。传统的巫术是一种制度，将人心加以安派，加以组织，对付智识和技术所不能解决的问题。既然每人都可遇到意外之不幸，也就都有乞求巫术之可能。巫术的仪式代表着少数人的私利。宗教与巫术不同，宗教是一套复杂的信仰和举动，是包括一套行为本身便是目的行为。宗教的统一性，着重在他所尽的功能上，而没有一种单纯的推行手段，因此仪式来得复杂，意念也多有新花样。马氏认为宗教的产生是为整个人类计划与现实的冲突，消灭个人与社会的混乱。公共性质的集合与仪式遂变为不可少的活动。摆是一种纯粹的宗教的活动未加杂着实际的利益。所得到的尽是内心的感觉，深厚的感情，永生的信仰，来世的希望成为生活的目标，指示了一般人生活应有的态度。他们是赞美佛，纪念佛，才这样做。摆的行为是服务的精神，团体行动的乐趣。因此对于社会有调整维系的作用。摆确是宗教的活动。非摆的活动所希望的常是个人的利益，实用的获得，还有着反社会的禁忌，和巫术的性质相近，或说是一种宗教活动，附有巫术的意味。巫术活动承认人力可以控制超自然。但非摆的行动中亦相信有佛，是掺杂着宗教的要素的巫术活动。摆夷中所谓放蛊是巫术的活动。在那木寨有两个巫师，是为人察看作弄你的是什么"僻魄"，然后供给驱逐的方案。

六　消耗和工作

作摆一次主人至少要用五千余元国币，多则至八千元。再加上功德和其他费用，最低也要近一万元之数。七个大摆共支出了近五万元之数，再加上其他费用，约在七万元（民国二十九年之折合率）。在那木寨每家一年的生活费约需五百元现金，合当时国币两千五百元。做摆消耗之大可知。据估计，全寨已耕水田面积，两万七千公亩，每户可摊一百二十公亩，全寨每年可收米七千公担。其中除去官租一千二百公担外，尚余五千八百公石。全寨人口约一千五百人，折合壮丁一千二百人。每一壮丁一年需要一八八公担米，全寨需二千二百公担。如此看来一年所有之五千八百公石米足供三年之用。那木寨向来没有水旱等灾，因此做摆是他们生产力许可的。

那木寨人民的生活不成问题，寨内有二百多水牛，三百多黄牛。四十多公亩耕地才合一头耕牛。人力缺乏，劳力的报酬很高，因此容易找到工作。亦有人到缅甸去卖工，颇可积得财富。寨中没有乞丐，也没有偷窃的，因为处处施舍，有求必应。摆夷对于经商的看法，可从他们谚语看出来："做生意不能长远"，与"聪明人做生意在近处，笨伯做生意则远处"。因此他们多半务农。

财富的利用不出两途，一是用来再生产，积聚更多的财富，一是用来消费。摆夷的土地权全属土司，人民只有耕种权，但可自由买卖。所谓用财富来再生产，不过是收买别人的耕种权。在摆夷社会中确已引起了耕种权集中的趋向。寨中二百三十二人家中，无农田耕种的有一百零二户，占百分之四十一。有耕种权农户之耕种面积的分配，也不一样，种二三百公亩者占多数，有少至六十公亩以下者，有多至一千余公亩者。关于消费方面，摆夷把一部分钱是用在饮酒、赌博、巡回剧团等方面。可是他们大量的消费，是用在争取社会地位。在摆夷社会中，有钱不是一种可夸耀的事。个人的奢侈，不但不易得到别人的推崇，而反倒有遭人唾弃的可能。摆是财产到社会的地位的桥梁。把积聚的财富在摆中耗完了，才能得到一个受人尊敬的地位。摆是激引摆夷工作的最大动力。若没有摆，不知他们将要懒至何种程度。他们种地不施肥，不除草，令其自生自灭，坐待收获。在宴客时常说这句话："多有多吃，少有少吃，有的就要吃"。摆夷社会采用摆来加速消耗的办法。它为私有财产制造下一个安全机构，使取之于社会的，终于还之于社会，使物质的追求有个指导。取之于众人的，终局仍还之众人。既有其利，而又不蒙其弊。摆夷社会欢乐和平生活之所以能维持不断，实不得不归功于摆。摆夷看重的是对于财富的施舍，而不是对于财富的储积。收入多的，消耗应该更多，在摆消耗上超出自己所有的若干倍才为人所重视。对于无能力作摆的，大家是一种怜悯的看法。对于有能力而不做摆的，或不尽其所有的，是一种讥消的看法。这是减少摆夷贫富间摩擦的起点，也是使贫富之间愈来趋向平衡。

七、社龄结构

摆夷女性的生命史可以划分作四个阶段。是被抚育的小孩时期，穿着短袄。二是小菩萨时期，改穿白色者为多。辫子不再拖着，而盘在头上。一方面有种种的服役，一方面有丰富的享受。结婚仪式是他们第三个阶段的开始。辫子改梳为一个冲天髻，用黑布围成一顶团帽的形状。她的精力是致力于家庭事务上。她们辛苦工作，积蓄到能做大摆时，就走入第四阶段，被称为巴戛，从家庭到家房，念佛祈祷成了她们日常的功课。

男性生命史亦分为四个阶段。一为小孩期。二为青年期，被称为小菩毛。有的把小孩时的耳环除去，而在左手上添一只银手镯。他们加入种种组织，做种种服役。结婚是他第三期的开始。他不能像从前那样放荡了。等到能做大摆时就踏入最后阶段，算为退休的人物，过着戒烟、禁荤、终日焚香礼佛的生活。

这四个人生的阶段，在人类学已有的词汇里找不到适当的名词，相近的是"年龄级"，但不以实际的年龄作为升迁标准，而是有相当参差的。例如一生不能做大摆的就永不能进入第四级。摆夷社会结构的特性可采用"社龄"这个新名词代表出来。一升到第四级，获得巴戛的名号，转瞬间亦获得一些独有的权利。巴戛是大善人，买谷米少给些价钱也无所谓。向巴戛买东西，价钱多些也不在乎。巴戛本是死后在天上兑现的期票，但从事实来看，却在人世里实现了，亦可谓提前的兑现。土司即使做了十件富国利民的新政，其价值反倒赶不上老祖太（土司的母亲）做一次摆。大家所称羡的不是一年卖出几万箩谷的金伙头，也不是臂力过人一手敲得过几十个人的那位大总管，而乃是那位曾做过十二次大摆，以致倾家荡产之豪举的一位老头！不但不敢笑他傻，反倒极端地敬仰他，万分地尊重他，有机会还想尽力效法他。

在第一阶级的女人被称为"小人"是穿裤的。这个身份的改变，必须她在第一次参加做摆之服役以后，才可穿裙而变为"小菩萨"了。没有穿裙的小人，是没有资格公开结交异性朋友谈恋爱的。进入了第二社龄才有准备结婚的权利，才有参加某些组织的资格。因此，可说摆是转换社龄的仪式。一个人结婚后即进入第三社龄，可是这个身份的转变，实际说来，是要在结婚后，参加第一次"冷细摆"而到冢房里去干躲时，新婚的男女和大和尚告别，退出青年团体，归入家庭。这样看来，摆是安派社龄的机构。

在摆夷的称谓体系中，巴戛是一个中心。他的儿子被称作巴戛的儿子，这表示社龄原则掩盖了亲属原则。社龄结构才是摆夷社会中的综合结构，规律整个社会的秩序，是没有人例外的。不但贵如土司要做摆，连尊如大和尚也得做摆。每一社龄有它特具的权利和义务。我们还可看到这四个社龄中，实际分成两组，一组是积极参加做摆活动的，一组是不参加的。第二和第四社龄，属于第一组，第一和第三社龄属于第二组。第三社龄是维持社区生活的生产干部，也是维持社会延续的生育时期。他们是十足属于尘世的，所作是俗务。第一级是第三级的附属品，偏于生物性的抚育，也是世俗的部分。第二级所需的训练是精神的，是社会意识和道德态度，是超凡的部分，所以第三级的人不能担负这项责任。这样第二级成了第四级的附属品。第四级的人物，实际上已脱离了世俗的追求，入于超凡的境地，他们正是训练第二组人物最适宜的教师。世俗和超凡，个人和社会，家庭和冢房，以及摆夷个人生活的平衡，社会的和平，均在这个社会结构中，一代一代地传下去，维持它文化的特色。

八、人格和社会的完整

天上的宝座，在许多人看来，虽则是荒诞不经之说，可是摆夷相信这是千真万确的人生归宿。一得到了巴戛的名号，在摆夷人的心里，已经在极乐的世界中定下了一个位置，将来只要对号入座而已，它对于个人，对于社会，都要发生深刻的作用。做摆是人生的目的，现世的生活是为达到此目的。它组织了人的思想行为，达到了人格完整的高点。在他们合作完成做摆的活动中，社会也得到了它的完整。人格和社会的完整是摆的主要功能。摆造成了摆夷社会一种特有的模型的人格。这种特殊人格，决定了一切观念和态度的发生，从社会影响到个人，由个人又进而影响到社会。这种连环性的过程，是构成摆夷心理特征的基础。摆夷社会是那样的安详宁静。在我们的社会里，有着种种矛盾生活方式的存在。究竟名是好，还是利是好呢？牺牲救人好呢？还是占人便宜好呢？达到目标的路程没有一定，任人暗中摸索。于是个人的生活发生了莫大的差别，也就是说明了社会失去了控制个人行为的能力。

要使个人生而不惑，既不能求之于个人，一定得有一个可以不惑的社会。这就是说社会要能立下一个人人能遵守之、心安意得的生活方式，这样大家才能生活得自然，无须个人自己随时地要权衡愿意。这在摆夷社会内确是多少在实现着。在做摆时，人间的一切，贱如贩夫走卒，一样可以受人叩头。巴戛可以超越人间给他或她的限制，所得到的尊敬乃是人们对于社会本体的尊敬，超出了人间计算利害的崇拜。摆立下了一个超出于私人生活的目标，把一己在社会中所得到的，仍归回于社会。摆就这样的完整了摆夷的社会。

田先生在结尾里说："摆不是件无谓的举动，更不是一件愚蠢的浪费。它是摆夷生活愉快、社会安全的保障。"我们处在这战氛笼罩的大地上，颠倒流离的人生中，对于摆夷的摆，似乎只有羡慕和欢慰。我们得庆幸在这荒僻之区，烟瘴丛中，还留得这一个人类智慧的创作。也许它可以给未来的人们再造世界时"一个取法的张本"。我不一定完全同意作者的意见，但我与其他的阅者想必是都有同感的。本报告的开始，有费先生的长篇序文，说明宗教的科学研究，智识社会学，巫术和宗教的功能，超自然的观念，与宗教研究的扩大等方面，也是值得细读的。"摆夷的摆"不过是田先生关于摆夷的第一个报告，他仍在继续实地研究摆夷社会的整个生活。希望不久就可看到他的其他更有贡献的报告。

1941 年圣诞节　笙巢

第一卷　第七、八期　1942 年 3 月

打冤家——倮倮氏族间之战争

杨国栋　　徐益棠

一、战争之社会的背景

（一）家族组织

倮倮家族组织最重要之意义，为表现血统之关系。换言之：家族是集合各家庭而有着血缘关系的社会团体之一种。倮族之家族，是构成其社会组织之中心，家族观念非常深刻，每个黑夷，都能背诵其家谱，本家族祖先之荣辱，时刻记在心内。为着家族之幸福与利益，有绝对之忠心和不惜一切之牺牲精神，深刻之家族观念主持其怨冤不解之族际战争（打冤家）。普遍谈及倮族，有所谓某某家某某支者，因名词上之混淆，致使人对于倮族之家族组织，非常模糊。实际上家与支为同一之组织，并非为两个单位。"家"倮文音为"慈为"，为家族之意思；"支"为汉人所起之名词，罗文并无"支"一名词；故实际上支与家并无区别。倮族以"同姓"为一家，如黑夷阿罗家为一家族，隶属阿罗家之白夷或娃子，不论集聚一方，或散居各地之各小单位，都称之为阿罗家。如遇外侮，则全体动员，一致对外。家族与家族间本有亲属关系而平时过往甚亲密者，至战时则有戚谊之一族，或为助手，或为调停人，在战争中亦有其相当之地位。且罗民家族与婚姻关系亦最密切，罗族行内婚制，对婚姻有种种严厉之限制，为保存其种族之血统，严禁与族外通婚，且严禁与异阶级通婚，如黑夷不许与白夷结婚，盖白夷非纯粹之罗族也。大部为一夫一妻制，男女结婚后，各立门户，与父母分居，而单独树立小家庭。女子在家庭中占着极重要之地位，操管理家庭间一切事物之权。在家之处女，有名谓管家女者，不但有管理家务之权，更有战事调停人之资格，在"打冤家"之进行中，如双方战事激烈，普通亲戚之调停亦无效力时，则管家女出面站立阵前，双方即可息兵言和，由此可见女子在倮族社会间之地位矣。

（二）社会组织

倮倮在物质生活上，完全是依靠着白夷与娃子之劳作，以维持其生存，故其社会以奴隶制度为基础，此不独与其经济生活有关，即战事上亦有关系也。

（甲）奴隶制度

黑夷之自傲与白夷之驯服，构成了奴隶制度。奴隶（白夷和娃子）终年度着牛马的生活，而黑夷享受彼等劳力之所得，奴隶是彼等主人之财产，可以买卖，可以惨杀，更可以为主人之耻辱去效死，去牺牲。白夷与娃子所受之待遇不同，白夷为工作相当长久而夷化之汉人，黑夷对彼等之待遇，如中世纪欧洲封建社会时代地主对待其农奴然，至于初入夷区之娃子，其所受之待遇则更低下矣。作者曾访马边县莲花山难民区，晤其大队长谢中银君。据述：黑夷常将此邻夷区汉人掳入夷区，互相转卖，黑夷买到新娃子时，先施以所谓"见面礼"之毒打，然后迫之改夷装，习夷语（不准说汉话），每日鸡鸣即起，服劳役，夜间手脚捆起，禁闭地牢，给以无盐味而苦涩之蒿叶把以为食，忍痛日久，不得不安心为奴，亦有数家族在买来或掳来之新娃子额前，刺一如黄豆大之黑点，以为记号，以防止私逃。如娃子私逃，无冤家关系之任何家族均有代为捕缉之义务。除去贵族与奴隶有极严之区别外，奴隶间尚有阶级之分划：

管家娃子　为已得黑夷信心之白夷，替其主人经营家务产业，往往有着很大的势力。

普通娃子　为供驱使服劳役之娃子。

三道娃子　为娃子之娃子，奴隶之奴隶，为最可怜之人。娃子不仅为主人服劳务已也，如遇战争，则立即变为战士，为主人效死。罗族无军队之组织，战时士兵，即为临时召集之娃子。

（乙）政治与经济的生活

白夷与娃子，为生产之基本份子，黑夷之生活所需，完全依赖着彼等之供给。黑夷把田地分配一部分与忠心之白夷耕耘之，年年交纳规定之农产品，其余之土地，由娃子为之耕耘，黑夷则坐享其成。其田地无分亩之单位，仅以下种之种子数量计算之方法，粗放而土地又不良，故生产率极低。然娃子之劳动力极大，除耕地外，畜牛羊牲口，织毡衫披衣

（草儿窝），暇则砍柴、造屋、挑水、磨谷。凡一家庭之白夷及娃子较多者，则其家的经济情形亦较佳，而生活亦较安定，因而影响及于其家主之政治生活与社会地位。倮族社会中无显著之政治形式，而生活上却有着政治作用之表现。其政治作用表现于有血缘关系家族之内。各家族之间则互不相属，无政治之关联，每一家族选举一公认有能力，而做事沉着之人为领袖。选举时本家族之黑夷，与有势力之白夷，均得参加，齐集于一规定之地点，如雷波阿罗家夷人集合地点初在哥罗，民国三十年后，又改在哈却。选举时各备酒肉，齐集广场，参加之人均面对当日财神方位（此为倮族之财神，由毕摩在经书中选出者），席地而坐，推举几个最敬佩最景仰之人，然后由此少数有能干之人，选出一位对全家族负责之领袖，使其担负管理全家族事务之责。领袖一经选出，大家即应遵从其命令，听受其指挥。领袖终身职，无权利义务之明文规定，年老退休时，或遇有死亡时，其职位并不世袭，仍由本家招集大会重新选举之。每一新领袖选出后，即向大众宣示合作尽忠等语，然后规定以后通信及传达命令用之木刻牌之形式。木刻牌为通信、传达命令之惟一工具，为一斜长方形之木牌，两对边刻成许多锯齿，其锯齿纹之数目，即为大会中所规定宣布者。此木刻牌传递消息和命令时，受命者查锯齿之数目，即可知此消息或命令之真伪。原始社会之政治组织，并无三权分立之形式，立法、司法、行政三权属于领袖一人，法律无明文之规定，判断个人之犯罪与否，常依社会传袭之禁律，犯此禁律，即受社会舆论之制裁。倮族重体面，好赞扬，如引起社会上之讥笑、不齿或公愤时，精神上即感到无限痛苦，甚而至于自杀。证据约有二种：一为见证人之证明；一为打鸡立誓，即民族学上所谓"oath"是也。如因财务发生争执，则杀一鸡起誓，誓词为："如有诈财行为，则与此鸡同死。"领袖因其立誓，往往证明其无罪而开释之。案件经领袖之判决后，不得反抗与不服，否则惹起社会之公愤，群起攻之，故拥护领袖之态度，几全社会一致。领袖之行政职责，平时管理本家族杂事，战时则为军事之统帅，身先士卒，负召集、指挥、支配、调动之任务。由此可知领袖之人选，必须为全族最能干优秀之分子，否则不克负此繁杂之重任也。

（三）宗教信仰

倮倮区内无庙宇，无道观，无一定时期与一定地点之崇拜，无伟大之宗教的仪式，无超自然的精神生活，无崇高的宗教理想，但仅有请神驱鬼之巫经。此种巫经，仅用以解决其生活上之疑惑与困难。行使巫术之人物为"比目"（即"毕摩"，编者注，后同）。

做比目的都是白夷。他们能写夷文，通经咒，为夷人中知识最高之份子。皆为彼等日常生活中之重要人物，日常生活中，求卜、问吉、祷神、求福、选择婚葬吉期，死丧时及疾病时之诵经驱鬼，均惟比目是赖。战争时，比目更为不可少之军师，预卜战况，规定出征吉期，以及誓师等仪式，均由比目主持之。战争结束媾和时，行闻皮饮血之典礼，亦为比目之职务。由此可见比目在夷人社会中之重要矣。普通原始民族之宗教上领袖，往往由政治领袖兼任之，而罗族则否。比目为白夷出身，而地位则为宗教的领袖，政治上领袖则必为黑夷，而比目则黑夷不屑为也。

二、战争

上节曾详论倮倮之族际战争之社会的背景，并将关于罗族家族社会、宗教等组织加以分析。兹申论战争本体之种种现象。罗族战争，不外两种：一为种族间之战争，如夷汉间之冲突；一为家族间之冲突，即汉人所称为"打冤家"者是也，是即为本文之所欲叙述者。

（一）战争之原因

（甲）报复祖先之冤仇

记仇好斗，为倮族之特性，虽有秦晋之好，莫逆之谊，然若于谈论中发现彼此祖先曾有冤仇者，则立即拔刀相向，报复仇辱，以致酿成战争，此点为其族际战争之主因。

（乙）误会、争执、口角

倮夷嗜酒如命，有钱即沽酒豪饮，每饮必烂醉。酒醉后往往任意唱闹打骂。于是常因细故（大都为债务）而争吵动武，而误伤致命，造成冤家。如经调解人调和，用银赔命，则战争或可中止。如谈判绝望，和解不成，则相见于战场之上。

（丙）家属因故被杀或因侮辱而自杀

若男子为人杀死，则其本家家属必出而为伊报仇；如女子被杀，则其母家必出而为伊报仇。但不论男女，如被杀害，则其舅父必参与战事焉。

其他如因被侮辱而自杀者，亦同此例。

（丁）争夺土地或娃子

毗邻家族，有侵占其土地或其他财产或娃子奴仆之行为时，则召集本家族大事挞伐。娃子为倮夷之生产工具，娃子之丧失，亦即财产之丧失，为其本身福利计，当然不惜一战。

（二）战争之准备

（甲）武器

战争时所用武器，据《越嶲志》所载：大概不外长矛（又名闪镖）、长刀、披铠、弓、箭等物。清末始有火枪之传入，最近输入者大都为九子枪。据庄学本氏调查（《西康夷族调查报告》四九页），每百户得枪八十三支，每户不足一支。故长刀、镖杆，犹夹杂使用。除此外尚使用石子，盖彼等自幼即善于投石，百不失一也。

（乙）战士

倮族无军队之编制，更谈不到组织与训练，除去老幼妇女之外，凡为青年力壮之男子，均应被征为战士。有时老幼妇稚亦参加焉。

（丙）粮秣

倮族生活习惯，简单朴素，常赤足攀登高山峻岭，如履平地，吃玉米粑，喝冷水，习以为常。故战时个人挟带几个玉米粑，守卧阵地，数日不离，亦可支持。既无给养断绝之忧，更可免军粮运输之烦。

（丁）服装

服装方面，战时与平时不同。平时衣服简单，战时则至为华丽。戎装之华丽，是表示其家族之富有。衣服用绸子、布，做成短袄，裙子或袖子上配着黄绸之花边，在此花边上镶着小金块与银块，左耳上挂着一串鲜红之珊瑚珠（往往是三个，上下的小，中间的大）。头上用黑布包头，在头顶前侧扎成一尖锥形之天菩萨，上面扎起一条条红白黄各色之绸条，名为英雄结。这套华丽之戎装，价值极贵，添置戎装，为其一大量之消费。近年来因步枪等远距离之武器采用以来，此既不经济又不合战争原则之华丽戎装，也逐渐减少。

（戊）佩带物

战士赴阵时，身上往往佩带着符咒与法宝，以为护身之宝物。如比目所画之符纸，以及其他动植物之某一部分等物，都认为有一种神力，能使枪炮不入。庄学本氏之《夷族调查报告》第一一〇页上，述及除笔母画符纸外，尚有下列诸物：小羊的毛，"无娘藤"的球根，野人指甲或野人头发，白眼白身人的肉，龙鱼的骨，老虎的须等等。

（三）士之召集

平时无专司作战之军队，所以每遇谈判失和，诉诸战争时，必须临时召集战士。所参加之战士，不外乎两种：一为有亲属关系之黑夷，一为所属之白夷和娃子。召集方法，亦有下列两种：

（甲）木牌之传送

如果战争消息，由领袖宣布，则用已规定之带有锯齿的木牌，此木牌夷名为 slawur，上面写着命令和领袖名字，由倮民传送各家传观，各家见到木牌上面锯齿数目及形状，确是合乎以前的规定，则立刻派着青年壮丁，带着枪，带着粮，齐集战争地点，受命调遣，参加作战。

（乙）互相口传——叫山

此法为最普遍常用之方法。如有战祸，则立山顶上高声疾呼，或卧地上以口抵地而呼，甲传乙，乙传丙，如此循环口传，不数小时即传遍其家族势力所及之地。

战士召集起来，武器亦同时集合起来，原来力量分散各地，一经召集，则力量集中。此时领袖诉说着本家族祖先勇敢和光荣之事迹，以振奋士气，并指示作战方略，负起战时统帅之责任。

（四）战前的占卜及其巫术

出征之前，比目成为最活跃之人物，比目诵经、打鸡、吃血酒、择期誓师等种种巫术的行为，都离不了比目。出征前占卜为极重要而不可少之手续。占卜方法很多，普通常用而比较郑重的，约有下列两种方法：

（甲）打木刻

打木刻为最轻而易举的方法。随时随地，人人会做，不一定需要比目做的。其方法先取一根蒿子杆，或木条木片，大小长短，无一定之规定，用刀在杆上或片上刻划成小节之横纹，一面刻，一面诵经，将全杆或全木片完全刻完，然后把全杆或木片分成三个相等的部分，清查每部分横纹之数目，依其数目之单双为卦，定其吉凶；亦有分成两部分者。此木牌夷名为 Si qemur。

卦文之规定，各家族均有不同，下列为规定之一种：

双双双　无关系，不分胜负，战争无大损失（中平）。

单单单　无关系，非胜即败，如胜则大胜，如败则大败（中平）。

双单单　不好，战争不大顺利（下）。

单单双　最不好，战必败，损失一定大（下下）。

双单双　无关系，无大不利（中平）。

双双单　好，有胜的希望（上）。

单双双　无关系（平）。

单双单　最好，胜必滕（疑为获），所获必多（上上）。

关于打木刻之占卜用处极多，用以占卜战争之吉凶胜负，特其一端耳。

（乙）烧羊骨

烧羊骨之占卜方法，较为郑重。夷人认为有十分之八之准确。占卜之方法，并非人人会做。烧羊骨为比目之专业，是传授下来之本领。烧的方法，有一定之步骤：

第一步——是取一块羊的膀骨。如图：

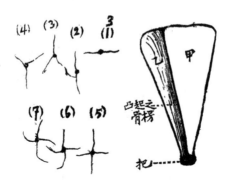

羊膀骨之中部，生来有一条凸起的骨楞，把整个羊骨分成甲乙两部分（如图）：烧的部分，即比较宽的甲部，用手持着羊骨关节部分之把，然后用火草一小团放在羊骨之甲部，用火燃着，一边烧，一边口诵经咒。经咒之种类很多，首尾词句多相同，只是中间词句，因所求问之事不同而异。火草燃着，羊骨面上裂出许多细纹，或横或直。

第二步——羊骨烧出裂纹，用手指擦去骨面之黑烟，骨上之横直裂纹，即可显出。

第三步——把羊膀骨反过来，看其背面裂纹之方向，而定卦之吉凶。

关于裂纹卦象之解释如下：

1. 战争无胜负之分（平）。

2. 战争平安无事（平）。

3. 无大害，间有惊吓，无危险（平）。

4. 战争无利（下）。

5. 太平无事（平）。

6. 最好，战争有十分把握，能获全胜（上）。

7. 最不好，口角是非，一切不吉，战争必失败，损失极大（下）

关于打木刻与烧羊骨之占卜方法，相传为李老君与其女始息所遗传下来的，有个很动听之神话著其来源。打木刻与烧羊骨之占卜，几成为一种出征前必不可少之手续。其占卜结果之吉凶与否，左右了整个战争之行动，影响了每个战士之心理。据传说，某家族比目有会施展巫术，用种种经咒致仇人于死命者。然此种巫术，在昔亦仅少数比目会用，至于有无效验，则不可知矣。

（五）战争之技术

战争进行所运用之方法，即谓战术。罗夷简单之军事行动，既无军队之组织，又无军事之训练，故实无战术运用之可言。然关于包围、冲锋、袭击这些基本之军事动作，当然为战争所不能缺少者，罗民亦多采用之。且多采用各个利用地形，在一个军事领袖率领指挥之下，作各个战斗。战时所用之方式，不外下列数种：

（甲）一拥而前之冲杀

一拥而前之冲锋战，为最简单而采用最早之战术。虽然近代科学化之战争采用各种新奇之战术，然战争最后之节段，仍以勇猛冲锋，始得完成战争之目的。在倮族中一拥而前之冲锋战，还能表现其价值与威力，惟所用武器，仍为火枪耳。战时唱着勇敢之战歌，以壮声势。歌词如下：

狠出名之黑夷，

我是吃人之虎，

杀猪之屠户；

我曾剥过人皮九张，我系人上之人，

人类无比之人，

谁能比我？

战歌多为夸耀着自己家族之威风。当冲杀前进之时，如遭遇敌人，则

161

立即勇猛冲上，大家齐声吼叫，杀声震天。据云当数千人齐声吼叫时，声震山川，飞鸟都会惊落地上，此或过甚其词，然亦可形容其吼声之威猛也。与敌人遭遇后，人人为表示自己猛勇之精神，争先向前，领袖更要身先士卒，以为榜样，冲到相当距离，枪火失去效用时，则立改用短刀白刃相接，一跃而前，先报自己之名字，以及其家族之姓与父亲之名，并说出威吓性之词句，如"我比老虎还凶"，"你们姓××的头，我杀过很多了……"等等。

（乙）不意之奇袭

奇袭战术之主要条件，为出其不意使对方来不及抵抗，此种战术，为罗族战争之惯技，能发挥极大之力量。每当夜静人息之时，领袖预先规定一种传令之记号，互相传递。然后依照记号，偃旗息鼓，攻入敌人营地，乘其不备，大事杀掳，不备者每受重创。

（丙）随时不定之游击

游击战术，为倮族战争之基本方法。此战术之必须的条件，为熟悉地理环境。夷区之高山森林，都是埋伏隐藏的好地方。循环之袭击，多方面之扰乱，使敌人抓不着主力，则不易遭受重大之损失。高山老林之内，都潜伏着若干游击之力量，战线无一定之方向，故防守为极困难之工作。同时想消灭这潜伏各处之游击力量，为更困难之工作。民国二十四年，红军通过宁厉倮区时，曾吃过大亏。每次边地驻军进剿叛夷时，亦多遭受游击之损失。总之，吾人见到倮族战争之方法，在运用上是活动的而非死板的，是游击之奇袭战，而非固守之阵地战。在形式上虽无整个之作战计划与战略，在行动上确早已运用了今日最新式之战术矣。

（六）战争之结束

战争后之情形，可从三方面看：

（甲）战胜方面之情形

战胜之家族，耀武扬威，举行盛大之祝捷会。大家沽酒狂饮，歌唱舞蹈，庆祝胜利。战胜者占领了敌人之村落，烧杀抢掳。作战有功之白夷，获得主人之欢心与信任，借此可得到若干自由与利益。战争所得之战利品，如土地、牛、羊、粮食、娃子等，尽收为本家族所有。处理俘虏之办法，黑夷与白夷各有不同。

黑夷若被俘虏，则力求速死，绝无投降之事。倮族俗语，谓"真金不怕火，黑夷不怕杀"。充分表示着贵族之身份与勇敢。故被掳之黑夷，多数被杀。因此两家冤仇，更为加深。有些家族，对俘虏之黑夷，打鸡打牛，沽酒款待而释放之，然被掳之黑夷，绝不肯因此小利而丢失黑夷之体面，仍求速死或自杀。战胜之家族对此种固执之黑夷，亦有用绳绑起，送至其家以表示战胜者之宽宏，而获得社会上之赞扬。战败者对此义举，亦有因感动而解去冤仇，言归于好。至于白夷与娃子，本来被黑夷视为财产，被俘虏后，除去杀害之外，尚可令其投降，收为己有，成为自己之百姓与属民。有势力之白夷被俘后亦有求死不求生之表示。凡白夷被俘之后，用木枷锁着腿肢，行走不便，直至起誓投降后，始得卸去。虽经解放，然监督极严，故极难脱逃与叛离。妇女与比目被俘则不许杀害，如犯此例，则为社会共弃。

（乙）战败方面之情形

战败方面之家族则有逃亡或求和之二途。逃亡之家族，其房屋、田园、牛羊、娃子等财产，损失极大。忠心之娃子，当然随着主人逃亡，然亦有娃子见主人大势已去，即另投新主，作别家族之百姓者。黑夷被掳后，能生还者极少；娃子被掳，则可用银子向敌方赎回。战败求和之家族，对于敌方所受之损失，要负赔偿之责，对死亡者必须赔偿命债。总之：战败者所受之待遇，要以战胜者之意志为转移，条件往往异常苛刻。

（丙）议和之情形

某家与某家发生战争之消息，传播非常快捷，双方正在相持期间，亲戚间往往有人出面调停，奔走讲和。其第三者必为有势力之黑夷，或战争者双方均有关系之亲属。故调停者须持公正之态度。如因杀人而惹起之战祸，则调停者必须极审慎地裁判其应赔偿之命债，并应如何善后死者之家属。如果双方新结秦晋之好，而忽于庆祝会上发现双方祖先曾有冤仇，则亲属必先出面调停；如不成功，则最后由新妇亲出调停。平常战争，一经女子出面，亦必须停战，否则女子方面之家属，亦以为侮辱而参加攻击。战争双方，如一方有冤枉者，则请比目打羊赌咒，在阵前烧羊骨，对方见此情形，即立刻息战罢兵。如一方无斗志，有意求和，则备羊羔美酒至阵前犒赏敌军，以息战祸。媾和时之手续，双方先接受调停者之提议。双方集合于广场内，由比目主持钻皮饮血之仪式；先杀一牛，以牛皮架在木架上，盟誓者由牛皮下钻过，双方打鸡，饮血酒，立誓言，自此和好如初，不复互相仇杀；如有背誓行为，则必如牛同样而死。立誓言和之后，大家饮酒庆祝，自此而后，双方和好。如某家属经调停后而仍有寻仇之行为时，调停者认为该家属违背盟约，破坏和平，立即召集本家战士，参加被侵犯家族之阵线，共同作战，以制裁之。

三、结论——战争在边疆行政上之影响

倮族已粗具政治集团之雏形，有团结一致之家族观念，严格之奴隶制度，少数黑夷统制了大多数之白夷，且利用此种大多数之生产劳力，以建设其物质的生活。其财产之观念，集中于娃子、土地与家畜。故战争之发生，多由于财产之夺取或社会地位之争夺，挟嫌报复，世世不已。另从其心理方面之观察，倮倮恃勇好战，妄自尊大，记恨复仇之私情，亦为促成战争之因子。每因细故，惹起战祸。杀人放火，为国家法律所不及；而互相残杀，扰乱治安，自出政令，形同化外，更成为抗建时代民族团结之隐忧。倮族既为中华民国之一部，即当服从政府之一切法令，其自相残杀之"打冤家"，非仅为无意识之械斗，且足为民族精神之污点，边疆建设之大害，混淆国际视听，阻挠新政推行，盖莫此为甚矣。如何扩大其家族观念？如何充实其民族意识？如何改革其社会的与经济的组织？如何使之服从国家的法律，放弃其"打冤家"之恶习？实为罗族问题中最急宜解决者。新政推进，边疆建设，莫不基于此焉。

第一卷　第七、八期　1942 年 3 月

乌蛮统治阶级的内婚及其没落

闻　宥　杨汉先

世界各民族中，印度算为严行阶级内婚制的一个民族，我国唐朝时候云南的乌蛮也是如此，直到现在为止，此风依然还很盛行。阶级内婚制的成因多半与社会制度有密切关系，尤其是与不平衡的畸形社会制度发展有关，因为在这种情况之下，阶层相对的事实是最容易产生的。例如我国六朝时候的社会制度是一个好例，而且在这种社会制度之下便产生了极端的门第高下的区分，因之婚姻制度也受了严重的影响，这些阶层社会制度的成因很多，或是由于宗教信仰的不同，或是由于统治地位的悬殊，或是由于政教、军事等地位造成的统治与被统治的差异。

我国西南民族的历史自有记载以来，乌蛮这个种族就早有了阶级制度的痕迹，所以它的阶级内婚制的产生也就可以断定是相当的早了。例如《后汉书·西南夷传》谓："滇王者庄蹻之后也，元封二年武帝平之，以其地为益州郡……人俗豪忕，居官者皆富及累世。"由此可知贫富阶级世袭之风，在汉代早就有了。又《华阳国志》谓："分其羸弱配大姓，焦、雍、娄、爨、孟、量、毛、李为部曲，置五部都尉，……夷多刚狠，不宾大姓富豪，乃劝令出金帛，聘策恶夷为家部曲，得多者奕世袭官。"《大定县志·水西安氏本末》及《贵阳府志》"金竹土司"条皆谓："水西安氏之先有部曲，诸葛武侯封赏管治诸蛮夷。……"由以上可知西南夷有阶级制度是早在蜀汉以前，而自汉以后愈形发展起来。上文所谓的大姓豪族，多半都是统治阶级，他们领有土地权，领有军事权，领有政治权，在这里我们应该注意到的就是这种西南夷的经济情况是停滞在半牧畜半农业之间。因为《史记·西南夷列传》谓："自滇以北君长以什数，邛部最大，此皆魋结，耕田，有邑聚。其外，西自同师以东，北至叶榆，名为嶲、昆明，皆编发，随畜迁徙，毋常处，君长，地方可数千里。"隋唐以

前虽没有乌蛮这个名称，但其人种居地当为昆明附近，所以《史记》的
雟、昆明必是乌蛮种人。《后汉书·西南夷传》又谓："二十年进兵与栋
蚕等连战数月，皆破之，明年正月追至不韦，斩栋蚕帅凡首，虏七千余
人，得生口五千七百人，马三千匹，牛羊三万余头，诸夷悉平。"又《华
阳国志·南中志》谓："昭帝始元元年，益州廉头、姑缯等二十四县民
反，明年使大鸿胪田广明等大破之，斩首捕虏五万人，获畜产十万余头。"
可见西南夷在汉代还是大半过着牧畜的经济生活，这种半农耕半牧畜的经
济生活是最容易产生奴隶阶层制度的，因之乌蛮的阶级内婚制也可以推断
在这时候已经有了。

由历史上我们很可以获得一些乌蛮内婚事实，例如南诏野史谓："蒙
段二诏皆世为婚姻。"又《蛮书·名类第四》谓："麼些蛮在施蛮外，与
南诏为婚姻家，又与越析诏婚娅。"文中所谓世为婚姻的蒙段二诏及麼
些、南诏等，并非指其全部落的人互为婚姻，乃是指其统治者互为婚姻。
诸如此类的例子很多，譬如，《云南备征志·云南事略》说，东川、乌蒙
都同宗族，但婚姻之好，又乌蒙、芒部也世为婚姻，这些都是乌蛮阶级内
婚的好例证。因为这些乌蛮统治者自己以为门第高贵，所以不与其部落内
的被统治阶级为婚，只好与本部落以外的统治阶级通婚，可是统治者的人
数太少，同时又以地理遥隔的缘故，于是有世为婚姻的习俗，这种解释是
很合理的，是根据于事实，并非想象的。

乌蛮的阶级以现在的情形看来是有三层，第一层是统治阶级，也就是
贵族阶级，第二层是头目阶级，也就是中间阶级，第三层是被统治阶级，
也就是奴隶阶级。大约唐宋以来的情形略同于此。一个最显著的例子就是
水西安氏的本传，据《大定县志》说来，水西安氏的本支，到明末时候隶
有四十八头目，这些头目各分封有领土，头目以下便是百姓，小阶级之多
固然不止三种，即如像印度的四个大阶级里边又各自有其小阶级。不过
大阶级是不会很多的，所以可说乌蛮在唐宋时期大约也只有三种或四种阶
层。譬如以现在川滇黔间的㑩民看来，他们分有土目、黑夷、白夷三种阶
层，这三种阶层在各个地方差不多是一样。由此我们可以推想到数百年以
前的情形是不会相差很远。（以上所举三种阶层以外，在明以前应该还有
最高的宣慰使一类阶级，但是到清朝时候完全消灭了。）

乌蛮阶级区分最严的时代是在唐宋元时期，所以其内婚制也盛行于这

个时候，例如《贵阳府志·土司传》谓："牂牁谢氏部落，其族不育女，自以为高姓不可以嫁人，"又《滇系》也说："武定贼张世臣与东川、乌蒙有婚姻之好"，这些事例都指元明以前而言，如果我们由民间去收集这一类的材料也有不少。例如今日罗民里边说到"宣慰使"（指水西安氏）婚嫁的事，还多谈及派佚遣役越年不还的苛虐，这都是统治者与本部落以外的统治者通婚，而路程甚是遥远，致使老百姓受其征遣的反映。

水西安氏繁殖以后，其后裔分封在布勒（安顺一带）、乌撒（威宁一带）、（镇雄一带）芒部，同罗甸（罗斛一带）各地，但是后来又彼此通婚，这更足以证明是阶级内婚制的结果。就像古代的埃及与秘鲁，在国君找不到相当门第的配偶时，只好从最亲近的血缘里去找一样，例如《滇系》说："水西与乌撒蛮同出一支，然不禁婚娶"，更可得知其梗概了。

乌蛮的阶级内婚，到明清之际算是已渐没落。这是有好多方面的原因。第一个原因：自元代以来，乌蛮开始内附，于是与内地接触的机会愈多，各方面文物的熏染已是不少，许多社会阶层间的礼教渐有崩溃的趋势，于是从前的严格阶级内婚制也渐趋松缓。第二个原因，这是算为最重要的原因，就是叛乱与征剿。乌蛮叛乱的事件，我们打开历史一看，要算明清时代最多，每次朝廷调兵遣将，所耗人力物力，至堪惊人，在这种环境之下，乌蛮的阶级制度当然受了不少的影响。例如水西、乌撒、乌蒙、东川、芒部，都是明清时代较大的乌蛮部落，可是这时候这些部落全无安宁之日，他们为对付外来的共同患难，于是不能不联合起来，□能达到真正的联合，于是各部落内部的阶级制度不能不有所破除，由之阶级内婚制也有所松缓，不过这是一时性的，是一部分的崩溃，并非整个的崩溃，所以叛乱完了以后，又渐自恢复其原来状态。

乌蛮阶级严格区分的结果，许多统治者是不愿与被统治者通婚，然而统治者的人口则始终有所限制，并且是渐趋减少，这是很显明的一件事，因为在唐宋时期，每一个大部落包含有许多小部落，这些大部落的产生，一方面是用兵力统一的结果，但是一方面是由小部落自动地推举出来的。这个大部落就像盟主一样，大家有什么共同利害关系的事件，便由这个大部落来招集商讨对付的策略，这个大部落历史上称为"鬼主"。例如《贵阳府志·土司传》里述金竹土司道："西南俗尚鬼，岁时必聚部落以祭鬼，推其雄长者为鬼主，"又《蛮书·名类四》说："滋生崇道，理曲轭川，为两爨大鬼主"。水西安氏世为诸乌蛮部落鬼主，这是一个好例，他在汉末时候不过是大姓，是豪族，到唐宋便一跃而为盟主，为鬼主。所以唐宋以前小部落存在的时代，虽严行阶级内婚制，然而统治者人口尚多，所以没有很严重的问题，到唐宋以来，统治者门第越高，人口愈少，配偶因之成问题，尤其是元明以来更形穷蹙。例如水西安氏到元明时屡受册封为宣慰使，因之其独尊的地位观念愈强，遂有帝王世纪等历史的产生，而婚姻范围简直缩小到同宗兄弟姊妹互为配偶的境地来了。《滇系》里也说到的，"乌撒土官安效良娶水西女不相得，水西攻之。"前文已经说过，乌撒是水西的后裔，是同支系同宗族的，依照民族学的术语说来都是"同胞"，是被禁为婚配的，然而因为婚配上没有适合的门第，所以只好彼此通婚。此外如像东川、乌蒙，虽是同出一支，但也常有婚姻的事件产生，芒部与水西也是如此，其余如像武定禄劝的凤氏也是与东川有婚事。在这里要说一句补充的话，这些统治者彼此有的虽不是"同胞"一类的亲属，但是交换婚的代数实在相当的多，所以历史上名之为"世为婚姻之家"，就是这个意思。结果当然血缘是非常亲密的了。

如上所述，唐宋以前乌蛮小部落存在尚多，所以统治者的婚配范围也大，因之其血统也比较疏远，自明清以来情形是相反了，部落数目已经减少，门第高的统治者则门第越高，被统治者的门第则愈形低落，仅存的少数统治者的人口使他们的婚配范围缩小到不可以想象，结果血缘愈趋亲近，人口死亡愈多。再一方面，统治者隔绝遥远也是造成近亲婚配的重要原因，譬如明清以来乌蛮的统治阶级只有水西、乌蒙、乌撒、芒部、东川等部，他们彼此相去自数百里至千里以外，在这种境况之下，便是乌蛮阶级内婚没落的开始。

近亲婚配的结果，优生上发生了极严重的问题，这就是人口死亡的激增，简直有时候这些统治者的人口，在极短的时期中，由一家以至于一族的全体绝亡，这是有事实可以证明的。例如乌撒到明末时候没有继嗣，所以由水西承继，又镇雄土知府也有同样的情形。在《明史·土司传》里说道："镇雄土知府鹤书原名阿卜……五传而陇氏正支斩矣，水西安尧臣赘于禄，欲奄有之。"此外乌蛮统治阶级又严重地受着征剿的影响，不独少数人生活不安定，而且还掀起了不少的社会变动。千余年以来被压迫者的痛苦，才趁此机会稍作解放。到雍正时候，实行改土归流，水西、乌撒相继而亡。这种改土归流之举，一方面是由于清廷的策划，但实际上这些统治者也是无人承嗣了，过去承嗣的人，不知道已经有过不少是冒充与阴谋的结果。水西亡后仅存的是四十八头目，与十五火头等形式上的名位而已，乌撒则由他的头目占据成为八大头目，不久乌蒙、东川、芒部，也以绝嗣归流。不过这时候又新产生了一种阶层，这就是现在民间所谓的土目，这是因为乌蛮统治阶层亡绝后，以下的头目瓜分其家产所形成的，而政府对这件事的处理，以因历年用兵，民不聊生，亟待休息，也就只好采这种暂时安定的办法，以待来日的良策。

新阶层产生了以后，渐渐地他们又一跃而为统治阶层，虽然在政治、军事上政府已经禁止其发展与干涉，但是经济上他们是占有优越地位的，他们自视为贵族，不与低层阶级往来，于是就不与低层阶级通婚。这种情形在滇黔是很普遍的。清末到现在为止，乌蛮中的统治阶级多半就是一般所谓土司，但是土司不一定完全都是乌蛮种，现在这些统治阶级依然是严行阶级内婚制，其趋势与明末的水西、乌撒、土蒙、芒部、东川的没落相去已经不远，其原因固然很多，但是其中最重要的一个是阶级内婚过严，种族血缘过亲，人口死亡过甚，每至一家一族尽绝，而且因为婚配的对偶不易觅得，所以统治者彼此间容易发生不正常的摩擦，结果只有加快他们灭亡的时日。

最后要述的一件事，便是乌蛮统治者所采取的对阶级内婚问题的补救方策。《南诏野史》"后理国"条述肃文太上皇帝道："梁太祖开平四年即位，年二十一岁，改元孝治……十二月求婚，南汉以增城公主妻之"；又"广明元年，唐命少卿李龟年以宗室女为安化长公主，与南诏和亲。"这类乌蛮统治者与汉族帝王宗室婚姻的事，搜集起来也很不少。如上引文所说的，一方面固然朝廷为和而亲，但乌蛮在实际上也很感觉这种需要。到了明清之际，这类事体仍然不少。因为这些统治者始终不愿意降低其门第，与本部落内的被统治者为婚，而统治者本身的人口则少到不可以配婚，最后的补救途径就是向内地人求婚，唯婚求的配偶是限于娶内地人的女子配其男子，而本族的女子则始终不可外嫁，即是前文所谓："自以为高姓女子不嫁人"的自尊观念。虽然清代的陈鼎在滇东赘婚，但这是从妻而居，是偶然的例外，他始终只被认为一个客人罢了。

乌蛮统治者娶内地人女子为妻的习俗，到清末民国以来最为盛行。其至非统治者而只有点经济能力的人都有此举。内地人中把女子嫁与乌蛮为妻的人也觉得很荣幸，一方面是自己的门第提高了，再一方面可以获得不少的银钱。但是经此补救以后，乌蛮统治者的人口繁殖仍然有限，简直只有减而无增。以目前的情势看来，已经到了途穷日暮的境地了，而结果将与水西、乌撒等同归一辙，殆无可疑。

第二卷　第十一、十二期　1943 年 12 月

西南几种宗族的婚姻范围

杨汉先

据我们所知道，每一种不同名称的苗族各自为内婚群，可是有的地方又不一定如此，并且我们如果仔细地考察他们的历史，常发现内婚范围并没有一定的标准。一个很好的例子，滇黔川三省交界的木梳苗、白苗、花苗，这三种苗族现在都各自为内婚群，然而从历史上考察起来，他们彼此并没有内婚的限制，如果从旁的风俗习惯来看，也并无如何的差异，可是目前他们的语言倒是有了差异，其差异的程度往往是超出会话不能传达意志以上。所以简单说来，这三种苗族的内婚范围是不十分固定的，又不受其余风俗习惯的限制（实际上他们的风习多半相同），而常常是与语言并行，既是受语言的限制，也可以说是受着地域的限制。像这种情形可以普遍地在其余各种苗族里边发现，即是瑶人也没有多大的差异。

苗族有很多种名，构成这些种名主要的原因，要说是由于衣饰习俗差异的话，倒不如说是由于语言的差异还要来得正确些。目前各种苗族的婚姻范围似乎与种名无关，而常是与语言成并行，所谓婚姻范围有内婚外婚两方面，因语言差异所构成的婚姻范围是指内婚这一方面，可以说各地苗族都有同一的趋势，虽然也有偶然的例外，但是仍属少数。例如贵阳一带的花苗与青苗，过去并无什么往还，也不通婚，但是近年来渐渐发生通婚的事例。不过这些通婚的青苗、花苗，因为近来居住接近，而语言已经趋于一致，至少是在通常会话中可以传达意志。再如鳊山的长裙苗、短裙苗，安顺的坝苗、青苗、水西苗，大定毕节的木梳苗、小花苗，镇雄的白苗、花苗，这些种苗都是各自为内婚群，可是在两个或三个群散居错处的境地上所发生的例外就不少，而这些地方则往往是语言渐趋相同。再举一个例子，各苗中以白苗语的领域较为广泛，同时他们的婚姻范围也较别种苗为广泛，即是他们与其他种苗发生通婚的机会比较多。我们曾经发现滇南蒙自开化的苗人，与川南的白苗是有通婚关系的，他们的语言相同，是白苗语，而两者相距则远在一千八百里左右。

至于徭人的婚姻也与此相似，因为各徭的语言不十分相同，在传达意志上常感困难，婚姻也因之而受限制。此外因经济意识所受的婚姻限制也有几分。例如花篮瑶大多数是小地主，长毛瑶则大多数是佃农，他们彼此并不通婚，不过主要的原因还是语言不十分相似，叫他们无从接近。总括一句来说，苗瑶的内婚范围常是受语言的限制，而语言异同程度的标准，是以通常会话能够传达意志为起码，并非指语言学上的标准。由于这样我们有了一个很好的反证，就是仲家的内婚范围往往是比苗族大得多，可是以语言比较起来，各种仲语差异的程度确也比苗语小得多。譬如广西、贵州、云南的仲族，虽是分布在这样广的地域上，但是语言的差异上，大多数彼此还可以会话，所以他们的内婚群，比起每每缩小到千人以内范围的苗瑶是大有所不同的。

仲族的内婚范围大约与苗瑶相似，其所不同之处，正如前文述的，只是因语言差异程度小而加大其范围罢了，在此已无赘述的必要。现在我们应该进而讨论的，是夷族（即倮族，以下同）的内婚情形了。世界上阶级内婚最严的民族，恐怕要首推印度，而夷族在我国各民族中，要算为行阶级内婚制最严的一个。关于这种材料，无论是历史上的，或目前事实上的都可以说很多，历史上的资料，自唐代以后最为显明，例如《新唐书》常言："东谢自以为高姓，女不可下嫁"。所谓东谢，即水西的旁支，是属于夷族。又《南诏野史》谓："蒙氏与乌蛮世有婚姻之好"。所谓婚姻之好，并非指一般平民而言，实际上是指统治阶级间的婚姻而言。其他的《云南通志》所载："武定凤氏与东川禄氏"，"乌蛮禄氏与镇雄陇氏"等，皆"世为婚姻之家"。这完全证明是阶级内婚的制度。就只由一般民间的传说看来，已足证明夷族阶级内婚制是行得很严的。夷族的阶级可以说是有四个，即是土司、黑夷、白夷与奴隶，所以他们的内婚范围也根据于此，不过最严的还是土司、黑夷、两个阶级，白夷与奴隶，有时候还可以松缓一点。（夷族的阶级情形，滇黔两者与川南凉山略有不同，因为滇黔是与汉人有过多年的接触，而凉山在过去是绝少与汉人发生关系的。）

关于夷族阶级内婚的内容，不妨在此赘一二言。通常讲来阶级内婚制常是盛行于门第观念很深的民族，而门第观念大多是由政治、经济、宗教等特殊地位所构成，根据这个原则看来，夷族是属于前两者。在明清以前，也许政治重于经济，例如水西安氏之世为宣慰使，其下分属十二宗亲、四十八头目，那种各有封地自为部落的情形，是很富于政治意味的。再如南诏各诏统治阶级世袭的情况，由《南诏野史》一书看来也是如此。可是清代康雍以后，改土归流的渐多，有许多贵族已失去其统治地位，然而其阶级内婚仍是很严。这种缘由则完全是基于经济地位，财产承继的传统观念，因而目前的情形，尽管他们的文化是怎样地受着时代的影响，可是婚姻仍然是保有旧日的制度，这种情形尤其显然地存在于稍有土地财产的人家中。反之，白夷与奴隶这两种阶级的内婚制，近年来已经松缓得多，但是他们自己也并无什么不动产，往往是处于佃农或奴隶等的地位，这自然是用不着什么财产保有或承继的要求。

现在要进而讨论的是外婚的情形，外婚范围在苗族是各地有所不同。接近黔中的青苗、花苗，都是同姓不婚，但是地域观念的存在也并不是没有，例如青岩的花苗、青苗，是必须往外村寻觅配偶，即是平时男女青年的关系，在本村通常是被禁止的。至于安顺、水城一带的坝苗、青苗、水西苗，则多是同姓不婚。大定、毕节、镇雄的各苗，以及云南、武定、嵩明的山头苗、花苗，也是如此。据我们的调查，木梳苗、小花苗、大花苗、白苗，都各自有土语姓氏，这些姓氏名称虽有不同，但显然是有同出一源的可能。各苗的姓氏数目不同，木梳苗现有的是九个，小花苗略少；大花苗是八个，云南、嵩明、武定诸苗的六个，白苗因为汉化程度较深，所以多了几个。以上各苗的外婚群的多少，多半与姓氏相等，其中有极少数的变化，那是由于特殊情形引起的结果，而这种特殊情形，多半是在祭祀方面，其他是否另用别种意义，那是还不得而知，不过各苗都普遍有这种现象。例如水西苗的 qa Chai 与 qa do 两姓的人是没有婚姻的关系，又织金一带的山地苗也发现有 qao do 与 qao ta qao mo 不通婚，此外滇、黔间的花苗也有 tlu 一姓与 tla 一姓不通婚，但是后者据说是有祭祀的禁忌在里边，因为他们都与某种动物有关，这种动物是在祭祀时共同用为牺牲的。这些外婚单位称呼，不妨在此一提，木梳苗称为 qa，小花苗称为 qou，大花苗称为 hmao hsi。云南、嵩明、武定诸苗，同前两者，但有些地方也用大花苗的称呼。滇南蒙自、开化，与川南的白苗多已汉化，所以称为 Chia，这与汉语的"家"很相似。各苗的一个共同特点，就是姨表弟兄，姊妹，也当同胞一样地看待，有些地方近年因受外来影响，所以略有变更，但由亲属称谓看来，完全可以证明已往的姊妹的子女是被禁止为婚配的。仲族的外姻也以姓氏为范围，有少数地方则加以地域的限制，其实他们多是集族而居，所以一个村寨每每都是同姓，很自然地同一个地方的人就没有婚姻关系。至于夷族的外婚群，他们称为 Hui tu。Hui tu 是一种外婚单位，而不是姓氏，因为夷民是有名无姓的民族，父子连名并不传姓，所以姓是无从而定。虽然，可是其族系的区别是有的，所以外婚群单位是根据于此，即是同一 Hui tu 的人都不通婚，不同 Hui tu 人就可以通婚。这里所谓的 Hui tu，与汉姓并无如何关系；所以同一 Hui tu 的人不一定同一汉姓，反之同一汉姓而异 Hui tu 的人家也很多，因此汉人每见夷族中有同姓通婚的便认为不伦，殊不知他们另有其外婚的规定，那是为一般外人所不知道的。

在这里我们可以略提一下，关于夷民中贵族外婚范围的情形。前文已经述过夷族中的贵族是严行阶级内婚制。不错，尤其是最高贵的人家，这种现象愈为显然，可是高贵的人家其人口则非常的有限，所以要依这种规定去觅找对偶是一件极不易的事，而在本族中比自己低的阶级他们又不愿意，所以常常发生婚配恐慌的事，结果的一个补救办法，便是与汉人通婚，不过这是限于娶汉人女子为妻，至于自己的女子是绝少嫁与汉人的。这种例子早就见之唐代以前，如像《新唐书》中记化成（安化，编者注）公主之嫁于南诏等都是。明、清以下这些例子渐多，不过所取的汉族女子并不像以前一样的贵族式罢了。从其他方面看来，这些贵族往往因为觅找配偶困难，而又发生其余的变态，这就是超出以 Hui tu 为规定的外婚范围以外。例如一个男子，有时候以地域的关系，不能在汉人中觅找婚配，而本族中又无适当门第，结果只好在血统较亲的族人中觅找，所以这样的外婚完全成了无规定状态，虽说在理论上他们是以 Hui tu 为范围。

瑶人的外婚也有种种的不同，有的瑶人在同一姓氏当中分为可以通婚的几个系别，但是如果根究这种来源，其原因大半是由于人口减少，婚配发生困难的缘故，所以从一般习惯上看起来，仍是以姓氏为外婚单位的居多。

7 月 8 日于成都

第三卷　第六期　1944 年 6 月

再论藏缅族的父子连名制

罗莘田

本年三月间，我曾在南开大学文科研究所边疆人文室编印的《边疆人文》半月刊第一卷第三、四期上发表了一篇《论藏缅族的父子连名制》，那篇文章的英文译稿也已经编入印度孟加拉亚细亚学会的第一百六十周年纪念刊了。最近又继续得到一点儿新材料，所以补充前文，复成此篇。

所谓藏缅族是指着操藏缅系语言的宗族来说，它的主要支派，约举如下：

甲、倮倮支——倮倮，窝泥，粟粟，倮黑，阿卡等属之。

乙、西番支——西番，麽些，怒子，俅子等属之。

丙、藏人支——古宗属之。

丁、缅人支——茶山，浪速，阿繁，阿昌属之。

戊、山头支——山头属之。

所谓父子连名制是这一族的一个文化特征，它的办法是父亲名字末一个或末两个音节常和儿子名字的前一个或前两个音节相同。它的方式，大约有下面几种：

一、甲乙丙——丙丁戊——丁戊己——己庚辛

例如：恩亭糯——糯笨培——笨培呙——呙高岁

二、甲口乙——乙口丙——丙口丁——丁口戊（口代表相同的嵌音）

例如：袭亚陇——陇亚告——告亚守——守亚美

三、甲乙丙丁——丙丁戊己——戊己庚辛——庚辛壬癸

例如：一尊老勺——老勺渎在——渎在阿宗——阿宗一卫

四、口甲口乙——口乙口丙——口丙口丁——口丁口戊

例如：阿琮阿良——阿良阿胡——阿胡阿烈——阿烈阿甲

在各支派里虽然不免有小的参差，大体上很少超越这几种方式以外。

这种制度颇和民间文艺里的"顶针续麻"体类似。例如，元马致远《汉宫秋》杂剧第三折"梅花酒"一支里：

……他部从入穷荒，我銮舆返咸阳。返咸阳，过宫墙，过宫墙，绕回廊；绕回廊，近椒房；近椒房，月昏黄；月昏黄，夜生凉；夜生凉，泣寒蛩；泣寒蛩，绿纱窗；绿纱窗，不思量？

紧接着下一支的"收江南"也有两句是顶上文来的：

呀！不思量除是铁心肠，铁心肠也愁泪滴千行。

还有郑德辉《㑇梅香》杂剧第一折"赚煞"，也用这一体：

你道信步出兰庭，庭院悄人初静，静听是单琴的那生。生猜咱无情似有情，情知暗甚意来听。听沉罢过初更，更阑也休得消停。停，待甚忙，将那脚步儿行，行过那梧桐树儿边金井，井阑边把身躯儿掩映，映着我这影儿呵，好着我嫌杀月儿明，

前一例顶上句三字，后一例顶上句一字，都可以和上面的四种方式参照。

这种制度的主要功能是在帮助记忆。具有这种文化特征的宗族大都没有文字记载，即使有文字也不是日常应用的，有了这种顶针续麻式的连名制，便容易背诵得多了。其次，因为容易记忆，每个人便可以把他祖先的名字从始祖到自己都记在心里，借此可以知道凡是能推溯到同一始祖的都是同族的人，并且从这承先启后的链索，还可以分辨世次，像汉人宗谱里的字派一样，这在种姓辨别上是至关重要的。

我在前篇文章里，共计收了缅人支三例，西番支二例，倮倮支五例；所赅括的支派计有缅人、茶山、么些、倮倮、阿卡五个宗族；分布的地域自云南的片马、噶夏、丽江、武定、孟遮、孟连、南达缅甸，北到贵州的水西和四川的冕宁。最近又承大理喜洲华中大学中国文学系主任傅君懋勣给我寄来西康倮族大支阿合和罗洪两氏的家谱，他们的世系也完全采用连名制。傅君自民国二十八年在北京大学毕业后，就专门从事藏缅系语言的研究，所著有《蒙自附近的一种倮语》《维西麽些语研究》《川西羌语的初步分析》《昆明附近的利波语》等，分别在《历史语言研究所人类学集刊》《华西大学中国文化研究所集刊》《华中大学西南边疆研究报告》等刊物发表。因为他是我亲手训练出来的，我承认他所记录的材料和我自己

所收获的同样可信，所以我愿意在这里把他发表出来以充实前文：

（甲）阿合家谱

（乙）罗洪家谱

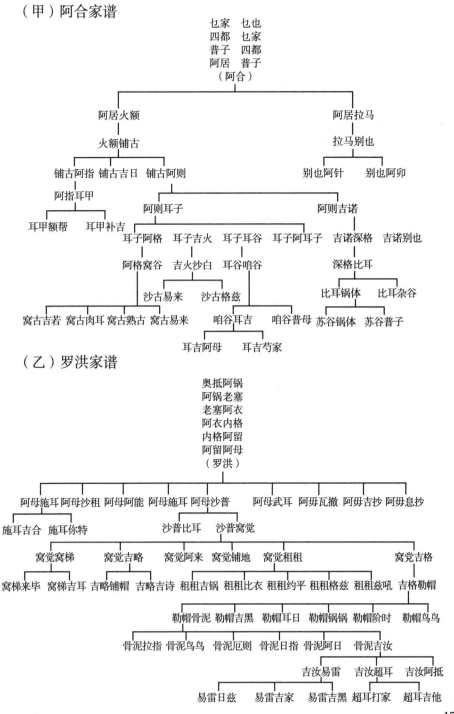

以上两个家谱是傅君根据阿合、罗洪两家后裔口头背诵先以倮文记录，然后再译成汉字的。在这印刷困难的时代不单倮文和精确的音标无法印刷，就连傅君原稿上有些加口字旁的字，我也暂时把它删去了。

在川滇黔三省以外，我们现在又得到这种从西康得到的可贵材料，我还希望有声应气求的朋友像磁石引铁似的能够源源不绝地继续供给我在这两篇文章里还没发现的其他各支的材料。

这篇文章刚写完，复成张征东先生从维西新生活服务站寄来一条材料，原文见《云南备征志》第十九卷《云龙记往》中的《罗夷传》：

先是夷族无姓氏，阿苗生四子始以父名为姓：长苗难，次苗丹，次苗委，次苗跖。苗丹子五人：曰丹夏、丹梯、丹鸟、丹邓、丹谱。五子中惟丹夏有子夏登。

照这条材料看起来，显然也是属于父子连名制的。不过，原书所谓摆夷传应该是僰夷或白夷的错误，也就是白子或民家。因为我在第一篇文章里已经说明泰族没有这种文化特征，而且从现代民族的分布来讲，云龙也只有白子而没有摆夷，所以我才敢有上边的断定。如果我所断定的不错，那么，拿这条材料和"大中国"高氏智升——升泰——泰明——明清，以及他的后裔姚安府土同知高崟映——映厚——厚德等一家的世系来比较，我们对于民家的族属问题，似乎更可以得到解决的光明了。

1933 年 7 月 24 日，补识于点苍山麓

第三卷　第九期　1944 年 9 月

云南澄江倮倮的祖先崇拜

雷金流

本文系拙作《云南澄江松子园罗罗社会组织》一书（稿本）第三章"家庭"第四节。民国二十八年四月至五月调查，七月脱稿，三十二年冬改订。

人类以为人死之后，还有一个鬼魂杂居人间，或栖附于别的物体，或独立存在，而自由来往于此世界或别个世界的各处。他不时滞留于其生时住所的附近，或尸体的所在地，以其比生时具有较高的势力，来作福于人或为祸于人。人们既畏惧他的崇祸，而又期待他的赐福；为了要达到"避祸"和"获福"的目的，自然就发生死人的鬼魂崇拜。在消极方面，敬而远之，禁忌或避免与之接近；在积极方面，却努力来运用理智思想，以各种象征和接触的方法，求使和他保持关系。人们与其祖先，即"亲"与"子"，亲谊的密切，非他人可比。这种生时的关系，死后必是继续存在。亲老生前是对儿女"惩罚"和"护卫"最切的人，死后必也是对子孙"为祸"和"作福"最烈的鬼。人类普遍地存有这种观念，于是祖先崇拜（Ancestor Worship）便成为鬼魂崇拜中特别发达的一种。

云南倮倮笃信鬼灵。该省《通志》引《楚雄志》：

> 亲死既葬，遇有疾，即谓父母作祟。开冢取骨而视之，以验吉凶。

便是其中一例，澄江松子园倮倮对鬼灵和祖先的崇拜，存有这样的一个观念：一个人死了之后，他的鬼魂还在冥冥中监察子孙的行为，视其善恶孝顺不肖，而施与"作福"或"加祸"的报应。他们家家户户，都供奉三代祖宗的神位和被认为是祖先的金竹爷爷和松树爷爷。近二十多年来，受了汉俗的潜化，有人已在家堂里添上"天地君亲师"诸神位，对于原有的祖先崇拜，已经随着时代的转移，社会的变化而渐渐地发生改易了。

一、丧葬礼俗

丧葬礼俗的各部分与祖先崇拜有互相牵连而不可分的关系，把他们来分析，每能帮助我们了解祖先崇拜的各方面。兹就病亡、出葬、尸体处置、坟墓和守孝五点分述如下。

（一）病亡

一个人患了病，没有医药。他们相信疾病的发生，是源于鬼神的作祟，只要把鬼魔除去，疾病就好了。所以他们若是有病，就请巫师到来禳祷，驱除病魔。较重的病，经过多次的被禳，而病症还不见痊愈的话，病者的或生或死，总是任其自然，听诸天命的了！据《云南通志》称：

病不医药，用"必磨"翻书扣算病者生年及获病日期，注有牛羊猪鸡等畜，即照所注祀祝之。（黑罗罗）

同书又称：

病无医药，用夷巫禳之。（东爨蛮）

是知病无医药，用巫师祓除之，原是罗罗治理病症的方法。近十几年，松子园的"必磨"（即"毕摩"，编者注。后同）失传，没有巫师可邀。澄江西医生段信吾氏，与村里人感情甚洽，彼此间不时有来往，遇着段氏光临，他们晓得请他诊视施药。可见他们对于疾病的来源，无形中已另生一种新见解。但段氏不常来，到澄江去求医药吗？却因山岭崎岖，路途遥远，来往不易。染有疾病，还是听天由命，等候痊愈或死神来临的人居大多数呢！死亡快到的时候，把他由住房移出中堂，替他穿上寿衣，等待他的死。及死，得通知亲族和邻里来帮忙，料理一切身后处置的事宜。死者若是一个妇人，并须通知她的母家；不然，就会遭受她外家的怪责了。

（二）出葬

一个老人死了，主家延巫师或到澄江城里请"阴阳家"就死者死后二三天内，择定发丧的时日。时日定了，通知村人。同村的人，每家例派出一个年青的男子，帮忙主家料理出丧事宜，担任扛抬尸体或棺材，搭柴架等工作。村里比较死者年青的人，都来烧香祭奠，送葬。出葬的时候，由一个道士和两个涂着鬼脸穿着怪装的"魔鬼"：一个男鬼，一个女怪，领着几个扮演别的鬼怪的人，击着鼓，奏着乐，在前面引道。这一套把戏，他们叫作"送阴灯"。走到半路，鼓停乐止了，扮鬼怪妖魔的人，也就此中止前行。送葬的妇女，此时也多把孝服除去，就地歇息。其余的人，则送至烧人场或坟地为止。死者若然是一个没有后裔的老人，通常没有人去送葬，其葬礼十分冷淡。中年以下的人死了，若是他曾经生男育女，有了继承的后代，他的葬礼就和有后代的老人相同。死的人，不论是老的或中年的，假若他的父母还在人世，他的尸体，照例不准停留在家里，而必须立刻就发葬了。年纪较大的小孩夭殇，或是未成年的死亡，因为没有后代晚辈，通常不举行何种仪式，而仅以草席包裹起来，拿去焚尸或埋在土中。未满一岁的婴儿折殇了，就把他挂在坟场附近的树枝上，经过阳光的暴晒，雨水的淋漓，飞鸟的啄食，不久以后，他就消灭了。

（三）尸体处置

人类处置尸体的方法，约有（1）土葬，（2）火葬，（3）水葬，（4）天葬，和（5）防腐葬五种。松子园罗罗对尸首的处置，先采用火葬，然后把骨灰埋在地土里面，是火葬、土葬二法同时兼用。距离村场东北边，约一华里许的山地上，有一块地叫作"烧人场"。村人死后，依葬礼抬到这里来焚烧。焚尸的方法，是以木枝把四边架起，积高三四尺时，再把木枝纵横排列于木架上，然后把尸体扛上去，由死者的兄弟或亲族从架底下升火焚烧。如果尸体不能着火，便认为是鬼魂的作祟，并因此而影响到死者的转生，孝子即须跪在尸架前面，说些好话安慰的语言，祝求早点燃着。焚毕，拾骨灰放在一个四方形的小石穴或小木箱里，并埋在地土里。

火葬，是罗罗处置尸首的通行方法。据《云南通志》所载，各地罗罗大都有火葬的风俗。如：

死以豹皮裹尸而焚之，葬其骨于山。非骨肉，莫知其处。（爨蛮）

葬，贵者裹皋比，贱者以羊皮，焚诸野而弃其灰。（黑罗罗）

《东川府志》称：

葬以火，缚尸如猿猴，使人踊跃火上助喝。其长死，使骑挟弓弩，周围驰骋，名揽魂马。祭祀则捣牲畜心肝于竹杪，尸旁歌舞，孝子受贺，孝妇衣彩。燔毕，拣纳严器悬屋中，或送入鬼洞。近亦渐习殡殓。

这种记载，虽然略不相同，而火葬则一。人死葬之以火，他们以为含有两种意思：一是燃死恶魔妖鬼，以免它再次作祟别人；另一是人死可以轮回转生，死人来世托生，将如火化的容易。

　　近几十年来，松子园罗罗，渐习于汉化，多数已改用棺材盛尸，直接埋于泥土里。只有因染麻风、肺痨、毒疮和妇女生产而致死的人，必须用火焚尸，他们有一种见解，以为由麻风诸病症而死的，可以借着"火"的力量把致病的来源消灭。因生育而死的妇女，如不用火焚烧，她的尸身不易腐烂，日久就会变成妖精，为害人畜。

　　（四）坟墓

　　尸首焚烧之后，把骨灰埋在地中，堆成坟墓。坟墓的形状，是一堆圆形而隆起的黄土，上面生了青草以后，就像一个倒覆了的杯。三代以内的祖坟，每年春冬二祭，他们自从受了汉人的影响，坟墓的构造，渐有采用汉人山坟的形式。比较富裕的李家，其祖坟修筑得十分庄煌，墓前竖立石碑，石碑上刻有汉字碑文。从下面例一、例二：

　　例一：

祖　德

向　改崇光照弈叶丁山癸

皇清待赠

　　　姚考

　　　李公　诲德

　　　李氏　之墓

宣统三年三月初三日奉祀孙李浩

曾孙万福敬立

孙枝衍庆秀起松蕃

例二：

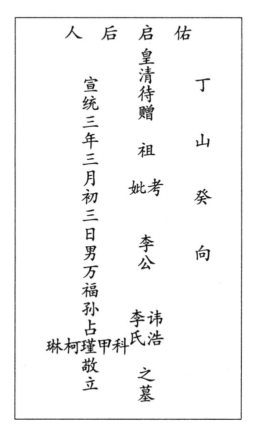

看来，便知他们已是怎样的去模仿汉化的了。

（五）守孝

丧事期内，死者后代和幼辈，有须守孝的习俗。守孝的期限，依亲属关系的亲疏而别长短。儿女通常是三十五天，五七期满之后，便可解除孝服。男孙女孙，弟妹和侄子则守孝七天。一说儿女媳妇均须守孝一百天，孙侄弟妹七天。若夫妇之间，不论是夫死抑或是妇死，彼此均不用守孝。在守孝期间内，守孝的人，避忌和别人发生吵闹和争执。

二、祖先的祀奉

一个死人出葬以后，便在家堂里设立"灵位"，受子孙们来供祀，但能够在家里设灵位的祖先，通常只限于最近三代。三代以外的祖先，他们用"金竹枝"和"松树毛"来代表，用汉人的习俗来说，这些"金竹枝"和"松树毛"，就如同我们祖神牌上写着"某门历代祖宗之神位"一样，据说：松树毛爷，叫作 a tsa po，是他们的始祖；金竹爷爷叫作 a tsa pal lo nop'a am，是他们的老太祖，意思即是 a tsa po 的父亲。

若然一个家庭新死了人，即添了新灵位。此时，他们就延巫师把原来在家师供奉着而最老一代的神位，送往祀奉 a tsa po 神而其地叫作"民址"的场所。

松子园全村三十七户中，姜文才一家，因为来自汉化更深的大湾村，家堂里没有神主灵牌，灵牌的内外两层的文字如左：

（其一）牌面：待赠顺寿显考姜讳国尔府君之神主

孝男姜文星

（其二）牌面：清待赠闰评孺人享年七十三岁毕氏府君之神主

泣血孝孙姜国喜

牌内：生于道光癸未年吉月吉日巳时受终

卒于光绪壬辰年四月初四日巳时分故

姜家以外，其余三十六家，都是用三枝纸旗，代表三代。用一枝红羽纱布或彩色纸卷包着的竹枝，代表一个祖先神位。一家三代祖先的神位，便是这样的六根竹枝，从左而右，分别高低，依代次一级一级地贴在墙上（如图）。这些神位他们叫作 no p`a a m 或简称 a m，汉义是祖宗的意思。

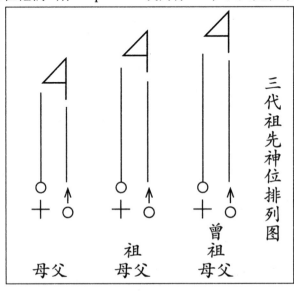

三代祖先神位排列图

祖宗灵位，是由巫师于焚尸后取一点死者的骨灰，包在竹枝里面而做成的。他们相信这枝"竹枝"经过这种巫术的接触之后，其祖先的灵魂便会寄附于"他"了。

通常，祖先的神位供在中堂正墙的左端。有些人家，却把他们挂在那漆黑而多烟灰的火灶墙上。后来我查出：他们祖先神位的所在地，以前原是在厨房里的黑暗处，后来罗、汉人的关系密切了，彼此来往的机会也多了，汉化影响的结果，就渐渐把祖宗神位移到中堂里来。

据《云南通志》引载《宣威州志》称：

死则覆以裙毡，罩以锦缎。不用棺木，……三五七举而焚之于山，以竹叶草根，用"必磨"，因裹以锦，缠以彩绒，置竹筒中，插篾篮内，供于屋深暗处。三年，附于祖。（黑罗罗）

又据《皇清职贡图》称：

葬无棺，缚以火麻……焚之于山。既焚，鸣金执旗，招其魂，以竹签裹絮少许，置小篾笼，悬生者床间。（白罗罗）

是知用竹枝或竹筒来作祖先灵位的习俗，相信"竹"是祖先灵魂的寄附物的观念，不单是澄江附近罗罗所独有，而似乎是很普遍地存在于云南各地罗罗的社会中。

三、金竹爷爷

自认"金竹"是他们的老太祖，这是多么怪诞！"竹枝"是祖先灵魂的寄附物，这也是近于鬼话！"六条竹枝"便是自己的祖宗三代，这也属于胡说。但是，一种已经普遍的风俗或信仰，总不是偶然而生的，而必有他们的来历，有他们的根据。其中究竟是什么道理？最好是从他们风俗底本身去求解答。首先，我们且回头去看本章第二节"亲子关系"第一项"孩生的出生"里面的一段：

他们对于孩子的观念，虽然是似乎很淡薄……但如果确属没有儿女，而那不妊娠的妇人要想生儿育女的话，便要到徐家渡竹山上向种神（一丛金竹）去求子。求子的妇人，向种神礼拜祷祝后，即在庙里而睡宿。

据此，则一个人命中是否有儿女，有多少儿女，冥冥中有一个种神在主持。没有儿女的妇人，可以向她求讨。但种神是"一丛金竹"，种神所在地，又是种着竹的"竹山"；那么，"竹是人种的来源"。换句话说："人是由竹而生"。他们相信其祖先和自己与"竹"有血统关系。

其次，若然他们相信他们与"竹"有血统关系的话没有大错，我们在这里试借用滇桂边界白罗罗一个祖先起源神话，来帮助我们了解这种关系。

太古时代，在一个汉水面上浮着一个兰竹筒。这个竹筒流到岸边爆裂了，从筒里出了一个人来，他叫作阿槎（a tsa），生出来就会说话。……他住在地穴里，过着采拾和狩猎的生活。有一天，他拿着木矛到麻达坡去打猎，看见梨树脚下睡着一个形貌似狗的女猻子。起初，他有点害怕，不敢走过去；后来见她没有什么动作，他的胆儿壮起来了，便慢慢走近他的跟前，并拾起一块石头摔下去。猻子一点也不动，他挨近她的身边，用手抚摸她的身上。不久，两人情欲冲动，心意相合，就在那郊野丛草间配成夫妻。后此他们的子孙，便是罗罗。[注一]

这个神话明白地提示给我们，罗罗的始祖叫作阿槎（a tsa）是从"兰竹筒"生出来的，换言之，"兰竹"生他们的始祖。后来阿槎和一个睡在梨树脚下的一个狗形女子配为夫妻，生下现今的罗罗人。因此，他们盛行"兰竹崇拜"，祀奉"竹香炉"，而女性方面却供祀"狗竹香炉"。[注二]

为了要使我们更进一步来了解他们这层关系，我们再来看一看从前面这个故事所派生的一个"竹崇拜"礼俗底实录。

他们（白罗罗）住村里面必定有一块宽二方丈以上的空地。空地中央种着"一丛兰竹"。兰竹根上，周围砌着一层直径五尺以外的石块。石块外围，又围起高约丈许的竹栏杆。平时不准谁去砍伐或损害。到了每年夏历四月二十日那一天，他们就把竹栏除去，在竹根前搭起一个架台。在架台前举行祭祀大典。……这丛神圣的兰竹，他们叫作 Me Wa dee，意思就是"兰竹香烛"，种竹那块空地，土语叫作 di ka，意思是"种的场"。他们相信"她"的荣枯，象征他们种人的兴衰。为了图谋种族的繁殖，他们平日以惶恐虔诚的心去崇敬"她"，并以隆重的祭祀，巫术的象征和接触来乞灵于她，推动她，以求子孙的绵衍。不如此，她便会萎枯，他们会遭遇厄运，种族会衰退，甚或致于灭绝。[注三]

以这个竹崇拜的实录和澄江罗罗徐家渡的种神来比较，后者"竹山"上的"种神"和前者"种的场"里面的"兰竹"，及种着种神的"竹山"

和种着"兰竹"的"种的场",可以说都是一而二、二而一的东西。

把前面所述的归纳来看,罗罗相信他们与"竹"有血统关系,并以之为祖先。这样,澄江罗罗为什么自认"金竹"是他们的老太祖,竹枝是祖先灵魂归托物,六条竹枝是自己的祖宗三代等问题,现在不待我们正式的解答,也就可以明白了。要之,竹是人的来处,也是死人的去处。何处来就何处去,这种富于象征主义的道理,正与我们相信人是用泥做成的,死后还是化成泥的观念一样。

四、松树爷爷

"金竹爷爷"叙述过了,现在让我们再来说"树毛爷爷"。树毛爷爷包括松树和梨树。一般来说他们对于树毛爷爷的崇拜,比诸"金竹"还要热烈,崇拜的遗迹也比较多而显明。现在把他们略为分析如下。

第一,松树被他们认为是他们共同的始祖,即他们相信与松树之间有一种血统关系。被认为始祖的松树叫作 a tsa po,与前述"兰枝"生人神话中罗罗始祖 a tsa 的名号相吻合。此点与一个民族或部族以一种动物或植物为图腾物,而其民族成员相信他与之有一种血统关系,并认其为先祖的信仰相同。至于与松树相配在一处,同样受着崇拜的梨树,亦疑与阿槎故事中"睡在梨树脚底下的女子"那棵梨树有因缘关系。

第二,在他们住村的左边,有一个叫作"民址"的山林,其中有几枝大松树和梨树,被称为 a tsa Po 神。每年三月三日,村中的长老,就率领十二岁以上的男子,对"她们"举行大祭。参加的人,均须折一枝松树和梨树小枝,插在大松树脚下。在祭祀的时候,禁止满十二岁的女子参加和偷看。"民址"附近的"松"和"梨",一向禁止任何人去砍伐,若是犯禁,虽属小枝,也要受严重的处罚。由此可见他们对于"民址"的松树和梨树存有一种神圣的禁忌的意味。

第三,他们叫松树毛爷做 a tsa po,其种人以罗罗语自称也叫作 a tss po,由于他们自称其族的名称同于松树毛爷的称呼,疑他们是以"松树"为部族的名称。

归纳上面三点,他们崇拜松树的风俗,可以说是与图腾制有密切的关系。

　　但除了因古代图腾制可以遗留植物崇拜的迹象以外，在下面两种情况之下，也有使他们发生"松树和梨树"崇拜的可能。（一）他们住在高山深谷中，没有什么特殊的东西，可以使他们觉得奇异或恐怖，而只有这种高矗半天，非常崇大的松树和梨树，足以使他们发生伟大和崇敬的幻觉。有时，枝叶飘动，好像活活有生气，加上某种偶然的奇异凑遇，更足以使他们对之发生一种恐怖或敬仰的心理，而以为神灵存在其中，于是产生崇拜的仪式。（二）他们处于瘦瘠的高岗地区，物产不丰，生活困难，松、梨二树的生产量很大，是木材和燃料的基本来源，为他们财富收入之大宗，在经济生产中，占着重要的位置。因经济必需条件之故，原如人的心理，也有产生崇拜这种植物的可能性。

　　而且，图腾制同时是社会制度，他们现在祖先崇拜中，虽然可以找出若干近于图腾系（Tatemish）的残迹，但究竟没有显著的形态，可以说他们同时是社会制度。故此，松、梨树崇拜是否确属图腾制底遗迹，还要等待后来更多的可靠材料来证明。

注释

　　[注一]详见拙作：《滇桂之交白罗罗一瞥》，载《旅行杂志》第十八卷六期。
　　[注二]详见拙作：《广西镇边县的白罗罗及其图腾遗迹》。
　　[注三]同注一。

第三卷　第九期　1944年9月

黑夷风俗之一：除祸祟

马学良

夷人重迷信，凡遇疾病或灾祸，即以为冥冥之中，有鬼神作祟，唯一的办法就是请他们的巫师"呗耄"（即"毕摩"，编者注。后同），诵读经文，禳除不祥。

三十二年初夏，我在武定茂莲乡黑夷区考察黑夷语言文字，间尝参观夷人各种礼俗，以作翻译夷文经典的参考，因为经典上的记载，许多是夷族礼俗的缩影，要想深解夷经大义，必先明了夷族各方面的风俗。

除祸祟的仪式，我是在万德村见到的，主人是安孝贞，因为她的侄儿被匪杀伤，卧床不起。虽然也找到几种草药，敷贴创口；但她不会相信药力可以愈病的，她深信这是凶祟，凶祟不除，病人难愈，因此她征求我的同意，约请同我译经的一位呗耄名叫张文元，为她做除祸祟的法术。我为了要得到一个参观的机会，就毅然应允了。

虽是初夏的天气，但万德是包围在群山中的一个小盆地，又因数月苦旱，所以气候很是闷热，我同张文元、张自新两个呗耄，在午饭后就去参加这个仪式，直到繁星满天，方才完毕。因为这个法术包括家祭、野祭两个仪式，而野祭占了大部分的时间，在烈日下，一面看张文元摆布法术，一面请张自新为我解答各种法术的名称及道理，因此便了解到这个礼俗的真实内容。虽然炎光之下，炙头作痛，可是有求得新知之乐。现在我把除祸祟这个仪式，依家祭、野祭的先后次序，分叙于下：

一、家祭

（一）事前的准备

呗耄先到除祸祟的主人家中，用秧草扎成一匹马，上面骑着一个草人，又用红绿布披在草人身上，作为衣服。这草人夷人名他为纪祖，另外用柏栎枝干在一端的两旁划开两片，如同一个人头的两片耳朵，在耳朵下面扎一节丝线，这枝干就代表纪祖的兵将，夷人名他为卜祖。

（二）传说的根据

传说上古时候，有异母兄弟张孝、张礼二人，张孝为前室所生，事继母甚孝，一次继母病笃，医药无效，奄奄待毙，一日其母忽谓如能得到皇宫中之凤凰心脏为药，疾方可愈，于是张孝潜入皇宫，窃出凤凰，配得一剂药给他继母饮了，果然奏效，不多日病就痊愈了。

但是皇帝查出张孝窃取凤凰，就把他捕着，定了死罪，继母闻知，心甚不忍，就对她亲生儿子张礼说："儿呀，你哥哥为了我的病，而遭到死刑，他的孝心实在使我感动，你该去替他的死罪，方尽兄弟之义。"张礼慨然遵从母命，去到法场，替换哥哥受刑。张孝是个孝义之人，怎肯让他弟弟替死，于是在法场上，兄不让弟，弟不让兄的争着受刑。皇帝见他弟兄二人，如此孝义，深为感动，不忍处死，但国法已定，罪不可逭，于是想起用秧草扎成一人顶替张孝，让草人负罪，他弟兄方得赦宥。

一说张孝乃唐皇用来还天愿的罪人。据说唐代某年天地混乱，人民疾苦，唐皇便向天宫许了二十四个人头愿，后来灾乱平息，便以黄巢、张孝等二十四人斩首祭天还愿，至于张孝得赦，亦如上文所传，因皇帝嘉其孝义，以草人替换，其余还有许多大同小异之传说，兹不多赘。

总之，这些传说，虽言人人殊，但主旨全在说明草人是背负罪恶转生替死的一个替死鬼，夷族就是根据这个道理，要想把家中一切的祸祟由呗耄念出，让草人负去。

（三）家祭的仪式

草人扎好后，呗耄便在主人家的正门里，用一升谷子，放在门坎旁边。谷上一边放一碗米，米上搁一个鸡蛋，一块盐，一边放一杯酒，又用两个柏栎叶烧焦，泡在一碗冷水中，代替茶水，在屋里门坎前插三棵柏栎枝，旁边分插纪祖和卜祖，插时要把草人及马头面向屋内。

陈列完毕，呗耄便开始念除祟经，先用一块烧红的净石，以泡马桑叶的水泼上，趁白气蒸腾把所献之活牲（猪羊或鸡，以家之贫富而定，）在蒸汽上绕一转，同时呗耄向牲身喷一口酒，此为"打醋炭"表示净除牲身污邪。打醋炭是夷人举行任何法术之前，必须举行的一道重要仪式。然后呗耄手持一根柏栎棍，喃喃诵念，驱除各种祸祟。我从除祟经上看到夷人认为凶兆的祸祟，约有以下数种：

1. 狗无故狂吠或哭吠。

2. 母猪产四子。

3. 牲母吃乳子。

4. 夜半马嘶。

5. 马鞍惊摇响。

6. 鸡乱鸣，及天未明鸡啼。

7. 鸡栖时忽惊起。

8. 母鸡产小卵。

9. 乌鸦叫。

10. 鸠栖屋顶。

11. 牛尾绕树。

12. 蛇交尾。

13. 蛙重叠。

14. 瓜自裂。

15. 种出不匀。

16. 瓜蔓扁。

17. 梦兆。

（1）不合辈分之嫁娶；

（2）男穿衣服，女脱衣服；

（3）出兵，日暮途穷；

（4）饮食宴会；

（5）骑马；

（6）男人枕边起火，脚下成灰烬；

（7）女子戒指手镯断裂；

（8）前齿脱落。

这些凶兆，都是夷人所忌讳的。当作除祸祟仪式时，不管这凶兆对主人是已然的或未然的，呗耄必须一一诵出解除，念到一个阶段时，便将最上的一杯酒泼向门外，意为献给那些鬼祟；这时另由一人抱一只雏鸡（用雏鸡的道理，见《西南边疆》月刊第十二期拙著《云南土民的神话》），及几棵秧草，从主人所供的神堂扫起，一直扫遍至牲畜栈栏。此为扫除各处所附的祸祟；再由呗毪念解除厌恶经，方将纪祖及卜祖之面转向外方，表示所念出的罪恶，全由纪祖负去；转出门外，并取一块木炭，用秧草缠起，泼上所献之酒茶及盐，呗毪便用力向门外掷去，意为一切祸祟皆总括而去矣。然后呗毪一手抱雏鸡，一手以柏栎棍敲打屋内墙壁及房门，盖犹恐有未退避之祸祟，附于门壁，故以杖吓之，家祭仪式至此即毕。呗毪即持纪祖、卜祖去野外举行野祭仪式。

二、野祭

"敬鬼神而远之"，正是一般迷信鬼神者的心理写实。怕鬼神作祟的人，惟恐得罪鬼神，招致祸祟，因此毕恭毕敬的祭献鬼神，但又恐怕鬼神常常弥留在居宅中作祟，所以才想出种种方法，使鬼神远避。如在门上贴门神，及印一排排的白手印；此外姜太公在夷区中是最受崇敬的一位神，几乎在每个夷人的门上，都可见到"太公在此众诸邪回避"的门联。据说太公是一切邪鬼恶神的总管，夷人谓在封神时，太公封为醋炭神，打醋炭是净除邪祟，这正是太公分内之务了，不过这全是防未然的办法，遇到已然的祸祟，只有找送鬼的呗毪，先在家中把所有的邪祟一齐逐出门外，但又恐其返转为害，就不得不把这些祸祟诱引到野外，杀牲野祭，让这些馋鬼分肥远遁。据我在夷区见闻所得，夷人最怕两种祸祟；一种是阴间邪鬼的作祟，一种是阳间贪官污吏的敲苛，这是使他们困苦破产的两大祸根。他们应付的办法，都是敬而远之；于是既醉于酒，又饱以肉；而后者还须贿以"财烟"（财烟二字连用，读者或感生僻，但只要在夷区住过的人，便不以为奇了。因为一个委员或差役下乡，除了送他几千元的旅费外，还要送几两烟土，所以财帛一词，今时改为财烟较当）。因此夷民畏官甚于畏鬼，谚有"委员下乡，百姓遭殃"，不其然乎，希望人间的太公，快快来肃清这些恶祟吧！

野祭是根据上述的心理而产生的。野祭最好的地点，莫如近河的两岸，或许是取鬼神随流而下的意思；但我这次所见的野祭地点，虽是河边，无奈在久旱的夏季，河水涸竭，河底上只剩下一些乱沙砾，我很为主人担心，恐无水之河，难渡冥顽之恶鬼。

呗耄在干硬的地上，用长约一尺的柏栎枝及白柴，插成几丛行列，据说白柴是代表各种鬼神的灵位，柏栎枝是根据一段神话来的。传说古代天昏地暗，人民疾苦，天官便先后派下三个呗耄，把经书系在每人所骑的黄牛角上下凡，拯救人民；不意渡过汪洋大海时，牛角上的经书被海水浸湿，呗耄到了陆地后，就把经书放在柏栎叶上暴晒，结果被树叶黏破了一半（或谓被老鹰抓去了一半，故今时有些呗耄，当念经时，必须戴起一顶系着一对鹰爪的蔑帽，就是用鹰爪代替被抓的经书）。所以现存的经书，仅得原数之半；现在呗耄插柏栎枝的意义，就是抵补损失的另一半经书。

柏栎叶及神座插好后，呗耄先念祭山神经，请山神来享祭，保佑主家清吉。山神等于汉人各地的土地神，因为他是各地的主管官吏，凡在野外举行的各种祭仪，必先用牲畜供山神（多用雄鸡），所以也是最得实惠的一位神。

祭毕山神，就要卜卦，以占吉凶。卜卦也是各种祭仪不可缺之法术。夷人的卦最为简单，用长三寸粗五分的一段马桑枝，一段削成楔形，剖成两半，这就是卦版。卜时光蘸点鸡血或清酒，呗耄一面念着经，一面在地上掷卦，卦落地时，若所剖之卦版，一面向上，一面向下，表示阴阳吉卦，否则不祥，即须重卜，必待阴阳吉卦出现方止，德

吉卦出现后方念献牲经。献牲的次序：

（一）领生 将所用之仪牲先活祭。

（二）还生 将所杀之牲尸来献。

（三）回熟 牲尸煮熟后祭献。

以上的三步次序，为夷人祭牲的所必经之仪式。

熟祭以后，大家就在祭场上吃晚餐。主人邀我同他们野餐，大家努力地把献祭鬼神的一个小猪吃光了。因为野祭的饮食，不能带回家中，以防带回祸祟，所以我们大嚼一顿猪肉。

饭后黑幕已经笼罩了大地，于是燃起火把，准备作饭后的法术。不多时，呗耄又拄起他的柏栎杖，站在所插的叶丛中，放声朗诵经文，手中拿着几个用秧草编成的草圈，先用一个草圈在主人身上自首至脚地抚摩一周，同时口中还呼着主人的姓名，为其解除不祥，便把草圈挂在纪祖身上，表示该人身上的祸祟，全取下束在圈中，由纪祖负去。这种仪式，要在主人全家人口上作完方止。其次呗耄又拿了一把饭勺，又依次要主人全

家人向勺中吐一口唾沫，表示把内心的祸祟疾病全吐出来了。依然把这些唾沫，倒在纪祖身上去捎，然后呗耄便把纪祖及卜祖取下，以纪祖向各神座祭毕，由所插的叶丛中送出焚化，立刻用三棵柏栎枝丛中排列着，横插过去，表示封锁的意思，防止纪祖再把祸祟捎转来，这时呗耄拿着一棵用秧草编好的小索子，与主人各持一端，呗耄一面念断殃经，一面将索子割成三段，表示一切祸祟从此断绝。

最后又在醋炭门中用三个醋炭石打了三次醋炭，承主人的好意，偏要我也随在她的后面，在蒸汽醋炭门中出入三匝，表示恐尚有冥顽的祸祟，依然附在身上，再由醋炭气来一个最后的大扫荡，交给太公收去处罚他，这场仪式才算完结。

这天恰值废历（废历，指阴历。编者注）的四月晦日，在黑暗中，我同主人及她的仆婢，踏着高低不平的山路，几次险被跌倒，当我攀登一个乱石的陡坡时，脚底一滑，几乎坠崖，我怪主人"为什么不带一个火把呢？"主人告诉我，祭场上的一枝一叶不可带出，恐把祸祟带回，她安慰我尽管大胆地爬行，方从除祸祟场中打了醋炭，保管身上没有祸祟，不会出险的；我不禁笑了一声道："幸而承你家的厚情，随你打了一次醋炭，不然怕已成了落崖鬼了！"主人得意地一阵大笑，我同时感到夷人何如此迷信鬼神呢？

我小心地爬到高处，回顾山下的祭场上，先前焚化纪祖的火光，依然熊熊地在燃着，眼前好像有一点光明，向主人道了一声"谢"，方分道蹒跚而归。

卅二年六月三日写于万德土署锡质堂，时在观俗之次日。

同年十二月初一日重理于昆明靛花巷，初九日于毕节远东大旅社，候车期中，百无聊，抄清以慰旅况。

第三卷　第九期　1944年9月

倮族的招魂和放蛊

马学良

"魂兮归来，反故居些！"

这是《楚辞·招魂》的两句话。《朱子集注》谓："《招魂》者，宋玉之所作也。古者人死，则使人以其上服升屋，履危北面而号曰：'皋，某复。'遂以其衣三招之乃下以覆尸。此《礼》所谓'复'。而说者以为招魂复魂，又以为尽爱之道，而有祷祠之心者，盖犹冀其复生也。如是而不生则不生矣，于是乃行死事，此制礼者之意也。而荆楚之俗，乃或以是施之生人，故宋玉哀闵屈原无罪放逐，恐其魂魄离散，而不复还，遂因国俗托帝命假巫语以招之，以礼言之固为鄙野，然其尽爱以致祷，则犹古之遗意也。"从这段记载，我们可知古代招魂有两种意义：一是为死者招魂冀其复生，一是为生者招魂恐其魂魄离散，而不复还。此虽为古人之遗意，而招魂之俗，仍多流行于今世，尤其在边疆民族中，到处可以听到"魂兮归来"的招魂之音。

我想略述在云南倮区中所见闻的倮民招魂习俗，或可以今征古。倮民遇疾病或精神萎靡、运气不佳，即举行招魂礼俗。倮民有一个神话，解说招魂的原因：

古代有一个人，同两个伙伴离开家乡到外边去作工，三个人每天帮人家在铜矿里挖铜，一连十几年未曾回家。他母亲想念他，一天天地盼望看不见回来，思念不已，便跑到卜卦先生那里占卜，卜者说："你的儿子，下土里去了，凶多吉少"。她又跑到另一个卜卦先生那里占卜，卜者说："你的儿子下土里去了，不过现在还有办法，你如果回家去，待到鸡鸣时，喊他的名字，抖薮你的床头，喊三声，你的儿子在外边便可以听到你的呼声，就可以回转来"。老媪听后回家，便依卜者的指示去作，当鸡鸣时，她先喊第一句，她儿子不曾听见，继喊第二句，她儿子仅听到余音，最后喊第三句，她儿子在铜矿里听得很清楚，急忙从铜矿里跑出来，刚好出来那铜矿便崩塌了，他的两个伙伴陷在铜矿里窒死了。他跑回家来，把这事说给他的母亲听，母子得险生聚，从此便有了喊魂的习俗。

从这段神话，可知招魂可以逢凶化吉，转运增寿，无怪王逸注谓招魂"欲以复其精神，延其年寿"了。

人为什么会失掉灵魂，以致晦运病倒呢？据倮民的见解，多以为被仇人暗算，自己的灵魂为仇者埋藏，如不想出妥善的对策，势必死亡。我将倮文《太上感应篇》注释[注一]中关于埋魂及祸人的记载，译录一节，以见倮民对埋魂之心理：

埋魂厌人

释义 "埋魂"为取人头发破衣破裤，埋藏厌人，置人于病死。

解脱 此章谓人不行善，心怀不良，仇视于人，不愿其幸福，当面无法制人，暗中取人头发破裤埋藏，阴害于人使人死绝，此为不善之极。

又一事，我于午年患病，连病三年，皆谓被人埋魂毒树，因而端公[注二]召我掘魂，掘得二种，端公对我说："埋魂人之名，我端公得知，是否要说出"。我说："只要病愈，感谢于你，不必说出埋魂者之名"。端公之言，一部实言，一部诳语，胡乱欺人，不可信其言，不必如此言，我之生命运数，天神自有安排，不在人之埋魂。彼坚不肯，约彼掘魂者，只可聊慰亲心而已。其后我之病，饮汉药。病至愈时即痊愈，并非他人阴害。我年尚幼，即不信埋魂之说，人之一生，梳头落发，不随处抛弃，小儿剃发不随处落置，破衣破裤不随处污烂，埋魂如可信，则人人要死，自今以后，埋魂毒树之说，勿信端公之言，埋魂则掘魂，毒树则砍树，只要病者痊愈，不必说出某者之名。若信端公之言，谓害我者之名，则互为仇敌。死病尚且不论，而引起宗族亲戚主仆邻里互相仇视，互相残害，则恶莫大焉。

人患瘦病，消瘦枯黄者，不知者则以为埋魂毒树所致，咳血病血之人，不知者以为食人加铅之物所致。人患瘦病者，口中咳血，腹中便血者，服汉药，病可痊愈。北京有一任官，犯斩首之罪，拉于市口动刑，自感羞惭，吞金圆死。其初吞金块一两而不死，继又吞碎金一两仍不死，其后金与铅并吞，如此由吞金者不死观之，则食铅可死之言不足信，致病亦不足信。

又一事哲道之妻浦五，其妻忤逆其姑，哲道妻之头发指甲，被其姑取而埋藏，其后适值浦五患病，端公来掘魂，谓于其姑前不能掘魂，其后病满二三年，其病至愈时即痊愈。由此观之埋魂之说不可信。

从以上的记载，可知倮民极重灵魂，稍有不适，辄以为魂魄离散，延巫招魂，使反其身，若罹大灾病，则以为被仇者埋魂，非延巫跳神寻出埋魂之处，病不能愈，此种巫即解说中所谓之"端公"。端公不识文字，只记咒语，治病时先击其手持之羊皮鼓，继则眼珠一转，即假托某神附身降临，此时一边击鼓，一边舞蹈，口作神语，名曰"跳神"。经此种跳动后，即能指示病象，应备何种牺牲，供献何神，或卜出埋魂之处，及埋者之姓名，即依所示之处掘魂。盖倮民迷信己身之头发指爪，甚至曾与己身附着过之衣物，皆可为灵魂寄托之所，故不敢乱抛，恐为仇者窃取掩埋，即遭病亡；不幸而中，唯一方法，即延端公跳神掘鬼。其平居无疾病之人，每年或间数月，亦必常常举行叫魂仪式，由巫或家人手捧一碗米，米上置鸡蛋一枚，至村外之山神庙跪伏祷告，然后口呼被叫魂者之姓名，"某某归来，某某归来"，沿路叫喊直至其家方止，以为如此方可复其精神延其年寿，与《楚辞》宋玉招魂之意恰合，盖倮族犹存古风。

又毒树亦为迷信之一。据谓将仇家之树，剜空后，内置毒药，则仇家即将蒙难。埋魂毒树之说，固属迷信，但倮胞坚信不可移，而争端仇杀多由此生，如端公妄指某人埋魂，则酿成两方之仇视，故倮族常发生打冤家之惨剧，有经数代而冤仇不解，世世两突仇杀，因迷信而引起之祸害，竟如此之惨，故提倡教育，启发民智，为开发边疆迫不容缓之事。本章解说者深斥埋魂之说不可信，列举实证，反复告诫族人，破除迷信，堪称倮胞思想先进之士。

此外如放蛊毒人之说，西南苗夷区中，皆有此说；但我历年居苗夷区，向未之见，仅闻某某中人蛊毒因而昏狂，或残废死亡。曾记一倮妪告我彼于某村被仇人置蛊于饭中，食后眇一目。市上亦常见苗人卖解蛊之药，中蛊者服之即愈。且倮村中常明示人某家为放蛊者，称之"药王"，人皆敬而远之。倮胞议婚，若访明某家为药王，则不与通婚。凡此诸说，似不为无因，尝考我国古籍中亦有蛊毒之记载，如《左传》"皿虫为蛊，疾如蛊。"《通志》且述造蛊之法云："造蛊之法，以百蛊置皿中，俾相啖食，其存者为蛊。"苗夷区今日之蛊，是否依法炮制，无从稽考，但此为古俗而传于今日者则可信。

以上所述之倮族埋魂毒树和放蛊等事，皆为对仇家施行报复的一阴谋，因此寻仇报复，往往引出倮族"打冤家"之恶风，仇杀争战，迄无宁岁，影响社会治安至大，爱护边胞者，对此种恶风，不可不思一有效之方法遏止之。

注释

[注一] 这是一部倮民以倮文所译之《太上感应篇》，自加释义与解说，原文对于研究倮族语文，固然是一部可珍贵的材料。而在解说中所记之倮族之风俗习惯、伦理观念、巫术宗教、传说禁忌，以及心理情态等，尤足表现一个民族的社会状况及心理情态，但以倮人说倮事，自必真切可信，读之如卧体倮区，如亲聆土人述说风土人情。我已将此书译成汉文，尚未付印，仅于南开大学文科研究所《边疆人文》第四卷刊登序言，对该书有一简要介绍，读者可以参阅。

[注二] 见本刊六卷一期拙著《倮族的巫师"呗耄"与和"天书"》。

第七卷　第二期　1948 年 12 月

倮儸的宗教

陈宗祥

引 言

藏缅系麼些倮儸语群的倮罗民族,分布于中国西南部的云南、贵州、西康、四川诸省。其中地域最广,人口最多的区域,要算川西南部与西康宁属之间大小凉山了。倮儸居处的环境,尽为山岳地带,如自犍为至马边,自屏山至雷波,及自西昌至昭觉以后,再向凉山中心进发,一路山峦起伏,峰脉重叠,嶙峋错落,形如波浪。除沿马边河、西宁沟,或宁属安宁河、昭觉河等河谷地带,略有田坝外,绝少平原。如此崎岖的山路,阻碍交通的畅达。盘踞凉山的倮族,实因地理环境的限制,深居山隩,与外界接触的机会特别少。他们自云南入驻大凉山虽有四十多辈人,一切文化生活仍保持本来的面目,社会组织仍维持极严格的阶级制度,并施行极严整的宗法制度。社会组织的严密完整,其他西南民族尚不能与倮儸匹敌的。

至于倮儸的精神文化,也仍保持本来的面目,没有寺庙礼拜,仍停留自然崇拜阶段。他们相信鬼神。日常生活的一举一动,全受鬼神的影响。譬如患疾病时认为鬼怪在作祟,狂风暴雨均怀疑美国飞机坠落大凉山惊怒山神的结果。此种神权思想,已牢固地渗入倮民心理的深处。在日常生活里,精神生活却远占一重大位置。反之,在云南、贵州倮族宗教生活的痕迹,却很少存在。因为该地的倮族早趋汉化,惟可在该地的老年的巫师处,略能调查些资料而已。

倮民更相信人们死后有灵魂,故有祖先崇拜的信仰,因有最隆重的祭祀仪式。普通均称之为"作道场",以超度祖先的灵魂。也有很多与精神生活有关的禁忌。现在著者对倮罗之神鬼巫师祭祀的仪式、祖先崇拜等,逐一地加以描述于后：

神　鬼

俅僗所信仰的神很多，关于天神的神话也特别多，但不互相联系，而成一独立混合的体系，却是零落散漫的毫无系统。现在著者将它们集拢，加以分类如下：

一、自然神

山神——俅僗有请山神经，雷波的或与马边的略有出入。雷、马、屏、峨的可能与宁属的请山神经迥然不同。祭祀仪式初步就需请山神的。俅僗认为大山均有山神，所以山神经里几乎都是山名。再俅僗选筑屋址，均以三山合抱的形势为佳。因为左右与后面均有山神保佑，是个理想的屏障。

日神　月神　雷神

——上述三神，在说到吉智高卢神时，还要谈到。

二、怪形神

鸡爪神——俅僗称之为瓦仔毕车。身体上部是人身，下部是鸡爪的形势。

叔叔阿普——形貌非常奇特，满脸的胡须，垂下来有几尺长，吹口气可以成为暴风。

阿达拉聂——是位大神，身材长得特别高大，据俅民谈他站起来能够顶天。吹一次很小的口哨，就如同雷鸣一般。著者认为这种怪形神尚多，未能多搜集，深感遗憾。

三、岩鹰之子神

倮倮最崇拜的至圣大师，实为吉智高卢。现在吉智高卢与龙英秀才，已混为一人。龙英秀才的故事，云南及川南一带均很盛行，妇孺皆知。而倮民也认为是彼等的祖先。在笔姆（即毕摩，编者注，后同）的癞子经中，就有吉智高卢的造像。起初令人疑信参半，细加探研，二人实没有特殊的联系，显系两人。盖因汉人早时将此传说输入倮区，年深日久，倮民就把龙英秀才与吉智高卢混为一人了。

据汉人传说，龙英或作罗英，明代的人，是四川资州人。最流行的传说有进京赶考，围腰帕，与大石头。关于围腰帕与大石头的传说，请参看马学良君之《云南倮倮（白夷）之神话》一文，载入《西南边疆》十五、十七两期。兹述龙英秀才进京赶考的故事于下：

龙英进京赶考。有一天行至中途，打算小解，把马系在麻桑树下，解毕回来发现坐马高吊在麻桑树上，活活地吊死了。他气愤麻桑树长得太快，用鞭子怒击麻桑树。口称："哪怕你麻桑树长得天高，打得你拱背折腰。"巨大的麻桑树自此变为灌木。参观川南各大建筑物，有合抱的栋楔，匠人均说是古麻桑树的。

这著名的故事，汉人均已有知，倮民亦津津乐道。然而再多搜集资料，则说法显然大有出入，简直可判断吉智高卢与龙英秀才是两个人的。

吉智高卢的母亲是黑骨头的女儿，名字叫作波嬷库阿。那时天界有九个太阳，七个月亮。人类受强烈阳光的暴晒，几乎死绝，树木已然干枯。仅剩下波嬷库阿一人生存在世界里。依□喝饮漆树、羊血，身披羊毛毡衣度日。波嬷库阿过些凄寂日子。突然有只岩鹰，来与波嬷媾和，因此怀孕才生了吉智高卢。（又有说岩鹰的血液落在波嬷的身上，她由此受的孕，而生吉智高卢的）根据这项传说，倮族自认为鹰族。

在极小的时候，有一天高卢到野外去玩耍，第二天看见他骑豹回来，把母亲都吓呆了。后来有一只猛虎来袭村落，也叫他击毙。这时最危险的是那九个太阳、七个月亮的光芒，它们辐射下来，人类实在没有法生存。吉智高卢却想出个办法。他带着弓箭，慢慢地爬上那顶天的麻桑树巅，用箭下射落了八个太阳、六个月亮。所余的一个太阳受了伤，一个月亮吓跑了。那受伤的太阳说："我的眼睛叫你射瞎了，我现在投射无数条的金针，来刺人的眼睛。"所以至今人们尚不敢迎看太阳。那吓跑的月亮说："我叫你吓破了胆子，在天晚后，我再出现吧！"所以至今月亮在晚上出现的。

可是雷公却随时作乱，在高山上伤了不少的人畜，吉智高卢又出来想办法。有一天吉智高卢，头顶数层铁锅，手里拿着一只铜镬，偷偷地隐在森林里，等待雷公来临。雷公在天空遨游，发现了吉智高卢，最高处下坠，猛击高卢。因为头上是铁锅不但没有打痛高卢，自己反滑落在高卢手中的铜镬里，为高卢擒住。不放，雷公苦求不已。吉智高卢提出一个条件，令他采药，医治百病。雷公完全答应，乃重得自由，再也不敢作乱了。

据传说吉智高卢母亲死后，今葬峨边县境，墓树已然成荫了。吉智高卢娶了两位妇人，分住在一个湖的两岸。他身上生有翅膀，随时飞来飞去，往返二夫人之间。有一次，为某位妇人暗暗地剪下翅膀，不小心落在湖里淹死了。

这几段故事乃是吉智高卢的核心，倮民因吉智高卢足智多谋，替他做了很多伟大的工作，贡献太大，得的福利也最多，所以也就令倮民重视了。

四、笔姆的护法神

阿都陆普——倮罗的巫师只有两类，第一类为笔姆，第二类为苏桌。笔姆与苏桌异同，留在下面讨论。现在需说的为笔姆护法神。笔姆祭祀时先请他的护法神，护法神有几十位，都是活人，在倮罗谱系是可以查出来的。凉山的倮族自称是古纥与曲聂二人的后裔。自曲聂下传二十五代，经过六百余年，就传至阿都陆普。那时倮族的人口逐渐繁衍众多，已然蔚为大族，一般的文化也微露曙光。凉山倮民均认为他为笔姆的始祖，能呼吼成雷，瞬眼成雨，令人震惧，众人都畏服他，认为他是精神文化的创始人。

吴祖喇嘛——自阿都陆普的经漫长的三、四代，乃传至吴祖喇嘛。在《癫子经》的卷首语，就有吴祖喇嘛的字样。我疑癫子经是吴祖喇嘛的著述，而不是吉智高卢的作品。吴祖喇嘛的传说，最感混淆，因为"拉马"

二字，与西藏喇嘛相混无法再续得他本人的资料。但是护法神里，仍占一重要位置。

阿斯老籍——倮罗的精神文化，从阿都陆普起，已微露曙光。又历一百年的长期孕育，到吴祖拉马的时候乃稍有具体的表现。咒语之类恐已流行，成文的经典尚没有创造。嗣后继续繁衍，经过二三百年的时间，传到阿斯老籍的时候，已然集其大成。他创制文字，编制经典，施行法器。今日笔姆全体尊他为至圣先师，奉他为始祖。对于他行为的传说，渲染得异常浓烈，流传得非常普遍。空前绝后，倮族史上再没能比得过他的。

阿斯老籍在幼年的时候，聪颖过人，有一天，他忽然跑到老林去玩耍，太阳西下了，家人仍看不见他的影子，全家内心里异常焦灼。深夜他才回来。家人问他到哪里去了，他说在老林里迷了路，所以在老林逗留很久。此后家人也就没再管他。可是阿斯老籍从那天起，每天都到老林里去玩，有时将吃饭的事情完全忘记，日久家里的人又生起疑心。有位聪明的小丫鬟，将一枚带线的针，暗暗地插在阿斯老籍的衣服上，他走一步，线就伸长一步，慢慢地伸延到老林里。小丫鬟收拾一下，就顺着线路去找阿斯老籍。他偷偷地看到有一只猴子在吼着，另外有一只白鸽子用脚爪在地上划出各种形象。阿斯老籍聚精会神在把脚迹与猴声配合起来，写在纸上想做成一本书。可是小丫鬟吓呆了，不觉地叫出来，惊走了猴、鸽。凝思的阿斯老籍也被惊醒，可是这本书尚差两页，而没有完成。

然而又有一说，与这上面的叙述略有出入。说阿斯老籍的儿子格出是创文字的人。

阿斯老籍夷人曲聂宗支之二十七代孙（？），相传阿斯老籍造字后，早丧为神。其子老籍格出未得传。父化公猴升树，令白汗鸡以嘴划地，作地传之。见谭仪父编《边民教育课本》，四川省教育厅印行。

这个传说已表现在笔姆神扇的雕刻上。倮名"齐刻"，神属的中柱，刻有猴、鸽、虎的浮雕。初意完全根据这个传说的。此外关于阿斯老籍的法术，传说很多，此处不及毕载。他不仅能呼风唤雨，而且能锥地为泉。笔姆最近所习的祭祀仪式，据说是因袭他的老办法。吴祖拉马辈数虽然比阿斯老籍大得多，可是在笔姆请护法神经里，却屈居第二位。阿斯老籍列为首位。阿斯老籍曾经与古纥宗大木干支克斯哈干房的阿格苏子斗过法。非常值得重视，他们两人对于方教方面的贡献，非常伟大，煊赫一时，可是互相歧视，而起争斗。主要原因为古纥、曲聂两分部，彼此对立的缘故。

阿格苏子——阿格苏子是古纥宗大木干支克斯哈干房的黑骨头。他与阿斯老籍同时，可以推测自古纥起，传了二十六七代才传到阿格苏子。他的后裔克斯哈干房还活在四川峨边县里，约有几十家黑骨头。阿格在那时法术甚为高强，名传遐迩。一般民众都请他代为祛病延年，祭祀祖先。真有点应接不暇，可是酬金又讨得极高。阿斯老籍听到这个消息，认为太过于剥削老百姓。他则用低廉的酬金应聘，民众异常欢迎他。阿格苏子的生意则大受影响，门庭也冷落了。心中衔恨得了不得。伺机报复。

有一天阿格苏子请阿斯老籍吃饭，他暗暗地将毒药放在食物里。阿斯老籍吃完肚子痛得很，赶紧挣扎地回家，急忙招呼他的儿子格出说："我已中了阿格苏子的毒手，命已保不住了"。格出听此话，就想拿刀去杀阿格苏子。父亲急忙止住他说："他听到我的死讯，一定狂笑不已，必定用舌舔手。你要知道他手上有毒，或许也要毒死的"。格出听了此番谈话，也就算了。于是将父亲尸体火葬起来。阿格苏子听到阿斯老籍的死讯，喜欢得很，狂笑不已，没小心用舌头去舔手，果然中毒死了。

阿格苏子临死的时候，谆谆告诫他的儿子，令将他的尸骨与阿斯老籍同葬一处。表示身份同等。然老籍格出也暗使计谋，暗将狗死尸埋在一个地方，阿格苏子家人也将主人的尸骨埋在那个地方，却与狗儿埋葬在一处了。格出暗笑不已，因为斗法到此地步，阿斯老籍已然大获全胜了。

此后，阿格苏子屈居笔姆请神经的第三位了。彼此两宗的敌视的心情，尚遗留于两族的后裔心中的。著者在马边三河口考察，适遇一位自峨边迁来的，古纥宗大木干支（倮倮自称干家）的笔姆。他名叫作碎波。他说他们那族对于宗教方面也有创作，不一定完全是曲聂宗的贡献。如此说乃证明一族的文化，非一人或少数人的努力就可成功的，而须经过长期的孕育，多数人的努力，才能成功。然而古纥族的一切，却没听到什么。或者即因古纥宗阿格苏子斗法时，大败于阿斯老籍的缘故。

阿斯老籍的后裔，尚不稍衰。大多数住在牛牛坝南面，五天路程的孟韩流地方。最有名的黑骨头是刷铁价拉，据说仍然操持笔姆的职业。

五、苏臬的护法神

拉仔哦觉——他是苏臬的始祖。苏臬所用的鼓，就由他创制成功的。他能在五六月落雪弹子，脚可攀于楔上。他的行为怪诞。神奇的苏臬也就崇拜他为始祖。

阿克气聂——幼时为人家佣工，看养猪群，忽然裹在雾里腾到天空。夜间，主人家尚未见他回来，非常诧异。然而听到空中有响声，乃用布包箭头，向天空射去，没得任何反响，可是以后自天空落下来时，业成大器了。

科仔细库——他是拉麽阿之地方的人。出了何种怪事不详，倮民献太平菩萨时，必须给他绵羊肉吃。

沙拉尔赫——沙拉尔赫乃是介之波窝地方的人。她乃是一位女丫鬟，道法很高；每作法一次，纳收纹银十五两。她只要心中念头一动，就能把牲口杀死。她可沿着锅边走路。她若是看中一位黑骨头，就把他搂抱怀中。她自己倒卧地上，令多人压叠身上。她自己与黑骨头媾和在下，没有会晓得的。

陆资卫库——他是峨边、越嶲两县交界的贾库高鲁地方的人。他乃是第一代娃子，体貌白皙，与黑骨头女交，被处断手的刑罚。后由神人引去，而成大道。以金银把断手接起。常常骑马到处给人家作法，有管事二名，提鼓的下手随行。每给人作法一次，得酬金二十两。

苏臬请神经所记的神名约有二三十位，所有传说的根据，均很稀少，此处不再举例。

倮㑩所信的鬼并不十分多，经常所习见的，只有五六十个，而且均能用山上野草，倮名叫作"意意"，捆缚出鬼的形式出来。或者用泥巴也可以捏制出来，不过数目共有十个左右而已。再努力搜集也不过有一百上下之谱。据倮㑩自己的传说，阿斯老籍未有出世以前，倮区为群鬼遨游的所在。后来他出世了，才开始收拾他们，消灭殆尽。人们才在那里安居乐业。据说鬼们世代相递，仍然有谱系，普遍称为《鬼谱》。倮㑩经典里有此书。此外有一本书叫作《斯雀》书，意思是人死后的灵魂，去变神、或变人、或变牛马，均有一定的标准。这两本书均已抄录，惜乎没有译出来，不然对倮罗的神鬼有更深刻的认识。

关于鬼的研究，麽些部分已有发表，请参看李霖灿先生所著之《麽些象形文字字典》中第十六章。他所记载的鬼几乎与著者所搜集的倮倮草人鬼全部相同。而中国文字学的材料，辅仁大学故文学院沈兼士院长，曾著《鬼的研究》一文，载《辅仁学志》。这些资料均值得作一番比较的研究。倮罗的六七十个鬼分起类来，大约可分怪死鬼、怪形鬼与怪行鬼等类，每个鬼均加以说明，非本篇幅所能载录，容后专文著录。

（一）怪死鬼

女淹死鬼—她的名字叫作义给萨莫（E-Ga-sa-mu），因与人恋爱，不得家庭允许，因此跳河淹毙。为淹死鬼，或称情死鬼。祭时不需要刀头肉，有鸡羊就可以了。草编出来她的形状，头发披在头后，表示女性。

飞石打死鬼——他的名字叫作恰毕（Hie Be），一次不小心为山上的飞石滚下来压死。他的脚杆特别短，人们患脚痛病，均是他在作祟。须供给他玉粑与刀头肉。

属于这类怪死鬼的鬼相当的多，若火烧死鬼、耳聋眼花鬼、吊颈死鬼、船翻淹死鬼、肚子痛死鬼、撞岩鬼、晕死鬼、难产鬼、死鬼等。

（二）怪形鬼

双头鸡鬼——原来有人死后，变为双头鸡，到处乱飞，吃小婴儿。后来有吴吴格达骑在他的身上，才把它管住。祭祀时先行用猪作牺牲，若不能将它驱除，则以猪油炒荞子送之。若仍感觉不成，则打鸡送之，并且以石板压之，免再飞奔。

人变癞子蛇鬼——从前有人患癞子病，死后就变为癞子蛇，到各地吃人，受伤人始终无法得救。倮倮有《癞子经》，专驱癞子蛇鬼。其内容几乎与印度的《大孔雀咒》相同，因孔雀之在印度，视为蛇之劲敌，倮倮癞子经里也是请孔雀来吃癞子蛇鬼的。倮倮宗教受印藏之影响，此间就是一个小小的注明。（参看 Syliau Love 著，冯承钧译《大孔雀经》，又名《录舆地考》商务印书馆出版）

其他奇形怪状的鬼仍多，若人变鸡鬼。不过若麽些民族所信的尚有牛头、狗头、蛙头、鸡头、蛇头、板铃头，大鼓头等鬼，在著者所搜集之倮倮群鬼里，尚无所获。

（三）怪行鬼

蛮干鬼——他名字叫作博脑莫仔（Po-No-Mu-Sze）。这种鬼来势凶猛，他因反汉人而将头颅四肢割去。他到处害人，清晨有病，晚上死去。凡暴死者均是此鬼作祟，祭祀时需要猪羊的肝子，和一块刀头肉。

乞丐鬼——他的名字叫作阿毕阿车（R–Pe–A–Sae）。他喜欢吃牛肉，赏他一块肉就走了。在倮倮极严格的宗法制度之下，乞丐之发生可谓绝无仅有。因为他们施行"收族"的办法，本族人对于本族人爱护备至，假若有人房屋，不慎遭焚。族人则赠料帮工，并各出玉米数升，令彼食粮、种籽均不虞缺乏。所以从倮族本身立场而言，乞丐若鬼一般。

此外行为特别奇异的有男贼娃儿鬼（S–R–Ge–Bu）、吃人婆、吃人害人鬼（Clui–Sze–Clui–wo），尚有会飞的长尾鸡（S–R–Ba）。

其实笔姆对于鬼也有的分类，他们分鬼为吃牛、吃羊、吃猪、吃鸡等类，因为祭祀时各鬼都有他自己的需要，有的要吃牛，有的要吃羊，故各分一类。至如何成立这种标准，实在无法知晓了。

巫　师

倮倮的巫师，只有两类：第一类称为笔姆，第二类称为苏桌。现在分述于后。

一、笔姆

在前面介绍的笔姆的护法神。已提及阿斯老籍，这位黑骨头（黑倮倮）也就是笔姆的始祖。笔姆的中心工作，注重在给普通人驱鬼、捉鬼、禳灾（求平安）、送灵，并求五谷丰登，这在上面讲祭祀仪式的样例里已能看出一般。他们每代人祭祀一次，根据仪式的繁简，得到主人家酬劳。从数两纹银，以至十几两二十几两不等。牺牲的皮子也得交给他们，所以收入相当富有。争相习学这种巫师的也就特别多了。

普通人寻师拜门非常容易，送给笔姆老师一罐酒，一块裤子布，一锭银子。已经很足，随时有暇拜老师，老师慢慢地教彼认识倮倮的标音字，开始学习请《山神经》《笔姆护法神经》《驱鬼经》等。学了二三十部，已经算不错，能够开始独立工作了。三年即可满期，再送些礼品给笔姆老师，就算毕业。老笔姆有个法器，叫作签筒，筒里有灵签三十根左右。据

说是鼻祖阿斯老籍传下来的，原来那根长一丈多，仍然收藏在阿斯老籍的
遗族里。现在已是缩小到一尺左右了，老师分几根灵签给徒弟就算完成。

至于普通人寻师拜门的固然多，家传的却占绝大优势。笔姆可以说是
倮族的知识分子，多若过江之鲫。著者的笔姆的教师说，倮民三人里有一
位，就是笔姆，这数字固然不确，可是说十人里有一位是笔姆的话，相差
不算太远。由白倮罗里有几支，如聂克支、曲别支、曲木支等，几全族
操笔姆的职业。所值得注意的是阿斯老籍创笔姆事业时，均为黑倮倮所主
持，传到现在都由白倮倮操笔姆业，却占绝大多数，最主要原因是自阿斯
老籍传到后人阿帝毕帝的时候，他行为不检点，随时偷进丫鬟的房间，与
丫鬟苟合。而生出了聂克。这种黑倮倮与白女娃子媾和的私生子，倮名
Ga-Pu-Pu-Je。Ca-Pu 是女仆住的房间，丫鬟为 Pu，儿子则称为 Je，联起
直译为"下房丫鬟之子"。这种黑白媾和所生的子嗣，在倮族社会中占极
低的地位。盖以倮倮维持极严格的阶级制度，严禁黑白男女媾和。甚至于
族人知晓后，可将当事人杀死。但是族人不站出来说话，也就通融过去。
聂克既然生出来以后，总得维持生存。阿帝毕帝乃将笔姆的法术传授给聂
克。聂克也就依他的法术到各处给人家祭神驱鬼，逐渐博得人家的信仰，
自己也就能独立生存了。他以后娶妻生了七个小孩。其中有两个孩子的后
代人口甚稀，其他五个孩子下传有三十代左右。繁衍大小凉山各角部落
里。几乎全部学习笔姆的职业。聂克七支的系谱，倮倮称为巫谱。非常之
多，现在还没有调查完毕。此间不必赘述了。

此外，"丫头之子"还有吴曲曲别家，是倮倮吴曲支 Sub-Cleu 黑骨头
黑阿卢萨的儿子。

奥帝齐福家，是倮倮阿芝水普支黑骨头博弟嘿福的儿子。

瓦固阿由家，是倮倮某一支黑骨头脑儿博都的儿子。

兹儿曲木家，是峨边小木干支黑骨头比之陆石的儿子。

萨枯曲木家，是马边乌抛家的后人。

上列"丫头之子"还没说完，尚有多家。他们也都在干笔姆事，但不
若聂克笔姆人口旺盛而已。附带可以反驳的是说凉山白倮倮全部是掳进去
的汉人。由此看出尚有黑白混合种存在了。

凉山倮族因小事即可与他的邻族结冤打起冤家来。考察团没有保头是
走不通的。但有聂克笔姆保护，则可走遍凉山。因为他们亲族分布各处，

又善咒人，旁人不敢开罪他们，而怕他们咒死。

笔姆职业既旁落"丫头之子"之手。黑骨头因贱视这种人，所以也贱视这种职业。黑骨头不再习笔姆业，现在阿斯老籍的后人，虽有习笔姆业者，但已寥若晨星了。反之聂克笔姆因收入丰富，人口旺盛，逐渐地自卑贱的社会地位抬高了很多。

二、苏臬

汉人称为师孃子，臬为神意，苏为人意。总之为人神之意思。与笔姆为两种来源，没有关系。苏臬自己说开罪了神，或被鬼迷惑，而发神经病，家人乃请笔姆为彼解污，扶病人至山上献白羊或白鸡一只，病者狂敲羊皮鼓，无力卧地，家人将彼扶回家中，病体逐渐复原，再请高明苏臬教彼道法，即成苏臬。

苏臬与康藏高原流行的苯教（Bwum）的（鬼附体话）绝相类似。据刘立千先生说：苯教最初的那派（鬼附体话）发起，相当于魏晋时。而笔姆的突起则较后，是件极可相信的事实。

至于笔姆与苏臬的联系，直到今天仍难分辨。因为苏臬也有自笔姆处学习法术的，然如根据他们自己的分析，可以区别如下：

笔姆：能咒死人。认识经书。子袭父业。无狂跳的举动。

苏臬：咒不死人。不认识字。无世袭制。有狂跳的举动。

关于法器方面，苏臬只有羊皮鼓一只。笔姆方面则有签筒、神扇、法帕、经袋、神铃，法器较苏臬用者略多。关于法术方面，苏臬可以驱鬼除病，也可祭祀太平菩萨。笔姆不但能作上项法术，且能作大的道场，苏臬有足踏烧红铁板、不怕油锅等巫术，笔姆则无上项巫术，只会勘文的念咒，所以有人以文武两派来分笔姆与苏臬两种巫师了。

仪　式

（一）关于倮倮祭祀的方式，可以分作法的目的与仪式的程序来说。根据作法的目的，可以将祭祀的仪式分为三大类：第一类为保护人畜的安全，五谷的丰收，而举行的太平菩萨祭祀；第二类为了祭祀祖先而做的道场；第三类有鬼附体而得病，需要做的禳解仪式。

太平菩萨主要的目的在祈求粮食的丰收、牲畜的安全，这些乃是倮民的性命的依靠物，所以看得特别重要，每逢点种玉麦以前，或收获玉麦以后，均要举行。这项有些固定性，至于人们预防病魔来临，也时常举行太平菩萨献祭的仪式。笔姆祭祀所编扎的草人鬼、有人变鸡鬼、人变癞子蛇鬼、吃羊鬼，家里的财神菩萨等，大约都是些吃鸡吃羊的鬼，可是家里的菩萨，据说是父母变的神仙，是找银钱的神，也是管五谷丰登的神。由此可知献祭太平菩萨的主要目的的所在了。

第二类就是崇拜祖先所做的道场。著者以为与其说是祖先崇拜，不若说是图腾崇拜。即以倮民代替祖先的灵牌而论，倮民称为"马都""马"是竹子的意思。他的形式，只有半尺长，头部偏小，是泡桐树制的，在头部切一缝口，如米粒那样大的竹粒，然后用麻捆起，倮民称此竹粒为"阿普骨"，代表先人的意思，加点羊毛，再用蓝线，男缠九转，女七转。据说黑骨头用黑竹子，白骨头用白竹子，倮罗社会组织分为黑白两部的肇基于此。竹子之根绝对禁烧。所以著者断定他是图腾制度。与西康栗粟水田两种民族的图腾崇拜，规模绝相类似。（请参看拙文《西康栗粟水田两种民族的图腾制度》一文，见本刊六卷四期七卷一期）。关于他的仪式，须做三天三夜，将灵魂送到天上"石姆姆哈"，灵牌的本身则依各支的发祥地而不同，譬如马边乌抛文，则丢在萨格路觉（大凉山地名）的崖洞里，仪式可参看徐益棠先生著之《倮倮道场图说》。（载《雷波小凉山的倮民·附录》里）。

第三类为疾病的禳解，倮民有病均认为鬼作为。譬如难产即认为难产鬼作祟，禳解时不但是扎一个难产鬼的草人，也必须呗诵《供牲经》（倮民叫作《姆札经》）。头痛、肚痛、腰痛等病，也都有他们的鬼在作祟，也专有经去咒他们。最近在靠近汉人地方的倮民，已采用奎宁丸，而再不请笔姆禳解。现在致死最多是伤寒与瘟疫病两种，有时全家都死于一种之下。所以笔姆大部分工作是在疾病的禳解方面的。其他的功用尚多，然总不出上述三种的范围。

（二）祭祀仪式的变异性特别大，因贫富而影响到牺牲品。牛为最尊贵的牺牲品，其次则为绵羊、角羊、猪，最贱者为鸡，仪式也就依牺牲品的贵贱，来决定手续的繁简。另一个原因是根据病症的轻重，再来决定牺牲品的多少，而再来定仪式的繁简。因为贫富的距离甚大，病症的轻重难辨，所以仪式的固定性少，变异性特别大。笔姆献祭的仪式，迟至今日尚没有一定遵守方式，各人配合的步法，也不见得相同，可是在变异间，也能找出一点相同的路数。著者在马边各路搜集笔姆习用的经典，曾检视约二三十位笔姆的经书，大部分只有二十本左右，只有一位有五十余本，一位有八十余本，可以说明普通祭祀熟记二十本经即足，其最繁复的却为道场。在作道场时，笔姆需支长架将全部经典完全暴晒于高杆上。最多者达一百部。

现在举一个例子，是一位害病的小孩，请位笔姆献羊的仪式。仪式开始时，先准备草人鬼，长尾鸡（S-R-Bo），匠人鬼（A-Sa），泥赫兄弟一对，讨口子鬼（A-Ee-A-sJe），拉哲尼莫，吃牛鬼等。又准备一些祭木，长一尺左右，普通习用者桃木、柳木等。祭木的颜色，可分为黑、白、花三种。即去树皮，或不去树皮，或半去树皮。带叶者➤➤➤，倮语称为（Che-Ku），有✖✖者称为（Ku-Chia），独棍━━━则称为（Ku-Chiu）。关于祭木的用处，到今天尚无一清楚的解释。比较可信者，为黑树祭鬼，白树祭神。或云带叶者祭神，无叶者祭鬼。依形式来分，矛为钩［勾］鬼之用，枪为刺鬼之用，虽然可作为一种解释，但尚欠彻底了解。此外又切成寸余长的木屑少许，盛在簸箕里。仪式就要开始了。

第一步解污，倮罗称为 Che-Shu-Kou-De。先烧红一块石头，然后放在一只瓢里，里面有艾蒿，发出吱吱的声音。笔姆随即呗诵解秽咒，将瓢儿在神座（锅装上首）前绕一圈传于主人，主人于三锅椿绕一转，即进入本人屋室绕一转。再交给娃子们，在其他各处转一下，送出门外，即已除秽。

第二步请神，先念请山神经，由远处的山神，请到附近的山神。欢迎大山老林、高岩上的神到此地来。各地所请的山神迥不相同，雷波笔姆所请的山神，与马边所请者，有所出入。山神请完，则请笔姆的护法神，自阿斯老籍至晚近有名的笔姆完全请到。

这时，笔姆口中一边念咒，一边沾些水向锅装上首的枝丫洒去，同时也抓些木屑向门外丢。娃子们在门首把一只鸡的鸡脚系起，串在一根竹竿上，高高挂在门的上端。再把一只重约六十斤大绵羊捆起。请主人家抱着病童，在门口蹲着，有人抱起绵羊在他们头上，转了三匝。又以绵羊在病童的身上磨擦，擦了几匝。据说如此可以把病消脱。此后，将绵羊放在地上，有人将羊角拉住，用刀子刺进脖颈，霎时毙命。又自脖颈至肛门划了一刀，又在四肢的膝盖处各划一刀。把羊头与四肢以及皮子，一并送与笔姆。此刻已将五脏取出，看过苦胆，据说透明运气就好。再把羊心、羊肝、羊腰三种尊贵的供品，先行煮得半熟，插在白丫杆上，与其他的丫杆，一并供在锅装的上首。随时用于在杯里沾水，洒在那些丫枝上。又将一块长约七八寸的木刻，若◊形，向门口丢了几次，尖朝外向始毕。另外一位助手用泥巴捏了一只狗儿，用竹篾条编了一只架子，把狗儿放在架子里面。倮罗称为"德克"，据说是狗鬼，有人又说是吞日狗。原来有个倮民小孩夭折，死后变为小狗，到处作祟，害死不少小儿。现在本家小孩既然有病，就认为它在作祟，给它些羊肉，以便送出去的。至于心、肺、肝子等物，也令病人尝一下。

现在开始驱鬼，驱鬼的咒语很长，兹择要节录在下面：

今晨要送鬼，主人家要打鸡，让鸡的魂魄去找鬼……将男子所变的男鬼，女子所变的鬼王，一齐赶出去。下级的娃子变成的鬼，黑骨头变成的鬼，吊颈死的鬼，绳子勒毙的鬼，家婆鬼，产难鬼等都不准进来。风来把鬼吹走，三年三月形成的河流把鬼冲走，三年编成的脚链把鬼的脚系起，岩石将鬼压死，用火把你烤干，挖出肠子腑脏，丢到大河把他们淹死。

今年不准他们跨进锅装来，明年仍不准来。今年屋基平稳不会倾毁，今年坚固，明年仍然坚固，沟里也不会淹水，明年也不会涨大水，一切都平安了。

神们牺牲已请你们吃了，快把鬼赶出去吧！什么东西都可献给你们，只盼你们把阴气撵走。拿羊肉四块，请四方的客人，好好地招待他们。抓四把牛血向四方面洒，请四方的客，好好地招待他们。

绵羊已经打了，不再叫唤。绵羊煮起，已经分散大家吃了。明晨帮助笔姆把鬼撵走。家里的大大小小得保护，不会害病。十年八年都安然无事。明晨把鬼赶走，十天内不会出事。绵羊已打死，不会叫唤了。请神们吃羊肉汤吧！

念完驱鬼经，下面一步就是招魂。可是在此际可以随便增加，有的尚增加禁忌经、猪尾鸡尾还愿经（亦是咒鬼者）等。可是也有就删去不念了。这时大家吃完了羊肉，笔姆始为有病的小孩招魂。

招魂的办法，在门口的附近预置玉米粑二个、鸡蛋一个，置红绳丈余，由门内牵至门外，红绳就是引魂的路线。笔姆又念些咒语，有二位娃子持木瓢立于门外，瓢内盛泥灰或草灰。这时家里人已大声吆喝起来：门外二人，将瓢内的灰，向外猛倾，这样说已驱鬼他去，小孩的魂灵已返。笔姆又令家人背着枪，同他一路绕屋一周。父母则大呼："我儿的魂灵赶紧归来，回到家里来！"

如此，仪式至此算告一段落，笔姆收拾他的法器，携着羊头与羊皮回家去了。

尾　言

阅完上述的神鬼、巫师与仪式诸节之后，对于倮㑩宗教的形态，已然有些印象。但以篇幅有限，却未能详尽报告，深为遗憾。其实，倮㑩宗教的研究才开始，尚待精深的调查，而最有希望的探讨，厥在比较的研究。因为倮㑩与其他藏缅系的民族，若麽些、水田、栗粟等的类似性很大。例如，栗粟称呼笔姆为冬巴，苏臬为苏则臬巴。西康水田民族则分笔姆与背莫。再进一步，在康藏高原流行的苯教（Bunism）与现在麽些、栗粟、水田、倮㑩民族的原始宗教的关系，特别密切。据说冬巴两字，是自康藏古苯教借来，原是教主之意。而且在麽些经典里称冬巴为笔姆。（参看李霖灿氏著《麽些象形字典》一书）。这证明康藏的苯教与麽倮群所信的宗教，根本是同源的。所不同者，乃在康藏流行的苯教业已沾染浓重佛教色彩，而倮㑩的宗教尚保持本来的面目。换句话说，设若对倮㑩的宗教作加深的研究，更可看出来苯教原始的面目。这只是一个简单的例子。其他的相似处甚多，例如：孔雀为毒蛇的劲敌，山神的地方性，鬼群的类似性等例子，均可参证。非但倮㑩如此，印度与康藏高原也流行这种相同的信仰。所以学者们对西南藏缅系民族的宗教探讨上，若从比较上作功夫，定然可以有新的发现的。

第七卷　第二期　1948 年 12 月

倮族的巫师"呗耄"和"天书"

马学良

一、为什么管巫师叫"呗耄"呢?

　　倮族管他们司祭的巫师叫"呗耄",倮文作 屮帚(Pe-moi),倮语 屮是举行祭祀时作法术祝赞歌咏之意,帚是长老之尊称。今以呗耄二字译其音,似可寄义于音。按梁慧皎《高僧传·经师篇》论释呗曰:"天竺方俗,凡歌咏法言皆称为呗,至于此土,咏经则称为转读,歌赞则号为梵呗",此呗之本义。曲礼"八十九十曰耄"。汉语"呗耄"二字,其意亦为歌咏法言之长老,与倮语音义适合,较以往之译为"笔母"或"白马"者似为妥。

　　呗耄既是替人诵经礼赞祈祷禳祭的巫师,所以他们必须通晓倮文,方能诵读倮经。他们这套技艺,有的是世承家学,有的是拜师受业;因此学□较高的呗耄,便有生徒从他学习法术,诵读经文。生徒白天替老师服劳役,如耕种、畜牧、樵采、炊餐等,惟有夜间方得从师习艺的机会,所以想学作呗耄,非三五年之时间不能出师自立。生徒对老师的报酬,有的送粮食酒肉,出不起报酬的生徒,只要肯替老师力田服役,亦未尝无悔焉。故呗耄师生之间,确能做到"有事弟子服其劳,有酒食先生馔"的尊师重道之美德。

　　倮族的巫师除了呗耄以外,还有一种叫作端公的巫。端公不识文字,只记咒语,自称为神授的。治病祀鬼神时,先紧击其手持之羊皮鼓,继则眸子一转,即假托其神师附身降临,此时一边击鼓,一边舞蹈,为人解答一切疑难,名曰"跳神"。按《说文·巫下》云:"祝也,女能事无形以舞降神者也"。大约端公就是这类的巫,呗耄则不舞蹈,仅于精神之前喃喃诵经而已。呗耄所宗之神,据倮文《作斋经》所载,名曰师祖。相传

215

古代洪荒之时，天宫首先派遣呗耄神师祖下凡，诵了几天经，宇宙方复原状，人民得庆苏甦。故今时呗耄于作任何祭仪之前，必建一小青棚，供奉其祖神师祖，然后举行法术，方能灵验，故《作斋经》中有"师祖慧神降，慧至则作斋，不至不作斋"。此即作法术之前，请师祖之语。盖各民族之巫，皆为人与神之媒介。人所祈于鬼神之事，借巫之媒介以转达。倮族的巫师呗耄，亦不例外，不过他先将意见传达其祖神师祖，再由师祖转达于天宫或其他鬼神。

呗耄和端公不但在法术上有其不同处，且呗耄有经书可凭，一切法术皆有明文记载，故为有本之学；而端公则只凭口传，为无本之学。有本之学，自较口传无稽之可贵，故呗耄在倮族之地位，亦较端公为高，呗耄之于端公，诚大巫之于小巫也。

二、神巫呗耄天上来

上文说过，各民族的巫觋都信为人与鬼神之媒介，倮族深信呗耄的祖神是由天宫派遣下凡的。这种心理，是根据经书的记载与传说及神话，兹分述于下：

（一）倮文经典上的记载

据《百解经》所载："昔日无祭祀，且无稼穑时，翠绿触头映，蔓草错杂生，树头藤萝结，路上草缠叠。昆仑门不通，日出光不明，月出光不明。道路不通达。官临令不行，吏至不理政。天遣呗耄降，清理此孽障，自此官令行，吏临政事清。树头藤萝解，路上蔓草断，日出光且明，月出光且明。"（译录《献酒》章）

（二）传说及神话

传说与经典所载大致相近，据谓古代天地曾有三次大变化：第一次变化，宇宙为混沌状态，天上有六个月亮，七个太阳，因此天地间的一切鸟虫，被太阳晒死，草木枯萎，惟有马桑树及铁茎草未被晒死。天宫起了怜悯心，便派遣呗耄下凡，用马桑枝及铁茎草扫除宇宙之孽障，天地方得廓清，所以现在倮族举行任何祭事，呗耄先用马桑枝及铁茎草洒水祛除魔障邪恶，就是根据这个传说。第二次变化，宇宙间风暴肆虐，草木鸟虫全被风飐死，日间日出不明，夜间月出无光，天昏地暗，大山被风吹得旋转，小山飞荡天空，天宫又派呗耄下凡，才得清朗。第三次变化则为洪水泛滥，天宫派了三个呗耄，携带经书降临，拯救人民，三个呗耄各骑黄牛一头，把经书系在牛角上，不意渡过汪洋大海时，牛角上的经书，被海水浸湿了，呗耄降到凡间，洪水退落，便把经书放在青树叶上暴晒，结果被青树叶黏破了一半，因此现存的经书，仅得原数之半。所以现在呗耄每当作法术诵经之时，必先在祭场上插些青树枝，意即抵补已失之一半经书。或谓当曝经之时，被老鹰抓破了一半，故现在云南禄劝县一带之呗耄，每于诵经时，头戴笠帽，帽缘上系一对老鹰脚，亦即以鹰脚补充所损失之一半经书。又呗耄因骑牛下凡，因此现时有些呗耄，追念牛为其祖神下凡时之伴侣，所以不吃牛肉，也是根据这个传说来的。

保族的经书既是呗耄由天宫携带下凡的，所以保胞视经书为天书，毕恭毕敬，平素呗耄把天书藏于木箱中，置诸高阁，每日焚香虔敬；在举行某种法术之前，必先祭经，方有效验。经书是历代传抄的旧书，用到不能再用时，便祭后焚化，不敢任其污烂，或赠送他人，可见他们对经书的敬重，所以向呗耄讨本经书，往往是被拒绝的。

三、身兼数要职的呗耄

呗耄既是由天宫派遣下凡的代表，所以他们主要的职务，便是替天行道，拯救下民。在未开化的民族心理，以为日常生活中，任何事物，皆有鬼神之主宰，触犯了鬼神，便遭祸祟，所以他们最畏惧鬼神；但天神至尊，可以统治一切鬼神，而呗耄又是天神之代表，所以他可以为人民禳除不祥，驱恶除祟，凡人力所不能及之事，呗耄皆可替人民行之。根据这个道理，呗耄的职责，便可分为以下三项：

（一）司祭

呗耄的主要任务便是司理一切祭事，据我调查所得及经书所载的祭事，可分下列四类：

1. 作斋

呗耄唯一的祭祖大典，就是作斋。作斋的意义是同宗共同举行超度祖先的仪式。盖保族最畏死鬼作祟，生者必须把这些死鬼超度成为仙灵，庶几人鬼异路，互不侵扰。他们以为死者未经超度的仪式，其灵魂常飘忽于家室中，作斋以后，则灵魂随先祖以逝，后一方得清吉。

2. 作祭

作祭是倮族追悼死者的典礼，据谓死者经过作祭后，由呗耄指示阴路，方能走入光明之路，消除疾苦，且可安慰生者的哀思。富足的人家，于人死后，就择定吉日作祭；贫寒之家，亦有延迟数年，节衣缩食，积蓄一笔作祭费，才能举行这种仪式。因为倮胞注重孝道，死去的先人，如果不能为他作祭，便终日疾首蹙额，哀毁不已，必须筹得巨资，甚至毁家，延请呗耄，举行这个祭礼，子孙方感殁存俱安。

3. 作百解

倮胞重迷信，凡遇疾病或灾祸，即以为冥冥之中，有鬼神作祟，唯一的办法，就是请呗耄举行百解祭，意即解除一切祸祟。即未遭凶祸之家，亦必于秋冬举行百解祭一次，盖恐祸隐未发，预防祸祟。倮胞所认为之凶兆甚多，且易遭到，如狗无故狂吠，或仰天哭吠；夜半马嘶或鸡啼，母鸡产小卵，乌鸦乱嗓；鸠栖屋顶，牛尾绕树，瓜裂蔓扁，种出不匀，以及不祥之梦兆等平常事，倮胞则视为祸祟，非延呗耄作百解除祸祟，其心不安，以是倮族每届秋冬，几乎家家举行百解祭，禳除祸祟。

4. 节期祭祀

倮族最大之节期为六月二十四日火把节，是日各家延呗耄至田间祭谷神，祈祷丰年。此外如新年节日，献祭家神，悬挂天灯，祛灾祈福，叫魂送鬼等祭事，皆为呗耄之职责。

上述之四类祭事，后二者普通易行，初学之呗耄，亦能司理。前二者则非博学多识之大师不可，尤其作斋，乃呗耄显身手之良机。齐期普通为九日，亦有多至四十九日者。参与司祭之呗耄，有多至数十人者，各呗耄争献技艺，矜侉学识，如祭场之布置，祭仪之施行，经书之诵读，皆合守家法，以识见之高低，定仪式之繁简；即以诵经四十余日而论，非渊博于经典者不能胜任；若其识艺确能服众，即被推为主祭，则其余之呗耄，甘拜下风，虚心受命，而此主祭，自此一鸣惊人，令闻广播，尊为一代大师，故作齐大祭，实为倮族巫师竞技之奥林匹亚大会。

（二）占卜

占卜亦为呗耄之主要职责，有了疑难不决之事，便求呗耄卜以决疑。占卜的方术很多，大要有以下五种：

1. 掷木卦

以长三寸粗五分的一段马桑枝，削成楔形，剖作两半，这就是卦版。卜时先将卦版蘸点鸡血或清酒，呗耄一面喃喃诵经，一面将卦版掷于地上，若所剖之卦版，一面向上，一面向下，表示阴阳吉卦；否则不祥，即须重卜，必待阴阳吉卦出现后方止。此种占卜法在举行任何祭仪之先。皆须先掷木卦，以断吉凶。

2. 胛骨卜

将所宰之牲畜如牛、羊、猪等之肩胛骨（俗呼扇子骨以为形似扇状）取出，由呗耄查看肩胛上所显示之花纹，以断卦象；再根据经典所释而定吉凶，兹节译《卜卦经》中关于"作斋"之吉卦为例：

作斋卦大吉，准确而明晰，祖妣卦均吉，红卦为上卦，如白岸重叠，预兆阖族吉；白卦为次卦，红牛望食盐，预兆牲畜吉，妇女大平安；三卦为尾卦，如秋羊酣睡，春光暖煦煦，预兆齐事利。

这是在作斋时由所宰之猪中取出肩胛骨，从这扇形骨版上所显的纹络而推断，如一卦之"如白崖重叠"，二卦之"红牛望食盐"，三卦之"如秋羊酣睡"，卦经上对这种骨版的现象，予以吉凶的解释，但这也靠呗耄的智慧与识见而判断。如查看骨版纹络之现象而定以名称，非普通呗耄所能胜任。

3. 鸡骨卜

俅族对于鸡颇为重视，几视之为神鸟，如鸡头、鸡嘴、鸡腿骨皆为卜卦之对象。何以视鸡如此之灵验呢？传谓古代洪水泛滥之时，俅族始祖笃阿木，因受太白星君之指示，刳一木筒，避身其中，随水漂流，方免于难；但笃阿木隐避筒中，如何能知洪水退落钻出木筒呢？据谓太白星君曾指示笃阿木于避身木筒时，怀一鸡蛋，俟鸡鸣出筒，果然得验，以是俅族认鸡为最灵验之禽鸟，可以预知未来。故今日俅族凡举行一种祭祀，取米一升，升上置一鸡蛋，亦有于升旁系一雏鸡者，即本此说；而经中亦屡屡提及以鸡来观察未来之吉凶祸福。以鸡占卜，其最重要之卜法，即为鸡股卜，凡卜问何事，先取雄鸡或雌鸡，由呗耄诵经，以酒洗净鸡嘴及足，然后宰之（亦有敲死者）。取出鸡之左右两股骨，用刀刳净骨上之血肉，然后将两股平头并排，用细麻线束紧，骨上端横置竹条一根，以极细之竹签插进股骨上原有之小窍孔中，因窍孔本为血脉神经之孔，多寡不一，故所插入之竹签数目亦不定，普通多为四根至五根；竹签插入后，视竹签之方向及洞口深浅，再查验鸡卦经，以断吉凶。我所见之鸡卦经，有多至八十余卦者，亦即竹签插入之方向及鸡股上窍孔之不同数目，可有如此多之图形。

此外如查验鸡头顶骨以断天气阴晴、吉凶祸福，如顶骨明爽无斑点者，为天晴之兆；阴暗无光者，为阴雨之兆；顶骨侧旁多黑斑点，或如火焰之纹络，为病丧之兆；骨面有红斑点为凶死流血之兆，种类繁多，不胜枚举。用鸡蛋占卜亦为常用之占卜术，先将碗放在一部经典上，再用一碗水，中置马桑叶，然后将一块烧热之卵石放在地上，将水洒于热石上，此时热气蒸腾，名曰"打醋灰"，表示洁净之意；然后呗耄喃喃地诵经，拿着鸡蛋，便向问卜者询明所卜之事，接着把鸡蛋打开，放在经书上的碗里，细验蛋黄蛋白，以查吉凶。据说蛋黄上一个个的小泡，代表天地日月星辰夜神游神等神位，这些小泡，如果正当，则为吉兆，偏斜则为凶兆。

4. 草卜

取稻草八棵，中腰系以线，然后随意将草之两端，两两相结，结毕，解去腰线，将草展开，查验草结之形，以占所问之事，如问婚姻，若草结连环，即为姻缘并蒂之兆，不联结则主散异，凡此皆就事论事，当机立断，呗耄之优劣，亦视其解释卦象之高低而定。

5. 胆卜

宰牲取其胆，查验胆形，以占吉凶，如胆水满者为家室清吉之兆；胆色黄且满者为五谷丰登之兆；胆色红者，为大吉之兆；胆色黑而不满者为灾年之兆；胆色驳杂多斑点者为死丧之兆。又有验鸡胆之位置而断吉凶者，据谓白日宰鸡，鸡胆附于肝上，晚间鸡胆附于肠上，此二象为吉，否则为不吉。

此外尚有鱼卜、布卜、酒气卜、尽地卜、牲血卜等，因非呗耄之专职，普通人多能为之，且亦不常使用。故略而不述。

（三）医病

呗耄医病，主要为驱祟治病，盖倮人相信凡病皆因鬼神作祟，故遇疾病则□呗耄杀牲祀鬼神或驱除病祟。间亦有服药者，呗耄多明药性，暇时常去深山采药，或预藏禽兽之肝胆以作药剂，常读倮文经典中亦有医药之记载，如《祭经·喂药章》云："古代病症九十九，药草百廿种。病先一日来，药迟一日至，药迟无足虑，良药自内入，病症向外出，我为尔呗耄，为尔述药剂。……采药采药兮，采药到东方，东方天未明，未闻产药处，未见产药处；采药采药兮，采药到西方，西方云未散，未闻产药处，未见产药处；采药采药兮，采药到北方，北方雾弥漫，未闻产药处，未见采药处；采药采药兮，采药到南方，南方荒山径，未闻产药处，未见产药处；采药采药兮，采药到天间，天间产良药，药枝伸地上，女子来采药，男子来炮制，杵臼来舂捣，石磨来研磨，铜锅来煎熬，铁匙来调搅，煎药处来煎；药沸声腾腾，沸腾凌天空，置之太阳间，太阳神来饮，太阳神不死；沸腾降地间，置之发旺地，置之月光间，嫦娥仙来饮，嫦娥仙不死；沸腾至世间，置之人间世，置之人居处，帝王前来饮，帝王永不死，此乃天间长生药，世间除病剂"。此节叙药之来源，其下又记述何药医何病："云际绿鹰胆，绿鹰红鹰胃，此乃阴间速行药；南方绿蟒胆，绿蟒红蟒胃，此乃阴间伤寒药；北方绿虎胆，绿虎红虎胃，此乃阴间腹泻痢疾药；树端绿猴胆，树端绿猴胃，此乃爽身药；山林雉鸡胆，山林雉鸡胃，此乃伤筋损骨药……大江鳄鱼胃，此乃渡船昏晕药……胡椒生汉地，胡椒治伤风；黄姜生汉地，黄姜治腹泻，……"药的品类繁多，各种疾病皆有对症之药，仅节译一段以见梗概。所用之药，不外草木虫鱼鸟兽等之根叶肝胆，我们暂不论所列之药材能否对症；但由此章经书，可以看出呗耄不但是巫而且是医，因联想到古者巫医连词，良有以也。

呗耄的职务除了上述的主要三项外，他如出师征讨、判断讼狱，皆赖呗耄占卜决之，故呗耄亦为倮族之军师法官，其在倮族之地位，颇受人之敬重。

四、呗耄肉食

呗耄在倮族社会上之地位，既如此重要，人民对他的报酬，也甚丰厚。传谓古昔人民须向呗耄赋税，或行公田制为呗耄划田一方，村民共负耕种之责，所以昔日呗耄在社会上是坐食公禄的士大夫阶级。我在倮文经中也发现一段这样的记载，据《百解经·献酒章》云："史组族纳柏，（按：此为古昔呗耄之居处）呗田呗不理，呗田由主理；（按：主即人民，呗耄为某家作祭事，该家即为其主。）……呗地呗不理，呗地由主理"。由此假经书，可以证明传说之可信。呗耄不但只享公禄，替人作祭时，还应有酒肉之报酬，这也是呗耄先祖努力奋斗的结果，经中又载呗耄忽然不耐烦起来，相约罢工而去，人民大为惊惶，于是人民允以"上级三十骑，下级三十骑，遣人约呗耄，呗耄归来兮，呗耄不肯来；上级六十骑，下级六十骑，遣人约呗耄，呗耄归来兮，呗耄不肯来；上级九十骑，下级九十骑，遣人约呗耄，呗耄归来兮，呗耄不肯来；倾室牛与马，举以赠呗耄，如此尚不足，来时赠牛马，去时衡白银，持以赠呗耄，呗耄不肯来；如此尚不足，史组族纳柏，呗田呗不管，呗地呗不管，呗若归来兮，牲首与牲皮，腿与胸赠呗。呗主不同食。食肉用银刀，饮酒用金杯，持以赠呗耄。延呗驾高骑，红绿丝饰马，共同请呗耄，呗耄方转来，如此安居与享受"。从这段记载，我们可以推知古昔人民对于呗耄是何等的厚遇，而今呗耄虽然已享不到如此的报酬，但仍能四体不动，坐食于人。

呗耄每次替人家作一次祭事，仍如经书所定，以牲首与皮腿胸脯酬呗耄；但公田制是早被取消了，而代以粮食及银钱；备马迎送，独桌用餐。在举行大祭时，椎牲动辄数百只，经中记作祭之牺牲云："椎牛加蚁堆，椎羊如白绸，椎猪如黑鱼"（《作祭经》）。可见用牲之多，而呗耄所得之牲肉，可想而知，他们除在祭场吃一点外，余下的背回家去，腌成肉脯，所以呗耄平居每食必有酒肉，在倮族中可谓肉食阶级了。

但降至今日，呗耄的地位，日形式微，除了粮肉照例酬赠，公田却被人民共产了，所以每与呗耄谈起，都不免有今昔之感！而且后起之呗耄，因为声望不高，很少有人延请司祭，所以除了老牌呗耄还可肉食，后起之秀，每与"食无肉"之叹！

五、日渐没落的天书

上文说过，倮文经书是由天宫派遣的代表呗耄带下凡的，所以倮族把他们的经典看作天书。据我所搜集的二千余册经典（现分藏于中央研究院历史语言研究所图书室国立北平图书馆及北大、清华、南开等图书馆分门别类），大要可作九类：

（一）祭经

1.《作斋经》

2.《作祭经》

3.《百解经》

4.《除祟经》

（二）占卜经

1.《膀卜经》

2.《鸡骨卜经》

3.《签卜经》

4.《占萝经》

（三）律历

（四）谱牒

（五）伦理

（六）古诗歌及文学

（七）历史

（八）神话

（九）译著

每类经典包括书籍多种，由经之内容，我们可以推想倮族文化曾经有一个鼎盛时期，其后因为巫师职业化，不加研究，日渐衰落。据我的意见，以为倮族文化的衰落，似有以下三因：

（一）巫师的腐败

倮族习倮文者，多为巫师，必须学习倮文，方能诵经，为人司祭，人民少有通晓文字者，而一般巫师逐渐职业化，对于经书不求甚解，只求能逐字诵读下来，就算胜任了；而且老巫师教授生徒，只要把各种祭仪的作法，传给生徒，经书的内容懂不懂是无关宏旨的；又因倮经多系传抄，刻本很少，生徒从老师处逐字抄来，辗转抄袭，自不免遗误；甚或妄自修改，以讹传讹，渐失经书本来面目，所以现存的经典，很多的不能成读了。我在云南寻甸县倮区所搜集的经书中，同一《百解经》，本本不同；后来转地武定，找到较古的写本，两相对照，方知寻甸经本脱误增损处太多。据武定老呗耄云："寻甸后起之呗耄，多师承武定"。而其传抄之底本，自亦出于武定乃师之手，后因生徒浅陋，传抄错误，或因经文冗长，在祭场中读起来煞费工夫，索性删略；亦有因与方言读音不同，擅改原文，以符方言，如此世世传抄，形成经书之厄运。其实这类的呗毟，尚本师承，遵经守法，更有些青年的呗毟，索性口传，不要经书了，那种错误，更足惊人。我曾经吃过一次亏，当我初至倮区学习倮文时，聘了一位青年呗毟，教我倮文，他以他唯有的一本倮经授我，初时我先要他照经文逐字读音，我来标音，过了几天，发现我所标的音，常有同一倮文而有数个不同之标音，我有点怀疑起来，于是我再向他请教，他却又读出与初不相同之音，再过几日，我仍以这几个字来问他，他又读出一些不同的音，我更加疑惑了，后来索性我把过录在卡片上的单字，请他一一重读，结果他一个字也不认识，我才发现他只能背诵一本经文。他教我的方法，只是由他所记的成文，一串地背诵下来，怎奈经书上的经文，和他所能背诵的经文，不出一辙，我白费了数日的工夫，而获得了慎重投师的经验，如此巫师，经书怎会不湮没呢？而且后起之巫师，十九是如此的，以此类目不识丁之巫师，身系一族之本位文化，如何能不衰落呢？

（二）焚书的厄运

外国传教士在边区传教，可谓无隙不入，只要有人烟的村落附近，必有一座堂皇的教堂。外国传教士传教的精神，确实值得我们佩服。他们每到一区，先学会土话，与土民亲近，再用柔化政策或重金收买他们的经书，全部焚化；他们知道要想使教义深入土人脑中，非先消灭他们的固有文化不可；固有文字的经书消灭后，西洋教士又创出一种拼音符号，拼读圣经，这种符号叫 Pollard Script，这是清末英国传教士柏应理氏所创，迄今数十年，以此种符号，翻译边民各种语言的圣经，奉教的土民，先在教堂学习这种拼音符号，因为是一套英文字母及杜撰的一些音符，所以简单易学，不足一月，便可教土民拼读圣经，而且土民信教的甚多，时下在苗区或倮区若问他们的文字，皆以 Pollard Script 为其固有文字，而忘其固有之文化，可谓数典忘祖。书至此，不禁忆及国人之提倡汉字拉丁化者，可以此为殷鉴。

（三）汉化的影响

倮区交通较便之处，因与汉人常相往来，则多习汉语汉文，近且设立学校，倮族入学者渐多，他们觉得读汉书与汉人接触较为方便，因此渐弃其固有文字，而争习汉文。学倮文的人愈少，则应用愈微，所以时至今日，除了想吃羊腿的巫师肯学习倮文外，其他的人，很少有兴趣来研习自己的本位文化。

上述的三种原因，足以使倮族文化日渐衰竭，现在较好的经书，多半是保存在老呗耄的手里，或藏在山洞里；至于今时青年呗耄传抄的经本，遗误篡改，已失去本来面目矣！研究倮文经典者，切不可上了他们的当；何况青年呗耄，大多是不识倮文的，只从老呗耄学会了背诵几套通常祭时所用的经文，其余则一无所识。

因此倮人对其文化之末运，亦深感悲观；每与倮人坐谈呗耄与天书的情形，他们惯会提起昔日的一些荣誉故事，如某县昔时有一老呗耄，熟读天书，且能深解，某日于深山中诵经可使山裂龙现；又一呗耄，不服其技，继续来诵经且能使龙口喷水作雨。又如某呗耄诵经，可使地上呈现许多的花朵，如此传说，随处可闻。谈到现时之呗耄，已不能通经识字，不能作出灵异之法术，颇有今昔之感！可见他们对天书信仰之深，及对往昔呗耄推崇之重。

六、金沙江边访神巫

我们研究倮文经典，并不是抱着召龙现花之用，当然有我们的目的；但时至今日，老师宿儒，相继凋谢，得一识字通经之呗耄，比东海求仙还难。一个慨然于倮族文化日渐衰落之青年李旭初君，他曾沿着金沙江边攀山越岭，不辞艰辛于探访神巫，足履数千里，逾时近月，最后在金沙江边的一个村落中，访得了一位老呗耄。据说祖传数代，都是在齐场中坐第一交椅的。他幼承父学，又取得了附近数县之荣誉，可见他是家学渊源，他能通晓一切法术，讲解各种经典，可谓硕果仅存。李君把这位呗耄介绍给我，从他学字习倮经，他有诲人不倦的精神，把他祖传的经书一部一部地开讲，讲了将近二年，他所存的经典，大致讲完了，他并且把古经中的字，集成一本字典，又把变体字汇集起来，这样便可读些变体字的经典；因为倮经经过历代传抄，字体变化甚大，且许多呗耄，以方言歧异，语文不能一致，因此抄经时便依照方音，依音借字，擅改原文，所以往往学会此方文字，若读地方经典，仍究茫然不识。倮经难解，此为主因。老呗耄有感于此，所以从他所存的各地经典中，互相比照，把变体字汇集起来，纂成约有二万字的字典，这对于博览倮经，有很大的方便。我根据他的字典，想把每个字的来源，及在经书上的用法，每字下列举经句为例，这样可使研读倮经者，利用这部字典，便可自读倮经，以免跋荒求师之苦。这工作我在倮区仅写成三分之一，值母病关中，函电催返，因将稿存川中，返陕省亲，嗣以生活煎迫，留陕二年，奔走衣食，致此未竟之作，依然藏诸筐中，思之常感慊慊于怀！

七、土司衙门

我和老呗耄把他所藏的经典，译成汉文之后；又接受了他的建议，去武定县求经。原来武定是明季凤诏土司之所在地，著名的镌字崖，就是凤土司在崖壁上所雕的倮文汉文对照的凤氏宗谱，这是现存较古的倮文碑记。因为凤土司提倡文化，所以当年武定可算得倮族文物兴盛之地，我们推测现在必还可探寻出一些遗迹，因此我们决意到武定去。

凤土司的后裔，因乱改姓那，现居武定茂莲乡。我们骑行六天，在一个小盆地中发现了这有历史性的土司衙门，虽然外表破陋了，但规模很宏大，现时当政的是那老太太，她有五十多岁，生一子一女。其子那休，幼年有大志，十四岁时，私自逃到北方去，曾在天津南开中学读书，毕业后，回到家乡，本可袭土司职，但因他反对当土司，常劝他母亲离开土署，授田与民，母子到别处居住，无奈他母亲不同意，因愤慨自书联语，贴于土署大堂之两柱上，联曰："这土司不过草莽之臣，享祖先现成福耳；真丈夫当存鹏鹄之志，为人民谋幸福也。"从此去昆明讲武堂习艺，颇得当政之赏识，毕业成绩冠侪辈，委任为金沙江边防司令，时年仅十九岁，任职以后，励精图治，刷新政治，常以地方土劣，鱼肉人民为愤恨，因标出打倒土豪劣绅之口号，奈地方恶势力根深蒂固，积重难返；且因操之过急，地方土劣，陈之当道，诬其有反志，因被撤离职，慨然去广西投某军麾下，自此未返故居，迄今已十余年矣。故今日其母安氏，执土司职，安氏亦甚精明，理政听讼，井然有序，亦巾帼丈夫。民二十二年，以家奴煽动佃户反叛，土司土舍罹难者数十人，安氏潜逃，幸免于难，其后省军开来弹压，其乱方息，安氏自省归土署，收拾残局，方欲图治，无何□□□□□□，历代珍藏，劫掠一空；开放仓库，任民取用，历数月大乱始止，而土署自此一蹶不振矣！

武定倮族文化，多荟萃于土司所在地；且凤氏历代兴学，教育人民，鼎盛时期，土署中有博学之呗耄十数人，现存倮经善本，多为此时写本，凤氏又虑写本历代传抄，难免遗误，因鸠工雕版、印刷，流传民间。凤氏之后裔，皆精通倮经，且辟藏书楼，网罗倮经与汉籍，蔚为大观，惜屡经变乱，历代文物，付之一炬！

我们到了土署，听到这种消息，深有来时恨迟之感，检视现有藏书，仅余一点残迹，不免怅惘于怀。安氏见我失望，因告以民间尚流传土署中之藏书，尤其曾在土署中作过呗耄的家中藏书尚多，因此类呗耄告老还家时，即携土署中之经典以还；并告以离土署二十余里，有土司营盘一座，先人虑有变乱，因将经书雕版及一部分珍本经典，移置其中，方免于难，谛听之余，转忧为喜，因急驰马至营盘寻视，仅余倮文雕版数十方，至于经典多被盗窃，或被守卫士兵，取作燃料；惟有昔年土司作战之野猪皮战甲数袭，则犹完好，因检得一袭携归；仍感不满，乃与安氏筹商，如何将民间藏经收回研究，因决议召集呗耄大会。

八、呗耄大会

安氏间常慨然于倮族文化之日渐没落，时以复兴文化为己任，民国二年曾联络贵州、西康等土司，及在省之军政要人，组织倮族语文研究会，以人事关系，无何成绩。这次见到我热诚地研究倮族语言文字，深表欢迎，自觉凤愿可偿，并且竭力帮助；惟因经书不多，因召集呗耄大会，想借此机会，劝导呗耄，交出他们先人从土署中携去的经典，且可借机测验附近各县呗耄的成绩。

在正月十八日，茂莲土署中有一个盛大的集会，附近数县的呗耄如期赶到，土司派人殷殷招待，每人发给烟、酒、米、肉，自炊自食。是日傍晚，在土署中举行夜会，参加的呗耄有二十余人，民众来者约数百人，这一场夜会，也可说是呗耄竞赛大会；盖倮族不论男女老幼，每逢盛会，必饮酒咏诗，诗歌的词句，则随情吟咏，脱口而出，不假思索。青年男女所吟者多为抒情歌，老年人则吟古诗，词句愈雅典，愈能博得好评，他们虽很少读过倮经，但经书上的典故和道理，全凭这口传，得以保存，凡盛会大典，酒酣兴至之时，宾主多以酬答诗歌代谈话。这次的呗耄大会，可算得倮族的学者大会，因为呗耄是识字通经的文人，他们当能使大众惊服。

在土署的客堂中，灯烛辉煌，呗耄排坐在两侧，参加的民众积得水泄不通，土司派人送来一罐酒，为大家助兴，因为我是远方的来宾，必须让我先开始咏诗，这是倮族的礼节，我把来此的任务及土司召集呗耄大会的意义，用诗歌吟咏出来，接着在座的呗耄，争相歌答，有的对土司歌功颂德，并慰劳我不辞艰辛远道来访的盛意；有的慨然于倮族文化落后，经典之日渐散佚，也有像歌颂史诗似的历述倮族文化昔日之盛，及今日之衰，娓娓动人，有些人竟被感动得陨涕，如此酬答，歌声四起，竞才品艺，互不上下，直至夜阑，大家犹未尽兴。

翌日清晨，土司向我商量筹设学校，研习倮文，由呗耄中选择学识优良者为教师；我也很想借机精研倮经，所以很表同意，于是便把土司的意思，向到会的呗耄发表后，他们都很愿意借此一显身手；因为若能被选为土署中的经师，那是一件很光荣的事。我同我所带来的呗耄，给他们以简单的测验，结果只选中了二人，其余的全不合格，由这次的测验，使我更了解倮文已至垂死时期，及呗耄之疏浅了。

九、文艺复兴

以文艺复兴来表示倮文之复兴，似乎近于打诨；其实只以茂莲土署而论，这话并不算夸张。上文曾谓昔年历代土司，都设学校授生徒，雕刻经书，现今迤东一带的倮经，多由土署中流传出去；后起的呗耄，也是由土署中的老呗耄衣钵相传，而保存着现在的一点文化，自从土司式微后，文化也随着消沉下去，百数年的黑暗时期，遽然又在土署中，复兴弦诵之音，所以土司常表现着满意的笑容。

在寂静的花厅中，门前有一座人工喷水池，池上砌以石桥，厅院中古木修竹，是一个读书的幽雅胜地。据说当年石桥全里以锡，故名此堂曰锡质堂，老土司生时，终日修静此地，除了侍役，平居少与人往来，老土司故去后，厅院扃锁，这次因为鸿文重开，所以土司便□然地把这古香古色的厅院□放了，十几个学生，三个呗耄，每天教授倮文，诵读倮经，不到一月的时间，民间所藏土署的经典，也源源送来，我们有了大批的古本俫文经典，因此同呗耄一本本地翻译出来，土司也常来参加讲经，她凭口传，颇了解一些古典古制，有了这次的机会，我对俫经的造诣，较前更进一步，后来我看工作日渐繁重，惟日不足，我考查这十几个学生，汉文程度很好，有些是师范毕业，曾做过小学教师，最低也是初中或高小的程度。我感到这些青年，若还抱着以往学呗耄为赚羊腿的目的，则他们旷废时日，诚为可惜，因此我常开导他们，每人要立志于边疆文化工作，不几日他们都有点觉悟，我便乘机与以新知识的灌输，循循善诱，他们都感到学作巫师的可耻，每个人都一腔热血，矢志于边疆工作。因此一面叫他们从呗耄研习俫经，一面由我授以在边疆工作的基本学科，如教他们学习国际音标，拼读边语，读边疆历史，晓然于边疆民族的过去与近况，并且教他们练习汉文写作，使他们能够写出自己俫族的礼俗。我所以能多了解一点俫族社会的真实情形，大多得力于这些学生，他们都很聪明，而且肯努力，不期年，他们除了学会了俫文可以自读俫经外，每人且能用国际音标，注俫文及他们的种种方言，成绩较好的一二人，可帮我翻译经典，我在俫区工作得到他们的助力，至少可以缩短一年的时间。

　　十几个青年的成功，我们固然感谢呗耄的教导有方，和谆谆教诲的精神；我们更应感激土司的倡导及帮助，她很爱护这帮青年，往往资助鼓励他们，所以临别时，都对土司有依依之情！

　　我终以时间与经济的限制，不能再继续工作下去，呗耄和学生因为我的离去，他们也感到索然寡趣，也随我一同离开土署，而这十几个青年，颇愿实现他们效力边疆的志愿，适南开大学边疆人文研究室主任陶云逵先生，向当局交涉，想召致这帮青年工作；但因经费的关系，心余力绌，因期以将来，不幸这位热心边疆文化的大师，于我返回西北后的数月中，竟志赍以逝了！

　　到现在已是两个年头了，我回到西北，为了仰事俯畜的重责，几次想展翅南向，屡以啼饥号寒之声，激人心魄，我心匪石，终不能逃脱人生羁绊，瞻望西南，兴叹而已，这十数个立志在边疆工作的青年，还时时来信给我，温存他们文艺复兴的梦！

第六卷　第一期　1947 年 3 月

丽江妇女的生活概况

银　涛

引　言

在天地的熔炉里，受时代烈火的冶炼，人类社会的文化是日新月异地变迁着的。如这远居天末的丽江地方的一切风俗习惯，数十年来已有许多今昔不同的进展了。

大有影响于丽江风化的丽江妇女，现在自觉地向前奋斗着，我们一边抱着"摇旗呐喊""自救救人"的愿心，一边还须做点反映人生，留下此时此地的社会影子的工作。可是作者本人的能力太薄弱了，才拙识浅，职责又繁重，光阴是无时不在忙碌中过去，精力也一大半消耗于育儿与劳动的琐事上了！近因仲兰表妹的再三鼓动，在这身心劳顿之余，写出这点枯燥乏味的东西，自然不能有声有色地表现丽江妇女的生活，而且仲兰所主张的写成短篇小说的计议也未免辜负了。

不过，一个婴儿坐在怀里，另一个小孩趴在背上，这篇作品是啼笑杂扰的景况下产生的，也许它有它的意义吧？

一、推磨、酿酒、养猪

推磨、酿酒、养猪，看来是三种分立的工作，但在丽江妇女的工作项目中，三者实有互相关系的特殊情形，就是：磨豆、酿酒的不能不养猪，因为豆糟和酒糟是饲猪最好的食料。

丽江妇女，早有"肩挑日月，手转乾坤"的伟举了，那所谓的"乾坤"，就是指上下交合的石磨而言。丽江人的家庭，差不多家家都设备有用手摇动的这种石磨。家里没有助手的妇女，一个人独推独挽，一早晨总要转磨两三个钟头，磨的是豆腐，或是豆粉，那就没有一定了。

一般勤于操作的丽江妇女起床时，星辰还满天灿烂着，如果是严寒的冬天，泡着豆的桶里也结着很厚的冰了，破冰滤豆，手僵指痛，高高地卷起双袖推磨的当儿，朔风刺入胸间，周身都冷得透骨！然而用力渐久，寒威渐被热力征服，汗珠反会从两边的鬓发里流了出来。

一面磨豆，一面酿酒的女人们，一起来，便将酒灶里的火烧着，刚刚把豆磨完，酒甑上压水锅里的温水也可以舀换了，于是换了水，又去挑水，再来挤淀豆粉，怎样循环不息地忙了一阵之后，早餐的麪麪也可以在酒灶前的火上烤了。

酿酒的大麦是不一定天天煮的，就是天天煮，也没有多大麻烦；只要家里有个老太婆看管，年青的妇女是熬完酒，吃过饭，喂了猪，就可以再去从事其他的行道。

每隔三五个月，出卖一两条肥猪，一部分做家庭开支，一部分上晾储蓄着，家计就算小康了。

二、下乡运粮

距离丽江城市几里或几十里的四围乡村里，天天有下乡运粮的城区妇女来往着。走远乡的，早出暮归，还要把买来的粮物当天就背到街上去卖；只到近处的，则一天可以往返两次。但是做这行跑腿生意，也是很有限制的：不是由某乡嫁到城区的妇女，便没有下某乡运粮的权利。并且，同是做这行生意的人，也不能不分方向地互相侵越别人的界地啊。

要下乡的妇女们出去的时候，空口袋放在空篮里，脚上蹬了草鞋，轻身大步地向前迈进着。不一会，同业的其他女伴也或先或后地赶来了，彼此互相招呼，互相询问昨天卖到的粮价；对于自然界的景物是她们绝不关心。时刻在她们的心底回旋起伏着的，乃是：某村上的某某几家，还有多少多少存粮，还够供给她们贩运多少日子；城里某某几家的闲钱又是怎样怎样的活动，现在已收集着米和杂粮若干若干了，将来粮价一涨，有钱人不是富上加富了吗？……

走到目的地了，她们便装着满脸笑容，向富农家的主妇用甘言求悦，打听她们可以替主妇就近在城里买办的事体。这家的主妇高兴把粮物卖给她们时，她们就不须再到别家走动了；于是不敢赊欠地买了一背豆子或麦子回来。到了可以坐息的地方，便把身上的重负卸下，提起一角破旧的围裙揩揩汗点，取出藏在怀里的麭麭干嚼。又捧喝了几口路旁的河水，仍向着永远嘈杂，永远混乱，永远是烦嚣的城市走来！

跑了一天的结果，很难挣到买一升糙米的开费，孩子们是东张西望地在门口等候着了，丈夫和公婆的食用，也靠着她们供给的情形，又何尝没有呢。

三、赶赶市集

丽江妇女赶集常去的地方，过去只有三处——鹤庆街、逢密街、石鼓街——年来因食粮恐慌，生活困难，远如永胜等隔丽江三五天路程的地方，也有了她们常到的足迹。

赶鹤庆城街的人说：一年中，她们是过着半年的跑腿生活。赶逢密街，则走路的时间较多。赶石鼓街的，更是没有哪一天不上路了。

赶赴以上三处市集的人，每一次来回，要在半路旅宿两个晚上。第一天由家里出发，一路爬山过关，急急进行；但走到常有土匪出没的地方，便要等候着多数同伴和男伙而行，谁也不敢争前，谁也不敢落后。到了歇宿地时，各就熟识的农家茅店里过夜，饮食、床位，都是随便极了。

第二天是街期，村鸡没有叫时，她们就起来走了，一口气跑行了二三十里路，来到场集所在的地点，便忙着去做买卖，挤过去，又挤过来，挤过来，又挤过去，等到买卖做完了，她们才去买吃一点食物充腹。

本钱多的，办货一两驮，雇人背，或雇马驮运，自己是可以轻装健步地回去了。本钱不多的，自己背着自己的货转来。不买不卖，专供他人雇役的妇女，毕竟很少。

日子短的时候，这天晚上的落店时间，非摸一段黑路不行。

赶集妇女回头的那天，丽江街上也显得格外热闹，尤其是到了鹤庆街回头的日期，正街两旁的临时货摊，多到百打百位。乡农的人，城里的人，凡是做日用品买卖的人，都算着这天日子来买货物，真有"百货云集"的大观了。

四、杂业种种

"谋生"与"治家"，都是丽江妇女不容偏废的职责，做工也好，经商也好，一家的经济来源是不能不由妇女去开发的。除了上面所述的几项业务外，还有开铺子，也是丽江妇女认为较有出息的路头，如：开匹条铺、杂货铺、女红铺，油、盐、茶、酱铺。资力充足的，开个规模较大的铺，本金有限的，开个内容简单的铺。假使家庭赘累太大开不成铺子时，她们就按着季节收存粮米，收存各种有价货物值的，杂贱贩贵，辗转经营，只要做得顺手，也可以赚到相当于开铺子的利润。

又如：兑换钱钞啦，做居间人啦，开设饭食馆子啦，制卖种种零食物品啦，无一事不是由妇女主持着，活动着。

没有禁种鸦片的过去几年，做鸦片烟生意的丽江妇女也很多，每年到了四五月间，女烟贩子们背着竹箩，插着长秤短戥，跑到四乡买新烟去；买到几十两或几百两回来，便有几元或几十元的盈利了。这种旋买旋卖，要不了多少资本，货品也用不着日久藏储。要是有钱的趁着新烟上市时，收买多数烟土存着的话，日后的发财机会是不会坐失了。

至于丽江妇女的工艺作品，也许比较别处要稍显落后。不过，绣花、挑花、串花、锁鞋口、排七星、缀羊裘，以及缝制衣、帽、鞋袜等一类的手工是她们最爱学习，而且也各有所长的。每一个丽江妇女，都不能只做一种单纯的工作；开铺子的，有的还做针线，有的还做推磨、酿酒的事情，背着孩子奔走，背着孩子操作的日有常况是更不用说了。

五、婚姻与家庭

丽江人的婚姻，大多数都是由母亲替儿女主办。过去更有只由一方面发动，并没有得到对方的同意，而用暴力抢娶成婚的。例如：舅舅的儿子，可以强娶姑妈的女儿，假使姑家拒绝订婚，舅家就有抢娶的权利。又如：少妇孀居，行动不能自由，谁想娶她，随便可以劫来结合，一切交涉是可以等到事后从容办理……

在这种习俗环境之下，一般意志薄弱的女子，很容易被恶势力所胁服！若是生性刚毅，极度不满意于对方的妇女遭了这种命运时，便以一死争取胜利；那么，种种牺牲不幸的悲剧，也未免常常发生了。

近数年来，婚姻上的纠纷，又走着与过去不同的路线：幼小时便由父母替他们订过婚的青年们，不愿与自己〔不〕喜欢的人共同生活到处闹起退婚的风潮。于是亲友变为仇敌，法庭上的退婚案件也日见加多。

可是握有家庭经济权的母亲们，一面正苦怨着人心不古，儿女婚事的辄多变卦，而一面又仍汲汲于物色儿女的配偶，设法加多订婚时送用的金玉饰物，奢靡相尚，沿袭成风，竟至替一个儿子订婚，非有一两千元——多则三千五千——不办。还有会亲家呀，接媳妇呀，送节礼呀，种种破费不赀的麻烦。同样，出嫁一个女儿，也要预备至少五六千元的全套家具及衣服等物做陪嫁，中产以上的人家，都有破产亏累的危险了。

结了婚的女人又怎样呢？普通一般的人家，讨了一个媳妇进来，总以分担一点家用为原则，认添补油盐也好，认添补小菜也好，不负经济上的责任是不可能的。但是勉强支持着大家庭制度，婆媳妯娌间的怨争诟谇情形也特别普遍啊！

六、信仰

生在二十世纪的丽江妇女，对于自然界的一切和人类社会，还不能揭破了迷信的黑影透视过去，所以她们的信仰是迷惑而不正确的。

配婚姻，要排八字。不生育，要退白虎。人死了，要查死者的前生后世。养孩子，也要算命宫里的福禄如何；至于有疾病、疑难、灾异之事，则以求签、问卜、祈祷、许愿为前提，请东巴禳解，请巫妇通鬼赂神；厄消了，便说神鬼有灵。即使所求不验，也认为命该如此了。

每一个较有名望的大寺里的和尚之下，都有各成系统的女弟子一组，这些女弟子的来历，有节妇修行的，有老太婆忏悔的，都以皈依佛座，寻求安心立命的方法为宗旨，但是她们所注意的，只是集会唱经一类之事，对于佛教的微言妙旨是毫不懂得啊。

她们虽然不识经文，她们虽然不懂经里的深意，而她们的信仰之心是最诚笃不过，同时她们的虚荣心也极其强烈。她们各拥护各组的和尚老师，各保全各寺的崇高名誉，寺里办会念经的用费是由她们轮流负担，寺里有修建殿宇房舍的大举动时，也由她们出来劝捐化募。有钱的出钱，有力的出力，一定把这项功德做到圆满才止。

总之，在她们的眼光中看来，世界上的万事万物，都是由千千万万的神操纵着；上自风雨雷电的变化，下至昆虫草木的琐屑，无一样没有神的意念存在其间的。

我们要使她们有具体的、正确的信仰，一定要使她们破除渺茫的、荒诞的迷信。

七、抗战中的丽江妇女

在过去，驻防丽江的某部队伍有叛变阴谋，与鹤庆、剑川一带的土匪勾结着，已决于某日在丽江城区会兵起事了；恰巧那日省军也兼程赶到，他们连行装都来不及整理地去御剿匪军和叛军。当天要送到阵地去的军食是派由人民摊出粑粑应急，一小时之内，全城妇女总动员起来，她们烤制的粑粑，如山阜般地堆集着；有一部分妇女是自动地背着粑粑上前线去，替省军烧水调浆，表示她们特来慰劳的熟诚。那一次的战事，省军终于大获胜利，渠魁也被歼灭了。目睹那次战役的外属人，至今还赞叹丽江妇女的勇气不置。

在目前的全面抗战当中，丽江妇女对于国家，又有些什么特殊的贡献呢？

自抗战开端以来，前后应征出去的农工商壮丁那么多，不惟仰事俯畜的责任，已经全由妇女肩负起来，即门摊户派的捐税种种，哪一项不是由妇女筹措维持的呢。

而且，每一次新兵出发之前，都在丽江四方街上举行欢送大会，这种大会的发起者，又常常是一般热情激壮的普通妇女呀。

在广场上烧起大堆柴火，新兵和民众，都围着火，徐徐对唱；兵方唱依依惜别之词，民方则唱鼓励勖勉之曲，一唱一和，终而复始，唱的都是麼些调头，歌声极其清幽美妙，往往唱到真切动人的地方，掩目悲恸或破涕为笑的情形都有了。

此外，劝募救国捐、寒衣捐和在其他自动献金的种种组合之下，妇女方面所筹获的款子，总没有比任何有势力的机关减少过。她们的民族意识是虽然不像都市妇女一样的清楚，而其实际上担当救国的工作，有过之无不及的。

八、丽江的女子教育

丽江的创立女子教育，现在已有三十年了。我们可以把这三十年的历史，分做三个时期记述。

自民国元年至十年，是丽江女子教育的萌动期，十年至二十年，是丽江女子教育的静止期，自二十一年至现在，是丽江女子教育的改进期。当第一期女子教育才在萌芽时期，丽江城区附近，先后成立了略具雏形的女学堂三处，每处有学生三四十名。不多几年，女子高小学生也有了，又不多几年，女子师范讲习班的名称也出现了，接着女教员也很快地产生了滥竽充数的几个。但是，那个时期的教育内容，专以发扬封建制度下的礼教为主体，女教员和女学生的脑子里只充满着一大堆三从四德的学识，外面的五四运动前后所激起的新思潮，何曾灌注到丽江女学界中一点一滴呢。

丽江女子教育走入静止期的原因是：一方面因为交通梗阻，风气闭塞，家长送其女儿入校读书的目的，不过是使她们混一下幼时的光阴，和认清楚自己的姓氏而已；所以读了三年五年之后，一到她们堪供役使时，就令辍学帮家，去做生利的事了。另一方面，则由于主持地方教育事业的人，都是思想顽固的老前辈，他们根本不赞成女子的学识提高，他们对于本地的女子教育，不摧残，也不培植，于是丽江女学，就因之萎缩下来。

到了第三阶段的改进期，全县初小，一律实行男女同学制，使女子的入校机会增多；而且特别优待女生，鼓励女子求学这时候，女子教育也得到与男教员平等的待遇了。

最近教局更成立了女子简易师范一班，学生多，程度也不坏，丽江的女子教育，快要转到蓬蓬勃勃的发达阶段了啊？

九、丽江妇女的今后路向

交通如果一天天便利起来，丽江的各项事业，就要一天天跟着发达；丽江妇女的知识水准，也不能不随着物质社会的进展而提高了。

今后的丽江妇女应该注意的是：

（一）促进女子教育

要改善丽江妇女的道德与知识技能，非从教育入手不可。教育的结果，要使本其固有的独立精神，发展科学化的社会事业；如组织种种合作社、幼稚园、育婴院……等团体，借以减轻妇女的累赘，而加强其工作的效能。

（二）革除婚姻积习

幼年订婚与侈耗婚费两者，已成了丽江人的严重问题！且遗下一般父母的无限累赘，我们的主张是：男女两边都到了相当年龄，而且有了相当的知能之后，才由公开的社交中互相物色自己所需要的配偶；万一儿女有了盲目的恋爱行为，父母也有干涉开导的责任。至于订婚和结婚的形式，越简单越好，聘礼呀，奁具呀，那一切的俗节繁文，可以一股脑儿取消不要。

（三）建立正确的信仰

无论从哪方面看来丽江妇女的眼光，都犯了近视与迷乱的毛病！我来要把黑暗的高墙拆开，透射光明进去，使她们认识四周的环境，使她们看清楚广大的客观世界。从客观世界里追求真理，把握真理，评判真理，利用真理，才可以改造不合理的社会，才可以解决人类的一切问题。

我们要解决丽江的社会问题，不能不先解决丽江的妇女问题这一层真理，所有解决丽江妇女，更要坚定不移地信仰下去！

1930 年 10 月 24 日写完

第一卷 第三四期 1941 年 11 月

十六世纪车里宣慰使司与缅王室之礼聘往还

陶云逵

　　云南居有若干语言习俗与中原不同之人群。部落相望，各行其是。明代以前，政府对之多持羁縻政策，若即若离。明代而后有所谓土司制度。（土司名义虽自明起，但元代已具此种政制之规模。）司官来源有二，一为汉官征边有功，政府即以之为其地长官，世有其地。二为原来土酋，拥有实力而愿归顺者。前一种多在滇北及东北，后一种多在滇之西南。清代以来，政府积极推行边政，各土族生活习俗均在渐次蜕变中，土司辖地大部已改土归流。民国初年，为行政便利起见，则行"设流而不改土"的政策，故清代末"改土"者，司官名义至今仍承其旧。

　　滇中土司名分最高，辖地最广者为车里宣慰使司。元为车里军民总管府。明洪武十五年改置车里军民府。永乐十九年改称车里宣慰司，管辖十二版纳地。[注一]境内大部人口之族系为台语系之摆夷人。据笔者民国二十五年调查，摆夷一族约为十四万人。[注二]此外有少数藏缅语系土族如阿卡、罗黑等。因历代迁徙，也有不少汉人流处其间。十二版纳地域名称详下原译文中。唯十二版纳中乌纳（又名猛乌）、乌德一版纳于中法之役[清光绪九年（一八八三）至光绪十一年（一八八五）]划予法越。故现尚有十一版纳。民国以来，次第设法，划归八县，计车里、佛海、南峤、思茅、六顺、镇沅、镇越、江城，及一设治局临江治理。但土司制度与名义仍旧。

　　摆夷地处中缅之间，以其距中原辽远，故汉化不深，但受印缅文化之影响则甚大。云南土族中有文字者为傈僳、麽些及摆夷。摆夷文字衍自巴利，约于十三世纪起自缅掸土司地随小乘佛教输入。其文化之灿烂，生活之郁丽为全滇土族之冠。文字应用不限于经籍，且广及于历史记事、诗歌小说，以及日常生活中之书信、账目。此予民族学研究一大便利，尤便于历史之检讨，非若其他无文字土族之全凭观察与口报也。中南半岛凡受印度文化熏陶之人群，如缅、暹、越境内之缅、掸、泰、憬、吉蔑诸族均有此类史志。以是当西人初至半岛，视此类土文记载为珍贵史料，至各土司王室寺院，广事搜寻。希望看所谓"以本土人的话，述本土人之史"。惟其内容，史实与神话并陈，时代愈古，其可靠性愈微。约自十一世纪而后之记载，渐臻纪实。惟仍须多集缮本（摆夷文字无刻本）详加校勘。我国史志，向有土司边裔诸目，记述边民事态，但惜详略不一。摆夷原著或能补其不足而借此勘彼，互相印证，当可得一较真详之图像。笔者于民国廿五年调查滇边，集得车里、孟连、猛哲、猛茫、耿马等五土司之原文史志各一册。其编制体裁不一，有仅为土官世系之纪录，有则兼述历代大事，有则附有社祭、婚表、承袭仪礼，或税收、朝贡之细目。本文系根据江城整董土司之子召映君逐句口译车里宣慰司及孟连宣抚司原史中关于车里宣慰司在十八世纪时与缅王室之礼聘往还之记载，今加整理发表以示摆夷文化之一班与夫两族之关系。今以车里记载为主，凡孟连记载之与车里记载不同者，附于括弧中。

三十二年十一月二十三日识

九二二年[注三]诏思里素班（Chao Slisuban）之子诏翁孟（Chao Woung Mong）为宣慰使。[注四]至九五〇年[注五]，阿瓦[注六]缅王来车里[注七]。宣慰使率众出迎。（孟连本称。至九五〇年，缅王叭玛哈绥（PiaMalrashwa.）举兵就车里，宣慰使率众降。）缅王至车里，旋往泰国[注八]，宣慰使诏翁孟偕行。（孟连本称，旋往征亚德拉（Yiaderla）地，宣慰使同往）。）至猛别亚（Mong Biat）[注九]，宣慰使病死。有二子，长诏思里素仰达（Chao Sliswniangda.），次诏应猛（Chao Ying Mong）。天朝[注十]委诏思里素仰达为宣慰使。

诏思里素仰达任事六个月死。天朝委其弟诏应猛为宣慰使。

诏应猛于九五〇年[注十一]接任。缅王在泰击败格鲁姆，返车里。宣慰使命官员二人护送缅王归阿佤。缅王名夏图塔（Hsiat T'ut'amaharaja，）[注十二]，缅为唐古朝（The Toungao dynasty），一五八一年至一五九九年为缅王南达版应（Nanaboyina）当政，继承父志，攻泰国。本段所述攻泰事，当指此。缅王以诏应猛并父诏翁孟有功缅国，委应猛为缅方车里土司，衔为：Tzuodi Nagara mahatyaiya Bavara

Sutnmaherala 并赐圆形象牙官印一个。上刻太极图（Hoba amon）及虚弥山（Hausa dara P'ang）。[注十三] 印有方盒，外面四角各刻小塔一个。

缅王以公主（Nang Hohkhaam）[注十四] 妻宣慰。计赠下列妆奁：

大象四，雌雄各一对，高六肘[注十五]。金制果盘一对，每重七坎（Kan）五遮（zap）[注十六]。盘为十二角形，镶宝石边。金碗一对，每个重一坎一遮。金槟榔盒一对，每个重七遮一回。小金狮子一对，每个重五遮。小银盒一个，上雕凰一，并镶钻石一粒，重两坎。金烟盒[注十七]一对，各雕一凰，每凰两首，并镶有钻石，每个重六遮。金羹匙一个，重两遮。金冠一顶，边镶小钻石，冠顶镶金花，重四坎。冠穗亦金制，共二十四穗。金水壶一个，重五坎。金痰盂一个[注十八]，重十遮。水壶一个，金制。水壶上盖碗，亦金制，重两坎。[注十九] 包金长刀两把，其上镶宝石三行。牙制矛枪一对，金银制矛枪头之矛枪各十六个。金伞一对，每伞三层，每层各缀金叶十二片，共三十六片。贴金伞十二把。牌匾十二副。手形杖十二个。大镲（Moung）[注二十]一面，其提炼金制。大鼓一面，小鼓九面，银号筒一对。小型房屋，金制，十二间，上覆金棚，合为一所。金漆宝床一座，高四肘，四角各雕一个护法（Giwabut）。金织丝毡一床。金丝礼服一件。金丝鞋一双。金扇一面。

上列各物由缅王派一使臣护送公主至车里。公主官名 Nang Suwang badumg hohkham，宣慰使诏应猛率诸官亲官员民众迎于郊外。是时天朝闻得车里宣慰使与缅朝公主结婚，乃派普洱府杨大人（Yang ta Jen）来至车里庆贺。于是天朝及缅朝两方官员在车里会面，感情极为融洽，一同参与宣慰使结婚并加封典礼。宣慰使以两朝恩赐有加，极为感激，决定此后以天朝为父，缅朝为母。车里宣慰司为双方之子臣。[注二十一] 天朝同意与缅王共同封宣慰使为 Tzuodi Nagara Mahatzaiya Bavaraswta Maharaja，封宣慰夫人为 nang Suwana Mahabaduma Agam e Devi，天缅两方官员并宣慰使及夫人以及各官员以红白布各一幅，蜡条八对，银两槐。[注二十二] 同往寺中，[注二十三] 呈于佛前。宣誓。滴圣水。礼毕，宣慰使赠天缅两朝官员及各地贺客礼物，计：赠缅朝首官叭阿姆纪（Pia Amngi）银一版。第二官银八槐。第三官银六槐。赠天朝首官银一版一槐。第二官银一版。第三官银八槐。第四官银六槐。兵士十四人，每人一槐，共十四槐。又，赠缅朝象官四人，（每人一槐。兵士十人，每人一槐。共十槐。赠景栋（gingung）今缅掸土司地之一本与车里同阶）官员，首官一槐一拔，第二官六拔。自此而后，凡当宣慰使结婚大典，赐赠各地使节均须按此种规则。

猛乃土司[注二十四]派员贺宣慰使雨季节[注二十五]。宣慰使首官银六槐、第二官银四槐。兵士各一槐。以后各地土司官员来贺雨季节，宣慰使赐赠礼物均须按此规则。

九五二年[注二十六]宣慰使夫人生一子。取名诏糯（Chao Nuo）。夫人出私资建佛寺。寺门向西方。并竖立佛一座。（孟连本称坐佛。）面亦向西。盖怀阿佤也。寺名 Suwana Baduauma aram Hamlerh Wot Muham。落成后，夫人往缅省亲。宣慰命十二版纳各属派员护送。夫人在缅居两月，复归车里。

九五四年[注二十七]宣慰使遣十二版纳官员往阿佤进贺缅王雨季节。宣慰使呈贡缅王以下礼物。

金瓶一个，重六拔。金花一朵，每朵重一拔。银瓶一个，重六拔。银花六朵，每朵重一拔。包金蜡条一对，蜡心银制，外包金皮，共重十拔。缎子两匹，小缎四匹，茶叶四筒，每筒五团。[注二十八]盐四包。马一匹，价值五槐。以上为宣慰使贡品。

此外，各版纳土司另有礼物呈贡。猛哲、景露、猛旺[注二十九]为一版纳。贡金瓶一个，重两拔。银瓶一个，重两拔。缎子两匹。（孟连本，又土布）Neau（两匹。）猛混、猛版[注三十]为一版纳，（贡品同上，略）。顶真[注三十一]、猛海[注三十二]合为一版纳，（贡品同上，略。）猛笼[注三十三]为一版纳，（贡品同上，略。）景洛[注三十四]，猛亢，猛纳[注三十五]猛莽[注三十六]为一版纳，（贡品同上，略。）猛拉[注三十七]、猛往[注三十八]为一版纳，（贡品同上，略。）猛形[注三十九]、猛邦[注四十]为一版纳，（贡品同上，略。）猛腊、猛半[注四十一]为一版纳，（贡品同上，略）。猛棒、猛润、猛漭[注四十二]为一版纳，（贡品同上，略）。整董[注四十三]、磨拉、易武[注四十四]为一版纳，（贡品同上，略）。乌纳、乌德[注四十五]为一版纳，（贡品同上，略）。

各员抵达阿佤，又合赠缅官 Chao Buo Shwe 金丝线八版（孟连本称五版）。红缎褥子十床，皮衣服一件，银刀一把，针十包，鞋子十双，茶两筒。金碗一个，重五遮。银碗一个，重八遮。又缎子一匹。另赠缅官 Chao mengsa 阶级者二人，每人缎子两匹，小缎子两匹，鞋子两双，针两包，金丝线七槐。此各大官再按阶级，分赠下属众官。以上各物均赠给缅朝官员者。

赍送礼物前往者，计大叭（Pia tung）一人[注四十六]，书记（Hun Krat）一人，随从官二人。宣慰使赐第一员银一追，马一匹，价值五坎。余人各银七坎五遮，马一匹，价值五坎。又，赐东方六版纳[注四十七]，赐西方六版纳，所派大叭银七坎五遮，马一匹，兵士三人，每人银三坎，马一匹。于是诸员前往阿瓦。将各礼物呈贡缅王后，乃归。

各员归时，缅王赐车里宣慰使及各土司各官员以下礼物：缅王赐车里宣慰使帐子（Pa gang）两顶，金丝被（Pa mai Kham）一床，金丝枕头（droi）四个（孟连本，又葛纱 Gasa 四匹），丝帕四方，黄布一匹（孟连本，四匹），Gian Liang、Gian Haw[注四十八]各两版，Ya dam[注四十九]两版，Pa sihu[注五十]四头，Namoben[注五十一]四头，胡椒两版，白糖两版，Feng Hir[注五十二]一版。又赐宣慰使派往阿瓦送礼之四叭，每人毡子一床，金丝被一床。赐十二版纳每版纳葛纱两匹，Ging liang-gian Haw 各五槐，黄布一匹，金丝被两床，胡椒一版，白糖一版。

九五五年[注五十三]车里宣慰使为各地土司之最高贵者，较景栋（ging tung）[注五十四]、景迈 Ging mai[注五十五]、孟连[注五十六]、孟养（mangyang）[注五十七]、景海（Ging Hai）[注五十八]、猛别（Mong Biat）、猛乃（Mong Nai）、孟腊崩（Mong Labueng）、猛腊管（Mong la Gwan）[注五十九]之土司之名位均高。阿瓦缅王委车里宣慰便为诸土司之冠。是年，宣慰使诏应猛死。天朝委其子诏糯猛为宣慰使，诏糯猛复派员至缅朝，呈请承袭，缅王甚喜，准之，并发委状。

注释

［注一］摆夷称村为蛮（Man），数村或数十村在平坝之中，为一猛（Mong），一猛亦即一个坝子。一版纳（Bana）为一田区。有一猛为一田区，有数猛为一田区者。田区盖为摆夷土地制度中一单位。或为往昔一小土司管辖之区域十二田区，当为十二个小土司辖地。但今车里宣慰司下有十九个小土司。此盖是后来分化所致。

［注二］李拂一著《车里》一书中称十二版纳共计一六八，二九〇，摆夷约占十分之八，是较笔者估计略多。

［注三］公历一九四三年，为摆夷历一三〇五年。九二二年为公历一五六〇年，明世宗嘉靖三十九年。

　　［注四］摆夷语凡贵族名前加一"诏"字，意为王或主。

　　［注五］公历一五八八，明神宗万历十六年。

　　［注六］缅旧京，今曼德勒附近。

　　［注七］土名景洪 Ging Hung 有译音为江洪者。

　　［注八］土名 Mong Tai。

　　［注九］缅暹交界地。

　　［注十］摆夷称我政府为天朝。

　　［注十一］即同年之内。

　　［注十二］按（G，E，Harvey，history of Burma，自一五三一至一七五二年。

　　［注十三］太极图非如汉人者，乃是一日一月。日中刻一鸟，月中刻一兔。高悬虚弥山之上端。虚弥山由十五条竖立花纹代表，中间一条最粗大。此十五条之下为两鱼形花纹，此两花纹之间复有一竖纹，其两旁各有三角形花纹一个。按今车里土司之公事文件均盖此印章。车里孟连在昔受汉缅两朝封委。车里宣慰司当今所用之缅方颁发印章据称即系摆历一五〇年缅王所赐者。

　　［注十四］摆夷贵族妇女，名前均加一 Nang 字，可译音为孃。Naug hohkham 意为金殿之孃，即公主。

　　［注十五］肘，摆夷语。Suot. 每肘约旧汉尺四尺五寸。

　　［注十六］摆夷一追（drai）等于旧秤四四两一坎（Kan）＝四。四两。一遮（Zap）＝四、四钱。一拔（Bat）＝四、四分。一马（Mat）＝二、二分。但一回（HWe）＝一钱。

　　［注十七］草菸用。

　　［注十八］摆夷痰盂甚小，约如茶杯大小。

　　［注十九］摆夷水壶，通常陶制，形如花瓶，瓶嘴上例盖扣一碗。

　　［注二十］形如锣。镖面中央，凸出一小圆形。为开道及集人时用。滇南汉语社会中亦用此物。而婆罗洲之土人亦有。其分布甚广。滇北，东北，则未见到。

　　［注二十一］此事我史志无载。按缅族自一五三一年起渐次强大。自一五三一年至一七五三年，缅中泰族势力削弱，各土司臣服于缅。缅更复向外发展，六侵泰国。并于一五四八年至一六二二年侵滇边。在中英缅划界，一九〇〇年，光绪二十年以前，滇边摆夷土司多受中缅双方委任。今于摆夷老翁中尚可看到左耳无耳环，右耳着耳环之现象。盖示臣服双方，左为天朝，即汉，右为缅朝。此习惯盖起于本节所述事件。即摆历九五一年，公历一五八九年，明万历十七年。

　　［注二十二］摆夷币制单位：一闷（Meng）＝三三〇两、一版（Ban）＝三三两。一槐（Hwai）＝三 . 三两。一拔（Bat）＝三 . 三钱。一汾（Feng）＝一 . 五钱。按此处与前述一拔重量不同，但名称则一。

　　［注二十三］摆夷笃信佛教。遇大事如年节婚表承袭等，均往寺中盟誓，祈祷。

　　［注二十四］Mong Nai 在泰国。

　　［注二十五］雨季节摆夷名 Pasat 或 Khawpasat 为摆夷大节期。在摆历九月中，约旧历

六月起首。至十一月中，约旧历八月，为止，在此期中，停止各项工作，大兴佛事。于雨季节之首尾，举行隆重仪式。

　　［注二十六］公历一五九〇年，明万历十八年。

　　［注二十七］公历一五九二年，明万历二十年。

　　［注二十八］滇南茶叶中有一种，制成圆饼，称团茶。

　　［注二十九］均在今南峤县境。

　　［注三十］均在今佛海县境。

　　［注三十一］在今南峤县境。

　　［注三十二］在今佛海县境。

　　［注三十三］在今车里县境。

　　［注三十四］在今佛海县境。

　　［注三十五］均在临江设治局境。

　　［注三十六］在今南峤县境。

　　［注三十七］在今六顺县境。

　　［注三十八］在今临江设治局境。

　　［注三十九］在今思茅县境。

　　［注四十］在今江城县境。

　　［注四十一］均在今镇越县境。

　　［注四十二］均在今镇越县境。

　　［注四十三］在今江城县境。

　　［注四十四］在今镇越县境。

　　［注四十五］中法之役，割与法越。

　　［注四十六］摆夷称官为叭。

　　［注四十七］按十二版纳，分为东西两部，在澜沧江以东者六版纳，在澜沧江西者六版纳。

　　［注四十八］均药品名。

　　［注四十九］药名。

　　［注五十］一种鸟。

　　［注五十一］一种兽。

　　［注五十二］药名。

　　［注五十三］公历一五九三年，明万历二十一年。

　　［注五十四］缅掸土司。

　　［注五十五］泰地土司。

　　［注五十六］滇澜沧县境，为宣抚司。

　　［注五十七］缅掸土司。

［注五十八］泰地土司。

［注五十九］以上四地，均在今泰境。

第三卷　第一期　1944 年 1 月

澜怒之间（一）

李式金

廿九年余有青康之行，自兰州出发至西宁，经青海湖盆地，柴达木东南隅，涉黄河上源，越巴颜哈喇山而抵玉树，复自玉树入西康昌都，顺澜沧江、怒江上流而下，经云南西北部而抵大理，经行四省，计费时半载以上。文中所述乃七月廿六号至八月廿一日在澜沧江、怒江之间的见闻。

——自昌都至阿墩子

在昌都不觉住了五六天了，今天是七月廿六号。乌拉已办好，我们决定今晨离昌都，望云南阿墩子出发。我们的通事名叫马福祥，据他说自己是赵尔丰的学生呢？出发前这位通事带了些盐巴等，预备在途中做买卖，这里的康人又托他到阿墩子替他们买卖东西，因此马通事，身边又带了不少狐狼皮和一大堆铜元，狐狼皮可以换必需品，铜元直接可买东西，这里国币不通用，只用银元和铜元，托人带铜元去买东西，可见这里的人贫穷。

雇乌拉时，须得拉萨派驻昌都的三王南雄允许给马牌才能雇得，南雄虽然不愿我们进来，可是我们离此也乐于帮忙，所以马牌尚不难领得，但是他不派人护送我们。有了马牌，不愁路上没有乌拉，而且路上也较平安，所以我们大着胆子，除了马通事，更雇一人帮忙，便往南出发，我们所雇的乌拉，规定牛一头给廿学巴，马一头加倍为四十学巴。但是，马通事的特别便宜，牛仅两个学巴，马仅四个学巴而已，仅及我们十分之一，大概因为马通事久驻昌都，对南雄另负使命，所以得到藏官的待遇吧？乌拉有时雇用骡子，骡子体格较小，仅能背重一百斤而已。

因为沿路不似青海所经路上的荒凉，沿途可获得粮食，不像在青海境内要预备一个月的粮食，所以须将行李减少。我们把行李重行装过，共分箱子十七个（内皮箱十三个），被包五个，行军床二包，账房（连打椿的脚）一包，手杖等一包，竹篮两个，此外牛头，牛皮升火器，锹，大木棍各分驮于十三匹乌拉牛，五个乌拉马，至我们旅行书桌和凳子亦不得弃去。

八时五十五分出发，昌都西南不远有桥横跨于囊曲之上，是通云南的必经之道，故称云南桥。桥长约一百公尺，据说水深约有一丈五尺，由玉树护送我们到昌都的马连附等，送我们到此，不久他们须要返玉树去，廿日来相聚，至此分离，虽然"送君千里，终有一别"，但总有一些依依之意。

过桥后望对岸，有二条路露出我们的眼前，这二条路一东向，可通巴塘，一东南向，可通盐井。通盐井之路，凭杂曲（Dza Chu）走的，我们循杂曲西岸行五六里，经者瓦（Joova）抵一柳林子，地名星格张（Singerjown），附近农田种的是青稞，青稞普遍在旧历四月种的，但是这里天气已较暖，二月间亦可种，这些是二月种的，所以现在，经已成熟，即可收获矣。

十里西岸有一小瀑布，高出路上约廿公尺，水甚清和，再数里过一桥，下马行，又数里，又一小桥，此二桥都是架于流入杂曲的小溪之上，惟后者附近似有断层存在，行一二里河岸，海拔三三二〇公尺。

上一颇陡之山坡，下望岩石多与水流方向成直角，水流切断岩层而出处，往往水流湍急，但是岩石的背面，迎水流而非出口处，往往水速大减，假使要游泳的话，这里实在是一个很好的天然游泳池，这种情形尤以将抵青达附近处为显著，青达离昌都约廿里，除了这种急流所在，水流大都较缓，故此段如加以修理，或尚可通航。

又过一小桥，一时四十分抵一村，名椎（Dzo），即止焉。该处海拔三四一〇公尺，今日为程四十五里，在椎停宿的地方，四周柳色青青，在屋顶上写日记最感痛快！

今日所见岩石仍为红岩地带，岩层中有时夹有薄层的页岩和板岩，一路野果虽多，惟林木则殊稀少，仅在椎的西南的山上见到而已，这大概一因森林被砍伐，一因河岸太陡，岩山裸露的缘故，因为河岸陡，故道路崎岖，栈道常有。果树多野桃，青绿尚未熟，沿道顺手可摘。另有一种红色的果，本地人名之曰 Sedo 的，满生道上，据云不可吃，吃之生病。

今天村子较多，差不多每经数里即有之，村子所在亦如前所述，或在河流的凹岸，或在支流入干流处，凹岸势高，大概是河流第二个阶地。村子是定居的地方，定居的地方必有农业。故这里沿着河谷的地方，农业固不能与内地比，但在青康境内，这里可谓相当盛了。据称此地一年可二收，一季是种麦子和青稞，一季是种罗白或其他蔬菜。

廿七日七时一刻由椎出发，数里有一小水在南（Nam）村之北，流入杂曲。又行十七八里抵朱克（Jaka），换乌拉马数个，费时一小时。在朱克有一康人带一幼童来，说有病，请我们看，我们看像是项疬病似的，但又疑其是麻风病，可是都没有办法医治。朱克附近柳林甚茂，风景殊不错，十时五十分离朱克二三里，对岸有村曰帝吾（Tiwu）。此处杂曲颇宽，约有二百公尺，小流亦缓。帝吾村位于凹岸的颇高阶地上，形成一个半岛，其上林木不少，青稞已熟，殆是一个理想的村落。入康以来，所见到的村落多位于河流的凹岸，或支流流入干流处，盖康地平地甚少，仅此等地方，地面较平具有河流冲积土，故康民利用以耕种，从事固定的农业！

十一时四十五分，对岸又有一小水流来，我们所经行地方有四个河岸阶地存在。河之凹岸亦甚高，高出河岸数十公尺，支流在入正流处，往往形成深谷，此殆地面最近上升之证据，而此为谷中谷（Valleys in Valley）耶！十二时十分，河边山路亦渐崎岖，栈道亦多，河面亦渐窄，河中暗礁也多，而山上岩石裸露，直立如剑，其数目多至不可数，我们无以名之，名之曰剑山。此后，路更难走，我们或须下马缓步而上，或蛇行甚狭的石门中，或下甚陡的栈道。有时岩石崩下，崩下的地方，自河床至吾人所行之路。水中石屏屹立如门，高有百公尺，大概自昌都至阿墩子，殆以此段为最难行耶！一时四十分，仍见有岩石屹立如剑的，但规模较小耳。

英人有谓自昌都以后，路上多为裸山，余殊不以为然。因为河流两岸林木虽稀少，但在小流流入正流处，小流河谷朝北的山坡上，在三千七百公尺以上，常见有云杉林也，如这里小剑山的对岸，有一小水自东向西流入正流，此小水河谷朝北的山坡，即有云杉也。二时三十分抵乌有（uayu），该处海拔三三六〇公尺，今日共走了五十五里，一路草地稀少，但麻黄则看到不少。

在乌有所住的房子颇好，因为楼上甚宽，三面为庑，南面可凭栏远望也。今天吹东南风，上午阴天，下午二时半以后落雨，故侥幸得很，我们到乌有后才下雨，下雨时凭栏眺远，景致至佳！未下雨前，微风吹番旗摇动，我们才真正地领略"山雨欲来风满楼"的滋味，在此有鸡蛋可买到，但我们怕有麻风传染，不敢买吃。

廿八晨七时廿分离乌有出发，下坡沿杂曲河边行进，测得海拔为三二三〇公尺，八时左右，遥见对岸一村落高高居于山上，康民村落常常有在高的地方，不敢居近河的，此固因地势使然，然康地路险匪多，筑村高处，或为防御匪徒来劫，亦说不定。

望见此村落后，又五里又见对岸有一村落，九时三刻对岸有思余瓦（Seyuva）村。村颇大，此三村均位于支流入杂曲处，惟后二者则较近河岸耳。自思余瓦离杂曲东南上山行路颇陡，经一小迁回路即抵山口，曰瓦拿山口（Wnala）。河滨海拔三二四〇公尺，山口则高三五七〇公尺，山口高出河面约三四〇公尺，在山口东望，因土垠受母岩红砂岩之影响，红色一片，俯视思余瓦村，好像照片中缩影的小村子，其附近青稞田，自河边直达村子房舍处，成梯田状，看得很清楚，在飞机中下望，亦不过如是，青稞已熟，其田成黄色一片，此种黄色与附近绿树互相辉映，风景颇属不坏。瓦拿山口为写曲（Seschu）与杂曲的分水岭，杂曲水浊，宽约百公尺，杂曲藏语为山上流出来之水，写曲水清，宽约廿公尺，写曲藏语，金水之意，盖以写曲产金子的缘故，此段杂曲流域与写曲流域岩石有异，杂曲流域多为红砂岩，通山口后，入写曲流域，则见有片麻岩，花岗岩等岩石，片麻岩中常含有石英脉，脉中常含有山金，此殆写曲产金的原因啊！

下山南行，路尤崎岖，下瞰写曲，水流清绿可爱，而鹰隼回翔于眼底，尤增色不少，遥望北面，见黑色蒙蒙，远一些便看不清楚，知不久便有雨了，果然到山下，雨即赶来，幸雨不大，自此过写曲有桥横跨水上，长约三四丈，桥之两端，以石压木各伸出一端，再以木条横接于两木端之上，此即标准式藏地桥梁，桥之附近多墨色板岩。

过桥数里，沿写曲西南岸行数里，抵一村曰博（Bo），位于写曲支流流入写曲处的北岸，在此换乌拉马数匹，博村之房屋墙涂白色，窗门红色其房屋建筑分三层，下层养牛马中层住人，上层放粮食（青稞之类），小厕亦高踞于三层楼之上，盖康地标准之房屋也。博村位于一高坡上，海拔三四二〇公尺，离博村，下坡穿行林木中，因为很久不理发，头发很长，小帽子往往戴不牢，每触到任何物便落地，在此处自然免不了触林堕地，心头火起，乃弃去。

行数里，见路上有黄红色成椎状颠立无数的土埂，乃很幼的冲积土，为雨水所侵蚀，垂直形如石笋，但较为密集，此种地形地文学上称为土柱（Earth Pillars），其生成由于土埂中含有河流所冲刷的石块（Pebblesor bouldars）受垂直的雨点所侵蚀而成，在土埂有石块遮蔽处，不易蚀去，故成柱状。此后岩石为石灰岩或石灰岩石所凝成的砾岩，沿途植物多麻黄及狼毒草，动物除鹰外，亦见有兔子，狼毒草花黄，乃高约一尺许的灌木，据云乃本地造纸的材料。

四时廿五分抵折丹木（Jyedam），海拔三三五〇公尺，今日为程五十五里，折丹木山环水绕，杨柳依依，南面的小溪，水声淙淙，不断送来耳中，附近青稞黄色一片映入眼帘，在西康地方有这样风光美丽的村落实不可多得。折丹木出产鸭蛋甚好，晚餐买来助饭甚可口！

廿九日八时廿分从折丹木出发，沿写曲南下，一路柳荫蔽径，阡陌纵横，田中流水潺潺，所以我觉得折丹木特风景美丽，而且又因灌溉得法，而是一个殷富的地方，在武昌亚新与地学社所出版之本国分省地图，在西康省地图有名车达木的一地，大概就是这个地方。据云写曲离折木丹东南流二三十公里即流入杂曲。折丹木的房屋建筑亦较美观，大概高有三四层，墙是白色的，窗是红色的（以木为窗架，涂以红色），这种建筑是受印度的影响吧！

行数里，写曲有大桥横水上，遥望桥东，山上有大路，历历在目前，这大概是通察雅的路罢。我们未过桥，离桥不久，即溯写曲一支流西南上山行，穿行柳林间，这支流叫虞同曲（Yushichu）。虽是小溪，因坡度颇陡，故水流甚急，形成一瀑布。一路水声淙淙，冲石成白浪，水花四溅，至足娱人，此带岩多为片麻岩，或云母片岩之属，渐行渐高，至三六〇〇公尺处始见有柏树，至三八七〇公尺处乃见有云杉，云杉分布在山阴，直达至四三〇〇公尺，植物带颇为明显。十一时十分经虞兮村，其地海拔三五七〇公尺，附近有□□樱桃之果树，果实甚小，大小如大豆，果实有熟的或红黄色，此种果树康人叫 chato，在虞兮换乌拉，费了一个半钟头。虞兮附近产一种罗白，即为圆根之一种，叶圆而红，生食甚可口。在此仅一女尼引路，彼身体强健，登山不累。折丹木的青稞已熟，而虞兮的青稞尚青绿，盖地势较高，而热季来得迟也，溯曲而上七八里即不见农田，路上见有似枇杷的树木，而高四三五〇公尺处，盛产大黄。这时吹了一阵东北风下了一阵微雨，到此风停雨止。虞兮曲水源在此有二，一源于西北方，一源于南方，我们取道两源中间上山行，约半小时乃达最高处，该处名破达山口（podala），海拔四六九〇公尺，乃澜沧江流域与怒江流域的分水岭也。

破达山口长着各种花草，有蓝白红紫各色，争妍斗美，越破达山口，下坡较平，为一片草地，洛拿（Lona）人在此牧牛羊焉，久沿峡谷中行，不行草地，这回见到草地，好像是见到久别重逢的故人，又有一番意味。

洛拿就近东南面有一雪山，在此时山上尤积雪，大概是永久雪亦不定，依个人推测，雪线约为四八〇〇公尺，雪线之下，冰山地形颇为明显，盖有冰斗 Cirque 存在也，该冰斗三面为陡坡，一面为悬谷。更东可望见一连大雪山，此即杂曲与意曲，（Ynchu）间之西巴贡山也。五时三刻抵洛拿，天色将黑乃停宿，该处海拔四四七〇公尺，今日为程六〇里。

洛拿既为草地区，故只有牦牛帐房，没有房屋，久住民房，不用自己帐幕，现时又用得着了，晚煮萝白菜来吃，该萝白乃从虞兮带来的，乌拉男女在我们帐外睡，他们燃牛马粪围着取暖，谈谈笑笑闹声颇大，他们一晚似乎没有睡。

卅日晨七时五十五分，离洛拿出发，东南过一小水，该水西南流，大抵是流入喀苏喀曲（kasuka chu）的，约十里爬过一山口，曰楚拿山口（Chovua la），坡度甚平，下山见有庄子一所，但无人居住，大概有人试在此地耕种，无效而弃去的，此后循另一水流入喀苏喀曲的，约取直线而达喀苏喀曲河旁。自洛拿至喀苏喀曲属草原地形，坡平谷广，尤以楚拿山口与喀苏喀间的草地为阔，青绿一片，实在是一个良好牧场，在此牧场我们看到墨色帐房颇多，约有四五个，其账房之分布，亦作圆圈形，一如前在甘肃拉卜楞南草地所见的，大概因为地形较为开展，故得如此布置也，牧畜多为牦牛、绵羊。山羊似乎看不到，盖地高气寒不宜于山羊也。

十时卅五分，越适才所经之小水，而抵喀苏喀曲河旁，测得海拔四三六〇公尺，该河乃流入怒江的意曲的上源，水流甚缓，清澈见底，但水量颇大，英人戴克门氏曾深入青康地方，其所著《西康游记》一书（Travel in Eastern Tibet）以适才所经小水为意曲的正源实误，大概他经行此地时候适在冬季，其时遍地冰冻，故容易发生错误，其实意曲的正源，乃从西北石灰岩山地（我们用望远镜西北望，见四五十里之遥有崎岖之石灰岩山地异常高耸）流来的喀苏喀曲河，因为此河较之适才的小水宽大得多，据称其前头距此亦较远得多，故应为正源。因为这河流经石灰岩山地而来，故水清，该河宽约十余丈，我们着一人先行骑马试探其深浅，得知深过马腹四五寸，较我们涉札陵鄂陵二湖间的黄河的上源为深，故我们过河时须要将皮褥重叠起来，放在较高的马背上，用绳绑牢，然后过去，才能免于弄湿，因为河水太深，故我们骑马过河，也得赤着足免得将靴子溅水。过河分三次，费时半小时方过毕，我们过河时赤足落在河水中片刻，觉得很冷，好像放在冰雪中一样，想该水的来源必有不少是山上的融化的雪水流来的。过河处有一路线西南行，据称这是到拉萨去的大路，云南商人经昌都入拉萨多取此道。

我们过河后，沿河东南行。十一时五十五分，我们的乌拉牛亦赶到，因为我们过河处太深，乌拉牛不能过，所以须另选一水流较浅处过河。乌拉牛过河的地方，约在我们过河处下流七八里处，我们上河旁阶段地东南下，一路甚平。沿途小水流入喀苏喀曲处，康人往往叠石为堆，这些小水均深不到二寸，行十余里，将抵且阳达（Chcryangda）处，从西北面吹来之风冷而劲，殆西巴贡雪山下流的冷风耶！三时十分南行转沿一支流名做且阳曲（Chcryang Chu）的，一里许即达且阳达村，时为三时二十分，即停止不进，今日为程五十五里，该地海拔四三八〇公尺，只有破房子一二所，无耕地，该房之存在，大概为便于入藏的旅客而设的。房子为半土房半帐幕式，房顶用帐幕，墙壁砖土筑成，可见这里在农牧的过渡地带。在此买绵羊一头，价七个半桑周，今日背负行李之牦牛过河时因水过深，故我们的箱子有一小半是浸湿了，晚上打开让其晾干，费了不少时候。

卅一日七时五分，离且阳达出发，过且阳曲，水深约及马腹，仍沿喀苏喀东南下，路甚平缓，河谷宽广，水流缓慢，盖为一早壮年河谷了。约五六里，河谷阶地甚明显，当与昨日所见的阶地为同一时期，两岸为红岩石灰岩，中间间以红岩页岩等。东岸大概为红岩砂岩，草较稀少，两岸均有雪山，尤以东岸连互数十里的西巴贡雪山为大（贡乃康语山之意）。今日上半日均为草地，惟行卅余里后乃见柏树，见柏树处海拔四二三〇公尺，惟地高气寒，柏树短矮，很像一种灌木而已。沿路大黄长得很多，有长有短，短者尺许，高者如人。又有一种属禾本科的醉马草，在今天后半截，沿路常可看到，据称马吃之会醉倒，故不敢使马吃。

一时四十分爬过河边的格拿山口（Ngala），山上矮柏甚多，下山见一小水从西北的雪山流来，蜿蜒曲折，像一条白带，至为好看！再爬过低丘，又在河岸狭道中行，小罗在红岩石灰岩中发现一兔，毙之，见其中怀四胎，据称在且阳达以西至拉萨大道的路中，在草地上常发现有鸟鼠同穴的情形。无河谷，行宽展，数里即达崩打（Bonda），即止。今日为程六十五里，崩打海拔四二八〇公尺，位意曲（Yuchu）西岸宽处，盖喀苏喀曲至此已称意曲了。此地已又入农业定舍地带，附近种有青达，惟深色一片，尚未熟也。崩打之房屋，多是数家连筑，房上为一宽平台，各家有天窗一，烟突一，上插一番旗，其房屋窗架有涂红的。晚上睡眠时，将天窗旁之独木梯取去，盖防盗窃也。在崩达吃晚餐，米饭已可煮熟，晚餐后，有蛮子携麝香一，大概想与我等作买卖。我很想买一个，惜不懂其话，乃作罢。

八月一日晨六时五十分出发，一日尽沿意曲西岸行，约七八里，见有牛羊群。羊多为绵羊，但个子颇大。在此西南上山有路通阿麻塘（Amatang）帐房，但距离颇远。再数里路旁种有青稞，青稞虽已长大，但颜色仍绿。再数里，又见有杉林，长于石灰岩下层之砂岩中，余估计此杉林带之高度约为四二〇〇公尺，在支流的背阳之岸。又数里，见一种树似松但非针叶，而为普通的小叶块，高约一丈，老罗称之为罗汉松，未审然否？

离崩打约二十里意曲即路狭窄，河岸冲积平原完全不见，河水蜿蜒于曲折的河床下，我们必须行走于河旁陡路上，否则避行山路。又五里，有石堆堆叠于路上，其上不插番旗而插以木杆，刻如锡杖状，但此种锡杖较粗耳，乃此意曲流所看到特有的风光。

再数里，对岸有庄稼，其青稞农田设木为栏。旋即又见有杉林，康人伐木丁丁，伐下之木置于山上者不少。再数里，河谷之路已为河水所淹没，乃取山道而行，路甚陡，几落马，但下坡则较易行。下坡行，见有三只大白鹰，大如小孩，在路上蹒跚而行，状至可怖，殆所谓食人鹰耶？

行卅一二里，稍憩，见西南面有一座石灰岩山，参嵯异常，尖峰裸露，上稍盖有一些雪，名叫札贡山（Jegon），有小水自山上流下，甚清，老罗因其是雪水融化的，故说吃之不会生病。

自此以后，杉林愈大，尤以背陌之面为甚。我们穿插林间，风景甚为幽美，旋因河道甚陡，河边无道，乃转溯南来流入意曲之小溪而上，爬过山爪，又见意曲河谷。东面流来一水，水量颇大，似为一较大之支流，此支流之背有石灰岩掩盖于红砂岩之上，石灰岩风化之土壤为淡黄色，红砂岩风化之土壤为红色。有时黄色土壤为流水所冲，成条形往下推流，将红色土壤掩着，石灰岩上见一大洞，此后杉林尤大，我们穿行林间数里，见略有荒地成平台，乃意曲之阶段地，我们在此又见有醉马草，本不敢在此下幕，惟往前再探视，见地势更不佳，无较好下幕之处，而且醉马草更多，乃迫得在此住宿。但小心马匹，不使其吃醉马草耳。此时为一时五十分，此处地名洗马滩（Sematang），海拔四一七〇公尺，今日为程约四十五里。

在洗马滩，见有木排四五，顺流而下，康人使用一掉桨，便能驾驶，盖水流甚缓也。据他们云：三天可达天通，（当然水上有停曲）其慢可知。但是走陆道，我们一天当可赶到。我与小罗下十公尺之阶地抵意曲水旁，以毛布温水擦身。水缓本可游泳，惜太冷耳。

我们晚餐在路旁大杉树下举行，至感痛快，忽见有十一人，徒步负行李粮食，自南而北，与我们适取相反的方向，他们虽在藏地穿藏衣，但有能说汉话的，据称，他们从康定来往拉萨去的，他们说在他们后边见有一人，作喇嘛的打扮，沿途画地图，我们很怀疑他是敌人的间谍。

今日一日水流甚缓，四十里间只降二三十公尺，故可驶行木排。自离崩打十里后至洗马塘一段，林木丰富尤可注意，依个人估计，约有林木六十万株。

二日晨七时三刻出发，人家甚少，偶见之而已。沿意曲岸东南下，河道弯曲（meander）甚多。高山上多为石灰岩，其下为页岩，板岩黑色板岩之属。下部岩石易于侵蚀，故今天河谷较昨天后半截为开展，沿途杉柏也多，但较诸昨天少得多了，看到的也是在支流背阳的河岸，柏树多矮小，大概原因有三：1. 害虫为害，因为沿路我们看到有许多柏树为虫所容蛀的，2. 气候寒冷，柏树生长大受限制，3. 本地人民喜以柏叶发火，煮食物或人死用火葬，焚烧柏叶，使天葬鸟闻香来集，故柏树树干多被砍去而丛生小枝。在河西岸涉过四条小支流后小憩一会，又复上路，途中曾见黄鼠及兔子飞跑入洞中，捕之不得。

将抵天通，见青稞甚多，惟未熟。至十二时卅五分乃抵天通（Teto），止焉。今日为程三十五里。天通村位于一坡地上，海拔四一五〇公尺，天通后倚寺院，前临大桥，该桥横意曲之上，较天通村低四十公尺，余以步行测之，长九十步。

天通附近植物带甚为明显，盖天通西北面有一个高耸的石灰岩山地，山巅裸露，几乎连草也没有，但山很高，最高处积有些雪，再下则为森林地带，再下则为草地，及抵意曲里旁，则有青稞农田了。

天通有人家十余，其房子是四合房子，屋顶多为平台，上有方孔通烟，其所用单木梯，与崩打同，但和折丹木有异。寺院和民房似乎是连接起来，在民房南面较高处，天通附近有合子和氆氇手工业。我们所停留的房子的主妇，即会纺织氆氇。合子是用毛织成的，有紫色及白色二种，宽约五寸，每卷直径约五寸的取价十五六个桑宋（Song Sung），一桑宋等于三两，（一甘洋等于二两），合子雨衣每件桑宋九个，老罗父子买了二件，因此本地人携来合子氆氇来卖者络绎不绝，我们因经济缺乏，和携带不便关系不敢再买了。晚餐买羊一头杀吃，价十三个桑周，另六个半学巴，此地亦长青菜，买菜约一斤，取价十个学巴。天通附近青稞颇茂，西风吹青稞好像浪动一样，觉得异常好看！

十二时一刻抵丁达（Tinda）。其收晒青稞之木架在大门前不在屋顶，与拉卜楞寺所见的相似，一时廿分在路上小憩一刻，二时廿五分抵针达（Jingda），针达与丁达均位于由北面流入意曲的支流的东岸，水量颇大，有桥横跨其上。数里，意曲上有一大桥，名曰哥里桑（Goli Soun），盖隔岸有村曰哥，桑者藏语桥也。将抵竹贡寺，见有骡子五十个放于路上食草，想大批云南商人已抵竹贡寺。果然不久见云南商人将二堆货物堆叠在路上，但守卫货物的多为藏人，说话不通。但他们所携带的东西，是茶叶等物。当然是从云南来的。他们带有二番狗，甚凶恶，吾人经过他们时，吠得厉害，盖商人往来，所携货物甚多，有了番犬则可防盗窃也。

四时卅五分抵竹贡寺北的察瓦陇（Tkawarang）。此地有青稞田可耕种，盖陇（Rang）者，康语可耕之地的意思，故在康地旅行，凡地名附有陇，便知此地必有耕地的。察瓦陇海拔四一一〇公尺。今日为程四十里。竹贡寺与察瓦陇相接，仅隔一低路，低路之旁，建有一塔，塔上插有黄木，其顶刻成日月形。塔之侧有一小古拉（古拉乃一种藏经的轮子，可以转动，故每谓之经轮。）以供康民之转绕，在康地实所仅见。

察瓦陇建筑于山坡，依山而建，故房屋一座比一座高，房屋多为二层，下层畜牛马，上层住人，屋顶多为平台式，我们所见的房屋，其厕所多建于二层楼之上。其南竹贡寺，寺院颇为宏大，墙为白色大概属黄教。川藏二军冲突时，英人戴克门氏（Tcichman）谓此地曾毁于火，未审然否？察瓦陇与竹贡寺位于河倍曲（Hopeichn）流入意曲处，其西隔岸亦有布马曲（Buma Chn）流来，河倍曲自东北向西南流，布马曲则自西向东流，意曲最大，河倍曲次之，布马曲最小。竹贡过河倍曲即和察雅（Draya or Jaya）交界，沿河倍曲二站路可达河倍，沿布马曲西向快马一天可达怒江河岸，该地即产稻米云。竹贡寺位于二水交流的山丘上，看来似在一个半岛的尖端。竹贡寺对岸山上杉甚丰，似为寺院的林地，其东北之高山上积雪尚未消呢？

今日沿途岩石多页岩，板岩而黑色板岩亦见之，这几种岩石质软，故沿岸山丘不甚高，不过一二百尺而已，但距离较远之石灰岩高山，山峰当裸露，间积有微雪。沿途林木虽不丰，但杉林常散见，柏树在河旁的亦多。走兽则有黄鼠，见人不甚怕，而蝴蝶回翔，增加生色不少。

今日上午吹西北风，天晴；下午东南风，阴雨。据云竹贡附近东南风多雨，西南风则少雨，则颇相合。

在竹贡休息了一天，五日晨七时五十分出发，下坡，过河倍曲上的一条小桥，回望竹贡寺，密集如蜂巢，建于山爪（Spur）之上，异常宏伟。约十余里，经德里村（Doli），青稞颇盛，据称德里的农田乃百姓替竹贡营官（即宗本等于内地县长）耕种的，再数里有一颇大之水从东流来；故入意曲处，所成的冲击层颇大，一望青稞农田，远达六七里，这里地名落陇（Ngolung），村筑于年山之上。再数里，意曲河中有一沙洲，形成一岛，由此可见此处意曲已入壮年期了。该洲面积约有十余亩，有牛羊在其上逍遥自在地吃草。此洲东面大概接岸处水不深，不然牛羊不会跑到中岛。

十二时经莫口（Mokon）村，见民房屋上有篓子盛木炭，其南来之小水设有水磨一，盖此地人民炼制木炭，又会利用水磨，其文化程度当颇高了，过小水后，于大柏树下小憩并打尖，路旁有塔，塔上盖以木板，四周成小走廊，塔缘置有堆形及饼形的泥块，刻有佛像及石堆。康人走路，每取道石打之左，不敢走其石，盖与转经轮或转佛塔，取同一之方向，石堆之上或插着写黄色的藏字及刻节的木杆，今日所见的石堆特多。

十二时廿分，河之对岸西面有丁达村（Dinda），再数里，隔岸林木颇丰，伐下之木亦不少。有木屋数座在此，大概是本人所居的房屋！数里将抵厄达（Lcda）。明扬在路上擒得一鹨鸪，盖鹨鸪养小鸟于路，故易擒也。抵厄特对岸，小憩，该村人民已备酥油茶款待，该村人家约有廿余家，房屋多二层，有大桥架于意曲之上，附近白杨招展，云杉插天，加以流水，村落，风景至美！在此憩一刻即沿意曲南行过一小水，越一小山爪（Spur）后，有上下二条路，下路为水所掩，乃取上路依山崖而行，颇为难走。

十余里过一横跨意曲之大桥，即抵乌雅（uya）时三时卅五分，止焉。乌雅海拔三九六〇公尺，今因为程六十里。这桥是西康式标准的桥梁，西岸压石子于木上，木上后置横木连接之。厄特及乌雅均有大杨树生长桥边，而乌雅的尤大，故风景尤佳，摄一片留作纪念。桥的东北面，有人洞居于山上。今日曾雇一康女引路，其所穿之裙，叠接于外衣之上，饰以水平的柳条，殆云南所谓之百叶裙耶！这种裙在昌都路上数站已经看到了。

今天一路农业渐盛，农田与未耕地，多在支流入干流之处，或冲积扇上或河流阶段地上。今日阶段地在东岸所见的较西岸见的为多，故农田与村子多在东岸，沿河所见可耕未耕之地颇多，总计其所占的面积约有数百至千亩之谱，其所以未耕者，推其原因不外：1.因草地太少，此种地方留为牧畜之用，2.因灌溉不便，故任其荒废。如是第一个原因当然可无批评之处，如是第二个原因，我则以为最好仿效甘肃黄河的水车，利用之以行灌溉，惜康人不知利用耳！

今日所见动物除牛羊鹨鸪外，又见有蝌蚪。

六日晨六时廿分沿意曲西岸向麻姑（毛叩 Mokn）出发，河边路颇陡，冲击层上含圆石块（Pcbbes）颇多，表示河床之位置今昔之不同，数里对岸有一寺院，即乌鸦贡巴（Wyagumba）是也。此时西侧之林木颇多，有伐木的人。沿途可耕未耕之地数段，有牛羊食草于其上。

257

约十一二里，有一水从西南面流来，有桥架于其上，据云溯此河各有路可通怒江岸，二日可达。此水入口处有一未耕地，其上搭有一个白帐幕，马骡十余头在此吃草，大概是云南商人，路经此间者，他们带火枪，因路多匪，以防不测也。意曲在此处转向东北流，一二里又折向东南，附近有拉达村（Lada），人家三四，东南望见意曲石灰岩峡谷峙两岸，路上有草，藏名曰拉孔（La Kung），高数尺，生白色粒状花，据云此种草可避臭虫，不知与内地除虫草是否为一物？

八时廿五分，对岸有村曰周赣（Tsou Kun），沿此即入石灰岩峡中，峡中东面石灰岩悬崖，高出河面约二百公尺，西面乃我们所经，路在岩屑坡（Talas Slopo）甚崎岖而且又狭窄，窄得几不能成路，故再以人工把石灰岩石块打碎，打成一小径。因为太崎岖了，所以临河的一侧须以横木阻石块滚落，路高出河面约数十公尺，马行其上，碎石沙沙作响，纷纷滚下河中，状甚可怕，不得已，下马而行。路旁树木丛生，而青松颇多，盖气候渐行温暖了。

狭径稍宽处，有一塔如亭榭，傍靠一大杉树，其下满堆石块，树枝上也悬石叠如贯珠，这种悬石树上以作功德，乃我初次看到的。

旋下坡，过横跨意曲上的多桑桥（Dlonum）而东，乃稍憩，桥甚短，盖此处河谷很窄啊！时已下雨，风向初西北复转东南，风向无定，飘风不终朝，故我们知道不久雨当停止了。此处风景颇佳，本欲候雨止摄影，但乌拉已从后面赶来，不得已即行前进，乃冒雨摄影一幅，前进的看表，知我们在此已休息一小时！

时微雨纷纷，两岸石灰悬崖裸露参差尖削，悬岩的下面有着一片不断的杉木，东岸则多柏树或间生杨柳杉树。我们穿行柏林间，觉得风景委实不错！有谓惜此时下雨未免减色，但我说蒙蒙细雨，罩着高山流水笼着云柏树才更得其妙。

经一红砂岩地带，过一支流的小桥，即过立马岭寺（Nimaling），行在半山上，未经参观，今日自入石灰岩峡以来，我们都在河谷林间穿行，仅见天空一线，至十一时许乃较开明，盖已出峡了。此峡长约有十里，峡中无村落，出峡数里后，隔岸始有一村落，惜不知其名，此村落在石灰悬崖下较开展处，石灰岩屹立如双剑，再数里青稞农田已颇盛，田中设有收获架子，为收获青稞之用，又一二里抵毛叩（或麻姑Moku）村，止焉。时十二时一刻，今日为程仅约四十里，毛叩海拔三九二〇公尺。

自周赣至毛叩十五里间，景美林丰，我估计林木约有一百万株。毛叩村中养猪，色黑，与南方相差不远，在毛叩境上用一种木点火较用酥油灯为明亮，这里牛羊较少、林木较多，酥油贵而柴便宜，此种松木大概即是北方的油松。

七日早七时五十分出发，约数里易曲河半有暗礁，意曲水流本甚缓，在此乃颇急，惟西侧水深处尚当可通木排，过一小桥旋穿行于柏林间，柏林甚大：高至仗余者不少，真是我们此次旅行所看到最大的柏林。西望柏林外隐约看到一大木桥，横卧意曲之上，近日来意曲上面桥颇多，因为谷峡水深，不易涉过，非有木桥则两岸的交通殊多不便行，沿途石灰岩露头，裸露于山中的不少，约廿里抵多达村（Doda Gomba）以后，方始不见。此时多页岩等露头，又五六里对岸有地叫窝可，其北杉林十分富丰，但丛林最高面的一层已经枯燥，一时想不出道理。

十二时抵普隆（或木隆 Porung）。今日行路不过卅里，普隆海拔三八二〇公尺。自昨日入石灰岩峡以来，意曲可说是标准的少年型的河谷，意曲中间暗礁除在毛叩南数里之外，在多达村附近也看到，适当一支流入意曲处。这里意曲破峡而出，从半山腰路径侪视宛如一道石门，其上有栈道好像一道桥，状颇危险！今日森林茂盛，一如昨日，西岸多松东岸多相。

身上曾遇云南商人三队，他们从阿墩子或盐井，经昌都转西藏的，每队有骡子四五十个，常带有枪械，以防匪。就中有掳带女人的，因路远迢迢，非此无以解途中寂寞。一个骡子可负两个大竹笼，笼中复以油布等物包裹货物，盖路上常遇雨，非此则里面的东西便易弄湿。有一队的某商人，问我们打听刘家驹消息，又问班禅行辕是否仍在玉树？答以刘先生已离重庆，班禅行辕仍在玉树，他们何以注意等事，总有关系。行经多日之狭窄的小道，或在林间或在河谷，小道旁河面宽四五十公尺，每遇商队，我们多是停止其通过，有一次商队遇我们于林间，林矮人高，为林所阻，坠下马来，幸而没有受伤。

第三卷　第七期　1944 年 7 月

澜怒之间（二）

李式金

普隆人家三四房舍精美整洁，乃入康以来所未见，房屋多为二层，下层养牛马，上层住人，牛马厩亦整洁，不如昨天的污积。窗架已用方格，视之知冬日曾封以纸的，楼上的地板，已为土板，非仅为泥土，地板上有时砌以石子，其所用的梯，非独木梯，而多汉人的板梯。厕所在楼上，是露天的，仅四周以树枝编为墙以防视线，颇为清洁。家家户户都是独立的院子，四周围以篱笆种着青稞，其窗户涂以红色，尤觉美观，我们所居的地方大概是一个官舍，不然，当没有这么好的。

土人携一双干鱼来叫卖，这种鱼乃意曲所产的，长约尺许，状很似玉树通天河中的鱼。我们因为晒干的不好吃，买鸭一个，晚上杀吃。

八日晨七时一刻，向振多（Chiryde）约行半小时，于柏林间下望，隐约也有一道大桥，横跨意曲之上。

九时廿五分，经一村名叫宜冲（Yichung），青稞农田连续数里，其间有小涧，自山上流下，涧侧有颇大的花岗岩漂石（Boulder），山上有花岗岩露尖无疑。此种漂石和在乌沙地所见的是同一类的东西，涧侧有大树，约合六围（六个人张手抱）之大，有谓为冬青，未知果是哪一种树。自乌沙地至此林木稀少，此后则较多，对岸则有稀疏的杉林。

十一时半左右见意曲上又有一大桥，桥的西南又有岩屑坡，桥南不远经一村，适才所见的大树颇多。十二时卅五分意曲河中多沙洲，好像小岛，岛上满生颇高的林木，西岸林木也不少，一时廿分抵觉麻寺（Jcrma），止焉，今日为程卅五里，该寺海拔三六七〇公尺。

今天所见的房屋，仍是平顶房，此带雨量当不甚丰，但今天天阴，似乎湿度还颇大，房屋的顶上常建有小屋，以藏粮食，今天的耕地颇多，尤以在意曲的东岸为然。觉麻寺是一个黄教的寺院，喇嘛在百数以下。我们就住在寺院内，该寺院离意曲河面约一二百公尺，该寺的对岸有一个石灰岩山地，山峰一片裸露，颇为奇伟，其下有岩屑坡，仅有些位置得适合的地方，才有些林木，大多是杉树。这里住有一位营官，营官所居的地方，挂有一根红色的旗，我们向营官要四个护兵。

十二晨七时三刻，离觉麻寺，往巴更出发，下坡颇陡，遇一小水上的桥，一路农田甚多。回望昨天所见西面的石灰岩大山，山巅为云雾所掩蔽，不辨芦山。但云雾的下面则岩石裸露，几成悬崖，更下面则岩屑奔流，把林木差不多都掩蔽了，仅有坡度平平无岩屑的阴面则杉林颇多，因为岩屑下流，到了河中便把意曲壅塞，把河道变得很狭窄，故水流到此也就颇急。

再行数里，意曲河遇到了石灰岩，河身紧缩，狭仅二三丈，旋又过一小桥，大树颇多，东南上山行，坡度不陡，在离河约三四百公尺的地方，有一处稍宽广的地方，辟林为田有一村庄，人家约十户，青稞婆婆可爱。上山更上山，柏树颇多，下瞰意曲，像是一条粗线，我们这时候离河面五百公尺左右。

路旁见有一水槽，以木作长槽形以盛水，乃所以便路上行人及马匹也，该处离河面甚高，不易得水，故山中有水泉流出，即利用之以贮水也。该处对面有一水颇大，水入意曲处，有一村庄。西南遥望见有大雪山一座，为云所遮，当云间现一洞时乃看到，旋云复合，即看不到了。

十时卅分离河转向东北行，一路松柏杉杂生，杉树上有时寄生着像丝绸状的植物，满布树上，好像着挂无数的衣服，未审为何物？杉树有二种，一种是叶较长而扁的，一种是叶较圆而短的，前者乃温带气所生，后者乃副热带气候所生，这里这二种杉树杂生，大概是一个过渡地带。

十时半抵巴山口（Bala），海拔四〇三〇公尺，下山有一小水潺潺向东南流，我们自此转向东复东南下山，在海拔三八〇〇公尺处，又见有松树，昨天途中针叶松已不见，于此又见了，而乌柏树也婆疏生长。山道曲折盘旋坡度很大，有时行于岩屑坡之上，石砾时时滚下颇可惊人。

十一时又五分抵山下一村，从东北高山流来一水，以坡度甚陡，故水流颇急，一二里过此水的桥，桥则有大黑刺树，一棵下有小屋藏有小轮，水流轮转，殆亦康人代念经之一法欤。沿此水东南沿岸行再四五里，抵巴更村（Dola）乃止，时仅十二时三刻，今日为程不过卅五里。

　　巴更村海拔三四八〇公尺，自此南下，除了我们将取的道路外，复有一旧路，此路须越海拔一四〇〇公尺之多山口（Bola）。巴更产豌豆，晚餐得此甚佳，巴更附近野生红色小果颇多，有一种藏名拉西（Lasi）果系小桃，树干亦系桃树，尝之味美。又有一种更小的红果，味甘甜。在巴东的东西山腹有花岗岩露头，此花岗岩山块升起，乃为意曲和杂曲的分水岭也。

　　十三日晨七时廿五分向地（Di）出发，行五里，此高山流来之水始入意曲。汇流处有一村庄，人家十二户，位于一个含石块颇多的一个阶地上面。阶地上农田颇多，西北望意曲穿石灰岩峡而出，两岸尽成悬崖，无怪昨天我们宁过一山爪（Spnr），改循其支流不循意曲本流而下啊！

　　再行一二里，松林渐多，不如昨日所见仅有数株散布的，下行经一林木深密的小溪，有桥横其上，水声淙淙，至可悦耳。

　　九时一刻，至一大岩屑坡的下面，该岩坡乃我们这次旅行所看到最大的一个，从高出河面四百公尺左右的石灰岩山顶一点，岩块奔流，直到河旁而止。其底长有二三里，形成一锥扇形，幸岩坡到河旁即止，尚无凝塞河床的作用，岩屑因大小的不同，其滚下离顶点之远近有异，最大的石块（大如小桌），坠力亦大，故积于扇底最近。河床处，中等石块在大石块之上，其上又为小石块，分布成层带状，前二层最短，后一层小石块最长，仰望粉白色一片自顶而下，坡度一致，倾斜约为四五度。岩流过处，林木尽掩，惟其中有一点凸起的地方岩流受阻，形成岩坡中一小岛，此小岛始蒲生森林，本欲在此摄一影，路狭乌拉赶到，不好停止乃作罢。

　　此岩坡的对岸也有岩坡，惟规模较小耳。在岩坡的下面，我们几在河床上行，测得此时河面海拔为三二一〇公尺，在此处见有小型的竹树，乃此次旅行最初看到的，可知气候渐温暖了，但竹树杆细叶小，高仅数尺而已。

　　不数里，见西北面有石灰岩裸露的雪山，半隐半现于云雾之中，旋又见小岩坡，其下为岩流所打，树杆陷入者盈尺。一二里因东岸过石灰岩悬崖，故须过桥转西岸行，桥长不过七十步，又二里，又因西岸为悬崖，又不得不过桥转东岸行，此桥更短，长不过四十步。此时两岸如削，水流甚急。在河旁的山道行，路颇崎岖，经一段松林，又入橡林，闻蝉鸣，乃出发以来，初次听见的更为好听。

对岸石灰岩上奔下小瀑布二道，水花四散，势如奔马，叹观止矣！此时我们的路离河面约有五六百公尺，旋下坡，较上坡时更陡，只得下马盘旋步行而下，下视地下岩石为板岩，此时远望黄色的意曲中有碧水一泓，想有颇大的水流入，果然不远有一颇大的水自东北流来，过跨此水上的桥，意曲河谷即较为开朗，盖两岸尽为板岩了。十二时三刻抵撒（Sa），本意今天到地（Di）会给钱来撒预备乌拉，但此时乌拉未来，不克再前进，只好停此，今日为程不过卅里，摆村人家不过二三户，海拔三四三〇公尺。其东面的山脊是由坚硬的花岗岩造成。

撒的人家少，故乌拉不易找，其头人来说无论如何为我们找乌拉，设法赶到碧吐（或毕土 Botu），如乌拉找不到，则须将昨天路上遇着的一批骡子找回来。在撒所居的房东养有鸡，但不肯卖给我们吃，只得叹口腹运气的不好！从撒的房顶往东南三十度角望去，见有大雪山一座，山甚崎岖，撒人家屋顶上多设有稼穑梁，满挂青稞小麦等。

第四卷　第二、三合期　1945 年 3 月

263

澜怒之间（续完）

李式金

十四日晨八时零五分，由撒沿意曲往南出发，河谷颇为开朗，西岸有残破之阶段地存在，数里抵河旁，海拔仅三一二〇公尺，稍向东，过一小桥，复上坡行，沿途橡林颇多。此种林木高者数丈，低者数尺，以高数丈为最为普通，果实像枇杷而坚硬，叶似荔枝，边缘有刺或无刺，老严谓叶老的有刺，叶幼的无刺，不审是否？

十时五十分，过一支流的小桥，这里有冲积层，中含石块颇多。十一时抵地（Di）村，人家四五户。这里有阶段地二层，地村位于第一个阶段地上面，此时在觉麻所见的营官的弟弟，携带鸭蛋、酥油茶等物来见，盛意可感！在地换乌拉，在换乌拉的人家，门前有胡桃树一棵，乃出发以来所初见的，树颇大，果青未熟，小罗打下数个破之，肉白亦可尝，除胡桃外，附近毛桃也多。惜苦涩不可吃。自撒至地为程约廿里，地海拔三二九〇公尺，东有路通盐井。

十二时半离地，河谷稍东向，旋复南流，河西有高山一座，山巅积雪皑皑，另有雪日一道，自上而下，长有一百公尺许。或为小冰川也说不定。

南行经危险难行之栈道四个，又过小桥二座，因路难走，马走得甚缓，乌拉在后面赶上，路狭拥挤，乌拉行李在后稍一冲撞，如不留神，即坠崖下，状至危险！第三栈道和第四栈道的中间有一小水，破崖而出，其旁有杉树大一二抱，高十余丈，黄蝶成群，飞舞其下。路旁种有荞麦，对岸一村，有人家三五，更西也有雪山一座，急流二道从山奔下，像是二条白练，有风景颇美，惜大部为云所掩，老严以不能照相为可惜，旋经一小瀑布下的小桥，穿行橡林下，路上杏果已熟，金黄可爱。

三时五十分，经行海拔约三三四〇公尺的冲积扇下，下坡甚陡，不一刻即抵从东流来的一水上，该水水量颇大，有水层二个架于其上，桥东不远，有一村庄，山上有路，清晰可见，未审通往何处。

旋有小坡，见有花岗岩石块不少，山上当有花岗岩露头也，路下有一村，房屋五六所，红窗白墙，颇为美丽！再数里，即抵碧吐，时已四时半矣。乃不复前进，今日走了约五十里，碧吐房屋顶作 V 形，倾斜度颇大，可见这里的雨量已渐渐增多了。

碧吐海拔三二一〇公尺，已可种春麦，毗连村庄的北面有大寺院一所，其东侧有经轮一排，约八十四个，我们下马入寺院，希望能在寺院住宿，但喇嘛们不愿意给我们住，只好自行在寺院前面把帐幕打起来，许久不打帐幕，这倒觉得有意义！可惜晚上下雨，下得颇大，急忙把行李搬入帐内。我们搬行李的人，一身尽湿，颇觉狼狈！外面下雨，地上尽湿。平时，马通事及雇工老徐今晚亦迫得在我们帐房内过夜。在这里托人找乌拉，一时找不到，只好在碧吐多住一晚。

碧吐为康滇间一要地，藏方派有兵若干名住此，自此东北有路通盐井，东南通阿敦子，西北通昌都，西南可通江心坡等地。

碧吐除民房十余家为平顶房外，寺院屋顶均作 V 形，间有盖以石板者，亦有盖以木板而以石压之，以防风吹去。此不特可知这里雨水较多，而且或许这里的风颇大，我们注意天空云行的方向多向东北吹去，知这里此时西南季风盛行了。天空虽然吹西南南风，但碧吐地区却吹南风，想受河谷地形的影响。

碧吐附近意曲河谷有阶地四个，一个阶地长一里至一二里。宽十余丈至二三十丈不等。碧吐寺院即位于第三个阶地的上面，我们登上第四个阶地意曲河床太深下望不见。但南望则高山裸露，可望见一条一条的痕迹，当为昔日冰川作用所造成的一种水蚀面（mamillated geacizated suroaje）。

附近植物带至为明显，在第三个阶地上为农田地带，又多柳、杏、桃、杨、胡桃之属，第三四个阶地间则为牧畜地带，羊群不少，树木则多橡木之属，有的有刺，有的无刺，更上则松橡杂生，更上则为杉林了，西岸山上亦似如是，其上部林深密，望如黑色的，想为杉树耳。

八月十六日晨十时半离碧吐向甲弄（Jarong）出发，据说路上颇不安，故雇了四个藏兵保护，以防不测，上山坡度不甚陡，多片麻岩露头，对岸流来一小水，顺流处有一村，人家七八户。

过另一小水上的小桥，其上头有一小村。十一时廿分经孔德村（KonDa），人家三四，乡民挖木为槽，连接十余条，从远处引水来灌溉田地，因其所位的干冲积扇上，无水的来源，不得不这样啊！旋见对岸有泉，水从山洞流出，下注意曲，形成瀑布，昔为林木所蔽，未见全貌耳。村南数里，有大桥跨意曲上。

此后两岸河岸稍有冲积地处，亦有人家，但多为一家，零星分布，因每块耕地太小，不足以容纳多家人也。此带耕地甚少，故有时坡度在50以上的山坡上，辟为耕地，惟土壤俱贫瘠，故只仅能种荞麦之属耳。此种田地尤以在对岸的西岸为多，此等散居房屋有时木顶作尖形，以木板代瓦片，而以石块压之，一如碧吐寺院的，盖这地带已为尖屋顶和平屋顶的过渡地带了。

一时左右见路上刻呢嘛石柱二个，刻有藏字，不像以前所见的刻日月形的木杆了，又行四五里，路稍弯曲，遥望有白雪山，问知藏名Kavagabo，高插云际，似为此次旅行所见的最高的一座雪山，惜为云所掩蔽，仅见峰光一点而已，旋又穿行橡林间，稍下坡，见山间洼地中长着大片荞麦，荞麦所长的是红花，风吹花动像是红浪，异常可爱！此时山坡高，山上色深绿，长得大概也是杉林吧！其对岸山上亦满布森林，所长的似为松树，因松树远望色较淡绿与杉树深绿的不同。

二时一刻经一村，名叫广（Kwa）的，有人家六七户。该村位于一甚高的冲积扇中，大概此扇为河流冲去扇缘一部而成崖。此冲积扇上长胡桃最多，其他桃杏柳等亦丰富，尤可注意的似有桑树一株！如果真是桑，则这里开始可生长桑树了，总之此地林木深茂，麦田油油，一望而知是一个殷富的地方。

下此冲积扇高地，路颇陡难行，过一小水上的桥，桥下水流颇急，行数十步，回望意曲东岸，有白气一道，从意曲河面腾起，十分惊喜！初以为有温泉在此，这白气是温泉的蒸气，但再加详视，乃知这是刚才冲积扇上所见的小水，因入意曲处，有高崖，雨水水面相差太远，在此小水急行倒下，故成瀑布；这里水花激地，腾起十余丈，好像白烟上升，的为壮观！可算我们此次旅行所见到的最美丽的一个瀑布。

再前行不远，见农民头上喜束白布，盖一二日即可入云南境，此地人民已带云南人气味了，三时半抵甲弄，即止，今日为程卅五里，甲弄海拔三九三〇公尺，产小麦青稞玉蜀黍，小米，南瓜，荞麦，苋菜之属，作物之多，出发以来所鲜见，尤以南瓜小米，玉蜀黍等物为入西康以来所初看到的，晚上宿甲弄一人家，房屋不甚好，跳蚤又多，睡得不甚好。

八月十七日晨六时廿分出发，渐渐上坡行，路旁呢嘛堆屡见，四五里过一小桥，下有人家一二户，其地长荞麦、绿豆，红绿相映，颇增生色不少！该村前后均有挖木为沟，架悬以引水，旋有地山上流下许多碎石。经此甚为难行，随后即旋盘曲折上坡行，老严的马，一度绊倒，其崎岖可想知，出发已有一个钟头另四五十分钟，回首甲弄仍在望，可见上坡走得慢，不久又穿行橡林中，八时五十分路下通是种荞麦的地方。荞麦粗生，能种于倾斜颇大的地方，其生长最高的限度约在半山地方，离湾面约三四百公尺处。

九时半穿行松林间，松多为三针松，杆红而高，可达十余丈，十时离意曲转而东，十余日来相伴的意曲，今天说"再见"，未免有依依不舍之意。

意曲到此不久即转向西流，曲折流入怒江，意曲西流不能直下云南，此间有一段很动听的故事：据说云南有一个山神，西康有杂曲（澜沧江）、怒江、意曲三条河，这三条河要比赛谁能先到云南朝拜这山神。意曲性急贪功，故出发得最早，故见到山神最快，满希望得赏，不意走得太快，只带了青稞、燕麦二件礼物朝见山神，其他东西都忘记带了，山神大怒，责其礼物太少，用手着力打了意曲二个耳光，罚他转回，因此意曲不能直达云南，故现在的意曲的水转向北流，三天然后流入怒江南流。杂曲与怒江性情不急，也不贪功，反慢慢地都到了云南，而且带的礼物较多，不特青稞、燕麦带了，而且又带了胡桃等物，山神见了大喜，很赞赏他们，故今天澜怒二江直达云南而其所产的东西亦较多，不像意曲的荒凉。

离意曲处海拔三一四〇公尺，西南望山岭重叠，蔚为大观！意曲将西流处，河谷似隐约可寻，自此循一谷曰弥乐谷东行，河谷附近之页岩几垂直，斜倾稍向东南，此意曲所以不能不改向西流者钦？下坡数里，十时卅五分打尖于弥乐谷林木深幽的低平处，这里桃、杏、枫树木很多，杏子已熟，伸手可摘！但不甚可吃耳。

十二时零五分溯弥乐谷东行而上，坡陡流甚，水声淙淙，震人耳朵，此时桃、杏不见，但枫松橡杉木等杂生。过弥乐水上一小桥，登山盘旋数十次，崎岖可畏！半山雨来，虽不大，然使路滑，更增难行！二时半到海拔三九五〇公尺处，长针叶的松树已一变为短针叶的了。

稍南行复转而东。橡树仍多，南望有大雪山一座（即白雪山Kavagabo），云开处露出一部，急出匣照相，适照完，云合雪山不见了。山下有村庄，想即洛斯村（Loji），附近种有青稞农田，四时零五分止于高四二三〇公尺处的山坡，地名叫作墨曲（Mechu），即行下幕停止不进，今天约走了五十里。从下幕处，西南下望，见对山林木颇丰，小罗在路上拾蘑菇之类不少，用以助晚餐，煮得味很好，但我恐有毒不敢吃。黄昏饭后出幕，往南远望，见适才所见的雪山又忽完全显露，这座大雪山为夕阳所照，好像一座金山，从这座金山反射出黄金色的光线，使我们好像入黄金世界的一样，照我推测这雪山海拔约有六千公尺，积雪很厚，满山都是雪，完全看不到裸出的岩石，自雪线起至山顶，积雪地带，垂直长度约有一千余公尺。英人华德（R.K.Ward）在其 *The Land of Blue Pop y* 一书中谓北纬28以北怒江与下澜沧江之间有上薄云霄 Kagunpn 之大山，为印度洋西南季风的东界，殆指此山欤。十八日晨六时四十分，由墨曲出发，逢大雾。今日将入云南省境，湿气渐重，早上山高气冷湿气成雾，原不足怪！本来我们很想在高山上望望西面怒江一带的地形，惜雾大，不能看清楚！此时雾虽大，但望天一看，雾层不厚，垂直的视距较水平的视距为短，知雾不久当散。果然雾一会便消失，下视山头岩石仍为板岩。绕着山坡东上南望大白雪山，偶然一现，朝阳所照，亦呈黄金色。达四三八〇公尺处，乃大柏树生长的最高的极限。更高虽有柏树，但甚矮小，高不及一人，叶有刺，想是一种耐高寒的小柏。此后稍偏北行，七时五十分经一涓涓的小水，水由岩层中流出，北望红色的岩石，颇为嵯峨，老罗称此种岩石乃石灰岩夹有红色的页岩的。

再上行，至七四五〇公尺处，积有雪，此高度即永久雪线开始的地方，盘旋而上，八时五十五分乃抵山口，山口略作西北东南向名曲拉（Chula），海拔四八一〇公尺，岩石为红色页岩，山口的东北及东南二面有绿色的岩石露头，或为（Diabase）。山口满堆石堆，插有一束番旗，乃以敬曲拉山神的，据说该山神叫作登针瓦布（Danjinguabo），登针乃藏语山神的意思，瓦布乃红色，故登针瓦布意乃红山神也。山口的两面，似属冰川地形的冰斗（Cirque），尤其在西面的一个较明显。

该山口乃怒江和澜沧江二流域的分水岭，山口以西的水流入怒江，以东流入澜沧江，同时又是西康和云南二省的交界处。越此山口即始入云南境，心中颇觉痛快！下山为红色页岩，岩层几垂直，故下此坡比适才上坡还陡，一路冰阶（steps）和岩流（StoneStrean）颇多，因为满地岩石，而又崎岖，故甚难行走。

十时十分小憩，地名杜通（Dutung），有小溪源于适才的山口，至此较为宽展，吹东南风时，小雨来袭，幸不久即止。这里另有一种醉马草，高尺许，花紫色属豆科，和昌都以北且阳远附近所见的禾木科醉马草不同。

十二时廿五分沿溪复下坡行，山路尤陡，岩块更多，我所骑的马的腹后带子因下坡而震断者二次。因山坡过陡，常有达六七十度的，故小溪成瀑布，一路水急林深，水声淙淙，响声震耳，这沿着小溪的路，不特路陡难行，而且溪旁小径又常为峭崖所迫，不得不由一岸转沿他一岸走，转岸处架有小桥，多以木板一二块架成，愈近澜沧江边处桥愈大，在此小溪上我每过一桥数一次，一共数了廿一次我们才到澜沧江边，约四十里间从四八一〇公尺直落到江边二二八〇公尺处，即下降了二千五百余公尺，平均每里下降了六十公尺，坡度之陡，乃我们此次旅行所仅见的，此溪入江处对岸稍北有村庄曰古磨（Gonmoo）。山路多板岩、红页岩、砂岩之属，其间或夹生着薄层的石灰岩，沿澜沧江边上行数里，即抵米利石（即梅李树 Melishu）时已四时半了，云南德钦某驻守这里的军队，知我们到了，由王队副率领鸣号列队欢迎我们，久行藏方管辖的地方，至此又入汉人管理的区域，精神上似有无限的安慰！

到了米利石即行停止不进，今日为程约六十里，该村人家十二户，我们停于一人家中，该人家仍说藏语，不懂汉语，大概政治上我们已离藏人管辖地方，但种族上尚未走出藏民区域。今天上午仍是冰天雪地寒冷的地方，现在已抵河谷中海拔仅二三二〇的米利石，故天气炎热了，我们都裸着上身乘凉，晚餐买猪和鸡大吃一下，精神为之一爽！因天气热，晚上睡眠仅盖腹部即可。

今天植物带颇为明显，大概在四七五〇公尺以上为永久雪线的地方，其下长草，至四六〇〇公尺以下乃见短矮的杜鹃（即山踯躅），至四五〇〇乃见杉树，四一〇〇见杉树（多在山阴），四三〇〇乃见柏树

（山阴），我本来欲作植物带图，但以下则树木种类愈来愈多，复杂难定，而自己路上疲倦欲睡，不克工作乃止。因马后带断脱二次，故须步行，路□看不清，几滑下溪中，幸攀崖旁树木，不致坠下，想起来，也颇险。

十九日晨检视寒暑表的最低温度为 19 度，可见天气的温暖，七时离米利石，由王队副率云南兵十名保护，盖由此至阿墩子途中匪徒常有出没！在西康境行乌拉制，有乌拉，现已入云南，已无乌拉可找，只好雇人力背负行李。沿江两岸下行，数里过一支流上的小桥。八时一刻经村名叫衣□苏（Yihasu），仅有人家一户，至此行李又换人背负。七时零五分约行十二三里，对岸有村曰居树（Gooshu），护兵指居树告余，谓此有路北通盐井，三日可达。

九时五十五分经木苏（Musu）人家二户，在此略进些东西，这里气候温暖，故胡桃、梨子、石榴等物均能生长，树林青绿可爱！梨子快熟了，久不得吃，摘尝三个，虽青未熟，仍肉白甜美，憩约一小时，仍继续前进数里，对岸有村约吉空（Jikung），又数里有所历村（Solie），再数里抵胡李里（Hulilee），即会列里，即行停止，今日为程仅卅里，胡李里往北隔岸可望见吉空和所历二村，王队副会我谓自所历至盐井沿江东岸，都是匪徒出没的地方，行旅戒地，我们此次旅行，本亦欲取盐井，后知匪患而止。

沿江妇女喜蓄髮为辫，盘于头上，饰以银色。老严说，云南沿着澜沧江妇女都如此，不仅这里为然，胡李里人家约有十五户，仍为平顶屋，多二层或三层，最高一层满堆麦秆等物，仍未脱西康的文化景，最可注意的乃屋顶上有涂白色的小方土堆，中插以旗帜、柏叶或竹叶等物。

胡李里海拔二三七〇公尺，高出澜沧江面约八十公尺，过江设有溜渡，溜索在云南有三种，有竹制的，有藤制的，也有铁制的，以铁制的如滇缅路未成时，其他用铁索渡江，这里的溜索则是用竹编制的，溜索普遍有二条，每条紧系二大木柱上以便来往，这里的溜索也是二条，一条自西岸斜向东岸的，长八十个伸手（一人水平张二手之长度），由东岸斜向西岸的则仅六十个伸手耳。德钦设治局在此设有税收处，凡过江的货物，每驮收藏朵一个（人不收费），可见此地的重要。盖滇康藏的贸易，云南商人多取道于此。溜渡处设有小屋，为司索者所居，屋中设有大经轮一个，以便康民转动。

澜沧江在此段名溜筒江，因过江时须用溜筒也。江作西北北——东南南向，江面狭窄。宽约 25 丈至 40 丈，深达四丈许，水流颇急，老罗估计水流速度为每小时约十英里，此段稍加整理，或尚可勉强通航，胡李里本乃康人的名称，汉人称为溜筒村，除长木苏的胡桃、梨子等物外又产苹果。

自水利石至胡李里共换了人力三次，每次工钱似乎共是 35 个白藏朵（Beichongha），每白藏朵约合十八个前清铜币，问此地只通用白藏朵，不用铜币和桑宋。

我们到胡李里时见对岸有匪徒三人，他们见我们到即行逸去。据王队副说："不特澜沧江东岸有匪，即我们现在所住的东岸也未尝没有，前几天有携枪械的商人四名过此，忽来匪徒十余人，把商人三个杀死，即我们现在所居的房东，现在表面看来虽是很好的，但官兵一去，即行窝匪了。"这话也许有点过火，但此间不是安静地方，当无可疑，王队副叫房东预备我们明天上路的马匹，房东谓无马，王队副大怒，谓早已通知，何不预备？并责谓前藏匪在村，为何许其溜渡？因此怒打房东，我们看来，似乎有点过火。

廿日清早备马下坡到澜沧江边溜渡处，（海拔二二一〇公尺）。准备溜渡过江到阿墩子，溜渡处竹制索较高的一端为起溜之点，对岸他端较低。有人以绳连索，使索可高可低，免溜索者溜到目的岸时触石之虞，溜渡的人，溜渡时，须用两手，紧抱半圆形的竹筒筒系皮索，缚于溜者的腰部及臀部，习于溜江的人溜得很自如，有时可不用皮索缚身，仅以两手抱竹筒而已，我们所溜由西岸自东岸的溜索，前说过长约八一个伸手，我们以停表记算，由此索过江的时间，仅为十五秒钟而已。溜索时忌以手或头触索，因为索的速度很快，索同刀一样利，稍一触之即头破血流，甚至有性命的危险！行李及骡子先行渡江，渡时须将其绑好筒上，然后一拉一送，方能溜去。骡子渡至江，四蹄踏空，看到下面是急流，吓得战栗发抖，引人发笑！而雇脚男女同溜，实风流雅事！初溜者须有一习于溜索的人帮忙，二人同溜，被帮忙的人胆小者仍须索绑着腰部，但胆大者则不须应用这些手续。我过江时为避免麻烦乃效法胆大者，过时毫无困难，溜至江心，下瞰江水奔流。至为壮观！在溜索渡江处，我们无不拿出照相机来

271

照相！计我们连行李过江费了一个多钟头，时间实在太多，这是藏康滇交通的要道，如可能，似应改为铁桥，以便交通为是，愿当局者注意及之。

八时零五分离江上东行，及抵高处，下望有一水西流入澜沧江，入流处有一家一户，据云地名东达，数度盘旋，越一山爪（Spur），下坡颇陡，岩石多为板岩，余下马步行，疾趋而下，一瞬即抵最低处，沿适才所见之水东上。九时零五分过一桥，水流从高而下，在此形成瀑布，水花四溅，声震人耳，东行又半小时，抵石灰岩地带，此水两侧悬崖削立，像一对大门，据云此是白雪山（Kavagabo）的太子门，门内颇宽，尚不碍于走路。此路东土路较平，水流亦较缓，门东北有人家六七户，吉打村（Jida）在焉，有桥横跨水上。再数里，有人家四五户，未知村名，又数里抵阿东村（Adung），时正十一时，本欲到阿墩子，以无雇脚乃止，今日仅走了二十五里。

阿东海拔二七七〇公尺，有人家二十来户，虽仍为平顶房，但房屋结构颇好，多白屋红墙，堪称康滇所见最精美的房屋，晚宿于一前把总的家内。阿东隔水有温泉，在阿东可以望见，本欲往洗澡，以疲倦未果。小罗年轻喜动，独自往浴，返称一时许可达，乡民把温泉引入七个池中，有不少男女小孩在池中沐浴。池水温度颇高，大概是硫黄温泉，水量虽不多，但泉水从地涌出，沸腾作响，发声颇大，想是一种间歇泉，小罗拿回温泉附近岩石一块，大概含有硫质的灰岩，石上似附有镁盐（Mg_2So_1）结晶的。

廿一晨八时三刻由阿东向阿墩子出发，溯流入昨天的水的一支流南行，路稍陡，约半时经一地，叫遮东格（Jertunger）护兵告诉我，说这地去月有官兵与土匪在此剧战，结果匪徒死者数人。此后松杉颇多，而橡木也漫山遍谷，再上行，经尼拿塘（Nginatng）及波给塘（Borgitang）二地，路颇平，大概塘（Tang）者，即平地之意思。波给塘附近有数羊者，又数里地更宽平，有人家四户，称有大麦、青稞等作物。旋即抵阿东阿墩子间中途的秦尼山口（Chini La），从此往东南望，在稍低的地方见有一小海子，直径长仅二三十公尺，云南叫湖作海子，据称该海子冰期有三个月，即在十二、一、二，三个月。

更东南行三四里，抵今日最高处，海拔三七一〇公尺，地名朱拉喀（Jwlaka），此地为一小山头，可俯瞰四方，地位重要，故设有堆堡一座，以防匪乱，因阿墩子历来颇多变乱也。在此往西可望见一寺院，曰扎会寺

（JachongGomba），据云有喇嘛约百余人，由此沿小沟南下，路亦陡，沟之两侧，坡度虽斜，而麦田青稞，黄绿相映，状至可爱！三四里即抵阿墩子，海拔三四〇〇公尺，今日为程仅卅里，设治局刘局长，率该地军政学各界列队来迎！久与康藏人为伍的我们，今日得重见汉人衣冠，我们的快慰真是说不出来。

第四卷　第四、五、六合期　1945 年 6 月

麽些人之社会组织与宗教信仰（上）

吴泽霖

一、麽些人的来源及分布

　　麽些人亦称摩娑人，他们自称为拿喜人，是云南边民的一支。他们在云南西部的历史，较汉人为早，典籍上即所谓濮人，属于爨系的一支。但是他们并不是云南的土著，原来的居留地，尚在康藏一带，唐朝以前盘踞金沙江左岸，及雅砻江流域（今川康滇三省交界地），而以盐源为中心，嗣后渐渐向南迁徙，一部分从盐边、永胜至姚安，另一部分从打冲河、盐井河一带移殖到木里、永宁、丽江。来至丽江时，当在唐武德年间（七世纪初），陶云逵先生在《摩娑之名称分布与迁移》一文中，曾有下列一段的说法，"以民族大系统之关系言，丽江一带摩娑与澜沧江以西顺宁、双江一带，汉名倮黑——自称喇呼——之土族，其在体质上、语言上、习俗上颇有相同之点，阿卡人称倮黑为摩娑，我们再拿他们的迁移路线来说，还是在唐朝贞元中（八世纪末），南诏破了西戎，丽江一带的麽些人，就迁移到昆明等地，其路线经禄丰一带。从唐朝到宋代（七世纪到十三世纪），复由昆明迁向澄江、玉溪、江川等地。宋代中叶时（十世纪中），一部分更南移到元江一带，原在永仁、姚州之间的麽些，在五代唐朝或者是为了戎事自动或被动地搬至澜沧江西缅宁等地，或者其中有一小部分就在这时迁至保山，其余的就渐渐蔓延。到清朝嘉庆时候（十八世纪），其散布区域已经很广，顺宁、镇康、缅宁、双江、澜沧等各县属的山岭，都有麽些人居住。从嘉庆四年（一七九九）至民国七年（一九一八），倮黑屡次叛乱，前后计有七次之多，幸而都被政府讨平，所以从清光绪初年以后麽些族就陆续向南迁徙，一直到缅甸景东一带及暹罗之景迈。而在姚州之另一部分麽些，大约在唐初，复西迁到丽江。明朝万历年间（十六世纪末到十七世纪初），丽江的摩娑被其酋长木氏遣戍到维西一带，一直下来，现在怒江以西贡山设治区北及德钦设治区、兰坪县等处，都还有麽些人居住，他们的人口总数在云南境内的约有十五六万人之多。至于丽江边境的麽些人，都说是清乾隆间或者由白沙向西迁移，或者由南山向西北迁移，一部由于被调戍边，一部由于自动殖边，其中迁至巨甸及鲁甸一带边地的人数最多。"斯格德称丽江一带之摩娑是俅黑在中国之同族，此外在永宁有名吕希之土族，汉人亦名之为摩娑，拿喜喇呼吕希似为摩娑族之三大支系。

麽些族目前的分布中心，是在东经九十九度二十分到一百度二十分，北纬二十六度三十分到二十七度十分之间，以四川、西康之南三省交界区为他们的集中地带，中甸的北地，维西的叶枝、则那、白帕、桥头、岩瓦、永胜的西境，永宁全部盐源北面的大则兀耀等处，都是他们的居住区域。人数最集中的地方，则要推丽江全县，尤其第五、第六两区。

二、麽些人的社会组织

家庭及家族组织　过去麽些人中，亦有数世不分居的，大家庭近来渐少。但是在边区的地方，仍是很少一夫一妇的小家庭。普通每一个家庭包括祖父母、父母、儿女，仅以一子结婚为嗣，其他的儿子都须出家，或做"犹爸"。"犹爸"即麽些人所谓独身男人的意义。但是住在永宁、维西麽些人中的吕希一支人如此，其他城区坝子里的乡镇两支人与汉人同。

一般麽些人的家庭并不算大，他们的出生率原来不太高，而婴儿死亡率却很高，所以一般家庭中，成年子女也不过二三人。如父母健在，家庭各分子尚能和平相处，同时房屋也够使用时，他们大部不愿分家的，一切家产，均由父亲掌管，父亲逝世后，由母亲或长兄掌管，全家各人的收入，除个人的消耗外，均得缴入公账内，一切日常费用，则由家主开支。

家庭间如意气不和，时生口角，或某一分子不愿家道过分浪费时，则常演到分家的一途，分家时若父母尚在，则由父母主持，各子所得，系平均分配。倘父母已不在，可请族长，或本村中的年老者出来秉公分配。要是分家后，而仍住在一起，大都一房占屋一座，各开伙食。正房例为幼子的产业，故幼子不必迁移出去，其他各子，只得在外面另建房屋。倘无力建筑，可将老宅中一座房屋，搬迁到新址上去，他们的房屋结构比较简单，亲友们通力协助。往往几天的工夫，就可以把一座房屋竖立起来。

家庭间的分工，在乡间不及城区的严密，乡区间的麽些人，日常的工作，不外是农稼、畜养、纺织及炊爨等事，男女间没有很严密的分工，大多数男子能做的工作，女子也会，诸如上山采樵、下田割种，以及饲养牲畜、料理餐事、纺织羊毛布匹等等，男女都共同合作，同样熟练的。不过在家抚育儿童，都半是妇女们的事。这正如出外渔猎，都半是男子们的事一样。从大体上讲来，麽些人中男女工作，终年都很勤劳，男子的工作，消费体力较重，但多少仍有些空闲时间，女子们则每天黎明即起，挑水砍柴烧饭，一直忙到夜间，没有多少时间，可以真正地休息。

麽些妇女的经济能力，并不比男子低下。有许多家庭中，主要经济生产者是女子，而不是男子。在城区的居民中，许许多多的男子，闲居无事，反要靠着女子的努力，才能维持生活。除了永宁的吕希人，他们还保留母系家庭的组织，女权较高外，其他麽些人，与汉人一样重男轻女的观念太深，家庭中以及社会上一切权利，概由男子所把持，女子很少能占重要地位。在祖业的继承上，也与汉人一样，概由儿子孙子代代承受，假如没有儿子，宁可招婿为嗣，女儿概不能承继，要是子女都没有的话，由族人中血统较近者来继嗣，或平分，女子变为不是正宗的人物，从每年祭天时，禁女人参加一件事上，就可以证明这种看法，普通"女"字上面必加上一"贱"字，麽些人称"女"为"命"，"贱"为"夸"，连起来说，"命夸"就是贱女的意思。

家主的地位在麽些人中是很高的，他的床位是在房子的正屋内，吃饭的时候，他坐着正位，儿子依次地陪着，媳妇则根本不入座，子女的管理，多少也根据严父慈母的原则，故子女们大都畏惧父亲，子女的大事，连婚姻在内，父亲是最后的决定者，母亲的地位也不低，多数人家银钱的管理，是母亲的职权，父亲死后，母亲就掌握财产的大权，他的主张和意志，子女们都得听从的。

媳妇的地位，与其他家人稍有不同，尤其是在年轻时是这样，在初结婚后的一二年内，她所任的工作，特别勤劳，以后逐渐加重，为家庭中的主要劳动者，她与翁及伯叔（夫的兄弟）的关系，虽不似许多民族中的绝对回避忌讳，但原则上也是不大攀谈的。全家吃饭时，惟有她不上桌，只能在屋角里，或灶旁独自地分食。到了晚上，劳顿了一天，全家的人都围着火取暖谈笑，但是在这个火边的亲属圈中，没有媳妇的地位，她只得悄然留在圈外，去从事于白天没有做完的工作，虽然一切谈论，她仍还听得到的。

麼些族以前在土司木氏专制压迫之下的生活是不很自由的。木氏为巩固自己地位计，当然不愿意看到人民中有强有力的家族组织。家族组织既不严密，族长的地位就不会特别的尊严，当然亦无所谓特权，同一区域内的氏族，除了联合起来祭天外，也没有其他的事，可以激起他们全族活动的。

麼些人中以和姓、木姓为最多。据他们说和、木二姓是麼些人的本籍姓，虽然姓和姓木的未必都是麼些人。后来迁去的汉人中，也有许多改姓和改姓木的。这些氏族，人数众多，散布区域极广，仅血统较亲、居处较近者，彼此目为同族。相隔辽远的同姓者，几乎不会发生任何关系，事实上也不承认彼此隶属于同一氏族，连彼此通婚都不加禁止，当然更谈不到什麼民族组织。

普通一族之长，大概由最长辈，以及年龄最大而且明事理的人担任。遇有族中纠纷事件发生，族长就会被推拥出来担任仲裁，族众中分家析产时，遇有争执，无法解决时，族长的处置，就是最后的决定。一族中往往有公产（南山各地无），凡遇每年正月七日间的两次祭天，由公产公地内开支，无公产者，由族中规定，每家轮流，男子年龄在三十六、四十九、六十一岁者，可向族人请求尽先当值，因为这些年一向目为不吉，易遭厄运，倘担任一次值年可解凶延寿。

三、麼些人的政治组织

麼些民族的政治单位，可以说是村寨。村寨之中，有大有小，大的百余户或五六十户，小的亦有三四十户，以至于十多户。麼些人秉性纯朴，近年来都遵照政府法令，编制保甲，对于保甲长的任何命令，都能顺从，可是自卫力量很脆弱，武器之中，仅有弓弩刀斧之类，不喜购置枪械。沿丽江金沙江一带居民，常苦中甸古宗人的扰掠，这实由于他们抵抗力量微弱所致。

麽些人虽然组织力量很差，但是在一村一寨中，对于村民应遵守的规约，向有传统的规定，一般人恪守惟谨，不敢或违。此种乡约，每寨设有一人监督，倘有违犯者，可以执行处罚，自保甲制度施行后，保甲长就有处理这类的事件。普通所常见的村约大概如下列所示：

（一）不孝父母者

（二）不敬尊长者

（三）奸淫妇女者

（四）聚众赌博者

（五）营业不正者

（六）窝留匪类者

（七）践踏禾苗者

（八）破坏公物者

（九）污秽井水道路者

（十）会议不来者

以上十条由本村绅老公议决定，全村人民不论老幼，宜谨勿违，如有违背，由本村父老公议分别轻重处罚。

村寨中——尤其在坝子上的村寨——常有公产的设备，通常是田地山头林木一切收入，专供村中公益专业之用，例如办学、祭孔、救济赤贫等，由村中公举管理员一人主其事。公产如系田地，则租与佃户每年收租，如系山林，则雇人看管，以砍售木料的收入充作公帑。村民间合作互助的精神，在麽些人中颇为发达，任何一家，如有意外事件发生，而须他人协助者，一吹牛角，全村人民群集起来，通力协助。春间农忙下种的时候，全村集中劳工，轮流插秧，每家至少出工一人，田产多者，出人亦多，男女不计，本家无人可出时，可雇短工以代，南山一带不适插稻，故于插秧时，壮丁求工者甚多，故雇工不成问题。插秧的适当时间较短，每家必须争取时间，这种集中劳力的方法，效率比较的高，普通只要十余天的工夫，全村的稻田，可以全部下种完毕。插秧时担任劳作者，黎明即起，在家喝酒进食后，即至田间工作，午饭由轮到插秧的家里准备酒肉招待，下午收工前，有些人家还预备些酒和点心酬劳，晚饭大都回家自理。

到了割稻的时候，仍然根据合作的精神，但办法则与插秧时不同。插秧的工作男女共同参加，割稻则由女子担任；插秧是全村通力合作的，割稻是几家联合起来的；插秧是白天的劳动，割稻是在月夜举行的；插秧是纯粹的经济活动，割稻掺杂男女恋爱的成分在内。青年女子们，一面割稻，一面高唱山歌，青年的男子们即来附和，深夜不彻，所以同时变成社交的场合。

山居的村寨中，畜羊是一种主要的生产，到了温暑雨季，全村的羊，均放食于大高原上，牧人亦长期留住山上，到了寒冷时，驱羊下山，在各家中分饲。

四、麽些人的经济组织

拿喜人在坝子居住者，纯粹是农人，于山间居住者，半农半牧，居于城区者，从商居多。在小农经济制度之下，除了粮食自供自给外，主要的经济活动，只有家庭手工业，其中主要的几种，非但供给自用外，而且影响到整个区域的经济状况的，有下列数种：

（一）毛业——家畜有牛马猪羊，山居者畜羊为最多，每年春秋二季，各剪羊毛一次，梳理后纺织成块，以供全家衣裤之用，剩余者售至场集，因此纺织毛线与毛布，为麽些人主要副业之一，

（二）麻业——搓麻线织麻布，亦为麽些人的普通手工业，麻线用为缝鞋底，而麻布除供给部分衣料外，多用以制装运米粮的大口袋，销路相当的广。

（三）皮业——皮业可以分成两种：（1）漂制羊皮，由西康、西藏等处运来的羊皮，多半在丽江一带漂洗修剪裁制各种裘衣，货色很好，但因交通上的困难，原料既不多，此项工业亦无从发达。（2）薰制革皮，以土法制造革皮，再拿来制造皮鞋，鞋底质料很坚实，离丽江城约十余里的束河村，那里的麽些人，对此技术，特别擅长，往往以此业谋生于外，不论城镇乡村，都有这一村人的足迹。

经济交换除在城区外，并没有具体的组织，一切都靠场集来输运，场集所在地，大都是半汉化区，距离相当遥远，有每日一集、三日一集、五日一集者，原来拿喜人的许多场集地点，咸因人口衰落，或迁移流散，大都已荒废冷落矣。

商业交换，概用流行的币制，相传在明代以前，麽些人皆以贝为币，至今交通困难的地方，尚有以货易货的原始交易制度的存在，但是对外往来，以及缴付、赋税、摊派款项等，仍以政府发行的钞票为标准。近来城乡对于稍旧之法币，便不使用，因而引起无限的纠纷，少数毗邻古宗民族的麽些人，亦有常以银元为本位，银元与法币的兑换率甚高，每一银元，在民国卅二年可换法币四十余元。

度量衡方面与其他内地一样极不准确，展开手之拇指与中指为一度，麽些人称之为"吉"，展开两手为一度，麽些人称之为"律"。斗升大小，各地所用不同，有四碗升、六碗升、八碗升，以及十六碗升等，多不一致。此外尚有讲"笼"数或"篮"数者，至于碗、箩筐的大小很有出入，没有一定的标准，不过这种情形，在交通不便的农业上，是一种普通的现象，并不限于麽些人，至于秤的用法，根本仿效汉人，没有特殊的制法与用法。

借贷制度完全是私人间的活动，没有一定规定。普通借贷，有用抵押品，亦有不用抵押品的，抵押时，少者可用首饰器皿，多则用田产房屋，利息轻重不等，重者每千元月息百元，轻者减半，上粮息与上银息，各视情形不同，契约非必要时不用，一则因为乡间能写字的人绝少，二则乡间生活简单，遇有借贷，即目为重大事件，两边都牢牢记着，不会有毫丝错误的。

其次讲到麽些人的租佃制度，深居山中的人民，大都自耕自食，租佃情形绝少，所纳租税因丈量欠确，故难免不公，惟山区地带因土质贫瘠，所纳极微，且自己开垦的荒地，根本从不缴纳租税，丽江坝子及金沙江边一带，良田沃土，佣农情形即比较普遍，但自耕农仍占百分之九十，朱通先生曾就中和村等六村二七〇家的调查，每家耕地面积的统计如下：

亩　数	家　数	亩　数	家　数
1—9	53	60—96	8
10—91	90	70—97	0
20—92	56	80—98	1
30—93	33	90—99	0
40—94	21	100—190	270
50—95	70		

　　据我个人的估计，每家至少须有中等地二十亩，始可维持生活，但根据上项调查，一半以上的人家不足此数，他们生活的困难，可想而知。领公产（为喇嘛田学田等）耕种的佃农，过去都是，"谓租不认田"，所纳田租亦最少，而私产招佃有分苗或上田亩，随田主的意思决定，租额方面，最高的须纳田中收成的十分之三，低的仅纳十分之二。

第四卷　第四、五、六合期　1945 年 6 月

麽些人之社会组织与宗教信仰（下）

吴泽霖

麽些民族，一般地说是信仰多神教的，他们都很虔诚地崇拜祖先，并富有安时处顺的道家思想。不论乡村城市庙宇中，都半置有佛像，如释迦、观音、财神等菩萨最多，此种信仰与汉人无异，然亦有特殊地方，兹分述于下。

一、多巴教

多巴教本为麽些民族特有的宗教，当异教没有传到此地区以前，曾盛极一时，惜在目前已渐形衰落。在智识阶级中笃信多巴教者，为数寥寥，一般读书人简直目之为邪教，但在乡区山间，则信仰者仍甚普遍，凡遇丧葬或超度夭亡自杀的人，仍沿用多巴教的仪式。婚姻时亦须多巴教士主持，惟一般的人对于多巴教的信仰，并不专一，他们一面信奉多巴教，一面也在相信喇嘛教，同时多巴教既没有庙宇，又没有教产，宗教活动的物质条件，已付缺如，其号召力当大为减色，长此以往，若干年后，或将湮灭，而变成一点史迹而已。

一个宗教若要流传得广泛，必须具备下列几种因素：一、崇拜的对象——神明。二、经典及信条。三、礼拜的场所——如庙宇、教堂、祭台等。四、宗教师。崇拜的神明，必须神圣无疵而且是万能的，经典及信条必须有确切的明文规定，并且教义要清楚。凡信仰的人，都有了解他的可能。礼拜的场所，虽属物质的设备，但有了一个固定的地方，再加上神台、香烛、歌咏音乐等等设备，使大家能共同参加礼拜，无形中可以增加对神明一种虔诚的态度。最后神人之间，总得有一种媒介的人物，沟通神明与凡人之间的意志，这些人的身份，各地不同，有些被认为神明的化身，有的自认为凡人，不过多懂些神明的意思。靠了这些宗教师，宗教上各方面的活动，才有开展推动的可能，信徒中才有一个中心人物，可以申诉他们的欲愿，根据这些原则，让我们来衡量麽些人的多巴教。

先看他们的宗教师，麽些人称之为"多巴"，其人选有传袭及选能两种方式。如果某多巴技术很高明，典籍亦非常通晓，他往往拿学术传给儿子，而儿孙辈亦极愿承受遗教，代代世袭下去。这种世袭的多巴，在麽些族人很为普遍，但栽培一个多巴，也不是项容易的事，他要学习多巴文，又要熟记咒语，假如儿孙的识能太差，不能胜任祀神除鬼的种种法事，或者他们对此根本不感兴趣，不愿学习，那么教友中，如有才能卓优而且愿意学习的人，就会被众推举出来掌坛，经过若干时日的训练以后，各方请他禳病驱鬼的机会，亦就增多起来。

多巴在社会上地位并不崇高。他不像天主教的神父，或基督教的牧师，或寺院内的喇嘛，多巴的职掌，并不是一种专业，乃是一种业余的活动，尽管他的能力如何超人，他的本业还是农夫，或木匠，或从事其他职业。他既没有教产来供养他，每次为人驱鬼或念经后，只得接受些微的酬报，聊以补助他的收入，这样一来，他就失去了超然的尊严，而变成可以供人使唤的被雇者。他又不像天主教的神父，或庙宇内的喇嘛，或和尚，不娶妻，不破戒，或不开荤，他有家室，他是凡人，这又剁掉了他的清高的身份，所以充其量多巴不过是一位技术师。

多巴在作法的时候，须穿着法衣，大都是前清的蟒袍，有的再加一串朝珠，一条朝带，头戴法帽，由八张绘图的硬纸片制成，中联以绳，平时折叠成一片，戴时展开成帽，扎于发髻。这些衣帽，都由祖先传递下来，故大都已破旧不堪，除了这套特殊的服装外，作法时，并携有法力、铜铃、铙钹及皮鼓等工具，于跳舞驱鬼时，齐声合奏，借以维持节拍。

在较大的村寨中，多巴总有一两位，在较小的地方，每村就不一定有一个，但在几里以内，总可找得到个把。多巴的声望和能力，当然因人而异，经典符咒懂得多，驱鬼医病成效大的多巴，大家对他信仰当然会提高，就在他们自己里面，也承认有技术上的高低。名望较高的老多巴，往往有权召集或支配其他多巴的力量，任何人家要超度亡人时，须邀请一个多巴主坛，由他去召集其他多巴当作助手，当然主坛者所得的报酬亦比较丰厚些。

　　现在让我们来注意多巴教的经典及法术。第一经典上所用的文字，是一种象形文，拟云，以前在麽些人中是相当流行的，但目前只见于经典，仅多巴能认识，精通的人，更属寥寥。以象形文字来描写抽象的概念，本极困难，所以解释经典的内容，当然免不了有很大的出入。典籍的数量相当繁博，总数达六百余册，大都关于历史的传说、神话、诗歌、谣谚等类，颇美妙动人，此外如天文、地理、哲学、阴阳风水等目，亦应有尽有，内容虽多荒诞无稽，亦确足表示往昔麽些人的信仰。

　　多巴教的经典，是单页的厚纸裱叠而成，每页宽约三英寸，长约八英寸，上面写满象形文字的记载，有些经典的文字加涂颜色，全部经典好像一幅叙事的图画。抄写经典所用的笔，系由细竹片制成，前端削尖，中裂一缝，俨似西洋的钢笔尖，如图"Ꝩ"写时亦以笔尖涂墨写于厚纸上，全部写就后，再加颜色。近来多巴教的势力日渐衰落后出色一点的人才，也不见得愿意甘心从事于多巴事业，所以多巴的成就，远不及从前。不久以后，多巴的人数，当然会大大地减少，连多巴的文字也要渐渐地失传了。

　　除了学习多巴文字及经典以外，超度灵魂，以及驱鬼祭神等法术，也是由师傅传授的，诸如唱跳、挥索、舞刀、画符、念咒、御火红铁、犁泼、煎沸油汤等各套，最为流行，也就是学习中主要的一部分。麽些人中染有疾痢或认为鬼魔作祟小病时，用鸡蛋、米糖之类，由家人代病者谢送；重病时则请多巴禳除，或宰鸡猪，或杀牛羊。多巴送鬼之仪式，亦视病的轻重，及所购物品之多寡而有差异。最普通的法术，系用长刀铜铃，或铁索舞跳挥掷，以示威吓，魔鬼即会被迫遁避。若遇厉鬼，则上述的法术就不够灵验，多巴必须采用更骇人的技术，一种将火中烧红的铁犁，先置地上，用脚践踏，旋用牙齿紧咬舞刀狂跳，或咬一条小猪舞跳，猪叫愈响，多巴愈跳得出神。再有一种，锅沸煎菜油，油滚后加酒，多巴以砂粒在油中搅调，状至可怕，一面念咒施法。据云，探沸油之手，可无烫痕，有时多巴于作法时，以刀自割其舌尖，沥沥滴血，舌亦无伤。据云，这些驱鬼方式，当然不能常用，仅能偶一为之。

　　多巴教纯系多神崇拜，还未达到主神信仰的阶段（Honothoisn），他们虽然也承认有天神地神的存在，但关于他们的威权作用等，都没有具体的信仰，想系后来受汉族的影响，而浸入他们原有的信仰中去的。在他们的众神中，最主要的名叫"是瞭"，但他并不是无所不能、无所不在、无所不知的万能神灵，他不过是一位大教主，但他的法术和威力，根据他们自己的传说，还比不上喇嘛教主，这也是一种原因，促成喇嘛教在他们里面势力逐渐扩大。关于"是瞭"的传说，叙述如左：

混沌初开时，上天生下一蛋，蛋生一贰字贰字，入莲花，莲花生绍麻登，为元始之神，绍麻登以后，出一亨迪瓦下亦为神，亨迪瓦下后，隔了数代，又出一神，叫格课笃知，生有九头十九手，神通亦广大，其后有一神轮回九世，其第九世名称为"是瞭"。"是瞭"为麽些民族最信仰的多巴教主，"是瞭"曾与喇嘛教主比法，不分胜负，最后说定早晨先至昆仑山的，算是优胜。"是瞭"的法器为一双皮鼓，鸡一鸣就骑皮鼓上山，而喇嘛教主于日光升现时，御光一跃即至，"是瞭"反而到迟，于是"是瞭"就被贬南来，据有今日的北地（中甸属），当"是瞭"。时有一恶魔叫"固松麻"者作祟人间，变化莫测，"是瞭"亦无可如何，就用计笼络，与之结为夫妻，先将"固松麻"的法器，长有九丈的铁索九根、大刀九把、铜锅一个，用计毁坏，民间请"是瞭"往作法事，"固松麻"嘱"是瞭"切勿收受任何财宝谢礼，"是瞭"答应，主人见"是瞭"不收财礼，暗中将一宝石挂于"是瞭"的马首作谢，回家以后，"固松麻"已卧病不起，斥责"是瞭"受人宝物，"是瞭"应以无有，"固松麻"就叫他注意马首上的宝石，"是瞭"顿时觉悟，以为时机已到，即以宝石照着"固松麻"而杀之，固氏将死，诅咒"是瞭"必得沉沦海底，永劫不复的报应。

后来洪水为灾，天空照出九日，"是瞭"因热浴水方去其冠，立即沉溺，其弟子三百六十人遍海寻捞，每天服饮海水，海水吸去大半，方捞获其尸身，所以凡是多巴教徒，直至今日多备用铁杖一根，一端系捞尸用的五叉曲钩，一端又为伏魔的三杖剑头。每一多巴死后，同教徒中照例用杖举行破狱仪式，超度死者的灵魂。

多巴教中关于神的种类名目繁多，每一种不同的神，都各司其职，各有其权，各制其鬼。作某种法事，就奉某神主台，念诵某本经咒，各有一定规矩，不能互相错杂，这些神大都与汉人信奉的相似，但经咒却是麽些人自造的象形文字，其中主要的列表于下：

神名	作用
左老泥耻（子孙神）	保佑人类生产子孙兴旺
俄神亨神（福禄神）	保佑人类降福赐禄
知劳阿普（长寿神）	保佑人生长寿
阿美亨那同色（五谷神）	保佑五谷丰登
龙神	保佑人间雨水丰盛
庶神	保佑家宅平安
都神（男神）	保佑阖家男女平安
色神（女神）	保佑阖家男女平安

除了上述的许多神外，还有一个"三多神"。他是一位功臣名将，死后被敬为神。相传昔日土司木氏的家将李华，战胜入寇的吐蕃，使麽些人民得免于烧杀掳掠之祸，因而他死掉以后，麽些人于离城卅余里有一个白沙地方，设一祠堂，专供此神，敬称为"三多神"。从此以后，二八两月香火极旺，特别是在疾病流行、盗贼骚扰，或频受患难的时候，一般人民必然大祭"三多神"，虔求保佑，或者那些久游返里，以及长病初愈，甚至脱险免难以后，亦必亲带香蜡，拜设"三多"。所以比较上说，"三多神"在麽些民族中最为人民所崇拜的一个，其权威亦最大，附近汉人亦奉之，称为北岳。

麽些人认神为神秘的主宰者，一个人的福泽，都由神所赋予，一有灾祸，即发愿禳解，举行种种赂神送鬼法术，一般人都以为假使人类没有神助，世界将为鬼所操纵，人就无法安全地生活下去。

麽些人的祀神，多半由多巴主其事，用土话歌诵象形经文，口里念念有词，词多五言韵语，点唱历来神佛土名，歌颂自古以来的神灵事迹，历数山川地名，拜唱神佛名号，或每家自行祭祀，或合族共同聚祭，祭品极简单，不过松栗柏等材干切不可少，用法亦因神而异。

除了"三多神"外，没有庙宇，故祭神的地点，多在露天。就是最隆重的祭天，也是这样。普通祭天，在郊外设坛，每一祭坛，为一氏族所共有，坛的面积，普通约四方丈，亦有比较的大，坛的周围密植树木，惟亦有就便设坛于自然的树林内的。

定期的祭神，每年规定有四次，正月祭天神，三月祭地谷神，七月祭家神，十一月祭天神。祀日皆有定期，不过各民族间略有先后，如正月有初三、五、初九、十一等三期，其中分"普渡""古蕃""古刹"三种派别，祭祀详情，下面当再详述。

与神相对的为鬼。麽些人都相信人死后，其灵魂变鬼，善死者，变鬼后亦安分和平，自杀或冤死者，其鬼即时作祟作厉，非招到替身后不止。凡人对鬼无法可想，只有神才有制鬼的力量，麽些人非但相信人有灵魂，即牲畜亦有灵魂，凡生前做了罪大恶极的事，来生即变为牛马猪羊等牲畜。反之，牲畜亦有转世变人的可能，若人变为兽，兽再变禽，以后即无法再转变为人了。

麽些人对于鬼的领域，与汉人的信仰大抵相同，他们在阴冥界活动内有十层地狱，凡生前有罪作恶的人，都在这里专受刀山、血河、锯刑、油锅等苦刑，惟鬼也可以在人世间出没，凡荒寺废屋，或坟墓间，鬼即常出入，连僻街深巷，于夜间亦常见鬼形。旧历七月称为鬼月，自初一至三十，每夜有人举行"放阴"，其法使一较蠢的人坐寐，另一人在旁画符念咒催眠，等到眠者放出哭声时，即认为鬼已附身，亲属友朋，均可与之谈话。

鬼有类别及等级，在各民族中几乎都这样地相信。麽些人中有一女鬼王，名叫"固松麻"，吃人杀人，为害最大，此外种类繁多，不可胜计。人有几种死因，即有几种鬼别，例如吊死者，即有吊死鬼，杀死者，即有杀死鬼，每种都有土名，不胜枚举，今就较为重要的几种列表如下：

种类	作用
尤鬼——情死之鬼	诱青年男女情死
此鬼——吊死鬼	诱青年男女吊死
木鬼	产生臭虫蚤虱蚊蝇使人间发生病痛
火鬼	以火灾作祟人间
金鬼	主杀伐之灾
水鬼	主冲溺之灾
土鬼	主陷崩之灾

续表

种类	作用
当鬼——无头鬼	专找遭人杀死者来替生
魑鬼——老虎鬼或野兽鬼	专找替生为野兽咬死
落水鬼	专找溺水者替生
俄鬼——是非口舌鬼	专找为是非口舌而冤死者来替生
骤鬼——堕胎鬼	专找因生产而死者来替生
饿死鬼	专找饿死者来替生

一般知识较浅的麽些人，与愚蠢的汉人一样，只要有病痛，亦认为有鬼作祟，非得请多巴来禳除不可，其仪式已在上节中述过，为了这一类的费用，常有倾家荡产负债终身，但病者仍一无所补，生命常无法挽回，这种情形，非待教育程度普遍提高后，不易有显著的改变。

二、喇嘛教

喇嘛教来自西藏，并非麽些人原有的宗教，其影响尚还没有深入，但是喇嘛教有富丽堂皇的寺院，在丽江境内就有五所大寺，均有大殿高阁，佛像林立，乡人身入其内，敬畏之心，油然而生，这是多巴教所无法竞争的一个因素。喇嘛教还有一个特点，就是严密的组织，教分黄红白黑花五支，黄教（显宗）势力最大，红教（密宗）次之，丽江一带为红教，红教喇嘛的阶级如下：

（一）法王——共有五位，第一位最大，为大宝法王。

（二）大喇嘛——即活佛，每一寺有一位，其来由于转生。

（三）二喇嘛——总管，对于经典须有研究，但须有人望，由选举而来。

（四）聪巴——经盘监督。

（五）倡聚——事务管理。

（六）细巴——即二倡聚专管伙食。

（七）睹巴——凡静坐过三年的正式喇嘛。

（八）小喇嘛。

滇西一带共有活佛十三人，喇嘛约二万余人，每一喇嘛从一师父学习藏文经典。在做睹巴以前，须到西康的德格，或丽江的文峰寺，或西藏的楚普三寺内，去静坐三年三月三日三时，静坐的时间，禁闭在一座经殿内，每日诵经，绝对不与外界人士接触。据云，静坐完毕后，头顶上会起一泡，可插入一草，深入寸余，在一般乡人看来，喇嘛是有学问的人物，他会藏文，又熟读经典，并且三年三月余的静坐，也是难能可贵。不是平常人所能忍受的。喇嘛虽可吃荤，但不得娶妇，出家人的超俗生活，多少受人敬佩，再加上喇嘛寺内都有庙产，喇嘛生活，并不依赖为人诵经所得的酬报，故喇嘛的地位要比多巴为崇高，这一点也是多巴教敌不过喇嘛教的另一因素。

喇嘛教既有上述的优越因素，何以仍不能深入麽些人的宗教生活中呢？喇嘛教是外来的宗教，不能尽合他们的口味，当然是一种原因，其次喇嘛集中于几个寺院内，与一般乡人隔离甚远，不像多巴那样的到处随地可以会到，多巴是生活在他们里面的，喇嘛与他们是始终隔着若干距离，所以不能像多巴那样的接近，所以一般人家需要祛祸禳灾，遇婚丧大事的时候，多巴是不可或缺的，但喇嘛参加的机会就少得多。

丽江五大喇嘛寺中，与麽些人关系最密切的，要算南山文笔峰下的文峰寺。该寺于每年七月二十九日，举行一次驱逐女魔的宗教仪式，远近来参加的，至少有数千人。相传古时候，有女魔王共养子九九人，常将百姓独子取而食之，释迦将其幺儿用钵盂盖之，他遍觅于地狱中三十三天，都没有找到，她又去释迦处探视，释迦告以并未看见，她再三哀求告知其下落，释迦仍不允。女魔王恳切告诉释迦，说她最爱幺儿，非找到不可，释迦才说，九十九少一个何妨，他人独子常被你杀死，应作何想，女王自己忏悔，经此之后，不再吃人子，但又无食料可充饥，请求于释迦，释迦允嘱他的各代弟子，于每餐所多余的少许食物投弃给她，并将幺儿放出。七月为不祥月，一般民众都于是月赶鬼，女王为一切恶宙司，所以该寺于二十九日供献许多食物送之，祭后，即将面粉涂黑制成的女魔偶像，于寺外焚烧之，腊月二十九日，又送第二次，但该日尚有其他的鬼同时祭送。

三、宗教传说

在我国边民中间，流行许多非常美丽的宗教及历史传说，因为当初没有文字的记载，专凭口说传授，内容上遂产生了不少的变化，就在相当邻近的区域，免不了有若干不同的地方，下面一段，是关于创世祖先的传说，由多巴经上译述出来的。

洪荒时代，天地混沌未开，一切动摇未定，天象未著，日月未明，星辰未出，山谷未成，河流未有，真形未现，实象未生，由非真非实化生，出现绿影绿露之气，由绿影绿气化生，出现一道白光，白光出生美音，美音出现芙格阿革真神，真神生白蛋，白蛋生白鸡，白鸡叫"恩荣恩毛"，当时世上无飞鸟，无走兽，无宰官，无巫觋，无骑马与耕牛，亦无持矛披甲之人，白鸡飞自天空，以取白云为巢，采摘绿草为巢衣，鸡生九对鸡蛋，一对产生天地神祇，一对产生大小宫神，一对产生灵与魂，一对产生男神女神，一对产生知神能神，一对产生度神量神，一对产生巫觋，一对产生人民，一对产生番夷。

稍后一代，不真不实化生，出现黑影黑露之气，黑气生哑音，哑音生英格下那之神，神又生一黑蛋，黑蛋生黑鸡，黑鸡叫富金哀劳，富金哀劳生九对黑蛋，一对产生鬼与魅，一对产生毒鬼与山鬼，一对产生魅与魍，一对产生魁与魅。

及又后一代，九位神兄弟为开天之师，七位神姊妹为辟地之师，九兄弟与七姊妹竖白螺天柱于东方，竖绿嵩天柱于南方，竖白玉天柱于西方，竖黄金天柱于北方，竖黑铁天柱于中央，用绿嵩石以补天，用黄金矿以镇地，天地始赖以安稳。

更后一代，有一黄鸡生一黄蛋，当严冬三月雪冻不能孵，阳春三月风大不能孵，暑夏三月雨飘不能孵，凉秋三月土结不能孵。以不孵之蛋，投于大海，左生黑风，右生白风，飘触岩石之上，生出无冠而生角，无爪而生蹄之鸡，鸡以高角撞天，发现满天星宿，鸡以粗蹄踏地，地即坦平，鸡以长毛变草，青草满地，……于是鹊鸽鸟、黑乌鸦、白蝴蝶、黄蚂蚁先后出现。

上有天气，下有地气，二气交会，化生白露，白露变三海，三海生"恨古"，恨古生母蕊初初，初初生初鱼，初鱼生初局，初局生井蕊，井蕊生肯蕊，肯蕊生晁增利恩，利恩五弟兄，金梅六姊妹，五弟兄与六姊妹结婚，秽亵天地与星辰，山将崩而虎豹不能行，水将沸而鱼獭不能游，利恩往松岭赶牛赶羊采蕨度日。

晁增利恩不知庄稼，学蝴蝶与蚂蚁作工，六姊妹与五弟兄结婚，秽亵天地日月星辰，天将翻，地将覆，山将崩，水将沸，日月昏昏失明，虎豹仓皇失道，松林之黑石怒吼，男神女神怒走，利恩问于天神，天神示以奇方。

利恩手斩白蹄之牦牛，以牛皮制为革囊，细锥粗线，钉上悬绳九根，以三根系于柏树，三根系于杉树，三根联系天地之间，利恩又以实物九件、谷种十样，金色之山羊、小狗及公鸡，皆藏在囊中，三日夜后，山崩水沸雷鸣，白松树被雷轰炸，利恩被雷轰炸，炸成一股烟子，不知失于何处。

利恩飞到高陵高岸之上，计时已有七月之久，拔出腰刀划破革囊，观望茫茫大地，左无驮运之人，右无耕稼之人，山愈高，谷愈深，金色之羊在树下啼叫，似说幼时饱食青草，而今地上无草可吃，黄鸡、黄狗亦在岩间悲啼，似诉无饮无食之苦。

利恩披着白茅之衣，独自射箭生活，走至雪山之松林中，无侣无伴，以自叫回响认为友声，从世里大吉河畔走来，伫立绿树丛中，眺望日间飘起一缕炊烟，天地创造神惊异道，世上莫非还有人类遗留，立即削制九对木人木马，有眼有手有脚，但是不能看，不能动，不能走。

女神取木偶掷于岩穴，穴中有回声，取木偶投入林间，变成小神子，取木偶放在水中，产出水中魅魉。

晁增利恩急于求偶，许久无获，天地创造神道，美双星岩下有天女二人，一美一善，美者目横秋波，但汝勿取，善者眼虽不美，汝须娶来，利恩想身巧不如心巧，心巧不如貌美，貌美不如眼美，竟娶美目之天女。

利恩与天女结合后，造化产生，产出松胎、栗胎，产出熊胎、猪胎，产出猴胎、鸡胎，产出蛇胎、蛙胎，天地创造神说，利恩不听吾言，遭此凶怪之苦，旋将松儿、栗儿驱至山上，熊儿、猪儿驱至林间，猴儿、鸡儿驱至岩间，蛇儿、蛙儿驱至湖海。

利恩登天再求偶，衬红褒白女寻夫下凡尘，梅花二度开，所求所寻喜相遇，利恩骑上白鹤飞来，至有神之天国，知劳天神道："夜间羊惊，早上犬吠，须快磨刀戒严"，衬红褒白女说："父亲不必磨刀戒严，地上山崩水沸，伊能为之天晴，可以使之晒物，天雨可以使之引水，父亲何必戒严"。知劳天神说："既然如此，快请女婿来"，即取九河之水，令其洗净污垢，用九饼膏油令其涂擦滑光，利恩走过九刀搭成之桥而来，除手心、脚心微伤外，全身毫无刀割之痕。

利恩与衬红褒白女结婚，一胎生出三子，三子年各六岁，尚不能言语，利恩夫妇即使蝙蝠使者往问天神。知劳天神道，汝等仅知享受万物，而不思有所利于万物，更无感谢上天的意思，即令利恩夫妇每年祭天二次（正月七月各一次，此礼至今仍盛行于丽江一带之麽些族间）。利恩照办以后，有一天看见马吃芜菁，长子忽然说出一句后来的古宗话，次子说出一句麽些话，三子说出一句民家话，皆说马吃芜菁之意，而三个孩子说出各不相同之语，长子后为藏族之祖，次子后为麽些族之祖，季子后为民家之祖。

四、放蛊

麽些人生病，尤其小孩，十之七八皆因中蛊，蛊的种类甚多，有鱼蛊、蛙蛊、蛇蛊、蝴蝶蛊、树叶蛊、蜈蚣蛊……中蛊者据云，均面黄肌瘦，腹胀神衰，虽有轻重之别，日久必不治而死。

放蛊者，大都为女子，麽些人称之曰"敌美"（音译即毒药母之意），汉人称为药婆。放蛊者衣者极少整齐，往往蓬首垢面，态度行止亦仓皇不定，一望即使人发生疑畏，放蛊者见人饮食必放毒害人，其法用手抓搔鬓间，向饮食者弹其指甲，毒即上身，但默念妖符妖咒，亦能施毒于人。

蛊毒既这样厉害，他们自有预防与解除的方法。据说，为预防计，饮食可用"冬棕筷"（以冬棕树做的筷），毒即不能近身，若于饮食时发现放蛊者在旁，即刻倒持筷子，或即刻问明时日记之，蛊即不能肆虐，如果证明已中蛊毒，当立即设法解除，除毒方法有以下数种：

1.略割脊椎部的皮肤，放出血液少许滴入冷水中，中何种蛊，血即凝成何种形状，如血凝成蛙形，即中青蛙蛊，如变成长蛇形，即为长蛇蛊，如为蜈蚣形，即为蜈蚣蛊，然后用火烧化蛊形的血，毒即可解。

2.取灶中泥土少许和水煎服之。

3. 用牡丹花根捣末吞服之。

4. 用破鼓皮七寸烧灰和酒冲服之，服时须自呼蛊主姓名。

蛊之为物，纯系猜度而来的心理作用，在乡间卫生环境极度恶劣，医药常识缺乏的生活中，染病中毒，当然常会发生，尤其是在童年时代病痛，向较成人为多，得病之后，无法解释，遂笼统称之曰中蛊。这种信仰在我国西南各省，无论是汉族，苗族，夷族都很流行。至于蛊的形状，人言人异，惟都信他能变化，忽有忽无，忽大忽小，见之殊难识别。关于作蛊的神秘性，有似神话的无稽，姑录一二节为例，借以表示麽些人对此的心理反应。

（一）有一次邻家办婚事，一群少女聚宿邻家，解衣时，一少女衣内坠下一蛇。蛇自摆动，众女大惊狂叫坠蛇，女急辩曰：这是我的裤带。众女再趋前注视，果为裤带。据麽些人的解释，那条蛇实在是蛊，该少女就是养蛊的主人。

（二）有一次，某家有一独子忽中蛊毒，毒重垂死。他的父母曾生过三子，均中毒而死。今所剩的独子，又将被毒死，自然愤恨之至。他就提了一把利刀，直奔到他认为作蛊的家里，去威胁蛊主，放出额血，给予独子吮吸。因为这种蛊毒，非吸作蛊者的额血，不能医治，蛊主被迫，只得割放额血，使独子吸饮，病即痊愈。

五、征兆迷信

无论哪种民族，对于禽兽的活动，只要与常态略有不同，即认为有征兆的意义，就是日常生活偶有意外，亦视为吉凶的预兆，至于面貌体态，更有一套推测，麽些人中自不能例外，兹将他们普遍所信仰的举例如左：其中有许多条例与汉人所信者无大差异。

（一）生物活动类

1. 乌鸦夜啼，为火灾的征兆，白日叫就会有人死。

2. 狗哭，主人家将有丧事。

3. 喜鹊啼，表示会发财。

4. 八月里马生小马为不祥。

5. 猪蹄生五趾或六趾为不祥。

6. 老鼠搬家亦为不祥。

7. 蛇进屋亦认为不祥。

8. 狗上屋，表示必有火灾，须请多巴或道士禳灾。

9. 蚱蜢飞进屋，表示不祥，须向之烧纸于瓦片上，叩首送走。

10. 狗来家主不吉，猫来主吉。

11. 见蛇交尾为不吉。

12. 鸡生小蛋（特别小）又生大蛋为不吉。

13. 鸡生软壳蛋，亦主不吉。

14. 母鸡学公鸡叫，亦称不祥。

15. 半夜马嘶牛鸣主不祥。

16. 羊双生，主不祥。

17. 小鸡爬在母鸡的胸膛上，主不吉。

18. 小羊生弯脚，主不祥。

19. 狗生小狗，全胎雄性主不吉。

20. 小猪全胎母性主不祥，全胎公性主吉（生财）

21. 老鼠领着一群小鼠行走，主不祥。

22. 鸡一窝全属母鸡主吉。

23. 麦生二穗不祥。

24. 竹生二大叉不祥。

25. 野蜂来做窝不祥。

26. 放牛外出，如牛尾绕于丛刺上将牛尾割断，主不吉。

27. 豺犬进屋不吉。

28. 野兽到村中主不祥。

29. 猪生一耳，主不祥。

（二）梦兆类

1. 梦见过桥，主有死丧。

2. 梦见雨不吉。

3. 梦见雪，主有孝服。

4. 梦见日出主吉。

5. 梦见日落不吉。

6. 梦见日月蚀不吉，父母会死。

7. 梦见牙齿落，主有疾病死亡。

8. 梦见自己死，主平安。

9. 梦见先辈主下雨。

10. 梦见生小儿，主有是非。

11. 梦见神仙，主有是非。

12. 多巴梦见法事，主明日有人来请。

13. 梦见已死父母，主来保佑家人。

14. 梦见蛇，主遇蛊。

15. 梦见棺材，主不吉。

16. 梦见火灾，主吉。

17. 梦见洪水，主不吉。

（三）相貌类

1. 眼大，主狡猾。

2. 眉浓，主狡猾。

3. 八字须主有福。

4. 痣上生须主福。

5. 下下颚长，主长寿，短者短寿。

6. 女子颧骨高，主性情活泼有多情人。

7. 脚大当人奴隶。

8. 女子奶大主多子，小者生产不多。

9. 女子无阴毛者会克夫，无福泽，名曰"白板壁"。

10. 皮肤白主体弱，黑者主体强。

11. 头发在额上高者聪明，低者笨。

12. 男子声大有威，能吓鬼，女子声大性恶克夫。

13. 手指上的螺数指示吉凶如下：

一螺吉、二螺不吉、三螺吉、四螺能做小生意、五螺卖油郎、六螺吉、七螺吉、八螺吉、九螺吉、十螺点状元。

14. 鼻大，主有福。

15. 耳大，主有福。

16. 头大，主有福。

17. 嘴大，主有福。

18. 有脸上酒窝者，性情活泼。

19. 痣在颧骨上，主多眼泪。

20. 痣在额中间者，多福。

21. 痣在颈项上，主断头。

22. 颈长，主无力并懒，短者主力大勤劳。

23. 手指长，主懒。

24. 鼻孔大，主吉。

25. 双眼皮聪明，单眼皮笨。

26. 牙齿大，福禄多，小主不吉。

27. 石男石女（中性人）不吉，不能生育。

28. 生殖器（男女均然）大，多生育。

29. 阴户较厚名曰"吊岩屄"，主出生小儿多弱，较前者，儿女体强。

30. 阴毛浓者，多福。

（四）日常生活类

1. 食物时，咬破舌头，主可得肉食。

2. 喷嚏，主有酒喝。

3. 眼跳，左主吉，右主凶。

4. 耳热，主有人背后说坏话，解法用口液吐于后衣角上。

5. 行路时，足趾触地，主家人女人咒他。

6. 山行间路遇水流，主吉。

7. 杀鸡杀猪血多，主发财。

8. 吃饭时，筷无故落地，主不吉。

9. 口中液水无意中吞下，主有人要请宴。

10. 梁断不吉，主有人死。

11. 手在篱笆划破，主不吉。

12. 灶上火笑（火旺发音）主吉。

13. 人被雷打死，主其人有罪恶。

14. 女人自杀而不死，主多福。

15. 出门遇蛇主吉，会发财。

16. 出门打破碗，主不祥。

17. 筷子折断不祥。

18. 门前点香条，落下之灰，如成一圆形主吉。

19. 香条燃后灭熄，主不祥。

20. 喜事破碗主不祥。

21. 做酒甜变为酸，主不吉。

22. 鸡烧熟后于食时如鸡爪抓住一块鸡肉，主吉。

23. 鸡烧熟后于食时如鸡嘴张开，主不祥。

24. 杀猪不见血，不祥。

25. 日落时生小儿不祥，日升时或鸡鸣时，生儿主吉。

26. 正月生男不祥，主多官司（诉讼）五月生子主吉。

27. 正月生女主吉，五月生女主贫。

28. 孕妇四十九岁生女主不祥，会绝后。

29. 男子四十九岁时生子，主吉。

30. 六月火把节，死人主不祥，死后为鬼的牺牲物。

31. 七月十四死者不祥，为鬼之情夫。

32. 七月十五死者吉，能到祖宗旁。

33. 大除夕生者主吉，为多福禄。

34. 裤裆被鼠咬不祥，主人尽死。

35. 衣物被鼠咬主不祥。

36. 茶杯中茶枝竖立，主有客人来。

37. 酒杯中落苍蝇主易醉。

38. 灯火开花主吉。

39. 男子见女子解大小便不祥，经商必失败。

40. 见人性交，主大不祥。（做生意失败、疾病、出门跌跤等。）

41. 小儿夜啼，主明日下泪。

42. 烟不出屋主明日下雨。

43. 犁头破缺，主不吉。

44. 播种逢龙日，收获特别多。

45. 耕田在七月初七、十七、廿七，不吉，收获不好。

第四卷　第七、八合期　1945 年 8 月

从麽些人的研究谈到推进边政的
几条原则

吴泽霖

在本刊第四卷第四、五、六期及第七、八两期合刊中，吾人曾将麽些人的来源分布、社会组织及其宗教信仰略予介绍，兹再就吾人调查研究之所及，提出以下数点，以供各方之研讨。

在体质上，麽些族与汉族没有多大显著的区别，至少到目前为止。体质人类学家所供给我们的材料，以及我们普通视察的结果，不能使我们把麽些人与汉人列为二种不相同的种族。麽些人一穿上汉人的服装，一口说着汉话，谁也不能把他们指出为非汉人。反过来说，有些从外县，甚而外省，到丽江一带去居住的人，在那边生育的子女，与本地人一起生长起来，换上他们的衣服，说着纯粹的本地话，也没有一个人能够看出他是一个汉人。所以我们可以很肯定地说，在丽江一带的麽些族与汉族，在体质上已经混合到分不开的程度。倘若硬要把他们看作两种人种，那只能说是成见，而不是科学上的事实。

在语言上，他们说的话与汉族的话确乎不同，虽然他们同隶于汉藏语系，但不同组别，麽些语属于藏缅语组，在文法上发音上均与汉语有极大的出入，彼此不能互懂，没有翻译也无法可以通话。我们知道，语言与种族有的是符合的，听了他的言语，就知道他的种别。但是在许多情形之下，语言与种族不一定是一致的，同种的人可以说不相同的话。说同样语言的人，可能是绝不相同的种族，换句话说，语言并不是种族的标记，麽些人就是一个例子。

在文化上看，汉族型与麽些型显然有若干区别，汉文化是平原型，麽些文化是山区型，各受地理环境的影响，各有独自发展的历史，麽些人居住的地方，大都为山谷地带，因而影响他们的衣食住行及其他一切生活方式。山谷地带不宜种稻，他们的主要食品就变成麦面及杂粮。山麓上的森林，供给他们房屋的材料，几乎所有的房屋都是由树身砌叠起成的。草坡上可以大量畜牧，副产品解决了他们的衣服的问题。羊毛织成的布，既可耐用，又极温暖，羊毛制成的毡料，多作被褥、披风、冠帽，都有实际的功用。

麽些人在历史上是相当流动的，流动的结果，自然免不了与他族接触。二种文化一有接触，结果总会发生若干变化，原有文化经过模仿吸收的过程，逐渐会改变原来面目，新传入的文化特质钻浸到旧有的文化丛中，当然也会变质，麽些人文化中的一部分也正在这种演变的过程中。他们以前比较自由的婚姻制度，母系中心的家庭组织，崇拜自然的宗教信仰，火葬的风俗等。都因外界接触的关系，或已完全改变，或已局部变形，或则正在摇动，愈到文化的先锋地带，愈可看出这种演变的过程，在丽江城郊地带，一切的一切已与汉族无甚差异，越到偏僻的山区中，则大部分的古老习俗，尚还顽固的逗留着。所以麽些的文化区，并不是一片水准划一的平面，乃是一幅崎岖不平的地形图，各区间文化程度的差异度至为显著。

在生活上，一般的麽些人都十分贫苦，但是他们的体格大都强健，智慧也很高，适应力又相当的强。所以居住在丽江城郊一带的麽些人，与汉族一样的经商致富者，当然不可胜计，就是从事学业或参加军政工作者，亦颇具成绩。在我国各种边民中，无论在集体成就或个人造就上，麽些族实在要首屈一指的。

社会进步的因素很多，民族适应的能力即为决定因素之一。麽些人在各方面都表现了适应的能力，他们的前途是很有希望的，在目前我们踏进了他们的偏远地带中，我们虽然发觉他们的生活十分陋塞，他们的智识也极低浅，牢不可破的迷信，笼罩着他们的一切动止。不过凡此种切都不足反映他们品质的低劣，他们所处物质环境的恶劣，终年胼手胝足犹不能一饱，试问尚有何余力来追求精神上的成就？他们所处区域的偏僻，交通又极度的不方便，与外界大量的接触，等于不可能，这种互相关联的地域上的隔离，与文化上的隔离，使麽些人的守旧、迷信、陋习不易改变，但是我们深信这些缺陷，都是所有偏僻区域的通病，并不是麽些人的特点，我们更深信麽些人只要有了文化的接触，生活条件有了相当的改进，他们的文化程度，一定可以突飞猛进的。倘若我们拿了目前他们中的局部情形，来衡量他们的品质，来估计他们的禀赋，那是一种错误的态度，我们必须加以更正的。

一、政府对麽些人应有的协助

一般边民及一般处于地境偏远、物产缺乏区域内的人民，生活都在生存线上下挣扎，离开我们想象中合理的最低标准，相差太远。政府的职责，既在维护民生，对于这些穷苦无告，食不饱，衣不暖，居无安所的民众，自有一种通盘救济的计划，决不可借口地区辽远、鞭长莫及而漠不关心。惟这些计划应当是一般的普遍的，边民与内地政府对民众不应有所轩轾，为一视同仁起见，政府固不应有厚彼薄此的态度，在边民方面似乎也没有理由要求特殊的待遇，硬要把边民别成一类，另眼看待。我们主张凡是民众应享的权利，不分内地或边疆，都应使之实现，不过设教施政自当适应地境及民性，权其轻重，定其先后，步骤决不应四处全部划一，只求其最后得到公正平允的待遇，并使权利义务的授受一般化、普遍化。政府对于麽些地带的措置自应本此原则，逐步实现。

我们在前面已说过麽些人与汉人在体质上同隶一种，但他们所说的语言，却根本不同，因而彼此不能达词通意，我们知道语言是沟通意识的媒介，语言不通，政令难于畅行，教育无从推进，故从事边政者，率以使边民学习汉文汉语为汉化的第一步，关于这一点我们不敢全部赞同。边民是否必须全部汉化，加速度的汉化，在理论上尚有讨论的余地，即使汉化是必要的，是否必须使边民人人说汉话读汉文，并且还要短期内做到，这又可成为理论上的问题。据我们的看法，一切的政治设施、社会救济、教育宣传，最低限度在初期的时候，要使用边民的语言来做媒介。一则可以深入，二则可以获得信任而不致引起猜疑，有了相当互信的基础，再来广播汉文汉语，功效当易收获，这是一个原则。

麽些区内最大的市集当推丽江城，在丽江城郊，几乎所有男子及大部分的女子都能畅通汉语，一部分的男女，在本地或在外县进过学校或读过私塾，在国内外大学毕业的也有好几位，中学毕业者很多，具备小学程度的人更不少，所以在城郊各级学校中，采用国语课本，施行国语教授，可说毫无问题，但是到了各乡区，情状就大不相同，师资异常缺乏，他们自己国语的纯熟程度原已成问题，在一群不懂汉语的儿童中，去用国语讲汉字课本，实在是做不通的。编者曾到过好几处学校，细听学生们背诵课本，声调发音的错误，几使我不相信他们在读汉文课本，试问这样鹦鹉式的教育，有何用处？我们主张在他们里面，不必斤斤地逼使他们学习汉文汉语，我们尽可利用他们原有的言语，来推行各种社会教育，宣扬主义也罢，提倡民族团结也罢，改良他们日常生活也罢，哪一种言语可以达意，即使用哪一种语言。我们需要是，是民族间意识上的团结，而不是形式上划一的汉化，这是主持边政者应有的一种认识。

要推进边民的福利，首先要改进他们经济生活的条件。在麽些区内大多数的人民，其经济生活不能达到最低的合理标准，造成这种贫穷的主要因素，不外耕田面积的过小，土壤的贫瘠，水利的不治，资本的缺乏等，这些因素，大都非个人能力所能补救改进的，非得靠政府的力量来通盘筹划不为功。假使这些基本问题不能求得彻底地解决，那些枝枝节节的救济辅导工作未必能获得有补事实的效力。

从一方面看，麽些区内可说是人口过剩，因为每人所得的平均耕地面积，似已过小，但反过来，也可说人力并未尽量利用。多数成年，虽体格都相当魁梧，但染病率仍相当高，流行病时有传播，婴儿死亡率更见过高，因而影响了生产的劳力。有许多区域，的确为了劳力的缺乏而荒芜，至少为了劳力的不足而未充分利用，所以为使减少人力的消耗，医药卫生的积极推行，较诸内地尤为急迫，盖他们的环境卫生更为落后，医药设备的基础更较脆弱，非有特殊的努力，不易见效。

每一民族的风俗习惯，由于适应环境的结果，都有他们历史的背景，因为经过选择的作用，所以他们的特殊性往往不易变更。主张同化政策的人们，往往力求文化的划一，日以移风易俗为急务，殊不知风俗习惯的迅速破坏，可使人民顿失行为准则的凭借，在重行适应的过程中，心理上会感到彷徨无依，表现于社会行为时，就会产生种种失调现象，所以从事于边民福利事业者，必须备具相当耐心，使边民有比较选择欣赏的机会，逐步改变于无意识中，潜移默化，不可操之过急，动辄以强迫手段，使其改弦更张，因为这种带有威胁性的政策，始终是不彻底的，容易演变到阳奉阴违，就形避实的现象。

当然，在无论哪一种民族中，总有许多风俗习惯早已失掉效用，依据当前标准，早已变成不合理，甚而对于本民族的繁荣，反而有妨碍，但是文化的惰性常常使这些习俗顽固地逗留着，为了这些，我们当然要尽我们的精力，去劝导他们，使他们知道其所以然，自动地加以改良，这样的革新，才能生根见效，不致演到人亡政废的遗憾。例如，在麽些区域中，一个人死后的丧葬，尤其家主丧葬的铺费，常至倾家荡产，子孙三代，还在替他还这笔丧事的债。有很多人家，在经济上总翻不转身来，实在是受着这类债务的累，又如产妇临盆的习俗，婴儿必须生土在上，夫妇不能公开同房，医病请多巴等风俗，似乎都有改进的必要。但步骤仍应依据自觉自动，逐步实现的原则，免得欲速反不达。

推行边疆福利事业的成功或失败，因素甚为繁复，但人事的得宜与否，实为主要因素之一。在原则上，各种事业的推行，应由边民自己来担任，自己知道了自己的毛病，改进的时候，情绪一定很殷切，方法亦可望较切实，若一切都靠外来的力量、外来的人物，那就变成一种被动的运动，非但不易彻底，且会引起猜疑误会。但是在初期的时候，边民当然不能担任全部这类的工作，我们应当选派富有同情心、牺牲心，及服务经验的人士，前往主持一切，学习他们的方言，参加他们共同的生活，同时尽量提携当地有力有志的人们，给他们以技术上、方法上的训练，先从助理次要工作做起，一直培植他们，使他们能够自发自动，担任全部工作为最后目标，于必要时，派送少数聪颖有为的青年，出外深造，以回乡服务为条件，本地上年长的有力分子，遇有机会，设法使其出外观摩，对于社区改革上，亦能得莫大的裨益。边区建设是一件千头万绪的事，以上所述不过是几条原则，借供主持边政者一种参考罢了。

第五卷　第二期　1946 年 12 月

《边政公论》

有关云南边疆民族研究资料选辑

下

段金生　茶志高　编

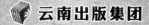
云南出版集团
云南人民出版社

图书在版编目（CIP）数据

《边政公论》有关云南边疆民族研究资料选辑：全二册/段金生，茶志高编. -- 昆明：云南人民出版社，2023.10

ISBN 978-7-222-21494-1

Ⅰ.①边… Ⅱ.①段… ②茶… Ⅲ.①边疆地区—民族历史—研究资料—云南 Ⅳ.①K280.74

中国国家版本馆CIP数据核字（2023）第184099号

责任编辑：陶汝昌
责任校对：董　毅
责任印制：代隆参
装帧设计：余仲勋

《边政公论》有关云南边疆民族研究资料选辑（全二册）
《BIANZHENG GONGLUN》YOUGUAN YUNNAN BIANJIANG MINZU YANJIU ZILIAO XUANJI（QUAN ER CE）
段金生　茶志高　编

出　　版　云南出版集团　云南人民出版社
发　　行　云南人民出版社
社　　址　昆明市环城西路609号
邮　　编　650034
网　　址　www.ynpph.com.cn
E-mail　ynrms@sina.com
开　　本　720mm×1010mm　1/16
印　　张　35.25
字　　数　580千
版　　次　2023年10月第1版第1次印刷
印　　刷　云南灵彩印务包装有限公司
书　　号　ISBN 978-7-222-21494-1
定　　价　98.00元（全二册）

云南人民出版社微信公众号

目 录

第三编　云南边疆地理、政治、文化及其他

第三编　云南边疆地理、政治、文化及其他

云南边疆地理（上）

严德一

前　言

滇边形势　　调查经过　　本文内容

一、中英滇缅北段未定界——野人山地（详载本志三卷七期）

外交悬案　　境内山川　　气候物产

民族文化　　设治沿革　　解决方案

二、腾龙边境

边境形势　　界内范围　　山川气候

民族文化　　交通上今昔之地位

三、滇缅南段未定界——卡瓦山地

疆界争执　　班洪问题　　最近交涉

境内地理　　瘴区气候之一例

四、普思沿边

区域范围　　边界形势　　自然景观

汉夷分野　　土司旧制　　特种农产

五、滇越边境

中法界务　　滇越边界　　红河流域

河口边区　　麻栗坡边区　　矿产资源

云南与英属缅甸和法属越南为邻，是我国西南边区地理最复杂的一段，自从缅、越分属英、法两国之后，云南边疆，曾有片马问题、江心坡问题、班洪问题和猛乌、乌得问题等领土之争执；抗战初起，沿海封锁，云南因利用滇缅公路和滇越铁路的假道，云南边疆遂成我国国防后门；越南、缅甸相继沦陷以后，大后方的云南边疆，不意也遭敌寇日本大迂回作战的铁蹄蹂躏；现赖我国远征军与盟友自印度反攻，收复缅北，云南边疆又将成为中印国际交通路线之通道。我国本为太平洋的国家，但因中印公路、滇缅铁路终必开通，在新的海洋交通时代，中国将赖云南边疆而成为印度洋上的国家；空中航运时代开始，已新认识陆半球的大圜航线，将以昆明、西贡、仰光、加尔各答等处为东南亚洲的空运要站，云南边疆的地位，仍当新世界最重要环的一段。

云南边疆，素称偏僻，穷山恶水，蛮烟瘴雨，山头野人，绳桥鸟道，十年以前，内地人士莫不视为畏途，边防关隘多为人迹所未经。作者关心云南边疆地理，始自民国二十三年，当因班洪问题由京入滇，最初经历滇越铁路沿线，复深入思普沿边之车里旧十二版纳及蒙自、临安、个旧等地，为期一年，是为纯粹之学术工作。二十六年开辟滇缅公路，因督察全线路工，又经历滇西各地，为时亦共十月；二十九年探查西宁、大理间交通路线，由青海、西康沿澜沧江流域经阿墩子入滇西北边境，是为第三次经历滇边；三十年参加中印公路测勘，由西康宁属及木里土司地入滇，复穿越横断山脉与三大峡谷，而深入滇缅北段未定界内之求子江流域，并经历野人山北部之原始森林，步行而达印度东北部之亚森密；三十一年随中国工程远征队入缅赶筑中缅印之公路，□因敌蹄追踪至缅北，遂由密支那撤退返国，经腾冲后觅渡怒江而还，又得跨越高黎贡山之一段。先后经历云南边境虽已五次，但以卡瓦山地与文山、广南一带无缘深入，实以为憾。

云南边疆，虽与滇越两地壤接，中英滇缅边界至今尚未划定；相度云南边地山川形势，并依中外界务交涉经过，云南边疆，自北至南，实可分为五段：（一）西北在腾冲尖高山以上，为中英滇缅北段未定界；（二）自尖高山至南丁河之间，为滇缅已定界，属腾（冲）龙（陵）沿边；（三）自南丁河至南卡江一段为中英滇缅南段未订界，属卡瓦山地；（四）自南卡江至澜沧江出国境处，为滇缅已定界，属思（茅）普（洱）沿边；（五）自澜沧江至广西之省境，为中法滇越已定界，乃云南之东南边境。以上四段为中英滇缅边境，下一段为中法滇越边境；各段界内之山川形势，民情风俗，以及特殊边疆问题，兹分述之。

一、中英滇缅北段未定界——野人山地

（本节详载本志第三卷第七期）

二、腾龙边境

边境形势　腾龙边境是指高黎贡山以西，从前腾越、龙陵两厅管辖之边境。滇缅疆界在此段内，北自尖高山，南迄南丁河，光绪二十年中英条约即已议定疆界，并经光绪二十三、二十四年两国派员会勘，订立界桩，是为滇缅已定界之一段。当时刘万胜与英员所勘界址，未根据光绪二十年中英所订《滇缅界务商务专款》，索取科干木邦等地，反失去尖高山西南各地，计失腾越厅旧属木邦孟密孟养诸宣慰司及南坎猛谷遮兰三副宣慰司地外，复失最有关国防之天马、汉龙、虎距、铁壁四关，及其他精伦、猛卯、陇川诸土司地之一部分，共约数千方里，殊为可惜。

界内范围　现在高黎贡山以西，除腾冲、龙陵两县境内之汉人居地外，在我境内者，尚有旧腾越属之南甸、陇川、孟卯、干崖、盏达等土司，及龙陵旧属之芒市、遮放等土司，今则分设梁河、盈江、莲山、瑞丽、潞西五设治局，虽早改土归流以统治之，但其地皆为摆夷民族所居，语言隔阂，一切政令，仍假手旧土司之手，汉官尚未能直接行使职权。唯因边情特殊，滇缅商务频繁，从前云南省在腾冲特设殖边督办公署，英国亦驻有领事于腾冲，管理沿边商务；每年滇缅两方且照例派官在边境会审边民越界纠纷诉讼案件。

山川气候　其地在高黎贡山以西，为伊洛瓦底江之两大支流——太平江（大盈江）与龙川江（瑞丽江）之上游，腾冲、龙陵两县，皆在高黎贡山西坡之小平坝，海拔在一千五百公尺以上，地势较高；其外太平江沿岸则有古永、盏西、干崖、蛮允数片河谷冲积平原；龙川江下游孟卯平坝最为宽广，其支流南性河沿岸，又有芒市、遮放两片平坝，地势皆在一千公尺左右，土质肥美，最宜稻米，为滇西粮食之仓库。我沿边界线上，虽有尖高山高良工山万仞关、虎踞关之险要，但自勘界立桩时，即已失去天马、汉龙、铁壁三关，西南已失所凭依，更以英人在昔马昔董片马等处建立要塞，腾冲西北之边境，更为所威胁；幸赖龙陵、腾冲之间，沿龙川江上游，有天然谷道可通，为边防之隐蔽，及所有伊洛瓦底江发源于此之支流，我境踞上游谷道有居高临下之胜。

高黎贡山以西之山地，皆为变质之片麻岩，腾冲附近则为残余之火山，熔岩风化之土壤，性最肥美，不但县境膏腴沃壤，即沿太平江与龙川江而下各土司地之冲积平坝，土质亦特肥美。至于其地多雨，腾冲年有一四七四公厘之雨量，低原谷地，炎夏湿热，芒市、孟卯等地，盛产热带农产，惟乡夷低地，则均滇边有名之瘴乡。

民族文化　腾龙边境，汉人皆住于高黎贡山西坡一千五百公尺以上之高平坝，故腾冲、龙陵两县及腾属之三练与古永各地，皆为汉人所居，文化颇盛，与滇中同为中原文化；且腾冲之人善贾，无家不做缅甸生意，因之生活程度较滇中内地为高。至于沿边之地，则凡一千公尺以下之低平坝，皆为汉、摆夷民族所居，土司若放姓多姓罕姓、龚姓，乃由明代之赐姓，因接近腾龙厅治汉人居地甚近，明清征缅，又屡经其地，故传播汉人文化种子甚多；土司衙门，俨然汉式宫廷，花圃亭榭，皆学汉俗，门楣照壁，亦崇汉书，斯皆老土司忠勇之遗袭。自英人新式公路、铁路修达滇缅边界，新土司又自动早修公路贯通缅甸，购汽车，走仰光瓦城，携带许多西洋物用享受，并仿外人建筑缅甸式之洋楼，立于芭蕉槟榔之林，又有修竹、榕树环绕，别饶佳趣。摆夷佛寺之中，亦建缅式钟顶金塔，旆幡舞扬，时有黄巾稚僧嬉戏朗诵于其下，又是夷俗风光；腾龙边境之摆夷文化，真集中西掸缅四种文物之复合式最盛者也。

地方政务经济，皆由土司操实权，设治局之汉官，因言语隔阂，实均备位而已；尤以摆夷之土地制度为民族私有（详后普思沿边节），皆操于土司之手，为统治之最大实权。平坝皆为耐瘴之摆夷所有，山野则为山头人所居，其族属于喀钦、濮蛮、栗粟，均受治于摆夷土司，民性凶悍，文化程度远低于摆夷。隔边界为缅境之北掸山地，英人特设官于眉苗，以别于对缅人之统治；北掸山地境内，山间平原低地均为摆夷所居，即我旧木邦科干、南坎等土司地，山头之野人，亦与滇境无殊，且均有姻娅；因之此段边境，虽划分属中英两国，实际并无民族之疆界。

交通上今昔之地位　腾龙边境为中缅已定界，界务上已无重大问题；平坝宽广，土地肥沃，地广人稀，亦值得开发；土司制度，虽未完全取消，但汉化程度较深，早经设官置治，边官得人，亦易倡导，渐与内地州县习俗相通，推行中央统一法令。腾龙边境之价值，要为交通上之位置，不但是云南一省之边陲，且为中国西南之门户，横断山脉新式交通路线之完成，中国假道缅甸印度之港口，实已成为印度洋之国家。

交通上今昔之地位　云南迤西之腾永大道，为我国东西交通干线。汉唐以来，印缅与中原文化，即多经此往来；明清历次对缅用兵，置驿设站，以腾越为边防重镇，设八关以资拱卫。由腾冲沿太平江以通八莫之路，地形上最为便利；蛮募土司同隶中朝之时，关系尤为密切。自上缅甸沦亡于英，又开伊洛瓦底江航运，输舶上达八莫，腾冲出口之交通地位益见增加：四川之嘉定丝，即由川滇叙昆大道转运腾冲，复由八莫水运，以达瓦城仰光之缅甸市场，腾冲虽设海关，乃以陆运丝可以免税，迨后江浙丝竟有上溯汉口经云南以销缅甸市场者，亦此道也。英人修通缅甸铁路，北达密支那与腊戍，又在缅北设银矿厂，大量征募华工，于是滇缅边境之接触益繁；由腾冲更别出一路以通密支那，由腊戍更别出一路以至龙陵连保山。向日龙陵、保山间怒江上之惠通桥，即由缅北银矿厂华侨所捐建，腾冲、保山间怒江之上有惠人、双虹两桥，亦固加修筑。腾越海关并在边境各处设卡缉私，早年乾冬时季，云南境内皆有千百农民成群结队入缅做工，翌春清明瘴发，再行返滇从事农耕，季节性之移徙者，为数颇有可观。

英人贯通滇缅铁路之计划，七十年前即已多方进行，迭经派员入滇考察地形，探求路线，乃以云南西部有横断山脉间隔，怒江、澜沧两大深谷，坡陡崖悬，为工程上最大障碍；八莫通腾冲路线，虽早经勘定，惟以腾冲、大理之间，山高工巨，不易开凿，遂又另觅他线。后经戴维斯军官六年跋涉，遍历全滇，结果于一九〇八年始发现南丁河之河谷，自滚弄斜向东北，为天然通道；乃决定将来滇缅铁路路线，自缅甸之铁路终点——腊戍，延伸至滚弄入滇境，溯南丁河谷而上，经孟定、孟勇以趋云县，过澜沧江经工郎、南涧、弥渡，以至祥云之清华洞，然后经镇南、楚雄以达昆明。并由昆明，或接叙府，或接泸州，与四川之扬子江水运相衔接，此即所谓印度与扬子江之运销线也。唯因路线全在滇境，主权在我，外交未有结果。迨后民国二十四年，蒋委员长驾临云南，深感西南国防之重要，非立谋交通建设，难以巩固边疆，乃派员研究铁路路线，遂由工程人员复将上述英人拟议之路线，实地查勘，技术上认为确有价值，但以工艰费巨，其议暂缓进行。

民国二十六年，七七抗战，海疆封锁，亟谋后方国际路线之准备，是年十月间淞沪剧战方殷，最高统帅部即已派员入滇，筹划联络滇缅间之交通，开关西南国际路线。当以军事孔急，期限迫促，衔接滇缅公路乃先利用腾龙边境芒市土司所修之汽车土路，及华侨在怒江上所建较坚固之惠通桥，赶筑自昆明经下关、漾濞、保山、龙陵、芒市、遮放、畹町以接缅甸之公路，与腊戍相连贯，开海口于仰光。全长九百六十公里之公路，动员滇西全境之人力物力，得于八个月内打通行车。横断山脉中之艰巨工程，短期赶成，此举世所以惊奇也。

公路汽车运量有限，二十七年复又进行滇缅铁路之赶工，惟因二十九年曾经英国一度封锁滇缅交通，铁路工程亦趋停顿，迄后于三十年二次赶工，则以太平洋战事突起，缅甸海口继又被日寇侵占，滇缅铁路已失其重要。当时交通当局曾立调铁路员工，另谋中缅印公路之赶筑，计由龙陵出腾冲、密支那、孟拱、孟缓（孟关）以接印度之亚森密，衔接印度铁路，以加尔各答、孟买喀拉基为海口，乃未匝月而全缅沦陷，中缅印之公路计划遂成泡影。直至民国三十三年，中美联军自印度反攻缅北，雷多公路随军事进展，已自印度之雷多筑至缅北之孟关、孟拱及密支那，我滇西国军亦已勇渡怒江，克复腾冲，与印缅远征军会师；中印公路亦已自密支那向腾冲、保山修筑，斯腾龙边境又复成为西南边疆之门户，通达印度洋之海口。

三、滇缅南段未定界——卡瓦山地

疆界争执 此段界线，经光绪二十年订约有案，系由南丁河起，至澜沧县境猛阿之南马河流入南卡江处止之一段。光绪二十五年，腾越镇台刘万胜、迤南道陈灿与英员司格德会勘，陈、刘以光绪二十年条约薛福成界图为凭，英员谓薛图经纬度数与约文不符，另出界图，画一红线，我方以英员改线侵地，不允，乃议各画一线互换，并请示政府，几经交涉，迄无结果。我方刘、陈根据薛使界图，以班洪（即上葫芦王）所属各地归滇，班况（即下葫芦王）所属各地归缅，循孟林、上帕、唱山、公明山至南卡江，以山脊江流为界，将猛角、猛董、猛连土司所属各地，应划归滇，与约文所载完全相符，此为我方坚持之点。英员谓薛图经纬度数与约文不符，强指澜沧县附近之孔明山为公明山，并另出小图，请照图定界，将猛角所属之猛戛、拱弄、小猛弄各地，及猛连所属之猛拔、西盟各地，皆划归缅，与条文"顺南卡江而行"均有未合，此为英员坚持之点。简言之，滇缅南段界务之争执，为公明山与孔明山之争，而英员注目之点，厥为猛林、山帕、唱山以东之班洪（上葫芦王地）一地耳。后虽互有退让，拟有"南段未定界五色线图"，久而未决。

班洪问题　所谓滇缅南段未定界之问题，实因包括著名之班洪银矿在内，产量极丰，矿质亦佳，我国在清乾隆时即有云南石屏人吴尚贤入境开设茂隆银厂。英人占缅以后，亦垂涎该地矿产，民国二十二年，英人组织公司，派兵经营，于班洪、邦弄交界处银矿坝，修兵房，筑车路，滇人大哗，纷至南京外交部请愿，向英力争，遂由外交部派滇人周光焯为勘界专员，会同参谋本部专员李元凯前往调查真相，乃先内自争执，羁迟就道，后虽周一人历边，英人仅允经行司格德所划线以东，遂无结果而回。民国二十四年，复由外交部与英使贾德干同意，组织中英滇缅勘界委员会，我方委员为梁宇皋、尹明德，英方委员为格莱枯（Glague）及克罗司（Cross）顾问杜莱（Toller），并由国际联盟指派中立委员瑞士人伊舍林（Iselin 曾为叙利亚、伊拉克两国勘界），我方委员并带同专家凌纯声调查民族，孟宪民调查矿产，于二十四年冬会同踏勘，二十五年雨季来临，不便工作，分道返国；二十五年冬两方委员及中立委员又前往继续会勘，二十六年四月全部勘毕，乃各分呈报告书于两国政府。

最近交涉　根据此次会勘报告，两国政府本应早日获得解决，而又迟延四年之久，始行确定；其最大症结，厥为班洪炉房矿权问题。中日战争发生，英德又在欧洲宣战，中英友谊较前进步，民国三十年一月，缅甸访华团来渝，热心早谋滇缅边界问题之解决；当时中英并同有早日打通滇缅铁路之决心，遂于三十年六月十八日由我外交部王宠惠部长与英大使卡尔正式换文，解决滇缅南段界务。观此次划界换文之内容，对于我国历年所争之班洪区域，猛角、猛董两部之猛戛、拱弄、拱勇、蛮四各乡，以及永广、猛梭、西盟等区，均经划归我方，共计面积将近二千方公里；至炉房一地，原在昔日所订条约线及刘、陈所划界线之外，此次划界又经中立委员判决应归英属。但我外部以该地在历史上与我关系密切，且为我方提议重划界线因素之一，曾经一再折冲；最后始建议炉房矿产由中英两国共同投资，惟中国投资额不得超过全额百分之四十九，嗣经英缅政府表示同意，正式换文协定。惟此次新定界线，乃因太平洋战争爆发，日兵侵入滇缅边境，中英两方亦未及派员会同订定界石，故为决而未了。

境内地理　南段未定界之地理区域，北迄南丁河河谷之孟定、耿马，南迄澜沧县之孟连土司地，东西界于澜沧与怒江两大河谷之间。此段澜沧江已在云南内州县范围，澜沧江西早成立云县、缅宁段、双江、澜沧等县，未定界原为清季镇边厅地，后于南部下改设澜沧县治，并于北部上改设县佐，近复就猛董置沧源设治局。至于澜沧江之东岸，景东、镇沅、景谷等县，虽早为旱摆夷居地，皆已俗同内地。怒江河谷，至滚弄以下，则全在缅甸境内，为北掸山地。现在之未定界内，固由于中英两国界务之争执，实亦由于境内为尚未开化之卡瓦山地也。

未定界内完全为一片荒野山地，为澜沧江、怒江之支流，山南允河、南滚江、南卡江所发源，山岭重叠，海拔皆在二千公尺左右；山间河谷之地，并无宽广平原，故其地乃非摆夷民族之居地。山头民族多为卡瓦与裸黑两种，民性皆甚强悍，尤以野卡索有猎头民族之别号，其俗以劫人头祭谷，故外族人莫敢入境。此种民族，最畏卑湿，皆集居于高峻山头，聚族而居，村落甚大，尝至千余家，迄今尚未开化，裸体无衣裤，饮血食生，除有少数湖南籍汉人冒险入境做小买卖外，内地等员鲜有至其地者。近三四十年来，因美教士永伟里、永文生父子入内传教，以双江县境之猛猛，及澜沧县境内之糯佛山，为其教会中心，建礼拜堂，设教会学校及医院，并植基督教势力于裸黑山及卡瓦山各村各寨，凡汉人不敢前往之地，永氏父子施以小恩小惠，入内传教，信教者号曰"教民"，袒护一切，甚至代为抗捐抗税，我边地各县官几无法应付，积案盈尺。永氏父子在该区内号召之力，可以立集数千人，前谈边务者，多疑永氏教会为一种特务工作，滇缅南段未定界，当时如宣付民族自决，一般卡瓦裸黑"教民"无知，定必可以永氏父子之意旨为意旨。我平时之忽视边疆，而彼则以宗教手段来侵占疆土，不必费一兵一卒也。前英人之潜窥班洪银矿，永氏教会实为其导引。

南段未定界内山地，最富金属矿藏，除班洪银矿早在明代已经我国人前往开采，前因技术欠佳，即至现在废弃之残渣，其中含银成分甚高，尚有冶炼之价值。民二十四年勘界时，地质专家孟宪民、何鏞两氏随同实地勘矿，共认境内银铅锌矿甚富，土法正在开采者，现有西盟山募乃银矿，及孟连之铅矿，每年只有少量负运缅甸销售。

瘴区气候之一例　滇西边地，到处以瘴疠骇人听闻，致为开发边疆工作之一大障碍；兹以滇西有名瘴区之孟定为例，研究其气候之特征。民国二十四年，外交部中英勘界委员会特在该地观测一年中之气象记录，以为研究边地瘴疠盛行之原因。当由专家凌纯声氏主持其事，特根据该处民国二十五年之纪录，研究气候与瘴疠发生之关系。孟定海拔为五八〇公尺，平均温度，一年最冷月为一月，气温为摄氏十六度半，最热月为七月，平均气温为二六.七度；月平均气温在二十四度以上者，一年中有四、五、六、七、八、九凡六个月，最适宜于疟蚊之繁殖，其余六个月，平均气温亦均在十六度以上，疟蚊多能生存。且全年各月最高温度，多在三十度左右，最低温度，仅十二月至翌年三月之四个月在十六度之下，但极端最低温度亦在零上一度，故孟定气候，终年多利于疟蚊之滋生与繁育。加以其地多雨，年雨量达一千六百四十四公厘，自五月中旬至九月中旬为潮湿之雨季，腐草烂树，野兽遗体，山间流出之溪水皆含毒质，亦为致病之由。一年中有半年之干季，为滇西最晴朗之天气，故汉人之走边地者，必待霜降后往，清明前返，绝不敢在边境"打雨水天"；即移居其地之汉人，住地亦皆在海拔一千五百公尺以上之山地，不耐摆夷卑温坝子之烟瘴也。本地土人，不知讲究卫生，房屋构造，率分上下两层，上层住人，下层养畜牲口，秽气窒人，蚊虫满屋，尤以夏季为甚。睡眠不备蚊帐，饮水不加煮沸，恶性疟疾，最为流行，复以医药卫生两咸缺乏，一经传染，往往全家死亡，是以汉边素以"炎瘴"著称，孟定不过其一例也。

第四卷　第一期　1945 年 1 月

313

云南边疆地理（下）

严德一

四、普思沿边

区域范围　乃指旧普洱府、思茅厅营辖之边境，南段未定界，南边之南卡江起，至澜沧江边，为中英滇缅之南段已定界。自澜沧江至李仙江边，为中法滇越边界之西段，澜沧江以西，俗称江外，澜沧江以东，俗称江内；合全区言之，即旧英国退让之孟连、江洪二地，因其地土司本同向中缅两朝进贡也。孟遮明封为宣抚使地，清属镇边厅，今划隶澜沧县；江洪明本车里宣慰使封地，清属普洱府，今江内外分析车里、佛海、南峤、镇越、六顺、江城六县及宁江设治局；普思边境各县曾设殖边督办以统辖之。其地位北回归线以南，为云南省境之热带低原气候区。

边界形势　光绪二十年，《中英续议滇缅界务条款》第五条，"英国允将从前属中国兼属缅甸之孟连、江洪二地，让与中国，但若不先与英国议定，不得让与他国"。光绪二十一年，我国又与法国缔结《中法境界及通商续议专款》（指《续议界务专条附章》和《续议商务条附章》，编者注），约中规定："法国领土扩张至湄公河（澜沧）上流东岸之地江洪河畔，确认为法国领土"。依约所载，猛乌、乌得，系普洱所辖之两土司地，割让越南，猛乌近宁洱县（普洱），乌得近思茅厅，据李仙江之上游，与暹罗接壤，即英国所谓江洪之属地。中法条约发表，英政府提出抗议，认为与中英条约抵触，中法两国擅将江洪土地，私相让与，英政府先与法国谈判，但不争执江洪属地，而乘机解决湄公河上流两国之悬案，缔结英法协约，其分云南及四川省之一切权利，同时又向中国提出违背江洪不割让之约，而另要求他种权利。光绪二十三年（一八九七）正月，我迫于要挟，重订《滇缅界务商务续议附款》十九条，专条一条，并改划疆界，中英订立此约，我方丧失之地颇广，除北部如腾龙边境所记述外，普思沿边，潞江（怒江）下游以东之地，南北二千里，即孟艮、整欠、猛龙三土指挥使，猛勇、猛撒、补哈三土千总，整万、整线两宣抚使，皆古八百媳妇地，及六本、景海两土守备等辖地，在中英节略中约定归我者，一概割去，失地五万五千方里。因此光绪三十二年及三十三年，由南马河流入南卡河之处起，至湄公河（即澜沧江）止一段，中英两国派员会立界碑；一千数百里长之山地，虽订立界碑六十一处，既非尽按天然形势，又多割裂民族界线。

此地原本"十二版纳"之全境，由车里宣慰使（即江洪）为之长，而今滇缅泰越之边境，犬牙交错，江洪（车里）、孟连虽属滇，景栋（孟良）属于缅，景迈、景来属于泰（暹罗），猛乌、乌得（老挝即古南掌地）属于越，从前各方大大小小土司本属兄弟之邦，而贵族通婚，甥舅关系，更姻娅谊戚，故在政区上强裂数国，其民族间之感情，虽或宿怨私仇，但亦各有联系；此段疆界形势最为割裂，而民族关系最为复杂，隐患实深。

自然景观　普思沿边为云南省境内平坝最多之区；滇西之横断山脉，至北纬二十五度左右，已为分歧支流所阻隔，南部山岭，海拔鲜有超过二千六百公尺以上者。澜沧江流入车里境，俗称九龙江，两岸支流虽不甚大，但其侵蚀冲积之结果，山间之河谷盆地，至为发育，地势或高或低不等，面积亦广狭悬殊，为数众多，如自空中鸟瞰，平坝定如云集。车里县境计有平坝五处，即九龙江、橄榄坝、大猛笼、小猛养、猛宋；以沿江上下游之九龙江、橄榄坝两处，面积最广，在滇省实所罕见。佛海县则有猛海、猛混、猛板、打洛四处平坝；南峤县则有猛遮、顶真、猛满等处；江内之镇越、江城两县，山地多而平坝较小；江之上游六顺宁江境内亦有大小平坝数处。孟连坝位支流南览江之上游，为澜沧县境内平坝面积之最大者。附近并有猛朗、猛马、猛阿数小坝相邻。滇南平坝，海拔皆在一千公尺左右，九龙江、橄榄坝两处且在五百公尺以下，地势卑湿，土质肥美，为普思沿边最宽广之处女地，尤宜于热带农产之栽培。

山地地质，多为石灰岩峰峦，江河经流平坝之间，常有悬崖峡谷间隔，鲜有联络通航之便。境内亦有数处花岗岩高峰突起，如车里之枯天梁子与童南山，澜沧县境内之糯佛山，地壳变动，均受其扰乱。沿边界岭，多为石灰岩之峰峦环峙，林壑幽美，惟曩日划界时，循山绝水，未能全依

315

天然形势，我国地势，虽大致较缅越为高，但有若干处界碑反立于山麓线上，我仅得狭隘之河谷平原，不但民间之水源薪柴，仰给对方山地，且在军事上亦失险要之高山据点。

本区纬度较南，地势又低，冬无冰雪严寒，夏则连绵多雨，干季期间，上午雾霾，下午仍热。荒山原野，仍多热带森林，惟因土人刀耕火种，山头亦多秃露；河谷则多箐密荫蔽，植物繁茂。平坝农田为单纯之水稻耕作，间有甘蔗果蔬。普洱府之六大茶山，即在本区江内之东南境，如倚邦、易武及攸乐山等处，江外地势较高之平坝坡脚，亦多茶园。村落类皆竹楼茅舍，聚族而居，屋旁环以榕树丛竹，槟榔亭立成林，木瓜结实累累；摆夷四季皆以白巾缠头，早晚则被毡毯当风，水摆夷以喜浴得名，官家以乘象为殊荣，俱为热带风光。

汉夷分野　思茅为云南省最南城垣之建置，南行一日至普籐坝，汉语即不甚通行，缅寺村落，皆为摆夷风趣，盖滇南坝子卑湿之地，汉人雨季不敢逗留，遂无久居之计，故现在之普思沿边，为最纯粹之夷民居地，尤以车里境内为然。除在一千五百公尺以上之山头始有汉人村落，且亦为摆夷土司之属民；至于澜沧县之境内，湖南人之足迹虽甚广，亦仅集居于山坡高处，孟连坝子之内，汉人为数亦少，故在云南边境言，海拔一千五六百公尺之高度线，实为汉人与摆夷居住之界限。

车里孟连一带，即为纯粹之夷民文化区域；山地居民与平原居民之界限亦至显明，平坝卑湿，蚊疟滋生，惟有摆夷民族习惯已久，不畏湿热；附近山头所居之民族，轻易或不敢在坝地留宿，回家往往得病，其染疟之抵抗能力，更不及内地汉人，故亦所谓瘴气者，本地山居民族，尤言之可怕。

山居民族，名称繁多，大要言之：江内山地，镇越、江城两县有徭人，以蓝靛为特产，车里县之东部有攸乐人，以茶叶为特产。江外各地，车里、佛海、南峤三县山间有阿卡及蒲蛮人，阿卡人以棉花为特产，最善筑路，蒲蛮人住居山头，其俗多同摆夷。南峤与孟连之间有裸黑人，孟连之北及西北，有卡瓦及老阮，裸黑与卡瓦，多笃信永氏教会之基督教，卡瓦人又有驯卡与野卡之分，驯卡较为开化。山间聚族而居，言语各异，甚少杂居者，惟赶街时始有接触交见之机会，且均受制于平坝所居之摆夷土司。各县之民族皆可以十数，尤以街集之场，即为奇装异服之民族展览会。

　　低原平坝所住民族，属水摆夷，因性喜沐浴得名。住车里者自称为泰吕，从事农业以种水稻为主，奉小乘佛教，用拼音文字，字母源出巴里文，而间接采自猛文与柬埔寨文。车里与孟连两地之摆夷，语言习惯，大同小异，因与内地隔断，现为摆夷文化保留最纯粹之区域，原始之政治经济制度，相当完善，社会习尚以崇奉僧侣为最高至上。青年一切活动，以得女子欢心为成人之准备，家庭亦必送男孩入缅寺为小和尚，及长而还俗为之娶亲，男子以文身为美。少女为社会中心，街期佳节，月夜纺线，公开社交，冶游幽会。习俗不以为异。未结婚前，男子长期在女家帮忙，成亲以后，亦必招赘数年，然后自结茅庐，家庭以女权为主，求婚男子直以劳役为贡献。摆夷无姓氏，婚姻不问血统亲疏，惟阶级观念最深。摆夷之民族性，即以冶游好闲，近族早婚，遂为体质懦弱习惯懒惰之病根。唯能居处湿地，抵抗瘴疟，睦邻亲族，互助合作之精神，为他族所不及。车里与孟连之土司，至今皆沿明代封号，本族无姓氏，汉姓均作刀，为普思沿边之土著统治阶级，摆夷自视较高，民间一切权利，亦优于其他各种山头民族。且血统单纯，保守性强，至今仍能保持原始泰族之特性。

　　车里、孟连之泰吕，与邻境缅甸景栋之泰孔，越南西北之老挝，暹罗景迈之泰元，因为民间迁徙往来，贵族互为甥舅（土司在本境因阶级观念不能与民间为婚），血族最近；且以上各地，原皆我国藩属，即古十二版纳之车里十三猛，与八百诸妇（景迈）诸小邦，从前本无国界，今虽划分中英法暹四国属地，并无民族疆界。今日暹罗改号泰国，竭力宣传中国西南为泰族之故土，阴谋认云南边境之摆夷为同族，其说则多摭拾西洋教士浅陋之见，实均抹杀史实。近据我国民族学家之研究，暹罗之泰族，乃由伊洛瓦底江之上游迁徙而往，我滇南之摆夷或称掸台，实为古之百濮（不过所谓百濮，不仅尽是掸台，僰僚或亦包括在内），周武时本居鄂西巴东一带，然后渐向西南黔桂滇南迁。本文前述伊洛瓦底江上游中缅未定界内之坎底人，其族亦称为泰，并亲口自认其祖先来自云南；泰族在滇缅泰越边境之散布范围甚广，习俗虽多接近，但其渊源已远，不但中国可谓为泰族之故土，暹罗之皇族，且早有中国人之血，乌能据故土二字以为侵地之借口。

　　土司制度　云南边地，犹多盛行土司制度，向以车里宣慰使及孟连宣抚使为最大。车里旧辖有十三猛，即管有十三个土司，至今车里宣慰使之旧辖境，虽有一部分丧失于缅越，滇境普思沿边，已划分为车里、佛海、南峤、六顺、镇越、江城等六县，但车里宣慰至今在夷人心目中尚为一土皇帝也。车里宣慰使署以及孟连宣抚使署之衙门，仍旧有仪仗及宝座，冠冕堂皇，至为威严，且车里、孟连两处宫闱，皆为摆夷式之楼屋，是又与滇西芒市、遮放一带土司改建汉式衙门者迥异，亦未模仿缅暹方面西洋建筑之形式。至于一切政治经济组织，社会教育制度，均仍旧习，虽早改土归流，实为假手土司以统治之，故在车里、孟连两地之土司制度，至今尤甚完整，且与独行之中央法令及新县制，大多抵触，实为改革边地行政之一大问题；兹就本区内土司旧制之关于政治、经济、教育、社会者分述之。

（一）封建制度之政治组织

车里宣慰使为十三猛之最高土酋，因有军功，受明代册封赐姓为刀，世袭至今；十三猛之土司，因抚绥地域之大小，有受封为土把总者，有受封为土千总者，亦均世袭，各执明授铜印，此与中国之关系也。至其土制，明亦有中枢及地方政府，官制严密完整，而为近代地方自治之精神。政治之最高权威者世袭，尊之曰"召法"，明代册封为车里宣慰，其下有议事庭，由召法之亲族贤能者组织之，共八大头人，实为贵族院，权同现代之责任内阁，而兼为最高立法机关。议事庭别居一宅，建立于宣慰署外之九龙江边，经常召集会议，决定施政方针，交宣慰执行，以示立法独立。议事庭之各大头人兼掌军政财法及仪仗等行政，号曰"都竜"，其俸给各有定额，皆有固定庄田，由百姓直接贡纳；宣慰官厅之执事奴隶，几皆有官田饷谷。近几村落之不纳官租者，则由全村百姓轮流供应宣慰官闱之官差。此中枢之组织机构及待遇也。

宣慰之下，为各"猛"土司，是为最大行政分区之长官，土司均由宣慰分封其同胞昆仲及近族赴任，但必得地方民意；土司衙门亦有类似之议事庭，由当地耆老组织之。土司之下，则有严密之乡村组织，有"老叭"，相当于现行之乡长，有"大叭"，相当于保长。"二叭"副之，下设"老鲊""老线"，分掌全乡各村寨之地方事宜，"叭""鲊""线"均由乡村人民推举地方之公正人士呈请土司任命，如遇违法失职，则由地方人民群起罢免，而重行推举，乡村之基本组织完密，人民得各相安无事。自改土归流设县以后，推行地方自治行政区制，改任各猛土司为县长，车里宣慰使亦隶属于车里县长之下，土官地位虽仍为各猛之王，但在新县制下仅当一区长耳。

（二）公田制度之经济组织

乡村自治组织之严密，全为管理摊派地方之田亩。田土皆为公有，但为民族私有；平坝水田，仅有摆夷百姓可以耕种，任何种族不容自由□□，故实为"摆夷民族私有"，田亩主权，以村为单位，由宣慰分封与各大头人及各猛土司，各村之"叭""鲊""线"负责经营，上纳钱粮，下摊百姓，故某村之田，应完某大头人之粮，即为某官所有，因实等封地也。一村之田，由"老叭"计户平均分摊耕种，成年结婚后之摆夷夫妇如需独立成户，加以逃亡迁徙者，故户数时有更改，常须重行摊派。"村有其田"共同垦辟，人工不足者多赖互相帮忙，百姓有耕种权，但不得自相转让买卖，农田沟渠灌溉有制，专人看管，各以规定之筒管引水入田，毋稍攘夺。种田者应派之赋税劳役，悉听"叭""鲊"之命令派充。宣慰使有官田数处，皆位土质最美、水源最盛之处，不另细分，由附近各村分耕一大条，全民齐力，共耕"公田"，收获完全归上，供养宣慰宫闱之所需，是犹古代井田之遗制；如在今车里县府南约二三里之蛮景囊村，有宣慰官田七八长条，位于灌溉沟渠之上游，而在村田之上，斯路蛮井田制之形式，而种此项官田者，全为邻近各村人民之力役，其意实同也。

（三）缅寺僧侣之教育制度

小乘佛教为摆夷民族之唯一信仰，基督教入滇宣传数十年，在车里建教堂，办学校开医院，水摆夷无一肯信仰；永氏教会欲在孟连租地建立教堂，终未如愿。城乡各地，每村或数小村则皆有缅寺一所，且多建有金塔，画壁辉煌，塑像秀美，人民无不虔诚信佛，几多以经年辛苦所得之收益全部贡献于缅寺，节会香期，靡费至巨；缅寺中之僧侣不自餐炊，饮食均由全村人民供奉。缅寺中之高僧，号曰"佛爷"，社会地位最高，九龙江之大佛爷，车里宣慰见之，亦必行跪拜礼，普通乡村中之缅寺佛爷，即为人民之导师。民家子弟，无论多寡自幼必送缅寺削发披巾为小和尚，由佛爷授经识字，及至成年经典已深不愿还俗者则留为佛爷，还俗者已通文字，智识较高，女性爱慕，即为成婚，故缅寺中之僧侣教育，实为一种乡村小学；寺僧由全村供奉，无需特种教育经费，缅寺佛爷可以传习技艺，可以感化社会，惜其文字传授，仅为经义而无学识，教授又不得法，童年所学，终身亦仅能拼音识字，以摆夷文应世俗之用。但此种寓学校于缅寺中之教育制度，甚为普及民间。设县以后虽亦创办汉文学校，摆夷父兄均视为不切实用，甚至如逃避差役，雇人以代。

（四）阶级观念之社会制度

普通官民无论贫富，皆为茅屋竹楼，惟土司与宣慰使署及缅寺，始建瓦屋大厦，人民见土司皆必跪迎跪送，普通人民绝对不能向官家求婚，土司之妻必为贵族，但得向民间纳美女为婢妾。官民之阶级观念严明，人民对官家绝对服从，前述之封建及公田制度者，百姓实皆土司之农奴也。最高缅寺之高僧，必由宣慰之亲昆仲承继，宣慰或兄长见之亦必为礼，普通社会更崇敬宗教至上。

普思沿边之摆夷，有此完善之地方自治组织，原始之田土公耕制度，以及普及之僧侣教育，严明之阶级观念，既为云南边地土司最保守之典型，亦为本地之区域特征，故自民国初年柯树勋镇服车里以来，虽已改土置流，三十余年，惜因步骤过早，地方统治权仍必假手土司，一切兴革开发事宜，皆难着手。或因边官吏治，未能得人，但以土司旧制之组织健全，除旧布新，实亦不能操之过急。滇省年来兴办田亩清丈，在各省中最著成效，在内州县推行顺利，及至摆夷土司地遂多窒碍，制度凿枘，致难合并，边地问题，多应预为研究，此其例也。

特种农产　普思沿边多低原平坝，雨水丰润，土性肥沃，摆夷居民，地广人稀，所种水稻，为一物农制，每年虽仅耕种一次，交通不便，所收粮食尚吃用不完，摆夷民族，以糯米为食，山头民族，则种旱稻，食饭米，并以玉米、荞麦为辅助食粮，山地瘠苦，则行轮种制度，砍树垦地，种二三年即需荒芜休闲十年、八年，故其普通农作，不肥不耘，至为粗放。主要原因，交通艰阻，粮食无法外运销售，故遂不甚讲求。

本区地处低纬，经济农作物则有茶、木、棉、樟脑、蔗糖等，为本地之副热带性特产，普洱茶驰名全国，即出产于此区，虽以"普洱"名茶，茶实不产于普洱城区。普洱府属旧有六大茶山，尤以江内，今镇越、江城、车里等县境之倚邦、易武、攸乐等处所产名大山茶，及江外佛海、车里、南峤等县所产之坝子茶为大宗。旧皆以思茅为制茶之中心，向由迤南大道运至昆明，转运四川，行销全国并达北京，为有名之贡茶。康藏边境之古宗藏人，每年且经大理远来思茅卑湿之地贩茶，运销拉萨一带。其名贵可知。民国初年，丽江、鹤庆一带汉商，特来茶叶产地中心之佛海设厂制造，另辟运销路线经缅甸之仰光或暹罗之曼谷装输，转印度加尔各答，再由火车运至喜马拉雅山脚之大吉岭（葛林铺），复改驮运入藏至拉萨销售，种曰海路茶，以别于由云南山路直达拉萨之陆路茶，道远途艰，运费浩大，而藏人之嗜云南普洱茶均为贵族家庭之珍品。抗战以后，中国茶叶公司并特至佛海设厂制造改良茶，遂成国营特产商品，推销国际市场。据技术专家评定，普洱茶之质味，兼有锡兰茶及亚森密茶之特点，改良制品，更较印度茶为佳。惜缅甸沦陷，普洱茶之海运路线切断，佛海茶厂，遂又停歇。战后实业复兴，普洱茶应更加以注意，因既为国际农产贸易中之重要货品，发展经营，本区之环境优越，边区夷民生计，实所□赖。

　　木棉之栽培，为在普思沿边最近农产实验之成功。云南衣料素成问题，每年向有大帮驮马入缅甸、暹罗贩运棉花，经过思茅海关内运；沿边阿卡山地虽素以植棉为生，惟其品种太差，产量不丰，近年边地商人自暹罗输运木棉种子入境，车里县府农场之木棉，民国二十年左右即已开花结实，质量均甚优美，最宜在附近山地推广，利用阿卡人种棉之习惯，普思沿边各县，木棉实可大量栽培，当最有裨益于云南省内之衣料问题，民生自亦因而富裕。

　　樟脑原为台湾及南洋之特产，原属热带之林产品，近年车里、佛海等县之摆夷，亦采山中树叶蒸制樟脑粉，运往缅甸、暹罗销售；惟现在土制方法之技术太差，如能改进，普思沿边地多湿热，荒山原林甚广，此种树叶，盖为利用，药用所需，实为滇境之热带产品。

　　甘蔗制糖，现为普思沿边摆夷农家之普通副产，其他热带果类繁多，依其地气候土宜，车里、佛海、南峤等县，平坝宽广，多宜副热带农产物之经营，尤以车里县之九龙江与橄榄坝两处平坝，地势皆在海拔五百公尺以下，最为湿热，目前垦地，不过占全坝面积十分之二三，两坝宽广皆可数十里，最可为热带农产大规模之企业经营。佛海、南峤两县之平坝地势，在海拔一千公尺以上，以及附近山地，最宜于大规模茶园之经营。

　　至于境内之地下矿产资源，迄今尚未有地质调查，蕴藏全未发现，按其地质，为花岗岩与石灰岩之接触地带，应有大量之金属矿产之发现，详细探勘以后，希望当甚可才□也。

五、滇越边境

中法界务　越南本我国藩属，乃因越南领土丧失于法，中法关于边境之界务，遂于光绪十一年（一八八五），清廷派李鸿章与法使巴特纳（Patenotre）订定《中法新约》十条，复于光绪十三年订立《中法续议界务商务专条》，并由两国派员会勘，订定越南北圻与我国西南粤桂滇三省之国界。光绪二十一年（一八九五），法国又以参与干涉还我辽东半岛，要求将我猛乌、乌得两地让与法国，重订《续议界务专条附章》五款，改绘界线，我国虽多失地，然较之滇缅界条头绪纷繁，穷年不决者，中法界务，尚少纠纷。

滇越边界　滇越沿边，皆为已定界，依条约原分五段：我国后因沿边各土司之旧目隶属关系，设施稍有不同，依其性质，疆界可分三段：（一）普思沿边之镇越、江城两县境：自澜沧江边滇缅第六十一号界碑起，至李仙江流入越境之处止，旧本十二版纳之猛腊、猛拌、猛烈、整董等土司地，今改置镇越、江城两县地，即滇南有名之六大茶山地。（二）河口边区：自李仙江起至河口以东之茅坪对汛界上，即蒙自、个旧、建水、石屏、元江诸县之边境，沿边与法方分设对汛，各保境内界务。（三）麻栗坡边区：自茅坪汛界起，至广西省止，即□□西□南县以南之边境，亦各设有对汛。

红河流域　云南迤南之边境，为越南富良江之发源地。富良江凡有三大源，主流为云南之元江，西为黑河，东为苔江。黑河之上游，为李仙江及滕条江，至越境之莱州相会，称黑河。元江之上游，又名礼社江，过蛮耗，右纳金河，至河口，左纳南溪河，流入越境称富良江，即红河之本流。苔江之上游，为盘龙江及普梅河，至越境土延开始会合，又称绿水河。三江上流，皆发源于云南境内，而流入越南；地势滇高而越低，云南居于有利之地形，惟江流均为河谷之上游，水流湍急，无宽广之平原，且地势特低。河源出自大理、蒙化以南云南弧之岭背，海拔不过二千公尺，流至河口国界时，海拔仅有八八公尺，为云南全省最低之地，山高谷窄，纬度又当北回归线以南，气候湿热，河口一带，素以瘴毒著名。迤南为石灰岩山地，悬崖瀑布，青山绿水，既擅风光之美，又具形势之胜。

河口边区　河口当南溪河与红河会流之口，对岸为法属越南之老街（劳开），建有滇越铁路铁桥（民国二十九年已毁）以通火车，两国向有海关稽查商旅，越境来往皆须签对护照，防守极严，实滇南之门户。辛亥起义，革命志士，即首自河口攻滇，南溪河河谷为滇越铁路天然之通道，铁路未断以前，河口绾杀滇省通海之门户者三十余年，即与国内之来往，亦多假道滇越铁路为捷径，红河为云南省内唯一可通航之河流，自富良江上游，大船可通至老街，更换小船，可以直达蛮耗；在滇越铁路未通以前，蒙自、个旧之锡铁，即利用红河水运出口。抗战期间赶修之滇越公路，并利用滇越铁路早年废弃路基，沿红河河谷，并经屏边以接蒙自；沿边尽为原始森林荫蔽，此道不通人行者已三四十年。本区西境之李仙江与藤条江，流出越南之猛梭猛莱（莱州），即可通帆船下驶，航富良江而过河内及海防。

河口旧因绾交通要冲，滇省划为特别区，全境分五个对汛区：一曰河口汛，在滇越铁路至南溪河与红河之会口，我方驻河口为对汛督办，与法方之老街县知事对汛；二曰新□汛，在河口之东翼，与法越之猛康对汛；三曰老卡汛，在□康之东，与法越之花龙对汛；四曰坝洒汛，在河口之西，与法越之小朝坝对汛；五曰那发汛，在河口之南翼，与法越之漫念贡对汛；更因地位之需要，于老卡区设小坝子副汛，于新店区设桥头副汛，于坝洒区设南屏副汛，龙膊分汛；于那发区设王布田副汛。各对汛设正副汛长及汛兵，以保卫国界，缉理边界不法之事。

沿边民族复杂，名称殊异，大要言之，以摆夷及沙人、侬人居河谷，苗瑶、窝泥、罗罗住山间，惟以土司小部落之族系繁多，既不互相联系，又分属边境各县局，遂益无法管治。红河沿边，共有二十三家土司之多，势力较大者以纳楼土司、纳更土司及稿土司三家势力最强，领土最广。建水县外之猛梭、猛迭、猛蚌，本为纳楼土司旧壤，而今土司普国泰尚不明光绪十一年之条约已让于法，仍时因越界征收钱粮，引起法方抗议，是为该处边区所称之三猛问题，而订约时之失察所致。

麻栗坡边区　麻栗坡位于滇之东南，在文山县外，接近法越之河阳省，且又毗连广西边境。自茅坪汛至固蓬汛止，筹设麻栗坡对汛督办，纵横面积与河口区相埒，惟山峦重叠，形势较为险峻，人烟较河口区稍为稠密。

麻栗坡之对汛督办，与河口同于民国三年始设立，直辖之汛长有六，分驻于茅坪（与法越箐门对汛），玉皇阁（漫美），天保（清水河），攀枝花（官坝），董干（普捧），田篷（上蓬），六处。惟我国因无边防经费，对汛人员之待遇既甚菲薄，即边境之交通路线亦未修整，边官来往当须假道于越境之沿边公路，及法方对汛人员之□泛。

境内民族，亦极复杂，田蓬、董干两处之罗罗，又有花黑等类之分，总之装束、语言、习俗各异，为边境各种民族未能同化之主要原因。

麻栗坡边境之内，为文山、富州、广南等县，皆滇东南要隘，且当滇桂两省之通道，曩年个旧锡之出口，曾有一部分陆运出此道经剥隘而下百色、南宁，转香港与广州湾者，惜此高原边缘之路线险□，迄未修通联贯滇桂两省。自日寇占领越南之东京，我方为巩固滇南边防，特驻中央精锐部队防守河口、麻栗坡一带，此东南一隅之文化交通，近年当因军事而进步。

矿产资源　滇南红河流域，年产沙金可七千两，其支流金河流域之老摩多、马店、铜厂、新街四处，均为每六日一市，每市金之交易，约在一百七八十两；沿河砾石层淘金之夷汉工人日达千名，惟以烟瘴关系，每年只能工作六个月，估计金河流域，年亦产金四千五百两。

滇南之矿产，素以个旧之锡，为全省财富大宗；近年于蒙自之芷村，更成立钨锑公司，并于开远、文山、广南、西畴、屏边等地，分设办事处，采运钨锑。锡、钨锑本为共生之矿产，据专家估计，个旧锡矿，因开采年久，地下矿藏所余，仅足三十年之产量，斯其则富泉源，即将告罄，依文山、马关一带之地质情形，锡、钨锑矿产，尚有大量发现之可能。目前文山境内开采之钙铜矿，年产额闻达二千吨以上；文山之茅山，广南之革夺，屏边之苍房，开远之菓比都比等处，皆正从事锑矿之开采矿砂运至芷村车站附近冶炼之。文山茅山锑矿之矿石，含锑为百分之二十五，略逊于广南之革夺。钨锑为现在国际贸易中之稀有矿产，且为国防军用所需，本区有此天赋，尤见前途可能更有经济上特殊发展之价值。

河口位北纬二十二度半，海拔仅八十八公尺，为云南全省最低之谷地，气候湿热，据滇越铁路局法人二十三年来测候之纪录，全年雨量平均为一七七九公厘，全年雨日平均一百四十一天，月平均温度皆在摄氏十七度以上，自五月至九月，皆在二十七八度左右。终年昼夜酷热，虽亦为云南有名之瘴区但因冬无霜雪之虞，近年滇省建设厅特在河口一带，试种奎宁树等标准热带植物，已见成效。奎宁为防疟要剂，将可在滇南本地栽培，对于边疆移民之发展，其意义至为重大。

第四卷　第二、三合期　1945 年 3 月

云南边疆地理概要

江应樑

一、边疆范围

云南为我国西南极边之省区，一般人多视之为边疆地带，惟自来对边疆二字之解释，各有不同，有谓云南全境都是边疆者，这即把如昆明市这样的现代都市亦以边疆视之；有谓边疆系指沿边与邻国接壤之地带而言者，这全滇境内堪称边疆之地仅为滇缅越邻接的一部分地。此两种说法，均失之过犹不及。云南境内可视为边疆区者究为何部分地带？此则先应对边疆二字给予一明确之定义：

（一）土地未开发　境内多为原始未垦土地，或一部分已垦惟仍未尽地利之用：地表物产如森林尚未被利用，地下蕴藏如矿产尚未被开发，或则土地之占有尚在一种原始制度中，如部落公有或酋长独有；凡具此情形者，皆可视作未开发之土地。

（二）住民生活不同于内地　凡居住此一区内之多数住民，具有不同于内地之语言文字、宗教信仰及不同于内地一般形态之生活习惯与民族习性。

（三）地方或国家之边防地带　具有国防或边防重要性，有界务的纠纷，或其他足以引起国际性或地方际性问题事件之地带。

凡同时具备此三项条件之地区，即是边疆；同时具备三项中之两项者，亦可以边疆视之。准此以衡云南，除昆明市区外，几任何一县均可能具备一项条件——全省任何县境内，几乎多少都有边民散居，大多数县境内，多少都有未开发的土地；同时具备一、二两项条件者，多在沿边或近边各地，这也即是凡具有一、二两项条件之区，往往同时具备第三项条件，试从云南东南边区与越南接壤处看起，向西经滇越沿边、思普沿边、滇缅南段未定界、腾龙沿边、滇缅北段未定界，转而到东北之滇康边区以迄金沙江岸之若干县局区域，均为具备有上云三项条件的地带。只是各区域向内地伸张的广狭互有差别而已。倘就地理形势及住民种类集团上加以划分，则云南全省可称为边疆地带者，有下列六个区域：

（一）红河下游区　包括河口、麻栗坡两督办区，马关、屏边、金平三县境，石屏、个旧、建水、蒙自、元江诸县之江外土司地。

（二）思普沿边区　包括车里、佛海、南峤、镇越、江城、六顺、思茅、宁江诸县局全部地，即旧所称之十二版纳区。

（三）沧镇双耿区　包括澜沧、镇康、双江、沧源、耿马诸县局区域、暨卡瓦山上下葫芦王地。

（四）腾龙沿边区　包括潞西、瑞丽、陇川、盈江、莲山、梁河六设治区、暨腾冲西北部及龙陵之怒江坝等地。

（五）滇缅北段未定界区　包括贡山、福贡、碧江、泸水四设治局辖境，暨未定界之旧茶山长官司，俅夷地、浪速地、江心坡、户拱、野人山各地。

（六）滇康边境区　包括德钦、中甸、维西全部，暨华坪、宁蒗两县局之一部分地。

此外东部之镇雄、彝良，东南的罗平、思宗、邱北、广南、富宁等县，境内虽散居有不少苗人、侬人、沙人等边民，但因多数系与汉人杂居，且设县已久，一切政令文化，大体均已无异于内地，故不再以边疆视之。

本文内容，便即以上列六个区域的地理状况，来作论述的对象，全文计包括面积、山脉、河流、平原、气候、物产诸项。

二、边区面积

（一）红河下游区：元江下游，富良江上游一带地。其沿岸之石屏、建水、蒙自、个旧所属之江外地，并麻栗坡、河口、马关、屏边、金平这一带滇越接壤地，都是边民集居之区。麻栗坡全境面积约二一二〇平方公里[注一]，根据《中越边界会照章程》，设为特别行政区，分辖茅坪、玉皇阁、天保、攀枝花、董干、川蓬等六个对汛。河口面积约一〇一七平方公里，清光绪二十一年《中法条约》辟为商埠，设对汛督办，辖老卡、新店、坝洒、那发四个对汛。马关县面积约二七八二平方公里，昔本为八寨土司地，雍正二年改流，始设县，嘉庆时改为厅，民初置为马关县。屏边面积约三九一九平方公里，原系文山辖土司地，后划设靖边行政区，民国二十二年始设县。金平面积约三一〇七平方公里，原为临安府属土司地，民六划设金河行政区，二十一年分设金河及平河两设治局，二十三年合并为金平县。石建蒙个江外区，本为石屏、建水、蒙自、个旧各县辖境，因其区域沿红河连成一片，地理住民，皆与各该县汉人居域不同，境内分驻有二十几个土司，面积约千余平方公里。总计红河下游边疆区面积约一万四千余平方公里。

（二）思普沿边区：本区除思茅外，其余车里、佛海、南峤、镇越、江城、六顺、宁江诸地，即俗所称之十二版纳区，本为旧时车里宣慰使辖地，元明以来所置云南境内土司，自平缅宣慰司（今缅甸），八百大甸宣慰司（今暹罗）亡后，车里宣慰司为西南官阶最高辖地最广之一土司，全境共辖二十余猛，每猛有一土司分治[注二]，其区域本东接越南，南接暹罗，西南接缅甸，北接思普，清光绪二十一年，中越划界，将十二版纳中之一版纳乌得、猛乌地方划归越南，南界便与暹罗隔断，十二版纳从兹金瓯有缺[注三]。清时本境在行政统属上本属思茅管辖，惟事权仍属之土司，只分纳少数钱粮于思茅厅、普洱府而已，民元原任思茅厅同知柯树勋（绩丞）条陈十二版纳改流议，乃分设八行政区，委柯为行政总局长，后改称殖边总办，十五年柯殁，翌年改八行政区为七县一行政区，十九年重行调整，乃为今之五县一设治局。其面积计车里四一六四平方公里，佛海一五六〇平方公里，南峤二三〇四平方公里，江城一九五四平方公里，镇越七六〇八平方公里，六顺六四一一平方公里，宁江一〇五六平方公里，思茅一一二二平方公里；合计本区面积约为二万六千余平方公里。

（三）沧镇双耿区：旧日滇缅南段未定界及其邻近地，包括澜沧、镇康、双江三县及沧源、耿马两设治局。澜沧县本为明时孟连土司地，光绪十三年改流，设镇边厅，民元改设澜沧县，全县面积约一一七五六平方公里。镇康古名石赕，为黑㰄所居地，元时内附，设土官，清末改流，为镇康州，民初设县，面积四三四四平方公里。双江在明清时原为猛猛土司地，清末民初，次第划其上改心及四排山等地分属澜沧、缅宁两县，各设县佐治之，原猛猛土司仅保有猛猛平坝地，民十七年合三地立为双江县，面积一八〇八平方公里。沧源旧为岩帅等四土司属地，其西即为滇缅南段未定界，民二十三年改设治局，二十五年勘界后，其属境始大体确定，面积约三二四八平方公里。耿马原为卡瓦居地，属顺宁府，明万历间，有罕姓摆夷由猛卯（今瑞丽设治局所辖）分支来此，逐卡瓦，掳其地，因战功封宣抚使，今已传二十五代，民国三十一年，始成立设治局，面积五八一六平方公里。合计本边区全部面积约二万七千余平方公里。

（四）腾龙沿边区：包括潞西、梁河、陇川、盈江、瑞丽、莲山六个设治局辖地，在昔本为十土司地，即芒市安抚司、遮放副宣抚司、猛板长官司，属潞西；南甸宣抚司属梁河；陇川宣抚司、户撒长官司，属陇川；干崖宣抚司属盈江；猛卯安抚司、腊撒长官司，属瑞丽；盏达副宣抚司属莲山。各土司地均在民国初年成立行政区，民二十一年改设治局，面积潞西三五九二平方公里，梁河约三千平方公里，陇川二三六八平方公里，盈江一四〇八平方公里，瑞丽二五二八平方公里，莲山二二〇八平方公里。此外怒江岸有怒江安抚司，现属龙陵为一乡镇，其区域约五百平方公里；腾冲西北一部分地，原为南甸昔口等土司旧壤，现可目为边疆者亦约数百平方公里地。本区合计面积约一万六千余平方公里。

（五）滇缅北段未定界边区：包括贡山、福贡、碧江、泸水四设治局，及高黎贡山以西应归属我国之片马、江心坡等地。按高黎贡山以西，片马小江流域，明清之际，本为我茶山里麻长官司地，其西之江心坡，位于恩梅开江与迈立开江之间，本为我麓川土司地，其南为孟养土司，即今缅甸之密支那，其西为户拱土司，孟拱即属之。此种统治沿革，均详载史册，至清中叶以后均未变动，清末民初，英人渐侵至恩梅开江与迈立开江两流域，我方始退高黎贡山以东，初设菖蒲桶、上帕、知子罗等行政委员，继改设贡山、福贡、碧江、泸水等设治局。贡山所辖为菖蒲桶、打拉、茨开、孟顶诸地，面积约八二〇八平方公里；福贡所辖为上帕、普利、定边各地，面积约五三九二平方公里；碧江所辖为知子罗等地，面积约二二四八平方公里；泸水所辖为六库、老窝、鲁掌、登埂、卯照诸土司地，面积约二一四四平方公里；连同未定界中应划归我国之土地约一万余平方公里；全区面积合计约共达三万平方公里。

（六）滇康边境区：中甸县，本为吐蕃游牧地，清雍正二年归化，属剑川州，乾隆时立中甸抚夷府，光绪时改厅，民初改县，面积七三六二平方公里。维西县在明时为丽江土知府木氏辖地，清康熙初，吴三桂求援吐蕃，割维西其宗以北地赂之，维西乃为吐蕃所属，康熙三十六年征服之，划属四川巴塘，雍正五年上官女丁总禾娘内附，移鹤庆通判驻其地，民初改县，面积一三九七七平方公里。德钦原为维西属之阿墩子土司地，民初曾一度设县未果，二十一年改为设治局，面积五六四八平方公里。宁蒗、华坪、永仁等县局境，一部分接近大凉山，土地为夷人所据居，以宁蒗被占面积最大，各县局合据夷区土地约三千余平方公里。全区面积合计约三万五千余平方公里。

依上所统计，云南全省境内尚可称之为边疆区域的地带，究有多大？对于这一个问题，可以得到一个明确而具体的答复：

1.滇南境内的边疆区域，全部面积统计约共十五万平方公里，约相当于六十万平方华里。

2.云南境内的边疆区域，其面积约占全省土地面积五分之二。

三、山川地势

云南边区的位置，最北的德钦设治局北界，约位于北纬二十八度五十分之地；最南的镇越县属的磨歇地，约位于北纬二十一度十五分之地；最东的麻栗坡所辖的田篷对汛，约位于东经一百零五度三十分之地；最西的北段未定界的江心坡一带，约位于东经九十七度全境地势，北高南低，步步下降，北部之德钦与南部之河口，海拔相差达一万一千二百英尺，惟有时在同一纬度地，因山脉及河流关系，海拔亦便不同。兹每一边区择数地列其海拔高度如下：

地区	海拔	地区	海拔
德钦	一一五〇〇英尺	中甸	一一五〇〇英尺
维西	八〇〇〇英尺	腾冲北	五三〇〇英尺
澜沧	四九五五英尺	户腊撒	四五〇〇英尺
佛海	四〇〇〇英尺	耿马	三八五〇英尺
双江	三八五〇英尺	芒市	三三五〇英尺

续表

地区	海拔	地区	海拔
陇川	三一〇〇英尺	镇康	二九五〇英尺
干崖	二八五〇英尺	镇越	二二〇〇英尺
车里	一八五〇英尺	孟定	一七四七英尺
元江	一五〇〇英尺	金平	一三五〇英尺
河口	二九五英尺		

以山脉言：全省边疆地带，皆分布于云岭山脉及怒山山脉之南北两端，并高黎贡山脉之东西两麓。云岭山脉自西康南来，初为金沙江与澜沧江的分水岭，行经德钦境内，高度达一万六千余英尺，由此而造成德钦、中甸一万五千英尺海拔之高原地带；再南蜿蜒经丽江、大理等地，最南即为红河边区之主要山脉。怒山山脉亦自西康来，又名碧罗雪山脉，为澜沧江与怒江的分水岭。行经知子罗北之高峰，海拔达一万三千八百英尺，入镇康为大雪山、老别山；入耿马为邦马山；再南即为南段界中有名之公明山、卡瓦山，东南入十二版纳境，即化为若干平静山峰，分布澜沧江西岸各地，其中如车里之露天，佛海之新火，南峤之班干等山，最高峰海拔仅六千英尺。高黎贡山自西藏东南来，为怒江与伊罗瓦底江之分水岭，最高峰在鲁掌附近，海拔约一万五千英尺；属于此山脉的名山，在泸水北有茶山，片马北有板厂山，南有高良工山，西有狼牙山、尖高山；皆在滇缅北段未定界上，在腾冲以下，分为二支，一支为大盈江与陇川江分水岭，一支为龙川江与澜沧江分水岭，成为腾龙沿边之主要山脉。

以水系言：全边区共四大水系：最东为红河，石建蒙个江外土司地之元江下游，麻栗坡境内之普梅江、盘龙江，河口境内之藤条江，墨江江城境内之把边江，皆属红河水系之重要河流。澜沧江源出西康，上源为中维德边区主要水系，下源为沧镇、双耿及思普沿边两区主要水系，此两边区内纵横之支流，皆纳于主江中，在双江有白允河入之；在澜沧有黑河、南底河等入之；在车里名九龙江，西纳宁江的南朗河，南峤佛海的流沙河，大猛笼的阿河，东纳六顺的南养河，镇越的罗梭江，猛腊猛捧的南腊河，然后出界为缅越、泰越的交界水，下流即称湄公河。怒江源亦出西康，上流为贡山，福贡区内主要水流；下游之支流如南丁河为镇康、耿马区内的主河，南卡江为卡瓦山下葫芦王地之主河，南滚河、南哈河为上葫芦王地主河，皆于沿边流入怒江。最西为伊洛瓦底江水系，上源东为恩梅开江。西为迈立开江，两流中间土地即是江心坡，会合后经密支那、八莫流至仰光之西入海。在国境内之支流有龙川江，源出泸水，经腾冲、龙陵至遮放西南，与芒市、遮放流来之南性河会合，流经猛卯，名瑞丽江，为滇缅交界水，西与龙川流来之南碗河会合，下会入伊洛瓦底江。又有大盈江，东源出腾冲东北，西源出尖高山，上流名槟榔江，二源会于干崖，造成干崖平坝，即名大盈江，西南流经蛮掌、小辛街、蛮允出境，至八莫会于伊洛瓦底江。

由此种山脉河流之蜿蜒纵横，使全省六大边区形成两种不同之地势，在上述各山脉之北段，皆山高势险，各水系之上流，则水急滩危，支流稀少，于是山水经行之边区，大多为贫瘠苦寒之高原或山岭地带；在南段则山势渐趋平静，河身宽广，水流平缓，支流纵横，山谷河流之间，造成广大坝比之平原区域，兼之此种平原，大多气候温暖，水利方便，而数千年来动植物腐体混入土壤中成为天然肥料未经利用，故土地皆肥沃异常，昔人所谓边疆为不毛之地者，实况却正相反。兹试将南部边区各平原，择要举出，以证我广大边疆，实非不毛之地：

坝子名	所在地	面积形势	开垦及荒芜情形	坝内住户	产物
景洪坝	车里	约六十余万亩为条长形平坝	土壤肥沃，灌溉方便，故开垦已达百分之五十	摆夷三千余户汉人五十余户	稻、木棉、香蕉、菠萝、柚、蔗、芒果
大猛笼	车里	约四十余万亩之长形平坝	土壤肥沃，灌溉方便，故开垦已达百分之五十	摆夷千余户	稻、棉、茶、紫梗、蔗
橄榄坝	车里	约五十余万亩之圆形平坝	居民较少，缺乏水利，故开垦仅百分之三十	摆夷四百余户	稻、棉、椰子、菠萝、香蕉
小猛养	车里	约十余万亩之圆形平坝	垦田已达百分之六十	摆夷二百余户	稻
猛海坝	佛海	约三十余万亩之长形平坝	土沃水利，住民多，开垦已达百分之八十	摆夷一千六百余户，汉人三百余户	稻、茶、樟脑、森材
猛混坝	佛海	约四十余万亩之方形平坝	垦田已达百分之六十	摆夷千余户汉人十余户	稻、茶、蔗糖
猛板坝	佛海	约二十余万亩之长形平坝	垦田已达百分之六十	摆夷四百余户	稻、橘、银矿、铁矿、硫化矿

续表

坝子名	所在地	面积形势	开垦及荒芜情形	坝内住户	产物
打洛	佛海	约十万亩之斜长平坝	垦田约达百分之四十	摆夷二百余户	稻、香蕉、鱼、草烟
猛遮坝	南峤	约六十万亩椭圆形平坝	缺乏水利，垦田百分之三十五至四十	摆夷二千余户汉人六十余户	稻、茶、樟脑、蔗糖、菠萝
猛满坝	南峤	约六万亩之圆形平坝	垦田已达百分之八十	摆夷七百余户	稻、茶、森林、橘、铁矿
猛旺坝	宁江	约三十余万亩之条长形平坝	气候恶劣，垦田约百分之七十	摆夷四百户汉人约十余户	稻、紫梗、香蕉、莼菜
猛兀坝	宁江	约十万亩长形平坝	住民少，气候劣，垦田约百分之三十	摆夷三十余户	稻
猛阿坝	宁江	约三十余万亩长方形平坝	住民少，开垦仅及百分之五十	摆夷约百余户	稻
整糯坝	六顺	约二十五万亩方形平坝	住民少，开垦约及百分之五十	摆夷约二百户	稻、蔗、香蕉
思茅坝	思茅	约三十余万亩椭圆形盆地坝	气候恶劣，住民死亡，迁徙将尽，坝内熟荒达百分之七十	汉人约六百余户	稻、蔬菜
麻栗坪	思茅	约五万亩条长形平坝	因匪患无人住，开垦仅及百分之五	汉人五户	稻
普藤坝	思茅	约三十余万亩长形平坝	住民少，开垦仅约百分之二十	摆夷约六十户	稻、森林
孟定坝	镇康、耿马	约十余万亩之狭长平坝	已耕约五万亩，熟荒一万亩，生荒四万亩，水利方便	摆夷约二千余户汉人数十户	稻、蔗、水果、蔬菜
耿马坝	耿马	方广约五十里之丘陵坝	地势起伏不甚平坦，且缺水，故已垦不及半数	摆夷千余户，汉人数百户	稻
猛简坝	耿马	广约十里长约二十里之平坝	地跨南定河两岸，水利极便，开垦者甚少	摆夷百余户	稻
猛赖坝	耿马	约十余万亩之长形平坝	濒南定河，地多丛莽，河北多生荒，河南多熟荒	因匪患，人民迁徙将尽	
猛角坝	沧源	长约二十里宽约十里之平坝	因邻近卡瓦山，时遭卡瓦烧杀，土地皆荒多未开垦	摆夷百余户	
猛董坝	沧源	长约三十余里宽十里之平坝	多未开垦	摆夷二百户汉人百户	

续表

坝子名	所在地	面积形势	开垦及荒芜情形	坝内住户	产物
猛胜坝	耿马、沧源间	方广约二十里之平坝	水利方便，土壤肥沃，惟遭卡瓦侵凌，几全荒芜	摆夷约十余户	
猛库坝	双江	约二百平方里之狭长平坝	已垦者约耕田三数万亩，一部荒芜	摆夷百余户	茶、稻
猛猛坝	双江	方广约二十里之平坝	河流纵横，灌溉便利，垦田百分之六十	摆夷二百余户、汉人约百户	稻
猛允坝	澜沧	上下猛元两坝相连，中隔一小山，宽约二十里长约卅里	垦田约百分之七十	摆夷约千户	稻米
芒市坝	潞西	约四百五十平方公里之一大陷落谷坝	开垦已达百分之八十，水田占六成，旱地占四成	摆夷约四千余户汉人数百户	稻米、蔗
遮放坝	潞西	为一长约三十公里，宽约五公里之狭长坝	北部多已开垦为田亩，南部接近南性河，多泽沼，芦苇丛生，大部荒芜	摆夷约三千户，汉人数十户	稻、蔗

四、气候

民间有俗谚，论云南气候曰："四季无寒暑，有雨便是冬"。此语衡之实际，只能限指昆明及海拔纬度与昆明相近似之若干地区而言。至若边区，则正与此相反，试观上章所举全省边区海拔高度互不相同，最高与最低之相差，竟达一万一千余英尺，而纬度亦相差在七度以上，则边区气候之各不相同，已可想见，在全省六个边区中，实具有寒温热三带气候，具体而言，北部边区气候寒，南部边区气候热；同一边区中，海拔较高之山麓地气候较凉，海拔较低之平原地气候较热，试分区略论之：

红河流域区为低纬度、低海拔边地，故全境气候均近于亚热带，平原地区，每年最热可达摄氏表四十余度，最冷不下十五度，雨量均甚充沛。兹举河口一九二九年所测得之全年温度雨量纪录，以作本区气候之代表：

月份	平均温度（摄氏度）	全月雨量（公厘）
一月	一七.四	一七
二月	一八.〇	三七
三月	二一.二	六〇
四月	二四.四	一〇七
五月	二七.三	二三五
六月	二八.五	二二二
七月	二八.四	三〇六
八月	二八.二	三五一
九月	二七.四	二四〇
十月	二四.六	一一三
十一月	二一.二	六四
十二月	一八.三	二七
全年均温总量	二三.七	一七七九

思普沿边约当北纬二十至二十一度半之间，佛海、南峤海拔约四千英尺，车里为一千八百英尺，故车里较热而佛海较凉，惟全区皆终年无霜雪，雨水调匀，无旱无涝，一年可分为干湿二季，由立夏至霜降为湿季，立冬至谷雨为干季，雨量以五、六、七、八、九等月最多，几少晴天，十一、十二、一、二等月为少，或竟无滴雨。兹以车、佛、南及镇越温度为例，以见全境气候一斑：

地名	全年最高温（摄氏度）	全年最低温	备注
车里	四三.三	一〇.〇	四十度以上日期，约在三月间，每年仅有数日
佛海	二九.〇	五.五	
南峤	二七.〇	七.二	
镇越	四〇.五	四.五	三四月间晨午温度之差可达十度

沧镇双耿边区，境内有高山，有河谷，有平坝，故气候兼有寒温热三带，海拔之差，不仅山岭与平原差度甚大——镇康雪山高达一万一千英尺，而孟定坝海拔仅一千七百余英尺——即平原与平原间，海拔相差亦

三四千英尺，如镇康之猛□坝即较孟定坝高三千六百余英尺。一般言之，平原气温均较热，而四山则较凉，全境以孟定最热，二十三年测得之孟定温度纪录如下表：

月份	全月平均温度	极端最高温度	出现日期	平均最高温度	极端最低温度	出现日期	平均最低温度	较差
一月	一六.五	二六.七	卅一日	二三.八	一.一	四日	五.七	二五.六
二月	一七.八	三〇.三	廿九日	二六.〇	二.三	廿三日	六.〇	二八.〇
三月	二二.一	三四.二	廿九日	三一.九	七.四	三日	一〇.九	二六.八
四月	二五.一	三七.七	廿五日	三二.三	一三.一	十七日	一六.五	二四.六
五月	二六.四	三八.七	廿日	三三.三	一五.八	九日	二〇.〇	二二.九
六月	二六.七	三七.八	卅日	三二.〇	一七.二	廿八日	二一.四	二〇.六
七月	二六.九	三一.八	卅日	二九.二	一六.三	十六日	一七.九	一五.五
八月	二六.七	三四.七	廿六十四日	三〇.〇	一六.一	十日	一八.八	一八.六
九月	二六.八	三一.一	四日	二八.七	一八.五	十一日	二〇.三	一二.六
十月	二二.〇	二八.三	二日	二四.四	一六.〇	十七日	一七.三	一二.三
十一月	一九.七	二七.八	廿日	二五.〇	一二.七	卅日	一六.八	一五.一
十二月	一九.九	二八.三	二日	二三.七	九.二	廿一日	一〇.八	一七.一

各平坝雨量亦大体可分为干湿二季，四至八月多雨，有时绵延数十日不止，九至三月少雨，或竟三两月无滴雨，二十五年孟定雨量纪录如后（公厘计）：

月份	全月雨量（公厘计）	月份	全月雨量（公厘计）
一月	〇	二月	三一
三月	〇	四月	七〇
五月	八九七	六月	三〇一
七月	五〇九	八月	三七〇
九月	三三	十月	〇
十一月	三三	十二月	〇
全年总计	一七七九公厘		

腾龙边区的各摆夷集居平坝，纬度及海拔虽均较思普沿边为高，但气候却与车里相仿佛，惟若干散居有汉人，阿昌等住民之地，气候又自不同，与腾冲极相近似，故前一地带温度不再录，后一地带，则以一九三三年腾冲温度及雨量为例：

月份	平均温度（摄氏度）	全月雨量（公厘计）
一月	八.八	三一.〇
二月	九.九	三二.二
三月	一三.四	四二.二
四月	一六.二	六五.七
五月	一八.一	一二六.二
六月	一九.四	二四一.六
七月	二〇.二	三二二.八
八月	二〇.〇	二七六.四
九月	一九.五	一五三.六
十月	一七.〇	一六五.九
十一月	一二.四	三六.八
十二月	九.五	一七.三
年均年量	一五.四	一四九三.七

滇缅北段边区中之贡山、福贡两地，虽位于怒江沿岸，但纬度及海拔均较高，故全省边疆由东及西至此已由亚热带转入亚寒带。贡山设治局所在地之打拉，海拔为一八〇〇公尺，较低之地如孟顶乡，海拔亦达一三八〇公尺，在此一带之汉人住居区，夏秋气温最高约摄氏表三二度，最低一·六度；冬季最高约一三度，最低零度；常年温度平均在一度半上下。泸水、碧江，气候较热，高黎贡山以西未定界地，则大半为热带森林气候，其间虽山岭纵横，然海拔鲜有逾二千公尺者，恩梅开江上源独龙江之河谷，海拔为一千一百公尺，迈立开江上游平坝，海拔仅五百公尺。本区西接印度之阿森密平原，中无高山阻隔，适当印度西南季候风之尾闾，故夏季酷热，雨量特丰，据英人近年测候记录，坎底全年平均雨量达三九〇六公厘，为云南全省雨量最多之地，其数超过昆明雨量三倍，自五

月中旬至十月中旬之五个月中，几于无日不雨，故地势卑湿，植物繁茂，藓苔满地，蚊蚋、蚂蟥遍野皆是。

滇康边区，就气候言，可目之为云南之寒带边地，大雪山高达一万五千英尺以上，终年积雪不融；住民集居之市镇平原，海拔大体在七千至一万二千英尺之间，故冬季常寒，夏亦不热，如大中甸坝与小中甸坝，常年温度最高仅达摄氏表二十度，低可到零下九度；惟沿金沙江岸地带，海拔仅四千英尺，气候常热，夏季最高温度可达摄氏表四十度，冬季最低亦不下四度半，此种区域在全境中不多。兹以维西县城所在地二十八年测得温度及雨量，作本区气候之代表：

月份	最高温度（摄氏表）	最低温度	雨量（单位公厘，中有以雪量折算者）
一月	一六.〇	一.五	三.五
二月	一七.〇	一.〇	五一.〇
三月	一九.〇	二.〇	四一.三
四月	一八.五	二.〇	一二五.九
五月	二七.〇	六.〇	九二.〇
六月	二八.〇	一三.〇	二三三.八
七月	二七.〇	一四.〇	一二四.五
八月	二八.〇	一四.〇	二八九.〇
九月	二五.〇	一一.〇	五三.四
十月	二二.〇	六.〇	一二六.八
十一月	二一.〇	二.〇	一七.七
十二月	一八.〇	一.五	〇
全年均温	一三.一度	全年雨量	一一五八，九公厘

与气候有密切关系之一问题所谓瘴气者，拟于此附带论之。云南有瘴气之地，大体在南部及西南边地，六边区中除滇康边区及北段未定界区之一部分地，其余边区，多数地带均为瘴区，大抵海拔在四千英尺以下，年温平均在二十度以上之平原，多为瘴疠地。以住民来说，则凡摆夷集居之区，都是瘴区。一般看法均认为内地人之不愿移居到边区，完全因为畏瘴，而凡到边地者，谈到瘴气，莫不以洪水猛兽观之。瘴毒之发，有一

定季节，大概从清明到霜降，为瘴发时期，霜降至翌年清明，大概都无中瘴危险。边地对于瘴气的认识，都认为是由一种毒物所散布的毒气，故有所谓黑蚂瘴，是毒蛙的毒气，蜈蚣瘴，是蜈蚣的毒气，黄鳝瘴，是鳝鱼的毒气，长虫瘴，是毒蛇的毒气，仙女瘴，是幽灵鬼魂作祟的毒气；这类毒虫，伏在地下，年深日远，成为精怪，吐出来的气，便是瘴气，气如烟雾，散入空中，成各种不同颜色，黑色之雾最毒，中人必死，五色雾，多在日出及日落时见之，其毒次于黑雾，白雾为早晚所常见，毒最轻，故边地对于避瘴，有所谓三不一吹办法，一不起早，因早晨有雾，雾即瘴气也；二不吃饱，吃饱易中瘴，三不讨小，讨小者娶妾也，所以保精力以抗瘴。此之谓"三不"。一吹者，吹烟也，滇中称吸鸦片烟为吹烟，认为烟可以避瘴。此种理论及办法，即所以造成边地不可一日居之原因。所谓瘴气，近年经专家的实地研究，实即由蚊虫所传染之恶性疟疾，南部边区，气候较热，植物生长繁茂，人口稀少，腐水汇积，凡此皆为适宜疟蚊滋生环境，过去因不明此理，致将瘴气传说得神怪莫测，自实施以治疟办法治瘴后，对边区瘴毒之消灭，已大见成效，如云县，如思茅之大量人口死亡，皆赖奎宁以减止之。二十四年中央卫生署曾派员至思普沿边考查瘴疾，结果在思茅采得蚊虫九种，其中五种为疟蚊，三种含有恶性疟菌，又在车里调集城区小学生验血，结果百分之八十均于血中验出伏有疟疾病菌，故可知边区之瘴毒，实并非神怪不可治之病症，能绝灭蚊虫之孳生，以防疟之方法防之，以治疟之方法治之，可根绝瘴毒之患。

五、物产

甲、农林植物

（一）稻米 红河沿边、思普沿边、腾龙沿边暨沧镇双耿区之平原地，均盛产稻米，除自用外，均大量供应邻近地区，如红河江外土司地所产之米供应建蒙个石汉人区，芒市、南甸、干崖产米供应龙陵、腾冲，为数均甚巨。昔年交通困难时，沿边摆夷地年产谷米，均以产量过剩，大量用之作燃料，而实际边区土地可种稻谷，但仍任其荒芜者，比比皆是，如红河沿岸、十二版纳，大多数地带均可年种谷两发，惟仍均仅种一发，故云南边区土地倘能尽量开垦以种稻谷，实可与缅越比并，边区所产稻米，颗粒较大，黏性亦较强，似介乎糯谷与饭谷之间，又红河沿岸特产一种紫米，质似糯米而颜色深紫，为滇中特产，据说有滋补之功。此外罗罗、傈僳、苗人所居之地，多开山岭斜坡而种旱稻，惟产量甚少，不足供自己食用。

（二）杂粮　边地凡产米之区，边民习惯均不种小春，故凡产米地大抵无杂粮，而滇康边区、怒江上游地，及其他边区之山岭地带，则又皆不能种米而全产杂粮，凡大麦、小麦、青稞、燕麦、蔓青、荞麦、苞谷（玉蜀黍）、高粱、马铃薯及豆类，均盛产，惟产量不多，尚不足供种者自食之用。

（三）茶　云南以产茶闻名于世，所谓普洱茶者，数百年前即为珍贵之贡品，皆产于边区也。全省产茶区，为思普沿边，澜沧、景谷、双江、顺宁、墨江各地。其中尤以思普沿边为我国茶叶之原生地，亦即闻名之普洱贡茶之真正产地。现时车、佛、南每年出产粗茶约三万担，主要运销西藏，刻有思普企业局在境内以科学精制之红绿细茶，年可产数千担，英人曾移其种于印度种植，花大量资本，苦心经营，拟夺我在西藏之茶叶市场，惟所产藏人认为无车、佛茶之香醇，仍不乐用。双江之猛库茶，亦极著名，年产约万担以上，澜沧之景迈茶，年亦产六七千担。

（四）樟　产十二版纳境，尤以车里、佛海境内最多，遍地野生，边民每于农事完毕时，随意入山，拾取樟叶，用简单土法蒸馏樟脑，每年由此种零星制取而运销国外者，数达三百余担。按台湾等地所产樟树，须伐下枝干刳木蒸馏，取樟后树即不存，而车里等地樟树只须由叶中即可蒸取樟脑，年年可取而于树身无损，诚可实之至。

（五）棉　凡温度不过低之边地，均产棉，草棉种者已甚多。思普腾龙沿边，近有人试种木棉，甚成功，据称年可收花三次，每次每树结实在二百朵以上，花大如桃，籽少棉多，每籽花二斤，可榨净花一斤，纤维较草棉长。

（六）蔗　自红河流域迄腾龙边区，均盛产蔗，所制蔗糖，供给全省消费。

（七）紫梗　为工业用之重要颜料，产思普边区，野生，每年由民间零星输出缅越等地数达千余担。

（八）竹　凡摆夷居住区皆盛产大竹，夷人造屋、筑桥、制家具，无不以竹为之，倘用以造纸，可取之不绝。

（九）构 思普沿边一种野生植物，繁殖极易，富纤维及胶质，边民用以造纸，精美耐用。

（十）桐 各边地均有之，惜边民尚少培植。

（十一）漆 滇康边区漆树甚多，维西一县，年产生漆约二万余斤。

（十二）胡桃 盛产于金沙、澜沧两江沿岸，估计中甸、维西、德钦三地每年产量达百余万斤。

（十三）药材 皆产于滇康边区，其种类有虫草、贝母、知母、茯苓、当归、秦芄、党参、厚朴、天南星、黄柏皮、黄芩、粉丹皮、夏枯草、木通、柴胡、紫苏、半夏、防风、枳宝、葛根、白芍、升麻、天麻、白及、沙参、五加皮、五味子、五倍子、重楼等数十种。

（十四）果品 红河下游、思普沿边、腾龙沿边，均盛产果子，种类之多、品质之佳，虽方之果产闻名之岭南，亦无逊色，诸如橙、橘、柠檬、香蕉、芒果、菠萝、杨桃、番木瓜、荔枝、龙眼、柚、石榴、桃、梅、李、杏、梨、樱桃等，均有之。

（十五）木材 沿边多原始森林地，松、柏、杉、栗等最多。

乙、矿产

（一）金矿 云南境内金矿，多属沙金，由河流中淘取而得，金沙江、澜沧江及红河沿岸，皆有出产，其地皆属边区。兹就各边区中产金较著之地，列举数处于下：

1. 老摩多金矿 在蒙自江外更纳土司境，土人以土法开采已数十年。矿苗甚旺，金沙含纯金约六成。

2. 六蓬金沙 亦在红河边，土人多饲鸭，宰鸭后常于肫中得金沙，故江外有"六蓬卖鸭不卖肫"之俗谚。

3. 蛮烘金矿 在宁江蛮烘，远在六十年前已有人开采，今尚留矿涧遗迹。

4. 九龙江金沙 车里九龙江（即澜沧江）中产金沙，每年冬季，内地汉人多争往淘取。

5. 澜沧金矿 澜沧县境内所产金矿，经开采者有公鸡厂、白马厂、宝石厂、西盟厂、南锅厂、石羊厂、莫养河等地。

6. 东坡金矿 在耿马东坡。

7. 蛮回金矿　在班洪蛮回，金沙颗粒有重至一两者。

8. 拉打阁金矿　在恩梅开江上游拉打阁地方江中，边民多冒瘴前往淘取，金沙大如豆，亦有大及卵者。

9. 维西金矿　维西县属之共济、康普、叶枝、宗普、奔栏诸乡，均有金矿，而以共济乡之白济汛、小谷田、拉恩、康普乡之黄草坝，奔栏乡之奔子栏诸矿，最为著名。

10. 中甸金矿　中甸县属之格咱、翁土、天生桥、聚宝厂、冲江河等地，均有金矿。

11. 德钦金矿　德钦境内澜沧江两岸，产金沙，淘金者甚多。

（二）银矿

1. 班洪银矿　班洪境内有银矿三处，即炉房厂、湖广寨老厂、焦山老厂；其中以炉房银矿最著名，该矿位在中英南段未定界上，清乾隆时，石屏人吴尚贤即往开采，设立茂隆银厂，英人占缅后，垂涎该矿产，于一九三三年组织公司，派兵强占其地，从事经营，滇人大哗，纷向外交部请愿，中英双方从此为界务问题交涉不停。二十五年双方暨中立国同组委员会前往勘界，英方对我历年所争之班洪区域愿归还，惟炉房银矿，始终不允归让，几经交涉，始决定中英合办，惟我国投资额不得超过百分之四十九，该矿储量，经美专家考察，谓可供开采一百二十年，足见储量之丰富。

2. 悉宜银矿　在耿马境内，分老厂、蛮平、蛮志、黑山四银厂。

3. 澜沧银矿　澜沧县境内有募迺、西盟、永管诸银矿，募迺银矿早经开采，今边民仍以土法采炼之。

4. 茨开银矿　在贡山茨开之普拉河箐，据云清末曾经大规模开采过。

5. 维西银矿　维西县共济乡吉罗古对岸有老银厂及新银厂。

6. 中甸银矿　大中甸境有宝兴厂，三坝乡有安南厂。

7. 德钦银矿　德钦境内银矿有马鹿银厂、红坡银厂、白芒山银厂、贡卡路边银厂。

8. 宁蒗银矿　宁蒗永宁之卡洗坡有东升银厂、白牛银厂，皆经开采。相传白牛银矿，有铜墙铁壁金底子之誉，盖白牛厂之左首山壁如墙，藏铜丰富，右首崖中藏有铁矿，下有溪水，中含金沙，故有此誉。

9. 芒市银矿　在芒市坝东十余里，昔有缅人开采，故俗呼老缅洞。

10. 干崖银矿　在干崖杨家寨。

11. 纳楼银矿　在建水江外纳楼土司境内。

12. 猛板银矿　在佛海猛板山，已发现之矿脉极丰富，久为外人所垂涎，前曾有人将生矿运至缅地销售，足见矿中含银成分极高。

13. 车里银矿　车里境内之攸乐山及莫干山，均曾发现银矿脉。

（三）铁矿

1. 南峤铁矿　南峤县境内到处产铁，尤以星火山蕴藏最富，民初柯绩丞曾集资在猛满开采，因提炼方法不善，不久即废，后县长某曾聘专门技师到县开采，证明铁质极佳。

2. 酒房铁矿　在澜沧境内。

3. 双江铁矿　双江境内之湾河、榄皮树、大坟山诸地，均有铁矿。

4. 维西铁矿　维西化普乡之新厂铁矿，开采较久，规模亦大，所产铁用以制锅，销售本县及邻县。民二十五年始停采，共济乡之阿南多及攀阁乡之阿其洛两处，时采时辍，全县产铁量，年约一万余斤。

（四）铜矿

1. 六顺铜矿　产六顺白马山，昔曾开采，今废。

2. 镇康铜矿　产镇康境内之麻栗坪、送归、王家寨、小平掌、小河边诸地。

3. 募乃铜矿　在澜沧募乃境。

4. 芒市铜矿　芒市境内有新坡、大矿、双宝等铜厂。

5. 金河铜矿　在江外金河边之王布田。

（五）铅矿锡矿

1. 募乃锡矿　在澜沧募乃，系由昔人所开银矿所遗之矿渣中提炼而得，年销缅地达数十万斤之多。

2. 维西铅矿　在维西化普乡。

3. 中甸铅矿　在中甸三坝、木笔两乡。

4. 德钦锡矿　在德钦红坡。

（六）水银矿

维西水银矿　在化普、共济两乡，现仍以土法开采，年产量约三千斤。

（七）非金属矿产

1. 煤矿　江外土司境内各处均产煤，若干地方露于表层者，油黑发光，拾取即可作燃料。耿马之悉宜，亦有煤矿，维西之城永、化普两乡，及沿澜沧江之共济、康普、叶枝三乡，均产煤。

2. 宝石　莲山之盏达猛典新那支丹山，镇康之大尖峰，江外纳楼境内之柑子树，均有宝石矿。

3. 盐矿　镇越县属之磨歇，有盐井，边民以土法取盐卤煎盐，已足供本境及邻近食用，倘加整顿开发，产量当甚丰富。沧源属之猛董及班老两地，亦有盐卤。

4. 硫黄　产德钦之红坡、南因，及镇康境内。

5. 硝　沧源之猛胜，镇康之大尖峰、野人寨，均有硝石矿。

6. 云母矿　产于贡山境内之开茨乡、戛拉博、牛郎当山间，民二十八年始经人发现，翌年由发现人呈准政府组织公司开采，三年间共采得二万余斤，惟因其地严寒，每秋末至春初，积雪不融，且交通不便，故无法大量生产。

7. 石油　镇越县属整董地方曾有发现，刻尚未经正式勘查。

丙、动物

一般家畜如马、牛、羊、犬、豕、猫、鸡、鸭、鹅等；凡内地所常见者，边疆均有之。至若本省各边区中所特有而为内地所不及或未经见者，有下诸物：

（一）马　康藏民间有歌谣曰："好马生在中甸地，赛走赛跑满山坡"，又曰："好马出在结塘场（按即中甸），好好走手兆吉祥。"可知中甸产良马，驰誉康藏。宁蒗、华坪境内盘夷集居区之所谓凉山地带，所产之马名曰凉山马，短小精悍，耐劳善走，为名满西南之良马。

（二）牦牛　产滇康边区，体壮力大毛长，能耐饥寒，积雪地带赖以驮运，其功用不减沙漠中之骆驼，肉与乳亦可供食。

（三）犏牛　与牡牦牛、牝黄牛之混合种，有牦牛之诸种长处而性驯善，行动灵活，其用大于牦牛。

（四）象　十二版纳、卡瓦山附近，滇缅北段未定界境均有之，驯者可畜供驱使，象牙为边地珍产。

（五）鹿　亦产于滇缅沿边地，鹿角为珍贵补药，俗称南茸。

（六）熊　各边区均有之，胆可入药，即所谓熊胆，四足可佐餐，即所谓熊掌，山珍也。

（七）麝　滇康边境较多，雄者睾丸有分泌物，即麝香。

（八）孔雀　十二版纳及滇缅沿边地均有之。

（九）鹦鹉　滇缅沿边地有之，有五色者，有白色者。

（十）茶花鸡　思普沿边及耿马一带摆夷民间所畜家禽之一种，形如常鸡而体略小，羽毛色泽美丽，鸣声似呼"茶花两朵"，故名。

边地河流虽多，然极少水产，鱼虾虽亦有之，然不多，车里九龙江中，曾发现有类似鳄鱼之两种爬虫。

第六卷　第四期　1947 年 12 月

云南经济建设之地理基础与问题

张印堂

过去隔闭离绝的云南，数年以来，已由国人的惨淡经营，积极的建设，一变而为我国边防的重地了。值此长期抗战，它的重要，益形增加。战时云南在我国国际交通上的价值，以滇缅交通的中断，国人对之已有充分的认识，于此无赘述的必要。为了维系我国与盟邦互助联络的畅通，最近盟邦异口同声高唱收复缅甸，恢复滇缅交通，以增强我国作战的力量，更十足地表现了云南所处地位的重要，关于此点——云南在整个东方战场上所具军略地位的重要，因非本文范围——于此不拟置论。现在专就吾人在战时或平时，若要建设云南，它的经济地理基础何在，又有何种问题，作何概略的申述，以唤起读者的注意。因为一地之一切建设或开发的设计，均须循其基础，善为利用，行之以宜，方能奏效，此乃各地一般之定则，云南自亦不能例外。关于云南经济建设之地理基础与问题，兹暂各举三点分论于后。

甲、建设之基础

一、云南农作基础广大，于各种经济作物甚为有望

吾人尝言："有土斯有财"。此语虽属老生常谈，但却是言之有理，盖以一地之富源，不拘是天赋之矿藏、林木，或人为的农作牧畜，无一不是以土地为根据的。有了广大的土地才有丰富矿藏与密茂森林之可能及农牧的基础，否则是无一能实现的。但是有了广大的土地，或以天赋之不足，或以地势与气候的限制，不一定就有建设的基础与发展的可能，例如我国西藏北部之高苔原区与蒙新一带之大戈壁，面积虽属辽阔，但都是不

能生产的土地。所以"有土斯有财"之省区，在我国并不甚多，此言若喻之云南，尚称适当，何以言之？以云南是我国最大省区之一，面积卅五万余方公里，而居民仅一千三百万人，各县人口密度，高者如昆明每方公里尚不到三百人，而其他各县多在百人以下，低者有少至十五至二十五人者，如镇南、广通、腾冲、龙陵、得党等均在卅人以下。全省平均密度，每方公里为三十七人，云南之地广人稀，由此可见。而土地之利用尤差，各县耕地占全县面积，多者至百分之三六，少者低至百分之〇点四，全省平均略占百分之一一，荒地之多，为全国冠。且云南耕地之利用，尚未精密，冬夏耕种者仅限北部一带，于南部各县，不分高低与水旱，所有田地冬季皆使休闲，荒弃不用，以是南部之已耕地而冬季待用者遍地皆是。现政府为增加食粮的生产，提倡冬耕，冬耕可能，于云南南部最为有望。云南荒地，以气候优越，绝对不能利用者，虽无确切估计，但可断言，为数很少，且可耕未用之荒地，到处有之，而以南部尤多。例如顺宁以南，大部为处女地，或称之为"无主地"，亟待开发之农田甚多，未辟之坝子尤多，平均坝内之已耕地，不到全部面积之八分之一，所以尚有大□可以耕植，稍加开辟，即可变为良田。如孟定坝，面积广三百卅方公里，而居民仅七千人左右，每方公里仅二十二人。肥美之山地，人口村落均属稀疏，往人有行卅公里，沿途不见一村寨者，人口之少于此可见。况云南荒地之价值，绝非我国西北之干燥荒野所可比拟。

云南居民直接从事农作者，各县多寡稍有不同，多者占全数人口99%，少者除工业发达之县区如个旧低至16%之外，多在40%以上，而全省平均农人竟达83%，由此可知云南农业于一般民众生活之重要。

（一）农作现状及其分布之一般

云南北部，终年耕作，无时间断，冬季以温低雨少，山地与低坝，不分地势之高下，皆属耐寒之干性作物，以蚕豆、小麦为主，大麦、豌豆、胡麻、菜子等次之。夏季坝子以地平多水，作物率以水稻为多，间有少数之玉米与豆类，山上以多旱地，取种则以玉米为主，高粱、豆类、苎麻次之。而南部以地低偏南，适当热带边际，气候终年温湿。若以土质气候而论，于发展农作上，较北部尤为适宜，惟因地处边区，地旷人稀，农作反更为粗放。低坝高山，居民均少，低坝本可四季耕作，但以需要无多，每年只种一次，且有两年或三年一耕之轮种休闲现象。山地夏旱稻、玉米，低坝间种以水稻、甘蔗，冬则均告休闲。

云南农民之耕作正与我国他省（东北三省除外）所种农作物，几尽为农人之食品与佐食品，带有商业性之经济作物极少，甚至毫无。农户依然多以自耕自食自给自足为目的。所以农人生活是死板的。我国农业历史虽最悠久，但其发展却很幼稚。将来如何使我们的农作商业化，确为当务之急。农作商业化的意义，便是推广种植经济作物，活动农民生计，改造我国农村生活，健全乡间社会经济合作的组织，正如战前欧西的丹麦，由一顽固的、贫弱的、家庭各自为政的旧有农业生活，一变而为一个极度工商业化的、活动的、富裕的、具有合作组织的乡村社会生活，整个国家为之焕然一新，确是我国改造农民生活，建设乡村事业的模范，是我们各省急应效法的。行之于农业粗放，气候温湿的云南，不但轻而易举，而且希望至大。

（二）宜植之经济作物

若使云南农作工商业化，随地应行提倡种植之经济作物，要者有下列三种：

1. 种蔗与制糖业　云南种蔗制糖，夙称普遍，产糖区域，多至十数县，如婆溪、弥勒、易门、元谋、会理、景东、宾川、保山、芒市、云县、孟定等，皆其著者，惟均系土法制造，用作农闲副业，制成之糖商为当地或邻近数县之商品，规模甚小。大举种植专营者无，至云南南部凡一千公尺以下之低坝，气候土质，均宜种蔗，灌溉亦称便利，如能垦荒植蔗，设置新法糖厂，建设云南使为我们食糖之主要产地，殆非难事。

甘蔗原为热带与亚热带主要经济作物之一，其所需气温，平均最低在摄氏一六点一度至一七点八度之间，所需雨量在四五英寸以上，以四七至五五时间为最宜。世界产蔗糖最富之区，均在赤道雨林之边际，如东西印度群岛等处。滇南沿边一带，为热带季风雨区，适当赤道雨林之北，温度雨量，均宜种蔗。例如孟定一月最冷，均温为摄氏一六点五度，年均雨量为六四寸，为种蔗之理想气候。如能以沿边宜蔗各坝荒地数十分之一，用以种蔗，两万余市亩之蔗田，实属易举，两万余市亩蔗田，每年可产甘蔗四万万磅，足供大量制糖之用。且甘蔗为宿根作物，无须年年栽培，种植之后，即可长成，继续收割，可达三十年之久，无年年栽培之消耗，以是于滇南大规模种蔗，兴办制糖工业，甚为有望。

2. 种植油质作物与榨油业　油质作物，种类很多，如花生、芝麻、胡麻、油菜子等均属之，于云南种之，当以胡麻与油菜子两种最为适宜，胡麻、菜子原为滇北冬作物之一部分，于北纬二五度以北，海拔在两千八百公尺以下之山地，分布尤多，两种均可榨油，前者用作燃料，后者食燃两可，滇北农民所食之香油及所用点灯之燃料，多以此是赖。用途虽广，惟种制皆为农民冬作副业，为局部之小规模商品。油菜子、胡麻均为耐寒之硬性干作物，于云南北部冬季种之极为适宜，所榨之油除作乡民燃料与食用之外，更可用为提取各种机器油与汽油之原料，平时内蒙各省出产甚多，为西北输出之主要商品，在我华北出口贸易上，已占重要之地位，且于海外市场上，也已引起一般外商之注视，而在云南以出产有限，尚未为国人所注意。尤有进者，菜子、胡麻榨油余渣，既可用以肥田，又能充作饲料，以是之故，于农牧兼营的山地区，种之更为适宜。

3. 植麻与麻织业及药剂之制造　云南山地，最宜种植苎麻与亚麻。北部山地夏季种之为宜，南部则冬夏皆可。山地居民，织麻布者，虽亦不少，于姚安、镇南、蒙化、弥渡一带尤为发达，惟大都作为农闲副业，出品仅供家庭衣着或作麻袋之用，行销不远，无何商业价值。过去以交通困难，外销不易，故种产皆少。今后交通日见发达，大量种植，精工制造，使之工商业化，极为有望。查苎麻、亚麻用途甚广，纤维可织布制衣，于不宜植棉的云南，提倡麻织业，尤为适当，其种子可榨油制药，渣则肥田，其梗汁更可提制麻醉药剂，将来推广种植之务，于云南麻织业与制药工业上，定有莫大之助益。

二、气候优越于培植副热带林场极为适宜

云南气候，在我国各省之中，为最适合的地区，冬季温暖，而夏则最凉，故有四季如春之说。云南雨量亦很适中，旱涝皆少，雨水调和，亦为各省冠。南部夏季虽过于湿热，但于热带经济林场之培植，最为有益，植林种树不但可以减少冲刷，保护土质，更能借林木枝叶的脱落腐烂，将林木成长取用之肥质归还土中，增加土壤的肥性。土质硗薄不宜植作的荒山，若先用以培植经济林场，方为适当。惟吾人若化云南之荒山为用之地，究以培植何种林木最适宜且有价值呢？若以经济地理的眼光观之，根

据云南之经济地理基础，利用开发，当以种植具有商品价值之树科为最宜。具有商品价值之林木很多，概而言之，不外下列数种：

（一）种桑育蚕与制丝业

云南北部之荒山，气候较为干燥，要以种桑育蚕与制丝业最为有望。按育蚕理想之温度，最高为摄氏二四点四度，最低为二一点一度，最适宜之湿度为百分之七五至百分之八十，滇北各地春夏秋三季之温度均合理想之标准，桑叶充足，每年可养育至五六次之多，较江浙之年仅养育两次者，不啻霄壤，是以云南北部之荒山于种桑育蚕上确有得天独厚之地理基础。故法人兰伯特氏称"云南为世界上种桑育蚕制丝专业之天堂"！殆非虚语。如据蚕桑改进所之调查，楚雄一县，宜桑之荒山约占全境面积百分之七〇，合计两百余万市亩，如全用以植桑育蚕，年可制两千万担之生丝，约值数千万万元。其他各县大都与楚雄同，宜桑荒山之多，不知凡几，如能普遍推广种植，发展制丝事业，繁荣农村，有何难耶？

（二）茶林与油树培植与制茶及榨油业

云南中部一带，气候较为温湿，种茶植桐最为适宜。茶、桐本为副热带之经济灌木，更为我国长江中下游之特产，其生长之环境，以空气流通、地势空旷之丘陵为最宜。二者所需之平均气温，最低为摄氏一二点二度，最高为二六点七度，变化稍大，亦无妨碍，惟年均雨量须在六十寸以上，水流须畅，方易培植之。滇中一带之山地，例如于蒙化南、罗邱公郎一带之地势与气候，极近植茶种桐之标准。现云南产茶之地，要者仅五福、佛海、顺宁、缅宁、双江及宜良数县而已。而经思普出境之茶早已驰名遐迩，过去之基础甚佳，惟以交通困难，运销不便，未能大事生产，将来若能改进交通，便利运销，增辟市场，发展大规模之茶、桐培植场，最为有望。笔者曾对蒙化、云县、顺宁、得党、缅宁及双江六县作一估计，若以该六县荒山十之一之面积，专种茶林，约可有九十余万亩，每亩以年产一担计，年可产茶近百万担，共值数千万万尤。桐油为我国出口之特产，油树之种类甚繁，如油树、桐树、漆树等。其中以桐树为最普遍。滇西油树，过去在云县一带试种颇著成效，惜未能大量推广。龙陵、腾冲一带之山地中之香果子树颇多，为油树之一种，当地多用其果实榨油，作燃料之用，颇有提倡价值，此外北部山地，盛产核桃，以为榨油原料之一，且油味清香，几同麻油，用以煎菜甚为适口，其壳可作防毒之原料，值此战期，尤当提倡种植利用之。由此观之，云南于我国油茶之生产上，其培植之基础，实驾乎长江流域之上。

（三）咖啡与胶树的培植

咖啡与胶树，为热带之主要经济植物，我国因位置关系，向系仰给入口，漏卮颇巨。我国除海南岛外，滇南沿边为仅有之宜植区域，自抗战以来，树胶之需用，尤为迫切，提倡栽培，实属刻不容缓。按胶树有为高大树科者，有为矮小灌木者，有为蔓长攀藤者，三种所需之地理条件，各有不同，树科胶树，性喜湿热，均温须在摄氏二六点七度左右，雨量至少须在七五寸以上，以热带低下之冲积平原为最宜，栽植经十余年，方可长成，滇南不宜于此种胶树之种植；灌木胶树，多植于热带较干之高地，需雨四十寸，均温在摄氏二六点七度以下，即可种植，此种胶树最宜滇南沿边之栽种；攀藤胶树，宜植于副热带区域，故于滇南内部之丘陵地区，颇宜种植。

至于咖啡，其生长之气候条件，气温以摄氏二一点一度为宜，雨量以六十至七十寸为佳，地势须空旷，空气要流通，故于副热带之高原山地为最宜繁殖，滇南山地，地势气候，均甚适合，故咖啡亦应提倡栽培之，以杜国人消耗之漏卮。

三、矿藏丰富于兴办工商业最为便利

国人当称我中国为一"地大物博"之国家，若细加分析考察，一般讲来，我国"地大"还算有余，而"物博"却嫌不足。较之美苏等国尤为瞠乎其后，但是若分区言之，我国名副其实，地大物博之省份，亦不多见，惟若用之于云南一省，确还差强可用。盖以云南一省，土地确属广大，而物产亦很丰富，其地下之矿藏种类尤多，分布亦广，于金属矿藏尤感丰富，于轻重工业的发展均具有基础，且有数种确为他省所不及者，如锡、铜等。以是云南在我国矿藏的分布上，实具有特殊重要之地位也。

（一）主要矿藏分布之一般及其重要

云南之金属矿藏要者有个旧之锡钨；东川、会理及永北一带之铜，易门、牟定、蒙化、昌宁及腾龙一带之铁；姚安、楚雄、弥渡、耿马、班洪一带之铅银等分布至广。外如顺宁保山一带之辰砂（汞），及金沙、澜沧诸流域之沙金，会理之锌等，亦甚著称。云南非金属矿产，蕴藏较富，而开采已具成效者，有路南龟山，可保村及一平浪之煤，凤仪、蒙化交界之砒，广通、盐兴、盐丰、剑川、兰坪、宁洱、磨黑等地之盐，均其要者。外如大理之大理石，武定之矾，腾西之玉等亦颇著称，已知未开而具有兴办价值者亦颇不少，如祥云、云南驿、公郎、云县及耿马之煤，楚雄之石棉等皆其要者。

云南之矿产，就其对工商业与民生之关系言之，当以煤铁与食盐为最重要。煤系兴办一切工商业必备之燃料，而铁乃为一切制造各种工具所需之原料，于一般工商业发展之关系，二者不得缺一，至于食盐乃为人生日用必备之食料，尤为重要。以上三项谅为读者所最注意最关切者，故特分别略述于下：

（二）煤铁的分布及其开采情形

1. 煤　云南煤矿大部为泥炭与褐炭，层薄质劣，储量不大，少开采价值。其他仍以无烟煤为多，烟煤特少，已发现者仅路南龟山，可保村、杨林、一平浪、新庄数处；□有云县、顺宁交界之近似烟煤之上等褐炭。其中就质量与分布位置言之，当以一平浪、新庄之煤为最重要，祥云云南驿之无烟煤次之。至于云县之上等褐炭及公郎、耿马两地之无烟煤，以质量良好，又临近将来之滇缅铁路，亦颇重要。云南煤矿，开采全系土法，现经开采者，虽有路南，可保村、杨林、一平浪、祥云、弥渡等处，但以交通困难，运输不便，产销均属有限，将来之重要当随交通之发展与工业建设之需要，与日俱增。

2. 铁　云南铁矿分布至广，几乎各县均有铁矿的发现，其中尤以易门、牟定、蒙化、昌宁、保山、腾冲、昆阳、宜良、路南、武定、罗茨等县为最著。云南炼铁，向沿用旧法，故产量不丰。过去全省炼铁土炉，平时熔炼者，总共不过五十余座，年产生铁四五百吨。现昆华铁业公司在易门××，新炉告成，日出十吨，产量大增，本省工业所需钢铁，均以此□赖，裨益我国后方工业之发展匪浅。各县铁矿开采方法，或为明槽，或稍稍挖硐，将矿砂运至炉旁，即可熔炼，土法熔炼异常简单，炼铁之季节，多在冬春雨少农闲时采，当雨季农忙时便停火不炼。柴与木炭为其燃料，每炼铁一吨需木炭一千斤，柴三千斤（合成木柴每炼铁一吨，需柴十吨），是以燃料颇成问题。且土炉常以燃料问题，势须移动，颇不经济。自抗战军兴，我国东部原有铁厂，或因战事所毁，或为敌人控制，而外货进口，又感困难，铁之需要日增，不能不在后方另谋自给之道，故云南之铁产益形重要。

（三）食盐的分布及其开采情形

云南盐矿，在产销的分布上，共分三区，即滇中区（包有广通、盐兴诸井），滇西区（包有盐丰、剑川、兰砰诸井）与滇南区（包有普洱磨黑诸井）是也。三区每年共产一百万担左右，每区各佔 1/3，大抵滇中区，因地近公路，运输稍便，然因煎煮困难，盐量常感不敷运销，而滇西与滇南两区，因位置偏僻，运输困难，所制成品，时有积存，适与滇中区供不应求之现象相反，来日石佛铁路完成，于滇南区之产销运输上，当有莫大之裨益。盐为人生所必需，值此极期，沿海沦陷，海盐断绝。滇省盐产于我西南后方之价值，不言而喻。

乙、建设之问题

以上所论，系就云南之地理环境，仅言其经济发展的可能基础而已。若实际从事建设，尚有若干困难问题亟待解决者。兹将其要者三端举例据实略为证明之：

（一）地形艰险，交通梗阻，产销两难

云南经济建设的基础虽甚富厚，而可发展的事业益多，然均须运输便捷，始能开发，否则是绝难求其实现。如顺宁的茶，现虽有中国茶叶贸易公司在该处惨淡经营，制成红茶，以冀向外国推销，惟因运输不便，故进展甚难，因顺宁茶由顺宁经下关至昆明市场上，运费已大于成本，即或滇缅与滇越之交通未断，若再运至海外，售价过高，绝难与外货竞争。即昆华铁业公司在易门东山开采熔炼之铁，运至昆明成本，铁砂开采费仅占百分之一，燃料占百分之十至十一，熔炼人工费百分之六至七，而运费竟过百分之七十，故运输实为当前最大之问题，即炼铁、煮盐等之燃料问题，并非以柴炭绝对缺乏，实由无便利之交通，较远之柴炭不能作有利之运用所致也。是以便利交通，确为云南一切经济建设与富源开发之先决问题也。

（二）地旷人稀，人工缺乏，建设不易

云南地广而人稀，一切建设事业，所需人工，颇成问题，如开矿、煮盐、筑路等，莫不以人工困难为其问题也。加以近年来壮丁之服兵役及外移，于人工之影响尤甚，到处大感人工缺乏，此不但影响一切建设事业之推动，更有碍于各种原有农耕工作之进行，是以农工均受影响，是以如何解决人工问题，亦为云南经济建设先决条件之一。

（三）农民贫瘠，时令不一，适应困难

以上吾人已申言之矣。云南一切之经济建设与启发事业，当以"因地制宜"为目的，农人耕种应从事经济作物，工作时期，要与季节时令，调整配合。但是在农民贫瘠、时令不一的云南，适应得当，谈何容易。譬如，元永井盐矿的开采与煎煮，季节影响至巨。如雨季卤水之含盐成分，常比平时减低一半，因之煎煮所需之时间与柴薪人工等费，均较平时为多，且井洞排水困难，致成本大增，农忙季节，人工缺乏，采矿、取盐均告困难，是以开采煎制之时期，确有配合调整之必要。再者，种蔗之利益，较种其他作物，原为优厚，然不见发达者，推其原因，固不外于交通困难，销量狭小，然农村凋敝，经济困难，农民缺乏资本，亦为其主因。因植蔗收益虽大，然须一年之后，方可见效，且需工较多，施肥之费用亦巨，故一般农民只能挖肉补疮，暂顾目前，均无力作久远生息之计划，是以植蔗者日少，而农民之生计日蹙。地不能尽其利，货不能畅其流，本为一般农村衰弱之原因，是以如何解决民困，实行农作贷款，及使工作时期与季节配合调整，均为云南经济建设亟待解决之问题也。

综观上述，开发云南之重要基础可知，若欲从事建设，必须在此基础之可能范围内妥定适切之计划，并针对此困难问题，预谋解决之途径，庶乎其有成功之望。

第二卷　第一、二合期　1943 年 3 月

滇西边境的矿产

孟宪民

民国二十四年至二十五年间，笔者曾随滇缅勘界委员会赴当时滇缅南段未定界内调查。三十四年至三十五年间，又赴腾冲、龙陵、陇川一带勘察。同时滇省西北隅之贡山又得郑玉书、李璞二君作较详细之地质工作。如此滇省西部与缅甸相邻处所，由北而南之地质与矿产情形，虽未能全部精细勘测，亦可略知其梗概矣。

上述调查之专报及图表，均已分别汇交有关委托调查之机构，本文不复缕叙。一般国人对于我国资源多不十分明了，尤特对于边地矿产情形更加隔阂，兹略将专报中调查较详细的有经济价值的几个矿厂介绍一下，以便引起国人的注意。

在未论到滇西矿产之先，有两点须申述的：

（一）国内大多数人对我国资源有矛盾的误解，一部分人尚抱有"中国遍地都是黄金"之感，一见某地有矿即兴高采烈，贸然经营，往往徒耗资金与人力，一无成效，致使人人视业矿为畏途。另一部分号称专家者，以其匆促式之观察，和参考一些不可靠的报告，断然下了几种结论：如"中国之贫于银，不特于今为烈，而实自古已然"，"中国内部没有什么丰富矿产，到了边地矿产岂能反丰富起来"等等论调，于是有一班人对中国的资源又抱极悲观的态度，常高唱"中国地大而物不博"等类似的口号。

（二）矿产的生成不是普遍的，而是限于少数特殊区域。根据岩石学者分析地壳的成分，得知多数有经济价值的金属在地壳内含的成分极微，一个地方有金属矿床，乃是地壳内一种非常现象，所以那种遍地都是黄金的观念，是绝对不正确的。用研究地质的方法，往往可以明白矿床的成因和范围：例如，滇西保山北至云龙、开坪、维西等县都有汞矿，在学地质

355

者观之，觉得是一种应有的现象。云南高原曾经希马拉亚造山运动而升起，因之在高黎贡山两侧发生许多的南北向（略偏北北西）的逆掩断层，沿这些断层面，似很可能有这种低温汞矿床的沉淀，此类高原升起、断层发生、矿床沉淀等现象，都不是普遍在地壳各处可能见到，而是只限于地壳变动较剧烈的所在。

中国幅员辽阔，在境内的矿产资源，经许多学采矿和地质的人实际勘测，已证实了：有很大的地槽，给我们产生了华北的大煤田，东北的铁矿床；有剧烈的地壳运动，产生了世界少有的江西之钨，湖南之锑，云南之锡。这些有经济价值的矿床，地质调查者见了都叹为观止，称为地壳上的奇迹。只要拥了这些矿产，已经是不容许悲观，何况尚有许多地方未经详细勘察，或更可增加我们的资源宝藏呢！所以中国的矿产虽绝不像那乐观派所称遍地是矿，然而也不像一班号称专家者所说的那样悲观。明白这几点后，讨论中国的资源或中国某部的资源当更易了解。

云南西部边境一带不是处处有矿。沿这边境，我们见了几个有价值的矿产如下：

1. 镇康县班洪附近之炉房铅锌银矿。

2. 龙陵县老厂黑洞洞之铅锌矿。

3. 贡山附近之云母与锌矿。

其他如耿马之悉宜厂，澜沧县之募乃厂，腾冲县之大铜厂，以及西盟、他亭等处之金矿，均未能详细勘察。即就此三处矿产而言，按笔者等之勘测及取样分析之结果，似极可增加滇西边境对中国资源的重要性。

镇康县属之班洪为一卡瓦人山寨，距班洪西约六七十里之诸葛营山麓，即为炉房。昔时吴尚贤等在此设厂开炉，炼铅提银。遗留山麓之炉碃渣，即炼铅后之炉渣，约有数百万吨。此项炉渣与笔者在其各铅锌厂所见者迥然不同，其中含铅成分极高。在废堆上，任拾一块碃渣，用肉眼观察，即可见无数小铅珠散布于该熔渣中，此点足征当日所采之矿砂含铅成分必更富丽。如许之碃渣亦可推想当时开采之盛，产铅之多。笔者二十五年春曾在该处作三日之考察，作有系统地采集矿砂和碃渣样本，以便衡量该矿厂的经济价值，并测量露于炉房附近铅锌矿脉之储量。该项矿脉大者厚约一公尺，含方铅矿和闪锌矿甚多，大部均未经人开采。所引为遗憾者，当时情形特殊，只容调查三日，致未能觅得昔日吴尚贤等所开采之矿硐或窿口一究其实际情形耳。

二十五年夏，笔者返京后详细分析各种样本，得知碲渣内平均含铅百分之二十至三十左右，锌量亦含不少，多在百分之二十左右，惟含银量甚微，矿脉内平均含铅百分之二十，锌百分之三十，银每吨约二十至三十两。湖南水口山之净铅中含银每吨亦不过二十余两。以此可证炉房银矿之丰富程度矣。

炉房之矿厂向称茂隆厂，《滇南矿厂志略》一书中，记为滇西一大矿厂。相传在清代嘉庆、道光年间开采最盛，回变后即停闭。当时与茂隆厂齐名者，有另一波龙厂，亦为吴尚贤、宫里雁等所经营，回变后亦停。英人入缅甸，该波龙厂遂划入缅境。英人开始提炼该厂旧时遗留碲渣内之铅，以其盈余开发昔日吴等之旧厂，因而觅得富矿，进而组织为缅甸公司。在民国二十四、二十五年间，该公司每年产银铅锌铜等金属之价值，约二倍与个旧当时每年锡产量之价值。个旧为我国最大之金属矿厂，而波龙厂为缅甸之最大金属矿厂，该公司曾先后派人调查及测勘炉房矿厂。当笔者勘察炉房时，曾见英人已在诸葛营（炉房之后山）建有较为永久性兵营一座，各碲渣堆均呈已被人做系统采样之情形。滇缅未定界分南北二段，而南段先勘，未始非英人之欲亟行解决炉房矿床之谁属问题也。据笔者考察炉房之影响，殊觉其前途，若得业矿者妥为经营，或可能达到今日缅甸公司所开采之波龙厂之产量。所惜者，经勘界后炉房已划入缅甸，当时英属之缅甸政府对经营炉房之矿产曾有允许我国投资百分之四十九之谅解。如是伟大之矿床，稍一疏忽，竟已主权他属，此亦边地之矿产，应特加重视之因也。

龙陵县东南九十余里之黑洞洞有一铅锌矿床，该地亦名老厂。昔时开采情形如何，无从探悉。最近该矿曾经当地人开掘，以提炼不得法，未能选出铅银等金属而停。民国三十四年冬，笔者曾在该地考察及采样。该铅锌矿床之样本，经分析后含银量每吨亦在二十两左右，铅锌矿脉甚为丰伟。以地质情形观之，亦为一良美之矿床。附近另有一矿床，即昔之笃墩厂。曾采砂炼铜，已荒废过久，露头与窿硐皆已淹覆，未能探得其究竟。

贡山之云母矿位于云南之西北，潞江之西，高黎贡山东麓。附近伟晶岩脉极为发育，含白云母及红柱石甚丰。抗战期间，美国对外经济局曾派湖林教授前往勘察，以路途险阻，至丽江而止。云南省经济委员会因拟与商人合资经营该矿，因而由云南地质调查组派邓玉书、李璞二君前往调查，当时尚只知为有云母矿，及邓君等返昆报告，始悉该伟晶岩脉中含绿柱石亦甚丰云。绿柱石为鈹属之来源，与镍或铜成合金后，其柔韧强似各种特钢，故现时含鈹之矿物经济价值突增。白云母在第二次世界大战时，美国需要甚殷，而大多均购自印度，足证世界白云母产地不多，贡山之云母片块宽大，白色透明，藏量亦丰，当为稀贵宝藏无疑，又加共生之绿柱石，愈行增进该矿床之价值。惜现时贡山交通阻隔，一时尚难开发耳。

滇省特富于铅锌银矿产。除上述滇西边境之铅锌矿厂，尚外有著称于世之会泽矿山厂、鲁甸乐马厂、腾冲大峒厂等等不胜枚举，该各矿厂昔时均经大量开采。以其所遗碛渣之多而论，当年开采情形应不亚于，或可能胜于今日湖南水口山之铅锌厂。据此观之，殊不能谓中国之贫于银即自古已然矣。

或有对于以二三丰富矿床即可增加该区域之重要性而怀疑者，请观滇省今日之出产中，最重要者厥为大锡。以其在该省经济上之关系，滇人尊称之为大锡，有如我等在华北称米为大米之情景。该省产锡最多时，年产量曾至一万吨，全部皆产自个旧一隅。个旧之锡则大部皆产自其境内之老厂、马拉格、瓦房冲三地。此三地中又以老厂之产量为最重要，占全个旧百分之五十至六十。老厂产锡区域，不过占面积约三平方公里，该矿床集富地域虽小，而影响该省经济之大，无出其右者。故一二丰富矿床，经营得方，岂独一方或一省受益，全国亦可蒙其利。

笔者于二十六年至二十九年间在云南个旧老厂，曾主持探勘工作及改良地下运输设施。因之开凿矿井，推掘平巷，当时人言啧啧，殊多非难。所幸后继之人仍照原计划推进，致今日之云南锡业公司，产量占全个旧四分之一强，一半产量有赖于该项老厂之设施也。

诸此引证，一方是想纠正一班人对中国资源的影响，尤特是关于边境的矿产，一方是表明一二个丰富矿床，经营得法就可以裨益于一省及一国，所以前面讲的两三个滇西边境的矿床是值得注意的。

第七卷　第四期　1948年12月

滇缅南段新订国界

郑象铣

一、五十五年来悬案之解决

滇省边区一带，中缅疆域毗连之处，绵亘数千里；地势险要，矿产丰富，南北均有辽阔而未经划定之界地，北段自尖高山起直至康藏边境止，奄有片马、江心坡等地，历年因高丽贡山与高良工山等地名之差误，迄今境界悬而不决。南段自滚弄以南迄于猛阿，其间约计四百余里，因孔明山与公明山等地名上之争执，自清光绪十二年（1886）起，即渐次成为纠纷之焦点。光绪二十三年虽有《中英续议滇缅界务商务条款》之订立，然亦未获全部之解决；迨民国二十二年英占班洪，我政府虽迭次交涉，然终告无结果。廿四年夏，外部与英大使贾德干会商，双方同意另组中英滇缅勘界委员会，从事未定界之实地勘察。我方委员由梁宇皋、尹明德担任，英方委员为格勒圭（Glague）、克罗斯（Croes），顾问陶来尔（Taller），并由国联指派中立委员长伊舍林参加。委员会决定双方于是年十二月一日在边地会齐察勘，其任务系遵照民国廿四年四月九日中英换文任务大纲办理。我方梁、尹两员于十月二日抵昆明转道户算与英方及中立委员聚集勘察，将及五月阅月，因夏初瘴发遂亦无结果而终。

本年六月十八日。我、英缅政府开诚商讨滇缅南段境界，乃得以重订新约。我方历年所争持之班洪区域猛角与猛董西部之猛卡、拱弄、拱勇、蛮回各乡以及永广、猛梭、西盟等区均经划归滇境。五十五年未决悬案，今得圆满解决，实我国家边疆之一大事件。

二、新定界区自然环境之分析

滇缅南段未定疆界，北起滚弄，南达猛阿，其间距离不下四百余里。就位置言，从北纬二二度九分四〇秒起至二三度二八分二〇秒止，东经九八度五一分二秒起，至九九度三四分一〇秒止。综计南北纵长得一度一九分四〇秒，东西横距得四三分八秒。总面积在九、五一七平方公里左右。本区在地形上为云南高原之一部，因怒江及其支流之分割，遂形成岭谷相间之峡谷地形。此区本省通称之曰"迤南"（注：本地人分云南省为迤东、迤西及迤南三部，意即指东、西、南三部是也）。由于位近低纬，终年高温多湿，故而河川纵横，岭谷相间，颇尽崎岖之能事。益以山岭与谷底之间高度相差甚巨；高山出海多在一八〇〇公尺以上，川谷则低至五〇〇公尺左右。错综复杂之峡谷地形因以形成。今境内河流，大部作南北走向，换言之，即自内向外流出。山势适亦愈北愈高，易守难攻，形势优越。河川之著名者有南定河、大南滚河、南马河、南项河及汇入南卡江之南马河、南板江等。此等河川之中流或下游地带，每因下蚀及冲积作用而构成多数之山间盆地（Mountain Basin），拱弄、猛卡、猛角、猛董、绍与、苏达、孟连、猛马、猛阿、邦桑等均其著者。此种山间盆地，当地名曰"坝子"；坝子之内，因地形有利农耕，河川便于灌溉，故每辟为肥美之水田，成为高原上之主要生产地区，人民之集居地带，而军需粮秣之供给场所也。尝云迤南地方，山岭多于丘陵，丘陵多于盆地，本区实亦具此特征，故而地旷人稀，兼以气候恶劣，素以蛮瘴之乡闻于世，其在河谷低原复因湿气较重，故尤感炎瘴，外方人士往往对之视为畏途，以致裹足不前。按滇南一带，气候属于亚热带，年有干雨两季，冬春干爽，无雨鲜雪，温暖宜人，惟夏秋两季行时，气温高而湿度大，低原坝子，沟渠每多集水，是以蚊蝇为疟，居民辄患恶性疟疾，外乡人士，初临斯境，染恙得疟。鲜能幸免。故汉人之来往经商者，必择定干季，盖所以免此瘟疫也。非但异乡人士如此，即适应当地环境之摆夷民族亦难例外。近年边区各地，因疟瘟而全家罹难者，时有所闻，论者谓恶性疟疾对人类之摧残，实不让于洪水猛兽；所谓瘴气者不过热带气候下疟蚊繁殖之结果耳。

三、新定界区之文化特征

滇南地连藏缅，种族复杂，素著于世，举其要者，厥推"掸族"或曰泰族，由滇省南部，直趋印度支那，均为斯族之分布地带。惟在同一掸族之中，复因习俗之不同，而有各种支系之别，本区自亦不能例外。由于上述自然环境之因地有异，故在崎岖特甚之山国中，交通极感梗阻，居民间绝少接触机会，遂多滞于老死不相往来之绝缘状态中。旅行于滇南边境者，随地可睹奇装异服之民众，随时得闻各种不同之言语习俗。今若细别其支系，则何止于卅余种，不啻一民族展览会。掸族俗呼为夷人，通常住于山间盆地，而近水者曰水摆夷，其余于恶劣之湿热气候，最能适应，并具有独立之文化，故在本地之其他夷人中居领导地位。水摆夷率以种稻为生，此实由于地形气候使然。盖滇南一带，每年例有干湿两季，雨水降落时期适在水稻生长之四五至八九月间，加以彼等居住之坝子，沟渠可沿自然斜坡而凿，灌溉最为便捷，此又为种稻之优越地形条件也。水摆夷所植之稻以糯稻为主，约占十分之七八，故人民日常食用，概属糯米饭，此又有异于内地者。坝子在气候及地形上除宜水稻外，多数地方，并可培植甘蔗、草烟、香蕉、木棉、胡椒等经济作物，惜因人力不逮，地力未尽，良用惋惜。至于山地夷民，则因自然环境有异，故其人生活动亦即不同。所谓山地夷民者，乃夷民中之弱小支系，为水摆夷侵略压迫而避居于穷山者。由于所居之地概属陵坡硗石，草木遍布，故其垦植工作亦极艰苦，实非坝中水摆夷所能想象也。山地因蓄水困难，水稻种植，自非所宜，现今除数地方略有旱稻外，玉米成为主要农作物，在昔鸦片流行之际，山地夷民于玉米收割后，则大量种植此物，以为经济上之来源。山地因气候干燥，棉花遂为特产之一。云南气候多湿，植棉不宜，故向缺棉质衣料，此间所产，不仅供给本地需用，每年复由汉商经营外运，向为居民经济上之一大收入。办产以外，山民更利用环境而作种种副业，狩猎乃其荦荦要者，鹿茸、鹿胶、麝香、熊掌等每年均有输出。此外山地矿藏富厚尤多贵金属，虽因详细情形尚有待专家之探查，然如土人之俯拾即得，肩挑而运售境外者，亦常见诸记载。凡此均山林之利，而为山民所应发展之产业也。

四、新定界务检讨

　　边疆境界划分之妥善与否，端视其山川等自然形势是否显明以为断。盖因其有关于国防设施也。滇缅南段未定疆界自南定河、南怕河循猛林山、公明山以南直至南卡江止，为我国之主要争执区域。就全区言，北部包括洪班、炉房，中部包括西盟、大蛮海，南则奄有孟连辖地，区内不仅范围辽阔，而且资源富厚。其极西之公明山附近诸山之主峰，群山拱而绕之，在军事上具有重大之价值，历年英人之以此山为澜沧县东之孔明山者，其蓄意即在不费一兵之力而坐得上述富有国防价值之一万方公里土地。因之滇缅南段界务争执之焦点，乃显系公明山与孔明山之争。苟公明山仍能为我所有，则所谓界务问题者，固早已迎刃而解矣。此次英缅政府本和平妥协之精神，复得我方之同意，遂将五五年来未决之界作以下之确定："界线起自北段已定界九十七号界桩所在地，南怕河与南定河合流处，经来兴山，循南大河、小南滚河、南板河（又名金河）、大南滚河、南马河、库杏河、南卡徐河（又名南项河），南洒克河即顺此河而下，至其与南徐河会流处，然后沿南徐河下至此河与南卡江会流处再沿南卡江下流至南段已定界一号界桩。"就本文所附略图观之，虽班洪区域猛角与猛董西部之猛卡、拱弄、拱勇、蛮回各乡，以及永广、猛梭、西盟等区域均经划归我方。但上述之公明山则已远入缅疆矣。我国历来对外订定边疆界务，惯例注重河川而不争山头，殊不知军事上之险要每与山川并重，甚或山重于水，良以徒有一线之川谷，而无背后之山岭作屏障，则在形势上不无缺陷。又新约中因公明山之属缅，而炉房矿区遂亦属于缅人。此外公明山以东，困马山以西之南马河流域及大蛮海等地，广袤数千方里，境内山岭重叠，形势天然，更兼矿藏丰富，林木参天，利源丧失，亦殊可惜。（注：若依光绪二十五年镇道划定之界线，则上述地区均应属我。）再新约中南段疆界系遵南卡江谷道，就自然形势论，或有缺憾。按南卡江两岸之猛阿与邦桑同位于一开展之坝子内，四周高山环绕，南卡江贯流其中，猛阿位于江东，邦桑位于江西，两地隔河相望，猛阿距第一号界桩甚近，此一坝子为过去滇缅间之未定境界。今新界既以南卡江为据，而未能取得邦桑后出海一.四五四公尺之分水岭，换言之则整个之猛阿盆地分割为二，在此自然环境相同，民族习尚相通之地带，今者一旦隶属为二，则居民或将频增不便。且南卡江支流南马河深入孟连区内，直通我猛马坝子，更北且可直达孟连大坝子，今所定新界，既未能兼顾及此，则南卡江之天然谷道似有逊色，而此亦为一堪注意之问题。

五、积极巩固边防

滇缅南段新定疆界之情况，已略如上述，昔日悬案，既得解决。目前问题端在积极巩固防区，勿使再被侵凌。巩固之道，首在审察当地之自然环境、人文特征，然后在适应环境之原则下，予以种种设施，俾此边荒原野，得为国防冲要。兹试本诸上所论列，略抒拙见如后。

（一）集中边胞速施教化

新定界内，我政府应将上述界外同胞，悉数迁移领土以内，并择定关隘要地及生产区域，使之居住，庶可收实边之效。惟上述滇南夷胞，因所据环境之不同而分为水摆夷及山地夷民二大系别。前者已有文字，后者则尚在刻木记事之时代，但二者类皆不谙汉语。水摆夷之教化机关以庙宇为中心，当地人称曰"缅寺"，其分布地域，极为广泛，山地夷民则无此项寺宇。如今为对边胞施行教化，培养其国家观念，建设其精神国防起见，则坝中水摆夷宜利用"缅寺"训练"佛爷"，使其成为学校机关及教师，山地夷民因无"缅寺""佛爷"，则非择适当地点建立学校另派教师不可。学校既经确立，教师复有来源，然后对于教材及教法等方面，亦应本诸当地环境，分别施教。例如水摆夷因其本身已有文化，则文字适宜汉夷并授，方可引其兴趣；山地夷民，因本无文字，则可全部采用汉文教育，以资直接灌输。至于教本内容，自应另编以培养国家观念为中心之教本，内地通行之教材，当非所宜。又学校之教学时间，应与当地农事时间相合，是即干季农闲时上课，雨季农忙时休假，如斯方可兼顾实际情形而免人民有所不便也。

（二）开发资源厚裕民生

本区境内，虽属山国，然开展坝子，亦尚不少，除应改进并推广现有之食粮作物外，并可倡提棉花、甘蔗、胡椒、香蕉等经济作物之栽培，而山林中之木材、药料、畜产等，亦可注意其生产，使成经济资源。此外国界境内，山岭绵亘，金属矿蕴藏独富。民国廿二年班洪事件之肇因，即源于是。班洪系上葫芦王酋首住所，为上葫芦王辖地之一部，清代乾嘉之际，即会开采银矿，有著名之茂隆银厂，后因缅乱时作，遂告停顿。与班洪相连者，尚有炉房矿区，今已决定由中英两国共投资开采矣。又新界之中段南段地方，虽尚未闻有何著名矿藏，然因地质情况不同，故亦不敢遽作定论，胥待专家之速往探查。总之，本区虽属山地，然坝中农耕，深山林矿，实亦饶有开采价值，政府宜就可能范围内予以倡导，使之达于自给自养之境，则其裨益于国防建设也固亦良有望焉。

（三）改进交通注意卫生

滇南因地形关系，有碍交通之发展，故边境迄今虽获新式交通工具，在此山岭崎岖、鸟道羊肠之环境下，骡马为惟一之交通利具。但因多系短途，故目前最要问题，厥为如何与内地各县取得旧式交通上之密切联系，庶可灵通消息，然后再设法发展公路及航空交通。卫生方面之改善，亦为发展边区巩固国防之先决问题，前述所谓瘴气逼人者，其本源乃在恶性疟疾，防疟之道，当在疏通水流，广设医院，并设法改进居民之住屋，提倡采用蚊帐等，以效先年美国对巴拿马运河区内之设施，则所谓瘴气之乡者自可不足畏矣。

（四）勘察要塞设立兵站

边地图籍缺乏，情形神秘。过去因地名之不统一而为外人借口混淆者，为例甚多。目下新界既定，则宜从速派员勘测舆图，统一地名（注：如南板河之易于南板江相混及北纬二三度附近南马河与卡江支流之南马河不易判明等是。）关于山岭险隘之足资攻守者，军事专家应与测量人员审慎选择要塞位置，建筑碉堡炮楼，迳住军警，成立兵站网，以利军事。以上所论，政府倘能别其先后缓急，第次付诸实现，则荒野夷胞可为国防民族，富厚宝藏得充国防资料，然后凭其险要，实以甲兵，则我边圉可固，建国无忧矣。

第一卷　第三、四合期　1941年11月

滇南之边疆情势及今后应注意之点

黄国璋

　　云南全省本地人分为迤东、迤西、迤南三大部，此所谓滇南即指迤南部分而言，亦即指省城以南思普沿边之区域，西南及于澜沧县境，东迄蒙自县境。民国廿三年秋，本人率领中央大学地理考察团，曾至云南考察八阅月，即以滇南为主要考察区域，以其毗连缅甸、越南，在国防上地位至关重要，且全系土民文化区域，为摆人之分布地带，地理上自成一独立单元，而为前人所未曾实地调查者也。当时由昆明出发，沿迤南大道经普洱、思茅等地，直达车里县城，车里为土民统治者摆人政治中心之所在，亦即土著旧势力之中心，其统治范围包括佛海、南峤、临江、六顺、江城、镇越六县，统称为"十二版纳"，西南更及澜沧县之孟连地，为摆人另一统治者所在地，凡此皆为我等考察所及之处，亦即摆人旧势力统治之地。境内除临江、六顺二县位处内地外，江城、镇越二县与越南接壤，车里、佛海、南峤、澜沧四县与缅甸毗连，值此敌人取道泰越侵入印度洋以封锁我西南国际路线之时，此区地位，关系我国目前抗战及未来国防至为重大。因特将前次考察所得，就边界形势、边区情况、边民特质及边防要点诸端略献刍荛，以供关心边政者之参考，幸勿以明日黄花相视也。

一、边界形势

　　一国之边界形势，最堪注意者有二：（一）界线是否分明，（二）边境形势是否合乎自然。前次考察滇南边境时，于此二点，亦曾加以注意。

　　关于第一点，云南南部与缅甸交界，有已定界及未定界之分。本人曾勘察滇缅滇越边界，界碑共计六十二处，分为六区：（1）车里县境滇缅第六十二号界碑附近，以南雅河（及大里西河）为界；（2）滇缅第五十八号界碑在车里县境之猛笼坝外，以山岭为界，碑石立于山脊大路之旁，外通缅甸、泰国；（3）佛海县之打洛边界，为边民之重要渡口，外通缅甸之都邑景栋，该处共有界碑十一处，自第三十一号至四十一号之碑石，环立于打洛坝子之边缘，以山足为界，高山属于缅甸，坝田属于我国；（4）滇缅第十六十七号界碑，在澜沧县之孟连境，亦当大路，系截南垒河为界，外通缅甸猛养；（5）当时南卡江未定界之起点，在澜沧县之猛阿境，距滇缅第一号界碑不远，外通缅甸之昔卜；（6）滇越界线，曾勘察江城县境大路边附近之界碑，碑立山头，以岭为界，其外即为越南整秀。以上所至之处，或以江河为界，或以山岭为界，界线尚属分明，尚无大病。

　　关于第二点，边境形势之是否合乎自然，就所经历，深觉前人之定界，对于此点，殊欠注意之处。试举二例以明其概：（1）打洛以坝边山足为界，形势颇欠自然。打洛为一山间小盆地，南览河贯流其中，南览河畔以第三十一号碑石截河为界，南览河有支流名南马河，第三十五号碑石，位于其岸，岸截河为界，南马河又有支流名南好河，蛮掌寨附近之第三十六号碑石，位于溪旁之山腰，其他第三十七号至四十一号碑石，环立于买商桃山之山足，由是高山属于缅甸，低地坝田属于我国，我方居民虽得平地以耕种，唯河流之水源均出自缅境之山地，灌溉之水固须仰给于山上，即饮料之水亦须来自彼处；且以平地既多辟为耕田，居民日常所需之薪柴亦多取之于山上，于是缅、我两方之村户居民，即常因水源问题、燃料问题，而发生纠纷。此乃疆界未能合乎自然形势，致边民日常生活感无穷困难也。至如与军事防御关系之密切则更无论矣。高田属于他人，低地属于我方。在易受他人之控制，南览河左岸，我方之大象山，低于境外之买商桃山二百公尺，不足以扼打洛之津渡，使军事上居于不利地位，此其一例。（2）猛阿盆地为当时滇缅之未定界区域，亦即为滇缅南段未定界之起点，与邦桑同位于一小盆地内，四周高山环绕，自南卡河贯流其中，猛阿居河东，邦桑居河西，隔岸相望。英人早经占领邦桑，并拟定以南卡河为两国之界河，猛阿则属我方澜沧县治所管辖，依据实地情势，当时南段未定界之起点，似不应以南卡河为定界，而当以邦桑后之高山为天然疆界，始为合理。旧以南卡河为界，则使整个之猛阿盆地分属两国，容易引起居民之纠纷，且□南卡河支流南马河向内深入，可通我猛马坝子，再北更可达孟连大坝子，如此，则南卡河之天然谷道，若不在我控制之下，而我澜沧县西南境之孟连地遂失其天然门户。当前次考察之时，猛阿至猛马一带英国钱币之通用无阻，即为明证。可惜民国卅年二月中旬，中英双方批准之勘界条约，仍以南卡河为界，桑邦及其后之高山，划入缅境以内，致使我不能获得有利之国界，殊为遗憾也。

二、边区情况

滇南遍地皆山，位于低纬度，干雨两季气候地带以内，面积约计十万方里，土民三十多种，为数三十余万，平均每方里不到四人，为一地广人稀之边防区域。区内多千余公尺之高山，澜沧江及其多数支流蜿蜒其间，形成许多南北向或西北、东南向之谷道，与面积大小不一之山间盆地，此种地形关系边防之设施甚大，而与交通之联络与要塞之设置，二项所关尤切，论其水路全无舟楫之利，但河谷纵横，实有交通大道之便，资料运输，尚不太难。山势自南向北增高，河流自内外流，易守难攻，形势天然，而群山连绵可资屏蔽，高峰耸立，可供修筑要塞者甚多。我等为摄影绘图所攀登之高山，为数不少，其上当可鸟瞰三四天之路程，一个山头可以控制数百方里之地面，如车里县之粘天梁子，澜沧县之糯佛山及其他多数高山，莫非建筑要塞之良好地点，山间盆地较广大者，如车里、南峤等处，均属天然之飞机场所，略事修造，即可利用。

滇南纬度较低，气候每年分为干雨两季，冬春干爽，无冰无雪，温暖宜人。夏秋雨水盛行，地势低陷之河谷盆地，气候甚为温热，加以边陲人民，不知讲究卫生，房屋构造，率分上下两层，上层住人，下层养畜牲口，秽气窒人，蚊虫满屋，尤以夏季为甚。睡眠不备蚊帐，饮水不加煮沸，恶性疟疾，最为流行，复以医药、医生两感缺乏，一经传染，往往全家死亡，是以滇南素以"炎瘴"著称，外方人士往往视为畏途，类皆裹足不前。一年之中，除气温降低，雨量稀少，河水干枯，谷底便成大道，疾病势杀，行人可少死亡。冬春之雨季外，其他半年不仅本区与外界之往来，几告完全断绝，即山头居民与盆地居民亦少接触。究其实，边境各地之落籍汉商，到处有之，且有久居数代者，类皆身体健康，即以重庆附近而论，患恶性疟疾者颇不少，特以防护较周，诊治较便，不易惹人注意。

由此可知炎瘴之来，并非尽由气候环境之不良，而人谋之不臧，实有以致之。

滇南山地虽广，但以其纬度较低，气候甚适于农，不仅山坝以内，农业极为发达，即山头山坡之上耕地，亦颇普遍。坝田全种糯稻，每年一数，并不施肥，天溉水盈，一年之收，可供本地两年之需而有余。冬季干燥，田土休闲不事种植，可耕土地之尚待开辟者，面积颇为广阔。如车里坝子及其所辖之橄榄坝，土地耕地面积尚不及树林所占面积之广，凡相距水源稍高之地，即不加以利用，任其荒弃，或成林地。又如南峤县之猛遮坝面积较车里坝尤大，耕地面积尚不及其总面积三分之一，四周之山坡地不计等，其他各处坝子情形亦大致相若。至于山地之居民，对森林极尽砍伐之能事，刀耕火种，采用十年休间、两年种植之轮回游农制度，尤不经济。棉花为其经济作物，旱稻、玉米、荞麦专供本地之所需。山地居民种植草棉，由来已久，每年所产，除供本地三十万居民衣料之外，每年尚有七八千担北运昆明，南销缅越，若使交通改良，运输便利，则棉花之种植，大有发展之可能。年来盆地坝子试种木棉，颇著成效。木棉原种由中南半岛运入，颜色为红、黄、白多种，出自天然，不须漂染，并且不须年年撒种培苗，颇省人事，为滇南最有希望之一种产业。竹为土人建筑楼宇及制造日常用品之极重要料，自桥梁以至小钉、小钩，无一不用竹制，滇南边民之文化即称之为竹器文化，亦不为过当。盖本区具有低纬度气候，山地环境，深谷低陲，均为竹林茂密之所，而竹之特质极其容易斧削之性能，又极适合于当地居民之技艺，故土人乐于用之。原始森林虽蕴藏大量之乔木良林，可资采取，但以其斧削较□，土人很少利用。滇南资源，就已开发者而论，其丰富程度可想而知，边民处此环境之中，自能衣丰食足，安居乐业，乞丐固绝少遇见，即饥荒亦从未有所闻，若使交通便利，能与内地取得密切联络，对其前途之发展，未可限量也。

三、边民特性

云南宗族复杂，滇南边地距省城霭远，交通梗塞，复杂尤甚，数达二三十种之多，摆夷、阿卡、倮黑、攸乐、佧佤、蒲蛮，特其要者。在未改土归流之前，所有民族即全在水摆夷民族统治之下，至今犹然，风俗习惯、民族精神，虽各不同，但当地最高文化之摆人要足为其代表，兹请先述其固有之美德。

（一）自治能力

山摆人之官制严密完整，而富于近代地方自治之精神。政治之最高权威者为世袭，尊之曰"召法"，明代册封为"车里宣慰"，其下有议事庭，权同现代之责任内阁，而兼为最高立法机关，宣慰之下，为各"猛"土司，是为最大行政分区之长官；土司衙门亦有议事庭，土司之下则有严密之乡村组织，有"老叭"，相当于现行之乡长，有"大叭"相当于闾长，"二叭"副之，下设"老鲊""老线"分掌全乡各村寨之地方事宜，"叭""鲊""线"均由乡村人民推举地方之公正人士呈请土司任命，如遇违法失职，则由地方人民群起罢免，而重行推举。乡村之基本组织完密，人民得各相安无事，自改土归流设县以后，推行地方自治行政区制，改任各土猛司为区长，宣慰遂隶属于车里县长之下。

（二）服从精神

夷民对于地方官长最为服从，兹举二例以见其概。例如防火，边地春季干燥，且多大风，夷民茅屋集居，遇火每使全村俱焚，无法救济，每到春季，日间屋内不准举火，由村众举管火头目一人，每日手持上端缠有细绒鹅毛之竹竿，挨户检查火塘，无人敢有违议。又如管水，坝子多系水田，一条沟渠，常有数村农田赖资灌溉，关于沟渠水量之分配，由有关各村之农民互举管水头目，每到雨季开始之时，按各家田亩之多少，发给一段规定大小之竹筒，插于沟畔，引水入田，并无暗自换筒偷水之情事。如此简单例规，能沿用至今无有争执，人民服从守法，从可知也。

（三）互助合作

人民均能互助合作，彼此爱护备至，令人钦佩。例如某家起火，临近同居，除共同代为设法灌救外，多自动送衣、送米或备菜、备薪，并且帮同搭架盖屋，速图恢复，从不使一人担忧。又如有欲由甲村迁入乙村居住者，如得乙村大"叭"之允许，各村户无不自告奋勇，搭盖新屋以示欢迎，且将所耕之田由大叭重行分配使新来者有田可耕，不致向隅（如原为三十户耕种之地，则均分为三十一户耕种）而无异议。

（四）刻苦耐劳

摆人居住坝子，天惠较丰，刻苦耐劳之精神自较低落。至若山头居民，尤其阿卡人民，因山地瘠苦。耕种田亩，常在距村三四十里之外，每日朝出晚归，习以为常，阿卡妇女更为勤苦，于上山操作之时，背负重篮，胸拥婴孩，手搓棉线，一人同时兼操数事，辛劳备至，边民之善性美德，固不止此，然仅此已足以应实边之需要，特视我方能否善为利用耳。

四、边防要点

（一）培养国家观念

当今日而论国防之建设，除物质建设以外，尚须注重精神建设，其在夷民势力雄厚之滇南一带，尤宜如是，是以培养国家观念，实为巩固滇南边防之要图。兹请分别论之。

1.推进边疆教育　滇南夷民分为有文字之摆夷人，及无文字之山头人两种，二者类皆不谙汉文汉语，摆夷无学校，佛寺即其教育青年之所（本地称为缅寺），子弟幼时必剃发为僧，故村落不论大小，无不有佛寺一所，佛爷一位，就摆夷之佛寺教育而言，远较内地之学校教育为普及。山头民族未有文字，尚在刻木记事之时代，根本谈不到教育。自改流以后各县亦尝试设学校，强迫边民子弟入学，惟以教师不谙土语，且所用课本，均系内地通用之商务印书馆等书局出版之教科书，文字内容皆不能因人因地以制宜；此外学校作息时间又循例分为寒假、暑假，不能与当地农忙之时期相适应，以致子弟入校以后，须另雇工襄理农事。因此之故，夷民视入学校读书为当兵，强迫太甚，则出资雇请汉人子弟代读，种种怪象，往往出乎意料。故言边地教育之推进，对于有文字之人民，应注重汉文、本地文兼授。对于无文字之其他宗族，则宜积极普及汉文教育，尤当筹设边地学校，造就能通汉语、土语之师资，编制特种之边地教本，适应边地特殊之需要，并特定学制以适应边地习俗。对于佛寺暂时任其存在，徐图改善，不可操之过急，遽行取消，致引起人民之反感。致至边地教育经费，必须由首府确定数额，另行拨发，不宜在地方经费项内开支，以增重人民负担。

2.召集土官受训　民情隔阂，每由于交通之阻塞，土人对于内地之见闻，仅及于思茅、普洱，再北少有所知。十余年前柯树勋任滇南总办时，曾挈领土司子弟至昆明瞻仰唐继尧时代之军威，除此以外，土人中即无有到达省城者。当我等在滇地考察时，尝以我国幅员之广，京沪平粤文化之盛，详为宣扬，土司官守，闻之无不惊讶景慕，咸以仰望中央之资助，至内地观光相请托，其情殊切。自民国卅年敌人发动南进后，泰国屈降，缅甸沦陷，而泰国轴心份子复唱大泰族主义，意图诱致我边地民族，我当努力设法使此带边疆民心内向，巩固抗战阵营，故召集边地土官入川受训，实为目前巩固滇南边防之要图。

3. 改良对内交通　滇南各县，地接缅越，界外马路，早已直达边境，是以对外交通，反较对内为便，一般夷民或为经商，或为观光，往来于越、缅、泰诸地之间，极为便利，因之对泰越之西洋文化，反增无限景慕之心，而于本国本土观念毫无。推其原因，交通不便，实以致之。现在昆普（昆明至普洱）公路已达峨山，如能于最短期内修达车里，则南北之来往便捷，文化之接触自易。此外如昆明至大理之公路，早经完竣，由大理循澜沧江南行至思茅，素为丽江一带之"古宗"藏商，南下普思驮茶大道，若能改修公路，则于商业上军事上均增莫大之便利。

4. 改革地方政治　边地夷民之心理，完全寄托于当地之土司，土司所辖之行政区，称之为"猛"。改土归流以后，初划归行政委员区管理，后并为县治，各猛土司即分隶于县治之下，而改称为区，名义虽改，而土司原有势力，未尝稍减，故谈边务者，尝以削减土司职权为急务。此次所经各地，接见各猛土司，其中不乏年富力强之有志青年，不独精通汉语，且能勤习汉文。猛海土司刀良臣，老成宽厚，并与当地汉人创设"僰民"（摆夷）茶叶合作社，推进本地特产，其著例也。倘使地方政府能设法训练各猛土司，委以地方职务，另派干练汉人从旁助理，不但地方事务容易推进，即边民内向之心，亦可借以促进。此外现行县区，虽属面积辽阔，往往因人户稀少，每县不过数千户以至万户，经费难以筹集，行政开支，已属不能维持，发展边务，更属无从谈起，如将现有县治数目减少，范围扩大，合为少数特别区域，大可节省各县行政开支，充作发展边地之实际用途。

5. 增加地方政费　民国廿三年云南各县政费，甲等每月仅滇旧钞二千四百元，约合沪洋二百四十元，必要开支已感不敷，政治建设势有难能，而吏治更无澄清之日。欲期政效宏施，边民内向，地方行政费用之增加，实为必要，但云南全省县治达百二十余，地居边陲者，又居半数，各县山多田少，人口稀疏，此种增加费用，地方政府无力负担，惟有由中央政府年提的款，分别酌予补助。

6.改革征税办法　当我等前往考察之时，滇南边地一带苛捐杂税，名目繁多，如南峤之蛮坎、松地，有所谓门户捐、折工捐、救国捐、团费等等名目。总额虽属不多，仅合滇洋四元四角，但名目过多，人民深感苦恼，不但予土人心理上以不良影响，且予征收人员从而中饱之机会，并且税费重重包办，非由土人直接缴纳，弊窦尤多。为使土人对于地方政府发生信仰，进而养成其爱国观念，统一统收名目，改革包税制度，实为刻不容缓之图。如当年缅境大西里河岸之小蛮塘，每户仅纳门户捐一种，简捷便当，无敢作弊，虽合滇币六元六角，土人反不觉其繁苛，即为证明。其次思茅海关沿边设有卡分所，对于中外货物，适宜分别征税，不可鱼目混珠，任意征收。例如车里县之棉花及江城县之水牛，不分中外均须纳税，致重边民负担，而增益其对于祖国政府之恶感。他如为防漏税，当从严密稽查入手，不可随时临门检票，动辄罚金，有如南峤三面坡分所之所为，免致边民日常生活多感不安，常怀戒心。滇南海关设于思茅，距边地至少有六日之程，对于分所关卡，耳目难及，不易稽查，税务整理更属不易。

（二）发展生产事业

1.改革田制发展特殊农产　滇南耕地之垂直分布，殊呈畸形现象，有将陡坡之地树林砍伐殆尽，广事耕种者，亦有原可辟为稻田或梯田之山足地带或平坝坡，迄今犹是茂林荫翳，或多荒芜，反而未经利用。究其原因，实与边地之土地制度有关。孟坝子水田，尽为摆夷人所占有，其他人民悉被逼居贫瘠山头，如能肥瘠土地，尽改归官，计户授田，一方使土地开放，各宗族人民均可取得水田之耕种权，一方除种糯稻外，更应发展地方特殊之农产，如甘蔗、棉花、茶叶、樟脑、水果之类，均为昆明高原区域需求之物品，向为本区所能大量生产者。改良耕种方法以外，更须修筑南北交通干道，以推广产物之销场，滇南之"蛮茶"向来大部分假道印度以入藏，自滇缅交通路断以后，几全部经大理、丽江、阿墩子直达康藏各地，此后当可负运无阻矣。

2.开采矿产注意农矿并重　边地多山，金属矿蕴藏独当，矿苗蕴藏，虽尚待专家之技术探查，然如土人之俯拾即得，肩挑而运售境外者，亦尝有所闻，如班洪问题之发生，即由其银矿被人垂涎，固为事实。车里宣慰衙门附近有金矿露头，澜沧县之孟连宣抚宫殿之厕所用铝板覆盖，此物在孟连税关分所之出口货中，价值列为第一，即为本地出产。更如佛海县之猛板，以及澜沧之西盟山均富银矿，土人窃窃私语，而不敢明告。边地地质多为砂岩及花岗岩所构成，金属矿脉之多，自意中事，惟有待专家详细探查而已。设厂开采，广收难民前往作工，此种矿工即可作移民实边之先锋队。同时尚须发展农业，增加食粮，以供矿场之需求，彼此相辅而行，经济建设，庶几有豸。

（三）推进卫生事业

国人对于滇南边地之气候不明真相，素以瘴毒骇人听闻。此在京沪内地固不必说，即近在昆明省城，每向人询及，"迤南""坝子""边地"气候状况，亦无不以水毒、雾毒、药毒以及种种善意之忠告相答。前言气候环境，已述致病之因，并非全因气候所致，是以推进卫生事业，实为急要之图，为切合当地之需要。以下诸端，务宜注意：（1）房屋之建筑宜改造，住室厕所务必分居；（2）饮水务须煮沸；（3）迷信观念务必破除，使一般夷民明了打鬼敬神不足以治病；（4）睡眠施用蚊帐，以防疟疾；（5）时加沟洫疏通，以利水流，尤以雨季为要，至于医院之广设，药品之普施，实属刻不容缓。如车里县教会创办之麻风医院，已着成效，造福边民不小；他如安南之河内海防，原皆热带低原俾湿之地，从法人之建设，积极推行卫生事业，今已蔚成巨会，可资借镜。

（四）军事上之布置

1.边地地形图之测摄　地图为地貌之缩影，边地为两国土地接壤之地带，为知己知彼，地图所关弥切。滇南边地尚未有简略之图可资根据，此行曾试行路线测绘及陆地摄影测量，但以足迹所至为限。将来边地地图之完成，最经济、最迅速、最精密之测绘方法，莫如最新之航空摄影测量，因其地形关系，平面测量实难为力。他如国防军事之布置以及富源之开发，详尽之地图均为最基本明要之工具，对于此等重大工作，甚望政府有以注意及之。

2.要塞之探查　山地之高峰多足资为要塞之设施，航空摄测时，如有军事专家参与其事，则要塞之位置，即可知所抉择。关于他人之强占商租，应予绝对制止。已成事实，如车里县粘天梁子之租与外国教会，期为四十年，迄今已达廿余年，期满以后，决不能再予以续租；澜沧县之糯佛山头，为永氏教会所永租，应即设法收回，以谋补救。

3. 飞机场之布置　近代战争，占空权极为首要，滇南山地交通困难，陆军之调动，颇须有空军之掩护与协助，各地坝子多为天然之飞机场所，究应如何修建，事先须有精密之统筹，凡此皆系切要之图，事前宜有周密计划者也。

4. 内地交通之联络　交通道路犹人体之血管，邮电传递犹人体之神经，自应息息相通，不使阻塞。由滇南到省城之交通殊欠健全，当年班洪事件之发生，隔月而消息始达省城。民国廿三年滇南之无线电讯，仅达普洱，普洱距边县尚远，车里与澜沧距普洱最近，尚各有五六日程；他如至江城、佛海、南峤等县各需十余日不等，而澜沧县城距最近之边境尚有十二日之路程，至其他县亦均四五日不等，平均邮信隔半月或旬日始逢一班，普洱无线电之传递消息，亦借派差专送，星夜奔驰。交通如此之困难，讯息如此之迟缓，是以往昔常有界碑被移之事发生，而地方政府莫之所知。如能于每县设置无线电收发机并派遣专门技术人员专管其事，则省政府与地方政府随时可以取得联络，对于边地情形当不致如此隔膜也。以上仅就维持神经系统之联络而言，至言道路，前已述及，法人之经营滇越铁路，不顾一切，经之营之，卒以成之者，实足为我人取法也。

5. 边防团练之组织　当我人调查时，滇南之边防，归辖于普洱之殖边统领队，询其人数，共约六百人，分为三营，辖境凡六十六县。边地所驻之军队平均每县不过数十人，机械多系旧式，其实力之薄，从可想见，养兵千日，用在一朝，是以不得不先有准备。山间炎热之地，客军初至，不易适合水土，如能利用土人训练边防团练，或可收事半功倍之效。边地之摆夷宗族，怯弱虽不堪用，然山头之"阿卡""佧佤""倮黑""攸乐"等宗族，习于山居，健步如飞，农闲期间，最喜狩猎，山荒野径，持枪勇进，实为最健强之边防人民。曩者班洪事件发生，景谷李希哲君曾招"佧佤"数千人，训练成军，自卫御侮，颇着成效。边民之可用从可概见。

五、结论

滇南毗连缅、越，地当要冲，国际关系，素称复杂，而边民散居境外者，为数甚多，瓜葛姻缘，彼此互为关系，民族界线既混杂不清，国家观念自难期于发达，益以河道大都南向外流，而国外车道，殆将及于国境，对外交通远较对内交通为便捷，无论文化上或经济上，与缅、越、泰之关系，反较内地为密切。他如过去吏治之欠整饬，税制之不良，及教育不能适应时地之宜，在减低边民向内之念。由此可见，滇南在国防上之地位不容忽视。自日厉行南进政策，入侵越南、泰国及缅甸以后，以其当越，缅交接之要道，贴近日人由缅、泰入侵我国怒江流域之冲，情势尤为紧急，现腾冲一隅，已告沦陷，而南定河及孟定一带又数度激战，故于保卫云南及反攻腾冲之意义上增强其国防上之重要性。苟滇南不幸，为敌人所据，则敌人可以作为入侵云贵之根据地，敌得之可以谋我，我利用之亦足以制敌，故滇南国防建设之讲求，诚为当前刻不容缓之要图，关系抗战前途至重且巨者也。

第三卷 第三期 1944 年 3 月

中英滇缅未定界内之地理

严德一

一、外交悬案

清光绪二十年（1894），《中英续议滇缅界务商务条款》第四条："今议定北纬二十五度三十五分之一段边界，俟将来查明该处情形稍详，再定界线。"此款仅言纬度，不言经度，但言北纬一段，而不言北至何处为止，即为后来滇缅尖高山以北界务发生纠纷之始。

后光绪二十四年（1898），英使照会引用"思买卡河与萨尔温中间之分水岭"字样，即欲东争高黎贡山为界。宣统二年，进驻片马；民国元年，入北部狄满江拉打阁及驼洛江头，并在迈立开上游之坎底设官置厅；民国十五年，又复进至江心坡。我国虽于光绪三十年派石鸿韶与驻腾越英领列顿会同勘界，顺小江直勘至小江源板厂山为界，迭经磋商，乃英使竟坚持分水岭原案，英人后在尖高山以北一段未定界内，或立界桩，或建要塞，如片马、江心坡、坎底等地，均无条约上之根据。

民国三十一年，英国势力全部退出缅甸，滇缅未定界境内，旧属我国各寨，国民革命军并已渐次安抚。今者中英同盟，并肩作战，英方对我过去所订之不平等条约，亦经取消，其基于不平等条约而产生之问题，当更能开诚互商，和衷处理，战后中英滇缅未定界之划定，自能获得圆满之解决。

二、 境内山川

横断山脉以西，上缅甸北部，为伊洛瓦底江之两大源流，西以巴特开山脉与印度亚森密为界，北接康藏之门工察隅。伊洛瓦底江之两大源流，左为恩梅开，右为迈立开。恩梅开之源有四，自东而西为独龙江、狄子江、狄不勒江、驼洛江，为我国俗所称俅夷居地，以独龙江源流最长，亦称曰俅子江。恩梅开上流东侧支流之较大者，有岔角江及小江，皆发源高黎贡山西麓，川流为幼年河谷，出邃深窄。迈立开之上游，有两大平原，即坎底坳与诺门当，坎底坳当木里江与南浪江之汇流，而有宽广平坝，为滇境所鲜见，诺门当为狄满江（土名格苍溪）之流域，平坝面积较小。坎底以下，江流复窄，至密支那以北之荡薤，与恩梅开相会，合称伊洛瓦底江。

恩梅开与迈立开两江之间即为江心坡地，英人名之曰三角地，土人名之曰卡古夏，我国旧籍亦名曰树浆厂，全境俗称曰野人山。山无专名，通称山脉有整冬、温冬二山，坡内平原甚少，村落皆在山坡，河流著名者，有康卡河、直梯卡河。

迈立开之西为枯门岭，岭西为更的宛江之源头，为又一平原，即户拱谷地（近报载胡康河谷者指此）。其地产宝石，汉人通呼为宝石厂。全境森林丛密，岩石鲜露，亦为缅北稻米产区。

高黎贡山以西山岭亦多纵贯，高度鲜逾二千公尺者，恩梅开上源独龙江之河谷，拔海仅一千一百公尺左右，迈立开江上游之平坝拔海仅五百公尺左右。地质为变质岩。坎底坳平原宽平，中有低平台地，高仅五六公尺，似为火山熔岩之残丘，英人在坎底建筑之兵营操场，即在此宽平之台地上。

三、气候物产

该区西接印度之亚森密平原，中无高山阻隔，当印度西南季风之尾间，雨量特丰，且较缅甸南部为多。地势卑湿，夏季酷热，自然植物为热带雨林。每年有连绵之雨季，坎底坳且为有名之瘴乡。据英人近年（1939——1940）测候之纪录，坎底年平均雨量有三九〇六公厘，为云南全省之冠，且当昆明之三倍半，足见西南季风入侵势力之盛。自五月中旬至十月中旬五个月中几于无日不雨，夏季气候之潮湿，可以想见。幸有显明之干冬时期，入秋始渐晴朗。冬季因近康藏高原边境之高大雪山，冽寒亦甚。

自然植物肥叶大本，遍山满野，平原低地，排泄不畅，地面濡湿，高山丛林，藤葛滋生，不见天日。芦苇藓苔，败叶残枝，夏季闷热，草木霉烂蚊蚋丛生，为瘴疟致病之源。雨季蚂蟥尤多，吮人鲜血，贩夫走卒，衣履不全，最易附着，创口淋漓，荒山野径，行者所过，血流成渠。雨天几无人敢于走路。山林野象遍野，为热带动物之特征，土人自幼驯养成为家畜，以任劳役，每村皆有十数成群。其他虎豹犀牛，均为森林中之野兽，土人之野猎者，仅以毒弩射击较小动物。

迈立开上游之大平坝，如坎底垅及诺门当，以及更的宛河上游之户拱谷地皆为水田种稻，惟因雨季关系，收获期甚晚，必待十冬月间，现因人烟稀少消费不多，又以交通困难，运输不便，因之耕种面积，仅供本地所需，荒芜未垦之平原，尚有十分之七八。至于山坡之地，则因土人文化幼稚，仅有原始农业种植玉米、芋薯之类。

英人曾在坎底一带，试种橡胶树，气候土宜，均适生长，早年江心坡汉人又有树浆厂之名，即为橡树之能取胶质，为本地特产。后因白人在南洋群岛经营橡胶成功，此僻塞之山地，虽亦可发展橡胶，但以人工稀少，气候烟瘴，遂未加以经营。

境内矿藏，迄以山林丛蔽，地质调查未周，尚未十分明了，现经土人及我滇籍汉人之开采而获利最著者，则以户拱及猛拱之玉石，即俗所谓宝石厂也。以及恩梅开上游拉打阁一带之金矿，大如豆卵者，时有所闻，亦为边民冒瘴疠而往工作之区。

四、民族文化

汉人通称其地为野人山，最初情况不明，光绪三十四年阿燉子弹压委员夏瑚深入其地，复先后经英法人士之探查，始与外间文化接触。因山间各地气候之殊异，所居土人之习俗亦各不同，真为初民社会之领域。土著名称之复杂，自北而南千余里间，或同种而异名，或异地而殊号，尤以山间倈子民族，要为东南亚洲最原始之初民，与邻境滇缅印及康藏民族，皆异其趣。

恩梅开上源独龙江及其附近四条河谷之中，为克侬人所居独龙江一带之人，又特称为独龙人，其人侏儒矮小，不被衣襟，男女多仅以片布或枝叶遮羞，女子刺其唇部，披发跣足，刀耕火种，不知稼穑，仅略栽种芋荞、苞麦之类，并嗜野草臭谷虫以为食。且闻其祖辈尚多巢居于高树之上，今则亦结庐聚落于近水之山坡。有本族之语言而无文字，以木刻传通消息。早年受北方藏族与南方栗粟人之剥削掳劫为患，胆怯体弱，不敢轻与外人接触，近才稍受汉人与缅人及摆夷之影响，购其旧衣裳，学为竹楼茅屋，是族即我汉人俗称为傈子者是也。

高黎贡山之西麓，恩梅开之谷地小江流域，旧称浪速地，居民为山居民族，称为栗粟及马鲁人，文化程度稍高，习耕耘，知纺织，毡帽麻衣，皆为自制，农耕以外，并以牧畜猎击为生，所居地势较高，且多在拉打阁一带，以采金为业。

迈立开上游平坝之坎底垅一带，为摆夷民族所居，虔信小乘佛教，并有本族文字，种水稻为生。自称其祖先本自云南方面移来，并已远徙至印度亚森密一带居住，文化较高，惟最懦弱。本族有六个土司，旧为该地之统治阶级，英人特名之曰坎底人。

江心坡之居民则为野人，因居山头，汉人又以山头人呼之。自称曰整颇，英缅人呼之为开钦。其族凶悍散居各山居住，屡与英人抵抗，心归中国，后经英人以鸦片毒化，以基督教潜移，并代用罗马文字拼译圣经，以资统治。其族文化本低，近亦渐习摆夷人之衣裳茅楼。杂居其地者，又有濮蛮、阿昌、温拉、康木汝、茶山等，实皆同种而异名，异地而殊号。惟语言亦各大同而小异。

户拱一带，谷地亦为摆夷人所居，山地为开钦人所居，其西则接近印度之拿戛部落。

全境多山，森林丛密，人烟至为稀少，恒数十里始见一村落，惟我汉人商贩之足迹，亦时为蝇头小利，冒险深入其地，尤以户拱之宝石厂及拉门阁之金矿，为汉人利薮之所在，且善与土人交接，久相与处，即能通其语言。惟在早年英人秘密经营时期，严禁汉商入境，稍受影响。但因与我国本有藩属之关系，故见汉官倍有亲切之感。

五、我国设治沿革

高黎贡山以西，片马小江流域，明清之季，本我茶山里麻长官司地。其西之江心坡，位于恩梅开迈立开两江之间，元明时麓川地也。其南为孟养土司，即今缅甸之密支那，其西为孟拱土司地，户拱即属之，具详《明史·云南土司列传》。明正统间兵部尚书王骥征麓川，兵进至孟养，建"石烂江枯尔乃得渡"碑于金沙江（即洛瓦底江）畔，光绪二十三年始为英人毁于江心。清乾隆时，命大学士傅恒为经略，大举征缅，率师渡戛鸠江（即大金沙江上游，亦名槟榔江）而西，孟养、孟拱土司皆降。光绪时，保山登梗土司尚至片马一带收杉板税，清季末叶，并设怒俅殖边总局，以兵防守高黎贡山以西。

光绪三十四年（1908），阿墩子弹压委员夏瑚并曾由阿墩子菖蒲桶一带，巡边至坎底，赏赐赵伯宰土司以袍褂，并札委汉人袁裕才（民国三十年尚健在）为总管，收税至驼洛江一带。民国以来，英人至恩梅开、迈立开两江流域，我方始退高黎贡山以东，初设菖蒲桶、上帕、知子罗等行政委员，继改设贡山（菖蒲桶、打拉、茨开茂顶）、福贡（上帕、知子罗）、泸水（六库）等设治局。

民国三十一年，我国军越高黎贡山以西，收拾旧山河，安抚首人百姓，直至印度边界。

六、附言

本文为作者于民国三十年夏自云南贡山穿越俅子江流域经坎底（葡萄）入印度亚森密沿途之实地调查实录，当时作者除实地考察访询外，路过贡山时得读本地所藏前人如夏瑚及杨斌铨两氏之调查报告，住葡萄月余，又得阅各方官书。同伴之由葡萄分道走密支那者归后，又承谈告沿途亲见亲闻。因将未定界内之地理实况，汇为概述。南部足迹未周，所言自嫌简略，幸时贤所论多详于南部片马、江心坡一带，而对于北部葡萄、俅子江一带素称荒僻难至之地，或稍补我国区域地理之阙。

本段未定界之悬案，五十年前，由于境内情况不明，薛使未敢擅自与外人定界，致贻丧权失地之虞。今者界务问题解决时机已无可再延，而对此荒僻区域内之地理形势，仍嫌简略，尤于旧属之土官百姓，久失联络。幸我远征军之入缅工作者络绎不绝，深望对于未定界内情况之调查，政治工作之加强，不独裨益目前军事上之反攻，且更将收效于将来外交上界务问题之解决。我中华大国之锦绣河山，领土完整，庶几金瓯无阙。

1933 年 2 月，遵义脱稿

第三卷　第七期　1944 年 7 月

中国边疆之土司制度（上）

凌纯声

土司制度之渊源虽古，而确立成为我国之一种边政制度，则始自元明。中国在秦以前，境内各宗族，不论夷夏，多在部落封建时代。自秦废封建而立郡县，为中国政治上之一大变革。而后夷夏之分，不仅文化各殊，且亦政制有别。凡隶郡县之民，尽为华夏，部落之众，多属蛮夷。如在汉初，县有蛮夷与汉杂居者，则名之曰"道"，以别于诸夏之县。后自汉武开边，徼外各宗族，向化而内属者，类皆郡县其地，行中国之政教。然地处荒远，政令每多难及，控驭稍疏，动辄叛服不常。刘宋之世，则于边地，设置左郡左县，萧齐又于左郡左县之外，复置俚郡僚郡以治蛮夷。但后每遇中原多故，边政失修，所设郡县，又多废为部落。迨唐中叶而后以迄于宋，仅置羁縻州县，官其部落酋长，使之自辟吏属，俾夷自治。对于中朝奉职贡，受爵命而已。及至元明，鉴于羁縻州县，用夷治夷，声教梗阻，几同化外；如欲尽改羁縻而比于内地，以汉治夷，则又汉官不谙夷情，政教难施，乃创汉夷参治之法，而官有流土之分。于是土司之名始兴。清因明制，略有增损。民国以来，一仍前清旧制，迄今甚少改革。

土司制度之在今日，论者虽不免有封建残余之议，然中国对于国内各宗族，向以"齐其政，不易其宜；修其教，不易其俗。"为我传统之边政政策。且我中华民族之成长，先以汉族为大宗，其他宗支之逐渐加入，多由部落而羁縻，羁縻而土司，土司而内附，内附而完全涵化。大宗对于小宗，诚如总裁所言：常待"以存亡继绝，济弱扶倾的仁爱之心，行己立立人，己达达人的忠恕之道"。使其心悦诚服，潜移默化，小宗融合于大宗，而形成今日伟大之中华民族。故现存之土司虽有其特殊历史与地理环境，然实在我国传统边政政策之下，土司始得继续存在，远起汉唐，近自元明，以迄于今。但近数十年来，中国内政日有进步，对于边政亦当秉"不教弃之"之古训，不能听其长期停滞于封建部落之阶段而固步自封。亟应予以提携，促边政之改进，使能与内政并驾齐驱，完成中国政治整个的现代化。

过去改革土司政治，类多推行"改土归流"或"设县不改土"等消极政策，但此政策已不能再行于现代，因在三民主义下之新边政政策："务使国内各宗族一律平等，并积极扶助边疆各族的自治能力和地位，赋予以宗教、文化、经济均衡发展的机会"。所谓"改土"与"设县"，即古之以汉治夷，则违反扶助国内各宗族，培植其自治能力，保障其平等地位之原则。故今欲言改革边政，必须根据新定政策，先求旧有制度能有合理之改善，使政策得以推行并能贯彻。然欲改进旧制，则必须对于制度本体，应先作一番彻底的研究与认识。

一、土司之起源

《史记·西南夷列传》称："西南夷君长以什数，夜郎最大。其西，靡莫之属以什数，滇最大；自滇以北，君长以什数，邛都最大。其外，西自同师以东，北至楪榆，名为巂、昆明。自巂以东北，君长以什数，徙、筰都最大。自筰以东北，君长以什数，冉、駹最大。自冉駹以东北，君长以什数，白马最大。"此乃汉时西南夷部落之分布，亦即今日土司所在之区域。土司制度原由部落政治递变而来，其起源甚早，如蜀汉昭烈授罗伽、李恢为郡功曹主簿，晋帝用兴古爨琛作本郡太守，宋太祖举瑶人秦冉雄使之自治辰州，可谓此制之滥觞。迨元入主中原以前，先取西南，即以征服或迎降之部落土酋，官以宣慰使、宣抚使、总管、长官等职，令其参治，或仍管辖其原来之土地人民，至此土司制度粗具规模。及至有明，踵元旧事，悉加建设，遍置土司，尽布籍属，于是土司之名兴而制度确立。毛奇龄《蛮司合志》"序"云：

按有明洪武初年，凡西南夷来归者，即用原官授之。而稽其土官士兵，及赋税、差役、驻防、守御之制；但定铨选，不立征调。其定铨选法，凡土官名号：曰宣慰司，曰招讨使，曰安抚司，曰长官司。初皆隶吏部验封，而后以土兵相制，半隶武选。每袭替则必奉朝命，其无子弟者即妻女皆得袭替。虽数年之后，万里之遥，亦必赴阙受职。迨天顺末，诏许土官，缴呈勘奏，即与袭替。于是控制稍疏，动多自恣。至成化中，又有纳谷备赈急公补授之令，则规取日陋，离畔日生。虽孝宗发愤厘革，而正德以还，陋习未除。暨嘉靖九年，始毅然复祖宗之旧，令该府州县正二，经历、巡检、驿传三百六十隶验封；宣慰、宣抚、招讨、安抚长官一百三十三隶武选。其隶验封者，布政司领之；隶武选者，都指挥使司领之。文武相维，机权攸寓，细大相关，股掌易运。

至清初西南夷之酋长土官降附者，清又循明旧制，授以原官，仍令世袭。有清一代对于土司制度虽有增损及改土归流之举，而于制度本身大体未变。现存土司之制，沿自前清，远承元明，国体虽经变革，然尚多仍封建旧规。且近三十年来，边疆政制已在积渐进步之中，土司已与部落无异，仅存其名而已。

二、土职之品衔

清代土司类别有四：曰土司，曰土官，曰土弁，曰土屯。大小土职，名类繁多。近人对于元明时期之官职名称，知之较少，每遇土司职名不能辨其品级之大小。小土司、大头人有时未经呈报地方上级政府，迳来中央献金、献旗，政府待以殊礼，受宠若惊以后，回至边地，每多夜郎自大，轻视地方长官。边省政府自民国以来，亦漠视边政，土职大小常有不能分辨，辄名之曰土司。如作者于民国二十三年在云南调查时，所得《云南土司一览表》中，仅称某某土司者甚多；又有土巡捕、户侯司等名称，皆不见于土司系统者。且有少数土司，任意乱改官衔者。如云南干崖设治局所属户撒土司，其官衔为长官司长官，该土司某自改为长官使司长官使，妄自尊荣，贻笑大方。研究土司制度，对于土职之官衔品级，应先整理其系统，列如下表：

（一）土司

长官司	招讨司	安抚司	宣抚司	宣慰司	指挥司	司别 / 官衔 / 品级
					指挥使	正三品
					指挥同知	从三品
		安抚使	宣抚使		指挥佥事	正四品
	招讨使	安抚同知	宣抚同知	宣慰使	千　户	从四品
长　官	招讨副使	安抚副使	宣抚副使	宣慰同知	副千户	正五品
副长官		安抚佥事	宣抚佥事	宣慰副使	百　户	从五品
				宣慰佥事	副百户	正六品
						从六品
						正七品
				经　历		从七品
				都　事		正八品
吏目			经　历			从八品
土舍			知　事			正九品
土目	吏目	吏目	照　磨			从九品
					百长	未入流

（二）土官

土县	土州	土府	别类 / 官衔 / 品级
		土知府	从四品
		土同知	正五品
	土知州		从五品
		土通判	正六品
	土州同		从六品
		土推官	正七品
土知县	土州判		从七品
土县丞		土经历	正八品
土主簿			从八品
土巡检		土知事	正九品
土典史			从九品
土驿丞 土吏目			未入流

（三）土弁

职衔	品级
土游击	从三品
土都司	正四品
	从四品
土守备	正五品
	从五品
土千总	正六品
	从六品
土把总	正七品
	从七品
土外委千总	正八品
	从八品
土外委把总	正九品
土外委额外	从九品

（四）土屯

职衔	品级
土屯守备	正五品
	从五品
土屯千总	正六品
	从六品
土屯把总	正七品
	从七品
	正八品
	从八品
土屯外委	正九品
	从九品

宣慰使司始于元，"掌军民之务，分道以总郡县"。有边陲军旅之事，则兼都元帅府，如邦牙（今缅甸）等处宣慰使司都元帅府，及永昌等处宣慰使司都元帅府等是。宣抚使在宋时为督视军旅，事毕即撤。至元在内地之宣抚使，则为"遣官分道，奉使宣抚，布宣德意，询民疾苦"，因时而设，并非常制。在边陲置之，则以羁縻蛮夷，如永顺宣抚司、平缅宣抚司等。安抚使始于唐宋，唐为"奉诏巡省"，宋为"统制军旅"，元亦置于边远，职与宣抚使同，有湖广罗番军民安抚司、四川师壁军民安抚司等。招讨使在宋时亦以大臣充之，有征讨则置；元则多置于边境要地，如今越嶲县之邛部宣抚司，元为邛部招讨使，《明史·四川土司传》："洪武

中，岭真伯以招讨使来归。"今之天全县，元置天全招讨使。长官司为元官，于西南夷诸溪洞各置司达噜噶齐长官、副长官。长官司所辖人户，在四百户以下者，则称蛮夷官司。明时除上五司之外，尚有千夫长、副千夫长一等，故明代武职土司共有六等。

指挥使，唐有都指挥使，为方镇军校之名，宋为禁卫之官，元代亲军诸卫亦置之。明代设都司卫所，内外诸卫皆置指挥使等官。边外远夷归附者，在东北设羁縻都司卫所，在西北为番夷都司卫所，官其酋长为都督、都指挥使、指挥使、千百户、镇抚等官。又在近边或腹地，未置州县之地，建立军民卫所，军民兼辖，称实土卫所。指挥使等官本为世职，实土卫官夷汉参用，所辖蛮夷又军民不分，实已同于土司。至清初，卫所世职明官降抚，仍授以原官旧职，指挥使司乃列入土司，清代土司无千夫长一等，而加入指挥司，亦成六等。

土府州县之文职土官，自汉晋唐宋以来，历代多有设置，其名称虽有道、左郡、左县、俚郡、僚郡及羁縻州县，其制实同于内地郡县，至明始称土府州县，入清沿其旧制。

土弁之名，至清始有。清初常以绿营弁衔授封附之土酋、土目，同于武职土司，官得世及。如乾隆三十年，云贵总督杨应琚奏："土目倾心，相继输诚。景海头目召罕彪，六本头目召猛齐，均给土守备衔；猛撒头目喇鲊细利给土千总，均照例准令世袭。"（《清朝文献通考·职官二》）又有土司立功改为土弁者。如四川越巂县属暖带密土游击，道光二十三年土千户岭承思请袭世职。咸丰六年剿匪事竣，奉旨赏给副将衔。同治二年四月，协防生擒石达开奉旨改给土游击世职，子孙承袭。仍赏给桓勇巴图鲁名号，颁换印信号纸。又越巂松林地土都司、土千户王应元，于同治二年四月协力堵剿生擒石达开，奉旨赏给世袭，颁换松林地土都司印信号纸，仍赏加副将衔，子孙承袭（光绪《越巂厅志》卷六）。故土弁与土司实同而名异而已。

土屯为土司叛乱事平，改土为屯，创立土兵屯田之制，用土人为屯弁，若湖南之苗屯，若四川之番屯皆是。初制，土屯弁缺，官虽用苗番，职亦可父子接顶，而并非世袭。然近日四川屯番，若理番县之杂谷五屯屯守备等，因父子顶补，相沿成习，世袭与土司无异。

三、明代之土制

中国西南云贵等地之开拓，实始于元明。庄蹻虽入滇称王，但变服从其俗，汉化于夷。至汉通西南夷，始立郡县，设置守令，以治其地，及至唐宋，又多沦为羁縻州县。元代复立郡县，但事属草创，实际经营，传自明始。传有德答段明书曰："大明龙飞淮甸，混一区宇，陋汉唐之小智，卑宋元之浅图。大兵所至，神龙助降，天地应符。汝段氏接武蒙氏，运已绝于元代，宽延至今，我师已歼梁王，报汝世仇，不降何待"。有明一代，对于西南之政策，确曾做到"陋汉唐之小智，卑宋元之浅图"，而能积极从事开辟。但在元末明初，西南各省夷多汉少，且汉夷杂处，治理尤难。在当时情势，不得不授官蛮夷豪酋，俾自为治；或录用前元降附土官，以资驾轻就熟；或封授有功将士，使之世守其地。利用土官土兵，暂以钤辖蛮夷。当初仅为因时因地制宜之计，但后行之有效，乃确立制度，遂成一代定制。

明初土官不分文武职，后以土兵相制，乃以宣慰、宣抚等司为武职，土府州县为文职。夷多汉少之区，则设宣慰等司；汉多夷少之地，则置土府州县。明代土司制度之最要原则，为夷汉参用，流土共治。最初土流合治，大率宣慰等司经历、都事、知事、吏目及土府州县之佐二皆规定为流官。继之以流土并治，州县正二每多一官两缺，即流土同时各设一官，共管一州一县，最后即改土归流，取消土官，改除流官。故土司制度为从部落至郡县政治之桥梁，土官虽得世袭近于封建，然铨选升降，功罪叙处，一如流官。惜明自中叶而后，抚绥失宜，规制日陋，土司叛服不常，朝廷政令不及，土司土官乃事得自擅，君国子民，俨然与封建无异。

欲明土司初制之真相，必须求之于明朝中叶以前。兹据嘉靖初年之《土官底薄》及万历元年之《云南通志》，选择曲靖军民府作一区域，研究该府土官自明初至嘉靖初年一百六十年来土流共治之制，及嘉靖初至隆庆末五十年间，改土归流之递变。下文所录虽嫌冗长，然非如此，实不易使读者明了土制之实例。万历《云南通志》卷五《曲靖府职官》：

曲靖府：知府一人，同知一人，通判一人，推官一人。经历司，经历一人，土官知事一人。照磨所，照磨一人。司狱司，司狱一人。儒学，教授一人，训导一人。税课司，大使一人。广盈仓，大使一人。南宁驿，驿丞一人。医学，正科一人。僧纲司，都纲一人，副都纲一人。平夷卫儒学，教授一人。

南宁县：知县一人，典史一人。白水关巡检司，土官巡检一人。白水驿，驿丞一人。

亦佐县：知县一人（土官改流），土官县丞一人，安插土官县丞一人，典史一人。

霑益州：流官知州一人，土官知州一人，同知一人，吏目一人。儒学，学正一人。松韶铺巡检司，巡检一人（土官改流）。阿幢桥巡检司，巡检一人。交水税课局，大使一人。沾益驿，驿丞一人。倘塘驿，驿丞一人。炎方驿，驿丞一人。松林驿，驿丞一人。

陆凉州：知州一人，同知一人，土官府同知一人（原职土知州，因功加衔），吏目一人。普陀驿，驿丞一人。陆凉卫儒学，教授一人。

马龙州：知州一人（土官改流），同知一人，吏目一人。儒学，学正一人。鲁婆伽岭巡检司，巡检一人。马龙驿，驿丞一人。

罗雄州：流官知州一人，土官知州一人，吏目一人。多罗驿，驿丞一人。

安插宣抚：土官宣抚一人。

上录为万历元年时曲靖军民府土官与流官关系之一览，欲知土官之由来及其递变，并录《土官底薄》于后，始能溯源测委，以明土制之本体。

嘉靖初年《土官底薄》卷上《曲靖军民府土官》：

南宁县白水关巡检司土巡检：李桧芳，旧名桂芳，云南府昆明县人，指挥李观下头目。洪武十四年随同本官归附，节次随跟大军，攻打大理等处。十六年，西平侯拨守金齿，仍前参随。二十四年，总兵官劄授白水关巡检。永乐十七年，老病，庶长男李文玉赴京进贡。永乐二十一年十一月，奉令旨吏部查例了奏请，敬此。缘行勘未报，合将李文玉发回候勘，本年十二月奉令旨，是，敬此。宣德二年替职，老疾，嫡长男李辅，成化三年十二月准令就彼冠带。故，长男李璘未袭，故。嫡长男李俊承袭伊祖李辅土官巡检。十四年正月奉圣旨，是，李俊准袭土官巡检职事。

亦佐县土知县：安白系世袭土官，洪武十五年归附，十六年赴京钦授本县官知县。十七年九月与普安仇杀，典刑。男沙旧年幼，令族叔阿察管事。二十一年除流官知州王和到县，沙旧与同协力办事。三十二年勘合，令袭本州土官知县。故，男沙存告袭，宣德二年十二月奉圣旨，著沙存做亦佐县县丞，钦此。故，弟沙得宣德五年十二月奉圣旨准他做，钦此。沙得在任，酒狂生拗，百姓不服管束，杀死营长沙陀，告发问拟，典刑。沙广袭，故，无嗣。堂弟沙泉告袭，问故。沙广堂侄沙圭，成化二十三年二月奉圣旨，是，钦此。嘉靖二年二月，工部咨据布政司保送绝嗣土官县丞沙圭亲叔，故嫡长男沙资所生，嫡长男沙安宗该袭。查得本舍既纳木价，免其赴京，但祖来不曾开有世袭字样，奉圣旨准他袭，钦此。

亦佐县土县丞：禄宁，曲靖军民府前越州已故土官知州阿资男，父因生拗不向化，洪武二十七年西平侯剿杀了，当本州地方人民，分拨陆凉、霑盘等州，亦佐等县管属。遗宁送普安把者地面，母舅营长自错家依养。进马赴京，有旧日把事刘泰博易告乞复设越州衙门，除授流官掌印，将宁授佐二职事。参照禄宁系叛贼阿资遗下儿男，虽经赦宥，终难任用。永乐三年正月奉圣旨，他的祖父因是生拗不向化剿杀了。如今他每却知道理，自来朝贡，便是好人了。这样宁著做县丞，刘泰博易都做把事，还跟他去，都便与他冠带。这两把事若助禄宁为善，守法度，常著他做，若有不停当时，先问他恁部家，差官送他每到西平侯处教安排一个县分里了奏，将来却注缺，钦此。故，嫡长男海叶自备马匹，同已故男带把事刘泰男刘进，博易男阿定赴京告袭。洪熙元年六月奉圣旨都照太宗皇帝圣旨行，著他做，钦此。故，男海珍，总督尚书王骥处冠带。故，无嗣，侄海禄，成化八年二月准令就彼冠带。故，亲男海岳，正德七年九月查得祖来不曾开有世袭字样，奉圣旨，是，准他袭，钦此。故，弟海嵩袭。故，男海潮正德十三年奉例纳银八十两，就彼冠带。嘉靖十二年奉敕一道，加赐从七品服色。

霑益州土知府：阿哥前元世袭曲靖宣慰使。洪武十四年归附，仍充宣慰使兼管霑益州事。故，男阿索承袭。故，嫡长男阿周三十二年袭。故，无儿。男斗男系已故同籍弟阿卑男阿周亲侄，备马赴京进贡告袭。洪熙元年五月奉圣旨著他袭，钦此。故，本官妾适璧正统八年正月，钦准袭职。故，保勘适璧系适仲童养媳妇，应袭姑职。天顺三年十月奉圣旨，是，钦此。故，男安奢，成化十三年七月准就彼冠带袭职。嫡长男安民，弘治十一年二月奉圣旨，安民准袭土官知州，钦此。故，正德七年四月，男安慰查得祖来不曾开有世袭字样，奉圣旨，是，准他袭，钦此。故，嘉靖十九年二月亲男安正奉钦依准令冠带，就彼到任管事。

霑益州松韶铺巡检司土巡检：李英霂，益州民，充把事。宣德九年，松韶驿山林险恶，蛮贼劫掠，总兵官沐晟奏英谙晓夷情，捕盗有功，准任开设松韶铺巡检司土官巡检。英同男李经领军，获功三十二次，斩获首级四颗。年老，李经弘治元九年奉圣旨李经准做土官巡检，钦此。故，正德十二年正月男李仪故，生长男李洪所袭，闻已成痼疾，伊男李表亦故。土舍李滨系已故李经长男李仪次男应袭，查得祖来，不曾闻有世袭字样，奉圣旨，是，李滨准他承袭祖职，钦此。

陆凉州土知州：资宗，本州罗罗人，世袭土官。洪武十六年总兵官起送赴京朝觐，当年十一月钦除本州知州。故，男资求，永乐四年十二月奉圣旨著他做知州，钦此。故男资曹幼有母沙共告袭夫职，侯资曹长成替职，永乐十四年奉圣旨著沙共借袭，钦此。宣德八年四月资曹替职。正统六年十二月杀贼有功，升府同知仍管州事。嘉靖十三年闰二月资徽奏乞承袭资曹原袭知州管理州事，正统六年杀贼有功，升府同知职事，仍管州事。景泰六年遇例纳粟升宣慰司使副使，仍管州事。后革纳级，今袭府同知职事仍管州事，奉圣旨是，钦此。

马龙州土知州：安崇，本州罗罗人，前代世袭土官知州。洪武四年故，男法灯年幼，母萨住赴京告袭。十六年十月准袭。故，法灯年长出幼告袭。二十七年八月奉圣旨准他袭，钦此。男阿长正统六年保送总督尚书王骥处袭职。正统八年故，男阿僧未袭先故，长寿系阿长亲孙阿僧嫡子告袭，成化二年正月准行就彼冠带。故，嫡长男长辅弘治元年二月奉圣旨，是，钦此。文选司缺册内，查得弘治七年四月知州长辅故绝。改设流官知州罗环。

罗雄州土知州：普苴，本州罗罗人，洪武十五年归附。十六年总兵官定用前职，故，男乐伯二十九年十一月准袭。故，者系永亲男年幼，适广系父伯乐正妻，永乐八年十二月奉圣旨准他袭，钦此。故，者永年幼，伊叔沙陀借袭，永乐十二年闰九月奉圣旨，准他袭，钦此。宣德元年十月，者永出幼，奉圣旨，是，准他袭，钦此。故，无嗣，堂弟者甫告袭，天顺八年八月奉圣旨，是，钦此。故，庶长男者松弘治十四年七月奉圣旨，是，者松著冠带袭土官知州，仍不世袭，钦此。故，正德十年十月亲男者达祖来不曾开得世袭字样，奉圣旨，是，者达准承袭，钦此。嘉靖九年十二月亲男者昂奉钦依，准令冠带，就彼到任管事。

安插宣抚：安插土官恭项，初为麓州宣慰司人。明兵四十万讨思任，项以万兵为向导，每战先登，俘思任、思机妻孥八十余众，斩夷首万余，复发私积饷军三月费不赀。麓州既定，靖远伯请改宣慰司为陇川宣抚司，尚方与冠服金带并铸印畀之。后与其下刁木立不相能，构兵焚司治，项奔省城，镇巡复发大兵讨之。木立惧自经死。朝廷以民不与恭氏而不欲泯其前功，仍以宣抚司安置曲靖。令世其官。（师范：《滇系·土司上》）

曲靖军民府在明清属二县四州，共有土知事一、土知县一、土县丞一、土知州四。而所有土州县官多数系前元世袭土官降附者。二巡检司土巡检一为从征将弁，一为捕盗有功而谙晓夷情者。亦佐县至洪武二十一年即除流官，土官降为县丞，永乐三年所置之县丞，即安插县丞。马龙州于弘治七年改设流官知州。自洪武至弘治一百余年，曲靖一府所属六州县已土流各半。至万历初年，六州县多设流官，流土并治而土官名称虽为州县正印，其实职已降为佐二。《土官底簿》卷上《蒙自县知县条》："弘治六年文选司报蒙自县添设流官知县掌印，土官知县专一管束夷民，巡捕盗贼。嘉靖二年九月巡抚王启奏禄赐户绝，流官知县管理县事，土官座小裁革，奉圣旨是，准拟行，钦此。"又《宁州知州条》："弘治十六年四月文选司报宁州添设流官知州掌印，土官专一管束夷民，巡捕盗贼。"曲靖各州土官之职责，亦当同此。明代土官，其官虽世及，而请袭之时，必以并无世袭之文上请，所奉进止，亦必以姑准任事，仍不世袭为词，以示驾驭之权。曲靖一府土官授职之初多未有世袭明文，虽沿前元旧制，官可世及，然"不守法度时，随时换了"，每遇袭替，必以此告诫。凡遇土司叛乱剿灭，或病故嗣绝，所谓有罪不赦，有缺不补，立即改土归流，如上亦佐土县，洪武十六年授职，二十一年因乱即除流官。又马龙土州，弘治七年土官故绝，改设流官知州。又明初土司袭替必赴京钦授，所谓"万里之遥，数年之后"，虽妻女亦必赴阙受职。如马龙土官知州安崇，洪武四年（四年或为十四年之误）故，男法灯年幼，母萨住赴京告袭，十六年袭。土官有功升迁亦如流官，陆良土官知州资曹，正统六年十二月杀贼有功，升府同知，仍管州事。故土官之职责与赏罚同于流官，所不同者土官仅得世及而已。明初土司制度之实例如此。

以上曲靖一府土官之例证观之，可知明初土司制度，实为"齐其政，不易其宜；修其教，不改其俗"的边政制度。此乃我中华民族涵化边疆民族之传统政策，以冀涵化之能收速效，而参用谙晓夷情或为夷众推服之土官同治而已，并非真正的裂土分封以封建土司。迨明自中叶而后，抚绥失宜，威柄渐弛，又有输纳袭职，规取日陋，甚之革流归土，倒行逆施，土司叛服不常，仅能羁縻勿绝，诸土司地，俨然成为封建小邦，土司制度名存而实亡。自明季经清代而至民国，土司之存者，一仍其旧。故世之论者，多谓土司乃封建之遗毒，而未知土司之初制，实为修齐涵化之边政制度，惜后世未能力行，使制度内容变质，而委罪于制度之本身，殊非公平之论。寻流溯源，探测土司政治之原初体制，敢发前人之所未言，或可供改进边政者之借鉴。

明代土司因其所在地域，可分为内地、腹地、沿边、边外四等。土司制度之推行，亦因地域之不同而异其程度。内地土司地居冲衢，境连郊邑，汉夷杂处，治理较易，如曲靖、临安、楚雄、大理等府。土制实施易著成效，若曲靖一府，百余年间，土官日革，比于内地。

腹地土司，地界数省，交通梗阻，夷多汉少，控驭较难，如乌蒙、乌撒、芒部、东川等府。明初设官立学，定其赋税，一如内地土司。《明史》卷三百十一，《四川土司传》："（洪武）十七年割云南东川府隶四川布政使司并乌撒、乌蒙、芒部皆改为军民府，而定其赋税；乌撒岁输二万石，毡衫一千五百领；乌蒙、东川、芒部皆岁输八千石，毡衫八百领。又定茶盐布疋易马之数；乌撒岁易马六千五百匹，乌蒙、东川、芒部岁四千匹。凡马一匹，给布三十疋，或茶一百斤，盐如之。"四府设官、正印知府多为土官（《土官底薄》卷下《四川土官》），而其余佐二教官多以流官佐之。同传："宣德八年设乌蒙儒学教授训导各一员，以通判黄甫越言：元时本府尚有学校，今文庙虽存，师儒未建，乞除教官，选俊秀子弟入学读书，以广文治，从之。"又："成化十二年，乌撒知府陇旧等奏：同知刚正，抚宇有方，蛮民信服。今九年秩满，乞再任三年，以慰群望，从之。"至正统中，控驭日疏，土制日坏，腹地土司反有撤革流官、宽贷土官之事。同传："正统七年，裁乌撒军民府通判、推官、知事、检校各一员，十一年裁乌蒙东川知事、检校各一员，并革乌撒、乌蒙递运所。景泰元年三月，乌撒进万寿表逾期，部议宜究，诏以远人宥之。嗣后朝贡过期及表笺不至者，朝廷率以土官多从宽贷，应赐给其半。"又师范《滇系·土司上》："成化元年，礼部奏芒部知府朝贡过期，命给半给。十年，乌蒙知府庆贺表笺不至，礼部请速问，帝以土官宥之。十七年，芒部土知府遣人来朝贡马过期，减例赏之半。二十年，乌撒土知府安伯关，遣人贡马，三年始至，今又逾贡期，乞减例赏，从之。弘治四年，乌蒙知府禄溥、乌撒知府安得朝觐逾期，请减半赏如例。十三年，乌撒贡复逾期，如前议减。十四年，乌撒所进万寿表及千秋冬至表皆逾年始至京，礼部请罪之，帝以其远人，且前后所遣迟滞皆有故，宥不问。嘉靖元年，东川军民府署印舍人禄庆屡违贡期，诉称僰苗梗路不得达，命减半赏，下抚按官核其事。"远人畏威不怀德，有罪不罚，反起其玩忽功令，藐视朝廷之心。至嘉靖五年，芒部因乱改土易流置镇雄府，九年又仍革流归土，改镇雄为土府。《明史·四川土司传》："四川巡抚唐凤仪言乌蒙、乌撒、东川诸土官，故与芒部为唇齿，自芒部归流，诸部内怀不安，以是反者数起。今怀德长官阿济等，虽自诡擒贼，其心固望陇胜得一职，以存陇后，臣请如宣德中复安南故事，俯顺舆情，则不假兵而祸源自塞。川贵巡按戴金陈讲等奏如凤仪言。……章下部覆，乃革镇雄流官知府，而以陇胜为通判，署镇雄府事。今三年后果能率职奉贡，准复知府旧衔。时嘉靖九年四月也。"嘉靖末年，土府佐二流官、土官擅自标署：同传："安万铨取东川府经历印畀禄位妻宁著署之，以照磨印畀者濬。而以宁著女妻者濬子，仍留水西兵三千余于东川为宁著防卫。水西与东川邻，万铨本水西土官，故议者谓其有阴据东川之志。巡按王大任奏言东川地方残伤，该府三印，悉为土官部置，请通敕川贵总督及镇巡官私擅标署之罪。"及至明季，庙堂之上，急于流寇，土司益以骄纵争官夺印，叛乱相继，腹地土制荡然无存。其后虽在清初盛世，腹地土司仍多桀骜难制。至雍正初，大举剿抚，实行改土归流，腹地土患，至此始绝。

　　沿边土司境邻外夷，瘴疠之地，民多摆夷，汉人罕至。如明之三宣：南甸、干厓、陇川三宣抚司等地。初虽设官如制，然不过供差发羁縻而已。《滇系·土司下·南甸传》："南甸旧名南宋，至元二十六年，置南甸路军民总管府领三甸。明洪武十五年改南甸府。永乐十一年改南甸州，以刀贡罕为南甸土知州。宣德三年置四巡检司，八年又于赖邦哈、九浪、莽孟洞三处各置巡检，以土军杨义等三人为之。正统九年升州为宣抚司以贡罕子落硬为宣抚司通判，刘思勉为土同知。天顺二年后置南甸土驿丞……其所属罗卜思庄与小陇州，皆百夫长之分地，其世袭知事者二，曰谢氏，曰闷氏。谢氏居曩宋，闷氏居盏西。旧额征差发银百两，今十一两。"《明史·干厓土司传》："干厓元中统初内附，至元十二年立镇西路军民总管府领三甸。明洪武十五年改镇西府。永乐元年设干厓长官司以郊忠国领其职。正统六年升干厓副长官刀怕便为长官。九年升干厓为宣抚司，以刀怕便为宣抚副使，刘英为同知。"又《缅甸土司传》："万历元年，应里率众二十万行戌陇千间……遂取干厓印付罕拔妹，以女官摄宣抚，召盏达副使刀思管，雷弄经历，廖元相佐之。"《滇系·土司下·陇川传》："明正统十一年既平麓川，因改为陇川，以恭项为宣抚。其将土司有同知、副使、佥事等官。以刀歪闷为同知，刀落曩为副使，陇帝为佥事。万历中分陇川副使多恭居遮放，同知多俺居猛卯。旧额征差发银一百七两今八两。"以上三宣，地虽僻在沿边，而设官一如初制，土官为正印，佐以流官。如通判刘思勉，同知刘英，经历廖元相，知事谢氏，巡检杨义等。中叶以后，土制渐弛，通判、经历、知事等流缺改授世袭。明制宣慰、安抚等土司，俱设儒学（《明史·职官志》），但沿边各司地处边徼，夷多汉少，未易立学建儒，以被声教，流官授土，世居夷地，其亦同化于夷。修齐之政策，不得推行，故至今沿边土司，尚未能完全涵化于国族。

边外土司地在域外，政令难及，授以爵赏，俾自为治。明代所谓六慰：木邦、孟养、缅甸、八百大甸、老挝、车里六宣慰司地。置土官宣慰使一人，不佐以流官。征差发，李修《云南通志》卷十六："木邦军民宣慰使司，类征差发银一千四百两。孟养宣慰使司额征差发银七百五十两。"听征调，奉职贡，须凭信符及勘合而行，维系远人，其法甚为严密。

永乐二年，上以百夷新附，命制信符及金字朱牌颁给木邦、八百大甸、麓州平缅、缅甸、车里、老挝六宣慰司，孟定、孟艮御夷府，及湾甸、镇康御夷州等土官，其制以铜范信符五、阳文者四、阴文者一，以一合四俱相符。阳文分刻文行忠信四字，而阴文兼刻之。乃作批文勘合底簿，自一号至百号止。其号之字，则车里以车字，缅甸以缅字，各编底簿，而发阴文信符及批文勘合百道于诸土官，发底簿于布政司。其阳文信符及批文百道，则藏之内府。凡朝廷遣使齐阳文信符及批文各一至布政司比同底簿，然后遣人送使往。令土官比同阴文信符及勘合即如命行。其信符之发，初发文字，次发行字，周而复始。又制朱牌镂金字敕书其上谕之。其文略曰："敕土官，尔以远人慕义，虑大小臣民，假朝廷差使需索，特命礼部铸信符付尔。凡调发及当办诸事，须凭信符乃行。如越次及比字号不同，与有信符无批文、有批文无信符者，皆诈也。其擒之至京，处以死罪。至勘合百道，凡军民疾苦及奉信符所办诸务，与贡献方物，俱填写勘合，与司比号而书之底簿，然后司官亦遣官同齐奏闻。若边疆机事征发调遣，从三司官会同计议，已经承行，则亦填写勘合奏闻，如例毋忽。"（《蛮司合志》卷八）明代边外土司除上述六慰外，尚有大古喇（Pegu）及底马撒（Tenasserim）二宣慰使司，故在明初，中南半岛除沿海安南、占城、暹罗诸国为我属邦外，余多为我徼外土司地。

四、卫所与土司

明初，凡土官铨选承袭事宜均归吏部。洪武三十年，改领土兵者，如宣慰、宣抚诸土司为武职，属兵部。此改制与明代卫所制度有关。《明史·兵志二》："天下既定，度要害地系一群者设所，连群者设卫。大率五千六百人为卫，千一百二十人为千户所，百十有二人为百户所。所设总旗二，小旗十，大小比联以成军。"卫有指挥使、同知、签事。所有正副千户，百户。总旗辖五十人，小旗辖十人。各卫又分统于都指挥使司，司有都指挥使、同知、佥事。自卫指挥以下，其官多世袭，其军士亦父子相继。都指挥使则因节制方面，职系甚重，从朝廷选择升调，不许世袭。诸卫所兵，征调则属于诸将，事平则散归各卫，多以屯垦自给。都司卫所之建置，本纯为军事之性质，初与普通行政无关。然卫所设在边关之地，守戍责重，其地军民多与防守有关，故州县之任，即委之卫所。后又置卫所于未设州县之区，故军事而兼理民政。凡军民兼辖之卫所称实土卫所。在边徼夷地之军民指挥使司、军民千户所，不仅军事而理民政，且兼统土兵，故此类实土卫所，又称军民卫所。例如明代湖广都司所属施州卫，《明史·地理志五》："施州卫军民指挥使司，元为施州，属四川行省夔州路。洪武初省，十四年五月复置属夔州府，六月兼置施州卫军民指挥使司，属四川都司，十二月属湖广都司。后州废存卫。领所一、宣抚司四、安抚司九、长官司十二、蛮夷长官司五。"

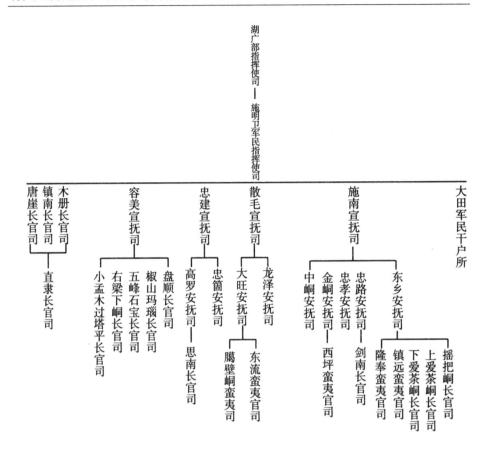

明代因地制宜，设土兵相制之法，保卫地方。大小土司分隶于都司卫所。宣慰司相当于卫，直隶于都指挥司，宣抚、安抚长官等司相当于千户所，隶属于军民卫或宣慰司。故土司之职官同于卫所。军民卫有指挥使、同知、佥事，其属官有经历司经历、知事，职典文移出入，镇抚司镇抚，职掌刑名兼理军匠。宣慰司有宣慰使、同知、副使、佥事，经历司经历、知事，司狱司司狱（见《土官底簿》卷下有思南宣慰使司司狱程汝良）。直隶都司之守御千户所，其官职有指挥，或同知或佥事，正副千户、所镇抚、百户伍、吏目。宣抚，安抚招讨长官诸司之职官（如上表）与守御千户所大致相同。明制，边地军民卫所土官与汉官参用，令之世守。例如甘肃之庄浪卫《五凉考治平番县官师志》："庄浪卫指挥使汉官四员、土官二员，招讨同知汉五、土二，指挥佥事汉十、土三，正千户汉五、土一，副千户汉七、土四，实授百户汉十一、土七，试百户汉十三、土六。"庄浪卫在元为县同名，属永昌路。明洪武五年，宋国公冯胜平定河西，改县为卫，分立五所，隶陕西行都司。康熙二年，改卫为所，雍正三年裁所，设平番县，隶凉州府。庄浪土官至清顺治二年率众归降，仍授原职。及改所为县，前明卫所官衔，递变而成清代之土司名称。卫所官多世袭，汉官世守夷地几同土官，清初降附亦多授原职为土司铃束夷众。如西宁陈土司，始祖陈子明江南山阳人，为元淮安右丞，洪武元年率众归附，北伐有功授随征指挥佥事，十六年从征阵亡，其子陈义袭职，后以功授西宁卫世袭指挥使。陈氏虽为汉官，田世守夷地亦授土职。故现存武职土司，西南之宣慰、安抚长官等衔，多为元代旧名，明清因之。西北之指挥、千户、百户诸名，为明卫所官衔，清又因为土司职名。细考明清两代西南与西北武职土司制度，多为有明之实土卫所制度，不过名称不同而已。

明代都司卫所制度，在边徼海疆设行都司实土卫所，在边外远服东北设羁縻都司卫所，西北设番夷都司卫所。东北羁縻都司卫所，有奴儿干都司一、卫三百八十四、所二十四。奴儿干都司之建置，实与设立土司无异。

《明宣宗实录》："宣德三年正月己丑，命都指挥使康旺、王肇舟、佟答剌哈，往奴儿干之地，建立奴儿干都指挥司。赐都司银印一，经历司铜印一。"

又六年六月癸丑，命都指挥同知佟答剌哈姪胜袭为都指挥佥事，佟答剌哈在边多效勤劳，升奴儿干都指挥佥事，后升都指挥同知，于三万卫，带支百户俸而卒。胜告袭行在兵部，言都指挥流官不应袭。上曰怀抚远人，勿拘常例。特命袭都指挥佥事，仍支百户俸。又六年十月乙未，奴儿干都司都指挥使康旺致仕，以其子福代为本司都指挥。旺，鞑靼人，洪武间，以父荫为三万卫千户。自永乐以来，频奉使奴儿干之地。至是复命往奴儿干，设都司。旺辞疾，乞以福代，故有是命。

又八年八月己卯，以奴儿干都司都指挥同知王肇舟老疾，命其子贵袭都指挥佥事，食副千户俸。肇舟初自副千户升都指挥，贵屡使奴儿干之地，谙其土俗，至是众请以贵代，肇舟从之。

明代经略奴儿干之地，始自永乐初年。《明史·兵志二·卫所门》："奴儿干卫，永乐三年置。后迭遣内官亦失哈及武臣康旺王肇舟佟答剌哈等，抚绥其地，自海西抵奴儿干及海外苦夷，皆听约束。"初仅授其土酋头目以卫所官职。

《宣德实录》："宣德二年八月丙子，命奴儿干等处来朝。女真头目者得兀为可令河卫佥事。僭卜为弗提河卫佥事，俱袭父职。"

至宣德三年设奴儿干都司，而以经略其地，谙其土俗之武臣，为都指挥使、同知、佥事。且都指挥职系流官不应世袭。而破例特命父子承袭，俾以世守其土。故明代东北之羁縻都司卫所，在制度上实与土司相同。

西北之番夷卫所，西北诸部在明初服属，亦授以指挥等官，设卫六：赤金蒙古卫，罕东卫，安定卫，阿端卫，曲先卫，哈密卫。在番藏各地明初设都指挥使司二：曰乌斯藏（即今之前藏地）；曰甘朵（甘孜等地）。置指挥使司一：曰陇答卫。此外尚有宣慰使司三、招讨司六、万户府四、千户所十七。卫所与土司之同时设置，除名称外，已无分别。

卫所制度，官为世职，屯田官有，舍丁世为军户。较之土司制度，土官世袭，土地公有，百姓为世民，在实质上二者相同。内地卫所则纯为军屯之制，至于边地之实土卫所，军民兼辖，已与土制无异。故明代之土司制度，实在利用土官世袭、土地公有、兵民不分之三种旧制，而以卫所制度略加组织而已。

土司制度既同于卫所，所以土兵亦为明代主要兵源之一，朝廷每有大征伐，无论安内攘外，土兵几无役不从。读《明史·土司传》调用土兵之事，不胜枚举。不仅用兵西南，如征缅越，征调士兵，即在东南征倭，或赴东北援辽，土兵亦多从征。如《明史》卷三百十《保靖土司传》：

> 弘治（弘治当为嘉靖，编者注）三十三年，诏调宣慰彭荩臣，帅部三千人，赴苏松征倭。明年遇倭于石塘湾，大战，败之。贼北走平望，诸军尾之，于王江泾大破之，录功以保靖为首。……万历四十七，调保靖兵五千，命宣慰彭象乾亲统援辽……浑河之役，一门殉战，义烈为诸土司冠云。

土兵被调出征，粮饷有由土司自备者。如《明史》卷三百十三《景东土司传》：

> 景东每调兵二千，必自效千余，饷士之费，未尝仰给公家，土司中最称恭顺。

迨明中叶以降，卫所日渐废弛，卫军徒存其名，实已无兵可用，土兵在当时几为国家唯一之武力。

弘治九年，总督邓廷瓒言：

> 广西瑶、僮数多，土民数少，兼各卫军士十亡八九，凡有征调，全倚土兵。乞令东兰土知州韦祖鋐子一人领土兵数千，于古田、兰麻等处，拨

田耕守，俟平古田，改设长官司以授之。（《明史》卷三百一七《广西庆远土司传》）

又正德中，王守仁言：

赣州财用耗竭，兵力脆弱，卫所军丁，只存故籍，府县机（兵）快（手），半充虚文，御寇之方，百无一恃，以此例彼，余亦可知。是以每遇盗贼猖獗，辄复奏请兵，非调土军，即借狼（狼兵亦土司兵）达（达兵为蒙古土兵），往返之际，辄已经年，靡费所需，动逾数万。（《阳明集要·经济集一·选拣民兵》）

至在土司最多之云南，地方武力，几全恃土兵，明庄祖诰《兵食志》云：

天下皆有卫所，皆有军，皆有屯，然而兵食之寄不与焉……从来用兵，所用皆土司兵……曲交之征人，实抽腾永之戍卒，所至效用而奏功者，土司兵耳。土司兵在安攘备考所列，俱出西迤，近沙普诸路，又出迤西以上。……土兵先年用迤西，今用迤东者，先年防缅，近年防交，干戈相寻之处，则死士出焉，其习然而。时下沙、普二兵最劲，沙可六千，普可五千。此外广南铳手似精，但其酋闇弱，兵无纪律。元江兵派之夷寨，脆弱不堪。宁州景东可各三四千不甚劲，而土官并恭谨。宁州尤切近，足备缓急。嵋峨兵不满千，不足恃。石屏可一千二三百，铳手亦精。（师范《滇系·典故》第五册）

明初设土兵相制之法，盖因溪峒之间，窃发时起，则彼我征调，颇易为力，借此以蛮攻蛮而已。然其后卫军懈驰，凡议大征者，无不借土兵狼兵，因此土司得以凭恃兵力自重自存，且朝廷亦欲利用土兵而增设土司。弘治九年，邓廷瓒言：

镇安府之归顺峒，旧为州治，洪武初裁革。今其峒主岑瑛每以效劳于官，乞设州治，授以土官知州。凡出兵令备土兵五千，仍岁领土兵二千赴梧州听调。诏从之。增设流官吏目一员。（《明史》卷三百十九《广西土司三·王顺州传》）

虽云土兵控驭无方，利害各半，然有明一代，安内攘外，实借土兵之力甚多，土司有其自保之道，故终明之世，土司制度保存而不废者以此。

第二卷　第十一、十二合期　1943年12月

中国边政之土司制度（中）

凌纯声

五、土司之土地

土司世官其地，世有其土；土民世耕其土，世为其民。土司制度下之土官与土民，二者之关系实因土地而发生。土司之土地为公有制度，法禁不得自由买卖，人民领耕土地，不论其为夷族或汉人，即成为土司之百姓，受其管辖，并应尽一切土规所定纳租服役之义务。故土制之土地制度实为土司政治之核心，欲求土司制度之合理改善，如能对于土地问题有一适当解决之办法，使土司不得兼为地主，土民不致沦为农奴，则土司问题已解决十之八九，土官之存废已无其重要性在。土司制度原由部落制度递变而来，部落土地本为公有制度，土司政治不过对于原来部落，齐其政，不易其宜，或官归付之土酋，或封有功之将士，借朝廷之名器，授以爵命，使之世守其土，较之部落政治在实质上并未多所变易。如土地公有制度，且得借朝廷之法令而保护之。例如：

乾隆四十三年复准：广西省庆远等五府属土司，各有官庄田亩，收取租息，以资养赡，原不许私行典卖。其属下土目、土民，一切词讼钱粮，皆听土官经理查办。尤不许互相交易，致滋弊端。若不明立利条，严行查究，不免日久玩生。现在已经典卖田亩，查明有力土司，速即勒令回赎，其中或有不能回赎者听。惟严禁各土司，嗣后不许私相典卖。如再有违禁不遵者，立即追价入官，田还原主。并将承买之人比照盗卖官田律，田一亩笞五十，每五亩加一等，罪止杖八十，徒二年。其违例典卖之土司，议以降一级留任。若该土司有倚势抑勒情事，即将勒卖之土司，降一级调用。（《钦定大清会典事例》卷五八九）。

但在汉土杂处之地，土司土地公有制度，虽有政府法令之保护，亦难经久生效，因汉人以其土地私有观念，能想各种方法取得地权，初则以客籍典种土司地亩，继以重利准折，高其典价，使土司无力回赎，永典不归，如同自产，公有土地无形中转变而成私有。政府虽有例禁，亦多成为虚文，即以上举一例而言，至嘉庆初年已无妥善之办法。如：

嘉庆四年谕：台布复奏，广西土司典出地亩，未便即令备价回赎，请开设官当，以济土司缓急，并土境客民，另编客籍一折，所奏殊属非是。前因成林条奏，开垦广西空闲地亩，招徕客民一事，将原折发交台布阅看。台布接谕旨后，原不妨据实复奏，今既查明汉民占种土司田亩，为日已久，如概令备价回赎，则土司疲惫无力，若欲分别查办，悉数追还，则汉民资本全亏，以致失所。是成林所奏，断不可行。（清朝《续文献通考》卷一三六）

是以凡接近内地之广西土司，汉人移居较多之地，清末改土归流之后，土司势力即易消灭，实因土司早已典卖土地，自坏长城，失其凭借，徒拥有虚名而已。至在川、滇、黔三省交界之腹地土司，于明末清初即已改土归流，然迄于今日，土司之名虽废而实质犹存，症结所在，因土地仍为土目头人所把持，土地制度迄未有所变革。例如四川永宁宣抚司在明崇祯初年即改土归流。今已三百余年，而尚有土地为土目所把持，如最近四川古兰县水辽乡土民向四川省政府请愿书云：

……按土司原为封建遗孽之一。初有土司，乃用以辅佐国家，推行政令，治理人民。不料为时既久。势比封君，专横独断，鱼肉部民，生杀予夺，妄行无忌，视人民为犬马奴隶，虽同属中华领域之中，而政教分歧，形同化外。凡土司所辖之地，其私人累代出生、死亡、嫁娶以及一切生活消耗之费，无一不由佃农供给。其收租方法，分为皇粮、毛粮两大类，皇粮即国税，毛粮即为供给土司私人之需。且其征收方式亦多苛刻，有米租、玉粟租、豆租、麻租、鸡租、猪租无所不收。且在契约上，既订明将地放与某佃民子孙永远为业，而又每借细故收回另放。当其收回土地之日，则佃户租金，分文不给，强迫迁徙，佃农因屈于暴力之下，含冤受辱，无处诉苦。又土司管辖境内，所有适龄壮丁，均任其抽调服役，今值国家征兵孔亟之际，而土司佃民之从军者，为数寥寥，然多数青年，均在土司衙门，优游自得，逍遥法外，为非作歹，时有所闻，不特有碍兵役大政，抑且有害地方治安。以土司辖地之大概情形，久为识者所苦。兹有古兰县属之水辽乡，因处川、滇、黔毗连之区，地瘠民贫，生活素苦，世属岩梯土目忠兴堂屯主李芬辖地，至今数百年，累代相沿，一切待遇较他土司诚有过之无不及。今以国难方殷，田赋改征实物，照理论云，佃农既按顶纳租，田赋应由地主自行承输。殊知李今土目筱泉，既勒令佃民承纳国税，而其所应得租粮杂款，不减分毫。兼之此地政务紊乱（政治属古兰县，田赋属叙永县），是故运送粮谷，远辄百余里。又有土司爪牙，俗谓头人，从中作弊。动以武力威胁佃农，过量输纳，以求中饱。农民数百户，因震于有枪阶级专制淫威之下，叫苦连天，为状之惨，殆不可言。更值今岁，旱魃为灾，产量大减，而国家征粮购谷，数额倍增。佃农等一肩数任，势难生存，为此理当依法请愿，恳请钧府急予派员调查，设法救济。如仍须佃民直接承输国税，该土司即须停止收租，以纾民困，借维生活。或饬所属农民径行投税，而给予土地所有权，既可稳定国家之税收又可保障农民之权利，则民等同感高厚矣。……（芮逸夫：《川南苗族调查资料》）

由上举一实例观之，可以充分说明土司制度下土地问题之重要。如仅改土而不解决土地问题，则土司名废而实质且得永久保存。或谓改流之土司，保有土地仅为一地主而已。然国家征粮购谷应由地主负担，今土司地主则派之佃户，与普通之地主不同。甚之贵州业已改流之土司，迄今除收谷租之外，尚保存力租之制，例如：

大定土司之佃农，恰若其家之家奴。无论土司有何吩咐，佃农皆须谨慎服从，不得怠慢，工作期间，土司供给三餐饭食，但决不支付工资。有时于工作完成之后，佃农尤须酿资向土司馈赠，以表祝意。（见擎天：《云贵两省租佃制度之研究》，《西南边疆》第十三期）

在贵州这种名废实存之土司甚多，据最近《大公报》之通信：

一个作农业推广的朋友，在黔西工作之后，回来对我说道，真正的大地主在黔西可以找到，那就是横贯三省边界的土司地主，连土司自己也不知道究竟有多少。在独山孟姓的土司，售谷粮价二十余万元。土司的儿子把自己的家庭布置得像小皇宫一样。（徐盈：《贵州的四边》）

至于国内现存土司，多视土地为其建立政权之基础，故对于所辖土地，无不竭力维持土地公有制度而严禁买卖行为。兹举四川汶川瓦寺土司与西康巴底土司二例，借以说明土司土地制度之现实情形。

　　瓦寺土司……对其司区土地，认为属于土司所有，此乃《土规》所定。……瓦寺土司领域内之土地，其所有权绝对不能移转，故无买卖或赠予之事。举例言之，如土司家嫁女，土司即以其某某一部分之土地作为陪嫁，其女虽远嫁他处，而该部分土地上人民所上之粮，可由其收用。惟此种权利，仅及于该女自身之一生，该女不亡之日，此种权利即由土司收还。此一例也。又如土舍因功大小受土司给地多寡。土舍受地，即子孙世世相传，然土地之所有权仍属于土司，土舍仅能收取该土地之粮，或自行耕种该土地，而无支配该土地之权。此又一例也。土民（嘉戎族）向土司领地耕种，每年上粮；汉羌亦可向土司领地耕种，每年上租，即称为瓦寺之"百姓"。其永佃权亦子孙世世相传，土司决不将其土地卖予土人或汉人羌民。此又一例也。且无论土、汉羌之领地耕种或土舍之受分土地，一旦无嗣续而成为绝户时，其土地立即由土司收回，另觅顶替种植。总上所述，居住瓦寺区域内之"百姓"，无法取得土地之所有权。至于土司自身，亦不能将其土地出卖。例如民国二十四年□□□□，土司举家避难于成都灌县，旷日持久，经济拮据，将瓦寺区域内一部分森林之地出抵于某富商，事平，经济渐裕，然后赎回。

　　瓦寺区域内之土地，既无买卖行为，则其地权变迁，呈若何状态乎？曰典当纷杂，曰租佃混淆，请分述之。

　　（一）典当纷杂　承佃之"百姓"，有时因经济或其他之关系，可将其土地自由当或典于他"百姓"。受分之土舍以及土司自身，有时亦将其土地当或典于"百姓"。"百姓"承当或承典之土地，亦可转当或转典于他"百姓"。其一再转移，情形纷杂。然无论如何，佃农（即所谓百姓）对于土司租佃关系之义务，终未消除。

　　（二）租佃混淆　根据上述，土司之佃农，可将其承佃之土地转移于他人。……惟无论其转佃之情形如何，佃农对于土司之义务却毫无变更，是土司固自认其地权仍然存在，即佃农亦仍承认土司原有之地权。（宓贤璋：《瓦寺土司政治调查》，《西南边疆》第十三期）

　　瓦寺土司迄今虽未改流，然以其境毗连内地，易受控制。近年一切行政司法之权，已统属于汶川县府，唯土司尚能保有土地所有权，犹不失为一大地主。至于巴底土司之土地制度与瓦寺大同小异，根据作者实地调查所得节略述之。

　　"巴底境内凡可耕田地多称差田，土地规定名为土司所有，只可押当，不能买卖，其情形大致与瓦寺相若。全境耕地分成差田六百三十份（实有七百至八百份弱，内有土司之官庄、头人、寨首、通事等所受之田，不纳粮完税，亦不当乌拉，故匿而不报）。土地之分配，不以面积之大小，而以产量之多寡计算。因巴底农地分河谷与山坡两种：河谷低地，气候温暖，土壤深厚，年产两季；山坡高地，地势高，霜期早，每年只种一季。差田每份河谷之地约十二亩，山坡之地加倍约为二十四亩。领耕差地，每户须有房屋一所，差田可以父子相传，但一人有数子者，通例只可一子承种差田，他子多须另谋生活。例如某甲有子五人，以长子（次子或任何一子均可）承差，第二子出家当喇嘛，第三子送无嗣者为养子，第四子出外为赘婿，第五子如无出路，可在家帮种差田，但不能娶妻。如能另习手艺而有职业，乃得娶妻成家。可分若干动产，如牛羊、家畜、衣服、家具、农具等等，但田地房屋不能分取。差田一份亦可由二子承继，甲乙各得其半，但差田分过一次，则绝对不能再分，且甲乙任何一人死亡或绝嗣，或因他故不能承耕时，分田仍须归并为一份。如某甲无子，则过继亲族之甥侄，或抱养他姓之子。又某乙只生一独女，则此女不能出嫁，必须在家招赘承差。差田亦可陪嫁，规定最多为田之八分之一，但收田租仅及女之本身，女死应即收回。如某户嗣绝又无亲戚承种其田，田即由土司另招顶替之人。若某甲有二子，以次子承继自己名下差田，长子年已成人，欲再领耕绝户一份差田，则必离其父母，搬至绝户房屋居住，并绝户遗有债务，应为料理偿清。巴底土地公有制度，严格规定土地既不得兼并，又不得分析，耕者有其田，且田有限额，一人不得多领，亦不能少耕，而耕地平均。差田每份年纳正粮（现向县府缴纳）小麦或苞谷四斗，约四十八斤，私粮（土司私收）一斗。此外尚有主要之义务为服役当差，土语乌拉。乌拉为差徭之总名，差徭或任输役（人称乌拉娃牛马称乌拉牛乌拉马，出牛或马一头抵作人夫二名），或送一子入学读书，或当壮丁。差户择任其一即尽乌拉义务。汉人亦可领耕差田，纳粮当差，一如土著。汉人多愿送子弟入学，不仅可免乌拉，且子弟在校食粮，须由全寨摊派供给。又有汉农向差户分种差田一半，遣一子入学以当差户乌拉，即不可付租纳粮。差户可以其田转租或典，但乌拉仍须自任，佃户概不负责。有时差户或因负债太多无力偿还，或田地被水冲刷，地力渐减，粮产不能自给及纳粮供差，即抛产逃亡，土司收回差田，另招差户顶耕，或无人愿意承顶，则听其荒废。土司之庄田，则招佃户耕种，田主、佃户分庄，各得产量之半，佃户无纳粮当差之义务，因庄田视作土司之私产，但亦不能买卖。故现在巴底境内所有土地全为公有，除土司头人在政治上有特殊势力者，得分地较多外，全境人民，不论汉夷，均可领耕差地，但地权（耕种权尚非所有权）平均，耕者受有其田，诚不失为一种善制。"（凌纯声著：《乌拉制度之研究稿》）

巴底于清末宣统三年改土归流，迄今已三十余年，然当时改土未能彻底，仅取消土司名义，勒缴印信，土司名废而实存。现存土司任乡长，头人任保长，寨首任甲长，乡长、保长仍为父子世袭，与土制丝毫无异。所不同者，人民在县府土司双重管辖之下，纳粮当差加倍压迫，重苦边民而已。

土司土地公有制度实行井田古制之遗意，可谓一种优良的土地制度。政府亟应明令规定，土司公有土地一律收归国有，既不准买卖，亦不许典押。改流之地，严禁土目把持，及奸民典当盘剥。清末赵尔丰为川滇边务大臣，经略西康，曾推行土司改流之后，土地收归国有政策，《西康土地记》云：

西康土地有二：一耕地，一牧地。耕地少而牧地多，皆为土司、呼图克图所有，并无买卖，而土司世代相承……近年土司改流，其地概归国有，土司自有之地，多者年产不过四五百石，牧牛马不过数百头，故免粮税。其喇嘛、头人、百姓均照章上纳。近数十年，头人百姓之地，间有私相买卖者，然买卖规则，则只买数年或十年，十余年仍还卖者。（原注：明正百姓，乍丫百姓，均有此风。纯案：此系典当，并非买卖行为。）并无永买之事，惟巴塘驻有汉人，塘兵开永卖之风，然卖者不过数百亩。（原注：法国司铎，谓买有土司之地，值银数百两。边务大臣已与交涉，谓土司不能卖地，仍应纳粮。）屡经边务大臣赵尔丰出示严禁，仍不准买卖，且奏咨在案。……西康土广人稀，土地又无买卖，井田之制，其可以行。惟此时须扼定不准买卖土地之旨，以便推行。（原注：近年出示禁止买卖土地，而外人在巴塘欲民间私买皆禁之。美国医士于巴塘修医院，只准租荒地外人请外务部来电，均力拒之。有案可查。）故西康改流土地，概归国有。言自此制定其制度，疏整其疆界，则孟子所谓方里而井，

井九百亩，其中为公田，八家皆私百亩，同养公田，其制可于西康见之。（傅嵩炑：《西康建省记》）

惜赵季和经营西康时间太短，继以不久鼎革，后之主康政者，每况愈下，赵氏之改土归流与土地国有两大政策未能贯彻。今康省改流之地，土地仍为土头等所把持，土司虽废而土头代兴，或土司名亡而实存。推原其故，皆因土地制度未加改革，土头仍占有土地为其根据，以此钳制土民。如能实行收归国有，根据民生主义之土地政策，耕者有其田，土地由政府拨给土民，使土民不仰土头以求生存，即可与其脱离关系。且土司头人丧失土地，控制人民无根据虽欲反对政府，亦孤掌难鸣，无能为力。故欲彻底解决土司问题，土地国有，把握土民实为釜底抽薪之办法。

六、土司之袭职

"自古苗乱，起于土司；土司之乱，起于承袭。"此言虽未必尽然，然读《明史·土司传》，土司弑逆争袭，史不绝书。且以此贻笑藩属，嘉靖十六年，安南莫登庸篡主自立，朝议征之。登庸笑曰："中国土官以弑逆为事，数十年无正法者，而独虑及我，何哉？"（见《蛮司合志》，卷十三）明清两代对于土司之承袭，虽有严格之规定，然多见效一时，无长久妥善之办法。因土司为封建世职，日久流弊自生。倪蜕《土官说》有云：

世谓土官家争杀淫纵之为，悉属边蛮沴气，天固不与之以善性者，芟剃而刈杀之宜也。虽然世禄之家，鲜克由礼。春秋二百四十二年，《左传》所载，诸侯卿大夫家事，岂不有甚于今日土官所为者。齐鲁郑卫岂是边蛮，而其骄淫杀夺，无所不有，盖非太公康叔贻谋之不善，亦封建世官之流弊必至于此极者也。（师范：《滇系·土司上》）

土官争袭杀夺之原因有二：一因土官多妻，嫡庶之争，常为乱源；二因妻女或婿亦得承袭，为祸更大。明初对于土司承袭，规定极严，所谓"每袭替则必奉朝命，虽数年之后，万里之遥，亦必赴阙受职。"洪武二十六年定：

湖广、四川、云南、广西土官承袭，务要验封司委官体勘。别无争袭之人，明白取具宗支图本，并官吏人等结状。呈部具奏，照例承袭。移付选部附选，司勋贴黄，考功附写行止。类行到任，见到者，关给割付，颁给敕谕。

洪武二十七年令土官无子，许弟袭。三十年令土官无子弟，而其妻或婿为夷民信服者，许令一人袭。明初土官虽可世及，而请袭之时，必以并无世袭之文上请，所奉进止，亦必以姑准任事，仍不世袭为词。例如云南府安宁州土知州，虽可父子承袭，但非世袭，并有"止终本身"之明文，《土官底簿》卷上：

永乐元年二月奉圣旨，见任的流官知州不动，这董节是土人还着他做知州，一同管事，不做世袭，他若不守法度时，换了。钦此。故，男董福海备马赴京告袭，十一年四月奉圣旨，着他做，不世袭，止终本身，若不守法度时，拿来废了，钦此。洪熙元年给诰命，不世袭。老疾，三司会奏袭，长男董玉应替。成化元年，奉圣旨，董玉既保勘明白，着他做，不世袭，钦此。弘治十年，患疾，长男董方应袭，十一年奉圣旨是，董方还着他做知州，不世袭，钦此。老疾，嘉靖元年，本部题工部咨开。云南布政司呈送董方男董沂该袭缘由，并已完纳木价印信领状粘咨到部，查得本舍祖来不曾开有世袭字样，奉圣旨是，准他袭，钦此。

故土司初制，不过利用为夷民信服之土官，或谙晓夷情之汉人，使之钤辖夷众，父子固可承袭，即弟侄妻婿亦可袭替。并非真正裂土封藩的封建制度。明初凡土官承袭事宜，均归吏部。洪武三十年，改为领土兵者，如宣慰、宣抚等土司之承袭，属兵部；土府州县巡检等土官，仍属吏部。经此改制，武职土司同于卫所军官均为世职，父子承袭。土府州县之土官名为文职，实亦多领土兵，后土官与土司仅名称有别而职实相同。初制虽非世袭之土官，至明中叶，"仍不世袭，止终本身，不守法度，随时废了。"等语，尽成虚文。又至"天顺八年，令土官告袭，勘明会奏，就彼冠带。"于是控制稍疏，动多自恣。至成化中，又有纳谷备赈，急公补授之令，则规取日陋，离叛日生。孝宗发愤厘革，弘治十八年罢土官纳粟袭职例，令照旧保勘，起送赴京袭职。又在正德六年，规定："预取应袭男儿姓名，造册四本，都（察院）、布（政司）、按（察司）三司各存一本，一本年终送本部（吏部）以凭查考；以后每三年一次造缴"。但至嘉靖初年，又令"土官衙门，设在荒远，兼因争竞仇杀等项，不能赴京者。抚按等勘实代奏，就彼袭替，仍依先年户部原拟等级，令其纳粟备赈。"

嘉靖年间，对于土司虽多改革，然始终未能除"照品纳米，就彼袭替"之陋规，致失驾驭土司之权。至万历九年，再停止云贵土舍输纳事例，但积弊重重，陋习难除。有明一代对待土官承袭，以"赴阙受职，就彼官带"为制驭土司严宽之术。且以此为功赏，如嘉靖二十八年题准："应袭土舍，曾经调遣，效有功劳，暂免赴京，就彼官带署职，管束夷民，待后功劳显著，方许实授。其余不曾调遣，及无功可录者，照例起送赴京袭替。"（以上关于明代土司承袭，皆见《大明会典》卷八）

清代土司之承袭，因明旧制，文职土官亦隶于吏部验封司，武职土司及土牟隶于兵部武选司，但其办法则相同：

土官文职承袭，由部给牒；书其职衔世系及承袭年月，名曰号纸。应袭者督抚查覈，先令视事。令司州县邻封土司具结，及本族宗图，原领号纸送部，具疏请袭。嫡庶不得越序。如无子者准弟袭。本族无可袭者，或妻或婿为夷众信服者亦许袭。子或年幼，督抚题明注册，选本族土舍护理。俟其子年十有五，方准请袭。年老有疾，请以子代者听。（见《钦定吏部验封司则例》卷五）

清朝对于蒙古王公世职，严格审定其谱系，因而争袭冒职之事较少。如规定："凡谱系各考其得姓受封之始，皆纪以世次，而着诸册，越十年则续而修之。"（《大清会典》卷六十四）后亦曾以此法豫制土官。

……其次又莫如豫制土官。夫土舍私相传接，支系不明，争夺由起，遂致酿成变乱。今后每过岁终，土官各上其世系履历及有无嗣子，开报布政司。三年当入觐，则豫上其籍于部。其起送袭替时，有争论奏扰者，按籍立办。斯方策既明而衅端豫杜。（《东华录·顺治朝》）因此，清廷颁给土司以"号纸"，作为承袭之根据，在乾隆十一年规定：每承袭世职之人，给予钤印号纸一张，将功次宗派及职守事宜，填注于后。后遇子孙袭替，本省掌印都司验明起文，或由布政使司起文。并号纸送部查核无异，即与题请袭替。将袭替年月顶辈，填注于后，填满换给，如遇有水火盗贼损失者，于所在官司告给执照，赴部查明补给。如有犯罪革职故绝等事，都司布政使司开具所由，将号纸缴部注销。如宗派冒混，查出参究。（《大清会典事例》卷五八九）

自从此法实行之后，土司因承袭而起之争端，前清较之明代减去不少。清廷重视边政，虽一小土官如土百户，所管人户仅数十户或百余户亦必由部颁给号纸，至土千户所管人户在三四百户，则颁给印信号纸。故号纸成为清代大小土司享受爵禄之根本。

土职承袭之时，又因土司衙门，不肖官吏，需索陋规，或有不应承袭之人，或同有资格争袭之土舍数人，竞以重金行贿，营求袭职，亦常助长乱事。自明清以至民国，凡遇承袭之事贪官污吏，无不借机榨取。明嘉靖中申明政令云：

……照得布政司六房，惟吏房一科，最为美缺。土官袭职，所得不赀。闻旧时元江、丽江等府告袭，各衙门人役，诓其使用，有至千两以上。其余府州有至六七百两者。虽各项入役，多寡瓜分，而吏房承行，其所得可知矣。至于两院批行之后，咨批付目（土目）、把（把事）亲齐，其本册则另付承差顺齐，齐本盘缠亦有多至五百两者。夫在省费用如此其多，则目、把科骗土官当有数倍……隆庆四年，丽江府土舍告袭，闻其携金甚多，消息甚大。邬布政风知，严行告示，不行留住省城，然奸人之诈骗者已入手矣。今年兰州土舍告袭，本司知有前弊，将歇家张云鹏拘拿到司，领发告示一道，贴伊家门首，不许棍徒诓骗夷财。其本册即付目把亲齐讫。夫本司防检虽严，而衙门人役，贪心不改，土夷只知旧套，而目把惟欲骗财，即如威远州系偏小土夷，而诓骗使用，尚有五六百两者。（万历《云南通志》卷十）

至清虽在康雍盛世，边吏遇土司承袭，亦难免需索规礼。如在雍正元年八月，云贵总督高其倬奏关土司承袭事云：

窃闻云贵两省土司承袭之事，皆有规礼，上下各衙门，往往借文结之舛错，假驳查之名，为需索之地，故事多迟滞，而土司亦习为故常，每遣头人，串通棍蠹，行贿营求，经年住居省城，名为打干，所费银钱，皆两倍三倍，派之夷民。（见《硃评谕旨》第四十五册）

自民国以来，边政废弛，土司承袭，地方政府或驻军皆得给以札付，甚之呼图克图亦可委派土职。例如甘肃临泽、高台二县南山地带之黄黄番千户，清时设有抚夷通判（驻今临泽）钤辖，土职大头目承袭，由甘州提督咨保理藩院。民国以后，则高甘州镇守咨保蒙藏院发给札付。民国十四年，世袭大头目宗旺，因年幼不堪任事，青海瓦洛瓦呼图克图遂改派该地康龙寺喇嘛爱罗为千户，代理其事，复经甘省驻军加委。又黑黄番八族，清设正副头目，部给守备千把总职衔札付，原隶肃州镇，民国以来，隶肃州驻军。现时管任头目，为千户安进潮，其职世袭，为土观呼图克图所赐予（参见《祁连山北麓调查报告》）。千户品级为正五品，清制必由兵部颁给印信号纸，今则呼图克图可以委派，边政系统，可谓紊乱已极。至于土职营求承袭，更是贿赂公行，边官视为应得之规礼。例如本年九月十一日到渝献金之耿马宣抚使罕富廷，袭职之时，顺宁县某县长，行将解任，亲送袭职任状，收取规礼，不幸而病死在耿马。此为作者于二十三年在滇调查时，亲见之事实，其他耳闻之例，不敢多说。

明代土官有功议叙，迁升一如流官。例如云南安宁州土知州董赐，曾任实授鹤庆府流官知府，以侄董节袭替土知州。蒙化州土判官左伽，永乐十三年袭职，正统五年下粮升府同知，仍掌州事，后征麓州功升从四品，又有功升知府，又功升后三品散官亚中大夫。正统十三年蒙化州改府，实授佐伽知府掌印管事（见《土官底簿》）。如天顺时思恩府土知府岑瑛，"累有军功，历升知府，参政，都指挥使，年且八十，尚在军中"（《明史》卷三一八）。又如洪武时土官宣慰使郑彦文升工部左侍郎，永乐时交州府土知府阮均为刑部左侍郎，建昌府土知府同参翊为刑部右侍郎，景泰时广西都指挥同知黄玹为前军都督府同知（见《明会要》卷四十二）。但土官因功进秩，有虚衔有实职，如系实授流官到任就职，世袭土缺以子代或替职。明代土官同于卫所世职，故有功议叙，不分流土。在前清则不然，土司纵有天大之功，终是一个土司，不过加赏虚衔顶戴而已。例如：

土官征解钱粮全完者，督抚奖以银牌花红。又土官能约束土众，擒剿盗贼，一应案牍于一年内全结者，督抚具奏加一级。完结过半者，督抚量加奖赏。土司土职军功保列出众者，方准加衔一等。头等者加一级，二等者纪录二次，三等者纪录一次。……不拘本省邻省之凶手盗首，逃匿土司地方，该土司能查解五名以上纪录一次，十名至十四名者，纪录二次，十五名者，加职一级。（《大清会典事例》卷五八九）

土司土弁之议叙，最高至指挥使宣慰使而止。雍正四年之规定：

准土官土目，有随师效力应叙之人，止就原职加衔。如宣慰使司、宣抚使司、安抚使司，则有各司使、副使、同知、佥事等衔。招讨使司、长官司，则有招讨使、副招讨使、长官、副长官等衔。指挥使司，则有指挥使、同知、佥事、正千户、副千户、百户等衔。照原官品级以次升授递加。至宣慰使指挥使而止。如有余功，准其随带，仍令以本职管事。及袭替时，亦止以原世职承袭（前书同卷）。

如此则土司只可终身为一土司，有功亦仅得虚荣而无实惠，土司既不能升任流官，绝其向上之心，乃专心致志做其土皇帝，视读汉书、习汉礼为无用，且阻属民涵化，如赵翼《粤滇杂记》云："粤西田州土官岑宜栋……其虐使土民，非常法所有。土民虽读书，不许应试，恐其出世而脱籍也"。而在前明则土司土舍人才辈出，入仕中朝，观光上国。如思恩府土舍岑业以山东布政司参议在内阁制敕房办事。（《明史》卷三百十八）思明府土舍黄沈，正统中，积捍御功，授丘温卫指挥，累迁广西指挥使，守浔州者八年（《蛮司合志》卷十二）。清朝土司因规定不能升任流官，人才埋没者不少，直至清季，此禁稍弛，如岑春煊龙济光诸人，闻多出身滇桂之土司土舍。

明代土官有罪议处亦同流官，如广西"上隆州土知州岑铎先因祖母奏其盗嫂谋兄，故推鞫在禁，乃五年之间，竟无证佐"（《蛮司合志》卷十二）。又弘治中田州府土知府"岑猛构成大祸，失陷府治，要将岑猛降为同知，本府改设流官知府，奏行兵部会议，将岑猛降为世袭正千户，发福建沿海卫左所带俸"（《土官底簿》卷下）。至清朝对于土司处罚，较前明为轻。约举如下：

土官不食俸，如遇罚俸、降俸、降级等事，均按其品级计俸罚米，每俸银一两罚米一石。其因公诖误降一级、二级、三级调用者，止降一级留任。降四级、五级调用者，止降二级留任。应革职者，降四级留任。逃兵叛属，土官知情藏隐者革职。有不行申报，擅自出境者，土官革职。若知系犯罪之人，私聘入幕，并延请复纵令犯法者照职官窝匿罪人例，革职。苗夷在土官境内，或犯命盗、抢夺、诱拐、争讼之案。该土官准州县移会，循隐不为解送者，督抚题参革职，择其贤子弟承袭。若俸级留任至五案者，别袭。若受贿隐匿不解送者，革职提间，不准亲子承袭。取其宗图，择本支伯叔兄弟，兄弟之子，为夷众信服者，题请承袭。（《大清会典》卷五八九）

土官应革职者，止降四级留任，虽有别袭之例，然甚少实施，故土司犯法被处，仍可不失为土司，惩罚且较流官为轻，故清代土官之议叙议处，多不能如前明对于流土之一视同仁，仅羁縻勿绝而已。

明代土官有俸给，皆以米支给，其月支米规定如下：

宣慰使月二十六石，宣慰同知月二十四石，宣慰副使月二十一石。

宣抚使月二十一石，宣抚同知月一十六石，宣慰副使月一十四石。

安抚使月一十四石，安抚同知月十石，安抚副使月八石。

千夫长月一十六石，副千夫长月一十四石。

长官月十石，副长官月八石。（《大明会典》卷二十九）

明之卫所军官皆有随官职田，故武职土司，亦有俸给数额之规定。清代土弁土兵则有俸饷，土司则无俸给，仅有官庄田亩，收取租息。官庄又称随印官田，如四川《九姓长官司任氏族谱》（芮逸夫《川南苗族调查资料》）有云：

吾家有土有民，当不患贫，然朝廷无禄糈之颁，而有钱谷刑名之任，又有官场交际差遣公办书皂食用赏赐应酬，况家食虽可节损，而宾客不可轻衰，妻孥虽可荆布，而衣冠不可陋裂，此中之用无穷，所仰望者官田数百亩而已。故凡官田谓之随印官田，以其无田不足以掌印，无印不得食官田也。

明清两代多数土司虽无俸给，然朝廷之贡赋亦甚轻，且有全免缴纳者。政府额征称皇粮，土司征称毛粮，如遇公私开支，土司借口无俸，多摊派于民，横征苛敛，惟其所欲。土司制度，有官无俸，流弊至大。

第三卷　第一期　1944 年 1 月

中国边政之土司制度（下）

凌纯声

七、清代之土制

清代对于土司制度，一仍明制，甚少积极之建树，其消极之统治策略有四：曰改土归流，曰分土降袭，曰改土为屯，曰重流轻土。兹分而述之。

改土归流之政策，虽在明初即已实行，例如曲靖军民府亦佐县土知县，在洪武十六年授职，至二十一年即改除流官（见《土官底簿》卷上，页三十八）。然终明之世，对于改土取渐进之策，所改者亦从一州一县之不法土司，有时且亦革流归土。至清始雷厉风行，大举改土归流。因在明季，盗贼蜂起，庙堂之上，急于流寇。西南土司自明中叶以降，渐多强暴恣横，藐视朝廷，至是益以骄纵，争官夺印，大小兼并，叛乱不绝，土司制度荡然无存。及至清初，虽在康雍盛世，腹地土司仍多桀骜难制。雍正四年，云贵总督兼云南巡抚鄂尔泰奏言：

云贵大患，无如苗蛮。欲安民必先制夷，欲制夷必先改土归流。……臣思前明流土之分，原因烟瘴新疆，未习风土，故因地制宜，使之乡导弹压。今历数百载，相沿以夷制夷，遂至以盗治盗，苗倮无追贼抵命之忧，土司无革职削地之罚。直至事大上闻，行贿详结，上司亦不深求，以为镇静，边民无所控诉。若不铲蔓塞源，纵兵刑财赋，事事整饬，皆治标而非治本。其改流之法，计擒为上，兵剿次之。自首为上，勒献次之。

清世宗知鄂尔泰之才，委以改土重任。六年复铸三省总督印，令鄂兼制广西。于是自四年至九年，次第剿抚兼施，实行改土归流。当时所改较著之土司，有昔隶四川之乌蒙、镇雄、东川等土府；云南之镇沅土府，威远土州等；广西之泗城，思明二土府，及思陵土州等；四川之天全、西阳

413

二司，湖南之永顺、保靖、桑植、容美四大土司。至在改流之后，安插土司之法，或勒令迁徙，或优奖回籍。如雍正五年具奏：

> 云南镇沅地方，改土为流。应将刁瀚家口，迁往省城，奉旨，疏内所称刁瀚家口迁往省城之处，朕思伊之家口，若留本省，管束太严，则伊等不得其所。若令疏放，恐复生事犯法，刁瀚之家口，着迁往江宁省城，令该督酌量安顿，务令安顿。（《钦定大清会典事例》卷一四五）

他如泗城土府岑映，改流之后，勒回浙江。永顺彭氏，则因自请献土，优奖迁回原籍江西。既迁土司于内地，又令改流之民，薙发易服，尽献兵器。自明以来改土归流，以此次较为彻底。但雍正朝所改者，多为川、滇、黔、桂、湘五省接近内地或在腹地之强大不法土司，其奉公守法之小土司，当时并未全改。雍正六年谕曰：

> 湖广土司甚多，各司其地，供职输将，与流官无异。其不守法度者，该督抚题参议处，改土为流，以安地方。若能循分奉法，抚绥其民，即与州县之循良相同，朕深嘉悦，何必改土为流，使失其世业。前据湖南巡抚王国栋奏称，下峒长官司向鼎晟恳请改土为流，甚为诚切，朕未准行。今又奏称土民有控告该土司之案，正在查审。朕思从前该土司改土为流之请，大抵由于土民之怂恿，及土司所请未曾准行，而土民复又列款控告，冀朕严治土司之罪而尽改为流。其所控必非实情，着该督抚留心详察。凡属土民，必不敢控告土司，皆由汉奸唆使播弄，冀生事端，以便从中逞奸滋弊耳。若各处土司等，因他处已改为流，不得已而仿效呈请者，朕皆不准。若被汉奸唆使控告，俾土司获罪而改土为流者，朕更不忍。该督抚等当以朕内外一体之怀，通行晓谕，俾土司等守土奉法，共受国恩，不必改土为流，始为向化。至于土司实在不法，恶迹确著者，该督抚据实参劾治罪。（《东华录·雍正十三》）

故在黔桂等省之弱小土司，至明末清初尚有存者。至对于沿边之土司，当雍正时之论者谓"江外宜土不宜流，江内宜流不宜土"。是以在云南澜沧江外之各土司，当时多得保存。且在四川、甘肃沿边新辟之地，即在今西康、青海，增设土司不少。边外土司如木邦、景东、景迈、老挝等司，则视同外藩，仅施羁縻而已。迨清末季，赵尔丰为川滇边务大臣，锐意经边，又行改土归流。今日西康康属土司，当时多数削职缴印，一时敛迹。然赵氏不久调川，清社亦屋，未奏全功。以致土司实力仍在，偶像犹存。继以民初政纲失驭，且有死灰复燃之势。至今康属土司名亡实存，改流之效果，其间仅多一徒有虚名之县政府而已。清季因推行新政，故对于改土归流，原拟积极进行，如宣统三年民政部奏《各省土司拟请改设流官》略称：

西南各省土府州县及宣慰、宣抚、安抚、长官诸司之制，大都沿自前明，远承唐宋，因仍旧俗，官其酋长，俾之世守，用示羁縻。要皆封建之规，实殊牧令之治。康熙、雍正年间，川楚滇桂各省，迭议改土归流。如湖北之施南，湖南之永顺，四川之宁远，广西之泗城，云南之东川，贵州之古州、威宁等府厅州县，先后建置，渐成内地。乾隆以后，大小金川，重烦兵力，迨改设民官而后，永远底定。比值筹备宪政，尤宜扩充民治。近年各省，如云南之富州、镇康，四川之巴安等处，均经各该疆臣，先后奏请改土归流。而广西一省改革尤多，所有土州县均因事奏请停袭，及撤任调省另派委员弹压，此外则四川之瞻对、察木多等处尚未实行，德尔格忒、高日、春科等处甫经覈准。伏维川滇等省，僻处边陲，自非一律更张，不足以巩固疆圉。惟各省情形不同，办法亦难一致，除湖北、湖南土司已全改流官外，广西土州县，贵州长官司等，名虽土官，实已渐同群县，经画改置，当不甚难。四川则未改流者尚十之六七，云南土司多接外服，甘肃土司从未变革，似须审慎办理，乃可徐就范围。拟请饬下各该省督抚暨边务大臣，详细调查。凡有土司土官地方，酌拟改流办法，奏请核议施行。其实有窒碍暂难拟改者，或从事教育，或收回法权，并将地理夷险，道路交通，详加稽核，绘制图表，以期稍立基础，为异日更置之阶，似于边务不无裨益。（《清朝续文献通考》卷一三六）

但此改流之新计划，因清室即于是年覆灭，未能见诸实行。殊不料新定之计划书，乃成为有清一代改土归流成绩之总报告。

分土降袭之政策，乃清廷欲在无形中弱小各土司之法，与对付蒙、回之强大部落，以一部分编多旗同一策略。所谓众建而分之，封树子姓，以披其势之分化政策。雍正三年规定：

土官之许其承袭者，原因其祖父向化归诚，著有劳绩，故世其官以昭激劝。今土官嫡长子孙，虽得承袭本职，此外支庶，更无他途可以进身。嗣后各处土官庶支子弟，有驯谨能办事者，许本土官详报督抚，具题请旨，酌量给予职衔，令其分管地方事务。其所授职衔，视土官各降二等。

如文职本土官系知府，则所分者给通判衔；系通判，则所分者给县丞衔。武职本土官系指挥使，则所分者给指挥佥事衔；系指挥佥事，则所分者给正千户衔。照例颁给敕印号纸。其分管地方，视本土官多不过三分之一，少五之一。此后再有子孙可分者、亦许其详报督抚具题请旨，照例分管，再降一等，给予职衔印信号纸。（《钦定大清会典事例》卷五八九）

分土政策之目的，在使"其势既分，心即离异，日后终欲鸥张，其必互相掣肘，或畏惧相诚，则其邪谋自息矣"（见《硃批谕旨》卷二）。清朝对于旧有之强大土司，既行分土降袭之策，故在今之青海、西康等省之土司，为满清所设立者多为小土司。嘉庆十二年，那彦成《清厘河南番族编查户口明定章程并河北番贼情形疏》中有云：

查抚辑边夷之道，贵在涣散其党，以孤其势，不可使有偏强偏弱。现在到湟之各番族头目，有一族而分数人者，即有一人而管数族者。众寡不齐，弱者弱而强者愈强，既恃其强，不必安分。因为分其户口，每三百户设千户一人，千户之下设百户、百总、十总。凡百户一人，每管百户。三百户归一千户管理。百总一人，每管五十户，两百总归一百户管理。十总一人，每管十户，五十户归一百总管理。向来各大族多有一千户几至二千户者，倚其人众，便易生事。今定以千户为大，而千户所管，只准三百户，不许增多。但计户数至一千以上，即分为三人管理，势分力弱，自易遵法。又令其公举诚实公直之人，饬令充补。至旧例千户五品顶戴，百户六品顶戴，百总、十总七八品顶戴。其千户之出力者，赏给蓝翎，再有出力加赏花翎。此次既分设千户名目，自应照例给予顶戴。仍明白晓谕，此时暂准照例戴用虚顶。再过三年，管理无过，方发给印照号纸，作为实缺。（宣统《甘肃通志》卷四十二）

满清利用分土降袭之法，弱小土司，消弭土患，成效卓著，故有清一代之土司叛乱确较前明为少。然因分土之后果，致使大小土司不相统属，土司制度经此变革乃彻底破坏。土司初制原以所辖土地之大小，人民之多寡，分置宣慰、宣抚等司及土府州县各级土治，而每一司治官有正二之分，正印如为土官，佐二则置流官；或正印已除流官，佐二仍留土官。土司制度之主要原则，须夷汉参用，土流共治。清初犹行此制，如顺治十四年设永顺宣慰司流官经历一员，康熙四十三年设五寨长官司流官吏目一员（但湘良：《湖南苗防屯政考》卷首）。至雍正时行分土降袭后，官既无流土之分，职亦无正二之别。经历、吏目、主簿、典史等佐二流缺，一律变为正印土职。至于夷汉参用之一原则，则根本取消，且力使夷汉隔绝，如对土官延幕，有严格之规定，即可为一明证。在乾隆三十年题准：

> 凡土官延幕，将姓名年籍通知专辖州县，确加查验，人果端谨，实非流棍，加结通报，方准延入。倘文武土官私聘土幕，不通知州县查验，照违令私罪律，罚俸一年。若知系犯罪之人，私聘入幕，并延请复纵令犯法者，照职官窝匿罪人例革职。土幕私就，饬令专辖州县严加驱逐。如有教诱犯法，视其所犯之轻重，俱照匪徒教诱犯法加等例治罪。若败露潜逃，即行指拿重惩，以示儆惕。（《钦定大清会典事例》卷五八九）

清代既对大小土职上下统属之关系，因分土降袭而根本予以破坏，又对大小土司之行政机构，亦未能有明文之规定，除定延幕条例外，关于土司内部之组织及兵刑财赋，一概置之不问。故清代之土司各自为政，较大之土司延有汉人师爷一二人，办理上行文书；或有通事数人，在迎送汉官时担任翻译。至于内部之行政，土司之下有属官（土舍）数人，分任中枢政务，管理地方事务，则有大头人、小头人、寨首、伙头等层而下之，实与部落政治无异。前明初创之土司制度，至清而其内容完全变质。名为土司实为酋长，清廷仅官其土酋，所谓尔牧尔民，毋犯我疆；尔有贡，我有赏；清代土司之实情如斯而已。

改土为屯实为改土归流之一种过渡办法。满清剿灭叛逆土司，收其土地；或平定苗乱，开辟新疆。而于其地创设厅县，但当地人民夷多汉少，或尽是苗夷，流官不谙夷情，治理困难，不得不参用苗番佐治。又因新辟之地，窃发时起，如留重兵驻守，则国家所费饷糈甚巨。乃因地制宜，创改土为屯之法，利用土司土地本为公有之制，以逆苗叛产创立兵屯，以养成卒；又立苗屯或番屯，以安降苗或降番。如贵州古州之苗卫，湖南湘西之苗疆，四川理番之杂谷番屯，大小金川之五屯，皆为清代改土为屯之地。作者曾至湘西、理番及大小金川实地考察三地之苗屯番屯，各屯因创设之时代有先后，其规制虽有稍异，然其原则多相同。改屯之地，必先设立直隶厅，统辖汉民苗番。所收土地一律改为屯田，严禁典卖，仍保存土地公有之制。苗汉分屯而居，苗屯治以苗官，虽行苗汉分治，而同辖于厅。兹以湘西苗屯与金川番屯分别述之。

湘西苗疆在清乾隆末年，大乱平定之后，嘉庆二年以凤凰、乾城、永绥三厅，改升为直隶厅，各厅设立苗屯：凤凰四营，乾城四营，永绥屯名不称营而称里共有十二里。每营或每里设守备、千总、把总、外委等弁，钤束苗民。例如凤凰苗屯中，营苗守备二名，千总四名，把总六名，外委二十名，战兵六十名，守兵二百九十名。分管九十六苗寨，计二千六百八十户，男六千二百三十名，女三千四百七十九口。又绥靖苗屯上五里苗守备一名，千总一名，把总二名，外委三名，战兵十五名，守兵八十五名，管户八百四十户，男妇四千一百九十二名口。民国二十二年，作者在湘西调查时，苗屯组织稍与清异，即以一营守备数额，分设数营，凤凰四营：原有中营守备二名，左营守备二名，右营守备四名，前营守备三名，即分为十一营。乾城仍为四营。永绥每里原分上下，自五里至十里共计十二里仍照旧制。又保靖县之四、六、七、八四区设四营，各设苗守备一名。古文县设一屯，苗守备一名。故二十二年时，湘西苗疆五县共有苗屯三十二屯。至于设置苗牟之缘由：

查苗疆设立百户寨长，原为约束苗人起见。但该百户等人微权轻，苗众既不能听其约束，且有汉人承充者，难保无奸蠹无赖之徒，从中生事。自应酌量变通，以专责成。此次随同官兵打仗出力，给予翎顶之各降苗甚多，即欲此内明白晓事，众所推服者，照各省土官之例，每一营分酌设一二人为土守备，守备之下酌设土千总外委等员，俾令管束苗民。其额数照所管寨落多寡设立，仍由督抚衙门给扎点充，并归地方官钤束。如有苗民格斗窃盗等事，即着落该土牟等缉拿办理。倘遇督抚提镇查阅营伍时，仍核其功过，随时分别奖赏斥革，以示惩劝。（《部覆苗疆紧要善后事宜》，载《苗防备览卷十九》）

苗官名虽为土守备、土千总等武职，然除统辖苗兵而外，又赋予管束苗民之权，总理兵刑财赋，其权力实等于土司；所不同者，职不得世袭。其委任方法，据道光二十八年《兵部覆准苗备弁给剳章程》云：

古丈坪等五厅县，共设守备、千把、外委四百八十六名，向由厅县保送辰沅道验看，详由督抚、提督会印给剳。第查《道标屯弁拔补章程》，把总由道考验详情，咨部给剳，外委额外由道给委，把总升千总，详送抚臣考验，千总升守备详送督臣考验。今以苗弁征员即外委亦须详由督抚给札，事涉烦琐，应请将苗备弁拔补。援照《道标屯弁章程》，嗣后苗外委把总改由道给剳，苗千总剳付改详由巡抚钤印缮发，苗守备剳付准其详由总督钤印给发。兵部查苗官一项，据称向由督抚提臣合印给劄，未免纷繁，应如该督等所奏办理，以归简易。（《苗防备览》卷十三）

苗屯土弁，官虽不得世及，但依惯例官为终身职，父死出缺，其子亦得顶补，并有父子同时多为守备者。又苗屯备弁不仅职不得父子承袭，异于土司，且对于土地无支配权，亦不得兼为地主，此与土司根本不同。湘西苗疆在明代为土司之地或生苗部落。如凤凰明为五寨、筸子坪二长土司地，乾州为镇溪千户所地，永绥旧为六里苗地。至清初始改土归流，康熙四十二年大兵讨平镇筸、乾州红苗，四十三年设乾州、凤凰二厅，分治苗疆。四十六年五寨长官司田宏添横虐，巡抚赵申乔奏请裁革，不准袭替。又同年，因镇溪所上六里苗民不愿归保靖土司管辖，屡设改土归流，亦由赵申乔奏请编管归籍，隶乾州厅。至雍正八年开辟六里生苗地，九年设永绥厅。但自改流设厅以后，原有土地制度未有妥善办法，又因汉苗杂处，遂引起种种纠纷，以致激成大乱。乱后又行苗汉分治之法，设置土弁，管束苗民。又改善土地制度，收回一部分土地创立汉苗屯田以养屯兵。当时苗疆屯田之来源有六：曰均出田（嘉庆五年由汉民均出），曰归公田（苗占民田，呈出归公），曰官赎田（民田贱价当与苗人，官府赎回归公），曰开垦田（无粮荒土，驻丁垦荒而成），曰苗缴占叛田（苗逆叛产，被苗占耕，缴出归公），曰苗呈出己业田（苗人得补官，呈缴己业捐公）。苗疆田地名目如此繁多，可见土地纠纷之甚，此亦改土而对土地问题未得一适当办法之明证。土弁多食俸饷，故苗人得补官，须呈缴己业田，与土司有采邑而不食俸不同，土弁实为流官，与普通流官稍异者，如奉公守法，职可终身而已。（详见凌纯声、芮逸夫合著：《湘西苗族调查报告》，三十年商务沪馆出版，因战事迄未能内运。）

四川之大小金川土司在清乾隆年间两次叛变，至四十一年平定大乱，乃取消土司改土为屯。以小金川地改为懋功、抚边、章谷三屯，大金川地为崇化、绥靖二屯。置懋功直隶厅，以统辖五屯。又行汉番分屯之法，每一屯中别立番屯，治以番牟。懋功所属有攒拉汉牛与攒拉八角棚二番屯，抚边有攒拉别思满番屯，章谷有攒拉宅垄番屯，崇化有促侵河东番屯，绥靖有促侵河西番屯。现在五屯之地：懋功、抚边二屯，仍隶今之懋功县；崇化、绥靖二屯，至民国增设靖化县；章谷屯属西康之丹巴县。兹举章谷一屯为例，说明前清改土为屯之制。

章谷屯现为丹巴县之第四区，地处县治之东，在小金川河谷两岸。现有三街：约咱街，翁古街，喇嘛寺街。六屯：上甲屯，阿娘屯，黑龙沟屯，核桃坪屯，黑风顶屯，下甲屯。三营：上孟营，下孟营，九子营。二土：宅垄土守备，宅垄土千总。此皆为章谷屯之遗制。详考改土设屯之初制，其官吏丁役之组织如下：

（一）屯务一员，系催收兵、民、番、练科粮，督劝耕垦地亩，及管理汉番词讼，三年更换一次，按月支领月费银六十两。额设赞典二名，仓夫一名，斗级一名，忤作一名，通事一名，译字一名。每名月给工食银一两，每名每日给口粮麦一升。差役十名，家人三名，每名每日给口粮麦一升，不给工食银两。

（二）章谷汛安置外委一员，系具报出口差缺，又具报出口坐台兵丁三十二名，俱三年更换一次。照出师军营之例，除俸饷之外，按日给有盐菜面折银两，俱由阜和营分季散给。

（三）约咱汛距屯二十五里，安设把总一员，系弹压汉番边缺，不支盐菜面折，只有应得俸饷，由懋功营分季发给。

（四）翁古汛距屯七十里，安设外委一员，系弹压汉番边缺，不支盐菜面折，只有应得俸饷，由懋功营分季发给。

（五）宅垄屯额设屯守备一员，岁支饷银二十四两。屯千总一员，岁支饷银十五两。屯把总二员，每员岁支饷银九两。屯外委十员，每员岁支饷银八两。额设已食饷屯兵七十二名，每名岁支饷银六两。未食饷余丁七十二名。所有各屯弁兵饷银，照汉兵之例，于每岁夏冬二季，由懋功营，知会文员监散。

（六）章谷屯安设屯练弁三员，系维州营所辖。屯练平定金川后奉派弁兵共计六十名。携眷安插丹噶山卡尔金丹扎寨等处耕垦，所有各弁兵岁支饷银，每岁按夏冬二季，赴维州营请领造报。（见清吴德煦著：《章谷屯志略》）

观上所录可知，改土为屯之政治组织，乃行汉番分治之法，参用番弁钤束番民。较之改土归流比于内地郡县已有不同，至于土地完全保存旧日公有制度，一律改为屯田，例禁典卖。章谷屯田有兵民番练四种，《章谷屯志略》有云：

查章谷屯向系夷地，并无汉民安居，自乾隆四十一年平定两金川之后，改土为屯，陆续安插兵民番练，报给地亩，垦种升科。

屯兵为懋功营所属约咱、翁古二汛眷兵二十七名，每名给地三十亩，共地八百一十亩，每名岁征科粮二斗一升零八勺五抄，共完纳科粮五石六斗九升二合九勺五抄。单兵七十七名，每二名合给地三十亩，共地一千一百五十五亩，每二名岁纳科粮二斗一升零八勺五抄，共完纳科粮八石一斗一升七合七勺二抄五撮。

屯民一百九十七户，每户给地三十亩，共地五千九百一十亩，每户岁纳科粮二斗一升零八勺五抄，共完科粮四十一石五斗三升七合四勺五抄。

屯番二百三十七户，内有加垦屯番一户，种地一百二十亩，作为四户，共二百四十户，每户给地三十亩，共给地七千二百亩，每户岁征科粮五十石零六斗零四合。嗣于乾隆五十九年份，奉文拨补已未食饷屯番荒地七千亩，永远不令升科。又因荒地不敷拨补，即于升科熟地内拨出地一千零八十二亩，每年短征科粮七石六斗零四合六勺五抄六撮六圭。现在（纯注同治十三年）每年实完纳科粮四十二石九斗九升九合三勺四抄三撮四圭。

屯练六十户，又新增二户，共六十二户，每户给地三十亩，共地一千八百六十亩，每户岁纳科粮二斗一升零八勺五抄，共完纳科粮十三石零七升二合七勺。嗣于乾隆五十九年份，奉文拨补屯练荒地六百二十亩，永远不令升科。

以上土地未分上中下三等。作者民国三十年在金川调查所得，河谷底地多为上等，半山坡地为中等，高山山地为下等，山愈高而等愈下。当初分配土地，兵得上田，民耕中田，番练垦种下田。每户三十亩，田不分上下，岁纳科粮相等，殊欠公平，故至乾隆五十九年，拨补屯番荒地七千亩，屯练荒地六百二十亩，永远不令升科，以补下田之不足。金川自改土为屯后，对于土地不仅保存公有旧制，且以土地重行平均分配，制度严密，条理井然。行之百年而犹成效卓著，《章谷屯志·序》云："国朝官制，无屯田职。蜀之设懋功屯政，厅一属五屯，自乾隆朝平定大小金川始，章谷者五屯之一……屯兵防御，安其耕耘，百年以来，民夷敉静，洵亘古未有也。"惜至民国，地方驻军，擅卖章谷兵民屯田，破坏土地公有制度，他如安化、绥靖等屯土地因此亦时生纠葛，问题迄悬而未得解决。金川改土为屯之土地制度，足可供吾人采择者甚多，故不惮烦而详述之。

章谷屯实包括兵民番练四屯，兵民为汉人，番练为嘉戎（番为本地嘉戎，练为杂谷脑嘉戎，调来驻屯。）四屯之中，以宅垄番屯为最大。其地东至郎车尔宗山梁与懋功屯交界二十里，南至汉牛屯斯各那山交界八十里，西至咱约河坝石碑与明正司交界一百里，北至阿噶不拉山与巴底土司交界一百二十里，四至共三百二十五里。宅垄番屯之政治组织与土地制度，已如上述，实与土司迥异，即其当初设官亦与土司不同，如《四川通志》卷九十八载：

章谷屯属攒拉宅垄屯，守备撒尔结，高祖阿禾卡，曾祖绒思甲，祖板登甲，父初奈，胞兄安本，系小金川人。乾隆三十六年因土司僧格桑不法，大兵进剿，兄安本首先投诚，四十一年平定金川，改土为屯，即以安本为该屯守备，五十年颁给管理攒拉宅垄屯守备图记一颗，并给屯守备委牌一张。嘉庆元年伊胞兄安本病故，以撒尔给接顶。历经出师廓尔喀、台湾、石峰堡等处有功，赏戴花翎，并给喇布章巴图鲁名号，加三品顶戴衔，并无号纸。

土屯守备仅给图记委牌，并无号纸，明非土司世袭。且有功议叙，亦同流官。如乾隆五十六年谕：

据成德奏金川河东土守备丹比西喇布病故，所遗员缺，请令伊子郎尔结承袭，并将所赏丹比西喇布之翎顶廉俸，移赏郎尔结等语。

所奏断不可行。其守备员缺著郎尔结承袭一次；但丹比西喇布著有劳绩，且伊母年迈，着赏给都司半俸，以终余年。俟郎尔结成立时，如果奋勉，再加恩施。将此传谕鄂辉成德等嗣后如遇此等事件，留心办理。（清《续文献通考》卷一三六）

番屯弁生前之翎顶廉俸，死后尚不得移赏其子，则非世职甚明，因父有功，而子可承袭一次。但此例一开，此后习以为常，乃父子兄弟接顶土缺，俨然与土司世职无异。民国以来，边政废弛，土屯、土弁、土司三者之分辨知者甚少，土屯在无形中已变成土弁，近人视与土司无别。

重流轻土为改土归流与分土降袭之后果，强大土司既被消灭或分弱，所存弱小土司多辖于流官，重流轻土已为自然之趋势，而清廷又规定无论何等高爵之土官见流官即低一级。如陈鼎《滇黔纪游》有云："丽江府土府也。有同知掌府印，知府则木氏世袭，见同知甚恭，称公祖，自呼曰：治晚生。景东、蒙化、永宁三县皆然。"作者于二十三年，在滇西调查时，闻龙陵县属潞江安抚司，对于流官迄今执礼恭顺，县长到司，鸣炮奏乐恭迎如仪。清朝尊重黄教喇嘛，颁给西藏达赖与班禅则以玉印金印。因轻视土司，给予铁印，如清李心衡《金川琐记》有云："今就近土司因勤王功，咸叨升赏，俱戴珊瑚顶，并有戴孔雀翎者，章服已居极品，然见汉官执礼甚谨，固见恭顺，实由圣天子德威远播，无思不服也。汉官铜章、银章，土官铁章。"因重流轻土，而漠视而不管土司，以致土司地域，有时形同化外。

八、现在之土司

清季土司制度，虽已凌替，然土司对于政府，岁纳税银粮马尚有定章，政府对于土官土兵之管辖征调，政令犹能下达，以示羁縻勿绝。民国以还，政府漠视边政，本无政策可言，而有所谓设流不改治之政策，实则徒有其名，因循敷衍而已。边远土司多为政府法令不及之地，岁纳岁颁（土兵食饷有由政府颁给），土司与政府之间，已无若何关系，几成独立状态。即在政令能及之地，大都仅有统治之名，而无控制之实。识见稍远之土司。对于本身无关之政令，勉能协力奉行，与自身利害冲突者，则百计阻扰；桀骜不驯之土司，甚有挟武力与政府相抗，以冀保其地位与势力。名已改流设治之县，号令几难出于府门；且因设县反足增加人民粮税差徭之负担，重苦边民。过去中央亦无一定之治边政策，边省政府各自为政，县长则改土官为区长、乡长、保长，驻军又委土司为司令、营长、队长，名义迭更，政出多门，"远人惶惑，不知所归"，边政系统殊形紊乱，省与省不同，县与县有别。今日吾人欲知现在土司之数目究有若干？及其政治现状如何？目下可靠之资料缺之，恐无法能知其确数与实情，所可述者，仅为现存土司之大概情形。

今日土司有名存实亡，名废实存，及名实俱在种种不同之情形，故其政治现状殊形纷杂，不易概括叙述，兹据作者当年实地考察所得，及最近调查报告，任举芒市、耿马、瓦寺、巴旺数例，以窥一斑。

芒市在云南潞西设治局境内，沿滇缅公路，近年为国人最熟悉之土司地。芒市为安抚司，其政治组织安抚使正印一人，护印一人，多为正印之弟任之。如遇土司在年幼时，得由其族之中一人代行职权，谓之代办。作者于二十三年在芒市时，即为代办方克允代行职务。土司之下有属官多人，其中重要者有总理四人，由土司派土舍中之年老者任之，总理司署中一切政务。四人轮流到署办公，每人流值十日，周而复始。署内管理中枢政务共分四部：一为账房，掌管人民所纳谷租，各种税收及财政之出纳分配，计有职员三人；一为庶务，办理衙门内之杂务，共有职员六人；一为收发，管理文件出入，职员四人；一为文牍，有秘书（俗称师爷）一人及书记二人。又有从文教读一人，教授贵族子弟读书。除秘书、教读、书记及一部收发人员为汉人外，其余多为土司之亲族。地方政治之组织，芒市全境分八眈与四练，眈在平坝为摆夷居住之区，练在高川为汉人聚居之地。每眈设眈头与眈尾（即副眈头）各一人，职掌收税征役诉讼等项政务。每眈辖数寨或数十寨，每寨设寨头一人，下有伙头排头，管理一寨之事。每练有练绅一人，汉人充任之。练内所辖之每村设一头人及助理一二人。芒市自有设治局后，即以土司兼为区长，眈头练绅为乡镇长，寨首头人伙头排头为保甲长，以完成保甲制度，其实有名无实，只具表面之形式。

耿马宣抚司在今云南顺宁县境，亦为滇西名实俱在土司之一。其政治组织，土司分封其亲族为属官，通称太爷，领有固定之采邑，管有一定之百姓。属官之领袖称长太爷，即为襄赞中枢，总理全司政务之官。其下又有四老宣爷，佐理各种政务。至于分管地方者则有八大宣爷，各管某一领地。但太爷与宣爷等官，多住在耿马城中，虽各有封邑，多不亲至其地，仅派其属下之圈官及与大睄驻在治之。圈官为文职，掌管民刑钱粮；大睄为武职，掌管戎事兵令。其下复有大伙头、二伙头、三伙头、"百找"、管事等等。耿马现属顺宁县管辖，推行自治以后，划分耿马为县属五六两区，再细分为十个乡镇，在名义上，土司、太爷、宣爷、伙头等名，改为区乡镇保甲长，但是事实上，一切的政治设施及经济生活，还是仍照旧章，所改者只是呈报公文上之名词而已。

瓦寺宣慰司属四川汶川县管辖，因接近内地，所谓圉内土司，土司虽未改流而政权已旁落，名存实亡，对于土民不能征役与派款，亦无司法权，仅收取地租之权尚存。往昔盛时，中枢政事，须由土舍公议议决，再由土司执行，交与传达办理施行。此外有从师爷一人，办理司与汉官来往文件；夷字房一人，司与各土司来往文件。地方政治系统，有四大总管分管二十八寨，每寨有寨头一人，寨头之下有乡约二人。乡约、寨首、总管多由人民公举，呈请上级加委，如土司加委总管，总管委寨首，寨首委乡约。现在瓦司土司地，汶川划为第一、第三两区，编立保甲，总管、寨首分任乡长、保长，县府政令可不经司署，直达于地方，总管、寨首名称虽存，然对土司仅有代为收租之责，在政治上已无其他任务。

巴旺宣慰司属今西康丹巴县管辖，清末虽已缴印改流，但迄今名废实存。其政治系统，土司为土妇一人，大头人六人，每人半月轮值至衙门办事。管家二人，大管家掌钱粮、账目等等，小管家管乌拉、伕役。马官四人，管丹巴、丹东、巴底三处上下伕马，每人轮值半月。通事三人，每人轮值半月。地方事务则有六大头人分管，每寨则有寨首。现在土司改称为乡长，头人为保长，寨首为甲长，但亦仅有其名，并无其实。

土司政治之现实情形既难详知，即国内现存土司之总数究有几何，迄今尚无可靠之调查报告。现可述者亦仅为各省土司之约数及其概况。在今四川、云南、西康、青海、甘肃五省，多有名实具存之土司存在。又在湘黔桂三省则有土弁及残余之土司地主尚存。其在四川者，土司地域可分两区：在西北者为第十六专员区，辖松潘、理番、茂县、汶川、懋功、绥靖六县地，约有土司、土目一百余人，最大者有宣慰使，如梭磨、瓦寺二司，小者为百户土目，分辖土民十万八千有奇。在西南者因旧宁远府属划归西康管辖，仅在雷马、屏区尚有长官司、土百户若干土司残存。云南土司多在迤西迤南沿边各地，约有大小土司、土弁一百五十余人，其中在江（澜沧江）内之土司名存实亡者不少。迤西土司较著者，有腾陵十土司，如沿滇缅公路之芒市安抚司、遮放副宣抚司均在十土之列。迤南以车里宣慰司为最大。最近来渝献金之耿马宣抚司与孟定土知府，尚有孟连宣抚司，三者多为云南西南沿边之大土司。西康现分宁、雅、康三属，以康属之土司土头为最多。康省现自金沙江以东为省府政令能达之地，现存土司十八家，有宣慰司、安抚司、长官司、正千户等职。土职头人百余人，所谓土头者，昔日土司属下之头目，分管一部分土地人民，或为一小部落之土酋而附庸于土司者。土头亦皆世袭，而与土司不同者，所辖部落较小，在昔未得清廷之封号。清季康属改土为流，多数土司虽已取消，而土头代兴，康属十九县之区长及民团副总队长，土职头人占其多数，凭借其旧有势力，对上挟持政府，蔑视官府，对下钳制部属，鱼肉人民。名为区长队长，而食毛践土，职可父子承袭，世世保持其特殊之地位，诚与土司何异。西康宁属即昔四川宁远府地，现有西昌、越嶲、冕宁、会理、宁南、昭觉、盐源、盐边八县，及宁东一设治局。现有大小土司四十五家，其中较著者如越嶲之邛部宣抚司，盐源之木里安抚司，余多为长官司、千户、百户等小土司。又西昌有抚夷司，盐源有古柏树巡城兵马司（见李亦人著《西康综览》），而此二种土职名称多不见于清代官书土司系统。雅属之宝兴县现有木坪土司，即清天全州属穆坪董卜韩胡宣慰司，今之土职为康定明正土司中联芳兼袭。青海之蒙族，清朝辖以盟旗，而同一省内之番族与土族则治以土司。番族土司有玉树二十五族，有千户一人，百户二十四人。环海熟番八族，千户八人。郭密九族在今共和县境，九族百户九人；又分上下郭密各有千户一人。化隆县属番族有千户六人，百户十人。贵德县有千户一人，百户二十余人。同仁县有千户一人，百户十二人。大通、□源二县亦有千户百户若干人。番族土司，多为清代那彦成所创立之新土司系统，名为千户，而实管人户至多三百户，此与明代卫所制度中之千户有别。青海土族之土司，多为明代西宁卫所之指挥使、指挥同知、指挥金事、千户、百户等官，至清归附即以原职授为土司。西宁旧属土司计十六家，民国以来，多数改土归流，残存者只六七家，在今西宁、互助、乐都、民和诸县境内，职为指挥使者有西祁土司；指挥同知有东李土司，西李土司，东祁土司，陈土司；指挥金事有汪土司，纳土司，吉土司。其他如乜土司、喇土司等，则其袭职早削。青海自建省以后，推行改土归流，即现在土司虽其土职世袭未替，而人民均分属于各县管辖，土司徒有其名，已无实权矣。甘肃现存土司在洮河、夏河流域及河西四郡地。今临潭、岷县、临夏诸县，明代为洮州军民卫、岷州军民卫、河州军民卫三实土卫所地。明以归附降番之土酋，授土官指挥使等职，分隶各卫。入清亦以旧职授为土司，现在临潭县卓尼之杨土司为其较著者，其土职为指挥金事兼僧纲司（僧纲司制详见政教制度），领有四十八旗（此旗为卫所制度中之总旗，辖五十人，约五十户，并非盟旗之旗），号称五百二十族（一族即一寨一村之单位），辖地三万方公里，民户约一万三千七百户，男女共有六万二千七百五十户，为甘肃省之最大土司。河西之永登（平番）县，明为浪庄卫地，原有土官指挥使二人，指挥同知二人，指挥金事三人，正千户一人，副千户四人，实授百户七人，试百户六人，共土司二十余家。祁连山北麓，东自张掖西迄酒泉八百余里，为黄番住牧地，土职有土守备、千把总职及千户头目等名。此外湖南湘西则有苗弁。至黔桂等省之残存土司地主，则因其名已废，久不为世人所注意，故其现实情形更难确知。上述各省之土司现状，虽其情形互异，然只有程度上的差异，并无实质上的不同。概而言之，现存之大小土司，官可世及，事得自擅，土地公有，民为世民。而其封建势力，根深蒂固，名为残余，实力犹存。

夫自明清以来，土司政治向列入于中国之内政，然土司政制实与内政迥异。且在清代又创立流土分治之法，虽以土司隶于流官，在名义上流官与土司有隶属之关系，实则流土各自为政，流官则以其为土司而漠视之，土官亦自以为土司而可不受一般法令之管束。其流弊所至，土司对上则曰听管不听调（今四川理番之四土，即拒绝抽征壮丁），原为不叛不服之臣；对下则又自以朝廷命吏，假政府之威名，以巩固其统治者之地位。故土司制度演变至今，实已成为部落而封建兼备之制，以土司之虚名，实行部酋之统治，较之盟旗之外藩旗制，有过之无不及。目下中国政治统一，此种"不叛不服之臣"，当不能使其继续存在，听其逍遥于政府法令之外，急应加以改革，令其就范。但改革土司制度初步，应将土司政治列入边政范围。盖因土司之官为世袭及其分配土地统治人民之制度，异于内政而同于盟旗或政教制度，且其所在地域，亦多远处边陲。应以土司划归边省与中央专管边政机关直辖，使土官不得借口为土司而自处于法外。又今各省土司情形虽多特殊，推行改革固可因地制宜，或仍存旧制，或改弦更张，各种设施，各地亦可不必划一，然不论其地在近边或在远徼，及其环境如何特殊，但第一步应先达到，政权必须统一于中央。

第三卷 第二期 1944 年 2 月

云南土司制度之利弊与存废

江应樑

一、土司制度沿革

云南之有土司制度，其起沿甚早，毛奇龄《云南蛮司志》载：

夷人分爨僰为界，爨属郡县，僰属羁縻。

按云南土著住民，可大别为两系：一为爨，包括今藏缅语系（TiBeo-Burma）的罗罗、傈傈等人；一为僰，包括今泰语系（Thai）的摆夷、僰子等人。在元明以前，其居住区域大体有着界限的，爨居东，僰居西，以澜沧江为中介。元世祖平大理定云南后，对土著住民之处理即采取一个确定的策略，即是把被征服的罗罗系土民之居住地，以之设为郡县，直接委官治理，至若摆夷居地，则以之划为特殊区域，任土人酋长为首领，不变其原有制度，使世袭统治之。此即土司制度的创立，明李思聪《百夷传》载：

元世祖自西番入大理（南宋淳祐十二年，公元一二五二年），平云南，遣将招降其酋长，遂分三十六路，四十八甸，皆设土官管辖，以大理金齿都元帅府总之，事有所督，则委官以往，冬去春回。

此种制度，在元已具规模，明代仍踵行之未加更易，明严从简《云南百夷》载：

洪武十四年（公元一三八一年），命颍川侯傅友德、永昌侯蓝玉、西平侯沐英，率兵讨云南，……于是，百夷皆请内附，今其地为府者二：曰孟定、孟艮；为州者四：曰镇康，曰湾甸，曰大侯，曰威远；宣慰司六：曰车里，曰木邦，曰孟养，曰缅甸，曰八百大甸，曰老挝；宣抚司三：曰南甸，曰干崖，曰陇川；长官司二：曰钮兀，曰芒市。

这些地带，都全是摆夷集居区，这些官职，也便全是土司官职。清入关后，仍因循明制未加更改，仅土司略有增减而已。——大概大土司多灭亡（如木邦、缅甸之亡于英，八百大甸之亡于暹罗，老挝之亡于法越。）或分化，小土司则渐加多。

元明之创立土司制，且不行之爨人区而行之于摆夷区，实有其至理。云南与中原在政治、文化上之关系虽发生甚早，汉武帝通西南夷（公元前一三〇年），虽有永昌、哀劳、博南，不幸诸郡县之设置，然仅有其名而无郡县之实。唐南诏兴，与中原形成割据形势，亘唐、五代、两宋一段长时期中，云南在南诏、大理两国更迭统治下，在摆夷区域中，已经建立了一个固有之文化的、经济的、政治的制度。元征服大理后，从事实上说，云南全境始可说至此方正式归属中国，元政府知道在西部摆夷区域中此种已有之统治形势，不易骤变，倘善自利用之，既可收臣服之名，且可免土著之反叛。从当时政治策略上言，此种土司羁縻制的创立，确实聪明而且适当，无怪明清均踵其遗规，且均收到安定地方之实效。

土司有一定官阶名称，通常所知且易考见者，有下诸名：

（一）宣慰使（有副使）

（二）宣抚使（有副使）

（三）安抚使

（四）长官使

（五）土知府

（六）土知州

（七）土知县与县丞

（八）土把总

（九）土巡检

（十）百户，千户

（十一）土目，土舍等

宣慰使可加至从二品衔，宣抚从三品，安抚从四品，均有半副驾銮，官阶足够大的了，惟旧制：土司见官低一级，即是说，虽然是三品的宣慰使，见了九品的汉官，也得称卑职而降为不入品了。此种制度，出发于重汉轻夷的观念，用意却在增加汉官的统治权，使土司不致因官高而坐大，当时的立法者实含有深长用意。

元明分封的土司，十九皆系就当地原有势力较大的酋长，加以封号，使就地统治边民，这在典籍中多有可考。惟目下滇边各土司，大多不承认其先代为土人，皆自谓先祖系汉人之随军南征以功留封者，腾龙沿边各土司，且有汉文家谱详记其事，如《芒市土司家谱》载：原籍江西，明时随军征缅，以功留守斯土，原姓方，后赐姓放，今还姓方。如《陇川及遮放土司家谱》载：原籍四川巴县，先祖恭项，于蜀汉时随武侯南征留此，元时受封，赐姓多。如《干崖土司家谱》载，原籍南京，明时随军征缅，以军功封守此土，原姓稀，明赐姓刀。《南甸土司家谱》载：原籍南京应天府，明时随军征缅至此，以功封土职，原姓龚，明赐姓刀，今还姓龚。其实，芒市、南甸、干崖，初封皆不始于明而始于元，至如陇川所谓始祖系随武侯南来者，则更杳无可考。为着中国二千余年来重汉轻夷的传统思想，使数千万西南边胞，均耻言自身非汉人，乃故为假托以附会之，大概西南土司中，固然有随军南征以功留封土职的汉人，然如抚慰等较高土职，则皆原日之土酋，此皆有史可征者。汉夷本是一家，固不必假托附会也。

土司制度的设置，政府用意仅为羁縻边民，固不求有实际好处，所以地方上一切政治、经济大权，全付之土司，土司对政府之义务，仅有两项：一是朝贡，一是征纳差发银。朝贡在中央政府之用意是表示边民的臣服，从经济立场言，政府不惟不能得到收益，且反因来朝贡者的赏赐招待而多有支出，至若差发，收取之数已非常微少，实际也只是在表示具有纳税义务而已。《云南蛮司志》载：

所设土司，皆置长食其土，岁各量出差发银，多不过二千五百两，少者四十两或十五两。

明末云南各土司所出差发银，可考而知者有如下数：

车里军民宣慰使司	黄金五十两
木邦军民宣慰使司	银一千四百两
孟养军民宣慰使司	银七百五十两
孟定府	银六百两
孟艮府	黄金六十两
南甸宣抚使司	银一百两（停五十两）
干崖宣抚使司	银一百两
陇川宣抚使司	银四百两（停二百两）

威远州	银四百两
湾甸州	银一百五十两
镇康州	银一百两
芒市长官司	银一百两
孟琏长官司	银二百两
钮兀长官司	银四百两

以各土司地人口之众多，物产之富饶，而每年征发银不过数十百两，足见历代朝廷对边民并不思有所利图的。

二、土司制度之现状

云南土司制度之开始变动，始于清雍正四年，时云贵总督鄂尔泰奏请改土归流，乃于若干边区，渐改设流官。清末国势衰落，边藩日渐丧失，缅甸灭于英，缅甸、未邦、孟养等土司地皆亡于异国，继之而丧者复有老挝、八百大甸等。民国元年，柯树勋等禀请将车里宣慰使所辖地（即今思普沿边一带）改设沿边行政总局，下设八分局，民国十六年乃正式建立车里、佛海、南峤、镇越、江城、六顺等六县，虽政权已操之汉官，但土司仍保其名位，至于其他各地，虽均已分置县署或设治局，但地方实际行政及经济权，仍多操之于土司。现将全省各属现有重要土司名称列举于后：

（一）车里县

1. 车里宣慰使刀栋梁（三十一年病故，小土司尚未袭职）。2. 大猛笼土千总刀荣安（抗战时逃入缅境）。3. 猛罕土把总刀栋庭。4. 小猛笼土把总刀正才。

（二）佛海县

1. 猛海土把总刀宗汉（三十四年病故）。2. 打洛土千总刀庆华（抗战时被杀）。3. 猛滑土把总刀栋宇。

（三）南峤县

猛满土外委刀正清。

（四）镇越县

1. 猛腊土把总刀镇邦。2. 猛伴土弁召叭龙康坦翁。3. 猛仑土弁刀继忠。

（五）江城县

整基土把总召。

（六）六顺县

六顺土把总刀盛珩。

（七）思茅县

1.猛旺土司台映福。2.龙德土司叶应龙。3.倚邦土司曹仲书。

（八）景谷县

1.威远土千总刀永康。2.猛邦土把总周忠权。3.猛戛土把总刀太清。

（九）澜沧县

1.孟连宣抚使刀派洪。2.募乃土把总石炳钧。3.上允土把总刀世泽。
4.下允土把总刀富全。5.大小守土代办石炳忠。6.蛮海土守备石兆昌。
7.东河土把总张启才。8.圈糯土千总代办李家声。9.猛滨土目代办罕刀
氏。10.西盟土目代办李长。

（十）镇康县

孟定土司府罕葛贤。

（十一）昌宁县

湾甸土知州景功。

（十二）沧源设治局

猛角董土千总罕华相。

（十三）耿马设治局

耿马宣抚使罕富廷。

（十四）潞西设治局

1.芒市安抚使代办方克胜。2.遮放副宣抚使多英培。3.猛扳长官司蒋
永俊。

（十五）瑞丽设治局

1.猛卯安抚使衎某。2.腊撒长官司盖炳铨。

（十六）梁河设治局

南甸宣抚使龚统政。

（十七）陇川设治局

陇川宣抚使多永安。

（十八）盈江设治局

1. 干崖宣抚使刀承钺。2. 户撒长官司赖奉先。

（十九）莲山设治局

盏达副宣抚使刀思鸿陛（已革职）。

（二十）龙陵县

潞江安抚使线家齐。

（二十一）保山县

练地土巡捕杨定周。

（二十二）泸水设治局

1. 老窝土千总段承恭。2. 六库土千总段承经。3. 鲁掌土千总茶光周。4. 登埂土千总段承钺。5. 卯照土千总段庆华。

（二十三）兰坪县

兔峨土舍罗星。

（二十四）中甸县

1. 五境土守备陈延年、刘思。2. 大中甸境土千总松耀魁。3. 小中甸境土千总汪回批。4. 江边境土千总杨汉钦。5. 西坻境土千总七玉麟。6. 格咱境土千总王绍郭。7. 大中甸境土把总杨灿文齐祖望、徐浚云、七友才。8. 格咱境土把总田余丰、松培初、牛奎斗、桑七阿间。9. 小中甸境土把总马玉龙、陈纪和土杰。10. 江边境土把总和锡铨、杨尚礼、刘汉昇。11. 西坻境土把总黄育英、何世昌。

（二十五）德钦设治局

1. 阿墩土千总木氏阿宗。2. 阿墩土把总桑尚荣。3. 阿墩土外委吉福。

（二十六）鹤庆县

土通判高宗亮。

（二十七）丽江县

1. 土通判木琼。2. 土千总杨汝桐。3. 土守备和立宗。4. 土千总王济炘。

（二十八）宁江设治局

1. 永宁土知府阿民翰。2. 蒗渠土知州阿鸿钧。

（二十九）永胜县

顺州土州同子天明（因年幼由其侄代行职务）。

（三十）武定县

1. 勤鲁巡捕李鸿钧。2. 暮莲乡土同知那维新（远出未归由其母安和嘟代职）。3. 环州乡土同知李鸿缨（因争袭杀死其母，现尚未袭职）。

（三十一）建水县

1. 纳楼司分管乐差永顺及江外三土方、土舍普国泰。2. 纳楼司分管崇安道二里土舍普鸿武。3. 五亩掌寨土外委陶文贵。4. 瓦遮副掌寨土外委普国梁。5. 马龙掌寨土外委李锦廉。6. 六呼掌寨土外委李瑞廷。7. 宗哈副掌寨土外委白继光。8. 溪处土舍赵福星（因争袭谋杀嫌疑案停职）。9. 宗哈瓦遮正掌寨土外委普正宽。

（三十二）石屏县

1. 恩陀土千总李呈祥。2. 落恐土司陈钺氏（原土司病故由其母陈钺氏暂代）。3. 左能土千总吴忠臣。4. 亏容上河土千总孙斌元。亏容下河土千总孙荫宗。

（三十三）蒙自县

纳更土巡检龙键乾。2. 犒吾土司龙鹏程。

（三十四）玉溪县

土州判王家宾。

（三十五）文山县

开化土经历周文柱（二十八年病故尚无人承袭）。

（三十六）广南县

土同知侬鼎和。

（三十七）巧家县

户候司禄廷英（二十七年病故，迄今无合法承继）。

上述各土司，其受封早者始于元代，迟亦清初，皆世袭职。民国以来，滇政府以抚绥边民，亦沿袭而未加废除，每一土司袭位，亦由省政府正式核准后发给委任状。惟因时势之演变，今日之土司，已不能以官阶之高低及辖地之大小分强弱。现在土司中官阶最高者为车里宣慰使，但因车里改县已久，政治渐上正轨，土司已不复为施政之梗；比较权大而跋扈者，为耿马、潞西、瑞丽、梁河、陇川、盈江、沧源、龙陵、澜沧等地土司，至石屏、建水江外各土司虽富饶，但因接近昆明，汉化极深，只不过形似地方上之大地主而已。

土司制度下，有其固有之行政组织，系统非常严密，例如车里土司，宣慰之下，有总管内务大臣一人，官名"都弄稿"；对外大臣一人，名

"召景哈"；钱粮、伕马、宗教，接应皆各立部门，设人专管。近似专制朝廷中之各部大臣；各村寨分由贵族亲信管辖，有如封疆大吏，直接亲民之村寨头人（就人口多少区域大小分等级，曰老叭、老咱、老线等），好比乡镇县长；此外有一议事庭，由贵族及地方头人推举代表组织之，例以外交大臣召景哈为庭长，宣慰本人不能参加，凡地方一切大事，均须经议事庭议决然后交宣慰执行，惟议事庭亦极尊重宣慰意见，此则又极相似议会组织。此为思普边区情形，至于腾龙沿边各土司行政，亦有与此大同小异之制度，此种制度，因其数百年相沿而行，故凡事之发生与处理，皆有例规可循。因之在此类区域中，虽有县府或设治局之设置，但为县官者，为着语言及风俗方面之隔阂，大多只能循其旧有制度，任土司或头人为乡镇保长，使之直接亲民。这样一来，土司虽无名义上之政治地位，然皆握有实际上之政治权力，所以，在今日云南沿边区域中，土司制度依然变相地存在着。

三、土司制度之利弊

今日而有土司之存在，已属奇怪现象，今日土司制仍能支配地方行政，则更为时代中所不应有之举。然而云南土司制度，何以经雍正时之改土归流而不能尽废？何以民国建立已三十五年而依然存在？则此中自不无因果，一般说来，土司制度是弊害很多的，但其中也不无暂时有利之处。试作一个内在的分剖：

从社会方面言：土司治下的区域中，住民显然形成两大对立阶层，一是土司及其族属，他们掌握着政治权能，对人民有着生杀之柄，世袭地做了一地方之统治者与支配者；另一是全体人民，他们世代地做了一人一家的佃农奴隶、永远处在被压迫被剥削群里；于是，这一个社会，便始终在压迫与被压迫两个对立的阶层中不平等地存在着，被压迫的是多数人而统治者却是绝对少数人。

从经济方面言：土司地方大多是地处人稀的肥沃地带，但土司治下的人民，却都没有一个人有一寸土地权。换言之，即边区土地名义上是公有，实际却不啻是土司一人一家的私产，人民都有土地种，但人民都须向土司纳粮，故全境人民，皆不啻是土司一人的佃农。因此，在经济生活上，也就形成了一个尖锐的对比，人民的生活是极度简陋而贫苦的，土司的生活都是享受丰富的；人民皆赖自己的劳力而生活，土司却一事不做专恃剥削他人而享乐，自食其力者皆淡饭茅屋，而剥削他人者则可乘汽车住洋楼。

从思想方面言：土司制度经过数百年的传袭，在边民思想上，已经养成一个不可磨灭的意识，认为土司之统治是当然的，认为人民之被剥削是当然的，土司任何庸愚恶劣，其行为任何狂妄无理，人民皆受之不敢反抗。由此种思想，于是养成人民对土司绝对服从的习俗，见土司必跪拜，被土司奴役认为宠荣，对土司纵有任何仇怨绝不敢形诸声色，在数百年的土司制度过程中，从未有人民革命反叛土司之举。——间有类似情形，实际皆为土司一族争夺职位而以人民为战争工具的举动。

因土司制度而造成如上的边区现状，则其所发生的弊害，可归纳作如下数项：

1. 破坏行政统一　边地虽已有县府或设治局之设立，但因为不能直接亲民而须假手于土司，于是乃形成双重的政治统系。在若干土司势力较大的区域，县政府设治局有如土司衙门的附庸，不得其同意，纵呼使一个工役也不可能。此种情形，在今日云南边地中并不少见。

2. 加重人民负担　边地县府的行政经费，皆门摊户派取之于民。以思普沿边而言，民初建设治局规定每一户年纳行政经费四角，又土司赡养费二角，十六年改设县后费用增加，至今日止，以车里县为例，每户年纳县府行政费现金六元（边地仍用硬币，每现金一元，约合时值国币一千五百元），教育费一元，此外又须向土司署年纳赡养费三元，此是定额的，此外尚有不定额的县政府招待费，土司贵族婚丧年节进献费。总之，人民除负担国家政府的一年经费外，又得同样对土司负担一份。

3. 阻碍经济生产　土司为保持其世袭的封建势力，对广大肥沃土地，宁可任其荒芜，绝不欢迎汉人入内垦殖，视人民为农奴，只求其墨守成法，年纳租谷，绝不希望人民对生产上求进步，所以在边地一方面是货弃于地，一方面却是人穷于财。

4. 摧残思想知识　凡入边区办教育者，莫不知边民皆不愿来读汉书，人或只知其不愿来读汉书之缘故，由于不习惯与不需要，不知除此而外，尚有一最大原因，即土司之阻难与禁止。土司为求其世袭职位之巩固，相沿采取愚民政策，不愿人民有知识，土司衙门中例须请汉人教师教其子弟读汉书，但在民间绝对不愿人民入学校，人民不得土司之许可，则不敢贸然入学。是故在边地办学校，常苦无法招生，问之土司，皆曰人民怕读书，实际非人民怕读书，却是怕土司不准读书。因此，边民思想知识，永停于一定点而不能前进。

5.造成歪曲之国家民族思想　土司因恐政府力量达到边区后对其统治权发生动摇，于是除多方阻难使国家政治权力不能直接统治其地外，且有意对边民散播一种歪曲之国家民族思想，如尽量渲染汉官之恶劣可怖，使边民印象中深觉受汉官统治有如亡国；如造作不合理之民族见解，使边民发生汉夷隔阂之成见。凡此，皆为数百年土司统治边民之一贯伎俩。

略举此五种现成事实，已可洞见土司制度之存在，其危害国家行政、地方经济文化、人民思想行为之处，实大而且巨。作者与沿边土司多熟识，且多有深交者，就事实论，作者不能为各土司左袒，然作者亦承认土司制度存在于今日，对边疆对边民，亦有一绝大的利益，就是因土司制度的存在，使边地虽未进步但也还未糜烂，使边民虽穷苦但还不致饿死。在今日政治未上轨道，贪污之风，有如狂浪，兼之汉人对边民传统上即有成见，皆认边民可欺，边财可发，故一入边地，不论为官为商，莫不以欺骗压迫榨取剥削边民为能事，于是边民受汉官汉商之祸，实远胜于土司，权衡轻重，自然甘愿做土司的奴隶而不愿为汉官所鱼肉了。某土司曾直率而慨然地对作者说：人皆说土司刻苦边民，土司固然有取于人民者，但土司视人民为家人，土司亦自知子孙世代须靠人民生活，如自养牛马，一方面驱之工作，一方面也得喂饱它草料，汉官则如饿鬼夜叉，既吮民血，复嚼其骨，所以边民受得住数百年土司的统治，却受不了一任汉官的括削。这话深有道理。抗战中为军事上的需要，当局委任了许多××司令支队长等到边区去防敌抚夷，结果敌不能防，却把边民祖宗世代的积蓄，抢劫以去，这证实了某土司所说吮血嚼骨的话是不错的。在政治未上轨道、国家纲纪未确立之时，倘废除土司把边地交给如今日之贪官污吏治理，恐怕边疆早已变了颜色了。

四、土司制度之存废

根据上文的分析，我们可以作如下的结论：为适应时代及求边疆之开发边民之开化，土司制度实已无存在的需要，必须根本废除，但须得先具备一个条件，就是得先有合理的治边计划与理想的边疆官吏。倘仍如过去之贪官污吏本刮民政策去治边，反不如暂时保存土司制度。

所谓合理的治边计划，虽然千头万绪，但说来也很平常，边地情形特殊，地理环境、住民语言、文化、习俗，皆全异于内地，故内地之一切行政制度，绝不能原封不动地搬到边地去施行，每一种制度，应针对当地的现实环境需要而设计。如政治方面，首应建立人民对政府之信心，盖今日政府威信在边地之低落，实为不必讳言之事，其原因皆由历来边官鱼肉边民所造成，官吏为代表政府之机体，边民对官吏既无好感，对政府自必无尊敬服从之信心，政令一出，人民皆等闲视之，故欲求政治之推动，必先收服边民之信心。思想方面，应破除边民之狭隘见解与错误之民族国家观念，使知中华民族为一体，汉夷是一家，有国家有民族个人始能生存。教育文化方面，应采特定之方式以普及边民教育，统一语言文字，改进生活方式，提高文化水准，保存边民固有美德，最终目的在使边地文化与内地文化合为一体。经济方面，应开发边区富源以裕饶民生，首要之图在开发交通，次则扑灭瘴疠，继之移民屯垦，倡导种植，开发矿产，改良边民固有生产方式，利用环境从事特殊经济建设。更有要者，经济之开发须确认系生产的而非掠夺的，目的在扶助边民生活而非掠夺边民财富。此外则界务之整顿，国防之建设，都应当有具体而合理的方案。

所谓理想的边疆官吏，并不难得。政府对于边疆，不要派做官的人去，须派做事的人去，则理想的边疆官吏近之矣。既入边区，只须抱着三个字去体会力行：一是廉，二是信，三是实。边民之怨尤边官，由于贪取暴夺，故边官倘能廉洁自持，自必观感一新。故廉洁为最能打动边民心情之唯一方法，边官能廉洁，保可于最短期间取得人民信仰，既得边民信仰，则万事可为矣，所以首要在廉。边地社会简单，边民习性朴质，口心如一，言出必行，其对人以诚，故望人之对于己亦诚。边官不明此理，常以用于都市社会中之虚伪欺诈政治手腕用之边地，边民上当一次，再不敢相信官府，边区政令，便休想能推行，故边官倘能一改故习，体会边民心理，以诚相待，凡事衡量轻重，倘不能办到，不妨详为解说，既允许之事，务必彻底做到，官不失信于民，则政府威望可立，所以次要在信。边疆如一张白纸，染朱则红，染墨则黑，无例规可循，故凡事重在创作，不敷衍，不粉饰，实地干，彻底干，始可与言开发，故再次要在实。此三字能做到，则理想之边官，十九近之矣。再说实际点，则今日工作于边地夷人社会中之西洋传教士，其精神行为，便堪为我今后之边疆官吏效法。

再说到废除土司制度之方法与手段，也非常简单。今日之土司，虽有其权但并不稳固，虽有其力但并不雄厚，虽治其民但并未得民心，倘有一较土司廉能者代之而治，倘有一权能的政府给边民以保障，边民必翕然膺服而乐弃土司以归之，故政府可不必顾虑到因废土而会引起边乱。更且，政府对于土司，直不必明令废除，只须健全县政组织，在公事上避免直接与土司发生往还，凡土司出缺，不要再以功令委派新土司。如是，土司自然受到淘汰，充其量仅不过形成一个区域中之地主或豪绅，对政治自不可能发生作用了。至若土司中头脑清白、年青有为者，不妨培植之，使成为地方人才而用之，则更两得其利。

作者一贯的见解，认为土司制度的存在，固足以弊国害民，但若以贪官污吏代土司，其弊国害民之处将远超现存土司制度之上，现仍愿用此语，作本文之结。

第六卷　第一期　1947 年 3 月

请确定西南边疆政策

江应樑

自国民政府有边疆政策以来，毋庸讳言的，其注视的重心，是在西北而不在西南。换言之，即只认蒙、藏、新疆为边疆，而视西南各苗夷区域为内域，故在中央的边务机构，直截了当地名之曰蒙藏委员会，教育部初只有蒙藏教育司而未名之曰边疆教育司，当年未经独立尚附属于中央政治学校的边疆学校，其招生及优待的对象仅是蒙古、新疆、西藏青年，对苗夷诸族人均漠然视之。自抗战以后政府西迁，西南边疆及西南边民的实况，始渐为执政诸公所明了，才深觉得这广大区域与复杂的宗族，实在不能不有特殊的治理方策和开发方案，实在应当和蒙古、新疆作等量齐观，于是政府治边的范围乃始扩大，把西南的苗夷区域算作了边疆，把西南的苗夷人民认作了边民。在此之前，政府主理边政诸公的意思，是认为国家最好尽量少有特殊化的地方与特殊化的人民，西南的苗夷区域，数百年来在政治的治理上既没有显著的特异形式，那最好莫若不再歧视之，使其自然而逐渐地整部同化，这是抗战以前政府的西南边疆政策。抗战时因身历而目睹，发觉过去政策之不一定正确，于是乎反过来，把西南苗夷区域提出来和蒙古、西藏等量齐观。于是，《宪法》第二十六条明白规定，国民大会中有蒙古选出的代表，有西藏选出的代表，也有各民族在边疆区域选出的代表，这其中便包括西南的苗夷代表。又《宪法》第六十四条中，各民族在边疆区域中，也可以单独选举立法委员。于是，在最近两三月来全国狂热的选举潮中，在四川、云南、贵州等省，我们都听到了"边疆民族国民代表"与"边疆民族立法委员"这类新名词。政府对西南边疆政策的这一转变，一部分人士认为是政府治边政策上的一大进步，但另一部分人士则又认为这是多找麻烦之举，远不如过去以内域视西南边疆，使之自然而逐渐地同化这样来得合理。本文便拟根据西南边疆的现实状况，对这一问题作一个实际的探究，然后提出一个建立西南边疆政策的意见，以供政府采择并同道的研讨。

一般人所谓的西南边疆，大概指四川、云南、西康、贵州、湖南、广西、广东诸省境内有苗夷集区的地区而言。这一带区域，若以简单视之，那诚然很简单，因为这些地带，除西康建省稍晚外，其他，最晚在七百年前便已成为内域省区了，在今日，委官施政，并没有特殊的阻碍与重大的烦难，较之蒙古之要求独立，西藏之企图自主，新疆之政争不息，确实简单得多。但若反过来以复杂视之，则这一带地区，确有其复杂的因素，显而易见的情形，不难举出下列诸端：

一、西南边疆虽不能用"民族复杂"这四个字来形容，但"宗族"种别之多，则确是任何省区所不及，其中尤以云南为最。《云南通志》记全省境内的边夷，其数达一百四十余种之多。前年滇省民政厅边疆行政设计委员会对全省边夷作一普遍的调查，结果知道全省现存不同名称的边夷尚有八十五种。近代国内外学者根据语言系统来看云南住民，亦可以分全省住民为汉语、蒙克语（Monkhaner）、藏缅语（Tibeto·Bu·man）、台语（Tai or Shan）四大系，种属不可谓不复杂。其次是贵州，据《黔书》载全省境内苗夷种属计八十四种。其他诸省虽较简单，但也不单纯，如西康西南有倮罗，其他多数地方有藏族，四川北部有番人，南部有倮罗和苗人，广西主要的是徭人与僮人，其他尚有所谓伶佷诸种，广东北江有徭人，海南岛有黎人和苗人，湖南西部有苗人。这些，都是语言各异，生活特殊的边民，人口虽无确切的统计，但据一般的估计总数不下一千万人，这不能不认为是情形复杂人口众多的边疆区域了。

二、这些语言各异，生活特殊的西南边民，虽然一部分都已编户入籍，受政府法令治理，与汉人混居，能通晓汉话，其趋势诚然是在进行于逐渐自然融化的过程中，但尚有一部分却仍在隔绝的状态中，保持其固有的形态。最显著者如川、康、滇三省接壤的大小凉山中的夷族，一般所谓的独立倮罗者（Independent Lolo），他们不仅是集族而居，保持原始的社会制度与生活方式，而且与外地汉人绝对隔绝，不接受政府的政令，且显然地居于反抗对立的地位，致使边地的治安及禁政实施，受到极大的阻碍破坏。又如滇缅沿边的摆夷，他们皆集族而居，保持完整的土司制度，虽在名义上受治于县政府或设治局，但地方政治经济的实权，却仍然操之于土司头人之手，人民只知道有土司而不知有汉官，政府的任何政令要是受到土司的反对，就无法达到人民阶层。再如云南境内的卡瓦、傈僳、山头（英人呼为开钦 Kachin）、倮黑，湘黔境内的一部分苗人，广东海南岛中的黎人，他们虽不似独立倮罗之绝对与内域隔绝，也不似摆夷之有完整的政治及经济体系，但他们却都有一种自我为族的观念，在一种不即不离的情况下，和政府与内地住民总似未能调和而隔着这么一重厚膜，诸如此类的情形，则确是不能漠然以内域视之的。

三、如果我们的国家是在安定的状态中，我们的官吏都能清明地推行国家政令，那么，老实说，如上述西南边疆中这种隔阂的、特异的，甚至独立的畸形状况，是不难以正常的政治方略来安定它的，但不幸的是我们的国家多年来都陷于战乱中，官吏的贪污无能成为普遍的现象，尤其是在边区，因政治之失常与官吏之堕落，给边民信念上一个极恶劣的印象，他们把政治看成了黑云，把官吏看作了吸血虫，于是对国家也就无所信仰，对汉人也便普遍含着仇视心理。这样一来，最坏的一个结果是造成了边民的狭义的种族观念，几千年来汉人对边夷所说的一句话："非我族类，其心必异"，今日恰给边胞们转过来应用了。他们觉得汉人是拿着异类待他们，所以他们也就恐惧于历史的教训而不敢诚心内向，这只要与西南边民接触过的任何人，都很容易见出这种事象。凉山中的黑夷，皆有着极自信而骄傲的自族观念，他们认为他们是一种优秀有力的民族，他们绝不愿受制于任何人。一个曾经到过成都中央军校受过半年训练而稍知内地文明的黑夷酋长，曾和我在凉山中辩难多次，他强调凉山中的制度文化，远较内地现行者为优。多头并立各无统属的部落制度，我批评他们是散漫无组织，这位黑夷酋长却说这正是自由平等；不洗脸不更衣的原始生活，我批评他们是不进化，他却说这是纯真而不虚伪；末了这位黑夷酋长提出一个救中国的办法："如果把凉山的制度文化推行于内地，则全国必似凉山内部那样的太平安乐。"像这样的边民心理，要不是深入山中与之推诚相交后，怎能轻易知晓。驯善莫如苗人，但苗人却正都有着强烈的自族观念，虽是入大学读书的苗族青年，也仍守着他们的传说，相信他们的始祖是蚩尤，他们的老家是黄河流域，蚩尤是被黄帝打败，因而他们才流落到西南荒野的山中来受苦的。虽然你根据历史的事实，对他解释今之苗族并非古之三苗，也不是蚩尤之后，但他们却不理这一套的。这种事象虽不能由今人来负责，而是二千年来国家边疆政策的错误所种下来的恶果，造成边民狭义的种族见解，但近年来政治的不澄清，边疆官吏的贪污无能，更足以加强边民此种见解的存在。这一点，是今日西南边政上一个亟待解决的大问题。

有上面的诸种事象，所以我们认为如过去之漠视西南边区，为图省事而杀其特殊性，是一种错误的政策。如果任由这种政策继续推行，那只会一方面加深了西南边民对国家政府的误解，另方面使这广大的边疆区域，始终难望得到开发。

抗战后政府对西南边疆政策的转变，是一个智慧进步之举，承认西南边疆的特殊性，是极为合理的。不过，要由西南边民中选出国大代表、立法委员，来代表边民的利益，直接参与国家开发边疆的工作，这是否合理？能否得到真正的实效？却大有商讨的余地。我们忧虑的是所选出的代表和委员们，是否真正的边民？是否真能代表多数边民的利益？在内地选举，已经有许多地方发现了官僚政客、土豪劣绅包办的不愉快事件，在边疆不仅是边民的智识水准远不如内地人民，更兼边民在传统习俗下，对于国家和政治，根本就不认识，真正的老百姓，就没有谁愿意也不敢出来过问政治。于是所称为代表边疆民族的人士，便不外下举三种人：

一是土司阶级。西南边疆今日尚有若干完整的土司制度的存在，这是事实，此种土司制度，因为有着数百年承袭的历史，所以不仅制度本身有着严密的组织，而且把土司阶级和人民阶级，形成了两个文化水准不同、生活方式各异的阶层。边民都是日出而作、日入而息，不知村寨以外的人与事的老百姓，土司则皆是知书识礼，与官府交结，握一方政权的统治人物；边民尽皆过着住草棚、吃山野的原始简单生活，土司则是住洋房、乘汽车的享乐阶级。因为在有土司之区，政府的政令都必通过土司始能达于人民，于是凡有所谓选举代表这一类事，也只有土司始能出来应选。真正的老百姓，休说出不了头，就强之以出，一则语言不通，再则不敢贸然离开本地，事实上他们绝不会来任国大代表或立法委员的。

二是地主阶级。若干没有土司的西南边区，却有一种俨然是领袖边民的地主阶级，这种阶级的形成，多数是早年的土酋，因改土归流渐失去政治上的力量，但却拥有地方上广大的土地，于是便以地主的姿态称强于地方，边民皆是他一家的佃户，自然可以左右地方的民意而成为边民的代表了。

三是寄寓边区的汉人。在西南若干苗夷集居区域中，常有多少家汉人的寄居，这些汉人，或入边为官吏去职后即落寓边区者，或入边地经商而长住边地者，他们因为多年寄寓边疆，所以熟识夷情，深通夷语，而又具备有内地人复杂的头脑与应付事件的手腕。在边地无人才夷民不问政事的情形下，政府优待边民让他们推选委员代表，这些寄寓边区的汉人怎肯轻易放弃这个机会，于是便都属边民籍而入选了。

这三种人成为边疆民族的国大代表或立法委员，对边疆究竟能发生什么作用，这是显然易见的事。一句话说穿，他们的利害是与大多数的边民站在反对的立场上的。举几桩事实来说：今日开化边民的基本办法是提高教育文化水准，发展边地教育，不仅是宪法中有明文规定，而且多数边民自身，也深感有此需要。然而土司们统治边地，便一贯地是实施着愚民政策，他们惟恐人民有了智识而反对土司的统治。近三数十年来，政府在边地推进教育，土司们大都少所赞助，或且暗中阻挠。所以，以土司来代表边地立法，他们能诚心制定普及边地教育的法令吗？边民今日的痛苦，是对土司地主们过度的经济负担，若干边区地主，对佃户纳租之重，为内地任何地方所无，而土司对人民，除纳租之外，且有种种征取，如袭职、嫁娶、丧葬、年节，均须向人民派款。边地流行着一句俗话说"若要土司富，只须死人娶媳妇"。土司地主，都是剥削人民的寄生阶级，减轻了边民的经济担负，便是直接断绝土司地主的经济收入，试问土司地主们做了代表或委员，愿意这样做吗？至于寄寓边区的汉人，倘若当选，那所行所为恐远在土司地主之下，因为这类人大多是一般思想陈腐的胥吏，或唯利是图的小商人，地主土司尚知爱惜他的佃户人民，胥吏商人只在一个钱字上着眼，这类人来做了代表或委员，我辈只好为边疆失声一哭！

据此论，我们认为，今日政府为爱护西南边民，特准边疆推选出代表边民的国大代表与立法委员，这办法，并不能算为完好的西南边疆政策，除非所选出的真正是边疆的老百姓，真能代表多数的边民，否则，边地众多的夷民未经受到福惠之时，边疆已先蒙到危害。有一个已发生的事件可作前鉴：若干边县为遵令组织县参议会，地方上的土司、头人、汉商，做了县参议员，当未有参议会之前，土司、头人、汉商，尚无名目可以巧取于民，现在有这么一块招牌，他们居然以"官"的面孔来对待人民了，可怜边民哪里知道参议员是人民的代表，他们都只以为又新生了一批官，没奈何只好又照样加一重负担。至于做地方官的，有了县参议会并不能就监督了他的贪污行为。反之，一个要贪污的县长，他更可因参议会的合作而放胆地贪污，一个要做好的县长，反因为有这一批不三不四的议员们的阻挠而做不出事来，这种情形，岂是政府设立民意机构时始料所能及？又岂是制定《宪法》第一百六十八条："国家对边疆地区自治事业，特别予以扶植。"时所能预计得到的恶果？

作者个人的见解，认为今日我政府能一反过去漠视西南边疆的成见，看出了西南边疆的特殊性与重要性而予以重视，这是国家边疆政策的一大进步，也是当政诸公的一项正确见解。但既然认定西南边疆具有特殊性，那就得任何设施都须根据此种特殊性而作为，不能再以一般的办法行之于边区。过去通令边县一律成立民议机构，其结果已如上所述，有多数边远县区，未见其利而先蒙其害，今日的选举边疆国大代表与立法委员，虽然是政府重视边地之意，但选举的方式要不有一个针对的办法，将来边民恐将不会得到多少好处的。我以一个边疆研究者的心理来看二十年来政府以至国人对西南边疆认识的进步，实在禁不住内心的喜悦。廿年前，国人之对于西南边疆，所知道者便是从历史书上所看到那种不正确而含有偏见的记载，所谓"边地皆不毛之区，蛮夷尽犷悍之类。"间或有几个学者对边区作实际的研究调查，国人皆以新奇的眼光目之，接着学者们忠实的调查报告陆续出版了，始引起国人对西南边疆的注意。抗战使政府迁来西南，边疆的实象始尽量为多数国人及政府当局所知晓，乃造成今日政府对西南边疆承认其有特殊性的决策。不过，我们却认为政府所知道的还不能算是彻底，我们希望当此行宪开始的重要关头，国家能重新制定一个处理西南边疆的正确政策。这政策的制定，首要的事是希望政府当局进一步彻底明了边疆的实况及其特殊性，然后由中央政府以至省县政府，确定一个不互相冲突的一贯策略，这策略包括政治的、经济的、文化的通盘建设方案，期以十年二十年的时期，有恒而不间断地逐步实施，这样，或者广大的西南边疆可以得开发之利，数及千万的西南边民可以蒙受文明之福。下文略就此义加以阐述。

西南边疆的特殊性，实际说来应当是两重的：与内地的情形不同，这是第一重特殊性；与其他边疆地带情形也不同，这应当算是第二重特殊性。我们所谓一般对西南边疆的认识不够彻底，意思即是说只认识了第一重特殊性而忽略了第二重特殊性。蒙古或西藏，在整块广大的境土内，民族相同，语言相同，宗教信仰相同，边民的生活习惯相同，政治方面，也有一个统属可寻；新疆境内虽较复杂，但也各有路数而可互相结合以求得治理上的统一方案的。惟有西南边疆，各宗族的分歧复杂，奚止数十百个单位，而语言、习俗、生活方式的互不相同，又奚止数十百个形态，对此种错综复杂的边民集团，要想用一个单纯的方略来谋整个的适用，事实上是做不到的。更有一个不可不知的情形，散居西南边区的各宗族，自来便未曾互相联系，或者互通声息过。巴布凉山的夷族和海南岛的黎人，都是孤陷于一个区内不与外界交通，这固然说不到联系，就是同一语系的宗族，或系别虽不同而是同住在一个地方朝夕可见面的两个宗族，也往往是互不联系，甚至老死不相往来的。例如湘西与黔东的花苗，其住居区域可以说是连为一片，但仍各为部落没有统属。在西南边民中，最有政治组织的莫过于摆夷，其居住地也最为集中，但也各自为政无统一的联系。云南南部边区车里一带的摆夷，与西部边区芒市一带的摆夷是互不通闻问的，即同在西部边区境域相接的各摆夷土司，如芒市、遮放、猛卯、陇川、南甸、干崖、盏达、潞江、耿马等，虽互为姻亲，但政治上却是利害冲突，互相猜忌，不可能有一个联合的组织。以此之故，对西南边民如果用过去抚慰蒙古、西藏那样办法，笼络了一二首领便希望惠及全体边民，这是绝不可能的事。说明白点，今日的西南边区，就没有一个人可以作为全区或一省甚至一省中的一个部分的边民代表，政府对此种情形未尽明了，往往被一些不相干的自称为边民代表所蒙蔽。记得抗战前有一个女子自称为云南土司总代表的，曾在京沪一带出尽了风头，中央竟给予边疆宣慰团名义，到云南边地去宣慰，结果却让一批人顺利地做了几趟大烟生意，而这一位总代表，竟连她自己一县里的几个土司，都未曾承认她的代表资格，真正有力量的土司，就根本不知道土司中有这么一个女子。近来常见有自称西南五省边民总代表或西南五省土司代表者，奔走朝野，大肆活动，我们很讶异这五省数十百种语言不同，居处隔绝，互不往来的近千万边民，何从总起？何从代表起？果真有这么一个人有这么一个力量做五省边民的总代表，那倒可为西南边疆额手称庆了，因为能如是，便表示西南边疆的单纯，则政府的治边方策，也不必千头万绪多方适应了。由这一件事可以显示，如果对边情知道得不彻底，要拟具适合需要的治边方略，事实上是不可能的。

　　彻底地知道了边疆情况，进一步我们便要求政府要有一个一贯的治边策略。所谓一贯，不仅是策略的本身要能切合实际便于逐步施行，而更要者是地方与中央要有一贯的步骤。抗战中因为中央政府西迁，对西南边疆因切近而重视，地方政府也便多有承中央旨意而争言开边者，但到今天并不见有显著的功果，重要的原因便是由于步骤的不一致，甚至各行其是。例如地方行政机关，拟具了废除土司制度的办法，第一步不承认土司的名号与地位，土司不能直接向省级机关呈文，有所请求只能以公民身份呈由县府递转，使土司渐失其特权，也即是加强了县府的治权。这本来是一个很好的方略，但有些驻军却挂着中央的招牌，极意拉拢土司，承认其名号，更赐以新的官爵。这样一来，过去仅只看不起县政府，但对省政府尚有所畏惧的土司，经此一提，连省政府也看不起了，这种错乱的步调，对边政的改革足以发生极恶劣的结果。还有一件现实的事可引为例证，某省政府决心彻底革新边疆行政，约聘了许多专家教授拟具了若干边疆开发方案，先划出一个重要的边县，由其中一位学者出任该县县长，依所拟计划作一个初步的实验，未到半年，在夷民中已收到了传教士般的效果，不幸这时省政府改组了，新任的一位民政厅长是连"边疆"两个字也解释不出来的，这位教书出身的县长，见方案已无法继续实验，适又遭悼亡之痛，乃赴省辞职。这位粗鲁的厅长，一见这位县长，开口就问："你来做什么，是贩鸦片烟来吗？"做过大学教授愿抛弃地位到荒远的边区去实验计划且做有成效的这位县长，生平也未受过此种侮辱，放下辞呈转身就走。民政厅长认为侮辱上司，立刻下条子要撤职查办，先叫秘书查一查此县长的履历，不想却是一位大学教授，厅长乃转一忿"先行记过二次，然后准予辞职。"可怜集数十学者专家经四年的调查研究而拟具的开边方案，从此便夭折了。所以有识之士，都认为要建设边疆，革新边政，非以中央之力，有整个的计划，难望其成功。同道中有人主张于西南各省分别设立边务处或边政局，专负开发边疆之责，这办法作者是极端赞同的，要由专家主持绝不可衙门化和官僚化，固然是基本原则，更要者边务处或边政局要有一个超然的地位，否则要是遇着像上面那样只知贩卖鸦片烟的厅长，那专家们是谁也不愿意来受此侮辱的。

　　西南边疆政策应如何订定？内容包括些什么？这非本文所拟研究，不必谈及，但有一个原则须提出，就是今日西南边疆政治的重心，第一在收拾民心。西南边疆的各族夷民，对政府官吏极为轻视。因之政府威信，在边地内便十分低落，这是今日不必讳言的事实。这事实的造成，原因完全出于边疆官吏之贪污无能。过去历代政府，对于边疆虽或有漠视、歧视之事，但对于边民并未鱼肉视之，历史上所见到的绥抚羁縻诸政策，以当日时的环境言之，原未可厚非，而且历代政府对于西南各族边民，除收取轻微的差发银两和朝贡外，并没有什么苛扰，但入边做官吏的，便敲诈勒索，无所不至其极。数千年相沿成风，到今天依然没有更改，抗战初期作者在各夷区中作调查研究工作，某地的八大土司联合具了一张呈文拟请作者代为转呈中央，呈文中痛言边官的贪污无能情况，这确是实情。我亲把这呈文摘录一部分在下面，以显露边区政治的实况：

××边地各司，自民国以来，改设行政，原以解除边民痛苦为目的，然设治迄今，二十余年，事实理想，背道而驰，中间虽不无能吏，而十之八九，则以升官发财为职志，往往垂连而来，捆载而归，对于政治，敷衍塞责，故至今设治效果，实等于零。推其原因，厥有三端：一则由于地方之烟瘴。所来流官，晴则畏署，雨则畏瘴，举手投足，动生忌避，故对于人民之疾苦，地方之建设，皆盲目无知，但思高枕横床，抽烟避瘴，义务诿之土司，权利归之自己，以官样文章，呈转上下，便算行政，一旦任期既满，捆载归去，何尝尽一份责任，得人民信仰？以此而言设治，不知治之何在也！二则由于言语之隔阂。南夷古称鸩舌之地，语言种类，奚止百数，所来流官，对于命令之行使，人民之诉讼，非赖翻译，不能遂事达情，以是译员往往居中作弊，既不能廉得其情，何以能折服人心？甚且利用译员作攫取工具，分精择肥，无所不至，似此举枉措置，诚不知法律何在也！三则由于人种之复杂，司地人种，特殊复杂，虽以枚举，然而各有个性，非久居斯地者，不能因势利导，如百夷性流动，最易迁徙，利之在安；汉人性矫强，最爱取胜，利之在和；山头性顽悍，最喜斗狠，往往一事之微，有累世而报复者，利之在抚；所来流官，大都如行云流水，未谙种族个性，往往处置失当，身已去官，而祸犹在人民者，甚且分种族界限，不顾和平统一之真理，忘总理扶植弱小民族之遗教，鼓吹怂恿，使人民分歧斗争，而坐收渔人之利，此中危机，是又欲言而不敢言者矣！

如此边疆官吏，怎能收边民内向之心？政府纵有爱民之心，而边官所为，尽都是害民之事，边民对官吏既无好感，对政府自必无尊崇服从的信心。所以边地行政，到今天大有江河日下之势。政府若不能收拾边民离散之心，则西南边疆的危机，是极可隐忧的。要收拾民心，解铃还须系铃人，只要边官能一反过去作为，取得边民信仰，那政府治边的政策便可收到半数效果了。其实，天下最容易治理的百姓，莫过于西南边区的夷民，那种朴质率真的天性，丝毫没有都市中人的狡诈行为，一个边官只要廉洁不贪，实心做事，取信于边民，一定可以得边民死心拥戴。试看西南各省边区中，许多外籍传教士，以异国之人，状貌特殊，语言互异，然每入我边区，必深得边民信仰，甚至有些地方的夷民，只知有牧师，不知有政府，我们的边官，若果能做到"无官场做官习气，有教士传教精神"，何忧边民不拥戴政府！

从边官的作为上，取得了边民的信仰，然后以政治为推动力，配合着经济的开发与教育文化的倡导，使西南边疆从"不毛"之区变为膏腴锦绣，使西南边民，由愚顽犷悍，进为智慧文明。为着边疆国防的安全和国家民族的进步，我们热切地盼望政府对西南边疆有一个妥善的政策。

第七卷　第一期　1948 年 3 月

云南政治发展之大势

方国瑜

今日之云南，为中国之一部分；自有历史以来之云南，即为中国之一部分；故云南之历史，为中国历史之一部分；此为确然可信之事实。然有若干史学家，不承认此说，甚至谓云南自元代始入中国版图，此不考究之过也。余为此题，略述云南自有历史以来政治组织之大概，及地方政府与中央政府之关系，可知云南政治之发展，自古及今为中国政治之一部分，即在此历史过程中，不断发展中原文化于云南；则造成今日之云南，绝非偶然之事，将来开拓边土，亦可以为借鉴也。

云南历史，依其发展之情形，可分为四个时期：自远古至汉初为部落时期，自汉武帝开拓西南至南朝之宋齐为郡县时期，自梁陈至南宋为朝贡时期，元明清为行省时期。

部落时期之纪录，其远古史料缺乏，倪蜕、师范、王崧诸人，考校经史之文，在唐虞夏商周初史事，并有解说，而纪录甚略，尚难确信，犹待考古学家研究之。远古史之渺茫，中国史书如此，不仅云南为然。近年中央研究院吴金鼎先生，在大理发现新石器时代遗物，证明云南之远古文化与中原文化为一系统，与吾人主张云南远古居民自中原移殖之说完全符合，待将来多从事于考古发掘之研究，尤可证明此说也。其见于记载可确信之史事，则为《史记》《两汉书》之滇国、句町、夜郎、哀牢、嶲、昆明诸部，并可推知战国时代已有政治组织，诸部不相统属。盖滇境地形复杂，其自然地理可分为若干区域，土壤、气候、物产各不相同，移殖于云南之先民，不免因环境之影响而发展为不同之文化，乃渐有宗族之分；且山川阻隔，鲜有往还，各族聚为部落，渐有政治组织，亦各自为政，故吾人称为部落时期。此时期或事游牧，或事农业，《史记·西南夷传》已言之；而各部落之文化已发展至相当程度，故庄蹻率众至滇，变服从俗，可见当日滇池附近之文化，并不多逊于楚国也。

秦时曾遣使至滇置吏，已不知其详，至汉武帝时，唐蒙、司马相如、张骞先后上书，请经略西南，乃数遣使招抚，设置郡县：在其云南境者，益州郡全郡之二十四县，越巂郡之三县，牂柯郡之十一县，共四十余县。自是逐渐开拓，东汉增设永昌郡，蜀汉西晋设建宁、云南、永昌、越巂、朱提、牂柯、兴古七郡，至东晋宋齐分为十八郡，在今云南境者凡十二郡；分郡滋多，先后设县于云南者约八十。则在此约六百八十年中，云南政治组织之不断发展，可以知之。尤可注意者，两汉设郡，为益州附庸，蜀汉置庲降都督统率之，而属于益州，至西晋则置宁州，直隶中央也；以明清之政治系统比况之，两汉犹设数府于云南，蜀汉犹设一道以统数府，至西晋则犹设为一省也。在此政治组织之进步，一般文化亦随之进步。换言之，因一般文化之进步，促成政治组织之进步；而此政治与文化之进步，则由于中原移民，随政治势力逐渐而至，传播中原文化于兹土，逐渐昌盛，乃有此种成绩；吾人读《史记》《两汉书》《三国志》《晋书》《南中志》，可逐处证明，不待琐琐于此。总之，不论政治组织或一般文化观察之，西晋之世，云南与中原之文化并无甚大之分别也。

然自东晋、宋、齐以后，云南政治组织渐呈衰落之象，亦即渐成割据之局面。推其原因，则有数事：自西汉经略云南，以蜀为根据，每番出兵，皆自蜀调遣，即官于云南者，亦多蜀人，可以知之；迨三国分裂，蜀汉意在逐鹿中原，其于南土，惟求赋税征兵，而治理渐弛；西晋以后，李雄据成都，符秦、东晋、北魏、萧梁、北周争夺巴蜀，纷扰二百余年，无暇顾及西南。而汉之设郡县，大都依土族之区分为治理，土长封以爵禄，故汉末土族叛乱，诸葛亮南征既克平定，用不驻兵、不遣官使土族自为治理之政策，日久土官坐大，易孽祸乱；中原无暇治理，土官渐生异志，故割据之势弥久而弥烈也。

梁、陈、隋至唐初之爨，唐代之南诏，五代之郑、赵、杨三姓，宋之段、高二姓，咸据一隅以称雄，经六百八十余年之久，中原已不能治理云南，故历史家谓此时期云南非中国版图。然在历史之事实，则自两爨至大理国，始终奉中国为上邦，称臣受封，入贡中朝，见于记载者不下数百次；则其政治虽似独立，而不失为中国领土之一部。吾人知中国当五胡十六国、五代十国及每一朝代更替之际，政治分崩离析，各自为治，然历史家不以为脱离中国，则云南土族分据之时期虽较长，与十六国十国之割据，犹五十步百步之比耳，岂能视为治离中国也。而此时期中原文化在云南发展之情形，尤较郡县时期为进步。盖郡县之政治组织虽没落，而已有中原文化未必随之没落，且当逐渐普遍，此可为意想者；证之史事，晋宋以前，云南文化惟迤东为盛，至初唐迤西亦发展极速，此可知迤东之文化传播迤西也；不仅如此，隋唐既成统一之局，开发西南事业，不逊于两汉，遣使调兵，史不绝书，惟土族已坐大，所设州县不久破坏，数出兵亦为土族覆败，而即此中原文化种子，多流落于云南，迨南诏强盛，西川节度招徕云南以御吐蕃，南诏遣子弟留学成都者先后数千人，后南诏与西川失和，数寇西川，掳掠工匠技艺而归者至数万人；南诏以后，云南亦文弱不事武备，而蜀中天灾人祸，逼使人民逃入云南谋生者不绝于途，故在此六百年间，云南之中原文化，有加无已。即以地方政治组织观之，两爨时期之政治机构并不健全，经南诏至大理国，逐渐完密，其政治组织，即仿中原之政治，故此种进步，从一方而言，割据之政治机构逐渐加强。另一方而言，接受中原之政治组织逐渐加密；而此政治组织之进步，即基于在此区域中原文化之发展也，故大理国时期，为中原文化在云南已臻昌盛之时期。

元世祖未得江南之先，收复云南，初依土族治理，设十九万户府，而统于都元帅，旋改为行省，与中原江南各省不殊。在元代之记载，云南文化与中原江南各省亦无大差，则其所以能建设此政治组织者，即以大理国之政治为基础；吾人以为云南在朝贡时期，不断发展中国文化，在此事实已可充分证明，隋唐以迄宋代之文献，亦逐处可以证实，绝非好为宣传之说也。

元明清云南行省之政治与文化，在不断发展中，其见于纪录者已详实，不待琐琐于此。而最足书者，则为元代驻军、明代卫所、清代关哨塘汛之制度也，凡驻防之军大都自中原江南调遣而来，防守固定之区域，世代为军，初则军户，后籍为民。元代驻军限于军事重镇，明代卫所则遍置于较大之平原，清代之汛防则在交通沿线，驻防屯田，人户孳生，经此约六百八十年之开拓，以成今日之云南也。吾人须知，云南区域辽阔，而人口稀疏，古代记录不详，亦未必确，惟见于记载者，西汉约十五万户，东汉约三十万户，晋约五十万户，至元代增至一百二十万户，明初复减至十二万户一百六十万人，清乾隆间不过增至三百二十九万人。故云南自有历史以来，不断发展文化，惟人口稀疏，不能尽量开发，则开发云南，最需要者为大量之移民，元明清之驻军，其结果移民安置云南。人口孳生，其生产事业及一般文化乃得逐渐充实与普遍。而关系最大者，则明代之卫所制度也，明初既平云南，设二十卫十六千户所于云南，官兵共六万余人，每一官兵携家属来云南驻守，每人分田若干，屯田自给，此六万官兵即成六万户，世为军籍。明末卫所之制渐弛，至清初全废，所有军籍尽变民户，今日云南全人口之三分之一，为明代卫所军籍之子孙，所见大户家谱，多言随沐国公迁滇者，绝非虚语。明季永历帝退入云南，吴三桂败于云南，复有汛防屯守之制，其自中原江南移殖于云南者尤在不少，故今日云南人口，推其先祖，自明以后始来云南者，数当过半。既有此人户，云南之政治与文化，始能迅速进步，正所谓有人斯有土，有土斯有财，有财斯有用。明初以来如此，明以前推至远古亦莫不如此。故云南历史，即汉族之开拓史，亦即汉文化发展史，经数千年之演进，而成今日之局面也。

尤有一事，吾人须留意者，在中国西南广大之区域，自昔以云南之文化较高，故云南隐为西南诸部之领袖。南诏拓土至伊洛瓦底江以西，与印度接壤，其南境势力达于海岸，唐宋时期缅甸入贡中国，即为云南所招徕，元代开设行省以后，即以云南为根据而展拓边土，今日之缅甸全境、暹罗北部、安南之西北部，并属云南行省，虽未能切实治理，已略有规模，至明代设缅甸、古喇、底马撒、木邦、孟养、孟蛮、蛮莫、孟艮、八百、老挝诸土司，亦皆属云南，其治理较元代为进步，清初亦多受云南节制。自乾隆时改土司为藩属，治理渐弛；清末已非云南所有。故自元迄清，云南内地之政治组织日密，而边界疆域则日缩，乾隆以后之治理边疆，渐呈衰败现象，今吾人深省矣。

第三卷　第二期　1944 年 2 月

南诏建国始末

李絜非

南诏的兴起　对唐的独立与叛服　寇蜀　移民与留学

社会的一般情况　文化　蒙氏的覆国

南诏蒙氏的远史，颇多传会，大抵建国之后，臣下粉饰的结果。自唐代佃奴时，始受云南大首领张乐进求（唐封爵赐姓）的禅让为王，在今洱海一带，称蒙舍诏（"诏"言为王，以在诸诏之南，亦称南诏）。当时滇西大理、丽江以及建昌西偏，地丑德齐，自称为诏者有六（亦有八诏之说，则包括白严城时傍与剑川㐬罗识两诏在内）。[注一]而诏氏居先数世，对唐尚称恭顺。溯其所由强盛的关键，则为吞并六诏与奉命讨爨两事。因在蒙、段两氏之前后，蛮夷分裂，为数颇众，其间自为火并，几为常态。结果：一则易为中央政令所利用，使其互相拑制；再则分裂互煎，一时自难创建强盛进步的基础。南诏觅能别创新局，对中央则阳奉阴违，对内部则亟为剪并，先后灭越析诏（一名麼些诏，在今丽江附近），浪穹诏（今大理北），邓睒诏（今大理北），施浪诏（今大理北），蒙嶲诏（今建昌西偏），据有诸地。犹恐诸诏子遗，为之后患，于是建松明楼，诱集诸孤，使所有祸根，一旦尽成灰烬。若干仅存余嗣，后继被徙于永昌。而其时唐廷任用非人，和诸爨自相削弱的结果，又予南诏以千载一时的机会。

南诏于开元十八年既灭五诏，势日强大。开元二十二年，又得唐边臣的许可，追认并吞五诏的合法。唐更从而册封皮罗阁为云南王，赐名归义，徙治太和城（本羊咩城在今大理南十五里）。天宝九年（公元七五〇年），以云南太守张虔陀的淫虐，和唐使的未能公平治理，南诏阁罗凤（皮罗阁子）遂反，攻杀张虔陀之后，仍未得值。继又大败唐师，一与吐蕃结为兄弟之国，改正朔，僭号大蒙国。时杨国忠当朝，既不能任用得人，消弭于机先，更扩大祸变，竟思立边功于事后。但云南号称瘴疠之乡，人民极端反对应募从军，强制执行的结果，遂有新丰折臂翁一类的惨剧。[注二]杨国忠的人品既差，主旨又误，自然不得当时及后世好评。但民众不了解汉武以来开边真意之所在，而规避军役，亦属可以视为遗憾的事情。天宝十三年，终以不才的将帅，领这一班无战斗意志的十道士兵，讨伐南诏，深入之后，被南诏、吐蕃夹攻，死了十多万人（今大理下关有万人冢，白居易诗句"应作云南望乡鬼，万人冢上哭呦呦"是）。一方杨国忠反饰败为胜，一方南诏立石国门（即德化碑，一名蒙国大诏碑，立于大历元年，今存大理城外），叙不得已叛唐归蕃的原因。继又西征（降寻传、骠诸国）东伐，迁西爨二十余万于永昌，俨然为南中大国，一世之雄。

阁罗凤死后，孙异牟寻继立，师事汉人郑回。初联吐蕃入寇，（大历十四年）为唐将李晟所大破，吐蕃、南诏间遂有异心。重以被吐蕃所役，每年要供兵纳赋，郑回乃乘机劝其归唐，唐将韦皋更大破吐蕃，并进兵昆明，勒功滇池。[注三]异牟寻乃决策归唐，唐遣崔佐时使至大理。适时吐蕃使先在，佐时因饬异牟寻攻斩吐蕃使者，此与班超在鄯善之斩匈奴使臣，同其壮烈，同在中国殖民史上，应予以特书。以是吐蕃失助，异为唐败。贞元十年，异牟寻并以滇兵入藏，大破蕃兵，终异牟寻之世，既不断助唐攻破吐蕃，复联系徼外各部族，臣服于唐，恭顺异常。究其故：在于郑回居中，使彼倾心中原文化，韦皋在边，屡破吐蕃的两重原因。但至王嵯巅、蒙世隆的时候，乃一变异牟寻之业，而一再寇蜀。

王嵯巅任清平官（宰相），专决国事，对于国王，数为废立。至蒙丰佑时，当唐大和三年（公元八二九年），借蜀逃卒为向导，得蜀中虚实，先后引兵陷嶲（今西昌）、戎（今宜宾）、邛（今邛徕）三州，北抵成都。成都自韦皋筹边，四十年来，从无蛮徼，所以兵备懈弛。但嵯巅深畏唐大兵将至，于是入郛（附城地方）俘掠蜀子女工技几万人，以及经籍珍货而南。当时"自成都以南，越巂以北，八百里之间，民畜为空"。[注四]到了大渡河，被俘的人，以别故乡，号痛赴水死的十之二三。以是南诏工技文织，以这班人的主持，亦和政教一样，与中原相侔。唐臣鉴于兹役之失，乃移李德裕为西川节度使，德裕一反韦皋对南诏的徒有其表之绥靖政策，而积极地肆力饬修战备，完残奋怯。[注五]吐蕃、南诏，因之方始相与骇然震惧，南诏更还俘掠的四千人。大和六年和十二年，一壁朝贡不绝，一壁相继寇边。及至蒙世隆即位，僭称皇帝，改国号曰大礼。咸通元年（公元八六〇年），陷播州（今遵义），次年陷邕州（今南平），继寇嶲州、安南（杀掳十五万人），五年寇嶲州，为薰邻所大败，又寇邕州，官军陷没者五万人，六年再陷嶲州，七年高骈大破南诏，复收安南。八年南诏通使中国，再归成都俘三千人。不久又以李师望，窦滂的贪冒不法，重起边祸。十年、南诏陷犍为、嘉（今嘉定）、黎（今汉源）、卬、雅（今雅安西）。十一年，（公元八七〇年）围成都，一时百姓入城，城为之满，赖杨长复、杨忞等，百计备守，南诏终不能下。二年之后，朝臣援至，南诏南奔，沿途又掠工匠玉帛，并尽据大渡河以南的地方。十四年，又寇黎州，乾符元年（公元八七四年），寇黔中，陷播州。同年冬，大掠成都三日，为高骈所击走。四年世隆死，蜀祸始已。先后凡五十年，俘众约十万人，蜀中为之虚耗（蜀人谚言："西戎尚可，南蛮残我"。）南蛮亦因之削弱，要皆边将大吏，贪婪无才的结果。

云南当南诏时期，拓地最广，入川，入播，入邕，入安南，灭寻传，破吐蕃，入骠国，以致蜀、黔、藏、桂、安南、缅甸皆有其属土，武功寖盛，本应为中国守边，肆力开拓，乃竟以不肖官吏而扰之使叛，韦皋之后，守边将吏，大都贪懦，终酿世隆之变，入成都，覆安南，终唐不振。究其原因，端在此方守土人才甚差，南诏英主叠出。[注六] 寇乱的结果，当然两败俱伤，兄弟阋墙，终以不了了之。惟南诏建国前后期间，在云南开发史上，有一特别现象，则为诸族之大迁徙，尤以南诏从事于征寇之余，最好广行徙掠政策。西爨亡，南诏曾徙其户二十余万于永昌，其意一则窜之余荒徼，毋为后患，一则取滇中肥沃之土，以自经营。西爨原为滇中文化较高的汉裔部落，以此西迁，对于滇边开发，影响甚巨（五诏之后，亦先为南诏迁于其间）。西爨乌蛮，后渐由滇东较瘠之地，乘虚而侵入西爨故土。南诏对于今省境内诸蛮迁徙尤频，大抵以永昌拓东一带为中心。据《蛮书》所称，尚有弄栋蛮、长裈蛮、河蛮、施蛮、顺蛮、磨蛮等为南诏所讨伐，徙移于约当今日昆明之附近。当时新筑拓东城，则实以施、顺、麽些诸族数万户，和骠民三千，永昌则新徙尤多，可谓极杂糅之能事。[注七]更西北破铁桥（在金沙江上绾滇藏交通），获裳人（本汉人）数千户，移于滇东北。盛通四年，寇交趾，杀掳几十五万人，所掳生口，置于何处，史无明文。其至关重要者，斯为数度掳掠成都一带工匠织户入滇，使南中工织之巧，侔于西川。而贞元十五年，韦皋选群蛮子弟，聚于成都，教以书数，想借以此完成羁縻之业，学成则回，另以其他子弟继之，如此继续了五十年（以咸通后的十五年为最甚），群蛮子弟就学于成都的，不下千人，终以军府吝惜一点廪给，竟使减数。且以这一班留学生习知巴蜀土风要害，在坏的一方面讲，颇影响以后的寇蜀。但一时之害，固抵不得后世之善果。

南诏对唐的关系，虽有似先后同时的渤海国，一在东北，一在西南，遥遥相对，但南诏较渤海为接近（因之恩怨亦比较为深），皆属中国文化的歧出之点，而益以一点地方风土，乃至种族部落的色彩。南诏本为哀牢夷后，其设官多与中央相当，不过自具其特别的地方名称和社会组织。百家有总佐一，一千家有治人官一，一万家有都督一。田五亩曰双，上官授田四十双（汉二顷），上户三十双，以次而递减，较家族社会主义，且为进步。军事组织，为所有壮者，皆属战士，有马为骑，以邑落远近分四军，以旗帜别四方面，一将统率千人，四军上置一将。凡敌人侵入国境，即以所入的一面守将御之。生产则有拓蚕、锦缣、井盐、瞑弓沙、金越睒骏（骏马）等事，以缯帛和贝市易，前者不及后者之多（元时始贝钞并用）。贝大如指，十六枚作一觅。国人无贵贱皆耕，不徭役，可见此时沧澜以东，曲靖以西，水耕已普遍发达，每人岁输米二斗。依《蛮志》所称，水田称麻豆黍稷，治山田精美。收刈已毕，蛮官据佃人家口数目，支给禾稻，其余实输官。重视艺人（数度侵川，皆掠技工，此点颇与以后的元人相似）。一艺者给田，二收乃税。后掠成都，技工文织，遂垮四川。南诏的兴盛，固然由于所处的时间空间佳好，但励行军国主义，实其内在的原因。如平日即农、战时即兵的征兵制，严格的战斗训练与试验办法，兼取各蛮为特种兵团，制定全般将士的严格军令，乃远较唐中叶以后的中央兵制与素质为优，以是方得使其骄纵不可一世地称雄于中国西南一隅之地。

南诏远承千年以降间歇来自中原的文化，近因于西爨，四川之涵濡。唐女后专政时，南诏晟罗皮立孔子庙于国中。继而有通经术的郑回入滇，阁罗凤数世皆师事之，嗣后礼乐寝盛。异牟寻尤每叹地卑夷杂，礼义不通，隔离中华，杜绝声教，所以遣使通唐，纳款归化。究其输心，与其谓为威迫，毋宁谓为汉化的力量。故其国率以儒为教先，彬彬然和诸夏肖。

到了韦皋镇边时，五十年中，先后就学于成都的南诏子弟，不下千人，儒化因之益深。其后寇川，于掳掠工技之外，兼取经籍，爱同珍异。高骈镇蜀，为求靖边，唐初以公主伪与南诏和亲（后卒施行），南诏使段宗义、杨奇鲲、赵隆眉等入唐迎娶，高骈以南诏策谋，出诸三人之手，表而酖之（此种手段，《滇绎》《滇系》两书中，皆有辞深憾之，诚然）。段、杨二人皆有遗诗，且皆被采入全唐诗。[注八] 而骈文则有《德化碑》大篇（出郑回手），固已彬彬唐风，继轨中原。（牛丛《复报南诏坦绰书》，有句：“赐孔子之诗书，颁周公之礼乐，数年之后，蔼有华风。”[注九] 驯至点苍山塔，亦为唐遣大匠恭韬、严义所造。所以政治的势力，虽形分割，但文化的势力，则依然为中国的一部分。

南诏自兴至亡，起唐太宗贞观二十二年（公元六四八年），细奴逻承张乐进求的逊位，讫后唐昭宗天复二年（公元九〇二年），南诏清平官郑买嗣夺蒙氏而灭之。中经十有三世，共二五四年。（《滇载记》误作三一〇年）初被封为云南王，继至异牟寻封南诏王，到蒙世隆而称骠信，改元称帝，自号大礼国，为势力最盛、祸华最烈的时期，亦为南诏国势由盛而衰的焦点。南诏蒙氏之前，有庄氏、张氏；南诏之后，有郑氏、赵氏、杨氏、段氏、高氏，凡八姓，其中以段氏历史最长，蒙氏次之。若但就政治一方面为言，中国在段、蒙两氏期间，统治力量最称薄弱，但只是割据的情态，对于文化各方面的推进，曾未中止，而作为大部伏流在潜行着。

注释

　　［注一］樊倬：《樊书》。

　　［注二］白居易：《新丰折臂翁》。

　　［注三］韦皋：《破吐蕃露布》。

　　［注四］孙樵：《书四将军边事》（《滇系·艺文》八之十八）。

　　［注五］参见《西南备边录·序》。

　　［注六］师范：《滇系·典故篇》七之一五六页。

　　［注七］《蛮书》。

　　［注八］《滇南文化论》。

　　［注九］《滇系·艺文》八之一。

语言学在云南

罗莘田

英人戴维斯（H.R.Davies）说："在阿萨姆与云南东部边界之间的地方和这个区域以南的印度支那许多国家，据我所闻，在世界任何部分几乎没有像那样分歧的语言和方言"（Yiln-Nan, P332）。的确，这话并不是夸张，凡是到过这一带地方的都可以证明它靠得住。假使有几个受过训练的语言学家在这个区域里花上他们的半生精力，也会有取之不尽，用之不竭的材料。

自从民国二十七年春天，国立中央研究院历史语言研究所和国立北京大学文科研究所相继搬到昆明，一部分研究语言的人，一方面想尽量发掘这块语言学的黄金地，一方面感觉图书、仪器缺乏、别项工作不易进行，都打算利用当前环境作一点垦荒事业。五年以来，由两三个中年人领导几个青年人，在交通梗阻、生活高涨、经费拮据、印刷困难的情境之下，大家咬紧牙关也还作了些工作。本文就是把几年工作状况作一篇简单报告，以自勖励，并就正于国人。

我们这几年的工作，可以分四纲三十九目来报告。

甲、汉语研究

云南的汉语属于西南官话的一支，音系简单，和北部官话相近。声调只有阴平、阳平、上声、去声四类。入声大部分变阳平，但也有少数方言自成一类。我们初到昆明时候，因为这种方言和国语近似，都鼓不起系统研究的兴趣来，所以在二十七、二十八两年，只有零零碎碎的研究，而没有大规模的调查。后来我觉得调查方言不应专注意音韵近古和词汇特殊等观点，主要的还得充实方言地图，确定"同音圈线"。全国有一个地方没经过精确的科学调查，那么，方言地图上那一角终究是个缺陷。因此我建议给历史语言研究所当局应该利用眼前的机会，因利乘便地做一次云南全省方言调查。于是二十八年先印成了"281"式调查表格，第二年这个计划便全部实现。现在把这几年里我所记得的工作列举于下：

（一）《昆明话和国语的异同》。罗常培，二十七年（1938年，编者注）已在《东方杂志》第三十八卷第三号发表。

这篇文章是根据一个十五岁小学生叫作朱炯的发音记录整理出来的。内容对于声母提出：（1）尖圆不分，（2）ㄓㄔㄕ三母读音，（3）日母读音，（4）ㄋㄌ两母不混四点；对于韵母提出（1）撮口呼变齐齿呼，（2）复元音的单元音化，（3）ㄞㄠ两韵尾的失落，（4）ㄣㄥ两韵尾的失落，（5）国语ㄧㄣ和ㄧ因韵尾失落变成同韵，（6）国语ㄧㄣ和ㄩㄢ两韵变成同韵，（7）ㄛ韵的圆唇程度略减，（8）ㄡ韵在唇声字后主要原因的圆点程度加强等八点。对于声调阴、阳、上、去四类的曲异同也列了一个对照表。

（二）《保山话记音》。董同龢，二十七年（1938年，编者注）未发表。

没有云南以前，看到《天南外史》小说里记载杜文秀京控一段故事，就引起我对于保山话的注意。到昆明后，有的说保山话像南京话，有的说保山话像北平话，更加引起我们探索的兴趣来。为解决这个疑问，于是由董同龢请了一位保山张君来音记，并灌制了音档。结果证明保山话同南京北平话只是相近，并不相同。

（三）《洱海沿岸四县方言调查》。陈士林，二十八年（1939年，编者注）国立北京大学中国文学系毕业论文，未发表。

此文包括大理、凤仪、宾川、邓川四个单位，每单位记录它的音系，同音字汇和古今音比较等项。最大的发现是邓川入声的调值虽然极近阳平，却自成一个独立的音位。

（四）《蒙自同音字汇》。詹锳，二十八年（1939年，编者注）国立北京大学中国学文系毕业论文，未发表。

此文根据民国十八年历史语言研究所印行三千字方言调查表格记音。在同音字汇以前，对于音韵系统和古今异同也有详细的叙述。

（五）《云南全省方言调查》。丁声树、董同龢、杨时逢，二十九年（1940年，编者注）总报告尚未发表。

　　这是历史语言研究所在抗战后第一次大规模的方言调查，和以前的湖北、湖南、江西三省方言调查，以后的四川方言调查，可以媲美。这次除去记音还灌制了许多音档。他们所调查的单位，计有：

　　昆明（城）　嵩明（城、本纳克村）　晋宁（清和乡）　昆阳（城）　富民（城）　玉溪（杯湖村、新民村、朱帽营）　呈贡（江尾村）　澄江（代村）　易门（新城）　通海（城）　河西（汉邑）　泸西（城）　开远（城）　蒙自（大屯）　峨山（城）　路南（西能村、城）　弥勒（城）　罗平（乐崖村、富罗街、城）　宜良（城、文兴乡）　陆良（静宁街）　建水（城）　石屏（城、宝秀镇）　个旧（城）　屏边（城）　文山（城、平坝街、砚山乡）　永平（城）　宁洱（凤阳镇）　缅宁（城）　思茅（城）　元江（迤萨）　墨江（碧溪镇）　景东（城）　镇康（明朗街）　顺宁（永和村）　耿马　马关（新华镇）　武定（城）　元谋（城、上雷窝村）　云县（新城、大寨村）　安宁（城）　禄丰（城）　镇南（城）　楚雄（城）　弥渡（城、阮家蒙）　营化（城）　大姚　姚安（城）　祥云（左所）　凤仪（上锦场）　宾川（挖色）　大理（城）　邓川（中所、下江尾）　洱源（龙门村）　鹤庆（城）　剑川（城）　漾濞（城）　兰坪（中和村）　华坪（城）　盐津（普洱渡）　盐兴（黑井）　云龙（石门井、诺邓井）丽江（玉龙关）　维西（桥头村、叶枝村）　保山（城）　腾冲（城，九保镇）　龙陵（城、镇安所）　镇沅（按板井）　潞西（猛戛）　澜沧（募乃）　罗次（城）　曲靖（城）　沾益（文化乡）　禄劝（城、万希古村）　寻甸（疑庄）　马龙（张家屯）　宣威　平彝（城）　永胜（城、马军乡）　巧家（城）　会泽（城）　昭通（城）　大关（城）　绥江（城、关口镇）　江川（龙街）　师宗（设业村）　双柏（城）　富宁（剥隘）　华宁（城）　昌宁（达丙镇）　牟定（城、施大路）　西畴（畴阳新街）　镇雄（仁和乡）　永善（井舍）　新平（城）　丘北（太平镇）　永仁（大田、仁和镇）　广南（城、珠琳乡）　广通（西村、溯溪乡）

　　一共九十八县，一百二十三单位，除去几个边远荒僻的县份，大概都有了代表了。此外，二十八年，方师铎曾受管理中英庚款董事会的协助赴车里、佛海一带去调查，他的报告里也有几县可补前面的不足。

乙、台语研究

提到台语研究，咱们首先就得推崇李方桂。他在民国二十年先到暹罗住了八个月，后来又到广西的龙州、武鸣一带调查，三十一年再到贵州、广西调查仲家语、峒语、莫语、羊黄语等。现在综合他所收获的材料，已经够作比较研究的了。在抗战以前他本有到云南来的计划，后来因故中辍，只在南京找到一位整董摆夷发音人，得到不少材料。二十九年历史语言研究所没搬到李庄以前，他又在昆明调查了一次剥隘的土语。假使史语所不搬家，我想他对于云南的台语一定有大量收获的。现在把李先生和其他的工作列举如下：

（六）《整董摆夷语研究》。李方桂，二十五年（1936年，编者注）未发表。

民国二十四年，陶云逵到云南来的时候，曾替李先生物色了一位整董土司子弟赵映品带回南京。后来李先生请他发音，记录了许多故事和词汇，并灌制音档。陶先生也得到不少有关摆夷历史和文化的材料。

（七）《剥隘土语调查》。李方桂，二十九年（1940年，编者注）未发表。

剥隘是云南富宁县的一个小村，地点毗连广西，所说的土语属于台语系。二十九年秋天，由马学良替李先生找到一位会说这种土语的中学生，李先生曾经在龙泉镇花了两个月的工夫记录他的语言，并灌制了音档。

（八）《盈江摆夷语词汇》。张琨，二十八年（1939年，编者注），未发表。

张君受管理中英庚款董事会协助，在中央政治学校大理分校里找到一个盈江的摆夷学生，花去两个月工夫去调查他的语言，这篇便是张君的调查报告。全文共收二千余词，依照摆夷语音次序排列。

（九）《莲山摆夷语文初探》。罗常培，三十一年（1942年，编者注）二月，未发表。

著者第一次到大理旅行，在国立大理师范学校的边疆学生中找到一个莲山摆夷学生，名叫李日恒。莲山现在属腾冲县，就是旧盏达土司所属地。李生通摆夷文字，我先把所谓"方文字母"的音值记出来，然后记录了一千多个词汇，二十几段会话，每词每句都并列着摆夷文字和国际音标注音。可惜李生不会讲长篇故事，所得的材料只限于这些词汇和会话而已。

（十）《云南罗平县境内的台语》。邢庆兰，三十一年（1942年，编者注），未发表。

罗平位于盘江南岸，和广西的捧鲊接壤。县境内有一种台语部族，当地人称他做水户，或老水。细分起来，可别为两类：流行于喜旧溪和块泽河流域的叫仲家语，这一族旧《罗平县志》称为沙人；流行于八河和多衣河流域的叫侬语。仲语区域，山高泉多气候爽朗，汉人移居的极多，所以仲人汉化程度也极深。他们的语言除去老人还会讲外，差不多快要死亡了。侬语区域，高山夹峙，森林茂密，地湿雨多，水毒瘴烈，汉人不敢移住，所以他们的语言仍很流行。邢君所得的材料共有词汇三千多，长篇谈话共有生活谭两篇，风俗谭三篇，亲属制度一篇，故事和传说三篇

（十一）《漠沙土语调查》。邢庆兰，三十二年（1943年，编者注）二月，未发表。

漠沙是红河上游花腰摆夷的坝子，本年二月间邢君受南开大学文学院边疆人文研究室的委托到这里调查，所得材料有民间故事和神话二十余则，翻译故事和风俗琐谈十余则，民歌若干首。

（十二）《元江水摆夷语调查》。邢庆兰，三十二年（1943年，编者注）五月。

邢君在四月底结束花腰摆夷语调查后，继续到元江。元江是水摆夷的中心，所得结果尚待续报。

丙、藏缅语研究

云南境内的藏缅语族共有倮倮、西番、藏人、缅人、山头五支。我们这几年内，除去藏人支外，都作过一两种调查，现在分别列举于下：

（十三）《蒙自附近的一种倮倮语研究》。傅懋勣，二十八年（1939年，编者注）。

国立北京大学中国文学系毕业论文，《国立中央研究院历史语言研究所人类学集刊》第一卷第二期。

　　这是傅君根据他所记蒙自中学学生张某的语言整理而成的。全文分音韵、语法、词汇三部分，已由吴定良先生收入他所主编的人类学集刊。

　　（十四）《利波语研究》。傅懋勣，二十九年（1940年，编者注），已在 *Harvard Journal of Asiatic Studies* 发表。

　　利波是倮倮族的一个支名，傅君在华中大学中国文系学任教时曾受哈佛燕京社资助研究这种语言，原稿系用英文写成。

　　（十五）《昆明附近的一种散民语》。傅懋勣，三十年（1941年，编者注），已在 *Harvard Journal of Asiastuais* 发表。

　　散民是倮倮族的支名，或称撒尼。此篇也是傅君在华中大学时研究工作之一，原稿系用英文写成。

　　（十六）《撒尼倮语语法》。马学良，三十年（1941年，编者注），国立北京大学文科研究所毕业论文，已编入《历史语言研究所集刊》。

　　撒尼是倮倮族的支名，他们居住的区域，以云南的路南、宜良、泸西、陆良等县和昆明近郊的几个村落较多。本文的材料是由路南县黑泥村得来的，黑泥村在路南县城东南三十里，这里的居民全是撒尼。马君所找的发音人叫张元昌，全部工作历时四月，除将 Paul vial 的倮语字典增补了许多词汇外，又记录了五十余则故事和若干条风俗琐谈及谜语。这部语法只有全部工作的一半，还有词汇和故事两部没有整理出来。

　　（十七）《寻甸、禄劝两县黑夷语文调查》。马学良，三十年（1941年，编者注），未发表。

　　三十年冬天，中央研究院历史语言研究所派马君从李庄到云南调查黑夷的语言文字，历时一年，经过了寻甸、禄劝两县。他所得的材料，在语言方面记录了寻甸记夏哨、洗马宁两村和禄劝安多康街等三种方言，除将他们的音系理出外，还记了一些古诗歌和长篇故事。关于文字方面，他先在寻甸和一个粗识文字毕摩学了九百多个夷字，后来又到禄劝县投到一个学识很好的老毕摩，学习半年多，把几十部夷文经典翻译成汉文，还作了一部将近二千字的夷文字典。此外他又把所搜集的一千多部夷文经典编成一部目录提要，每部经典底下说明经文大意和巫师应用这部经典的步骤。附带着他又调查了许多礼俗，搜集了许多和礼俗有关的文物。

　　（十八）《昆明黑夷语研究》。高华年，三十一年（1942年，编者注），国立北京大学文科研究所毕业论文，未发表。

三十年秋，高君在昆明第八区乐亩堡核桃箐村找到了一位黑夷语发音人杨富顺，花了四个月工夫，记录了三十几则故事，两千多个词汇，后来他就根据这批材料写成本文。内容分音系借字、语法、词汇四部分。借字一章在全文中最为精彩。

（十九）《新平扬武坝纳苏语调查》。高华年，三十一年（1942 年，编者注），未发表。

三十一年暑假，高君受南开大学文学院边疆人文研究室的委托到新平县属的扬武坝去调查。这篇报告便是他所得到的材料之一。纳苏译言黑人，实在就是黑夷自称的族名。但这种语言和昆明附近的黑夷语稍有方言上的差别，它分布的区域很广，从玉溪到新平的倮倮差不多都说这种语言。高君除理出它的音系和语法要点外，并且还学习了许多夷字。这部分夷字和路南、寻甸、禄劝等处的异同是颇值得注意的。

（二十）《新平扬武坝附近的窝泥语》。高华年，三十一年（1942年，编者注），未发表。

窝泥也属于倮倮支，他们分布在元江、墨江、峨山、新平、江城、宁洱一带和巴边江沿江的高山上。这部分材料也是三十一年夏天高君从扬武坝得来的。窝泥语的声母没有全浊塞音，但韵母却有舌根鼻尾。语法和黑夷语或纳苏语没有多大的出入，只是代词的主格宾格异式比较特别一点儿。

（二十一）《记倮倮语音兼论所谓倮倮文》。芮逸夫，二十八年（1939年，编者注）。

已在《国立中央研究院历史语言研究所人类学集刊》第一卷第二期发表，是芮君二十四年冬天到三十年春天参加中英会勘滇缅南段界务时所得到的材料。他在离耿马土司城大约二十里一个叫作大平石头的地方，找到两个倮倮发音人，跟他们记了三百多个单词，几个句简单话，并搜得西洋教士所编的倮倮文书籍数种。从这些材料，他理出倮倮语音系统共有二十八个辅音，十个单元音，五个复元音，六个声调。并且指出这个语言的四个特点：（一）单音缀，（二）有声调，（三）全无韵尾辅音，（四）所借含有鼻音韵尾的汉字大多数变为鼻化元音。最后他比较傅莱塞（J.O.Frazer）氏和其他两种所谓倮倮文而加以批评。

（二十二）《福贡倮倮初探》。罗常培，三十一年（1942年，编者

注）二月，未发表。

傈僳也属于倮㑩支，他们分布在云南西北毗连藏的高原地带，和云岭雪山、碧罗雪山、高黎贡山的几个山巅。三十一年春天，著者第一次旅行大理时，在国立大理师范学校的边疆学生里找到一位福贡的孙建廷，他是傈僳人，能说傈僳话，并且会写富来泽（J.O.Frazer）所造的傈僳字母。我请他作发音人，记录了一千多个词汇和几段长篇谈话。全稿在整理中。

以上九种工作都属倮㑩支。

（二十三）《丽江麽些语调查》。罗常培，二十九年（1940年，编者注），未发表。

二十九年春天，著者在昆明找到云南大学学生丽江周汝冕君作发音人，记录了十几则故事，几首歌谣，后来因周者返里，工作中辍。现在已就既得材料整理成篇，即可付印。

（二十四）《维西麽些语研究》。傅懋勣，三十一年（1942年，编者注），已在华西大学文化研究所发表。

三十年春，季傅君在华中大学任教时，曾在中央政治学校大理分校找到一位维西县会说麽些语的学生，这篇文章就是用那时所记的材料整理而成的。全文分上下两篇，上篇讲音韵，因在上海印刷，内地还没见到；下篇在成都付印，用罗马字替国际音标，其中关于麽些语法的几个观点已经比法人Bacot进步多了。

（二十五）《贡山俅语初探》。罗常培，三十一年（1942年，编者注）八月，国立北京大学文科研究所油印本。

三十一年二月著者到大理旅行，在国立大理师范学校的边疆学生里找到一位会说俅子话的孔志清，于是费了五十几小时的工夫记录了七百多个词汇，几段长篇谈话。返昆明后整理成篇，内容分：（1）引言，（2）音系概略，（3）语法一斑，（4）俅语的系属，（5）日常会话，（6）汉俅词汇。油印百本已分送各学术机关。

（二十六）《贡山怒语词汇》。罗常培，三十一年（1942年，编者注），未发表。

这篇材料得自大理师范学校的怒子学生杨震昌。他的父亲是鹤庆人，母亲是怒子，因为他年岁太轻，不会讲故事，所以除去记录了将近一千个常用词汇外，并没得旁的材料。

以上四种工作都属西番支。

（二十七）《茶山语调查》。罗常培，三十二年（1943年，编者注），未发表。

著者本年二月第二次到大理旅行，带回两位茶山人，一个是片马董昌绍，一个是噬夏孔科郎。他们会讲茶山、浪速、山头三种土语，兼通缅文，略懂英语。我留他们在昆明住了两个半月，记录了二十则故事，十二课会话，两千多个词汇，附带还得到浪速和山头两种材料。

（二十八）《浪速语调查》。罗常培，三十二年（1943年，编者注），未发表。

浪速和茶山是姊妹语言，音韵稍有不同，语法没什么大分别。这篇材料共有五则故事，十二课会话，一千多个词汇，也是从董昌绍、孔科郎两位间接得来的。

以上两种工作属缅人支。

（二十九）《山头语调查》，罗常培，三十二年（1943年，编者注），未发表。

山头人旧称野人，也叫作卡钦，片马一带又管他们叫蒲蛮，我恐怕和孟吉蔑族的蒲蛮相混，所以还叫作山头人。他们分布在怒江和大金沙江中间，就是云南西北部滇缅交界的地方。这种语言比茶山、浪速较为通行，并且有美人韩森（O.Hanson）所造的字母可印书报。董昌绍、孔科郎两位都精通山头话，我从他们记录了十则故事，十二课会话，一千多个词汇，并且把韩森的拼音法式稍加增订。此种工作属山头支。

丁、民家语研究

关于民家语的系属，有的说属孟吉蔑族，有的说属摆夷，有的说属倮倮，有的说属卡伦，照我看是夷汉混合语，所属杂的成分以倮语占多数，差不多有百分之七十已经汉化了。去年我到大理，主要目的是为调查民家话。在喜洲华中大学住了两个礼拜，得到不少材料，可惜一年以来被旁的事牵缠，还没能整理就绪。现在先列举其目如下：

（三十）《兰坪拉马语调查》。罗常培，三十一年（1942年，编者注），未发表。

余庆远《维西见闻录》"夷人"章云："那马本民家，即僰人也。浪沧、弓笼皆有之。地界兰州，民家流入，已莫能考其时代，亦多不能自记其姓氏，麽些谓之那马，遂以那马名之。语言实与民家无异"。照这样说来，拉马就是民家了。三十一年二月，我在大理师范学校找到一个拉马学生杨根钰，记了许多词汇，并且问了问语法要点。他说国语时虽然自认为拉吗人，但用土语说时却是"白子人"。所以，照我看，拉吗是没汉化的白子，民家是已汉化的白子，实际是同源的。

（三十一）《大理民家语调查》。罗常培，三十一年（1942年，编者注）。

关于大理民家话，我一共记了三个单位：（1）喜洲，发音人董学隆、杨国栋、张师祖；（2）上甸中，发音人洪汉清；（3）上马脚邑，发音人赵延寿。其中以喜洲的材料较多，除去词汇外还记了许多民歌和故事。

（三十二）《宾川民家语调查》。罗常培，三十一年（1942年，编者注）。

这部分材料的发言人叫杨文彬，是五台中学的学生。他的籍贯虽属宾川，但只住在喜洲对岸的康廊乡，所以和喜洲话没什么大不同的地方。

（三十三）《邓川民家语调查》。罗常培，三十一年（1942年，编者注）。

这部分材料的发音人叫杨金镛，也是五台中学的学生。

（三十四）《洱源民家语调查》。罗常培，三十一年（1942年，编者注）。

发音人李月超，五台中学学生。洱源和邓川都有浊塞声母，和大理宾川不同。

（三十五）《鹤庆民家语调查》。罗常培，三十一年（1942年，编者注）。

发音人陈增培，五台中学学生。

（三十六）《剑川民家调查》。罗常培，三十一年（1942年，编者注）。

在我到大理去以前，曾经找到了一位云南大学注册组职员杨绩产，和一位中法大学学生王光间，他们都会讲剑川民家语，我只调查了几次便到大理去了。到大理后，我又请大理师范学校的学生赵衍孙作发音人，他是

《白文考》著者赵式铭先生孙子。

（三十七）《剑川民家故事记音》。袁家骅，三十一年（1942年，编者注）。

我第一次在昆明调查剑川话时，袁先生也颇感觉兴趣，参加记音。后来我到大理，他便请王光闾君继续发音，一共记了十几则故事。今年又请了一位云南大学学生张纪域复核一次。袁先生的治学态度很谨严，他所得的结果一定很精确。

（三十八）《云龙民家语调查》。罗常培，三十一年（1942年，编者注）。

发音人杨绍侯，大理师范学校学生，现在云南大学读书。

（三十九）《泸水民家语调查》。罗常培，三十一年（1942年，编者注）。

发音人段巂中，大理师范学校的学生。

以上四纲三十九目，是我们这几年来对于云南语言研究的工作概况，参加工作的直接间接都跟我和李方桂先生有关系。将来希望每人专攻一个支系，然后拼起来再作综合的研究。可惜，属于孟吉蔑族的蒲蛮语和瓦崩龙语，因为不能深入葫芦王区，又找不到适当的发音人，这几年一直没能开始工作，这实在是很大的遗憾！此外，张琨二十八年在大理时，也得到一些民家话和俅子话的材料，原稿均缴存管理中英庚款董事会，一时无从检寻，所以没来得及列入。闻在宥君在云南大学任教时，听说也搜集了一些民家、俅黑、麼皆、摆夷的材料，可惜全文尚未发表。所以本篇暂不论列。

最后，我想拿一个故事作结：费孝通先生在《关于功能派文化论》里说：他老师马利诺斯基（B.Malinowski）教授当第一次"欧洲战起，正在新几尼亚之北，所罗门岛之西的一个叫作Trobriand小岛上工作。他既是波兰籍，是协约国敌人中的朋友，所以除了不能自由离境外，他在土人中仍可继续工作下去。这个战事无意中至成了他实地研究的素志，而Trobriand小岛也就成了功能派人类学的发祥地"。自然，我们现在的处境有许多地方还和马教授不同，可是，自从抗战以来留在后方的云南，一住六年，因为道义、人情、交通、经济种种约束，不能或不肯"自由离境"，却是真

的。那么，我们何妨仿效马教授在 Trobriand 岛上的精神，充分利用现在的
环境，尽量搜集这块土地上所有的语言材料，给汉藏语系比较研究奠定了
基石，岂不给中国语言学史添了一张新页吗？

1932 年 5 月 21 日，昆明青园

第二卷　第九、十合期　1943 年 10 月

贡山怒语初探叙论

罗常培

　　怒子自称 A-nu5 或 Nung5，古宗人叫他们做 jia6，傈僳人叫他们做 Nu1pa5。他们现代分布区域在东经 99° 左右，北纬 26°—28°30′，之间，就是怒江流域，或高黎贡山东麓和碧罗雪山西麓，属于贡山、康乐、碧江三个设治局的地域；[注一] 这一地带原来也是傈僳族分布的中心，但傈僳住在山上，怒子则住在江边较低的地方。怒子村中或杂有傈僳人家，而高山上傈僳村中却没有怒子。

　　关于怒子的族属，戴维斯（H.R.Daviees）[注二]、路易士（C.C.Lowis）[注三] 和凌纯声[注四] 把它分在西番群中；丁文江把它分在藏人群中[注五]；葛利尔孙（George Abraham Grierson）分在傈僳麼些群中[注六]。我从前根据葛氏的分类把它和俅子（Trung）隶属于傈僳麼些群，后来从语法结构上发现这两种语言都用人称代名词的缩写形式做动词的主格词头或词尾和尼泊尔语（Nepalese）类似[注七]，还是分在西番群比较妥当。所以我在贡山俅语初探的英文撮要和本篇里改用后一说。

　　陶云逵曾说："怒子和曲子（案：即俅子）原本是一个民族。怒子是被他族所同化了的曲子，怒江北部，靠近西康一带的怒子为古宗所同化。南部在 27° 以南，为傈僳所同化，并为之所吸收而变成傈僳的一支。从语言上比较，怒子语和曲子语相同的较和傈僳语相同的多，其与曲子不相同的部分，我们可以认它为曲子语的怒江方言。作者曾记录此三族 350 个字，50 句话，关于此点的详细，将另文讨论。从大的语系上说，怒子、曲子、傈僳，以及古宗，均属藏缅语系，但在曲子语中或含有少数更西方民族语言的成分：因为从体质上看，曲子族中显然是含有非蒙古种的成分的，此点亦另外详述。可惜三十三年一月二十六日陶先生不幸因回归热不治逝世，这里所引出的"另文讨论"和"另文详述"的地方，我们从此永远看不见了！并且他所记录俅子、怒子、傈僳三族的 350 个字，50 句话，在丛残的遗稿中并未寻检出，以致无从和我的记录互核，在我个人尤其觉得遗憾！[注八]

怒子语是没有文字记载的。前人关于怒子语的记录，我所见到的只有葛利尔孙在印度语言调查里所收的一百多个语词。这一点儿材料是戴乐（L.F.Taylor）从英国驻葡萄厅的委员巴纳德（J.T.O.Barnard）所编的词汇里转抄下来的。

葛氏根据这一百多个词汇就说："这个语言像是可以形成傈僳和山头之间的一个桥梁"。因此把它列在傈僳麽些群的末尾，以留待进一步的研究[注九]。至于巴纳德的原书 *A Handbook of The Rawang Dialect of The Nung Language*（1934），在图书寄递困难的战时，我并没能看到。但据闻宥的书评说：

全书除引论外，共分三部分：第一部分为文法，第二部分为例语，第三部分为词汇。最后则为附录关于 Nung 人之体格、宗教、生死、仪节、装饰、艺术等方面。皆有极简单之叙述。第一部分之首有一"缀字表"（Transliteration table）！所定系统粗略，其奇觚如 hk-hky 等，亦未予以适当之说明。以吾人所知言，藏缅族中本有若干语言，在若干破裂声首前具此一种特具之气音，且其中之 glide 每与破裂声后之母音形成一种谐和。Barnard 所记者当即此类，而表中未加陈说，读者必不易知其确值。以下述字位格数等问题，剖析较详，可谓书中精彩之部分。第二部分以英语与 Nung 语相对，于篇幅不多，故重要者尚未全备。第三部分略与第二部分相似，仅五十页，总计约二千余字，在研究上及实用上皆苦不足。惟每字下注词性，又与他语相涉者，亦多注明，则是一大长处，全书之辜较盖若此。至书题取称之 Nung 实为藏缅族之一支，汉语旧称怒子，与 Thai 族之侬音读虽同，实非一族，此又为读音所当知者也。[注十]

原书梗概借此可窥一斑。只是闻氏对于 hk-，hky-，- 等标音符号的解释，却未免穿凿附会，想入非非。照我所知，西洋人记录滇西一带没文字的族语，大抵应用韩孙（O.Hanson）所创造的山头字母。这套字母主人相沿叫作蒲蛮文或 Jing hpaw 文。[注十一]山头、茶山、浪速各种族语都用它来拼写。我想巴纳德所作的 Nung 语词汇一定也沿用这种拼法。这套字母有一个特别写法就是把代表送气音的送气成分 h 都写在塞音的前面，例如 hp

等于［p'］［ht］等于［t'］［hk］等于［k'］［hky］等于［k'j］之类。韩孙当初所以要这样拟定，照我想，或许因为 ph 和 th 等在英文里面代表一定的音值，为避免和这些习惯的读音牵混，所以把 ph 颠倒作 bp，把 th 颠倒作 ht，这里边并没含有什么深奥的音理。若像闻氏所说："藏缅族中本有若干语言，在若干破裂声首前具此一种特具之气音，且其中之 ghde 每与破裂声后之母音形成一种谐和"，那就未免有点儿"像煞有介事"地故神其说了。我对于山头、茶山、浪速、怒子等语言，所得的材料虽然不多，却都亲自调查过的，自信对于这一点起码的审音本领还有相当的把握，假如闻氏的推论，可以成立，那我对自己耳朵，就要开始怀疑了。[注十一]

我这一点怒子语的材料，也是民国三十一年二月间到大理旅行时得到的。发音人叫杨震昌，年十五岁，是国立大理师范学校简易科的学生。他的父亲是鹤庆的汉人，因经商移居贡山；他的母亲是怒子。他自己是在贡山出世的，能讲国语，怒子语和少语古宗语。因为他年纪太轻，发音时不大耐烦，而且又不会讲故事，所以从二月十日到二月二十一日断断续续地大约费五十小时，只记了七百四十九个语词和十几句日常会话。就分量来说，比起巴纳德的书来，恐怕尤其"在研究上和实用上皆苦不足"了。不过，为免去后人再加穿凿起见，我似乎应该把自己听过的语音如实地写出来，以供继续研究者的参证。至于在语法结构上，这种语言和俅子语都有和 Nepalese 语相近的特征，也颇可矫正葛利尔孙分类上的错误。

注释：

［注一］参阅尹明德等《云南北界勘察记》，二十二年。

［注二］H.R.Davies.*The Tribes of Yunnan*，Appendix Ⅷ of Yunnan Cambridge 1909.

［注三］C.C.Lowis：The Tribies of Burma，Ethnogra-phical Survey of India Burma，No.4, Rangoon 1919.

［注四］凌纯声：《云南民族的地理分布》，《地理学报》二十五年。

［注五］丁文江：《爨文丛刻·自序》，二十五年。

［注六］G.A.Grierson：*India Linguistic Survey*，vol.Part 2.

［注七］关于这一点，我得谢谢李方桂先生的启示——怒子和俅子的关系是很切近的。

［注八］陶云逵：《几个云南土族的现代地理分布及其人口之估计》，《史语集刊》第七本第四分，四三二页，二十七年。

［注九］G.A.Grierson 前引书 Introduction P.24.

［注十］《西南边疆》第三期，90-91 页，二十七年。

［注十一］山头人自称作 jinghpaw，即英国人所谓 kachin，茶山人叫他们做 hpuk wu，因此滇西汉人也叫他们蒲蛮，但应知此种部族与孟吉蔑族所属者不同。

第三卷　　第十二期　　1945 年 12 月

西南边区的特种文字

江应樑

　　中国是一个文字统一、方言复杂的国家，惟在边疆区域，则不仅方言复杂，而文字也另具形象。东三省的满文，在清入主中国以后已自行消灭了，但蒙古的蒙文，西藏的藏文，新疆及流行各地回族同胞区域中的回文（土耳其文及阿拉伯文），则依然广大地流行着，这是为国人所熟知之事。惟在西南边区中现时尚流行着的几种特殊文字，则为多数国人所未及知晓。这几种文字虽不及蒙藏等文字之流行区域广大而富有历史意义，然而它们在西南边区中却也各有其文化上的地位。

　　西南边区中民间的方言，确很复杂，但并非每一种方言都有文字，在滇、黔、川、湘、桂这几省的边区里，我们可能搜集得到的特种文字不上十种，而其中大部分都是在一种来源一种体系下面产生的——即外籍传教士用拉丁字母代造的一种方言拼音字。这一类文字，在宗族历史及地方观点上言，意义价值都并不怎样高，似无各立种类的必要，故从文字体系上略加归纳，则所谓西南边区的特种文字者，实只得四种，便是爨文、摩些（或拿喜）文、摆夷文、苗文。

　　爨文俗呼夷文或罗罗文，为西南边区中历史较久远的一种边民文字。考东汉明帝永平中，筰都（在今四川汉源县一带）夷白狼王献《颂词》三章，《后汉书》载其译文并原音，现时学者根据所载音义与今日爨人语言对照研究，发现有若干字音义相似，所以都认为今日之爨文即《后汉书》所载之白狼文。最初随着羌人的南移而流行于川滇沿边一带，后来随夷人的迁徙散居，这种文字也便广泛地传布开来。最初夷民们对这种文字的认识应当是很普遍，后来渐渐由于生活上的不需要，便渐成为宗教阶层专用的工具，甚至，有若干地方的夷村中，因为巫师的没落，爨文也便随之而消灭了。现时尚可见到此种文字的地方，一是川滇康三省接壤的巴布凉

475

山，凉山本是夷人世袭的集居区，在今日，为最能保有其原始习尚的一块土地，而爨文之在凉山中，也便仅只能于毕摩（巫师）的经典中见之。再是黔西的大定、水城一带，十余年前，丁文江先生在这一带地得到了几册爨文经书，约请当地一位老年巫师述字翻译并用注音字母记出其读音。由中央研究院出版，名曰《爨文丛刻》，由这书的出版始引起国人对爨文的认识和注意。昆明附近夷村中也有爨文，乡人皆称之为西波文，盖昆明夷人中的巫师名曰西波（此与凉山夷人之毕摩，当系一字之异译），此种文字仅西波始能认识，故称西波文，西波文在昆明及邻近诸县境内，不仅在夷人生活中发生作用，即在汉人社会里，也发生了关系。原来这一带地方相沿成习的一种风俗，凡被雷击死的人，不论汉夷，都得请西波来翻书查明死者身上所现之雷文——实际便是被电烧后的焦纹，始能移动尸体，故相传西波文便是雷文，这其中也有一个故事在流传着。据西波们自己说，他们宗教的始祖是太上老君的牧童，当年老子出函谷关，诸弟子都得道升天，只有牧童名徐甲的，尚无职司，□问于老子，老子赐予雷文天书，叫世代为人禳雷火之灾，这天书直流传至今即为西波文。爨文在上述诸区域中，都仅是一种宗教的专用品，并不通行于民间，惟在云南南部的路南、陆良、泸西、弥勒诸县境中，却成为夷人民间普遍应用着的一种文化工具。原来这一带地方，在清代末年，即已有法国天主教士，深入夷区传教，其中有法人名保禄者（Paul Vial），在这一带地方传教年代最久，他为传教上的方便，把夷人原有的文字，加以整理后，普遍教之于人民，然后再用爨文翻译出《圣经》及各种宗教宣传品，他自己并编著了一本《法夷字典》（*Dictionnaire Francais-jolo*），成为国际学术上知名的著作。

　　爨文是一种简单的象形文字，一字一音，书写的习惯是从左到右直行，下面把凉山、黔西、昆明、路南四地流行的爨文，略举数字，以见其形状之一斑。

　　摩些是住居云南丽江一带的人民，他们也有一种宗教上专用的文字，通称摩些文。从它的形状上看，实较爨文更来得原始，其写法简直近似一种图画，排列亦是错综复杂，并不逐字顺序跟从写出，往往一个图案代表着一句话甚或一件事。据他们自己传说，这文字起源很早，是一个名叫东巴舍啦的人造出来的，东巴舍啦是乌猛罗利国的人，那地方大约是在现在的印度，当时印度有名叫弥啦的国王，把东巴驱逐到丽江来，到了丽江，他便创造出麽些文，其时距现在已三千余年。这虽是一种传说不一定可靠，但从民族的历史文化上看，麽些文的历史不会很短。从宗族血统上看，丽江一带的古宗、麽些都属藏人系统，古宗用的是西藏文，麽些却有着与西藏文截然不同的另一种文字，足证麽些人自西藏迁往丽江而创造文字，应在西藏本部仿梵文而制西藏文之前。今日以麽些文字写成的经典，确可称得起边区伟大的制作，装帧的富丽堂皇姑勿论，用几丈长的卷子写出一个完整的故事，看来直似一幅伟大的图画。这种经典，从前保存在丽江民间的为数不少，近年来欧美暨我国学者到这一带采集标本从事研究的，多不惜以重价购买搜集，所以这些经典便渐渐转移到各地图书博物馆或私人的研究室中了。据作者所知，有美人洛克君（Lock）搜集得最多，彼曾有关于麽些文字研究的片段著作发表，友人方国瑜君，亦从事此种研究，曾有麽些字典的编著，惜今尚未克出版。在丽江，能认识这种文字的人也渐渐稀少了，这虽是一种已死的文字，在应用上已无存在的价值，但从研究边疆历史文化的观点上言，希望政府把这残余的文献收存起来，供学者们作研究的资料，倘任其佚散或完全流到海外，则今后国人之欲研究麽些文者，也便如钞唐人写经那样地需要跑到伦敦图书馆去。

　　下面把麽些文的两句话印出来，附上翻译，读者从译意里，可以看出这种文字的特色：

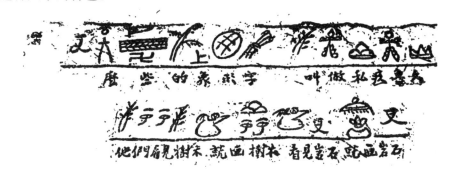

摆夷文是一种简单的拼音字，其发生的历史似乎很短，但其应用却非常普遍，显然地其字母是由于宗教上的需要而从缅甸文字里蜕化出来的，在云南的思普沿边及腾龙沿边的摆夷，皆普遍笃信佛教，最初所用的经典，完全是由缅甸输入的缅文佛经，后来因求应用上的方便，便把缅文字母采用来拼成现行的摆夷话，这种应用一经流传开来，便成为今日普遍应用的摆夷文。这种文字可以分为两个系统，思普沿边的与腾龙沿边的，字母多少不同，拼音方法各异，写法也有差别。现以腾龙沿边的摆夷文字来说，一共有十九个字母，其写法如下：

字母之外，还有若干音符，用这些字母或带上音符拼为摆夷语言，即成为摆夷文。字母并无子音母音之别，而其发音方法也非常特殊，例如字母 4 读作 ma，u 读 pa，两字相拼，则读作map，如颠倒拼，便读作 pam，这因为摆夷语的一大特色是多入声字，恰似粤语之有 p、t、k、m 等语尾。这种拼音法，便是能拼出这些入声字，遇字母不能拼出的音，便用音符指出其发音，音符附在字母的前后上下，位置不同，发音便各异，文字书写皆由左至右横行，写起来整齐流利，非常好看。

摆夷文在西南边区的特种文字中，可算被应用得最通俗的一种文字，这因为一则简单容易学习，只须认识字母及学会拼音，便可以读懂，稍加练习，即可应用，故通常仅须学习三五个月，即便通晓；再则摆夷男子，均须入佛寺习读佛经，读佛经便得学习文字，故夷地中的总房（佛寺）俨然便是教育机关，每个摆夷男子，多少都得受几天文字教育。据估计沿边摆夷男子认识摆夷文的，占半数以上。最先，他们读摆夷文的目的完全在诵读佛经，后来因为生活上的需要，这种文字渐渐跳出宗教的范围而走入民间去，土司的布告，民间往来的书信，固然都用摆夷文，更由于摆夷资质聪颖，习性活泼，佛经中陈旧的劝善故事，已经不能满足人民的知识欲，于是一些通晓汉文的摆夷们，便把中国民间的一些通俗小说故事，译作了摆夷文，沙漠似的摆夷文化园地里，得到了这一批趣味充盈的读物，立刻便风行民间。虽然每一部小说的分量都非常多，但手抄本却到处可以见到，就作者个人所曾见到的，有《三国演义》《西游记》《粉妆楼》《精忠说岳》《说唐》等这些译本，对夷民们智识文化上发生了极大的功果，今日沿边摆夷能片段地知道一点中国的历史及内地的社会状况，不能不归功于这些摆文读物。车里教会学校，有摆夷文教科书，由美国特制的打字机印出，备极精美。三二十年来欧美人士之研究摆夷文者已大有人在，英文的《英摆字典》及法文的《法摆字典》都已有了出版，而国人注意到这种文字而加研究的，似乎尚不多见。

　　苗文并非苗人自己的创作文化，而是外籍教士变化拉丁字母造出来的一种拼音文字，但今日湘黔滇境内的苗胞们，都否认这种说法，他们异口同声地争辩着苗文是他们具有历史性的固有文字，并且有一个流传着的故事。他们自己说苗人的始祖是蚩尤，本位居黄河流域一带，五千年前，被黄帝战败后率其族人移居南方，当其率族南移时，族中固有书籍不便带走，又恐迁徙后文字遗忘，乃下令族中妇女，将文字绣于衣角裙边上，所以苗文才得保存下来。今日的苗文，便是把苗女衣裙上的花纹图样加以整理而成的。这种说法很巧妙，因为今日苗瑶妇女刺绣的花纹，多为三角形图案，与拉丁字母的苗文形状近似，但事实上我们疑心这一个故事仍是西洋教士利用苗人的历史传说杜撰出来的。苗胞们成见很深，不愿意轻易接受外人的文化，教士们为求推广他们所造的拉丁化文字，便利用苗人的心理而编造了这一个故事，一经苗胞们接受，便坚强地映在心中而不能改变了。下面举出一段用苗文翻译的国父遗嘱，读者可以看出这种文字与拉丁字母的关系：

这文字在苗胞区域里流行，非常普遍广大，因为教会在苗区中势力的雄厚，所以这种文字也便由着教会的力量而普遍传授给苗胞。精装厚册的苗文《圣经》，在昆明、贵阳等地教堂中均可用极低的价钱买到，在昭通接近贵州咸宁的石门坎教堂里，且有苗文报纸的印行，苗胞中的青年，不认识这种文字的已经很少了。——在云南的南部文山、开远一带，这种文字的流行也极广。

在西南边区中，除上述的四种文字外，固然还可以看得到其他的特殊文字，如云南西北部的古宗字，这是纯粹的西藏文，可不论。此外则沧、怒两江的傈僳区域中，有傈僳文，西部边区有山头文、崩龙文，南部边区有卡瓦文，都完全是外籍教士为边民所造的一种拉丁化拼音字，与苗文同一来源，但其传布却远不及苗文之区域广大、认识普遍，故均略而不再详论。

从国家语文必当统一的理论上言，这些分歧的边地特种文字，固然应当完全废除，但此中却有两个问题使我们不能不加以考虑与反省。这类文字在西南边区中，流行的地区不可谓不宽广，认识的民众不可谓不众多，对边民生活文化上所发生的影响，不可谓不重大，外籍教士能巧妙地应用之以达到传教的目的，而国人却很少知道我们版图内流行着这种文字；用这类文字编印的书籍、字典，以至刊物报纸，尽属外人所为，在国人是无所知亦无所作；这些事姑无论应否如此做，但让外人来做了，总不能不感到惭愧而有所警惕。这些文字之终必废弃，固属必然之事，但在边区教育尚未普及，国家正着手开化边民之初，此种工具是否可采取一种合理的利用，使成为开化工作的桥梁，这问题似乎也很值得研讨。

第四卷　第一期　1945 年 1 月

滇黔边境苗胞教育之研究

邱纪凤

一、滇黔边境苗胞教育之背景

（一）种类及名称

这一区域的苗胞究竟属于哪一支系，现在尚难确定，如《叙永县志》把叙永的苗族分为正苗族（花苗）与汉苗混合族（青苗），而以后者为贵州的仲家，这显然是文人学士玩名词的把戏，是沿袭的错误。按现在的民族学，仲家不是纯苗族，而是属于台掸语系的一支[注一]，与云南西部的摆夷为同族。又如昭通、威宁、彝良、大关等县志，均分此区域的苗胞为正苗、汉苗混合苗两类，或又以生苗、熟苗谓之。其次，教会上为了传教的方便，曾把上述区域的苗胞定名"川苗""黔苗""滇苗"，这是以地域来分的，这也是很不合理的名词，不能代表具体的意义。据作者的调查，上述诸地苗族，大致有小花苗、鸦雀苗、白苗、兜兜苗、和尚苗、锦鸡苗、牛粪苗、坝苗、汉苗等。这些名词有的俚俗，有的存意侮辱，我们是要设法禁止的。究竟要如何分类才恰当呢？作者意，最好是以语言学来区分，这一区域的苗胞，全是苗人群中的花苗与少数的青苗。

（二）苗族来源考

苗族的史迹，多难稽考，近人著述各持一说，但都没有坚实的论证，作者仅采目前成统而言之：

1. 今苗非古之三苗而为古之髳。盖取苗族自称 Mau，与髳近，秦汉以后至唐宗时之南蛮，当系指此族，至元始有苗之称呼，以迄于今。[注二]

2. 苗族之来源，多有谓先繁殖于黄河流域，自后南下，但尚不能证实。格维汉氏谓苗语有五个调，与福建、广西、广东诸省方言相似；而与汉语官话之有四个或五个调实不同，并由研究传统说，最早来自中南半岛与印度诸地，自江应樑先生著《苗族来源考》以后，苗胞即为当日历史上所载之南蛮，根本是南方土著，而非北方之迁来民族。[注三]

3.苗族大致没有文字，纵有也早已失传。总之，在今日苗族当中，找不到他们有文字的记载，虽然有人先后发现苗人文字的记载，如陆次云《峒谿纤志志录》所收之"铎训歌章"，法人 Dolone 一九一二年于川南叙永后山所得之文字，均不能谓之苗文。至于现在流行的，乃教会为传教方便之苗文，便是所谓 Pollard Suipt，是清末在昭通一带传教之英籍教士波纳 S.Pollard 所创（Clarke 在 *Among the Tribes in southwest China* 曾述及此事），这更不能视为苗文；此区苗胞，因不明其历史，误信此文字为其原有之苗文，极当纠正[注四]。

（三）人口分布概况

苗胞在本区的分布情形，大都受了地理环境方面之影响，疏密多少，各地不同，他们的家庭亦受了地理的影响，是一个自然家庭，每户人口普通为五人。兹根据各方调查统计之结果，将本区域各地之苗胞人数，分别列于后：

1.昭通威宁区　此区为苗胞首到之区，故苗胞人数较多，同时苗胞的教育程度也较开化为早，实是各区苗胞之先进者。其人口数：

二十八年省府统计

县别	户数	男	女	合计
昭通	四八九二	一二三五五	一二一〇五	二四四六〇
威宁	八八九二	二三二三五	二一二二五	四四四六〇

三十二年省府统计

县别	户数	男	女	合计
昭通	四八三九	一二五五三	一一六四〇	二四一九三
威宁	八九七一	二四二二四	二〇六三一	四四八五五

2.彝良大关区　此区包括彝良、大关、盐津、绥江以川南一部。苗胞祖先之迁移，经考证先由昭通延展而入本区的，同时，他们的教育也随基督教的传来，先后而与上区大有不同，人口疏密也具惊人的数字：

二十八年各县府之统计

县别	户数	男	女	合计
彝良	一四九六二	三七四三六	三七三六六	七四八一二
大关	一〇三一一	二五八三二	二四七三二	五一五六四
盐津	八一四	二一五五	一九一五	四〇七〇
绥江	一七一一	四三一八	四二三八	八五五六

三十二年各县府民政科统计

县别	户数	男	女	合计
彝良	一五四一二	七七九〇〇	七六七〇〇	一五三六〇〇
大关	一〇七一七	五〇七一七	五〇〇〇一	一〇〇六〇一
盐津	八六〇	二二八八	二〇〇一	四二八九
绥江	一九二一	五三六四	四六六四	九九二九

二、滇黔边境苗胞教育之演进

作者四年前应国立西南师范校长曹书田先生之聘，办理奎香实验小学，为时一载。于校之暇，曾作调查和测验，意欲于此发现当前苗胞教育之症结，得以改进，后因他种原因，离去该校，一年来所搜集之材料又未暇整理，置放于今，得友人之赞同搜集现有该区之材料，合并写成此文。但本文只论及滇黔边境，全系本区实际情形而言，意在抛砖，借从事此项工作与热心者之参照，并望贤达之士，不吝指教。

（一）教会经营时期

光绪二十三年美籍教士党居士 Thomis 者，到黔东北传教，深入苗夷村落，教徒日众，乃兴办学校，学生中有杨庆安者，颇得党居士信任，携之往外地学习。庚子乱后，杨庆安返黔，乃往各地苗区宣教与学，此为滇黔边境苗胞教育之萌芽，直至光绪三十年，在此六七年中，虽杨君各处努力，而一人之力有限，既无进展，颇形停滞之势。大约在三十年秋，英教士柏格里 Becalde 继之而来传教，并确定滇黔边境之石门坎为宣传基督教之中心地，设立光华学校，花苗学生有二十余人之多。伊等教育，首重生活，苗胞大部分清贫，数百年之所以不感教育之需要，乃在其生活未渗入教育也。今教士们能从生活上予以教育，故学生日益增多。学校课本，系用拼音字排成，盖此拼音字乃英教士波纳 Polland 用非洲土人文字六十六个拼成，以利教学和传教，科目中大部分为宗教，其意味相当浓厚，其教育势力日益扩大。据最近调查，计在滇黔边境有三十七所，苗胞子弟优秀可造者，一切均由教会负责保送入成都华西大学肄业，并在昭通之东门外设立私立明诚中学，全为培植苗夷子弟而设，各级学校之费用大部为教会供给，所以清贫之苗民，乐于就学。现此区有苗胞大学生十余名，均在成都华西大学先后毕业，其中有大关天星场之苗胞王建明、王建光弟兄先后毕业于中央政治学校，高中学生廿余人，初中学生近百人，小学生九百余人。此种人才之培植，全出于教会，故其用亦非我所有也。

（二）中央经营时期

民国廿年，云南全省教育会议议决，以云南苗夷人口众多，应急于施以教育，乃在昭通设立边地师范班，附设于云南省立昭通中学内。该班宗旨在专门培植边地教育之师资，惜办理不久，因经费关系遂停办。

民国廿三年，蒋委员长因军事关系亲临贵州，关怀苗夷教育，提出在贵州教育经费内，每年至少应提出十万元为边民教育经费的指示。在云南方面，亦有指示专款办理，因云南主席系出夷族耳。当时黔省教厅认苗汉须同受教育，始能潜移默化，收效于无形，苗汉不分开，则不致引起互相歧视，遂将苗夷并入义务教育以内，数年来进展甚少。

民国廿五年，红军西窜，人心不安，廿军军长杨森由滇转黔，目睹苗胞生活之痛苦，甚为忧之，遂以兴办学校启发民智为己任，在昭通留住军部教官数人，开办教师讲习班，调训现任教师受训，并辅助昭通教育局办理苗夷教育。后在安顺与当地绅士杨庆安君组织安顺苗民文化促进委员会，在安顺附设一、二、三中华小学，并设中华民众夜校，经费全由杨军长拨给，教员则由教官充任，一时颇为繁盛。杨军长对于苗胞教育之设施有"同化教育"的建议，规定各师旅团营长部，在所住地附近有苗夷十家以上驻扎时间，在十月以上者，即须兴办教育，施行短期训练，一切经费统由各级长官捐薪支给。同时又提倡汉苗通婚，苗人汉装，并保送苗胞子弟二人入中央军校，惜七七事起，杨军长开拔前方，学校移交县府，一因经费无着，再因督促不严，至今一无所存，甚可叹也。

民国廿七年，中日战争发生后一年，首都西迁重庆，遂感内地重要，内地多为苗夷杂居，故苗夷教育问题随之而来。是年冬，教部召集全国边疆教育会议，决议在川滇黔三焦点之昭通，设立国立西南师范学校，培植苗夷师资，尽量鼓励苗夷同胞入学。廿八年冬，正式成立，有苗族子弟入学者共十余人，夷族子弟入学者仅三人。廿九夏，该校有单师班毕业生十余人，教部遂令于彝良县属之奎香苗区办一实验小学，从此中央教育力量可谓直到苗胞门前也。

（三）地方经营时期

民国廿年，云南全省教育会议，决议在省立昭通中学内附设边地师资训练班，是年秋即招生开课，其目的在训练苗夷师资，以开发苗夷同胞之人力物力。又惜当时办理欠善，各种训练均与实际不符，两年间即改为普通中学。本来在省立昭通中学，为云南东西之最高唯之一座学校，除开他本身的一些任务外，还具备有开化其他同胞文化之责任，而因了人才之不易得，仍未能尽其所能，亦无功之可言。

民国廿一年，云南省政府鉴于省立昭通中学之边地师资训练班改变为普通中学班，而云南方面十余县，又为苗夷汉杂居之地，师资训练，不可一日没有，乃一面再令省立昭通中学每于寒暑假召集邻近十县小学教师举行讲习会，更令各县政府于教育局下兼办师资训练班，更于云南东面之宣威县设立省立宣威乡村师范，年秋即开班上课，其目的全在培植苗夷师资，遂于昭、宣、威三县接近德盛坡之处，设宣威乡村师范附属实验小学，当时当地入学之苗胞不下百人。据最近统计，由宣威乡村师范推广及辅导的苗夷小学廿七所，多为初级，当中有小半为苗胞学校。

民国廿五年，云南教育厅以宣威乡师不能尽其教育之能力，乃在大关县城设立省立大关简易师范学校，以专门造就苗胞师资为目的，学生一部分为招考录取，一部分则由各县保送，苗夷学生有优先录取权，膳宿公费。据最近调查统计，现有学生二百六十二人，计后期师范班三班、简易师范班三班。该校在民国廿九年因办学者之努力，及地方人士之请求，改为省立大关乡村师范，计毕业生二百〇五人，现从事苗胞教育者廿一人，其余均改业。

民国廿七年，贵州省政府为调查研究省内各地民俗方言以便利各级教育设施起见，于是年秋成立贵州省民俗研究会，内分体质心理、语言、社会、历史五组，皆聘省内学者主其事，曾进行苗区歌谣之调查、苗夷方言之收集、苗胞儿童之各种测验，及乡土教材之编辑等，惟研究结果，至今未见披露。

民国廿五年，贵州成立省立青岩乡村师范。据其卅年之报告，学生数有二〇一人，其中多为汉人子弟，办理不著成效。至廿八年，校址迁榕江，改称国立贵州师范学校，成一普通师范学校。

民国廿七年，贵州省府在青岩成立贵州省地方方言讲习所，第一期收容学生约五十名，六个月毕业，以研究苗夷言语，辅助推行政令为任务。学员资格，须在初中以上学校毕业或同等学力，年在三十以下十五以上，志愿入农村服务者，学员讲习语言，每人选习一种，或二种，并授以苗夷同胞所需之卫生常识。该所在办理期内，因人事问题，更易主持人，校务不无缺点，加以学员毕业后安插未有良善处置，亦有怨望，故第一期毕业后，第二期不能招生，遂遭停顿。虽后交省训团办理，改为方言讲习组，亦无成效，至今已无痕迹可存也。

民国廿九年秋天，国立西南师范学校校长曹书田先生，以核校暑天会毕业简易师范科学生廿余人，其中有四五系苗家子弟，为了实现该校任务起见，呈准教部在彝良县属之奎香镇办理实验小学一所，全校学生百余人；百分之六十以上为苗胞子弟，教职员中除两人为汉族外，余皆苗胞。全会经费二万元，该校系将当地之镇中心学校改称办理者，故一切均较顺利。阅一年曹校长奉令调向教部任科长，师范校长由经小川任之，此人因不明当前任务，与教职员不睦，奎香实小教职员，先后辞职，实小形同崩溃，幸得地方人士之扶助，至今尚未全部瓦解。

民国卅年，彝良奎香人杨竹铭先生，曾任贵州威宁县长，目睹苗胞之疾苦，已曾积极实施苗胞教育有年，卸职返梓，知今日之苗胞教育，刻不容缓，乃召集当地绅士，开会商议，决由地方全力扶辅奎香实小，聘回当日之苗胞教师五人担任校务，并计划于一年内在附近苗区之怀柔乡、大同乡、梭嘎乡、寸田乡等处，设立学校，先以初级为办理要项。据最近调查奎香实小所设分校有五，其中有二三分校已开始设立高级，但尚无毕业生，计有五个分校，学生六百二十七人。

三、滇黔边境苗胞教育近况

（一）昭通威宁区

本区以石门坎为中心，这区的教育，以上面发展史来看，它是远在清末，苗民就有正式的新式西洋教育了。整个的教育，全为教会所操纵，这是吾国政府向来不注意他们的结果，因为此区教育发达较他区早，故在苗民教育上，他占了很重要地位，然权操他人之手，吾人只落得叹惜而已，等到政府注意的时候，也是抗战后的事，乃在威宁设立省立威宁小学，又在昭通设立国立西南师范，以为培植苗胞教育的师资，而用不得人，至今教育会的努力，仍然猖獗如昔，这一区的苗胞，差不多百分之五六十以上已经为英人所化^[注五]此诚为我民族团结之一大阻力。

石门坎教会是受"英国中华基督教循道公会西南教区"指挥，此为西南五区中之石川区^[注六]有教堂四十多所，教徒四五万人，皆分布在此区中，教徒也多为苗胞。他们都特别受到教会的优待，如求学治病免费，远处来做礼拜的供膳宿，毕业帮同传教，津贴月薪，成绩优良的资送中学和大学或送出国外留学等；不过有个卖身约契定下来，苗民学成之后，必须在教会内服务二三十年，几乎一生光阴都消磨掉，但受恩不能不报，也惟有"鞠躬尽瘁"，"死而后已"了。

石门坎教会办的苗胞教育，是有计划地进展常有所谓五年、六年的计划大纲发表；经常派专员到各处宣传，督促计划之实行，像最近推行的五年计划，是一九四一年终决议的，内容分五项中心工作，兹举其要者如下：

1. 宗教事业　完成一九四一年决议之五年计划，规定本区五十岁以下，十岁以上之教学友能念圣经，普及于本区每一角落，并且五年内将新旧约译为苗文，以便研读，对于儿童须编苗文圣经短句，或编苗夷圣歌，以便灌溉其宗教思想，更计划编出苗文字典，英苗字典。

2. 教育事业　分平民教育与义务教育二种。

A. 平民教育　继续过去五年所得，扩张范围，向彝良大关方面进行。五年内应有二万人在彝良大关区作平民教育教员，并设立巡回图书社。

B. 义务教育　五年内校数应增到五十所以上，并拟在石门坎附近设立一中学，以便升学。

3. 生活改进

（1）衣的方面　改良栽麻及纺织方法，使大家有适当的衣服穿，而式样亦当仿汉人者改良。

（2）食的方面　改良种子，改良家畜，增加副产业，使有适当的饭吃。

（3）住的方面　改良人畜同居修窗等，以讲究一般住的卫生为原则。

（4）行的方面　实行模范村制度，派员往各村宣传，使大家明了其意义，为五年后成绩特别优良者，予以奖励，在此五年内本村寨到他村寨之道路，由各村自动修筑之。

4. 风俗改进　苗胞之不良风俗习惯，如耍花山、打老牛、跳月、吹六笙，一律取消，并实行改装，取缔花衣服裙子，极力模仿汉人的优良风俗习惯，惟不言通婚事。

5. 慈善事业　医院、麻风院、孤儿院，要彻底改进实行，并推广于彝良区，弄到尽善尽美地步。五年后在彝良区设立各院分院，现有大学毕业学生五人，高级看护生廿人，以扩充其事业。

石门坎本区所办的苗民教育，学校数目，据最近的统计有五十二所之多，初级班占大多数，教员约七十余人，学生总数在二千余人左右，每年经费近廿万元，全由循道分会负担。石门坎当地小学为校本部，有两初级男女两部，学生数有五百人，该校名"华光小学"，其他小学各名"华光小学第某分校"。各校中之教员、校长，多出于苗胞中之优秀分子，故目前教会之教育已经达到"以苗教苗"之目的，同时一些能造就之苗胞优秀子弟在不知不觉中早已变而这些教士们的工具。

由上面的叙述，我们知道石门坎苗胞教育教会之所以成就，全在教会能从苗胞的生活入手，处处应其需要而授与之。譬如说，苗民家境十有九贫，家中父母在生活困苦中还要以一部分金钱送子弟入学，他们谁也不敢这样冒险去做，而教会确能知其所难，予以求学免费之优待。而且毕业后定有事可做，不致失业，苗胞向往之。但他们是为教会而教育，不是为教育而教育。我们对这种外国人的文化侵略工作，是极应防止的。幸好当日侵略者，今已变为同盟，此种侵略，他们自身也许会觉悟，所以吾人处此大时代中，是纠正过去失策从事教育建设的绝妙机会，甚愿当局或国人从事苗胞教育者切实办理，以挽回丧失了几十年来的教育权，使这一批强有力的苗胞，变成一股抗战的洪流。

（二）彝良大关区

本区包括彝良、大关、盐津等四五县。苗胞文化中心，自以奎香实验小学（实小）为发号施令之所，因其地之苗民多自乌蒙山迁移而来，本区各县在地理上皆位于乌蒙山（苗岭）的末脉，所以文化开化最迟，大都受了上区之影响。因为文化开化最迟，而成为本区的特点。虽然本区的教育还谈不上如何发达，这种教育是自主的、民族的，不以上区为外人所夺所化。前章已经述及，本区教育大概在廿八年始有正学校的成立，经了地方人士的努力，为适应他们的需要，几年来还是有相当进展，兹将作者卅年寒假调查苗胞教育在本文中之大概情形详述于后，借以了解本区的教育近况，复可以看出今后之趋向。

1.学校之设立发展与经过　自廿八年国立西南师范学校设立奎香实验小学后，颇得当地人士之赞许。一年后实小成为地方与中央合力经营的一个较大的苗民小学，不及两年，由地方人士出钱，实少出力，乃于各分区设立初小九所。其分布如下：

学校名称	所在地
国立西南师范奎香实小	彝良奎香乡
大同乡初小	盐津大同乡
寸田乡初小	彝良寸田乡
梭嘎乡初小	彝良梭嘎乡
怀柔乡初小	彝良怀柔乡
玉碗水乡初小	大关玉碗水乡
高桥乡初小	大关高桥乡
天心场乡初小	大关天心场乡
铜鼓溪乡初小	盐津铜鼓溪乡
关口乡初小	绥江关口乡

至于各校之发展及现况可见下表：

校名	学级数	学生数		教职员数	经费概数
		男	女		
奎香实小	六	一三五	八	八	六．六〇〇
大同初小	四	六二	一一	五	三．七〇〇
寸田初小	四	五〇	九	五	三．五〇〇
梭嘎初小	二	三五		三	二．四〇〇
怀柔初小	四	七三	一四	五	三．七〇〇
玉碗水初小	二	五〇		三	二．八〇〇
高桥初小	四	九六		五	四．〇〇〇
天心场初小	四	九四	一七	五	四．一〇〇
铜鼓溪初小	四	九一	二	五	三．九〇〇
关口初小	四	八三	七	五	四．一五〇
合计	三八	七六九	七〇	四九	三八．八五〇

如上表，可见三年来各校发展之进度甚大。表中除实小廿八年设立时为四级外，余各校设立之初，最多学级者为三级，亦有仅一级者，三年之内普遍发展成为四级，此系作者卅年寒假之调查。虽今已届三年，爰上例推之，各校应已先后成立六级也。表中学生数非全校学生总数，乃指全校苗胞学生数。至于教师差不多每校皆有一二人，其中实小之苗胞教师为最多。"以苗教苗"之目的可算达到。然所期好果，尚待从事苗胞教育者之努力。

2. 经费　本区的经费不似上区之全由教会供给，以致教育权为人所有。本区除开实小有一部分为中央拨发外，余者皆地方人士筹募。在每一乡的，就由那一乡负责筹募，大概由下列数种中而抽充之。

（1）斗行　占百分之六十

（2）屠宰　占百分之十

（3）芋酒　占百分之十

（4）过地　占百分之五（即保商费）

（5）公地　占百分之十

（6）其他　估百分之五

上述各税皆随物价而增多，故学校经费虽常受物价影响，其实水高则船高，无所牵动。

3.计划　实小是负责指导各初小的，实小之上，又为西南师范所辅导管辖，所有一切的计划主张，皆出自西南师范。他是本着国家民族之目的，苗胞之需要，社会之要求而定的。兹将该校卅年度发展苗胞教育计划之重要原则录于后，借可见其近况之一斑。

（1）先由特种设施到普通设施

（2）由独立设立到合并经营

（3）沟通堡与寨的隔离

（4）沟通汉苗间的隔阂

（5）力求学以致用

（6）注重苗胞生活

（7）力行四自原则（自给、自养、自创、自编）

（8）先求其有再求其精

（9）力求实验以配合同中有异的原则

（10）完成实验示范表证推广辅导之大责

由此十大原则看来，如果真能按部就班进行，非但可以摒除那些不正当之教育，有阴谋之教育，而能独树一帜，独创一格，推广于其他苗胞所在地，则其前途可卜也。

四、苗胞教育课程问题

（一）课程的空间性与时间性的不同

课程既要应现时社会的需要，故课程有无价值，当随社会的需要与否而定，但是社会是活的、动的，它的需要是以时代为转变，社会的需要一变，而课程以因之根本动摇，甚或完全改变。在已经汉化了的苗胞中，它是已经进化到第一阶段时候，与那未开化时代，他们所需要的课程，就有不同，这是课程有时间性最好的实例。又因为各地的环境的不同，人民生活方式不同，所以各地社会的需要也因之各异。苗民生活方式，一切习惯，及其需要，皆与汉人不同，所以今日以一般的课程来授教苗胞儿童，是极不合心理、生理的。

（二）苗胞学校课程应与一般不同

课程既然是要有空间性，那么，苗胞学校里面的课程，当是不可以与普通学校完全一致，因为苗胞社会与普通社会环境不同：苗胞全以农业为生，普通社会里多趋于工商业。现在苗胞所需要的人才，是能大量生产能爱国、讲求卫生、健全的新中国国民，要怎样才能造就这些新国民呢？这是苗胞教育中顶重要的一问题，同时也是教育的任务。教部虽有课程标准颁订，但亦有伸缩余地，而一般从事教育，多拘泥不变，致使生活与课程脱节，是值得吾人所重视者。

（三）课程编制的原则

课程教材必需适合特殊需要，已为教育上天经地义。一般新规定之课程标准，在内地各省普通学校尚感凿柄乖误，难求尽善尽美之能决，在苗胞社会中以环境特殊，则更成问题。

1.课程分配问题　有为整个边疆教育注目的科目，如小学国语科之教学时间，须较内地为多，但为适应社会习俗，对于社交、礼节、本地方言等，须专使科目以教之。其暂时不是需要，或无设置之学科、童子军等，则须比例为少。

2.教材内容问题　边地现用一切书籍多以汉人生活为题材，如苗胞以青稞、酥油、麦饼为食，而教以水稻、菜蔬，苗胞以牛马牲畜以代步，而教以电车、飞机为交通，"牛头不对马嘴"与生活毫无关系，徒使之无味。

所以，编辑普通教材，也为刻不容缓之事，教育最高当局，应征集各地实际材料，分请专家拟订。至于此项编辑人员，应具有专门修养，除编辑教材之经验技术及教学基本知能而外，尤须熟悉苗胞风土人情，了解国家边地计划，方能胜任愉快。课程既有如是重要，而其编制究应如何呢？作者以为编制时首当实现苗胞教育之目的，按其原则有：

（1）提高国家观念及中华民族意识，倡导国族同源中心论。

（2）认识与崇敬领袖。

（3）增加农村经济生产之知能。

（4）防御疾病之常识。

（5）改良陋习发扬礼俗。

（6）发挥其固有优点，勤劳、俭朴、忠勇诸性格。

（7）摒除其劣点，如苟安现实诸心理。

我们的教材上必须嵌入这些原则。苗胞的社会生活多以农业为中心，所以教材应偏重生产，更应当以生产为教育之入手。欧元怀先生曾说过："边民学校课程之目标，在满呈今日乡村的三大需要，苗民生计的艰难，卫生情形的腐败，国家观念、民族意识之缺乏。换言之，即在养成能生产、能爱国、能卫生的新国民。"从这段话里，我们可以知道苗胞学校课程的编制，更应当注重生产之训练了。

其次，则当使教材适合苗胞社会的需要。过去从事苗胞教育者之失败，其主因即在学校课程不适合这特殊环境，不能供给其社会之需要。所以，我们今日编制课程时应注意此点。

再其次，则当使教材适合苗胞儿童的经验。儿童的理解，必须"由近而远""从已知而进于未知"。这是自廓美泥斯 Cominius、海尔巴特 Herbart 以来，已认为一定而不移的学习原则。能依此才能使儿童的经验易于类化。

此外尚须采取苗胞实际生活的材料并须改进其环境，课程必采实际生活，方能增进应付环境的知能。故非自然科学教材，须为乡村自然现象，算术应学田亩、升斗、保甲等之计算。园艺农业宜注重地方园艺出品与农作物的培植。这都是教育的实际生活化、内容生活化，如此方能收其宏效。

最后，须顾及苗胞的经济状况。苗胞学校因其身经济不裕，教育经费，虽半数出自政府，而其本身自有负担，往往学校一切均因陋就简。所以，课程之编制，须顾及苗胞经济状况，不可分门过多，而以简要为主，最好实用课程混合制。

（四）苗胞小学应有的课程

民国卅年三月二十七日，教部颁定《边远区域初等教育实施纲领》第八条之规定："边小教学科目及每周教学时间表，暂照修正小学规程之规定，但劳作、卫生及音乐教学时间，得酌予增加，各科教材内容，应依下列标准编订之。"

1. 公民训练及公民知识 须依据中华国民为一整个国家族之理论，以阐发爱国精神，泯除地域观念，与狭义的民族观念所生之隔阂，随时引正新生活规律及内地富有普遍性之善良礼俗与边地礼俗比较，并说明其利弊，以改善边地现有之习俗。

2.国语　推行国语为边地初等教育之要务，如当地仍流行某种文字时，须注重学生如何能应用国语文，俾其在生活上发生需要。教材必须絜合边地情形。

3.常识（或自然社会）　自然社会教材须切合边地情形，特别注重卫生知识之训练，史地教材须将过去之种种夸大记载及足以引起民族恶感部分予以删除，尽量应用民族融洽史实、帝国主义侵略边地史实，边地与内地之地理上、经济上之密切关系等，以启发其对于社会国家及国际之正当观念。

4.算术　注重珠算并灌输生活中数的常识，养成其时间、空间之正确观念。

5.工作（或劳作美术）　劳作教材须注重改造边地生产之知能，高年级尤须着重实际作工，其教学时间应酌量增加。

6.唱游（或体育音乐）　应注重活泼自然之活动，以适应地方环境及儿童身心之需要。各种游戏宜酌量采用乡土教材并加以改良，凡盛行歌谣地方，并应编制改良歌谣，其教学时间得酌量增加。

这是奎香实小在民国卅年所用的课程，据作者年前服务于奎香实小之际，深觉此项课程，与实际大有出入，其中最难的、最使人失望的，小学六年毕业之后，既不能成为有用的人，而复为苗胞社会中之高等游民，反而榨取那些无知的苗胞。同时这六项课程，似觉过于简单，而不能拢括给他们的需要，只注重文化的陶冶，而忽视了技能与卫生的训练，因此作者在奎香实小另辟课程，实验结果，尚称适用。它是根据苗胞社会的需要、科目本身价值、学校经济设备，以及教师的训练与能力，斟酌取舍而订之。

1.公民训练及公民知识　除照部颁标准教授外，尚须使苗胞能明了其所处地位，且使之能具有社会生活的认识与习惯。

2.国语　当先从事语文教学。使汉苗文字互通，然后始推行国语。初小一二年级，可用汉苗对照本子教之；三四年级以后，则去苗文而授以国语，由其所需而取舍，切勿摒除，易生反感。

3.算术　包括笔算、珠算、心算、簿记等。本科教学之目的有二：

（1）在使苗胞儿童能了解日常生活数的问题。

（2）养成组织乡村经济的基本技能。

4. 社会 包括历史、地理二部。其历史目的，在使苗胞儿童探究人类生活的进化，明了世界大势与民族间融洽及帝国主义侵略史实；地理的目的，在使苗胞儿童明了人生与地理的关系，中国与世界之关系，因而培养其利用地势、气候、物产、山川、交通等思想，能谋人类生活之改进与幸福。

5. 卫生 大半的中国人素不讲究卫生，何况他们呢？故苗胞学校应设卫生一课程，此科目的在使苗胞儿童能如何注意饮食居室的卫生，及公共卫生，且告以养成卫生的良好习惯，普通的避免法与治疗法。

6. 艺术 此科包含工艺、音乐、图画三部。工艺的目的，在精巧而求实用，是将来职业的初步训练，关于制造家具、修补工作器具，以及结绳、编草席、织麻布、修葺房屋等，俱应因地制宜，授与苗胞儿童以实用之知识与技能。音乐的目的，不在熟悉唱歌的音符，而在陶冶性情，涵养德性，对于苗歌及内地盛行歌谣多为采集。图画的目的，在养成苗胞儿童欣赏天然美的习惯，并涵养快乐、锐敏、正确、精密等各种德性。

7. 体育 此科包含体操、运动、游戏，其目的在使苗胞儿童体态能端正优美，体格坚实活泼，且养成爱好运动的习惯，更陶冶其守法律，结群体，尚协同，善互助，以及勇敢、耐劳、公正、自动诸美德，成为德性优美、体魄强健的公民。

8. 自然研究 此科在苗胞小学课程中，最有价值，因其与各科皆有密切之关系，而教材均可从乡村自然环境而来，儿童更亲切有味，易于领会欣赏。此科的目的，在使乡村儿童理解自然与人生有经济的、美术的、文学的、科学的、卫生的各种关系，因而培养其"研究自然，欣赏自然，征服自然，利用自然"的智能，及对于实验的兴趣，以助进衣食住行、娱乐重要问题之解决。

9. 园艺与农业 此科尤当注重农业，因农业为苗胞的主业，大部分儿童生于山林陇亩之中，若注重此科，既可以引其兴趣，又可以导其实习。此科之重大目的，在使苗胞儿童能知园艺与农作品的培植法及改良法，因而养成爱好"农业"的观念。此种教学可分二期，即前期授园艺，约五年级时；后期授农业，约六年级时。

10. 家事 此科目的在使苗胞儿童能知衣服，居室等的卫生，因而谋改良其生活，苗胞对于饮食的清洁、多寡、种类最不讲求，教学此科时，宜特别注意。至于衣服制造的合法，居室用品的零乱无序等，均为苗胞生活的通病，尤须注意，尚有菜蔬果品的存储收藏的方法手续，亦须注意研究，应留有余，以济不足，而备不时之需。

11. 职业指导 此科为救济毕业生与中途失学的学生而设。现在的苗胞社会中，虽然有毕业生，但皆"士不士，农不农，工不工，商不商"的苗胞社会中高等游民，故苗胞学校高级课程中，似有设立本科之必要。此科之目的，在使苗胞儿童皆能于将来选择相当职业，而为个人生活之准备。此科最重要之点，即须顾及"个人兴趣"及"社会需要"两方面。如欲决定教材，首宜从事调查，其法须从苗胞地方调查，如现有的职业哪种发达？哪种应当改革？未来的职业，哪种最为需要？或为便利计？先就乡村学校调查，如学生父兄的职业，哪种占多数？毕业生所就的职业，哪种占多数？然后由调查的结果，按学生个人的性质，指导其选择一相当的职业。

（五）苗胞学校选择教材的标准

苗胞学校课程既已如上述，现在根据苗胞教育的目标，而定今后苗胞小学选材的标准如后：

1. 应多采足以启发本身生活之改进的。
2. 应多采关于自然界的。
3. 应多采关于苗胞生活的。
4. 应多采与农村社会生活的改进有重大关系的。
5. 应酌量增加能引起了解人生与自然社会有关的。
6. 应酌加能引起弱小民族及被压迫者解放的观念的。
7. 应酌采足以增进美术思想的。
8. 应酌加能适合时令与本地环境的。

（六）语文教学之重要性

汉苗间数百年来之隔阂，到今尚未打通的原因，极重要的问题，就是语言的不通。当此抗建大业未成之际，要谈到筹边固圉，要谈开发西南边疆，苗胞的语言问题，实是一个先决问题。因为语言不通，是汉苗两族相互间感情不能融洽的大障碍，这也是我们和他们相互间互相歧视的最大原因。如果语言问题事先不得解决，整个教育的问题就没法推动了。

（七）苗胞语文来源之考证

苗胞是没有文字的，这是他们在生活上没有感觉到多大需要。照前所写，苗胞教育演进程序当中，我们可以知道苗胞的文字，是在十九世纪末，西人来华传教，首先到这一带苗区的波纳 Pollard 教士，为了传教便利起见，用非洲土人文字六十六个拼出来的，语言和语节还是依照他们——苗胞——原有而拼的，教士们以此对苗胞说，苗文就是这些字拼成的，其实他们那里有文字，现在教士们意将此文字写成圣经、圣典及苗文的一些歌谣，本区的苗胞，不管是花苗、青苗其他各种苗胞，都用这种假文字，这也可说是他们宗教教育的大成功。

（八）苗胞之语文教育

照上说语文教育既如此重要，那么我们要怎样才能打通苗汉间的语言呢？普及教育当然是最有效的办法，但普通的汉字[注七]，至少有几千个，如果把这几千个汉字教给他们，那是如何困难的事，这种办法，既花费时间不少，而见效又不大，反而弄巧成拙，作者以为最易见效的方法，还是采用一种拼音性文字或字母，作汉苗间语言之媒介，这种用拼音字来教学，至少有两个很好意思：

1. 是把汉语用拼音性的文字或字母来拼缀，以便在短期内教给他们，使他们学习汉语容易。

2. 是把苗语用拼音性的文字或字母来拼缀，但是这种拼音性的文字或字母，一定要与汉语拼成者同一系统，以便研究苗胞语文者得一捷径。

此种语文教育，究竟应该采用哪一种拼音性文字？是不是真能将拼音文字教给他们后就可记录？是否用同一性之拼音文字即可沟通苗汉语言？这些问题，作者以为在实施当中，迎刃而解的，兹分别述于下：

1. 关于采用何种拼音性的文字　这个问题，如果要新创一套拼音性文字，那是颇不容易。同时，是不是能够解决我们后面那些问题？还是不能预测的？作者以两年从事苗胞教育之稍小经验，认为要解决这个问题，最好是用国定"注音符号"，虽然注音符号有很多拼音不够苗语拼用，我们很可以加以扩充，在今日注音符号通行全国之际，这可以说是不成问题的问题。

2. 关于是否能用苗语记录问题　苗之文虽然是洋人给他们创的，他们祖宗虽然没有文字，到今天他们竟自用这种文字记下来圣经歌曲，这是作者当年在奎香苗胞服务时所亲见的。天资聪颖的苗胞子弟，竟能利用这种文字写信，由此可见用苗语记录并非难事。

3. 至于用同一性之拼音文字可否沟通苗汉文字问题，这也是一件可以实例证明的。民国廿八年秋，余尚肄业于国立西南师范，从该校假期苗胞服务队往石门坎一带调查，在石门坎的教堂、救济院、医院的大门上，是分别以英文写的，那些受过洗礼的苗胞，就是没有学过英文的，他也可以认得出来。这个原因，是受了教士们将苗语用罗马字拼音法拼成而记录的圣经教给他们，他们触类旁通，竟自一口可念出教堂、救济院门上的英文字来。再如教会中的苗胞子弟，据作者调查的结果，他们学习英文的效率，比汉人子弟来得快。这个原因，完全是英文与现在苗胞的假文字，是同一性的拼音字拼出来的，所以，作者提倡苗汉文字一定要用同一性的拼音字。照这样看来，沟通汉苗间语文是一件易事。

五、苗胞教育师资问题

师资在普通的教育上，早已成了问题。苗胞教育的历史，至今不过廿余年的光景，所以师资的开源和节流，在今日看来，成了一个极大的问题。它的开源既不畅达，而节流又不紧缩，因此，培植出来的师资，受了其他环境的阻挠，中途改行变业的差不多有百分之八十以上，弄得无法的教育当局，只好揽用一些不三不四的人，这一来便说不上教育，以致廿余年来的苗胞教育，并未有丝毫建树。所以作者根据师资开源与节流两问题，拟具师资之来源训练课程等办法，详述于后。

（一）来源

苗胞教育的师资，今日感到缺乏与不得其人，全在来源之枯寂。在本区培植师资之学校来说，亦不过一二学校在正经为此而努力，而他们未对症下药，也是无济于事。譬如，国立西南师范以它设置之初意来说，它是为西南苗夷教育培植师资之所，有一年制与四年制简师科之设立，为救济当前苗胞教育师资之缺乏计，自也是一年制的简师来得更恰当更切实际，可是办理一届，即告停止，到现已经有六七年时光，仅得两班毕业生（一年制简师一班，四年制简师一班），学生总数还不及百人，以该区之需要教师数比较之，真有天壤之别。如此学校来为苗胞教育师资开源，是绝对不能应其所需，何况毕业生有中途改行者是必然的事呢？因此要充实师资，必要：

1.充实现有师范学校，办理一年制之简易师范科。

2.各县训所积极办理国民教育师资训练班。

3.各县政府于寒暑假举办教师讲习会，抽调教师受训。

4.奖励各县保送苗胞子弟入师范学校。

5.各师范学校招生应该极力优待苗胞子弟，破格收录，以期"以苗教苗"。

6.教师质量并重。

（二）训练

教师是一种专业，不论在教育的起点儿童来看也好，从教育的终点社会来看也好，甚至于从教学效率来看，教师是应该训练的。尤其在苗胞教育，它是一个特殊的教育，为要达到它的理想，达到它的目的，教师是它达到理想、达到目的的一种工具，所以，苗胞教育的师资，更当受一种特殊的专业训练，因为他教学的对象、社会环境和一切都有异于普通教育的。过去苗胞教育之无成效，其原因固多，而教师的不健全、少受训练和教师数的不敷分配，也是一个极大的因子。训练就是在如何健全其师资。作者以为在训练之先，应该确定其训练之原则，应为：

1.选才要普遍化，更要予以优先条件。苗胞文化，水准较低，若以普通眼光去选才，定会失败的。虽然在广大的苗胞中杰出人才不少，但是严格说起来，还是"凤毛麟角"一样。所以在选才时，切记勿为资格所限，而选其在社会里的地位作用，再予以专业训练。过去的教师之所以来源枯寂，就是选才过严，自然选才太普遍，教师质量会受其影响的，不过也不太过于偏于严选，总有一个伸缩余地，得随时随地适应需要为最大原则。

2.训练要与事业配合。所谓对症下药，也就是说，训练出来的教师要与为训练教师的事业相配合。否则，闭门造车，背足造履，空费精力，而与事无济的。

3.训练要与任用密切联络，为了任用教师服务才专业训练，如果训练完结后，不以相当事务任用受过训练之教师，一则社会更发生问题，则教育落空，所以训练要与任用密合。也就是说，训练者要与被训练者职业担保。过去苗胞教育之教师，未尝不是在那里苦心训练与培植，但是毕业后往往因工作不得而逼着改行甚多，以致苗胞教师之不节流问题出来了。因此为了将来节流问题避免，不如此时就注意到训练要兑现的问题，凡毕业一个师范生，就能予以一个妥适的教师的位置，这样，对工作的效率，自然就大了。

根据了上面的三大原则去训练教师，可以说训练是不会落空的，但将来教师的服务成绩与效率如何？又在于训练方法的得失。作者以为训练的方法有：

1.精神训练　先应使他们了解现在政府对他们的爱护，自然以精神感召为最宜，心悦诚服以后，再施其他训练，方能接受得了。以他们那种明净如镜的品性，最适合于精神的感召，所以训练的环境，无论是人事的或自然的，处处均要带示范的浓厚色彩，使他们起了仰慕以至仿效、追赶……，这才是我们训练的要则。自然这些精神的内容，是以国家思想、大民族意识，与崇敬政府之信心、伦理道德之思想、文化的进化等，使之能为一个道德健全之教师。

2.知的训练　知为教师传授被教者之唯一资本，譬之为贾，无资本何以经营？此理通之，故知对于教师，极为重要，但这些知的材料，除开一些为了他们将来教学上之准备而外，其他以不离开他们生活太远为原则，以医药、农业、牧畜等最为切实。总之，学校教育，尽量充实其知的准备，以为他日教学时之方便。

3.能的训练　一个健全的教师，不但要知识充足，而且要教学的方法巧妙灵活，才能够将自己的所有一切传授与下一代。否则，纵有丰富的知识，而无较好适当的方法，是功亏一篑而叹息不已的事。这种教学的技能是专业的，是他们将来传给知识时的唯一工具，所以，除开知的训练外，还要能的训练。知能具备的教师，才能把上一代的精华传与下一代。

（三）课程

课程是训练时的一种科目，本来训练应该列入前节讨论，因作者认为课程在今日之苗教师资训练当中，成了一个极大之问题。今日训练苗教师资的课程，往往与生活实际脱离，逃避了现实，使所学非所用，几天的时光，花在学习某些课程上，结果等到毕业，这个课程根本就用不到，他们的时间和精力等于白费。在这不白费与致用的两大原则下，作者深以为今后苗教师资的课程，不管是短期、简易、后期的师范，他们的课程都应该修正的。

1.关于短期者

A. 师资训练班　举彝良县训所国民教师训练班所授课程为例。

全部教学时间定为三十八周，训练方针：

a. 依据最新语言教导法，授以苗夷语言之运用与技能。

b. 本实施国民教育之需要，授以教育上知能。

c. 本抗战建国纲领之启示，施行严格军事训练。

d. 本社会服务之宗旨，授以地方民众实际需要之常识。他们的课程与教学时间如下表：

学科	每周教学时间	备考
公民	二	
地方自治	三	
国民学校行政	三	
教材及教法	三	
国语	六	
算术	四	
史地	四	
自然	四	
民俗研究及社会调查	一	
音乐	一	
体育	二	
军训	二	
劳作	二	
农村经济及合作	一	
医药卫生	二	
实习	○	
总计	三八	

B. 师资训练所国教师资组

举盐津县县训所卅一年度所订课程为例：

科目	每周教学时间	备考
国语文	五	
公民	二	
自然	四	
算学	三	
历史	二	
地理	二	
教材教法	二	
教育概论	二	
教育心理	二	
劳作	二	
音乐	二	
美术	二	
体育	二	
军训	二	
实习	一	
合计	三五	

从前面两个师资训练班的课程表看来，各有其得失。第一个表里，似乎过于注重教育终点"社会"，而忽视了教育起点"儿童"。虽然教师不是儿童，而教师将来要教儿童，在教学时对儿童的身心不能了解，将来去教儿童时，一定会忽视儿童身心的。第二表里，似乎又过于偏重在知的训练，放弃了社会背景，尤其在苗区里办教育，也会同样失败的。所以，作者针对上列二表之缺点，拟具一个短期训练师资的课程表。训练期在三月或六月甚至于一年者，均可用：

学科	每周教学时数	备考
方言	五	
公民	一	
国语	三	包括注音符号
算术	三	
教育概论	二	
教育心理	二	
教育实施法	二	
地方自治	二	
国民教育	二	
农业常识	二	
医学常识	二	
音乐	二	
民俗研究	一	
劳美	二	
军训	二	
史地	二	
体育	一	
合计	三六	

　　前后三个表中，大体看来，无多区别，除开在教学时间上加多或减少外，科目方面，作者加上"方言"一科。何以要加上这一科，其目的用意何在呢？我们知道，人与人之间，不管他风俗习惯同不同，如果语言相通，做起事来或施起教来，方便得多。苗胞语言，自与吾人内地者不同，他们的社会又是一个门户紧闭的，门不能人，还谈什么教育呢？十几年来苗胞教育未见成效，是一般施教者不得门路，所以，作者扬倡"方言"一科，不但要了解，要能说方言，进而要研究方言，比较其与国语之好劣。同时在初级的苗胞教育，对那些不能说汉语的苗胞小孩施教时，方言是一件切要之工具，这也是属于语言教育中的，前章已述详其重要，兹不赘之。

2. 关于师范学校者

A. 一年制简易师范科

举国立西南师范一年制简师科课学表为例：

科目	每周教学时间		备考
	上期	下期	
公民	一	一	
国文	四	四	
算学	四	三	包括代数与算术
自然	三	二	生物化学物理均授之
小学行政		二	
教育心理		二	
教材教法	二	二	
教育概论	二		
实习指导	二	二	
历史	二	二	
地理	二	二	
劳作	三	二	
美术	二	三	
音乐	二	二	
体育	二	二	
军训	二	二	
方言	二	二	
注音符号	二	二	
合计	三六	三六	

从上表观之，课程的设置，尚称切合实际。不过仔细看来，既为特种教师之训练，那么教师对特种对象、特种环境、特种社会，使其知己知彼，方能有成。上表中之课程，知能训练可说都顾到。而对社会之需要尚嫌不够。就儿童身心方面说，亦嫌所学尚少，不能供其将来所用，故拟

将历史与地理二科合并，每周授课时间减少一时，另加上"民俗研究"一项，每周授课一小时，使由此科毕业之教生，能了解施教对象之各种习俗，则易收大效也。

B. 三年制或四年制简易师范科

a. 三年制者

举昭通简师课程为例：

科目	每期每周教学时数						备考
	一	二	三	四	五	六	
公民	二	二	二	二	二	二	
国文	四	四	四	四	四	四	
算术	三	三	三	三	三	三	
自然	三	三	三	三	三	三	
教育概论			二	二	二		
教材教法			二	二	二		
小学行政			二	二	二		
教育心理				二	二	二	
实习	二	二	二	二	二	二	
历史	二	二	二	二	二	二	
劳作	二	二	二	二	二	二	
体育	二	二	二	二	二	二	
音乐	二	二	二	二	二	二	
美术	二	二	二	二	二	二	
军训					二		
童军	二	二	二	二	二	二	
注音符号	二	二	二	二	二	二	
合计		三			四		

b. 四年制者

科目	每期每周教学时数								备考
	一	二	三	四	五	六	七	八	
公民	一	一	一	一	一	一	一		
国文	四	四	四	四	四	四	四		
算学	三	三	三	三	三	三	三		
自然	三	三	三	三	三	三	三		
方言	二	二	二			二	二		
注音符号	一				一	一	一		
教育概论	二	二	二						
教材教法	二	二	二						
小学行政				二	二	二			
教育心理				二	二	二			
实习指导		一	一	一	一	一			
应用文								二	
历史	二	二	二	二	二	二	二		
地理	二	二	二	二	二	二	二		
劳作	二	二	二	二	二	二	二		
美术	二	二	二	二	二	二	二		
音乐	二	二	二	二	二	二	二		
体育	二	二	二	二	二	二	二		
童军	二	二	二	二	二	二			
军训				二					
国民教育				四					
合计				三	三				第八学期出校实习

上列二表在原则上、原理上均觉不切实际，很容易即可看出其缺点：

（1）不配合特殊社会的需要。

（2）过于注重知的训练。

（3）忽视了能的训练。

（4）受教者未能彻底了解其施教对象之社会、历史地理等背景。

作者在前几章中，已曾提到苗胞教育的课程，应以劳动生产为中心，同时极力取得教育与劳动切实合作。上列二表既有其缺点，作者除根据其缺点加以改正合并课程外，并以上说为中心，增加其课程如下：

1. 农业常识　其中包括作物、畜牧、造林、农田、水利、农村经济、农业仓库及合作等。本区苗民全为农业经济下之佃耕者，在其生活与需要上，农业常识是必不可少的，是扫除"经济盲"的一项课程。

2. 卫生常识　包括普遍病症之防御与治疗及救护术、学校环境卫生与公共卫生等。作者深以实施苗胞教育，保健教育应为先锋，这是同前教会设之事实告诉我们。因之，在训练师资必须使之具有医生的常识，作苗胞的教育医生是扫除"卫生盲"的主要课程。

3. 中国民族发展史　其中包含有中华民族之来源、分布、发展重要史实，及各民族同源同种之中心理论。这项课程是打破汉苗隔阂，汉人歧视苗胞之心理，所以必需要加上。

4. 地方自治　包括地方自治实行法、保甲制度，县各级组织纲要及其实施地方自治重要法规等。为了抗战，掘发人力物力，几百万苗胞之教育，是刻不容缓。要其对抗战发生效率，必须使其了解当前国家之一切实施，地方自治一科，其目的在此，其结果在扫除"政治盲"。

总之，苗胞教育师资的课程，当视其当地当时环境而有限度之伸缩，勿拘泥法令或规章而与生活背驰。在三年制、四年制之课程中、将历史，地理二科合并，美术、劳作、音乐三科合并，前为史地，后为艺术，再加上上述四门课程，如此苗胞教育师资之课程可谓合理化、生活化、合时代化了。

（四）待遇

在国家法令，师范生是绝对享有公费待遇的，苗教师范生，当然亦一视同仁。可是，他们一向享受教育之优待，较之国家待之为厚，他们常以此为较，以致师范生不安于学，既学之后，毕业为社会服务，所获待遇，又不如教会之待遇。因之，又不安于服务。所以待遇问题在苗胞教育中，亦形重要。作者意以为最低应以下列原则为准：

1. 受训期间政府对于师范生之待遇　除依法令予以公费享受外，政府得严防学生膳食、制服费之遗漏，以使学生真正获得国家之优待。在校期间当由地方筹募当地学校师范生之清寒奖学金，以资鼓励向学，并采取检定入学，无需要一定考试入学，而使苗胞子弟畏而不进，毕业后如愿意升学者，政府当予以帮助。

2. 服务期间政府对于师范生之待遇　苗胞的生活寂苦，素为政府知悉，他们的经济力量是绝对有限，往往一家五口，只望其一二人为生，尤其较进化之家庭，同时那种"一人有福，拖带一屋。"的古老观念还存在。所以，政府对于服务的师范生——毕业者，当视其一般的环境而予以能维持一家五口生活之待遇，使之能安于工作。

总之，待遇是节流教师的唯一方法，教师之中途，政行离职，百分之九十以上是为了生活问题。同时待遇优于他者，也是一个教师开源之美法。因之，教育问题不得不先为重视。

注释

[注一] 芮逸夫：《西南民族语言研究》，载《民族学研究集刊》第三集。

[注二、四] 胡庆钧：《川南苗乡纪行》，载《中央周刊》第三十六卷期。

[注三] 江应樑：《苗人来源及其迁徙区域》载《边政公论》第三卷四、五合期。

[注五] 据作者当年在国立西南师范肄业时，有十余同学来自苗区，据其与作者谈，伊等总以教会待遇甚厚，愿以终身报之，曾受政府教化之苗胞如此，其他则可想知。

[注六] 石川、井宁、昭通、东川、昆明五区。

[注七] 据俞子夷测验，汉字常用者有三千二百五十八个。

第四卷　第九、十、十一、十二合期　1945 年 12 月

西南边疆的宗教改革问题

劳贞一

　　许多年的紊乱和疏忽，将全部的边疆造成了"问题的边疆"，但是将来国家生命是要寄托在边疆上的，因此边疆的问题越多，边疆的问题越大，越值得我们的悉心研究。在边疆问题之中，例如政治、经济、军事等问题，都含着有几分决定性，不仅文化问题，但文化问题确也是基本问题之一，不容我们忽视的。

　　文化问题中的一个重要问题是宗教问题。中国自从清末以来，所谓新的教育，实际上是在破除迷信旗帜之下，推行一个反宗教的教育。内地的反宗教教育，对于科学的发展，道德的建树，成效如何，自有千秋，不必细述。至于在边疆方面，则原来宗教与内地相异的，仍然认内地为异端，其原来和内地相近的，却从此不认内地为同志。自近年以来，内地对于回教向采敬而远之的态度，对于喇嘛教采取恶意的批评态度，对于巫教则采鄙视的态度，除去少部分有关系的以外，绝无人加以任何的同情，或对于各宗教的改善者有所扶植。这不能不说四十年来当政者的最大疏忽。

　　在中国的西南部分，巫教是低级的宗教，这是不错的。不过政府应当善为利导，不应让他自生自灭。在西南各处，除去云南西北部的古宗属于喇嘛教，云南西南部的摆夷属于小乘佛教之外，大都属于巫术信仰。汉族和西南各族本自同源，信仰方面溯本穷源，本有共同之处。只是汉族曾在制礼作乐的时代将礼俗整理过，在汉代以后被道教吸收过，又加了若干佛教的成分。到了现在，民间信仰尚自成系统。这个系统虽然尚祀佛礼观音，但除去真正受"洗礼"的优婆塞和优婆夷之外，严格说来，在谨严的佛教徒看来还是外道。这个系统和佛教的关系，已经和印度教对于佛教的关系差不多了。不过这个系统仍然上有所承，既非佛教，亦非道教，乃有其自己的独特系统。这个系统系以城隍、观音、关帝、土地、灶王几个神为中心，而道教的《太上感应》等篇，则为其重要的经典。（按：《太上感应篇》亦已不是纯粹道教作风）虽然系统的组织尚未成立，但主要的观念和仪式已经形成。我们看到倮文翻译的《太上感应篇》，和安南各地的观音、关帝、城隍庙，便觉到这种信仰，大有前途。政府应如何扶植、指导和利用，来供边政上的便利。乃四十年来，从未闻任何政府有一纸注意利导的公文。反而在二十年前的内政部有一规定寺院存毁条例，城隍庙咸在撤毁之列，这真是鲁莽灭裂已极！幸亏国民政府并未完全取缔城隍庙，现在尚存在着不少。给注意边政的人一个大的欣慰。

我们看到西南外国教士传教的状况，便知道西南边疆的危机。基督教传入的结果，虽然将边民的教育程度提高，但也有不少的离心力发现。在外国人传教的本旨，虽不见得个个都抱着帝国主义的野心，但传教的结果，却只有使西南民族外向，增加了行政的困难。在《西南边疆》杂志中，徐益棠先生的《小凉山调查报告》，特别提出我国边疆上宗教的重要性，主张我们应当有一种宗教来在边疆中推行，这真是空谷足音、千秋特识。然而我们要用什么宗教呢？政府方面，当然自己不能创造宗教，但却能做到培养宗教的温室，指导人民一个正确的路，让人民的教派起来，借此传播到西南边区去。

对于人民的教派，应当限制和培养并行。至于如何限制，如何培养，应当定出一个目的来：我们需要那一种内容的宗教，我们需要那一种形式的宗教。

在未说要的之前，我们先要注意到不要的：

第一、我们不要异国情调太高的宗教，我们不要国际关系太深的宗教，以免增加边民的离心力。

第二、我们要教义和组织公开的宗教，我们不要教义和组织秘密的宗教，以免酿出意外事端。

第三、宗教是身体力行的信仰，原不必陈义过高，但过于低级也应当加以限制。同时宗教是历史的产物，多少具有排他性。从前所谓三教合一，已经是三教俱非。现在以中国系统的宗教和亚伯拉罕及摩西并无丝毫的关系。而来假借五教合一之名，将耶稣及穆罕默德都拉进去。这实在等于侮辱基督教和回教。其侮辱的程度，不在"小猪八戒"问题之下。为尊重耶、回两教并避免事端起见，尤当严禁。

在以上三点之中，属于第一点的宗教，在政府方面的态度，应当只是不予鼓励，听其自然。在第二和第三点，那就不论内地和边地，都应当给予严格的取缔。自然，原来秘密的现在将秘密公开，原来号称五教合一的，现在已经变作单纯，不再将孔子、耶稣、穆罕默德加进去。并且证明只是单纯的宗教信仰，并无任何政治方面的关系在内，也并无任何妨害治安的企图，那也不妨听其存在。

因此为贯彻西南边疆的宗教政策起见，谨郑重作以下的建议：政府应当对国内的各优良的教派加以鼓励，让他们到西南边疆去传教。同时明定法律，给予具体的协助。其条例的大纲，拟定如下，敬乞海内贤达教正。

协助优良教派办法

一、凡发扬中国文化之优良教派，到云南、西康、贵州、广西、青海等省，及四川、甘肃边区传教时，中央及地方政府均应予协助。

二、凡所有各地之教派，不得具有以下各端之情事：

甲、有秘密之教仪及教义。

乙、有妨害治安及善良风俗之行动。

丙、所崇奉之神祇中，有孔子、耶稣、穆罕默德诸人。（凡崇奉项橐者亦以侮辱孔子论。）

丁、有降神、扶乩乱、画符、诵咒、静坐、炼丹、箓方、习拳诸情事。

戊、如有以上情事之发生，除解散该教派组织外，其所在各地治安机关并应将各该负责人按律治罪。

三、凡受协助之各教派，其组织必须依照欧美教会之组织方法。其负责传教之人称为传教士，所有之传教士必须在公立或教育部立案之私立大学或独立学院毕业，获有正式证书者。

四、凡受协助之各教派，除由传教士随时宣传教义之外，并须每星期日晨与信徒举行祈祷。（按星期日虽为犹太人办法，但七日造人造物之说，早已无人相信。只以七日之期较便，且正为机关、学校、工厂休息之期，故七日一次自无妨碍，较从前朔望祀神为好。）在祈祷时除焚香礼神、诵经、诵读美诗、讲演之外，不得再有任何举动。

五、凡受协助之各教派，必须尽量兴办学校，扫除文盲，并尽力兴办医院。所有各传教士并须受短期之看护训练，其未办医院之处，必须备办常用之西药，以供救急之用。

六、凡受协助之各教派，其受协助之范围为：

甲、教会之办事处所及集会堂所，由地方政府依需要情形，拨借寺院产业。

乙、凡往边疆传教之传教士，各项国营交通事业，均应予以便利，必要时并应酌量予以减免。

丙、传教士到边疆传教，凡负有治安责任之机关，有就地随时予以保护之责任。

丁、凡教会所办社会事业，中央及地方政府应斟酌情形，予以经济上之补助。

七、凡合上项条目者，应将章则及组织呈请内政部备案。

以上所拟，只是随时想到的写了一个大概。其中不完备的地方一定很多。不过我总觉得边疆需要的教派，其内容是要和内地的传统有关，而其组织需要一个西洋教会的形式。内容是内地的传统，才可以鼓励内向，组织是西洋教会的形式，才容易发生力量。要知道旧的内容和新的组织并非两个不相容的东西，为边政前途的便利，只有这样才有效果。

照以前所说的标准，实在现成各派之中，如理门、道德社、同善社、一贯道等，没有一个是合于这个标准的。不过我总觉得：第一、在边疆上不必要只扶植一种教派，为避免纷争，最多只能采取教区的形式。第二、现有各派诚然都不合标准，但只要限制和协助的法律能通过了立法的程序，那么不合标准的教派为争取自己的前途，总会向标准走去，来适应国家的需要。

其次，我所认识民间相沿的信仰，是非儒、非道、非释，而是儒释道以外另有一种东西。儒是人生哲学和政治哲学，不是宗教；道教只是修炼的术士，也完全不是宗教。中国真的宗教，是天神（上帝）、地祇（乡社）、人鬼（祖先）、"三一"相承的宗教。（参见拙著：《汉代社祀的原流》）从甲骨文，先秦经籍，郑玄《礼记法》，以至于《四民月令》《荆楚岁时》《齐民要术》，以至于《大唐开元礼》，以至于《文公家礼》，都可以看出相承的线索。然而因为缺乏教会的组织，这种民间的信仰，便依附于儒，依附于道，而又吸收一部分释教的神祇过来。但伏流潜支，究不可遏，所谓"三教合一"的宗派，于是乎生。"三教合一"者，三教都不是也。摩尼教奉释迦为先贤，印度教奉释迦为先贤，回教奉耶稣为先贤。当然和所奉的不是一回事，但也有相承之道，今此所谓"三教合一"也者，列入释道教宗师，若另成宗派而不强袭旧贯，自亦未可厚非，但列入孔子已经不合（不如列入周公）。然而民间信仰相承自古，应当有人来组织，这是对的。所以创教的人无论如何浅陋，政府方面无论如何压抑，势力仍然不小。既然有此深厚的根基，那就为什么不作政治上的利用呢？

因此，除去喇嘛教应当如何华化，这是一个文化交融的问题。这篇中都不拟多说，只是西南巫教和内地信仰的精神血脉息息相通，我们不应当再听任了。我们不仅要改革西南各族的巫教，还要借着改革巫教来提高西南各族的文化，改善西南各族的生活。这些都是非依赖有宗教精神的人去做不为功的。

第六卷　第三期　1947 年 9 月

滇茶藏销

谭方之

一、绪言

《本草求精》称："有以普洱名者，生于滇南，专于消食辟瘴止痢。"
《随息饮食谱》亦谓："普洱产者，善吐风痰，消内食，凡暑秽，痧气腹痛，乾霍乱，痢疾等疾，初起饮之辄愈。"

滇茶有如此功能，宜其不仅见重内地诸人士，前之边塞番族，今之康藏人民，亦素为珍视。盖以康藏地居高原，气候寒冽，至一般养生食品，多为糌粑、牛羊肉、奶子、奶渣等物，绝少菜蔬水果，因而食后，时觉干燥，辄有消化不良之感，惟有饮茶，始获解腻之效，而免生饱胀之病。又以康藏人民饮料食物，多不清洁，疫病流行是在意中，但揆诸实际染疫甚少，此固因气候寒冽，不适于菌类生存，而饮茶亦为原因之一。因茶中含有单宁与儿茶（arechen），致水中一切浮游物质，均告沉淀，因之种种病菌，亦随而沉没，并以单宁与儿茶，具有收敛及防腐作用，直接净化饮用水料，间接绝灭病源侵袭。儿茶与单宁，均属鞣酸类，而鞣酸为当代医学上所必用，倘患赤痢，为使体内之蛋白质凝固，必须以此为收敛药剂，且鞣酸不仅凝固蛋白质，更能沉淀吗啡及斯等利尼 Strychanis 等，据最近学者研究，如将伤寒、霉乱、赤痢等病菌，置于茶内数分钟，即失其活动能力。茶中含有之精油 Essential oil 与单宁混合，可消除空中之恶气，故可辟瘴。茶素 Theine 及推阿芬 Trophyrin 成分，能拓大肾藏，有助于排泄作用。凡此种种，皆有益于边地民族日常生活上之生理作用，是以滇茶为康藏人民切需之品，明代巡抚严清之疏略有云：

腹地有茶，汉人或可无茶，边地无茶，番人或不无茶，先此议茶法者曰："茶乃番人之命。"

滇茶何时入藏，殊难追考，惟吾人缅怀茶马交易，则汉茶入藏，或在宋代，据《宋史·食货志》载云：

神宗熙宁七年（一〇七四年），李杞入川买茶，至秦、凤、熙、河（陕西之茶马互易市场）博马，并采蒲宗闵议，川峡民茶，尽卖入官，更严私行交易，令蜀茶尽榷，于是茶司权在诸司之上，及熙河用兵，马道梗绝，始于黎（汉源）、戎（宜宾）、泸（泸县）等州置博易场。

高宗绍兴时，熙、秦、戎、黎等州均置场买马，川茶适于永兴四路，是时共有八场贸易者，多为庐甘番马、洮州番马、彝州番马。

滇茶在唐宋时期，以路途交通梗塞，虽茶名未著，但茶生产，则已有之。由内地运入康藏之茶，唐末宋初，皆借今之西北诸地，故茶马司设置地点，亦皆在秦陇各处。盖自回纥入朝，大驱名马易茶以归之后，遂开边内茶马易市之端，而秦、凤、熙、河等地，成为茶马相互之市场。殆北宋末，金势日强，徽宗宣和七年（一一二五年），代辽而灭之，奄有中国北部，南渡后，关陕尽失，无法交易，所赖者，仅有四川，故于黎、戎、泸等州置场博马，马茶互易市场，遂由西北而徙至西南。宜宾当川滇之冲，其时滇茶运川以易番马，事亦可能，历元明而及清，迨康熙四年（一六六五年），云南北胜州，亦开马茶市，雍正时定云南茶引票，由严江府给商，赴鹤庆、中甸夷方行销，并在同府之邱塘关、金沙江盘验戳截引角。

滇茶销藏，以紧茶为主，年约十余万驼，自经阿墩子入藏一路阻塞以来，改由佛海经缅印入藏，利益损失困难甚多，致一年二度之古宗商人，遂裹足不来，滇茶藏销日渐减少。以是滇茶之产量虽日减，而普思沿边，以及缅宁、双江、景谷、景东等县反感生产过剩，是货弃于地也。兹将滇茶藏销情况分述于下。

二、紧茶产区

藏销紧茶，又产于滇南之佛海、南峤、车里、景谷、双江、缅宁、顺宁一带，而以佛海区为中心，其生产情形约述如后：

（一）佛海　佛海居澜沧江下游，滇省之极南部，地势高度在五千尺至六千尺，常年平均温度在华氏七十度左右，为热带性气候。一年中可分干湿两季，由立夏至霜降为湿季，立冬至翌年谷雨则为干季，雨量全年以五、六、七、八、九等月为最多，十一、十二、一、二等月为最少，因地近热带，故多产热带植物，所产之茶品质极佳，产区亦广，凡自海拔达四千尺至六千尺村寨，无不有茶，年产量约一万五千担。其主要之产茶地，以第一区（即猛土司）为最多，如郼猛海（佛海县治）、蛮兴、蛮海、蛮贺、蛮榭、景买、蛮丹、南里、蛮扫、蛮真、蛮夏、蛮闻、蛮喷类、蛮拉闷、蛮赛、蛮斐、蛮董、蛮㫒、蛮丁景、蛮峦崆、蛮降、蛮峦、蛮峡、蛮绿、蛮磊、蛮蚌、亚康、蛮滔、蛮沟、蛮垠、蛮渤、蛮沃、蛮榜、蛮两、蛮罕、蛮光、蛮中、葩宫、贺南、大小呼啦、苏岵六村、葩珍五村、葩盆、黑龙塘、上下水河寨、蛮峴等六十余村寨，原野丘陵，皆滋生茶树。

猛海土司与混区地理环境，约略相同，产茶范围亦颇广阔。猛板、打洛两区，海拔较低，面积不大，产茶范围仅限于少数高地带，茶之品质虽远不如易武、倚邦一带所产，然若使茶农能知施肥中耕除草剪枝等工作，则不难改进也。

（二）车里　车里茶区，分布于江内江外[注一]两域，江内有倚邦、易武、漫撒、架布、蛮磗、莽芝、革登、蛮松、攸乐等处，而以攸乐山为中心；江外有猛海、南糯、苏岵、猛崧、蛮芳、猛遮、顶真、猛元等处，以南糯及猛崧为中心。其中尤以蛮金、蛮昧、蛮芳所产为佳，蛮芳、蛮昧、蛮金合称三宋，[注二]属车里县之第一区，位于县城西北，为通佛海之要道，蛮昧管有四村寨，蛮芳辖有十三寨，蛮金管有五寨。

三宋地居高原，其每日之气候，间约合摄氏五度，午前十时升至十五度，正午则在二十度以上，[注三]大概六月最热，冬季最寒，而无雾，九、十、十二月有霜，霜甚浓厚。植茶地带，概在海拔一千二百公尺以上之山地，或较低之丘陵地带，惟在海拔六百二十公尺之车里平坝内，则已少见茶树繁殖，全县茶叶，每年产量约八千担。

（三）南峤　南峤县与佛海毗境，地势与佛海相仿，茶区遍于景真、猛翁、景鲁、蛮迈兑、西定、猛满、旧笋等自治区域。全县茶叶每年生产量，约为五千担。

佛海、南峤、车里三县地方，通称思普沿边，即旧时十二版纳地，[注四]因澜沧江流贯境内，即六顺、镇越及江城之西思茅之南，与车里之一部，所产之茶，称大山茶，其产地以倚邦、易武、漫撒、架布、蛮布、莽芝、革登、蛮松、攸乐等处为著，而以攸乐为中心。江之西为外江，即佛海、南峤、车里三县及宁江设治局地，所产之茶通称坝子茶，其产地以佛海、南糯、苏岿、猛崴、蛮芳、猛遮、顶真、猛混、猛阿、蛮软、猛亢等处为著，以南糯、猛崴为中心，而车里之蛮金、蛮时、蛮芳三地所产，即历史有名之三宋茶。

以产量言，则江外较江内为多，年约二万担，江内年约二三千担。兹将佛海、车里、南峤三县主要产地，自民国十四年至二十三年间，各地产量列如下表：

年份	猛海	猛混	猛宗	南糯	顶眞	总额
民国十四年	七、〇〇〇	八〇〇	一、七〇〇	八〇〇	一、七〇〇	一二、〇〇〇
民国十五年	七、〇〇〇	七〇〇	一、八〇〇	九〇〇	一、六〇〇	一二、〇〇〇
民国十六年	七、一〇〇	七五〇	一、四五〇	九五〇	一、六五〇	一二、〇〇〇
民国十七年	七、三〇〇	七〇〇	一、五〇〇	九〇〇	一、七〇〇	一二、〇〇〇
民国十八年	七、五〇〇	七〇〇	一、五〇〇	九〇〇	一、六〇〇	一二、五〇〇
民国十九年	七、五〇〇	九〇〇	一、八〇〇	九〇〇	一、八五〇	一二、九五〇
民国二十年	七、八〇〇	九〇〇	一、九〇〇	九〇〇	一、九〇〇	一三、四〇〇
民国二一年	九、〇〇〇	一、〇〇〇	二、〇〇〇	一、〇〇〇	二、〇〇〇	一四、〇〇〇
民国二二年	九、〇〇〇	一、二〇〇	二、四〇〇	一、三〇〇	二、五〇〇	一六、四〇〇
民国二三年	九、五〇〇	一、五〇〇	二、六〇〇	一、五〇〇	二、八〇〇	一七、九〇〇

右表自民国十四年至二十三年之十年间，各地年产茶量仅增五千担，

惟近年来以茶园之扩充，销路略见起色，增至二万担。

又据思茅特种消费税局统计，思茅、佛海、南峤、元江、宁洱、易武、景栋、雅口等处，茶叶产额如下表：

地区	民国二十四年	民国二十五年	民国二十六年	三年平均
思茅	八、三〇五、八	九、八一〇二	三、二四〇、九	七、一一九、〇
佛海	三、七三九、七	一六、〇四三、八	九、一〇六、二	一二、九六三、二
南峤	四、〇二〇〇	四八三、九	二〇二、二	一一、五六八、七
元江	四九九、二	一、五四〇、七	七五七、二	九三二、四
宁洱	五六、二	四二、五	一五、八	二八、二
易武	二、二三三、三	二、一五〇、〇	二、一五〇、〇	一、九七三、八
江城	八〇〇、〇	七六〇、〇	四七七、八	六七九、三
景栋	四〇〇〇	三六六、七	二六四、〇	三四三、六
雅口	二〇〇、〇	七四、〇		一三五、五
总计	三〇、二五四、〇	三一、二七二、一	一五六〇二、七	一五、二〇九、五
注：单位公担				

依据上表三年间平均生产量，为一万五千余公担，除去佛海区茶叶生产数字外，约为二万左右。又以佛海县观之，三年间平均产量为一万二千九百六十三公担，如折合市担，则约于近二万市担，在实际上观之，似属过多。惟车里一县之生产，未有列入，或以其昆连处之茶叶，集中于佛海，遂并入统计，亦未可知。本区为僰挥民族（俗称摆夷）聚集之所，虽土质肥厚，土人多任茶树自生自灭，且其采摘，须俟闲暇时行之，以致时有叶老而不采，故其产量，时增时减，难于确实也。

佛海所产之茶种，为 Shan-type 与印锡所产之 Ver-Vssamica 相似，叶大枝疏，嫩芽甚长，达三至四 Gm，尤在绿树丛荫之下，茶芽如枪刺，满披白毫，适制上等白毫茶。荫蔽树种类，以谷斗科竹木棉多衣（土名）为多，蔚然成覆下园。低岗茶园，皆与樟树混植，每年秋季完毕，冬季腊月，即伐樟叶，蒸酿制樟脑粉，售于仰光。

三、紧茶采制

滇南气候，十月至翌年三月为干季，四月至九月为雨季，每值雨季开始，茶芽饱受润泽，益以气流之温暖，蓬勃滋长，春芽舒展，至新枝伸长至五六寸，嫩叶七八枚时，然后摘采。摘采新芽，全部采去，不留残存，故多连枝连叶。茶树发芽时期，自阳历四月至十一月，陆续生长不断，是以采摘时间，年有七个月之久。兹将采摘时季，及名称如下：

（一）春尖茶　为茶中之上品，采于清明节至谷雨后，分"头拨""二拨""三拨"三等，头拨茶白毫居多，二拨茶叶肥质浓，三拨又称"春尾"，或谓黑条，较二拨茶更肥大，耐煎熬。

（二）二水茶　在芒种至大暑时采摘，细茶称"细黑条"，为紧茶表层原料，夏茶称"二介茶"，则粗细均有，为紧茶中层原料，夏尾茶或粗茶，质地粗劣，为紧茶内中所包者，过分粗老者，俗称滑皮，例须禁采。

（三）谷花茶　当禾谷开花时所采，自白露至霜降止采摘，其白毫尖较春茶尤美观，惟味淡不耐泡。

紧茶制造，分初制与复制。兹将其制造过程分述如下：

（一）初制　初制之茶，统称"散茶"，其品质最劣者，名曰"底茶"，"二介茶"又称"高品"，较低茶为优，品质最优者，名梭边，又称"黑条"。初制之方法，将鲜叶采回后，支铁锅于场院中，举火至锅微红，每次投茶五六斤入锅，用竹木棍翻搅匀和，约十数分钟至二十分钟，叶身皱软，以旧衣或破布袋包之，而置诸箄上搓揉，至液汁流出黏腻成条为止，抖散铺晒一二日，干至七八成即可待估。

（二）再制　茶叶揉制前，雇汉夷妇女，将茶中枝梗老叶用手工拣除，粗老茶片经剁碎后，用作底茶，拣好之"高品""梭边"，须分别湿以百分之三十三水，堆于屋隅，传其发酵，底茶不能潮水，否则揉成晒干后，内部发黑，不堪食用。上蒸前，秤"底茶"（干）三两，"二介""黑条"（潮）亦各三两，先将底茶入铜甑，其次"二介""黑条"最上，后加商标，再加"黑条"少许，送甑于蒸锅孔上，锅内盛水，煮达沸点，约蒸十秒钟后，将布袋套甑上，倾茶入袋，提袋振抖二三下，使底茶滑入中心，细茶包于最外，用力捏紧袋腰，自袋底向上，推揉压成心脏形，经半小时，将袋解下，以揉就之茶团堆积楼上，须经四十日，因气候潮湿，更兼"黑条""二介"已受水湿，茶中发生 Lipose 类之酵素，而行发酵，俗名发汗。

（三）人工　制造紧茶，须用揉工四人，另用一小童司秤，每人每日可制一二百余至四百个，一灶共有茶师四名，一日制造共得一五〇〇个左右。

（四）包装　紧茶每七个为一筒，用竹箬包成长筒形，每十八筒装成一篮，篮内分六层，每层三筒，二篮为一驮，共二百五十个，每个净重六两五钱至六两八钱，故每驮净重约一〇五斤至一一〇斤。

四、紧茶贩卖

紧茶原料之毛茶，在生产地收购者，大都由茶贩、茶客、茶行经手。茶贩多为一种贩客性质之马帮任之，彼等每届茶季，自数百里或数千里外，购办大宗日用品，携带武器，结队趋赴茶叶产地，购茶售货，或行易货，以运至制茶地出售。此种茶贩，约占茶叶贩卖商中百分之二十五，夷人缺盐，故马帮每携盐易茶，其比例盐一斤，可易两水茶（即二水茶）三斤。

茶客与茶号收购马帮之茶，或在茶季时，入山采办，运至滇西下关、滇中昆明，经茶行或直接售出，茶行居中得百分之三之手续费，但须付货款及垫款之责。茶客与茶号在制茶一二月前，以现款向近处产茶各村寨头人土司定买，付定银后，可自由向茶农取茶，而漫无限制，故每有茶号，负茶农茶款之责。

茶号占有百分之八十，其在产地收购毛茶之外，兼行自制，其组织可分三种：

（一）由印缅侨胞与印商合作，资本甚大，在佛海设庄收购原料，揉制紧茶。直接运销印度、西藏。

（二）为住佛海之汉人土司、叭、鲊等，合资设庄，资本薄弱。只能揉制，无力运输，茶叶制成后，就地勉强运至仰光，或加尔各答，出售于前项之茶号。

（三）奔走四乡收集原料，转售与前之两项茶号资本极少，或多为临时一年设立者，各茶号之经营，年有消长。兹据佛海特税局调查佛海县各茶号，在民国二十六、二十七两年，输出茶额统计如下表：

茶号	民国二十六年		民国二十七年	
	数（公担）量	价（元）值	数（公担）量	价（元）值
洪记	三、六二八、九	八、七五一、三	八、七五一、三	二、八七七、九
可以兴	四四五、七	一、〇八一、六	一、〇八一、六	二一九、三
云生祥	六三三、二	一、〇〇八、二	一、〇〇八、二	五一四、六
利利	四一七、一	一、五三八、二	一、五三八、二	五九五、二
裸民合作社	一、〇一五、三	二、四三六、七	二、四三六、七	
富源	四五〇、六	一〇九一、〇	四六四、二	一、二〇三、九
来复	一七三、七	四一六、九		
复兴	二六一、四	三八三、七	四一六、四	一〇四七、三
普行	四四二、一	一〇六〇、五	四四三、二	一、二〇七、二
恒盛公	一、〇三〇、三	二五三五、四	五九五、〇	二、三六二、三
时利和	二五二、二	六〇五、六	二五三、八	八四四、七
悦如	一三三八	三三六、五	五六六、四	一、四二四、六
新民	一七二、五	四三三、八	九七六、二	二、六二二、六
华侨茶庄			二〇五、八	五一七、九
总计	九、〇七六、八	二一、八七九、四	八、二五三四	二四九三一、〇

五、紧茶藏销

藏人视紧茶为生活必需品，由藏商骡队，自带羊毛、麝香等土产，至加林崩互市。大宗贸易，在阳历十月后三月前，售出土货后，即在该地购取紧茶，返还拉萨。二十五年前，思茅茶号，向江内（倚邦、易武）、江外（车里、佛海、南峤）等地购运原料，集中思茅拣制，运至大理、下关、阿墩子、售与藏人，或古宗人。藏族之古宗队商，每年由滇西北丽江、中甸、维西等处驮运药材粉丝诸物，至滇西南出卖，或兼卖马匹，以货购茶，于阳历十一月中，由中甸南下驮运茶叶数十担，北运至德钦（阿墩子）解卸或出卖，谓之春盘；然后复至丽江卸存，谓之冬盘；次年二月下旬又南下驮运。后以民初地方不靖，商人视为畏途，于是大部分紧茶，多由佛海经仰光、印度入藏，阿墩子一途，日渐衰落。滇茶之经印入藏，在民国七年，始有商人经营，获利甚厚。民国十五年后，商人之继起经营者颇多，惟多少资本经营，运费甚巨，抵仰后，多因资本缺乏，运输困难，加以语言、文字之隔阂，推销为难，故现除洪记号及恒盛公茶号外，余均转售印商，经销印藏。惟以价格受印人操纵，营业时有亏损，关于紧茶销藏各情，分述于下文中：

A 运输线　滇茶运藏之路线，有滇康及滇仰两干线：

1. 昆明驮马——大关——盐津木船——沿横江——转金沙江

2. 佛海——思茅——景东——丽江——德钦（至此须二十七日）——昌都

3. 昆明——元谋——会理（全程四二〇里）

4. 澜沧——双江——缅宁——云县——顺宁——蒙化——下关——丽江——德钦——昌都

以上为滇康线之行站。

B 销茶量值　滇茶销茶量值，据二十九年奚伦先生深入西藏调查所记如下：

运进茶驮数	值藏银两数	合罗比盾数	合法币元数
七、〇〇〇	二、五〇〇、〇〇	四、六六六、六六	一、八六六、六六四

前记之七千驮，每驮净重以一一〇斤计，则为七千七百担，年输入西

藏量，但实际不止于此。兹据中国茶叶公司云南办事处准运内销茶叶统计表中所载，自民国二十九年十月至三十年三月六个月中，运藏紧茶为八、七二四市担零八〇市斤。又据佛海商会主席报告，自民国十八年至二十七年十年之间，佛海县销藏茶量及价值统计如后表：

年份	数担量	产地每担价格	备注
民国十七年	五、〇〇〇	八、〇	
民国十八年	五、六〇〇	一〇、五	
民国十九年	六、〇〇〇	八、〇	
民国二十年	六、五〇〇	九、〇	
民国二十一年	一〇、〇〇〇	九、五	（一）每担合六三、四公斤
民国二十二年	一一、〇〇〇	九、〇	（二）价格单位元为半开银元乃滇边当地之本位币
民国二十三年	一二、〇〇〇	九、〇	
民国二十四年	一三、〇〇〇	一一、〇	
民国二十五年	一五、〇〇〇	一二、三	
民国二十六年	一五、五〇〇	一二、六	
民国二十七年	一八、〇〇〇	一四、六	
十年平均数	一一、七〇〇	一三、二	

依据上表十年平均数，每年滇茶入藏，在一万担以上，是以奚伦先生所调查之数字，似不止年销七千七百担也。至滇茶运出销售价格，以在加尔各答为标准，自民国十七年至三十年，变动如下表：

年份	产地价格（现金）	运费（罗比）	售价（罗比）	除去运费净得数（罗比）	云南罗比与现金换算率	净得数换成云南现金
民国十七年	八、八〇	二三、二五	八六、五五	六三、一〇	九〇、〇	五六、八八
民国十八年	一一、五五	二二、八〇	六二、〇〇	三九、二〇	一四〇、〇	五四八八
民国十九年	八、八〇	二二、八〇	五九、〇〇	一二六、二〇	一六〇、〇	五七、九二
民国二十年	九、九〇	二二、八〇	五二、〇〇	二九、二〇	一八〇、〇	五二、五六
民国二一年	一〇、四五	二二、八〇	三九、〇〇	一六、二〇	二〇〇、〇	三二、四〇
民国二十二年	九、九〇	二二、八〇	三九、〇〇	一六、二〇	一九〇、〇	三〇、七八

续表

年份	产地价格（现金）	运费（罗比）	售价（罗比）	除去运费净得数（罗比）	云南罗比与现金换算率	净得数换成云南现金
民国二十三年	九、九〇	二二、八〇	三九、〇〇	一六、二〇	一九〇、〇	三〇、七八
民国二十四年	一二、一〇	二二、八〇	三六、〇〇	一三、二〇	二〇〇、〇	二六、四〇
民国二十五年	一三、五三	二一、五〇	三二、五〇	一〇、〇〇	二〇〇、〇	二〇、〇〇
民国二十六年	一三、八六	二二、八〇	三六、五〇	一三、七〇	二〇〇、〇	二七、四〇
民国二十七年	一六、〇〇	二三、〇〇	三六、六〇	一三、六〇	一八〇、〇	二四、四八
民国二十八年	未详	二二、八〇	三五、〇〇	一二、二〇	二〇〇、〇	二四、四〇
民国二十九年	未详	二三、〇〇	三九、〇〇	一六、〇〇	二〇〇、〇	三二、〇〇
民国三十年（春季）	未详	二三、〇〇	四〇、〇〇	一七、〇〇	一七〇、〇	三〇、六〇
民国三十年（秋季）	未详	三二、〇〇	六〇、〇〇	二八、〇〇	一五〇、〇	四二、〇〇

注：

一、云南罗比与现金换算率：以一〇〇罗比换现金数。

二、表中价格运费等，均以每驮为单位。

三、每驮茶叶净重约六九、八五公斤。

四、现金为半开银元，乃滇边当地之本位币。

五、民国三十年秋季之售价，为在加林崩之售价。

按诸前表，藏销紧茶价格变动状态观之，其间最高售价（以净得数换成云南现金数为标准）在民国十九年，每驮为五七、九二元，最低售价在二十五年，每斤仅二十元。若以过之十四年平均，则每驮售价为三六、二二元，较之十七年至二十年为低，而与三十年春秋两季平均数相仿（三六、二〇元）。此种原因，盖以罗比汇兑率高涨故也。按民国十七年，云南罗比与现金换算率，以一百罗比换现金九〇元，其逐渐高涨，至二十四年涨至现金二百元换兑一百罗比，八年间涨至一倍以上，而茶叶售价跌落，几达一倍是可明证。反观产地价格，最低者为十七年，每驮售现金八元余，最高者为二十七年，每驮售价十六元，在此十一年间，高涨适为一倍，即十一年间之平均数，每驮售价亦有十一元余。自二十四年以后，遂逐渐高涨，而无下落。此因抗战军兴，人工物价日贵，成本加大，每驮售价，势所必增也。惟产地价格，与市场售价所得之现金，成为背道而行，故经营者得利甚薄，此足征印人垄断市场，而使滇茶销藏，至多阻碍也。

　　C捐税　在本国之捐税，须纳消费税，每驮为国币四元八角，海关转口税四元五角，佛海驮捐三角。

　　由滇入缅之茶，须纳人头税两盾，税票限用一年，其他捐税，则依据《滇缅通商条约》，凡陆路进缅之货物，概可免税，而印、缅又统辖于同一总督，故由缅运印货物，亦不纳税，印、缅分治后仍可援旧例。但于三十年四、五月间，印度海关颁布进口抽税法令之后，茶叶须抽税五安，每包紧茶须纳税十九罗比，而迦林崩紧茶售价中，又须扣除若干捐项。

六、紧茶藏销之先决

　　滇茶为藏人所好，以积沿成习，故每年于春冬两季，藏族古宗商人，跋涉河山，露宿旷野，为滇茶不远万里而来。是以紧茶一物，不仅为一种商品，可称为中藏间经济上之重要联系，抑且涉有政治联系意义。盖藏人之对于茶也，非如内地之为一种嗜好品，或为逸兴物，而为日常生活上所必需，大有一日无茶则滞，三日无茶则病之概。自拉萨而阿墩子，以至滇西北丽江转思、海，越丛山，过万水，历数月络绎不断于途中者，即此故也。民国五六年间，滇藏之道上治安失宁，运输阻梗，致一年二度之古宗商人，往往裹足不前，滇茶销路日缩，加以英人亟谋印茶藏销，安南、缅甸、泰国当局，前先相继奖励种茶，处于四面楚歌之下，销藏益感困难矣。滇茶关系之巨，既有如此，而现状又若彼，则对于滇茶藏销种种困难先决问题，不可不力求解决，以发展将来之销路者焉。

　　解决滇茶藏销之内在外铄，无非在政治、经济、交通着手不可。

　　西藏所销茶叶，自唐迄今，历千余年，皆由本国供应。惟自印度总督海斯丁 W.Hastings 企图以印度及锡兰茶行销于西藏，以削弱我国在西藏政治势力后，英人处心积虑，觊觎茶叶市场，但因藏人不喜锡兰茶，而好我国川滇之茶，故直至十九世纪之末，英人企图夺取西藏茶叶市场野心，尚未有所获。一九〇四年，英兵侵入拉萨，印茶随兵力而自由入口，然仍未得藏人之好，且认为印茶只可与西藏本地最劣等茶相伯仲，对于我国川滇茶反觉更滋补，更卫生，更味美。英人鉴于以往之失败，乃认为印茶强销政策不足恃，且非设法将印茶形状气味改变，仿似中国茶叶，不能在西藏市场上行销。近年来印度茶商，在西里古里（Siliguri）秘密仿制佛海紧茶，所出之茶，在外表观之，虽与佛海产者相仿佛，但其中心多霉烂，且因藏人不喜饮用，乃假冒佛海中、小茶号之招牌，运至迦林崩混售，[注一]又在大吉岭附近，印度茶商，勾结佛海某茶号经理，设厂仿制，已有成效，年产有千担以上。[注二]

西藏人民与中国茶叶交易，既有如此悠远，复有如此之需要，故中国茶在西藏之销路，遂极普遍。据查贝尔（Charles Bell）于其所著《西藏志》云：（一九二七）"中国茶之风行，不仅在布丹，如喜马拉雅、锡金、尼泊尔、拉合尔（Lahore）及拉达克（Ladahk）等地，凡有藏人踪迹者，无不有嗜茶，即在马大吉岭西藏居民，亦不愿饮大吉岭所产极名之本地茶，偏喜历尽艰辛山路而运入中国茶，中国茶较贵，人民又贫，但仍视为不可缺。"

历代对于茶叶藏销，素为重视，法制极详，设司专管其事，且国家独占专卖。盖以茶叶贸易，不仅充裕国家财源，率足加强边政。英人洛斯特霍伦（Rasthon）对于西藏政治深有研究，曾云："国家不可缺的食粮品盐或茶，若一国占有其供给，就成为该国维持其本国政治势力的有力权衡，不知其是否明此原则，但中国政府似乎依此而决定，历代的政策，中国对西藏人，并不无理强迫他们买自己的茶，只在边境市镇上，把西藏人买茶的事，当作一种特权而让与他们……中国人不像我们（指英人），他们并不把过剩的会给与属国，而毋宁以限制供给，永使其在需要以下为常，中国如此重视，这种重要商品，在政治意义上决不可轻视的问题。"[注三]然则茶之对藏贸易，乃含有重大政治性之意义，今者汉藏民族，无彼此相沟通，借茶贸易扫除过去政治隔膜，与种种积弊。

清末赵尔丰氏，任川滇康督办及边务大臣时，已有见于印茶势力深入西藏，深为隐忧，乃于宣统三年（一九〇九年），创设边茶公司，从事藏销茶之经营，以谋对抗，后以成绩税款未能足数而停办，仍由商人承包。二十九年，云南中国茶叶贸易公司，在滇南佛海设厂，收制紧茶圆茶，三十年春以藏茶紧茶年需十余万驮，自经阿墩子入藏一路阻塞以来，已改由佛经缅印入藏，利益损失，困难甚多，乃与康藏商人代表蒙藏委员会格桑泽仁，订立合约，各出资十五万元，在下关成立康藏茶厂，制造藏茶紧茶，以冀恢复原有路线，维持滇茶固有市场。二十九年，该公司对藏销售紧茶计有一一、八九九、五〇市担，值四、七三四、五九三、二一元。惟以车薪杯水，不足以应销，即加以平均每年商销一四、八七四六〇市担，亦不过二六、八七四、一〇市担，与年需十余万驮之数，相去甚远，是应以政治力量，官民合作，增进运销及生产，平衡供需，以杜印茶侵入。

又如滇茶经印入藏，例皆免税，自三十年四、五月，印度海关颁布进口抽税法令后，每磅须抽税五安，每包紧茶计须纳税十九罗比，而迦林崩紧茶售价，依照同年秋季为六十罗比，由滇运至迦林崩之运费须三十二罗比，故每驮紧茶除去关税运费之外，仅剩九罗比，若再除去产地价格，茶商不但无利可图，且至亏本。盖以英人觊觎西藏茶市，一方积极仿制，一方消极抵制，此亦宜赖政治力量解决此种困难。

滇茶藏销之发展，须有经济为基础。荒山之垦辟，旧茶园之整理，产制之改进，尤需要大量资金，故农村金融之流通，茶叶合作之发展，均须积极进行。俾农民得从事茶叶，以开发大好富源，而杜印茶侵销，其他如有强大之茶号，直接与藏商交易，不必假手于英印商人；规模宏大设备完善之茶厂，改善制品，减低成本，以官督商办，或为民制官收官卖，商运商销，以合同洽调经济之援助，推进紧茶产制运销，维护数千年来西藏茶叶市场，使爱好滇茶之藏民，无向隅之慨！

民国十三年，滇商纷纷在佛海等地设立大小茶号，惟以资本短绌，随开随闭，且类多在当地收购原料，以贩运为业务，自行揉制者不多，运印转藏者则更属寥寥。二十九年云南中国茶叶贸易公司佛海茶厂，倡导藏销紧茶，联合运销，经其倡导后，于是成立藏销紧茶联合运销处，进行方法先集合小资本茶号，收购原料，委托中级资本茶号，揉制制成紧茶，仍无力运往于加尔各答时，乃就地售于前述印缅侨胞与印商合资经营之茶庄。中级资本之茶号，勉强自运至仰光或加尔各答时，售于侨印合资茶庄，或英印商人，惟为数不过二百至五百驮而已。侨印合资茶庄，及英印茶庄，在迦林崩均设有庄号，运至该地后，遂直接售于藏商。

紧茶除古宗商人，一年二度，来商收购外，余无滇商直接向藏商贸易，其贸易者类多假手于英印商人，吾人顾往思来，国家应有大量经济，能充实紧茶直接运藏贸易，而免中间英印商人之剥削。

为今之计，除前由中国茶叶公司与云南富滇新银行合组之云南中国茶叶贸易公司，从事生产制造外，须联络久营藏销紧茶信实商人，联合组织机构经营之，以坚定滇茶在藏销路而发展之。并期由官商合办，进而达于国营之目的，此种生活贸易机构，可称谓藏销公司：生产紧茶之茶厂，可设在滇南佛海、车里、南峤等地；贸易机构则设丽江，以推广市场，提高品质，划定标准，及扶助生产制造运销及一切改进事宜为本位，并充分吸收原有具有藏茶交易经验或熟悉藏地之人才，得以利用其牌号及个人之能力，从事交易，而渐收统一茶政之效。盖以设有运输贸易机构后，则可统制产销，划一品质，其最要而最重之营业资金，得由中央、地方、个人三方面会合，金融可以活动，各地茶商不致有所偏枯，亦无须假手于英印商人转售，受其中间垄断盘剥。

三十年，康青视察团报告中有云："康藏人嗜川茶，自唐以来，已成习惯，近因茶价高昂，康藏人民怨恨，又以前川茶入藏康，金及皮毛东运，故熙来攘往，不绝于途，今若不早为改进，深恐印茶输入。金、毛外运，而来往断绝，感情日乖，或与内地脱离关系，而有碍于领土之完整，致川商入康，其价致高昂原因，乃由商人之垄断，二十九年西康省银行联合数大茶号，合组康藏茶叶贸易公司，而政府获取专利，独占茶叶对康藏贸易，每年盈利达二三百万元，但以该公司商股居多，未能尽体政府意旨，进行迹近垄断，致引起康藏人民不满，向中央有关机关控诉，并欲与汉人断绝交易。"茶价既经高昂，且品质又日趋劣窳，据川康建设视察团、曾公开指出："茶商固步自封，多不重信义，掺杂混假，所在多有。"等语，川康茶对藏贸易之失败，率足为滇茶藏销之殷鉴，然欲免除商人垄断掺杂等弊，而使销藏茶叶日增上乘，则非设一售价较低统销统产之机构不可。此种机构设置，与夫经营资金周转推行有效力量，则又非借国家经济之大力量不为功也。

交通为生产运销之命脉，交通失于灵活，则商情滞碍，运费增大。康藏地居高原，道路崎岖，陆不能行车，河流湍急，无法载舟，交通路线，辄为羊肠小道；运输工具，唯挑夫、背仔、牲畜，行程费日，运费殊昂，且道途失宁，商贾裹足，即有冒险挺身而往来者，亦多苦于跋涉河山。滇茶入藏，近由昆明用驮马经下关至盐津，再改装木船，沿横江转金沙江，年来以川滇路通，可兼用汽车载运，惟滇茶运入藏卫，迄今仍用驮马。另一路则自昆明行汽车百五十里至元谋，驮马二百七十里至康东宁属之会理。云南佛海、南峤、车里所产者大都集中佛海，由缅甸之景栋，转仰光，入印度转销于西藏，手续繁杂，运费亦高，紧茶于印境又抽以税捐，故藏销市场，以交通困难，茶运不能与需要呼应。而运费过高，茶价日涨，使印茶多竞争机会。故就滇茶入藏供应及市价而言，则非解决交通困难问题，则不能谋进展之计，且也印英商人觊觎西藏茶叶市场，在其施用垄断行为之外，更加以重税，使滇茶入藏减少，故今后滇茶入藏，当在国境之内运输，免受人钳制，得自由发展，而黄金、皮毛、药材种种物资，不致落于他人掌握中，藏胞之政治、文化、交通皆可互相向内交流。

反观印藏之间交通，果如何乎？藏印最大之站口为迦林崩，所设索引铁道，与山下火车站连接，其铁路即所谓藏印铁道之准备线，面积偏小，藏印商务，半数通过于此。由迦林崩至拉萨之大道，系经锡金东南，取道且勒峡，跨藏印边境入藏，其路程系自迦林崩下且勒峡，入春牌谷，此春牌谷，为饶裕卓莫人之家乡，沿谷而上，至其发源处，又复经过一平原，而达一乡村，曰帕里，污浊异常，但民物富庶，此路线缓行七日可达。自帕里出发，行九里许，至唐峡，在喜马拉雅山中，为入藏之主要孔道，过唐峡后，傍獭湖东岸而行，经江孜直向拉萨进发，十余日可至。在迦林崩与帕里间，多用骡马运载，由帕里至拉萨，则以犁牛与驴为主，载重之骡马，每日可行二十里，驴与犁牛则日行十里至二十里。

印藏交通，既如上述，则印茶之能侵入者，盖亦因交通便利之故也。当十三世达赖圆寂时，上海《字林西报》记者，曾访问前驻藏大臣温宗尧先生，温氏对于此点曾云："英藏关系之密切，与交通便利不无关系，而中藏之隔阂，交通不便是一主要原因。故开辟国境交通路线，不仅为运茶便利，更具有政治意义。"今由丽江运茶至拉萨，每包运费需四十元，此无怪滇茶在藏售价高昂。西藏居高原地带，一切交通建筑材料，不但不易输入，即凿山穿孔，工程浩大，如欲修建铁道，殊匪易易。为应目前之需要，则当以公路工程，现由成都至康定段，已大半完成，即可行车，康定至巴安之路幅，亦早已成功，略加修改，即可致用，惟昌都以西，多崇山峻岭，瘴烟颇大，修筑至为困难，然此段在前清时，亦设有驿站。盖此路为由川入藏之唯一要道，开辟亦甚为必要者焉。三十年八月，西祥公路通车，由昆明经安宁、禄丰、镇南、祥云、姚安、大姚、永仁及康宁属之会理，而达西昌，上接乐西公路，转成都或雅安，再西行抵康定，此为滇川康藏干线，但迄今初步通车，仅至西昌而已。在两路未达完成之前，对于西藏茶叶运输问题，似应由中央与地方及茶商协力统筹，组织运输队，分站分段运送，以利茶运。除由当地政府协助外，中央予以一部分之运费，得减低成本，使滇茶在西藏市场上，茶价不因运费过大，高昂茶叶市价，而减少印茶之竞争机会为度。

七、结论

西藏所需之茶，素由内地供给，但因供应不足，印藏乘机推销，虽未为藏人嗜好，但以其价值低廉，为一般人所采用，故为充分供给藏人之需要，应有增加生产之必要，据最近滇省普思沿边主要藏销茶产地产量之估计，每年为一一、一〇〇公担，折合二二、四〇〇市担，兹将各区年产量分列如下：

县名	区名	每年生产量（公担）
佛海	猛海区	四、五〇〇
佛海	猛混区	一、〇〇〇
车里	猛宋区	一、六〇〇
车里	南糯山	一、〇〇〇
南峤	顶真区	一、八〇〇
南峤	猛翁区	八〇〇
南峤	蛮稿区	六〇〇
合计		一一、二〇〇

上表估计数字，虽不足以代表滇南紧茶之每年生产，但亦足以表示产量之不多，是有增产之必要。惟言增产，则必应有下列各项实施：

（一）整理旧茶园。

（二）开辟新茶区。

（三）增产茶叶品质。

（四）改良茶叶包装。

综上所述，可知滇茶藏销事业之发展，实有赖政府之大力提倡，及各方之维护，而技术金融之合作，与夫科学管理之实施，固尤为成功之要件也。

注释

［注一］江系指澜沧江而言，其流自北而南，斜分十二版纳为二，东为江内，西为江外。惟在车里县一带，另名曰九龙江，实则名虽为异而江则为一也。

［注二］僰挥人称盆地（坝子）曰"猛"，称高地曰"宋""猛宋"，猛宋即高山之坝子意义。

［注三］据中央大学地理调查团测候结果，时在二十三年二月十二日。

［注四］十二版纳地，原包括思茅、六顺、镇越、车里、佛海、宁江、江城之一部，及割于法属之猛乌、乌得两地。至近今所称十二版纳，则以前思茅沿边行政区为范围，即车里、佛海、宁江、六顺、镇越等县，及思茅之南部江城之西部。

［注五］范和钧氏《考察印度茶叶札记》。

［注六］康刚民氏《茶叶对康藏贸易观》。

［注七］日人诸冈存著《茶与文化》。

第三卷　第十一期　1944 年 11 月

黔滇边境土司筹设开发黔西富源

黔滇边境各边民之土司殷户多人，顷在贵阳筹设边疆开发公司，谋开黔西富源。资本预定一百万元，现已筹足四十万元，总公司将移设重庆，据熟悉边情者谈称：边境行将有现代化之开发，故逐渐有此种新机构之设立云。

第一卷 第三、四合期 1941 年 11 月

滇缅南段界线划定

（中央社讯）滇缅路南段中英划界换文，业于十八日下午五时在外交部部长办公室举行签字。我方出席者为王外长宠惠、徐次长谟、欧洲司刘司长舜，英方为英大使卡尔爵士及中文参事包克本。首由刘司长及包克本参事宣读换文原文，王外长嗣即于换文上先签，卡尔大使续签，中英双方复在附图上同时签字。卡尔大使及包克本参事至六时始辞去云。

（中央社讯）中英滇缅南段界线久悬未决。民国二十二年冬发生缅方派员探查炉房矿区事件，我外交部当即商得英方同意，合组共同勘界委员会，前往实地勘察，以谋根本解决。该委员会包括国联行政院所派中立委员一人，于二十四年及二十五年冬季两次上界详细履勘，二十六年四月全部工作完竣，并呈送报告书于中英两国政府。（按：共同勘界委员会系根据民国二十四年四月九日中英两国换文规定而组织，是年十二月一日在孟雄集会。）该会委员五人，计英方委员为克来格（当时缅甸政府之秘书）、格罗斯（当时掸部专员），而以淘拉尔（当时之驻腾越英领事）为顾问；我方委员则为梁宇皋、尹明德，而以国联行政院所派之中立委员伊鳞上校（瑞士人）为委员长。历年以来，我外交部与英方本和洽妥协之精神进行交涉，刻已圆满解决，于十八日签订换文。我方历年所争持之班洪区域猛角与猛董西部之猛卡、拱弄、拱勇、蛮回各乡以及永广、猛梭、西盟等区，均经划归我方，共计面积将近二千平方公里。至炉房一地，原在昔日所订条约线，及刘、陈所划黄线之外，又为勘界委员会中立委员长判决应归英方者，我外交部以该地在历史上与我关系密切，且为我方提议重划界线因素之一，曾经一再折冲，最后始建议炉房矿产由中英两国将来共同投资开采，迭经磋商，英缅政府为表示善意起见，乃予同意。此项共同开采炉房矿区之换文，亦经同时签订。兹将上述两换文照录如下：

我方照会

一、外交部部长致英国大使照会

迳启者：案查

贵大使前任曾于民国二十四年四月九日与彼时本部部长签订换文，规定负有查明滇缅南段未定界责任之勘界委员会之任务大纲，同日并签订包含附加谅解之换文在案。

共同勘界委员会嗣经正式成立，并依照任务大纲，呈送报告于双方政府。该委员会查勘所得条约线之修改问题，亦经中国政府与大不列颠及北爱尔兰联合国政府暨缅甸政府（按即印度政府之继承者）依照民国二十四年四月九日附加谅解之规定，共同协商。本部长兹特通知

贵大使，中国政府同意将下列界线代替光绪二十三年正月初三日（一八八七年二月四日）中英两国在北京签订之《中英续议缅甸条约》"附款"第三条第三、第四两节所叙述之界线：

"界线起自北假已定界九十七号界桩所在地，南怕河与南定河会流处，溯南定河而上约三英里至邦威村邻近一点，即南定河左岸河边小山上，曾经中英委员会于光绪二十五年（一八九九年）至光绪二十六年（一九〇〇年）间叠立一号石堆之处，界线即循此小山大致南行至户板孟定间道路横过此小山处之二号石堆，以达来兴山顶（一三六六）之三号石堆。界线继循南大河包括南来夏河（又名恭猛河，此河为南大河支流经过一天然桥汇入该河）流域与蛮卡河及小南滚河（又名黑河）流域之分水岭至二三六〇山（约在东经九十八度五十七分十四秒，北纬二十三度二十一分四十秒）。界线由此沿南板河（又名金河）最近之支流而下（其源在二三〇三山之西约半英里），并循南板河至此河与大南滚河汇流处（约在东经九十九度零三十秒，北纬二十三度十四分四十八秒）。界线即沿大南滚河而下，至该河与其左岸一支流交会处，约在东经九十八度五十九分五十秒北纬二十三度十三分二十秒，然后此线即溯该支流而上，至其源头续向东南行，达一山脊，沿此山脊而至一九七〇山（约在东经九十九度三分五十八秒，北纬二十三度十分四十二秒），再沿此山脊南行至一七七〇山（约在东经九十九度三分二十七秒，北纬二十三度七分二十五分秒）。界线由此沿大南滚河与南屯河流域之分水岭，大致向东行，直至二一七九

山之南约一英里与湄潞二江分水岭相遇（约在东经九十九度十分，北纬二十三度六分二十三秒），然后界线循湄潞二江分水岭，大致先东行至二一七八山之南，再大致南行经二一四六山以达一九三〇山（约在东经九十九度三十四分，北纬二十二度六十五分）。界线由此沿南马河流域与南卡蓝河（又名库杏河）暨南卡镐河（又名南项河）流域之分水岭，先向西南，继向西，最后向西北行至一五二三山（约在东经九十九度二十六分四十三秒，北纬二十二度五十六分四十三秒），继顺南卡镐河最近之支流而下，并沿此河行至其右岸与一支流交会处（约在北纬二十二度五十分五十二秒）。界线即溯此支流向西与西南行，至其源头，并越过以二一八〇山为最高峰（约在东经九十九度二十四分三十八秒，北纬二十二度四十八分三十七秒）之山脊，经最直接路线至南洒克河最近支流之源头，并即顺该河流而下至其与南徐河汇流处（约在东经九十九度十八分四十二秒北纬二十二度四十四分十八秒），然后沿南徐河下至此河与南卡江会流处（约在东经九十九度二十三分二十秒，北纬二十二度三十五分十秒），再沿南卡江下行至南段已定界一号界桩。"

附送勘界委员会地图一份，上述界线在该图上以红色线标明之。

兹应请

贵大使证实大不列颠及南爱尔兰联合国政府与缅甸政府对于上述界线代替光绪二十三年正月初三日（一八九七年二月四日）中英两国在北京签订之《中英续议缅甸条约附款》第三条第三、第四两节所指之界线，表示同意，相应照请贵大使查照见复为荷。

本部长顺向贵大使重表敬意。

此致

英国驻中华民国特命全权大使卡尔爵士阁下。

王宠惠
中华民国三十年六月十八日

英方覆照

二、英国大使复外交部王部长照会

接准本日贵部长照会内开：

（文同前）等由，准此。关于上述界线代替光绪二十三年正月初三日（一八九七年二月四日）中英两国在北京签订之《中英续议缅甸条约》附款第三条第三、第四两节所指之界线，本大使证实大不列颠及北爱尔兰联合国政府为本身并代表缅甸政府表示同意。

相应照复，即请贵部长查照为荷。

本大使顺向贵部长重表敬意。

此致

中华民国国民政府外交部部长王宠惠阁下。

卡尔

中国民国三十年　　公历一九四一年六月十八日

炉房采矿换文

英方照会

三、英国大使致外交部部长照会

关于滇缅南段界线之决定，贵我两方经于本日签订换文在案。本大使兹由缅甸政府授权，通知贵国政府：缅甸政府为表示善意起见，愿意允许中国方面参加英国行家在炉房山脊东面斜坡所经营之任何矿产企业，但在此类企业中之中国投资不得超过每一企业资本总额之百分之四十九。

上述区域，即附图所示包括于红线范围以内者，其界线如下：

界线由二三○四山头起，循山脊至炉房营盘山头颠（二○二五），再循山脊至蛮相村，然后顺山脊东南下行迄南一河相连处，复溯南一河河流而上，至二三○四山峰下之发源处，以达二三○四山头。相应照请贵部长查照为荷。

本大使顺向贵部长重表敬意。

此致

中华民国国民政府外交部部长王阁下。

卡尔

中华民国三十年　　公历一九四一年六月十八日

我方复照

四、外交部部长复英国大使照会

迳复者：接准

贵大使本日照会内开：（文同前）等由，准此。本部长兹请贵大使转达缅甸政府，中国政府对此种善意表示，至为欣慰。相应照复，即请贵大使查照为荷。

本部长顺向贵大使表示敬意。

此致

英国驻中华民国特命全权大使卡尔爵士阁下。

王宠惠

中华民国三十年六月十八日

第一卷　第一期　1941 年 8 月

西南徼之 Na-Khi 古国

袁复礼

The Ancient Na-Khi Kingdom of Southwest China. 1947. Toseph F. Rock

是书为哈佛燕京研究院专刊第八种，一九四七年美国哈佛大学出版部印行。原文为英文，分壹、贰两册，共五百五十四面。其中索引六十五面，地名索引十二面外，附风景人物图版二百五十六版，地图四幅。

是书专论云南西北部。著者洛克博士，似在第一次欧战期中，即随奥国植物学家韩得尔、玛再提氏，在滇西旅行。尔后历年旅居昆明，常至云康藏边区考察，而以丽江为其工作中心。抗战期间一再迁移，初去安南，继至印度，终于三十三年去美，完成此书。计其关于该区之工作已二十余年，同时普遍搜集西南、西北各省县志及土司谱牒，故著者能将沿途见闻与书牒所载，互相穿插成文，堪称巨著。内容包括地理、历史、民族文化、土司谱牒、山川风景、庙宇居民等等之材料。洛氏以一西人能将中文典籍加以考订，实为难能可贵。至于行文典雅，插图精美，尤足多者。

第一册分三卷，共十六章。第一卷第一章略述昆明在历史中演变及昆明至丽江之路线（似为旧日驿路，与现时之公路不同。）第二卷第六章论中甸。其余皆专论丽江史地兼及南诏及武定土司。第二册论丽江以西之其宗、维西、德钦及以东之永宁、宁蒗、盐源。著者工作之原来动机，本为植物采集及解决植物分布之问题，故此书中亦多附有各地植物花草树木之专名辞，进为研究麽些民族之分布，更进搜讨各土司之历史，及麽些象形文字。是书约于一九四〇年即完稿，其中加有一九三二年旧稿，及以前专载《美国地理杂志》之图稿。出版以前罗集各稿时，又添加附注若干，以求精审，其中关于吾人最感兴趣之象形文字只是引言，尚未全部露布。据著者云于一九四四年春，运输轮船经阿拉伯海为敌人攻击，译文及其他原文均为遗失。近闻洛克博士又卜居丽江，继续工作，谅以后另有专书问世。吾人可拭目待之。

丽江居金沙江上游，地处云南之西北部。玉龙雪山高耸其北，农田然，生活舒适，居民麽些族（又作摩娑或摩摩）自称纳希，而不喜外人称之为麽些。该族天性纯洁，举止潇洒，历年游人均为称道不置。故洛氏以其搜集丰富之材料编就此书，足堪为吾人研究边区史地之重要参考。洛氏以其个人旅行路线为纲，更深讨其历史，加以各种志书及谱牒之考证，更引读者入胜。

丽江土司木氏存有家谱两种。第一种远溯唐初武德年中之叶古年，高宗上元年间之秋阳及天宝年中之阳谷，至前清雍正初年之木钟为止。丽江区在东汉时属越嶲郡。六朝时为筰国诏之定筰县，又名三聅或作三睐或三甸。秋阳之子阳谷，即三甸总管，妻名弥均习鼠。历传阳谷都谷、都谷剌具、剌具普蒙、普蒙普王，助唐平吐蕃，获十六城，封武勋公。普王剌完、剌完西内、西内西可时，南诏独立，与唐隔绝，西可自称越嶲诏军民总管。西可剌土、剌土俄均、俄均牟具（宋太祖年中）、牟具牟西、牟西牟磋，时为宋仁宗至和年间，大理段氏渐强盛，牟磋遂自立，称摩娑诏。（评者按，摩娑二字与牟磋音近似，牟与木二音又近似，故可能摩娑。麽些，或摩摩皆起自牟磋之时，而明初赐姓木氏，亦自牟、摩二音转变者。）牟磋之子为牟磋牟乐，孙牟乐牟保自称大将军，自秋阳至牟保共十七代（子袭父名为南诏通例）。

牟保养子为牟保阿琮，又编入宗谱第二种，为第二代。第二种宗谱自第一代起，即有绘像并像宾，均见收洛氏书中。其第一世名"爷爷"（见洛氏书中图版第九版），据像宾云来自昆仑山，为西域蒙古人，当宋徽宗时至丽江。著者洛克博士又谓"丽江本地人，有神话式之传说，谓阿琮为忽必烈途中遇一摩娑女所生，女自沉江，子为牟保抚养。唯其时间错差不可尽信。"

牟保阿琮子（三世）阿琮阿良，与宋理宗及元宪宗同时。彼时忽必烈始南征，阿良迎之于剌巴江，授职为茶罕章管民官。传（四世）阿良阿胡（《南诏野史》名之曰兀），（五世）阿胡阿烈（《南诏野史》名之为亮）为丽江路军民总管府。（六世）阿烈阿甲，废府改宣抚司，又改州。以上二十一世之墓均在玉珑山麓。

七世阿甲阿得，时值元末，任通安州知州，寻改丽江宣抚司副使。明洪武十五年傅友德入滇，阿得投诚，改授世袭土官知府职事。奉诏赐姓木。始用木氏，全名木得，字自然，号恒忠。自木得以后始葬丽江近郊。历传（八世）木初（阿得阿木），（九世）木土（阿木阿土），（十世）木森（阿木阿地），（十一世）木嵚（阿地阿习），（十二世）木泰（阿习阿牙），（十三世）木定（阿牙阿秋），（十四世）木公（阿秋阿公），（十五世）木高（阿公阿目），（十六世）木东（阿目阿都），（十七世）木旺（阿都阿胜），（十八世）木青（阿胜阿宅），（十九世）木增（阿宅阿寺），字长卿，号生白。

二十世木懿（阿寺阿春）时，值明季鼎革，清军于顺治十六年入滇，木懿投诚授丽江府。二十一世木靖（阿春阿俗），二十二世木尧（阿俗阿胃），二十三世木兴（阿胃阿掸），二十四代木钟（阿挥阿住），适值雍正元年改土归流。家产文书均被抄没，钟妻高氏裔，集历代所赐券牒封诰秘密收藏得传至今。其子（二十五世）木德（始不用俗名），雍正三年袭土通判。然以后只拥空名，权势所及只及私家佃农而已。历传（二十六代）木秀，（二十七代）木睿，（廿八代）木汉，（二十九代）木景，（三十代）木荫（荫卒于民国八年），子木标卒于民国十七年。（三十二代）木瑷，（三十三代）木松奎，均在世。

以上皆系摘录第一册第二卷四、五、六各章之洛氏原文。第七章洛氏又译《南诏野史》补充之。自唐迄今共计五十代矣。

至于丽江麽些，自称 Na-Khi，洛氏未给汉文译字。其音近似纳希与那喜之间。据云首音"纳"或"那"意为黑，希或喜意为人以黑色为上云。

麽些文字有二种。一为敦巴施罗所创，其弟子锅巴所传。形介于汉字与倮倮字之间。洛氏以为来自西康草原辗转至丽江者。另一即为象形文，用鱼虫鸟兽花草人物之形，以其名字之音代音或义。象形文字现仍有多人能读能释。锅巴文则现识者已属极少数。象形文字所用之动植物皆为丽江本地产物。故洛氏以为源出丽江，虽未明白指出，似以为麦宗（阿琮）或其祖先"爷爷"所创（？）。

历观原文所载，木氏各代或恪守官箴，或武功鼎盛，或文章典雅，可谓人才辈出。著者将其世谱尽为译出，著志钦佩之意，木尧、木兴屡受征调率兵剿匪，未遑内政，致为宵小所乘，木钟接事只四十日即被改土归流。洛氏述之尤详。

　　洛氏于此书中盛赞乾隆八年编纂《丽江府志》之管学宣。管氏字未亭，江西安福县人。于《府志》"序文"中一再论及吏治问题。大意谓亲民之官应以人民福利为前提。虽在边徼，黎民自能向化云云，盖念木氏末代未遑内政，迫为警惕，并以勉励后之来者。洛氏附言：据伊目睹，均未能达到习氏之理想云。

　　总之此书材料极丰，容时当再续论之。

第七卷　第四期　1948 年 12 月

后 记

　　《边政公论》与我结缘于 2007 年。是年 8 月下旬，我开始于云南大学在职攻读博士学位。导师方铁教授鉴于我硕士阶段的研究方向主要关涉民国西北边疆史，随即在开学之始，与我商定以南京国民政府的边政作为博士阶段的主要研究对象。此后，我不断搜寻民国时期关于边政研究的相关文献，《边政公论》这一刊发民国时人关于边疆民族研究成果的重要期刊自然就进入我的视线。2007 年年底，我将《边政公论》的影印版复印装订，在当时租住的昆明书林街狭小房间里研读每一篇文章，辨识其中影印不清的字，用黑、红双色墨笔在笔记本上写下每一篇的作者、篇名、刊期及起止页码。这是一个非常枯寂的过程，但在这个过程中，我也收获了一些学术上的心得。通过对《边政公论》的细致研读，在结合学术界先行研究的基础上，我对民国边疆民族研究的一些粗浅认识，得以在《中国边疆史地研究》《社会科学战线》《烟台大学学报》等期刊上陆续发表，也得到了学术界一些朋友的关注。

　　在研读《边政公论》刊载的大量资料中，我十分关注两个领域。其一，民国时期的边疆民族问题日益受到关注，这一时期的前辈学者关于边疆民族的研究方法、理论，他们是如何思考的，这是非常值得研究的议题，这在某种程度上具有方法论的特性。其二，在抗日战争时期，云南具有既是后方又是前线的双重性地域特征，并且地广、邻边、民族众多，大批优秀学者云集滇境，他们是如何认识云南的边疆民族问题的。关于第一个领域，在一些师友及同事的鼓励下，我从 2010 年开始，以《边政公论》所刊内容为主要对象，同时结合其他资料，于 2016 年整理出版了《中国近代边疆民族研究的方法与理论》（云南人民出版社）。关于第二个领域，从研读《边政公论》开始，我就将其中刊载的关涉云南边疆民族的相关资料逐步做了目录整理；2013 年后，我在中国近代史、中国民族史专业所带的硕士研究生帮我做了录入、校对工作，基本材料在 2016 年也成型。由于各种原因，整理的资料一直没有正式出版，仅在小范围的师友之间进行交流使用。2021 年年初，在师友的提醒下，我决定将这一整理好的资料公开出版，以供更多的学者参考。于是，我与此前我指导过的合作博士后茶志高副教授商量，请他再进一步查遗补漏，并对照原文再进行深入校对，然后出版，并得到他的同意。于是，在茶志高副教授的认真增补及校对后，该资料以《〈边政公论〉有关云南边疆民族研究资料选辑》为名，交由云南人民出版社，在陶汝昌编辑的帮助下，得以付梓。在此，衷心感谢云南民族大学中国近代史、中国民族史专业相关的硕士研究生所给予的帮助和支持，在此不一一具名。翻看这一资料选辑，大家一起研读、探究的情景历历在目，祝大家工作、生活、学习顺利！

　　之所以不惮烦琐，将这一出版过程做了如上记述，有以下原因：一是按照历史学叙述的模式，自然要交代出版缘由；二是借此表达在我学习、工作历程中，对帮助过我的诸多师友及同学的感谢；三是自己从事历史学的专业学习及研究已逾 20 年，又步入"不惑"之年，自然免不了对往事的有一丝感怀和追忆。工作也即将进入第 17 个年头，经历了若干悲喜之事，对《边政公论》的研究尤其是对该资料选辑整理的主要对象的论述，曾经遇到过一些曲折和困难，遇到过工作以来的最大困惑，这也算是一种历练。在这个过程中，父母及一些素所尊重的师长先后辞世，也磨炼了自己的心境。总之，前后历经十余年，这一资料选辑能够出版，将自己关于《边政公论》的研究暂时划一句号，也算是一个心灵慰藉。"采薇高歌，慨想黄虞"，或是此时之心境。

　　这本资料选辑，难免存在这样或那样的不足，我们只希望它能够给关注该领域的研究者们提供方便，并诚恳地接受学术界的批评指正。最后，再次真诚感谢我供职的单位及同事的帮助，感谢一路上给予我指导的诸多师友！在此也不一一具名。

段金生

2022 年 3 月 23 日草成于呈贡，12 月 10 日修改